미시경제학

미시경제학

이삼호 지음

MICROECONOMICS

자유아카데미

머리말

미시경제학은 모든 경제학 분석의 기본이 되는 도구들을 가르치는 과목이다. 그런 만큼 이미 여러 교과서가 시중에 나와 있다. 여기에 또 하나의 교과서를 얹는 것이 어떤 도움이 될지 두려움이 있었다. 그래서, 성공적인지는 모르겠지만, 이 교과서만이 가지는 차별점을 부각시키고자 노력하였다.

첫째, 언어적인 설명을 강조하였다. 언어가 불완전한 정보 전달 매체이다 보니, 경제학의 주된 분석 도구로는 전달하는 정보의 모호성을 최소화해주는 수식과 그래프가 선호되는 것이 현실이다. 그래서인지 필자의 개인적인 경험으로는 경제학을 배우고 나서도 일상적인 대화에서 이 원리를 설명하기가 어려웠던 경험이 있다. 하지만 언어는 여러 한계에도 불구하고 정보 전달에서 가장 일반적으로 사용되며 인간의 두뇌 또한 이를 쉽게 이해하는 데 적합한 형태로 진화해왔을 것이다. 따라서 수식과 그래프를 사용할 때에도 그 배후에 있는 아이디어를 언어적으로 표현하려고 노력했다. 일상적인 대화에서 다른 사람이 쉽게 이해할 수 있도록 설명하는 방식을 스스로에게 되뇌다 보면 내용을 한층 더 깊이 있게 이해할 것으로 믿는다.

둘째, 분석 도구를 사용하는 목적을 분명히 하고, 그 응용을 강조하도록 노력하였다. 사회 과학의 하나인 경제학은 결국 사회적인 현상을 설명하는 것을 목적으로 한다. 드러난 현상의 이면에서 왜 이런 일이 일어났는지를 고민하기까지 여러 사고 실험을 거치며, 그 사고 실험의 결과가 우리가 이 교과서에서 마주하게 될 분석 도구이다. 따라서 당초에 어떤 사회 현상을 염두에 두고 이런 내용이 출현하게 되었는지, 이를 통해 우리가 설명하려는 바가 무엇인지를 강조하고자 했다. 이론 사고 실험의 목적은 앞으로 발생할 유사한 상황에서 우리의 예측 능력을 높이는 것이다. 따라서 분석 도구가 예측하는 관측할 수 있는 사실들과 분석 도구가 염두에 두고 있지만 관측하지는 못하는 과정들을 구분할 수 있어야 한다.

이런 구분을 명확히 하고, 분석 도구의 예측을 어떻게 검증할 수 있는지 설명하고자 노력하였다.

교과서는 가급적이면 수학적 지식 없이도 읽을 수 있게 서술하였다. 수학적인 지식이 있고, 이를 사용하는 것이 편한 독자는 '수학적 분석'란을 두어 보완적인 역할을 하게 했으니 이를 활용할 것을 권한다. 그렇지 않은 독자는 수학적 분석 부분을 읽지 않고도 논리적 흐름이 끊기지 않도록 교과서가 구성되어 있음을 밝힌다.

현실의 관련 사례는 본문에서 최대한 언급하였으나 따로 언급할 필요성이 있을 때는 '참고할 내용'이라는 별도의 서술을 두었다. 교과서의 내용을 이해하는데 꼭 필수적인 내용은 아니나, 추가적인 이해의 심화에 도움이 되기를 바란다.

교과서 서술 중간에 요약을 넣어 놓았다. 요약을 통해 앞서 읽은 내용을 한차례 정리하고 넘어가는 것이 필자가 생각하는 가장 이상적인 교과서의 활용 방식이다. 한 장을 다 읽고 난 후에는 요약 부분만을 다시 읽어 보길 권한다. 읽으면서 머릿속에서 그 장의 내용들이 떠오른다면 학습이 잘 되었다는 의미일 것이다.

학생일 때부터 들었던 설명들, 선배 교수님들의 수업과 자료들, 다른 교과서를 읽었던 경험 등등이 모여 이 책이 되었다. 가능한 한 평소 강의하던 내용을 중심으로 쓰기는 하였으나, 과연 어떤 설명이 독창적인지 판단하기 어렵고, 누구에게 들었거나 보았던 것을 마치 내가 생각해 낸 것처럼 쓰지는 않았는지 두렵기도 하다. 그나마 직접 인용한 문헌과 지금까지 보았던 교과서들은 이 책을 쓰기 위해 직접 참고하지 않았더라도 참고문헌에 올려놓았다.

미천한 작업이나마 주위에서 많은 도움을 받았다. 초고를 읽고 유익한 논평을 해준 한양대학교 김광호 교수에게 고맙다는 말을 전한다. 대학원생 공민석 군은 용어 정리와 오탈자 수정 작업을 도와주었다. 교과서 집필을 시작하게 해준 상상아카데미 김병준 대표님, 진행 과정을 전담 관리해 준 자유아카데미 편집부 여러분께도 감사드린다. 개인적으로는 조금이라도 덜 부끄러운 가족 구성원이 되기 위해 책을 쓴 측면도 있다. 그 마음이 전달되었으면 좋겠다.

2023년 9월

이삼호

차례

Part 1. 경제학의 기초

Chapter 1 서론: 경제학의 소개, 방법론

Chapter 2 수요와 공급: 가장 기본적인 분석 모형

Part 2.
자유로운 개인의 선택과 효율적인 시장

Part 3. 비효율적인 시장: 시장 실패

Chapter 11 비대칭적 정보와 시장 실패

Part 1

경제학의 기초

이 파트에서는 경제학이 기본적으로 어떤 학문인지를 간략하게 소개한다. 먼저 경제학이 다루고 있는 기본적인 문제가 무엇이며 그 기본적인 문제를 다루기 위하여 경제학이 따르는 일반적인 논리적 구조가 무엇인지를 설명한다. 또한 그러한 논리적인 구조를 따라 문제를 설명할 때 일반적으로 가정하는 전제가 무엇인지를 논한다.

경제학은 사회적인 현상을 이해하고 설명하며, 경우에 따라 이에 대해 정책적 처방을 하는 사회과학의 한 분과이다. 따라서 '과학'적이라고 여겨지는 방법론을 따르게 되는데, 저자가 이해하는 과학적 탐구의 구조 또한 설명할 것이다. 이를 사용한 대표적인 경제학적 연구의 실제 사례로서, 교육받은 사람이 더 높은 임금을 받는 이유는 교육을 통해 노동자의 생산성이 향상되었기 때문이 아니라 생산성이 선천적으로 더 높은 사람이 쓸모 없지만 비용이 드는 교육을 통해 자신의 생산성을 드러내기 때문이라는 소위 '직업시장 신호모형(job market signaling)'을 간략하게 소개할 것이다. 독자들은 이 사례를 통해 경제학자가 과학적 방법론으로 어떻게 이런 논의를 이끌어 나가는지, 그리고 앞서 언급한 경제학의 기본적인 가정과 논리 구조가 이런 설명에 어떻게 적용되었는지 등을 이해할 수 있을 것이다.

경제학에 대한 간략한 소개가 끝나면 경제학적 분석의 가장 기본적인 도구인 수요-공급 모형을 소개하고 분석한다. 우리는 수요-공급 모형과 그것의 결과인 균형 개념을 통해 시장 가격과 거래량이 어떻게 결정되는지를 이해할 것이다. 또한 경제적 환경의 변화가 있을 때 시장 가격과 거래량이 어떻게 변동하는지를 예측할 수 있다.

이 도구를 사용한 응용사례로서 가격 규제나 세금 부과 같은 정부의 정책이 시장에 어떤 변화를 가져오는지, 어떤 효과가 있는지를 탐구할 것이다. 이런 분석을 통해 모형의 함의와 더불어 모형의 한계점도 같이 파악할 수 있다.

Chapter 1

서론

경제학의 소개, 방법론

1.1 경제학의 근본 문제

경제학은 흔히 '**희소성(scarcity)**'에 관한 학문이라고 한다. 즉, 무엇인가가 부족한 상황에서 어떻게 대처하는 것이 좋은지를 다루는 학문이다. 희소성, 즉 무엇인가가 부족하다는 것은 왜 발생할까? 무엇인가가 부족한 상황은 원하는 것은 많은데, 실제로 가지고 있는 것은 적을 때 발생한다.

여기에서 경제학이 다루는 기본적인 문제가 무엇이며 왜 이런 문제가 생겨났는지를 알 수 있다. 〈그림 1-1〉은 이 근본 문제를 도식적으로 보여준다. 한편으로 사람들은 무한한 욕망을 가지고 있다. 즉, 많이 가질수록 좋다. 집은 더 커질수록 좋고, 그 안에 더 훌륭한 가구와 가전기기를 더 많이 갖추고 싶어한다. 그러나 다른 한편으로 사람들이 가지고 있는 자원(resource)은 제한적이다. 가지고 싶은 모든 것을 다 가질 수는 없다. 더 큰 집을 사려고 하면 그 안에 넣을 가구나 가전기기를 위해 쓸 자원은 줄어들고, 더 많은 가구나 가전기기를 사고 싶다면 집 크기는 포기해야 할 것이다. 따라서 부족한 자원을 어떻게 효율적으로 배분할 것

그림 1-1 경제학의 기본문제

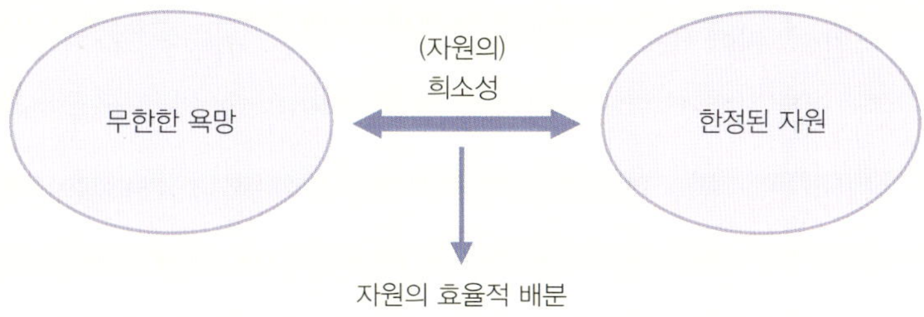

인지가 문제가 된다. 이는 개인적인 문제이기도 하고 사회적인 문제이기도 하다.

먼저 개인적인 차원에서 발생하는 희소성의 문제를 또 다른 예를 통해 생각해보자. 돌돌이가 컴퓨터를 산다고 하자. 돌돌이에게 컴퓨터를 살 수 있는 예산이 정해져 있더라도 컴퓨터에 대한 욕심이 소박하여 인터넷 서핑용의 저사양 노트북 정도만이 필요하다면, 돌돌이는 고민할 필요가 없다. 사고자 하는 컴퓨터의 가격에 비해 예산이 충분하기 때문이다. 반대로 돌돌이가 최고 사양의 컴퓨터를 사고 싶더라도 그가 부잣집 아들이라면 역시 고민할 필요가 없다. 현존하는 최고 사양의 컴퓨터를 사고도 남을 만큼의 충분한 돈이 있기 때문이다. 문제는 돌돌이가 평범한 서민이어서 예산은 빠듯한데, 되도록이면 좋은 사양의 컴퓨터를 가지고 싶을 때 발생한다. 그러면 돌돌이는 컴퓨터의 여러 특성에 어떻게 정해진 예산을 나눌지 고민해야 한다. 가벼운 컴퓨터를 원한다면 메모리는 작아질 수 있고, 고성능의 중앙처리장치를 원한다면 모니터 해상도는 포기해야 할지도 모른다. 즉, 컴퓨터의 여러 특성들 간의 **상충관계(trade-off)**가 발생한다. 하나의 특성에서 더 좋은 사양을 택하면, 다른 특성을 개선할 자원은 줄어든다. 이런 상황에서 돌돌이는 자기가 가진 예산을 가장 효율적으로 사용해 자신이 가장 원하는 컴퓨터 사양을 확보해야 한다. 돌돌이가 주로 이 컴퓨터를 들고 다니며 인터넷을 통해 정보를 수집하고 글을 쓰는 작업을 한다면 아마도 무게에 더 많은 자원을 투자할 것이다. 주로 책상에서 머물면서 작업하지만 수리적으로 많은 계산이 필요한 수리 프로그램을 다룬다면, 무게는 포기하면서 계산 성능을 확보할 것이다. 컴퓨터를 통해 영화 같은 영상 매체를 주로 시청한다면 당연히 그래픽에 많은 자원을 투자할 것이다. 이처럼 주어진 자원하에서 자신의 욕구를 최대한으로 만족시키려는 선택이 곧 **자원의 효율적 배분**이다.

이는 사회적인 차원에서도 적용된다. 사회의 많은 사람은 각기 다른 욕구가 있다. 먹는 것이 입는 것보다 중요한 사람, 사는 집이 먹을 것보다 중요한 사람, 좋은 차를 더 원하는 사람, 멋있게 입는 것이 중요한 사람. 사회는 한정된 자원을 활용하여 이렇게 원하는 것이 서로 다른 사람들에게 물건, 혹은 재화를 만들어 나누어 준다. 이 역시 개인적인 차원과 마찬가지로 상충관계가 발생한다. 결국 어떻게 자원을 효율적으로 활용하여 사람들의 다양한 욕구를 최대한 만족시켜 줄 것인가가 관건이 된다. 그래서 때로는 경제학이 **무엇을 만들 것인가(생산의 문제), 어떻게 만들 것인가(자원 배분의 문제), 생산된 재화는 누가 소비할 것인가(분배의 문제)**의 세 가지 문제를 다룬다고 말하기도 한다.

요약

경제학은 결국 무한한 욕망과 한정된 자원의 충돌 속에서 이 한정된 자원을 어떻게 효율적으로 활용하여 무한한 욕망을 최대한 만족시킬 것인가의 문제를 다룬다고 생각해 볼 수 있다. 즉, 효율적인 자원 배분이 무엇이며 어떻게 달성되는가를 다룬다고 하겠다.

1.2 경제학의 기본적인 방법론

효율적인 자원 배분이라는 문제를 다룰 때 경제학은 어떤 방법론을 따를까? 경제학은 기본적으로 사회과학의 한 분과이다. 사회과학은 결국 사회적 현상을 설명하고, 이에 대한 나름의 처방을 하는 것이라 할 수 있다. 경제학은 효율적인 자원 배분이라는 측면에서 사회적 현상을 바라보고, 또 이에 대한 처방을 내린다. 사회적인 현상을 이해하고 설명하는 데는 여러 가지 접근법이 있을 수 있다.

이 중 경제학은 개인의 선택을 중요시한다. 경제학만이 개인의 선택을 중요시한다고 할 수는 없겠지만, 거의 모든 경제학적 분석은 사회적 현상을 개별 개인의 선택에 대한 분석을 통해 설명한다. 조금 후에 의미를 상술하겠지만 경제학에서 분석하는 개인의 선택은 **합리적 선택**이다.

사회는 이런 개인들이 모여 있는 곳이고, 따라서 사회적 현상은 개인의 선택이 상호작용하여 생긴 결과이다. 그래서 우리는 이 교과서에서 한편으로는 소비자의 선택을, 다른 한편으로는 생산자 혹은 기업의 선택을 분석한다. 그리고 이런 선택들이 상호작용하는 사회로서 시장을 볼 것이고, 이 개인적 선택이 상호작용하여 나온 시장의 결과를 **시장 균형**이라 부를 것이다. 이 시장 균형을 분석하는 까닭은 시장의 가격이 결정되는 구조를 이해하기 위함이다.

요약

경제학은 개인의 합리적 선택을 분석하는 것으로 시작하여 이들의 상호 작용의 결과로서 사회 현상을 이해하려는 학문이다.

1.3 경제학의 기본적인 가정

위에서 경제학은 개인의 선택을 이해하는 것을 사회 현상 분석의 출발점으로 삼는다고 하였다. 개인의 선택을 분석할 때 경제학은 대체로 두 가지 기본적인 가정을 한다. 첫째, 경제학의 분석 대상인 선택하는 개인은 **합리적인 주체**이다. 합리적인 개인은 명확한 목적을 가지고 이에 비추어 선택할 수 있는 대안들이 가져다 줄 수 있는 이익과 손해를 정확히 파악한다. 앞서 언급한 컴퓨터를 사는 돌돌이의 경우를 생각해 보자. 돌돌이가 컴퓨터를 사는 행위를 분석할 때, 경제학은 돌돌이가 합리적이라고 가정한다. 즉, 돌돌이는 다른 종류의 컴퓨터를 사면 사양이 바뀐다는 것을 이해한다. 무게가 늘어나는지, 줄어드는지, 중앙처리장치의 코어가 몇 개이고, 클럭 수가 얼마이며 이는 계산 및 처리 능력에 어느 정도의 차이를 가져오는지, 메모리의 크기가 얼마나 바뀌는지 등등 말이다. 또한 돌돌이는 이런 각 부분의 사양이 변함에 따라 자기 목적에 비추어 얼마나 이익이 되는지 이해하고 있다. 즉, 자기에게 메모리가 100메가 늘어나는 것이 무게가 10그램 줄어드는 것보다 더 중요한지 아닌지를 판단할 수 있다. 사양이 바뀜에 따라 지불해야 하는 비용도 다르니 각 컴퓨터에 얼마나 비용이 드는지도 잘 알고 있다. 이런 모든 것을 고려하여 컴퓨터를 사는 행위가 바로 경제학이 가정하는 합리적 개인의 결정이다.

둘째, 경제학이 가정하는 개인은 **자기 이익을 최대화**하는 개인이다. 앞서 설명하였듯이 합리적인 개인은 명확한 목적을 가지고 이에 비추어 자기 선택을 평가하는데, 경제학 분석의 많은 경우 이 명확한 목적은 자기 이익이다. 돌돌이가 컴퓨터를 고를 때는 자기의 필요에 따라 무게가 중요한지, 메모리 크기가 중요한지를 평가한다. 이 컴퓨터를 삼으로써 컴퓨터를 파는 석순이나 친구 갑돌이가 받을 영향을 고려하지는 않는다. 물론 자선 활동가처럼 다른 사람에게 도움이 되는 것을 자기 행동의 명확한 목적으로 두는 사람이 없지는 않으며, 그런 개인의 선택을 경제학이 배제하는 것은 아니다. 하지만 그런 경우는 예외적으로 다루어지며, 이 교과서의 대부분 논의에서 우리는 개인이 자기 이익이라는 관점에서 무엇을 좋아하는지 알고 이에 비추어 결정한다는 가정하에 논의를 전개할 것이다.

앞서 설명한 두 가지 가정은 자세히 들여다보면 볼수록 현실에 정확하게 들어맞는 가정이라고 하기는 어렵다. 좁은 의미의 자기 이익을 벗어나는 선택을 하는 경우는 많다. 자동차 화물이 떨어져 길이 어지럽혀졌을 때 지나가던 사람들은 자신들의 수고로움에도 불구하고 같이 청소를 하곤 한다. 자기가 다치거나 자동차가 파손될 가능성에도 불구하고 뺑소니 자동차를 쫓아가서 잡는 사람들도 있다. 이런 행동들은 앞서 언급한 두 번째 가정을 위배하는 것처럼 보인다. 첫 번째 가정은 일상적인 선택에서도 쉽게 위배된다. 여러분이 컴퓨터를 사는 경험을 생각해 보자. 우선 자기가 무엇을 원하는지 정확하게 알기 어렵다. 무게가 가벼운 것을 보면 그 나름에 끌리고, 화면 해상도가 높으면 또 그것에 마음이 가는 식의 갈등을 자주 경험해 보았을 것이다. 과연 내가 이 구매를 통하여 정확히 얻고자 하는 것이 무엇인지 헷갈리는 상황이 발생할 수 있다. 원하는 목적이 명확하다 해도 선택에 따른 차이를 정확하게 모르는 경우가 많다. 때로는 두 컴퓨터의 차이가 정확히 무엇인지 불명확하게 느껴질 수도 있다. 너무 많은 정보를 접하다 보면 피로해서 그런 정보를 무시하게 되기도 하고 때로는 그저 충동적으로 한 컴퓨터의 어떤 면에 너무 끌려 다른 모든 고려 사항을 무시하게 되기도 한다. 아마도 여러분은 가정이 현실적이지 않다면 그런 가정에 기초한 분석 역시 현실적이지 않다고 생각할 수 있을 것이다.

그러나 이런 가정이 개개인의 선택에서 모두 정확하게 성립해야만 현실적인 분석을 할 수 있는 것은 아니다. 위 가정을 정당화하는 방식에는 여러 가지가 있을 수 있는데, 그 중 한 가지를 소개해 보자. 당구를 치는 사람이 득점을 올리기 위해서는 자기가 치는 공이 다른 공에 맞았을 때 어느 정도 방향이 바뀌는지, 공의 회전이 그 방향 전환에 얼마나 영향을 주는지 등을 알아야 할 것이다. 그렇다면 당구 선수의 선택을 분석할 때 당구 선수가 이런 정확한 물리학적 지식을 안다고 가정하는 것은 유효할까? 실제로 당구 선수가 물리학에 대한 지식을 가지고 있지는 않을 것이다. 다만 경험을 통해 어떤 식으로 경기를 하는 것이 점수를 올리는 데 더 유리한지 체득했을 가능성이 크다. 하지만 이 사람이 하는 행동은 물리학적 지식을 정확하게 아는 사람이 하는 행동과 크게 다르지 않다. 따라서 가정이 정확하게 적용되지 않더라도 분석의 내용이 달라지는 것은 아니다[1]. 돌돌이가 컴퓨터를 사는 행위 역시 마찬가지이다. 그가 모든 정보를 정확하게 가지고 행동하지 않더라도 시장에서 선택하는 행위를 반복하다 보면 마치 그런 사람처럼 행동하게 될 것이다. 설사 돌돌이 같은 개별인들이 모두 다 그렇지 않다고 하더라도 시장 전체로 보면 마치 모든 것을 아는 것처럼 보이는 사람들의 행태가 많을 것이고, 따라서 우리의 분석은 사회 전체의 상황을 이해하는 데 부족함이 없다고 할 수 있다. 때로는 분석을 위한 가정이 얼마나 정확한 것인지 판단하기 어려울 때가 있다. 뒤에 상술하겠지만, 그런 경우 우리의 분석 결과가 사회 현상을 설명하는 데 도움이 되는 것이라면 그 가정을 잠정적으로는 정확하다고 평가할 수 있을 것이다.

개인들이 자기의 이익이라는 명확한 목적을 가지고 합리적인 선택을 한다면 이는 중요한 함의를 가진다. 개인이 각 선택 대안의 이익과 손해, 혹은 비용과 편익을 정확하게 알고 이에 따라 선택을 한다면 이익과 손해가 바뀔 때 개인의 선

1 당구 선수와의 유비는 노벨 경제학상 수상자인 프리드만(M. Friedman)이 사용한 것으로 알려져 있다.

택도 바뀌게 된다. 각 선택 대안들의 이익과 손실을 '**유인 구조**(incentive scheme)'라고 말한다. 즉, 유인 구조가 바뀌면 사람들은 이에 따라 적절하게 반응해 행동을 바꾼다. 예를 들어, 컴퓨터의 메모리 가격이 싸지면 좀 더 메모리 용량이 큰 컴퓨터를 사게 되는 것이다. 유인 구조의 변화에 따른 사람들의 행동 패턴의 변화는 사회 현상을 이해하는 경제학의 중요한 원리가 된다. 앞서 설명했듯이 이는 사회 현상을 설명하는 데 있어서 개인의 선택을 기초로 이해한다는 경제학의 구조가 작동하는 결과라 할 수 있겠다.

요약

개인의 선택을 분석할 때 경제학은 자기 이익이라는 목적을 위해 합리적인 의사 결정을 하는 개인을 가정한다. 이런 개인들은 유인 구조가 바뀜에 따라 행동을 바꾼다.

1.4 경제학의 과학적 방법론

경제학은 사회과학의 한 분과이고, 사회적인 현상을 이해하고 이에 대한 예측 혹은 처방을 하는 것에 그 궁극적 목적이 있다. 물론 앞서 설명한 것처럼 이런 현상의 이해를 위해 개인의 선택을 먼저 분석하고, 이들의 상호작용의 결과로서 사회 현상이 발생한다는 원칙을 가진다. 그리고 개인의 선택을 분석할 때 목적이 명확한 합리적인 개인을 가정한다. 경제학은 사회과학의 한 분과이므로 일반적으로 과학적인 접근법이라 여겨지는 방법론을 사용한다. 저자가 이해하는 일반적인 과학적 방법론, 따라서 경제학이 따르는 방법론은 다음과 같이 설명할 수 있다.

〈그림 1-2〉와 같은 도식이 아마도 이를 이해하는 데 도움이 될 것이다. 경제학은 사회적 현상을 설명하려는 것이고 결국은 현실의 현상을 이해하는 데 목적이 있다. 이 사회적 현실로부터 우리는 어떤 흥미로운(중요하고 설명이 필요한) 사실을 관찰한다. 관찰된 흥미로운 사실이 왜 발생하고, 어떻게 변화할 것인지를 이해하기 위해서는 이에 대한 논리적 도식화가 필요하다. 이를 **모형**(model)이라고 부른다. 현실은 너무 복잡하므로 모형이 현실의 모든 것을 다 담을 수는 없다.

그림 1-2 현실과 모형: 경제학의 과학적 방법론

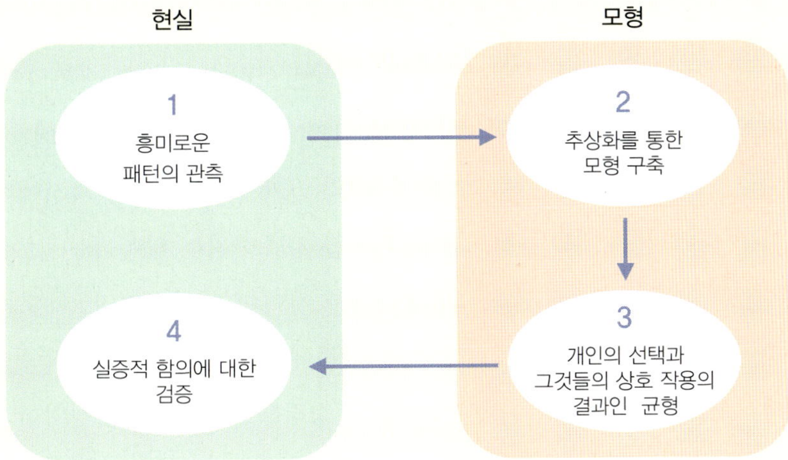

따라서 관심있는 현상을 설명하는 데 필요한 핵심적인 기제(mechanism)라고 여겨지는 것을 모형 안에 담는다. 즉, 모형은 관심 현상과 상대적으로 관련이 적은 현실들을 무시하고 관련된 핵심적인 기제를 담은 추상화된 현실이다. 이런 추상화에는 당연히 많은 가정들이 필요하다.

앞서 설명했듯이 경제학은 개인의 선택을 분석의 기초로 삼으므로 추상화된 현실인 모형에서 개인의 선택을 먼저 분석하고, 그런 개인의 선택들이 상호작용하여 나타나는 결과인 **균형**을 얻는다. 이렇게 얻어진 균형이 바로 모형이 설명하는 현실이다. 제대로 된 모형이라면 모형의 균형은 당초에 관심을 가졌던 사실들을 잘 모사할 수 있어야 한다. 일단 이것이 달성되면 모형은 현실의 추상화라는 목적을 위한 가장 기본적인 조건을 만족하는 것이다. 하지만 이런 모사는 어쩌면 당연하다. 애초에 그 사실을 설명하기 위해 모형이 만들어졌기 때문이다. 모형이 현실을 제대로 추상화한 것인지, 그렇지 않은 것인지를 판단하기 위해서는 이 사실을 잘 설명했다는 것만으로는 불충분하다.

모형을 만든 이유는 현실을 설명하고 이에 대한 예측과 처방을 얻기 위함이다. 모형의 환경을 변화시키면 개인의 선택이 바뀌고 모형에서 관측되는 사회적 현상도 바뀐다. 이런 변화로부터 우리는 모형의 **실증적 함의**(empirical implication)를 얻는다. 현실에서도 모형의 환경 변화와 같은 일이 벌어지면 사회적 현상이 모형의 예측대로 바뀔 것이라는 의미이다. 이런 변화가 실제로 일어난 예를 관측하면 모형의 예상이 현실에서 얼마나 적중하고 있는지 확인할 수 있다. 이렇듯 모형의 여러 함의를 현실의 자료로서 검증하게 되면 모형이 현실을 얼마나 잘 요약하였는지 판단할 수 있다. 이 과정에서 모형이 현실을 얼마나 잘 추상화하였는지를 직접적으로 검증하지는 않는다. 즉, 모형을 얻기 위한 추상화 과정에서 사용된 가정들이 얼마나 사실과 부합하는지를 직접 검증하지는 않는다는 것이다. 물론, 가정은 현실에서 벌어질 것 같은 그럴싸한 것이어야 하겠지만, 때로는 직접적인 검증이 어려운 경우가 많다. 만약 이 가정에 기초하여 얻어진 실증적 함의들이 실제 자료를 통해 검증된다면, 우리는 잠정적으로 이 가정을 정확한 것으로 받아들인다. 만약 실증적 함의가 현실에서 확인되지 않는다면 아마도 다른 모형이 필요할 것이다. 현실적 함의가 확인되면 이 모형을 통하여 현실의 다른 측면을 이해하고 예측하며 상황에 따라서는 이런저런 조치를 취해야 한다는 처방도 내릴 수 있다.

앞으로 이 교과서의 주된 논의는 〈그림 1-2〉의 오른편인 모형 영역과 관련될 것이다. 교과서적인 논의는 현실을 설명하려는 여러 논리적인 도식 중에 가장 많이 받아들여지는 것들을 정리한 것이기 때문이다. 하지만 이 논리적 도식이 그 자체의 일관성이나 논리적 아름다움 때문에 존재하는 것은 아니다. 결국 우리가 관심을 가져야 할 최종 대상은 이 모형을 가지고 설명하는 현실이다. 따라서 모형의 논의가 가지는 현실적 함의가 무엇인지, 이 현실적 함의들이 현실을 얼마나 설득력 있게 설명하고 있는지 등의 질문을 항상 염두에 두어야 한다.

이런 방법론의 적용을 이해하기 위하여 스펜스(M. Spence)가 제안한 **노동시장 신호이론(Job Market Signaling Theory)**을 예로 들어 보자. 물론 필자는 스펜스 본인이 아니므로 이 이야기는 다소 각색된 것일 수 있다. 스펜스는 하버드 대학 경제학과 교수였는데, 경영대학의 경영학 석사(MBA) 프로그램을 보며 의문을 가지게 되었다. 경제학과 교수의 눈에 이 석사 프로그램에서 가르치는 내용들은 그다지 심오하지도 않고 현실에 유용해 보이지도 않았다. 그런데 일단 MBA 프로그램을 졸업한 학생들은 임금의 상당한 증가를 경험한다. 임금은 생산성과 비례해 지급된다고 볼 수 있는데, 스펜스는 경영학 석사 프로그램이 이만한 생산성 증가를 가져온다고 믿기 어려웠다. 이것이 스펜스가 관측한 흥미로운 사실이다.

스펜스는 생산성에 도움을 주지 않는 교육 프로그램의 이수가 임금의 상승을 낳을 수 있는 가능성을 탐색하고, 이를 설명하기 위해 다음의 모형을 생각한다. 사람은 더 높은 임금을 받기 위해 교육 프로그램을 이수하고, 기업은 노동자의 생산성에 따라 임금을 준다. 여기에 다음의 핵심적인 가정을 더한다. 1) 생산성은 교육 프로그램 이수 이전에 형성된 것이고, 교육 프로그램을 이수하기 위한 비용은 생산성이 높을수록 낮아진다. 2) 기업은 노동자들의 생산성은 알 수 없지만 교육 프로그램 이수 여부는 알 수 있다. 여기에서 교육 프로그램을 이수하기 위한 비용은 단순히 금전적인 비용을 얘기하는 것은 아니다. 경영학 석사 과정의 교육비는 모두에게 똑같다고 볼 수 있다. 그러나 교육과정을 이수하기 위해서는 주어진 과제를 하고 시험을 봐서 일정한 시험 점수를 받는 등의 과정을 겪어야 한다. 생산성이 높은 사람은 이를 더 쉽게 할 수 있다고 보는 것이다.

이 모형 안에서 개인들은 어떻게 행동할까? 우선 기업의 입장에서 생각해보자. 만약 기업이 생산성이 높은 사람만 교육 프로그램을 이수한다고 믿는다면 교육 프로그램을 이수한 사람에게는 높은 임금을, 그렇지 않은 사람에게는 낮은 임금을 줄 것이다. 기업이 이렇게 행동한다고 믿는다면 노동자들은 교육 프로그램을 이수할까? 노동자의 입장에서는 교육 프로그램을 이수하면 더 높은 임금을 받는다는 이익이 있다. 하지만 교육 프로그램을 이수하는 데 비용이 든다. 생산성이 높은 노동자 입장에서는 교육 프로그램을 이수하는 비용이 낮으므로 임금 상승의 이득이 더 커서 교육 프로그램을 이수할 수 있다. 하지만 생산성이 낮은 노동자는 교육 프로그램을 이수하는 비용이 너무 높아서, 더 높은 임금을 받더라도 그 비용을 상쇄하지 못할 수 있다. 따라서 생산성이 낮은 노동자는 교육 프로그램을 이수하지 않을 것이다. 노동자들이 이런 선택을 한다면, 기업이 가졌던 믿음이 정당하다. 실제로 교육 프로그램을 이수한 노동자들은 높은 생산성을 가지고 있고, 교육 프로그램을 이수하지 않은 노동자들은 낮은 생산성을 갖는다. 따라서 교육 프로그램을 이수한 사람에게만 높은 임금을 지급하는 것이 기업에게 이익이 되는 행동이다. 결국 이 모형의 균형은 생산성이 높은 노동자만이 교육 프로그램을 이수하고, 기업은 교육 프로그램을 이수한 노동자에게 높은 임금을 지불하는 것이다. 따라서 생산성을 전혀 향상시키지 않는 교육 프로그램의 이수가 임금의 향상으로 연결되는 당초의 흥미로운 관찰을 설명할 수 있다.

앞서 언급하였듯이 모형을 설정하는 이유는 흥미로운 관측 사실을 설명하기 위한 것이다. 물론 '생산성 향상이 없는 교육 프로그램의 이수가 어떻게 임금 상승으로 이어질 수 있는가?'라는 질문은 어떻게 대답해야 할지 난감한 것이며, 이를 단순하지만 기발한 가정 하나만으로 설명한 이 모형은 자체로 참 매력적이다. 그러나 이 사실을 설명했다는 것 하나만으로는 이 모형이 진실이라고 주장하기는 어렵다. 모형은 당초 그 사실을 설명하도록 설계된 것이기 때문이다. 생산성이 높은 사람이 교육 프로그램을 이수하는 데 비용이 적게 든다는 가정은 그럴싸하지만, 직접적으로 검증하기도 어렵다. 모형이 진리에 가까운가를 평가하기 위해서는 실증적으로 검증가능한 이 모형의 다른 함의들을 살펴보아야 한다.

이 모형이 현실을 정확하게 설명한다면 생산성이 같은 두 사람은 교육 프로그램 이수 여부와 상관없이 결국에는 동일한 임금을 받아야 한다. 노동자의 생산성은 일을 하면서 드러나기 때문이다. 따라서 동일한 사람을 한 번은 대학을 보내고, 한 번은 대학을 보내지 않은 다음 이 사람의 임금을 각각 비교하면 이 모형이 얼마나 현실을 설명하는 데 유용한지를 생각해 볼 수 있다. 물론 현실에서는 똑같은 사람을 한 번은 대학에 보내고, 한 번은 대학에 보내지 않는 실험을 하는 것이 불가능하다. 하지만 대학 입학 전의 특성이 비슷한 두 사람을 찾는 것은 가능하다. 즉, 성적도 비슷하고, 집안 환경도 비슷하고, 심지어 IQ도 비슷한 사람 말이다. 물론 이런 비교를 가능하게 하는 것은 여러 통계학적 기술들이다. 그런 기술적인 내용을 모른다 하더라도 개념적으로 이런 비교가 가능하다면 이 모형이 얼마나 현실을 설명할 수 있는지를 가늠할 수 있다. 여러 실증연구들은 이런 비교를 하더라도 여전히 대학 졸업자들의 임금이 더 높다는 것을 보여준다. 하지만 고등학교 졸업자와 대학 졸업자를 단순히 비교하는 것보다 대학 진학 전의 특성이 비슷한 사람을 비교하면 그 임금의 격차는 상당히 줄어든다. 즉, 스펜스가 생각하는 생산성의 신호로서의 교육이 어느 정도 작동하는 것으로 이해해 볼 수 있을 것이다[2].

요약

경제학은 흥미로운 사실의 관측, 이를 설명하기 위한 모형 설정, 모형을 통한 사실 설명, 모형의 다른 함의를 실증적으로 검증하는 과학적 방법론을 따른다.

지금까지 우리는 경제학의 기본적인 문제가 무엇인지, 이를 다루기 위해 경제학이 어떤 논리적 구조를 따르는지, 그 분석에 쓰이는 경제학의 기본적인 가정이 무엇인지, 경제학 분석의 과학적 방법론이 무엇인지 등에 대하여 논의하였다. 이제 실제로 이런 방법론을 가진 경제학이 가장 기본적으로 사용하는 모형을 다루어 보자. 그것은 수요–공급 모형이다.

2 스펜스 모형의 현재 요약은 상당히 단순화된 내용이다. 스펜스 모형에 대한 더욱 상세한 논의는 11.4절을 참고하라.

Chapter 1 연습문제

1 '합리적으로 자기 이익을 최대화하는 개인의 선택'으로 설명하기 어려울 것 같은 사회 현상을 제시하시오.

2 무거운 짐을 들고 운동장 10바퀴를 다 돌아야 하는 과업이 주어진 40명의 학생이 있다. 다음의 보상 체계가 주어질 때 학생들이 서로의 짐을 들어줄 것인지 생각하고 설명하시오.

(1) 선착순 10명에게 보상이 주어진다.
(2) 10명씩 4팀으로 나누어지고, 팀에서 가장 늦게 들어온 학생을 비교하여 기록이 가장 빠른 팀에게 보상이 주어진다.
(3) 가장 느리게 들어오는 10명의 학생 평균 기록이 15분을 넘지 않으면 전원에게 보상이 주어진다.

3 캥거루 사회에는 빨간 캥거루와 파란 캥거루가 있다. 경제학자인 강박사는 일하는 빨간 캥거루와 파란 캥거루의 임금을 비교하였는데, 빨간 캥거루의 임금이 유의미하게 높다는 것을 발견하였다. 이를 설명하기 위해 다음의 두 가지 가설이 제시되었다.

(1) 빨간 캥거루의 생산성이 더 높아서 더 높은 임금을 받음
(2) 파란 캥거루가 차별받아서 임금이 낮은 것

두 가설 중 하나를 지지하기 위해 어떤 증거를 사용할 수 있을지 설명하시오.

Chapter 2

수요와 공급

가장 기본적인 분석 모형

분석의 대상이 되는 사회 제도 중 가장 기본적인 제도는 상품이 거래되는 **시장**이다. 우리는 시장경제라는 제도 아래에서 살고 있다. **시장경제**란 상품에 가격이 있고, 고시된 가격에서 상품이 사고팔리는 제도이다. 이 사회에서 어떻게 가격이 결정되고 얼마나 많은 양의 상품이 거래되는지를 살펴보는 것이 경제학의 가장 기본적인 분석이며, 그 분석의 틀이 이 장에서 소개할 **수요-공급 모형**이다.

2.1 수요 곡선

시장에서 상품을 사서 소비하는 사람을 **소비자**라고 부른다. 소비자들은 1주일, 한 달, 혹은 1년 같은 일정한 기간 동안 얼마나 많은 상품을 살지 결정한다. 소비자들이 사고 싶은 상품의 양을 결정하는 데 영향을 미치는 여러 가지 요소들을 생각해 볼 수 있다. 먼저, **상품의 가격**이 이 양에 영향을 준다. 여러분이 간식으로 빵을 사려는 상황을 생각해 보자. 빵의 가격이 비싸면 적게 사고, 가격이 떨어지면 더 많이 산다. 또한 **다른 상품의 가격**도 영향을 미친다. 김밥의 가격이 싸지면 빵 대신 김밥을 더 사 먹게 될 것이다. 반면 교통비가 싸지면 통학에 드는 돈이 줄어들고 그 돈으로 빵을 더 사 먹을 수도 있겠다. 여러분이 받는 용돈, 혹은 알바를 통해 버는 돈도 빵을 얼마나 사 먹을지에 영향을 줄 수 있다. 용돈이 늘어나 더 많은 간식을 사 먹을 수 있다면 아마도 빵 소비 역시 늘어날 가능성이 크다. **소비자의 취향**도 영향을 줄 것이다. 세대에 따라 빵을 더 좋아하는 세대와 덜 좋아하는 세대가 있을 텐데, 빵을 좋아하는 세대가 소비자의 높은 비중을 차지하면 소비자의 숫자가 같더라도 소비자들이 사려는 빵의 양은 늘어날 것이다. 위에서 언급한 요소들 이외에도 수요량에 영향을 미치는 요인들은 많이 있다.

시장에서 소비자들이 일정한 기간 동안 사려는 상품의 양을 **수요량**이라고 부른다. 이 수요량은 앞서 언급한 상품의 가격, 다른 상품들의 가격, 소비자의 소득, 소비자의 취향 등 여러 요인의 영향을 받는다. 이런 관계를 수학적으로 표현할 수 있는데, 이를 **수요 함수**라고 한다.

$$Q_d = D(p;p', y, \cdots)$$

여기에서 Q_d는 수요량, p는 가격, p'은 다른 상품의 가격, y는 소비자의 소득 수준을 나타낸다. 즉, 위 식은 수요량이 가격, 다른 재화의 가격, 소득 등의 여러 요소의 영향을 받아 결정된다는 사실을 함수라는 수학적 형태로 표현한 것이다.

요약

가격을 비롯한 여러 요인들이 수요량에 미치는 영향을 수요 함수로 표현한다.

좀 더 나은 이해를 위해 우리는 그래프를 통해 수요 함수를 시각적으로 표현해 볼 수 있다. 그런데 그래프는 보통 2차원 평면에 그리므로 두 변화량(혹은 변수) 간의 관계만을 보여줄 수 있다. 따라서 수요 함수에서 수요량에 영향을 미치는 요소들 중 가장 중요한 요소를 꼽아 수요량과의 관계를 나타낸다. 우리는 시장에서 가격이 어떻게 결정되는지를 분석할 것이고, 보통 상품의 수요량에 가장 큰 영향을 주는 요인이 가격이라고 생각하므로 이 그래프는 가격과 수요량과의 관계를 나타낸다. 가격과 수요량과의 관계를 나타내기 위하여 수요량에 영향을 주는 다른 모든 요소들은 현재 수준에서 고정되어 있다고 가정한다. 이렇듯 수요량에 영향을 주는 다른 요소들은 고정해 놓은 상태에서 가격이 변할 때 수요량이 어떻게 변하는지를 그래프로 보여주는 것이 **수요 곡선**이다. 〈그림 2-1〉에서 수평축에 수요량이, 수직축에 가격이 있고 수요량과 가격 간의 관계를 선으로 표현하고 있다.

우리는 보통 수요량과 가격이 **부(−)의 관계**를 가진다고 생각한다. 즉, 가격이 오르면 수요량이 줄고, 가격이 내리면 수요량이 느는 것이다. 이를 **수요 법칙(law of demand)**이라고 부른다. 법칙이라 부르지만, 수요 법칙은 자연 법칙처럼 꼭 그래야 하는 것은 아니고 일종의 실증적 규칙성이다. 가격이 오르면 소비자들이 재화를 더 적게 살 것 같은데, 실제로 현실에서도 그런 패턴이 발견된다. 그래서 수요곡선 *D*는 〈그림 2-1〉에서처럼 오른쪽으로 내려가는 모양을 가진다.

요약

수요 곡선은 다른 요소를 고정하고 가격과 수요량의 관계를 그래프로 보여주는 것이고, 수요 법칙에 따라 오른쪽으로 내려가는 모양을 갖는다.

그림 2-1 수요 곡선: 곡선상의 이동과 수요 곡선의 이동

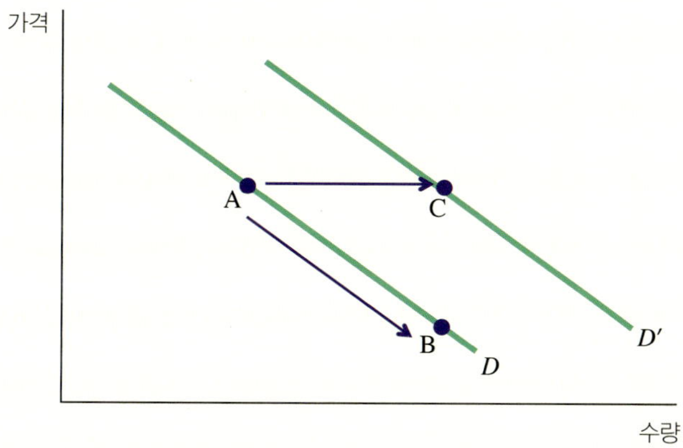

수요 곡선은 수요량에 영향을 주는 요소 중 가격을 제외한 다른 모든 요소들이 일정 수준에서 고정된 상태로 그려져 있다. 따라서 수요 곡선을 따라 이동할 때는 가격 이외의 다른 요소들은 그 수준이 그대로 유지되고 오직 가격만이 변한다. 〈그림 2-1〉에서 A에서 B로 이동하는 것은 다른 재화의 가격, 소득 같은 다른 모든 요소들이 고정된 상황에서 가격이 내려 수요량이 증가한 상황을 나타낸다. 즉, 가격 변화에 따른 수요량의 변화는 **수요 곡선상의 이동**으로 표현된다.

반면 가격 외의 다른 요소가 변화하여 수요량이 바뀔 수도 있다. 예를 들어, 가격이 같은데도 소비자의 소득 수준이 올라 수요량이 올라간 상황을 생각해보자. 〈그림 2-1〉에서는 그런 수요량의 증가가 A에서 C의 이동으로 표시된다. 이제 올라간 새로운 소득 수준에서도 가격이 내려가면 수요량이 증가하는 수요법칙이 적용될 것이고, 새로운 수요 곡선 *D'*을 그릴 수 있다. 따라서, 수요량에 영향을 주는 가격 이외 다른 요소가 변화하여 수요량이 변하는 것은 **수요 곡선의 이동**으로 표현된다.

요약

가격의 변화에 따른 수요량의 변화는 수요 곡선상의 이동으로, 가격 이외 다른 요소의 변화에 따른 수요량의 변화는 수요 곡선의 이동으로 나타난다.

2.2 공급 곡선

상품을 만들어 시장에서 파는 주체를 **생산자** 혹은 **기업**이라 부른다. 이들은 일정한 기간 동안 얼마나 많은 상품을 시장에 공급할지 결정한다. 일정 기간 동안 시장에 공급되는 재화의 양을 **공급량**이라 하는데, 이 역시 여러 요인에 의해 영향을 받을 수 있다. 수요량과 마찬가지로 **가격**이 중요한 역할을 한다. 상품의 가격이 오르면 생산 비용에 비해 가격이 높아질 것이므로 더 많은 상품이 시장에 공급될 것이다. **생산 비용**도 공급량에 영향을 미친다. 생산 비용이 낮아지면 동일한 가격에도 상품을 팔 때 이익이 더 생기므로 더 많은 상품이 시장에 공급될 것으로 생각해 볼 수 있다. 수요 함수가 수요량과 이에 영향을 미치는 요소들의 관계를 표현한 것처럼 여러 요인들이 공급량에 미치는 영향을 수학적으로 표현할 수 있는데, 이를 **공급 함수**라 한다.

$$Q_s = S(p;w,r,\cdots)$$

여기에서 Q_s는 공급량, p는 가격, w와 r은 생산 비용에 영향을 주는 생산 요소인 노동과 자본의 가격을 나타낸다. 공급 함수는 가격과 생산비용 등이 공급량에 영향을 미친다는 것을 수학적으로 표현한 것이다.

수요와 마찬가지로 이 관계를 그래프로 표현하고자 하면, 다른 모든 요인은 고정한 채로 가격과 공급량과의 관계를 나타낸다. 그림에서 수직축에 가격, 수평축에 공급량이 있는 상태에서 가격의 변화에 따라 공급량이 달라지는 관계를 그래프로 표현한 것이 **공급 곡선**이다.

가격과 공급량 사이에는 **정(+)의 관계**가 있다고 믿어지며, 이를 **공급 법칙**(law of supply)이라고 한다. 즉, 가격이 오르면 공급량은 증가한다. 수요 법칙과 마찬가지로 이 역시 직관적으로 그럴 듯한 사실이 실증적으로 관측되는 규칙성 정도라고 생각할 수 있다. 그래서 공급 곡선 S는 오른쪽으로 올라가는 모양을 가진다.

그림 2-2 공급 곡선: 곡선상의 이동과 공급 곡선의 이동

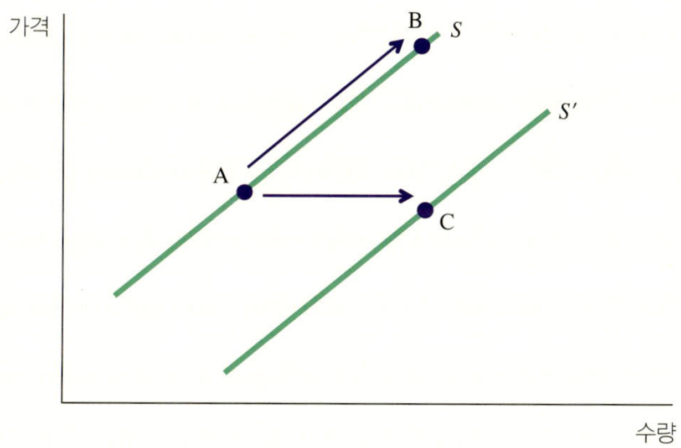

다른 요인들이 고정된 상태에서 가격이 올라가면 공급량이 늘어나고 이는 〈그림 2-2〉에서 A에서 B로 이동하는 것으로 나타낼 수 있다. 가격이 변할 때 공급량은 주어진 공급 곡선 위를 따라 변한다. 즉, 가격의 변화에 따른 공급량의 변화는 **공급 곡선상의 이동**으로 표현된다. 반면 가격이 고정된 상태에서 다른 요인이 변화하여도 공급량은 변한다. 예를 들어, 풍년이 들어 더 많은 쌀 생산량이 시장에 나온다면 동일한 가격에도 공급량이 늘어날 것이다. 이는 그림에서 A에서 C의 이동으로 나타난다. 이런 변화가 나타난 뒤에도 가격과 공급량 간에는 정의 관계가 유지되어서 오른쪽으로 올라가는 새로운 공급 곡선 S'이 그려진다. 즉, 가격 이외의 요소가 변화하여 나타나는 공급량의 변화는 **공급 곡선의 이동**으로 표현된다.

요약

공급 함수는 가격을 포함한 여러 요인들이 공급량에 미치는 영향을 수학적으로 표현한다. 다른 요인들이 고정된 상태에서 가격과 공급량의 관계를 나타내는 것이 공급 곡선이며, 공급법칙에 따라 오른쪽으로 올라가는 모양을 가진다. 가격의 변화에 따른 공급량의 변화는 공급 곡선상의 이동으로, 가격 이외 요소의 변화에 따른 공급량 변화는 공급 곡선의 이동으로 나타난다.

2.3 시장 균형과 균형의 변화

소비자들의 얼마나 살 것인지에 대한 결정과 생산자 혹은 기업들의 얼마나 상품을 만들어 팔지에 대한 결정이 상호 작용하여 시장의 가격과 거래량이 결정된다. 이는 수요 곡선과 공급 곡선을 겹쳐서 봄으로써 확인할 수 있다.

우선 우리는 시장 균형이라는 개념을 도입한다. **시장 균형**이란 모든 시장의 참가자들이 자기들이 원하는 만큼 사고팔 수 있는 상태로 정의된다. 이는 〈그림 2-3〉에서 수요 곡선과 공급 곡선이 교차하는 점(그림의 e: 균형을 뜻하는 equilibrium의 첫 글자)에서 얻어진다. 수요 곡선과 공급 곡선이 교차하는 시장균형에서의 가격

그림 2-3 시장 균형

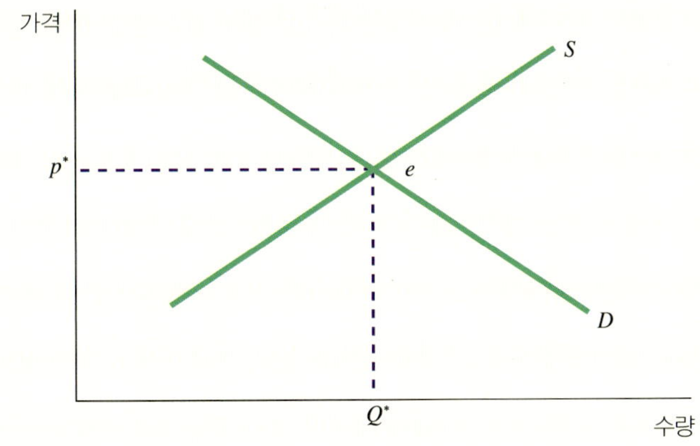

을 **균형 가격**(그림의 p^*), 이때 일치하는 수요량과 공급량을 **균형 거래량**(그림의 Q^*)이라 한다.

수요 곡선과 공급 곡선이 교차하는 지점이 시장 균형이 되는 것은 시장 균형의 정의를 만족하기 때문이다. 가격이 균형 가격 수준이면 생산자는 공급하는 양을 모두 팔 수 있고 소비자는 원하는 양을 모두 살 수 있다. 즉, 시장 균형의 정의대로 모든 시장 참여자가 자기들이 원하는 만큼 사고팔 수 있는 것이다.

가격이 수요 곡선과 공급 곡선이 만나는 시장 균형이 아닌 수준에 설정되어 있다면 어떻게 될까? 〈그림 2-4〉에서 가격이 균형 가격보다 높은 수준에 있다면 공급량이 수요량보다 많다는 의미이다. 이를 **초과 공급** 상태라고 부르는데 이 가격 수준에서 소비자는 자기들이 원하는 만큼 상품을 살 수 있지만, 생산자는 자기들이 원하는 만큼 상품을 팔 수 없다. 따라서 이는 시장균형의 정의를 충족하지 않는다. 마찬가지로 가격이 균형 가격보다 낮은 상태에 있으면 수요량이 공급량보다 많아지는 **초과 수요** 상태가 된다. 이 상태에서 생산자는 자기가 원하는 만큼 팔 수 있지만 소비자는 자기가 원하는 만큼 살 수 없다. 이 역시 시장 균형의 정의를 충족시키지 않는다. 따라서, 수요 곡선과 공급 곡선이 교차하는 점이 시장 균형이다.

왜 시장 균형은 이렇게 정의되었을까? **균형(equilibrium)**이란 개념은 물리학에

그림 2-4 가격의 조정

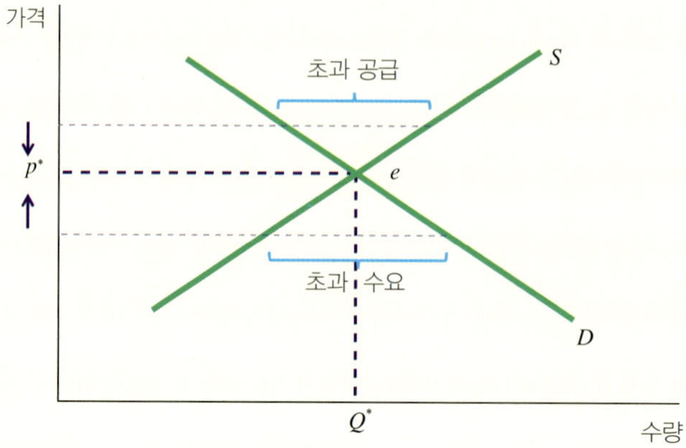

서 차용된 것으로 알려져 있다. 물리학에서 균형은 외부 힘의 작용이 없을 때 계속 유지되는 상태이다. 만약 가격이 균형 가격보다 높아 초과 공급이 발생하게 되면 상품을 팔지 못하는 일부 생산자는 가격을 낮추어서라도 팔리지 않은 상품을 팔고 싶을 것이다. 이는 가격이 하락하는 방향으로 작용하고, 현재의 상태는 유지되지 못한다. 마찬가지로 가격이 균형 가격보다 낮아 초과 수요가 생기면 상품을 사지 못하는 소비자는 웃돈을 주고라도 상품을 사려고 할 것이다. 이는 가격이 상승하는 방향으로 작용하고, 현재의 상태는 유지되지 못한다. 시장 균형에 이르면 상품을 팔지 못하는 생산자도, 사지 못하는 소비자도 없으므로 가격은 현 상태 그대로 유지될 수 있다. 따라서, 수요 곡선과 공급 곡선이 교차하는 지점은 외부 환경의 변화가 없으면 계속 유지되는 상태인 균형이다.

물리학에서 차용된 균형이란 개념을 적용하기 위해 우리는 **가격의 조정 가능성**에 대해 고려했다. 즉, 초과 수요가 생기면 가격이 올라가고 초과 공급이 생기면 가격이 내려간다는 것이다. 그러나 수요-공급 모형의 분석은 가격 조정을 포함하지 않는다. 다만 수요량과 공급량이 일치하여 모든 시장 참가자들이 원하는 만큼 사고팔 수 있는 상태를 균형이라 정의하고, 수요 곡선과 공급 곡선이 주어지면 균형에서 거래가 이루어진다고 볼 뿐이다. 수요 공급 모형은 가격이 어떤 방향으로 변하는지, 얼마나 빠르게 변하는지, 그래서 균형이 어떻게 도달하게 되는지 등에 대해서는 아무런 논의를 하지 않는다. 앞으로의 논의에서는 초과 수요 상태에서 가격이 오르고 초과 공급에서 가격이 내린다는 위의 설명을 그대로 이용한다. 그리고 이런 가격 변화는 균형에 도달하는 수준까지 즉각적으로 이루어진다. 이런 가정은 현실적인 가정이 아니며, 따라서 수요–공급 모형의 이 실증적 함의는 주의 깊게 해석해야 한다. 수요 공급 모형이 가지는 한계에 대해서는 이후 수요 공급 모형의 응용을 다루는 장에서 좀 더 다루도록 하자.

요약

시장 균형은 시장 참여자 모두가 자기가 원하는 만큼 사고팔 수 있는 상태로 정의되며, 수요 곡선과 공급 곡선이 교차하는 지점에서 얻어진다.

시장의 균형을 구할 때 수요 곡선과 공급 곡선은 수요량과 공급량에 영향을 주는 가격 이외의 요소들이 모두 고정된 상태에서 그린 것이다. 가격 이외의 요소들이 변화하면 수요 곡선 혹은 공급 곡선이 이동하게 되고 균형 가격과 균형 생산량도 변할 것이다. 이제 균형이 변화하는 사례를 다루어 보도록 하자.

〈그림 2–5〉는 가격 이외 요소들이 변할 때 나타나는 균형의 변화를 보여준다. 패널 (a)는 수요 곡선 이동으로 인한 균형의 변화 사례를, 패널 (b)는 공급 곡선의 이동으로 인한 균형의 변화 사례이다. 먼저 패널 (a)의 수요 곡선의 이동으로 인한 균형의 변화를 살펴보자. 소비자들의 평균적인 소득이 증가하는 사례를 고려한다. 공급 곡선과 수요 곡선이 그림의 S와 D로 주어질 때, 균형은 교차점 e에서 얻어진다. 시장 균형 가격은 p^*이고 균형 거래량은 Q^*이다. 소비자들의 평균적인 소득이 증가하면 동일한 가격에서도 수요량은 증가한다. 이는 수요 곡선의 오른쪽 이동으로 나타나고, 증가한 소득 수준에서의 수요 곡선은 D'이 된다. 기존의 시장 균형 가격 p^*에서는 초과 수요가 발생하고 이는 더 이상 균형이 아니다. 초과 수요 상태의 가격은 상승하고 새로운 균형에 도달할 때까지 오른다. 새로운 균형은 소득 변화 후의 수요 곡선 D'과 공급 곡선 S가 교차하는 e'이 된다. 균형 가격은 p^*에서 p'으로 증가하고 균형 거래량 역시 Q^*에서 Q'으로 증가한다.

예를 들어 사과 시장의 연간 거래량과 평균 가격을 생각해 보자. 만약 내년에

그림 2-5 균형의 변화

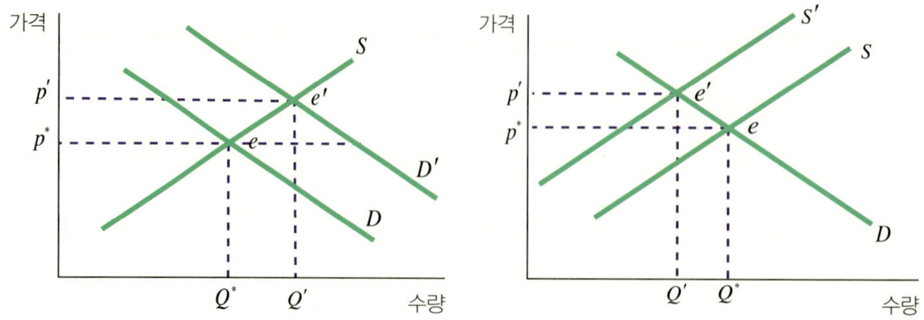

(a) 수요 곡선의 이동으로 인한 균형의 변화 (b) 공급 곡선의 이동으로 인한 균형의 변화

사과 주 구매자 층의 소득이 빠르게 증가할 것으로 예상된다면 이는 사과 시장에 어떤 변화를 가져올까? 우리는 이를 분석하기 위한 도구인 수요–공급 모형을 가지고 있다. 모형에서 이 변화는 사과 수요 곡선의 오른쪽 이동으로 나타날 것이다. 따라서 내년의 사과 연간 거래량은 올해보다 증가할 것이고, 평균 가격 역시 상승할 것으로 기대할 수 있다.

패널 (b)는 공급 곡선 이동으로 인한 균형의 변화 사례를 보여준다. 만약 생산비용이 상승하는 변화가 있다고 생각해 보자. 이는 동일 가격에서의 공급량을 줄이고, 공급 곡선 S가 S'으로 왼쪽 이동한다. 이제 기존 균형 가격 p^*에서는 초과 수요가 발생하고 이는 더 이상 균형 가격이 아니다. 초과 수요 상태에서 가격은 오르고 가격 상승은 새로운 균형이 도달할 때까지 이루어진다. 새로운 균형은 새로운 공급 곡선 S'이 수요 곡선 D와 교차하는 e'에서 얻어지고, 이는 균형 가격의 증가와 균형 거래량의 감소로 나타난다.

다시 한번 사과 시장을 고려해 보자. 사과 재배에 사용되는 비료 가격이 재료비 인상으로 급격히 증가하였다. 우리 모형은 비료 가격 상승이 사과 시장에 미칠 영향을 예측하는 데 도움을 준다. 모형에서 사과 생산비용의 증가는 사과 공급 곡선의 왼쪽 이동으로 표현되고, 이는 균형 가격의 상승과 균형 거래량의 감소를 낳는다. 따라서 사과의 연간 거래량은 감소하고 평균 가격은 증가할 것으로 예상할 수 있다.

우리가 제시한 수요-공급 모형은 현실을 모사하기 위한 도구이다. 모형에서 제시한 수요 곡선, 공급 곡선은 현실의 자료를 이용해 추정할 수도 있지만 보통의 논의에서는 우리의 모형 안에서만 존재하는 것이다. 우리가 현실에서 관측하는 것은 일정한 기간에 상품이 거래된 양과 그 상품들의 거래 가격이다. 수요-공급 모형을 염두에 둠으로써 우리는 현실에서 관측되는 거래량과 가격이 모형의 균형에서 얻어졌을 것으로 해석한다. 그리고 현실에서 다른 변화가 발생했을 때 수요-공급 모형을 이용해 이를 모형 안의 변화로 전환하고 현실에서 일어날 가격과 거래량의 변화를 예측하는 것이다. 반대로 현실에서 관측한 가격과 거래량의 변화를 가지고 무엇이 이런 변화를 일으켰는지 추측할 수도 있다.

다시 한번 사과 시장의 예를 생각해 보자. 올해 사과의 연간 판매량과 평균 가격을 작년과 비교해 보니 사과의 연간 판매량이 감소하고 평균 가격도 작년에 비해 낮은 것으로 나타났다. 대체 어떤 요인이 이런 시장의 변화를 가져왔을까? 〈그림 2-6〉의 패널 (a)에서처럼 수직축이 가격이고 수평축이 거래량인 평면에서 우리가 관측하는 것은 작년 거래량과 가격의 조합, 올해 거래량과 가격의 조합, 이 두 점이다. 그러나 현실을 모사하는 수요-공급 모형을 염두에 두고 있는 우리는 이 두 관측치를 시장 균형으로 생각한다. 그러므로 패널 (b)에서처럼 작년의 수요 곡선과 공급 곡선이 만나는 지점에서 작년의 거래량과 가격이 결정되었다고 생각할 수 있다. 따라서 올해의 거래량과 가격이 새로운 균형으로 얻어지기 위해서는 패널 (c)에서처

그림 2-6 모형을 통한 관측치의 이해

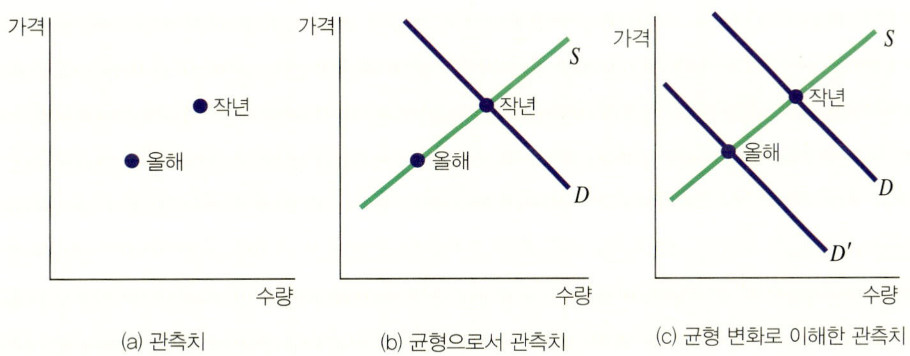

럼 수요 곡선이 왼쪽 이동했을 것으로 추론할 수 있다. 즉, 작년과 비교하였을 때 올해는 수요를 줄이는 변화가 있었을 것이다. 이것이 소비자 소득 수준의 감소 때문인지, 배의 가격 하락 같은 이유로 소비자들이 다른 상품을 대신 소비하기 때문인지, 아니면 소비자들의 취향이 변화하여 사과보다 다른 열대 과일을 더 소비하기 때문인지 등은 이 모형으로는 알 수 없다. 다만 수요를 감소시키는 요인이 작동했음을 추론할 수 있다.

요약

가격 이외의 요소가 변하면 수요 곡선과 공급 곡선이 이동하며, 새로운 균형이 얻어진다. 어떤 곡선이 어떤 방향으로 이동하는가에 따라 균형 가격과 균형 거래량이 변하는 양상이 다르며, 역으로 균형 가격과 거래량이 변하는 양상으로부터 어떤 곡선이 어떤 방향으로 이동했는지를 추론할 수 있다.

2.4 탄력성(elasticity)

위에서 우리는 수요량이 가격을 비롯한 여러 요인에 의해 결정된다고 논의하고, 이를 요약한 것이 수요 함수라고 하였다. 수요 함수에서 가격을 비롯한 여러 요인이 변할 때 수요량이 어떤 방향으로 변하는지에 대해서도 논의했다. 이를테면 수요 법칙은 가격이 올라가면 수요량이 줄어드는 관계를 보인다고 알려준다. 또한 소비자들의 소득이 증가하면 수요량이 증가한다고 예측한다. 그러나 가격이 오를 때 수요량이 얼마나 줄어드는지에 대해서는 논의하지 않았다. 즉, 줄어든다는 방향성은 언급했지만, 얼마나 줄어들 것인지에 대해서는 논한 바가 없다. 때로는 정성적으로 늘어날 것인지, 줄어들 것인지에 대한 정보에 더해 정량적으로 얼마나 줄어들 것인지에 대한 정보가 필요하다. 이런 정량적인 변화량을 측정하는 개념이 탄력성이다.

탄력성(elasticity)은 일반적으로 하나의 변수가 다른 변수의 변화에 대응하여 변화하는 정도를 측정하는 개념이다. 예를 들어 한 시간이 지나면 이 물체는 얼마나 움직일까? 같은 질문에 답할 수 있다. 수요 곡선에 적용하면 가격이 100원 오르면 수요량은 몇 개나 줄까? 라는 질문에 답을 하는 것이다.

이를 측정하기 위해 수요 곡선의 기울기를 사용할 수 있다. 기울기는 한 변수의 변화량을 다른 변수의 변화량으로 나눈 것이다. 수요량의 변화량을 가격의 변화량으로 나누면 수요 곡선의 기울기가 나온다. 그런데 이렇듯 기울기로 측정하는 것은 한 가지 문제점을 가지고 있다. 측정 단위에 대한 의존성이다. 가격이 100원 오를 때 연필의 수요량이 1000개 감소한다고 하자. 기울기를 쓰면 10개/원이 된다. 만약 연필 수요량을 개수로 세지 않고 10개들이 한 박수 단위로 세면 어떨까? 그럼 기울기는 1박스/원이 된다. 이렇듯 기울기는 측정 단위가 바뀜에 따라 그 크기가 달라진다. 또한 같은 변화량이라도 애초의 수요량 혹은 가격의 수준에 따라 다른 의미를 가진다. 예를 들어, 가격이 100원에서 200원으로 변할 때 수요량이 10000개에서 9000개로 줄어드는 상황과 가격이 1000원에서 1100원으로 변할 때 수요량이 2000개에서 1000개로 줄어드는 상황을 비교해 보자. 변화량의 비율로 측정하면 이 둘은 모두 가격이 100원만큼 오를 때 수요량이 1000개 줄어든 것이다. 하지만 첫 번째의 경우 가격이 두 배가 될 때 수요량이 10%로 줄어든 반면, 두 번째의 경우는 가격이 10%로 늘 때 수요량이 절반으로 줄어든 것이다. 이는 결코 같은 의미로 해석하기 어렵다. 측정단위와 무관하게, 그리고 최초의 수량과 가격에 비추어 변화 정도를 측정하기 위한 방법으로 제안된 개념이 탄력성이다. 탄력성은 절대량의 변화 비율을 구하는 것이 아니라 변화율의 비율을 구한다. 즉 수량의 변화율(=변화량/수량)을 가격의 변화율로 나누는 것이다. 변화율은 변화량과 달리 측정 단위에 영향을 받지 않는다. 따라서 변화율의 비율인 탄력성 역시 측정단위과 무관하게 측정된다. 앞서 100원이 오를 때 1000개 감소하는 연필의 수요량을 생각하자. 최초의 가격이 1000원, 최초의 수요량은 10000개라 하자. 그럼 가격의 변화율은 10%, 수요량의 변화율도 10%이다. 이때 수요량을 박스 단위로 계산하다고 해도 변화량은 100박스, 최초 수요량은 1000박스이므로 여전히 수요량의 변화율은 10%이다. 따라서 측정단위를 바꾸어도 탄력성의 크기는 변하지 않는다. 또한 가격이 100원에서 200원으로 변할 때 수요량이 10000개에서 9000개로 줄어드는 상황은 가격 100% 상승에 수요량 10% 하락이지만, 가격이 1000원에서 1100원으로 변할 때 수요량이 2000개에서 1000개로 줄어드는 상황은 가격 10% 상승에 수요량 50% 하락으로 탄력성이 다르게 측정된다.

요약

탄력성은 한 요소의 변화에 대한 다른 요소의 반응도를 보는 것으로 측정 단위로부터 자유롭고 실질적인 변화 정도를 반영할 수 있도록 변화율의 비율로 측정한다.

수요량이 여러 요인에 의해 영향을 받으므로 수요의 탄력성은 변화하는 요인에 따라 여러 개가 정의된다. 가장 자주 언급되는 수요의 탄력성은 가격이 변화할 때 수요량이 변화하는 정도를 측정하는 수요의 가격 탄력성이다. 보통 수요의 탄력성이라 하면 수요의 가격 탄력성을 의미한다. **수요의 가격 탄력성**은 수요량의 변화율을 가격의 변화율로 나눈 비율이다. 가격이 오를 때 수요량은 감소하므로 이렇게 측정한 값은 음의 값을 가지나 우리는 그 절대적인 크기에 관심이 있으므로 이의 절대값, 혹은 음의 부호를 앞에 붙여 정의한다.[1] 수요의 (가격) 탄력성은 보통 그리스 문자 ε(엡실론)으로 표기하고 다음과 같이 정의된다.

$$\varepsilon = -\frac{\text{수요량의 변화율}}{\text{가격의 변화율}} = -\frac{\frac{dQ_d}{Q_d}}{\frac{dp}{p}} = -\frac{dQ_d}{dp}\frac{p}{Q_d}$$

위 식에서 우리는 아주 작은 변화량을 표시하기 위한 기호 d를 사용하였다. 개념적으로 탄력성은 가격의 변화가 아주 작을 때 수요량이 어떻게 변하는지를 측정하는 개념이다. 그러나 현실에서 우리가 관측하는 가격 변화는 아주 작은 변화가 아니다. 가격의 변화가 작으면 수요량의 변화도 아주 작다. 변화율을 측정할

1 뒤에 논의하겠지만, 수요 법칙을 위반하는 상품도 있을 수 있다. 이런 경우를 포괄하기 위해 어떤 교과서는 음의 부호를 붙이지 않고 수요의 가격 탄력성을 정의하기도 한다. 하지만 여기에서는 수요 법칙을 위반하는 예외적인 경우는 별도로 언급하고, 음의 부호를 붙여 탄력성의 값을 양의 값으로 만드는 방법을 선택했다.

때 분모가 되는 가격 수준이나 수요량 수준은 변화 전후의 차이가 거의 없어 어떤 양을 써도 된다. 그래서 위 공식에서는 변화 전후의 구분 없이 가격과 수요량을 쓰고 있다. 하지만 현실의 탄력성 측정에서는 가격과 수요량의 변화가 상당한 수준이기 때문에 변화율의 분모에 들어갈 수준이 변화 전의 값인지, 변화 후의 값인지에 따라 측정하는 변화율이 달라진다. 이를 피하기 위해 변화 전후의 양의 평균을 사용한다. 개념적으로 아주 미세한 가격의 변화를 기준으로 측정한 탄력성을 **점탄력성**(point elasticity)이라 한다. 모형에서 이론적으로 탄력성을 측정할 때 이 개념을 사용한다. 그러나, 실제 자료를 가지고 탄력성을 측정할 때는 점탄력성 개념을 사용하기 어렵다. 따라서 변화 전 후의 수준의 평균을 분모로 쓰는 **호탄력성**(arc elasticity) 개념을 사용한다. 호탄력성은 다음과 같은 식으로 쓸 수 있다.

$$\varepsilon = -\frac{\Delta Q}{\Delta p}\frac{p_1 + p_2}{Q_1 + Q_2}$$

이때 p_1과 Q_1은 가격 변화 전의 가격과 수요량을, p_2와 Q_2는 가격 변화 후의 가격과 수요량을 나타낸다. 아주 작은 변화가 아닌 상당한 양의 변화를 표시하기 위해 기호 Δ(델타)를 사용한다.

측정된 탄력성의 크기에 따라 우리는 수요가 탄력적인지, 비탄력적인지 구분한다. 탄력성이 1보다 크면, 수요가 **탄력적**이라고 말한다. 가격이 변화할 때 수요량의 변화율이 가격의 변화율보다 큰 경우이다. 탄력성이 1보다 작으면 수요가 **비탄력적**이라고 말한다. 수요량의 변화율이 가격의 변화율보다 작은 경우이다. 탄력성이 정확히 1이면 수요가 **단위 탄력적**이라고 말한다. 이때는 수요량의 변화율이 가격의 변화율과 정확하게 같다.

이런 구분을 하는 이유는 탄력성의 크기에 따라 여러 가지 다른 함의가 도출되기 때문이다. 예를 들어 탄력성의 크기에 따라 가격이 오를 때 상품에 대한 지출액이 증가할 것인지, 감소할 것인지가 결정된다. 가격이 오르면 수요 법칙에 따라 그 상품에 대한 소비가 줄기 때문에 전체 지출액이 늘지 줄지는 알 수 없다. 만약 가격이 오른 것에 비해 재화의 소비량이 별로 줄어들지 않는다면, 전체 지출액은 가격 증가의 효과로 인해 증가할 것이다. 반면 재화의 소비량이 많이 준다면, 소비량 감소의 효과로 인해 전체 지출액은 줄어들 수도 있다. 이것이 곧 탄력성의 크기에 달려있다. 전체 지출액은 가격과 소비량을 곱한 pQ이다. 가격의 변화에 따른 지출액의 변화는 다음의 식으로 표현할 수 있다.

$$\frac{d(pQ)}{dp} = Q + p\frac{dQ}{dp} = Q\left(1 + \frac{dQ}{dp}\frac{p}{Q}\right) = Q(1-\varepsilon)$$

미분에 익숙한 독자들은 첫 번째 등호가 곱의 법칙(product rule)이 적용되어 구한 것임을 알 수 있다. 미분에 익숙하지 않은 독자라면 다음의 방식으로 이해할 수 있다. 〈그림 2-7〉에서 보듯이 두 변수의 곱(pQ)은 직사각형의 면적으로 표시될 수 있으며, 이 곱의 변화, 즉 직사각형 면적의 변화는 한 변수의 변화와 다른 변수의 원래 양의 곱인 dpQ와 pdQ의 합과 변수의 변화의 곱인 $dpdQ$를 더한 것과 같다. 하지만 각 변수의 변화가 아주 작다면 두 변수의 변화의 곱인 $dpdQ$는 무시할 만한 양이 되므로 $d(pQ) = dpQ + pdQ$로 쓸 수 있으며, 위 식의 첫 번째 등호가 유도될 수 있다.

각 항을 Q로 묶어내면 두 번째 등호가 성립하며 괄호 안의 두 번째 항은 우리가 정의한 탄력성에 음의 부호를 붙인 것과 같다. 최종적으로 유도된 식에서 탄

그림 2-7 두 변수 곱의 변화량

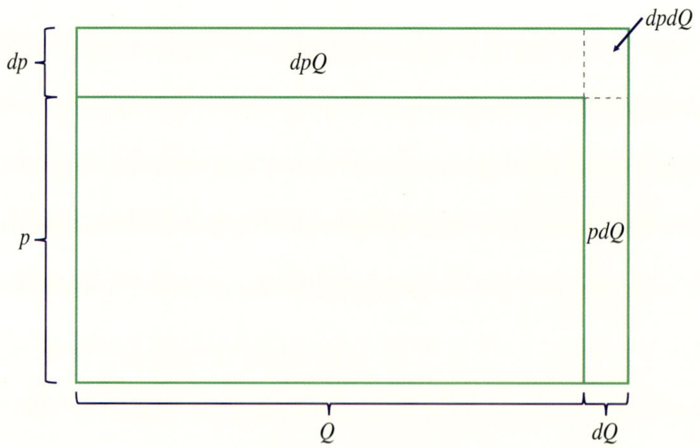

력성이 1보다 크면, 즉 수요가 탄력적이면, 이 식의 부호는 음이 되고 가격이 증가할 때 지출액이 감소한다. 반면 탄력성이 1보다 작으면, 즉 수요가 비탄력적이면, 이 식의 부호는 양이 되고 가격이 증가할 때 지출액이 증가한다. 앞서 설명한 것처럼 수요가 탄력적이면 수요량의 감소율이 가격의 증가율보다 커지고 그것의 곱인 지출액은 수요량 변화의 효과가 지배적이 되어 감소한다. 반면 수요가 비탄력적이면 수요량의 감소율이 가격의 증가율보다 작아서 그 곱인 지출액은 가격 증가율의 효과가 지배적이 되어 증가한다.

기울기가 일정한 선형 수요 곡선을 보면 가격 변화에 따른 수요량의 변화가 일정하므로 탄력성도 일정하다는 착각을 하기 쉽다. 하지만 탄력성은 변화율의 비율이지 변화량의 비율이 아니다. 선형 수요 함수는 변화량의 비율이 일정하며 변화율의 비율은 측정되는 지점에 따라 달라진다. 〈그림 2-8〉의 선형 수요 곡선을 보자. 탄력성은 $\varepsilon = -\frac{dQ}{dp}\frac{p}{Q}$인데 수요 곡선이 선형이면, 변화량의 비율 $\frac{dQ}{dp}$가 상수이다. 수요 곡선을 따라 오른쪽으로 갈수록 수량은 늘고 가격은 낮아져서 $\frac{p}{Q}$가 작아진다. 따라서 수요 곡선을 따라 오른쪽 아래로 갈수록 탄력성 값이 작아진다. 수요 곡선의 가운데 점에서 $\frac{p}{Q} = \frac{a}{b}$이고, $-\frac{dQ}{dp} = \frac{b}{a}$이므로 탄력성의 값은 1이 된다. 따라서 수요 곡선의 가운데 점에서 탄력성이 1이고 오른쪽 아래로

그림 2-8 선형 수요 곡선의 탄력성

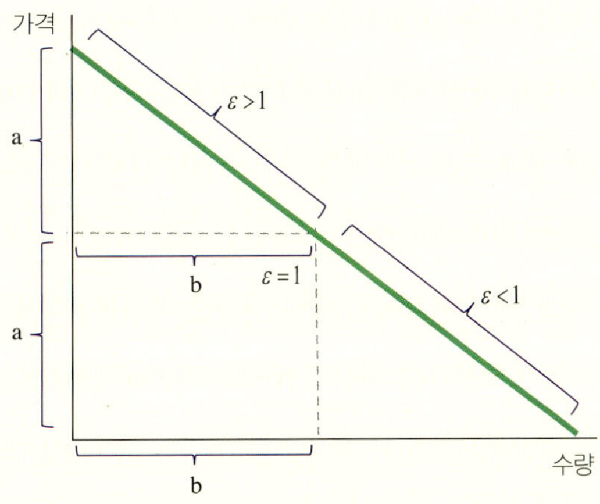

갈수록 탄력성은 작아지면서 1보다 작고, 왼쪽 위로 갈수록 탄력성이 커지면서 1보다 크다. 이런 선형 수요곡선 탄력성의 변화는 뒤에서 다룰 독점 기업의 생산량 결정 논의에 유용하다.

수학 지식 필요

만약 모든 점에서 동일한 탄력성을 가진 수요 곡선을 구하고자 하면 그것의 수학적 형태는 로그 선형함수이다. 만약 수요 곡선이 아래와 같은 식으로 주어지면 모든 지점에서 수요 탄력성은 ε이 된다.

$$lnQ = A - \varepsilon lnp$$

이때 $dlnx = \frac{dx}{x}$ 이므로, $\varepsilon = -\frac{dlnQ}{dlnp} = -\frac{\frac{dQ}{Q}}{\frac{dp}{p}}$ 이 탄력성이 된다. 따라서 곡선상의 어떤 가격-수요량에도 탄력성은 일정하다.

요약

수요의 가격 탄력성은 점탄력성과 호탄력성이 있다. 탄력성의 크기에 따라 수요는 탄력적, 비탄력적, 단위탄력적으로 구분되며, 이는 가격이 올랐을 때 총지출액의 변화와 관련된다. 선형 수요곡선의 탄력성은 측정 지점에 따라 바뀐다.

지금까지는 가격 변화에 따른 수요량의 변화를 보는 수요의 가격 탄력성에 대해 논의했다. 수요량은 그 밖에도 다른 상품의 가격, 소비자의 소득 등에도 영향을 받는다. 따라서 이런 요소의 변화에 따른 수요량의 변화를 측정하는 탄력성 개념이 존재한다.

우선 다른 상품 가격의 변화에 따라 수요량이 얼마나 변화하는지를 측정하는 탄력성이 있을 수 있다. 이를 **교차 탄력성(cross price elasticity)**이라고 한다. 두 상품 X와 Y가 있다고 할 때 Y재의 가격 변화에 따른 X재의 교차 탄력성은 다음과 같이 쓸 수 있다.

$$\varepsilon_{XY} = \frac{\frac{dQ_X}{Q_X}}{\frac{dp_Y}{p_Y}} = \frac{dQ_X}{dp_Y}\frac{p_Y}{Q_X}$$

다른 재화의 가격이 오를 때 이 재화의 수요량이 증가할 수도 감소할 수도 있기 때문에 이 값은 0보다 클 수도 작을 수도 있다. 그래서 가격 탄력성과는 달리 변화율의 비율 앞에 음의 부호를 덧붙이지는 않는다.

교차 탄력성이 양의 값을 가지면($\varepsilon_{XY}>0$) 우리는 재화 X와 Y가 서로 **대체재(substitutes)**라고 말하고, 교차 탄력성이 음수면($\varepsilon_{XY}<0$) 서로 **보완재(complements)**라고 말한다. 대체재 혹은 보완재의 개념은 그 이유가 무엇이건 교차탄력성의 부호에 의해 결정된다. 그러나 이런 이름이 붙은 직관적인 이유가 있다. Y재의 가격이 오르면 수요 법칙에 따라 Y재의 수요량이 줄 것이다. 그럼 Y재의 사용 용도를 대체하기 위한 재화의 소비는 늘 것이다. 따라서 교차탄력성이 양이면 두 재화는 대체재라고 정의한다. 반면 Y재와 서로 보완적으로 사용되어야 할 재화의 소비는 같이 줄 것이다. 따라서 교차탄력성이 음이면 두 재화는 보완재라고 정의한다. 예를 들어, 커피의 가격이 오르면 커피의 소비는 준다. 그럼 음료로서 커피를 대체하는 차의 소비는 늘 것이다. 반면 커피와 같이 소비되어야 하는 크림의 소비는 줄 것이다. 따라서 커피 가격에 대한 차의 교차탄력성은 양이고, 커피 가격에 대한 크림의 교차탄력성은 음이다.

또 다른 수요의 탄력성으로 소득이 변할 때 재화의 수요량에 미치는 영향을 측정하기 위한 탄력성 개념이 있을 수 있다. 이를 **수요의 소득 탄력성**이라 하고 다음과 같이 쓸 수 있다.

$$\varepsilon_I = \frac{\frac{dQ}{Q}}{\frac{dI}{I}} = \frac{dQ}{dI}\frac{I}{Q}$$

여기에서 I는 소득이며, 수요의 소득 탄력성은 수요량 변화율과 소득 변화율의 비율이다.

소득 탄력성 값에 따라 상품을 다양하게 구분할 수 있다. 소득 탄력성이 양수인 재화($\varepsilon_I>0$)를 **정상재(normal goods)**라 하고, 음수인 재화($\varepsilon_I<0$)를 **열등재(inferior goods)**라 한다. 대부분의 상품은 소득이 증가할 때 수요량이 증가하지만, 일부 상품은 소득이 올라갈수록 수요량이 감소할 수 있다. 소득 수준이 올라갈수록 외식에서 패스트푸드의 비중이 줄고 고급 식당의 수요가 는다면 패스트푸드는 열등재라 할 수 있다. 정상재 중에서도 소득이 상승할 때 수요량의 상승률이 소득 상승률보다 더 높은 상품($\varepsilon_I>1$)이 있고, 더 낮은 상품($\varepsilon_I<1$)이 있을 수 있다. 수요 상승률이 소득 상승률보다 높은 재화를 **사치재(luxury)**, 그렇지 않은 재화를 **필수재(necessity)**라 한다. 소비가 필수적인 재화는 소득이 변화하더라도 수요량이 크게 변화하지 않는다. 예를 들어, 식료품은 소득 변화에 따른 수요량의 변화가 적을 것이다. 그러나 어떤 재화는 충분한 소득이 있는 경우에만 수요가 발생한다. 예를 들어, 귀금속 장신구의 소비는 소득이 줄 때 수요량이 많이 줄고 소득이 늘면 수요량이 많이 는다.

요약

수요의 교차 탄력성은 다른 상품 가격 변화에 따른 수요의 변화를 측정하는 것으로 부호에 따라 대체재와 보완재 관계를 규정한다. 수요의 소득 탄력성은 소득의 변화에 따른 수요량의 변화를 측정하는 것으로 부호에 따라 정상재와 열등재를 규정하고, 정상재 안에서 탄력성의 크기에 따라 사치재와 필수재를 규정한다.

지금까지 수요의 탄력성을 다루었는데, 공급에서도 탄력성 개념을 적용할 수 있다. 다양한 탄력성 개념을 사용하는 수요와는 달리 공급에서는 가격에 대한 탄력성을 주로 다룬다. 공급 탄력성은 그리스 문자 η(에타)로 표기하고 다음과 같이 쓸 수 있다.

$$\eta = \frac{\text{공급량의 변화율}}{\text{가격의 변화율}} = \frac{\frac{dQ_s}{Q_s}}{\frac{dp}{p}} = \frac{dQ_s}{dp}\frac{p}{Q_s}$$

2.5 수요 공급 모형의 응용 1: 가격 규제의 효과

모형은 현실을 이해하는 도구이다. 수요–공급 모형은 현실의 가격과 거래량 변화를 이해하고 예측하는 데 도움을 주었다. 마찬가지로 수요–공급 모형은 정부 개입의 효과를 예측하고 평가하는 데에도 도움을 줄 수 있다. 여기에서는 정부 개입의 두 가지 사례로 가격 규제와 거래세 부과의 효과를 이해해 보려고 한다.

수요 공급 모형이 이해하는 시장 경제의 가격은 수요 곡선과 공급 곡선이 교차하는 시장 균형에서 형성된다. 정부는 때로 이렇게 형성된 가격이 바람직하지 못하다고 여겨 가격의 변동을 제한하는 규제를 가한다. 이런 **가격 규제**는 크게 두 가지 형태이다. 하나는 시장에서 결정된 가격이 지나치게 높다고 판단하여 가격의 상한선을 두고 그 이상으로 오르지 못하도록 하는 **가격 상한제(price ceiling)**이다. 다른 하나는 시장에서 결정된 가격이 지나치게 낮다고 판단하여 가격의 하한선을 두고 그 아래로 떨어지지 못하도록 하는 **가격 하한제(price floor)**이다. 대표적인 가격 상한제는 미국 일부 대도시에 남아 있는 **월세 상한제(rent control)**이다. 최근 한국에서도 주택 임차인의 보호를 위해 한 번의 전세계약 연장 시 전세가의 상승률에 제한을 두고 있다. 2020년 코로나 팬데믹의 초입에 발생한 의료기기의 부족, 특히 마스크의 부족으로 마스크 가격에 상한을 두었던 것도 가격 상한제의 예로 볼 수 있다. 대표적인 가격 하한제로는 **최저 임금제**를 들 수 있다. 이는 임금이라는 노동력 제공에 대한 가격이 일정한 수준 이하로 가지 못하도록 하는 규제이다.

가격 규제는 정부가 특별하거나 비상시라고 판단한 상황에서 시행되고 보통 일시적 비상 상황이 해제됨과 동시에 중지된다. 하지만 어떤 가격 규제는 그 이후에도 일종의 정책적 관성으로 남아있는 경우가 있다. 미국 주요 대도시에 남아 있는 월세 상한제(rent control)의 경우 2차 세계 대전 중 물자의 부족으로 인한 광범위한 가격 상승을 제한하고 전쟁 물자를 정부가 동원하기 위해 실시한 가격 규제의 일환이었다. 대부분의 가격 상한제는 전쟁이 끝나고 해제되었으나 미국 대도시의 일부 지역과 건물에는 여전히 월세 상한제가 적용되고 있다. 아마도 이를 해제할 경우 발생할 수 있는 월세의 급격한 상승과 이에 따른 정치적 부담 때문이었을 것으로 추측된다.

그럼 이제 수요 공급 모형을 통해 가격 상한제와 하한제의 효과를 살펴보도록 하자. 〈그림 2-9〉의 패널 (a)는 가격 상한제의 경우를 보여준다. 가격 상한은 균형 가격보다 낮게 설정되어야 의미가 있다. 가격 상한이 설정되어 있어도 실제의 시장 가격이 이에 미치지 못한다면 가격 규제는 시장에 아무런 영향을 미치지 못한다. 시장 가격이 우리 모형의 균형에서 결정된다는 전제하에 가격 상한제의 유의미한 효과를 분석하려면 설정된 가격 상한이 균형 가격 아래에 있어야 한다. 그림에 제시된 모형에서 균형 가격은 p^*이고 가격 상한은 p_1에 설정되어 있다. 이 가격에서는 수요량이 공급량보다 많아 초과 수요가 발생한다. 규제가 없었다면 이 초과 수요가 가격을 상승시킬 것이고, 가격의 상승은 수요량을 줄이고 공급량을 늘려 초과 수요를 없앴을 것이다. 하지만, 가격 상한제로 인하여 상품을 원하지만 얻지 못하는 소비자가 발생한다.

가격 상한제로 인한 초과 수요는 상품을 누가 소비할 것인가의 문제를 발생시킨다. 현재 가격에서 재화를 사고자 하는 사람은 많으나 시장에서 살 수 있는 재화는 제한되어 있기에 재화를 원하지만 살 수 없는 사람이 항상 존재한다. 그럼 누가 살 수 있고, 누구는 살 수 없는가? 시장에서는 한정된 재화가 원하는 소비

그림 2-9 가격 규제의 효과

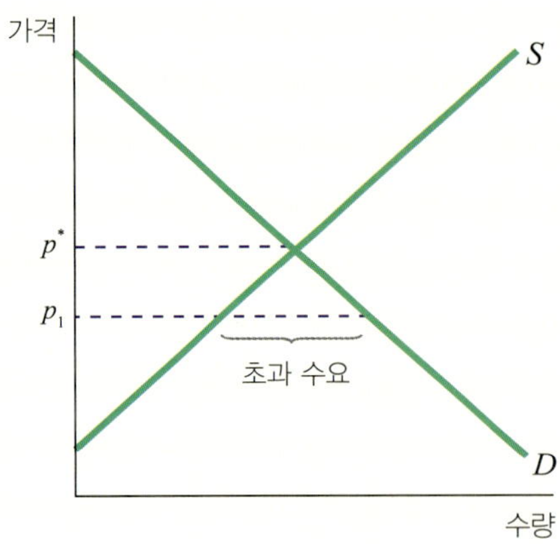

(a) 가격 상한제

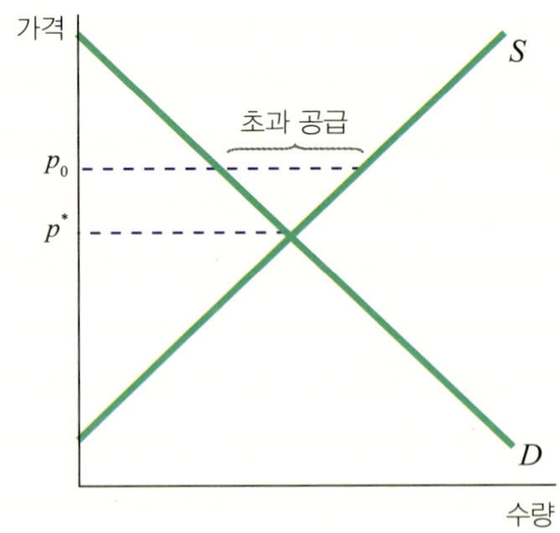

(b) 가격 하한제

자에게 할당되며, 이 할당의 방식은 여러 가지가 있을 수 있다. 보통은 먼저 재화를 구하는 사람이 물건을 사게 된다. 상점에서 먼저 줄을 선 사람, 여기저기 상점에 연락을 하고 물건을 구하려 노력하는 사람들이 물건을 얻게 된다. 결국 시장 가격 이외에 상점에서 기다리는 시간, 물건이 어디 있는지 수소문하는 노력 등 숨어 있는 가격을 소비자들이 지불하게 된다.

모형의 함의를 좀 더 광범위하게 해석하면 가격 상한제로 인한 초과 수요는 암시장을 출현시킬 수 있다. 소비자들은 더 높은 가격을 주고서라도 재화를 살 용의가 있으나, 생산자들은 현재의 상한 가격에서는 물건을 더 이상 공급하지 않는다. 따라서 암시장이 출현하여 규제 가격보다 더 높은 가격에 물건을 거래하는 상황이 발생할 수 있다. 만약 암시장에서 우리가 전제하고 있는 수요-공급과 시장 균형의 논리가 작동한다면 암시장 가격은 모형에서 제시한 시장 균형 가격이 될 것이다. 물론, 암시장에서 거래를 하기 위한 여러 비용들까지 고려하면 가격은 더 오를 수 있다.

주목해야 할 사실은 가격 상한제로 인하여 상품의 공급량이 줄었다는 것이다. 가격 상한제가 없었다면 더 많은 상품이 시장에 공급되었겠지만 가격 상한제로 인하여 상품 부족 문제는 더욱 심화되었다. 가격 상한제로 인한 상품 부족은 공급 탄력성과 밀접한 관련을 가진다. 만약 공급량이 가격에 민감하게 반응하지 않아 낮은 가격에도 공급량의 감소가 심하지 않다면 가격 상한제로 인한 상품 부족은 그리 심각한 문제가 아닐 것이다. 그러나 공급의 가격 탄력성이 높아 가격 상한제로 인한 공급량 감소가 크게 발생한다면 상품 부족이라는 가격 상한제의 부작용은 더욱 심화된다.

이상의 논의, 특히 낮아진 가격으로 인한 공급량의 감소가 가격 상한제를 반대하는 주된 이유가 된다. 이 논리에 따르면 미국 주요 도시의 월세 상한제는 도시의 월세 주택 공급을 줄여서 세입자들이 주택을 임차하는 어려움을 가중시킨다. 그렇다면 모형에 따른 정책 처방은 무엇인가? 가격 상한제를 실시하지 않고 가격이 충분히 상승하도록 해서 월세 주택 공급량을 늘리도록 하는 것이다. 만약 가격을 안정화시키길 원한다면 임대 공급 주택에 영향을 주는 다른 요인을 변화시켜 공급 곡선을 오른쪽으로 이동시키는 정책을 강구해야 한다.

참고할 내용

다시 유행하는 월세 상한제와 부작용

전통적인 월세 상한제는 2차 대전의 유산이지만, 이것이 최근 다시 유행하고 있다. 미국과 유럽 대도시의 월세 수준은 너무 높아 다른 지역에 비해 높은 급여 수준에도 불구하고 전일제 근로자가 급여의 절반 정도를 월세로 지출하는 수준이다. 이는 정치적 압력으로 이어져 월세 인상률을 제한하는 규제가 미국 캘리포니아 주, 영국의 런던, 독일의 베를린 같은 지역에서 실시되고 있다.

베를린의 경우 2020년에 시행된 제도를 통해 우선 일정 시점 이전에 건설된 월세 주택의 월세 인상을 금지하고, 제도 시행 일정 기간 후에는 제시된 기준가 이상을 넘어서는 월세는 강제로 낮추도록 하고 있다. 이에 따라 월세는 상당 부분 낮아진 것으로 확인된다.

그러나 가격 상한제를 실시할 때 가격이 낮아지는 것은 당연한 일이다. 모형이 언급하는 부작용은 월세 주택의 공급이 줄어들어 주택난이 더 심각해지는 것이다. 베를린의 경우 이는 월세 임대 광고가 절반으로 줄어드는 것으로 나타났다. 단기적으로 임대인들은 과거 임대하던 주택을 직접 쓰거나, 팔거나, 혹은 법적 소송을 통해 규제가 철폐되기를 기다리며 비워두는 방식으로 임대 주택 공급을 줄인다. 또 임차인들은 상한이 걸린 임대 주택을 떠나려 하지 않아 임대 주택의 거래가 줄어든다. 장기적으로는 제한된 가격 때문에 신규 주택 건설 투자가 줄어든다. 또한 임대인들이 기존 주택에 더 이상 유지 보수 투자를 하지 않는다. 따라서, 임대 주택의 월세가 고정되는 대신 그 질이 점차 하락하는 현상이 나타난다.

따라서, 수요-공급 모형으로 분석한 가격 상한제의 부작용은 실재하고 규제의 기간이 길어질수록 더 심화될 수 있다. 궁극적으로 월세 가격 안정화를 위해서는 인구의 도시 유입을 억제하여 수요 곡선의 이동을 막거나 새로운 임대 주택을 공급하여 공급 곡선을 오른쪽으로 이동해야 한다. 새로운 임대 주택을 공급하기 위하여 신규 건설 주택에 관련한 여러 규제(특히, 토지사용에 관련한 규제)를 완화하는 것이 필요하다고 흔히 얘기된다.

참조: The Economist, https://www.economist.com/leaders/2019/09/19/rent-control-will-make-housing-shortages-worse and https://www.economist.com/europe/2021/03/09/after-a-year-berlins-experiment-with-rent-control-is-a-failure

요약

가격 상한제는 지속적인 초과 수요를 낳고 암시장을 출현시킬 수 있다. 특히 공급량을 줄여 재화의 부족 현상을 심화시킨다.

가격 하한제 역시 가격 상한제와 유사한 시장 왜곡 효과를 가져온다. 〈그림 2-9〉의 패널 (b)는 가격 하한제의 효과를 보여준다. 가격 상한제의 규제 가격이 균형 가격보다 낮은 수준에서 설정되어야 효과가 있는 것처럼 가격 하한제 역시 규제 가격이 균형 가격보다 높은 수준에서 설정되어야 효과가 있다. 만약 규제 가격이 현재의 시장 가격보다 낮다면 가격 하한제는 아무런 효과가 없을 것이다.

그림의 p_0처럼 가격 하한이 균형 가격 p^*보다 높은 수준에 설정되면 시장의 공급량이 수요량을 초과하는 초과 공급 상태가 나타난다. 가격 규제가 없다면 이러한 초과 공급은 가격을 하락시키고 수요량을 늘려 자연스럽게 해소되겠지만 가격 규제는 더 이상의 가격 하락을 막는다. 특히 인위적으로 높아진 가격은 수요량을 줄여서 생산자를 더욱 어렵게 만든다.

이를 대표적인 가격 하한제인 최저 임금제에 적용시켜보면, 최저 임금제를 통해 노동시장의 초과 공급 상태인 실업이 지속된다. 더 낮은 임금에도 일할 용의가 있는 많은 노동자들이 계속 실업 상태에 빠져 있게 된다. 특히 높아진 임금은 노동 수요인 일자리를 줄여 실업 문제를 더욱 심화시킨다. 단기적으로는 고용 노동자의 수를 줄이고 고용된 노동자의 노동 강도를 높이는 방식으로 대응할 수 있다. 예를 들어, 작은 규모의 자영업일 경우 고용을 줄이고 가족 구성원이 직접 일을 하는 형태로 대체할 수 있을 것이다. 장기적으로는 노동 사용을 줄이기 위한 기술 변화가 발생한다. 예를 들어, 키오스크의 사용이나 로봇의 사용 등이 이에 해당한다. 임금이 낮을 때에는 이런 투자가 비경제적일 수 있지만, 임금이 높아지면 이런 투자의 경제성이 높아지고 노동 수요는 더 감소할 수 있다.

단순 수요-공급 모형으로는 포착할 수 없지만, 이런 실업 현상은 주로 비숙련 저연령 노동자에게 집중될 것이다. 경험이 많은 숙련 노동자의 경우 시장 임금이 이미 높은 수준이어서 최저 임금의 영향을 받지 않는다. 주로 편의점이나 패스트푸드 식당에서 일하는 비숙련 청년 노동자들이 최저 임금제의 영향을 받으며, 따라서 실업 현상도 이들에게 집중될 것이다.

모형에 따른 정책 처방 역시 가격 상한제와 유사하다. 최저 임금제를 적용하지 않고 임금의 하락을 용인하면 늘어난 노동 수요, 혹은 일자리가 현재의 실업자들을 흡수할 것이다.

요약

가격 하한제인 최저 임금제는 지속적인 초과 공급, 즉 실업을 낳는다. 특히 노동수요를 줄여 일자리 부족 문제가 심화되며 이는 저숙련 청년 노동자에게 집중된다.

지금까지는 수요-공급 모형이 관련 시장을 정확하게 모사하고 있다는 전제하에 가격 규제의 효과를 평가하였다. 그러나 때로는 이렇게 얻어진 정책 처방이 현실적이지 않거나 실증적으로 논쟁적인 경우가 있다. 왜 이런 문제가 발생하는지를 이해함으로써 우리는 수요-공급 모형이 암묵적으로 가정하고 있는 상황이 무엇인지, 그래서 어떤 경우에 적용 가능하고 어떤 경우에 그렇지 않은지에 대해 생각해 볼 수 있다.

수요-공급 모형에 따르면 가격 상한제는 재화의 공급량을 줄여 재화의 부족 현상을 심화시킨다. 그리고 월세 상한제의 경우처럼 이런 지적은 상당 부분 타당하다. 하지만 2020년 팬데믹 초기의 마스크 부족 현상과 이에 따른 가격 상한 및 마스크 할당제의 경우를 고려해 보자. 마스크의 부족은 늘어난 수요를 공급량이 감당하지 못하여 발생한 것이다. 수요-공급 모형에 따르면, 이 경우 충분히 높은 가격이 형성되어 생산자들이 물건을 더 많이 공급하도록 해야 하는데 가격 상한제가 공급량의 증가를 억제하여 오히려 마스크 부족 현상을 더욱 심화시킨다. 따라서 가격 상한제를 두지 않고 높은 가격 상승을 용인하는 것이 오히려 더 좋은 대책이라 할 수 있다.

그러나 팬데믹 초기의 마스크 부족을 경험한 대부분의 사람들은 이런 정책 처방에 동의하기 어려울 것이다. 사람들이 경제학적 훈련이 덜 되어 현실을 제대로 꿰뚫어 보지 못하기 때문일까? 아마도 마스크 가격 상한제와 할당제 도입 전 마스크 가격이 훨씬 높았음에도 불구하고 마스크를 구하기 더 어려웠던 경험을 했기 때문일 것이다. 그럼 왜 이론적 분석과 현실적 경험 사이에 이런 괴리가 발생하는가? 정책이 도입되지 않고 높은 가격이 지속되었을 경우 가격 상한제와 할당제를 도입하는 경우에 비해 더 빨리 마스크 부족 현상이 해결되었을 것인가?

현실의 상황은 그렇지 못했을 가능성을 제기한다. 모형이 포착하지 못하는 현실의 특성을 생각해 보자. 우선 수요-공급 모형에서는 존재하지 않는 투기적 거래자의 존재이다. 모형에서 시장 참가자가 높은 가격의 혜택을 누릴 수 있는 통로는 더 많이 생산하여 파는 것이 유일하다. 그러나 현실에서는 더 높아질 가격을 예상하여 물건을 사재기해 시장에서 퇴장시켰다가 되파는 투기적 거래자가 존재하고, 높은 가격이 오히려 시장에서 공급 부족을 일시적으로 심화시킬 수도 있다. 소비자들도 구하기 어렵다는 이유로 기회가 있을 때 마스크를 많이 구입하여 집에 쟁여 놓고자 할 것이다. 이런 투기적 거래자의 존재가 무조건 나쁜 것은 아니다. 이는 공급 부족이라는 현상에 대해 높은 가격이라는 강력한 신호를 시장에 주어 공급을 빨리 늘리게 할 수도 있기 때문이다. 하지만, 가격 상승에 따른 공급량의 변화 역시 모형과는 다르게 작용하는 부분이 있다. 수요-공급 모형에서 높은 가격은 공급 곡선을 따라 즉각적인 공급량 증가로 이어진다. 하지만 현실에서 높은 시장 가격이 더 많은 생산량을 유도하는 데에는 시간이 걸린다. 생산량이 증가하기 위해서는 생산 설비가 늘어나고 고용이 확대되어야 한다. 특히 생산설비가 늘어나는 데에는 시간이 많이 걸리고, 한 번 늘어난 생산 설비는 되돌리기 어려우므로 높아진 시장 가격이 상당히 지속될 것이라는 믿음 없이는 생산 설비 증설이 이루어지지 않는다. 팬데믹이 얼마나 지속될지에 대한 확신이 없던 2020년 초반에는 이런 생산량 증가가 더디게 이루어졌다. 오히려 정부가 일정 기간 동안 일정 가격으로 구매를 지속하겠다는 약속을 하고 설비투자를 지원한 것이 생산량 증가를 앞당겼다는 평가가 일반적이다. 따라서, 가격 상승을 상당 부분 용인한 상태에서 가격 상한을 실시하고, 초과 수요의 혼란을 해소하기 위해 규칙이 제시된 할당제를 실시한 것은 현재까지는 성공적인 정책으로 평가받고 있는 듯하다.

수요-공급 모형에 따르면 최저 임금제는 고용을 줄여서 실업을 증가시킨다. 그러나 실증적인 연구 결과는 이런 모형의 함의에 대해서 논쟁적인 결과를 제출하고 있다. 최신 논쟁의 시작은 카드(D. Card)와 크루거(A. Krueger)의 1994년 연구이다. 두 연구자는 붙어 있는 두 주인 뉴저지와 펜실베이니아 중 뉴저지 주에서만 최저 임금이 올라간 상황을 이용해 최저 임금의 고용 효과를 분석하였다. 두 주에 걸쳐 있는 동일 대도시 권역인 필라델피아 인근 패스트푸드 식당의 고용 변화를 비교하였는데, 최저 임금이 올라간 뉴저지 주에 속한 식당의 고용이 펜실베이니아 주에 속한 식당의 고용에 비해 줄지 않고 오히려 늘었음을 발견하였다. 이후 여러 실증적 연구자들이 최저 임금의 고용 효과를 분석하고 있는데, 결론이 섞여 있어 최저 임금의 고용 효과에 대한 논의는 여전히 논쟁적이다. 모형에 따르면 최저 임금이 고용을 감소시키는 효과가 있음이 자명하지만, 실제 자료에서는 연구에 따라 다른 결론이 확인된다.

이런 논쟁적인 실증 결과는 모형이 현실에 적용되는 과정에서 나타날 수 있는 여러 잠재적 문제점을 보여준다. 첫째, 수요-공급 모형이 상정하는 시장 상황이 노동 시장에 적용되지 않을 수 있다. 뒤에 상세히 설명하겠지만, 수요-공급 모형은 많은 수의 생산자와 소비자가 경쟁하는 완전 경쟁이라는 시장 상황을 가정한 것이다. 노동 시장이 이런 가정을 만족하지 않을 가능성을 배제할 수 없다. 둘째, 수요-공급이 정확한 노동시장의 모사라 해도 노동 수요의 탄력성이 낮아서 고용 효과가 실증적으로 확인되기 어려울 수 있다.

물론 이러한 분석이 최저 임금제에 전혀 문제가 없다는 주장을 하는 것은 아니다. 최저 임금제의 효과에 대해서 여전히 논쟁이 있지만, 최저 임금이 지나치게 높은 경우, 그리고 지나치게 빨리 상승한 경우에는 어떤 형태로든 부작용이 발생하리라는 예측에 많은 사람이 동의하는 것처럼 보인다. 하지만 이론이 예견하는 것처럼 최저 임금제의 존재 자체가 고용을 감소시켜 문제를 심각하게 만들 것이라는 주장은 실증적으로 그 타당성을 검증할 필요가 있다.

위 논의는 수요-공급 모형을 현실에 적용할 때 주의해야 할 몇 가지 한계점을 알려준다. 첫째, 수요-공급 모형은 균형 간의 조정이라는 개념이 존재하지 않는다. 가격 변화에 따라 수요 곡선상의 이동, 공급 곡선상의 이동에 어느 정도 시간이 드는지, 그리고 그 과정에서 어떤 장애 요인이 발생할 수 있는지 모형만으로는 알 수 없다. 모형은 단지 그런 조정이 다 일어난 후에 어떤 변화가 있을지를 보여줄 뿐이다. 따라서 수요-공급 모형을 통하여 단기적 효과를 논하고자 하면 그런 단점을 고려하여 분석하는 시장 상황에 대한 이해가 동반되어야 한다. 둘째, 우리가 미처 고려하지 못한 모형화 과정의 문제 때문에 모형 내에서 자명한 사실도 현실과 괴리가 있을 수 있다. 따라서, 이론의 결과는 실증적 자료의 검증 앞에서는 겸손해야 하며, 항상 반증될 가능성을 열어 두어야 한다. 이러한 한계에 대해서는 이후 좀 더 자세히 다룬다.

요약

2020년 코로나 팬데믹 초기의 마스크 가격 상한제나 최저 임금제 관련된 논쟁에서 보듯이 가격 규제의 효과에 대한 수요-공급 모형의 논의는 응용되는 사례와 제시된 실증 결과에 따라 유보적으로 해석될 수 있다.

2.6 수요 공급 모형의 응용 2: 소비세 부과의 효과

우리는 상품을 거래할 때 간접적으로 세금을 내는 경우가 많다. 가게에서 물건을 구입하거나 식당에서 식사 대금을 지불하고 나서 받은 영수증을 한번 보라. 그러면 그 영수증은 여러분이 지불한 가격에 부가가치세가 얼마나 포함되어 있는지 보여줄 것이다. 특정한 상품의 구입에도 별도의 세금이 부과된다. 담배나 술을 구입하면 거기에는 담배세나 주세가 포함되어 있다. 주유소에서 자동차 연료를 주유할 때도 그 가격에는 유류세가 포함되어 있다.

상품의 거래에 부과되는 세금으로는 **소비세**가 대표적인데, 유럽과 한국의 부가가치세(VAT: Value Added Tax), 미국의 판매세(sales tax), 호주의 재화와 서비스세(GST: Goods and Service Tax) 등이 이에 해당한다. 이 세금은 소비 목적의 재화와 서비스 거래에 부과된다. 특정한 상품의 거래에만 부과되는 물품세(excise tax) 역시 거래에 부과되는 세금이다. 앞서 언급한 유류세, 담배세, 주세 등이 여기 해당한다.

상품 거래에 대한 세금은 크게 두 가지 방식으로 부과된다. 하나는 거래된 재화 가격의 일정 비율을 세금으로 부과하는 것으로 이를 **종가세(ad valorem tax)**라고 부른다. 한국의 부가가치세는 가격의 10%를 부담하도록 되어 있다. 반면 재화의 가격과는 상관없이 거래되는 개수당 일정 금액을 부과할 수도 있다. 이를 **종량세(unit tax)**라고 한다. 한국의 유류세는 세금이 리터당 얼마로 정해져 있으며 이는 가격과는 무관하게 적용된다. 대표적인 종량세이다.

정부가 세수 확보를 위해 현재 부가가치세율 10%를 15%로 올리면 어떻게 될까? 가격은 오를까? 오른다면 얼마나 오를까? 상품의 거래량은 어떻게 변할까? 물품의 거래에는 판매자와 구매자가 모두 관여하는데 세금이 오르면 이를 누가 부담하는 것일까? 이런 질문들에 대하여 수요-공급 모형을 통하여 대답하고자 한다.

특히 우리는 세금을 누가 부담하는가라는 **조세 귀착** 문제에 관심이 있다. 법적으로 누가 세금을 부담하는지는 명확하다. 물건을 살 때 우리는 세금 문제를 고민하지 않는다. 다만 물건의 시장 가격만 지불할 뿐이다. 그러나 물건을 판매하는 사람은 구매자로부터 받은 시장 가격에서 일부를 부가가치세로 내야 한다. 이 경우 세금은 판매자에게 부과되는 것이다. 반면 미국에서 물건을 사면 우리는 가격표에 나온 가격을 내는 것이 아니다. 계산대에 가면 이 가격에 판매세가 붙은 금액을 내야 한다. 구매자가 세금을 내는 경우라고 할 수 있다. 이렇듯 법적으로 누가 세금을 낼 것인가가 규정되는 것을 **조세의 법적 귀착(statutory incidence)**이라고 한다. 그러면 세금을 판매자에게 걷으면 판매자가 이 세금을 온전히 부담한다고 말할 수 있을까? 꼭 그렇지는 않다. 세금이 오르면 판매자는 물건의 가격을 올려 일부 세금 부담을 구매자에게 떠넘길 수 있다. 이를 **조세의 전가(tax shifting)**라고 하는데, 이렇게 되면 구매자는 증세 전보다 더 높은 가격을 지불하므로 일부 세금을 부담한다고 할 수 있다. 이렇듯 실질적으로 세금을 누가 부담하는가를 **조세의 경제적 귀착(economic incidence)**이라고 부른다. 조세의 경제적 귀착을 결정하기 위해서는 세금 인상 시(혹은 부과 시) 가격이 어떻게 변화하는지를 알아야 한다. 이런 분석 역시 수요-공급 모형을 통하여 이루어질 것이다.

종량세 부과의 효과

그럼 이제 상품의 거래에 새로운 세금이 부과되었을 때의 효과를 분석해 보자. 앞서 언급하였듯이 거래세를 부과하는 방식에는 종가세와 종량세가 있다. 그런데 수요-공급 모형으로 분석한 세금 부과의 효과는 종량세와 종가세가 동일하다. 따라서 분석의 편의를 위해 종량세 부과의 효과를 먼저 분석한다. 종량세와 종가세의 효과가 같다는 것이 무슨 의미이며 왜 그런지는 뒤에 자세히 다룬다.

먼저 법적으로 세금을 판매자에게 걷는 경우부터 분석해 보자. 〈그림 2-10〉의 패널 (a)는 판매자에게 세금을 부과할 때의 효과를 보여준다. 우선 세금이 부과되

그림 2-10 거래세 부과의 효과

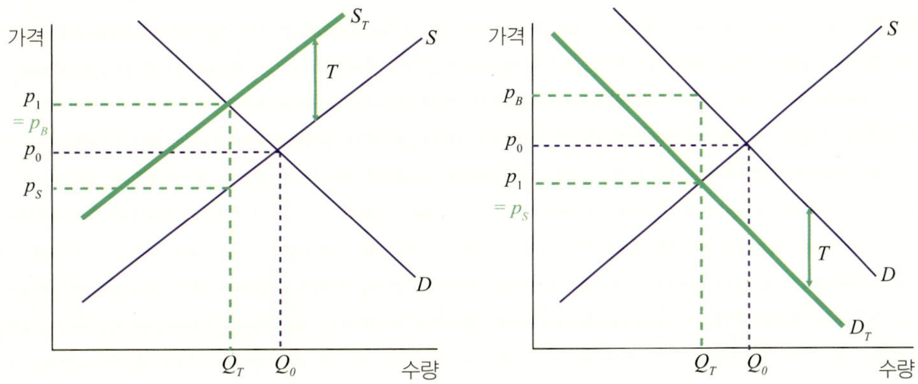

(a) 판매자에게 세금을 걷는 경우 (b) 구매자에게 세금을 걷는 경우

기 전의 수요 곡선 *D*와 공급 곡선 *S*가 교차하는 지점에서 시장 균형이 존재한다. 따라서 균형 가격은 p_0이고 균형 거래량은 Q_0이다.

이제 종량세 *T*를 판매자에게 부과한다. 판매자는 이제 판매량 1개당 *T*의 세금을 내야 한다. 공급 곡선은 가격이 주어졌을 때 판매자가 얼마나 많은 양을 시장에 공급하려고 하는지를 보여준다. 이제 세금이 부과되면 판매자가 동일한 양의 공급량을 공급하기 위해 가격은 세금 *T*만큼 올라야 한다. 그래야 판매자가 세금 납부 후 동일한 가격을 받을 수 있기 때문이다. 즉, 세금 부과 후 공급 곡선은 세금 *T*만큼 상향 이동하여 새로운 공급 곡선은 S_T가 된다.

새로운 공급 곡선 S_T와 수요 곡선 *D*가 교차하는 지점에서 새로운 균형이 얻어진다. 새로운 균형 가격은 p_1이고 균형 거래량은 Q_T이다. 즉, 세금을 판매자에게 부과하면 시장 가격은 오르고 거래량은 감소한다. 이때의 시장 가격은 곧 구매자가 내는 가격(p_B)이다. 판매자가 받는 가격은 시장 가격에서 세금 *T*만큼을 제한 것이고, 공급 곡선 S_T와 S의 간격이 *T*이므로 판매자 가격 p_S는 원래 공급 곡선 *S*에서 얻어진다. 그림에서 알 수 있듯이 판매자는 세금 부과 전보다는 낮은 가격을 받고($p_S < p_0$), 구매자는 높은 가격을 지불한다($p_B > p_0$). 따라서 세금을 판매자에게 걷는다 하더라도 구매자 역시 그 일부를 부담한다. 판매자는 가격을 올림으로써 세금 부담의 일부를 구매자에게 전가했다. 단위당 세금 *T* 중에서 구매자가 부담하는 몫은 $(p_B - p_0)$이고, 판매자가 부담하는 몫은 $(p_0 - p_S)$이다.

요약

판매자에게 세금을 부과하는 경우 구매자 가격인 시장 가격은 오르고 거래량은 감소한다. 구매자는 높은 가격을 지불해 세금 일부를 부담하고 판매자 역시 이전에 비해 낮은 가격을 받아 세금 일부를 부담한다.

이제 동일한 세금을 구매자에게 부과하는 〈그림 2-10〉 패널 (b)의 경우를 고려해 보자. 구매자는 물건을 살 때 시장 가격에 더해서 세금 T를 추가적으로 지불해야 한다. 구매자가 세금 T를 추가적으로 부담해야 하므로 동일한 수요량을 유지하기 위해서는 가격이 T만큼 감소해야 한다. 그래야 세금 지불 후 가격이 원래 가격과 같아지기 때문이다. 따라서 수요 곡선이 세금 T만큼 아래로 이동하여 새로운 수요 곡선은 D_T가 된다.

새로운 균형은 공급 곡선 S와 수요 곡선은 D_T가 교차하는 지점에서 얻어지고 이때 균형 가격은 p_1, 균형 거래량은 Q_T이다. 즉, 세금을 구매자에게 부과하면 시장 가격은 내리고 거래량은 감소한다. 이때 시장 가격은 판매자가 받는 가격(p_s)이다. 구매자가 지불해야 하는 금액은 시장 가격에 세금 T를 더한 것이고, 원래의 수요 곡선 D에서 구해진다. 판매자에게 세금을 걷는 경우와 마찬가지로 구매자의 가격은 증가하고, 판매자의 가격은 감소하여 세금을 구매자에게 걷는다 하더라도 일부 세금이 판매자에게 전가되었다. 이는 세금 부과로 인하여 시장 가격이 하락하였기 때문이다.

이제 두 경우를 비교해 보자. 어떤 경우이든 세금의 부담은 판매자와 구매자 모두가 부담한다. 그러면 부담의 비율은 바뀌는가? 판매자에게 세금을 걸어 공급 곡선을 세금만큼 위로 올리건, 구매자에게 세금을 걸어 수요 곡선을 세금만큼 아래로 내리건 균형 거래량이 얻어지는 지점은 같다. 원래의 공급 곡선 S와 수요 곡선 D의 수직적 차이가 세금 T와 같아지는 거래량이 곧 균형 거래량이다. 이때 구매자 가격과 판매자 가격의 차이가 정확히 세금과 같아진다. 따라서 세금을 누구에게 걷는지와 상관없이 구매자 가격, 판매자 가격, 균형 거래량은 같아지고,

단위당 세금 T에서 구매자와 판매자가 부담하는 비중 역시 같다. 즉, 조세의 경제적 귀착은 법적 귀착과는 무관하게 결정된다.

요약

구매자에게 세금을 부과하는 경우 판매자 가격인 시장 가격은 내리고 거래량은 감소한다. 동일 세금을 부과하면 세금을 누구에게 걷는지(조세의 법적 귀착)와 무관하게 균형거래량, 판매자 가격, 구매자 가격은 같아져서 세금의 실질적 부담(조세의 경제적 귀착)은 같다.

조세의 경제적 귀착이 조세의 법적 귀착과 무관하게 결정된다면 조세의 경제적 귀착을 결정짓는 요인은 무엇인가? 이를 살펴보기 위해서 수요의 탄력성이 극단적인 두 가지 경우의 조세 귀착을 알아보자. 〈그림 2-11〉은 수요가 완전 탄력적인 경우(탄력성의 값이 무한대)와 완전 비탄력적인 경우(탄력성의 값이 0)의 조세 귀착을 보여준다. 앞서 조세의 경제적 귀착은 법적 귀착과 독립적으로 결정됨을 확인하였으므로 여기에서는 세금을 판매자에게 걸어 공급 곡선을 이동시키는 경우만을 고려하였다.

그림 2-11 수요 탄력성에 따른 조세 귀착의 차이

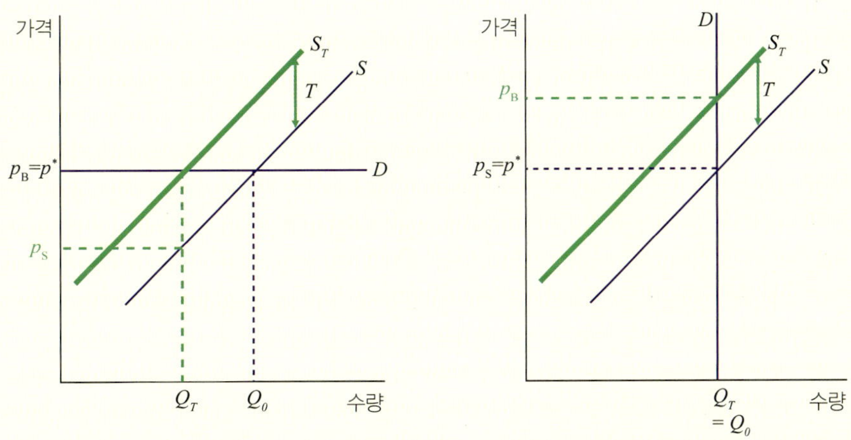

(a) 수요가 완전 탄력적인 경우　　(b) 수요가 완전 비탄력적인 경우

우선 패널 (a)에서 수요가 완전 탄력적인 경우를 보자. 수요가 완전 탄력적이라는 것은 가격이 조금만 변동해도 수요량이 크게 바뀐다는 뜻이다. 이는 수평인 수요 곡선으로 나타낼 수 있다. 수평인 수요 곡선에서는 가격이 조금만 높아져도 수요량은 0이 되고, 조금만 낮아져도 수요량은 무한대로 늘어난다. 수평의 수요 곡선이 주어진 상태에서는 공급 곡선을 세금 T만큼 위로 이동시켜도 시장 가격이 변하지 않는다. 즉, 구매자가 지불하는 가격은 변동하지 않고 판매자 가격이 세금만큼 감소한다. 모든 세금을 판매자가 부담하는 것이다.

반대로 패널 (b)처럼 수요가 완전 비탄력적인 경우에는 모든 세금을 구매자가 부담한다. 수요가 완전 비탄력적이라는 것은 가격이 변해도 수요량이 변하지 않는다는 뜻이며 이는 수직인 수요 곡선으로 나타낼 수 있다. 수직인 수요 곡선에서는 가격이 변화하여도 수요량은 일정하다. 이때 공급 곡선이 세금만큼 위로 이동하여도 균형 거래량은 바뀌지 않고 시장 가격은 정확하게 세금 T만큼 오른다. 즉 구매자가 지불하는 가격이 세금만큼 오르고 판매자의 가격은 이전과 같다. 모든 세금 부담을 구매자가 지는 것이다.

수요 탄력성의 크기에 따라 조세의 귀착이 달라지는 이유는 조세의 전가 가능성 때문이다. 수요가 완전 탄력적이라는 것은 조그마한 가격 상승도 구매자들이 받아들일 수 없다는 뜻이다. 따라서 판매자가 가격 상승을 통해 조세를 전가하는 것이 불가능하고 모든 부담은 판매자가 지게 된다. 반대로 수요가 완전 비탄력적이라면 구매자들은 가격 변화에 둔감하여 수요량을 변화시키지 않는다. 따라서 판매자들이 가격 상승을 통해 모든 조세 부담을 전가시킬 수 있고, 구매자들이 모든 부담을 지게 된다. 완벽한 유비는 아니지만, 협상 과정에서 언제라도 협상장을 떠날 용의가 있는 쪽이 강한 협상력을 가지고 있는 것과 유사하다. 혹은 연인 관계에서 더 사랑하기 때문에 관계를 유지하기 위해 애쓰는 쪽이 항상 지고 들어가는 것과 비슷하다고도 할 수 있다.

연습문제 8

공급이 완전 탄력적인 경우와 완전 비탄력적인 경우에서 세금을 구매자에게 걷는다면 조세 귀착이 어떻게 나타나는가를 보이시오.

위 분석으로부터 탄력성이 상대적으로 작은 쪽이 조세를 더 부담할 것으로 추측할 수 있는데 이는 정확한 추측이다. 세금을 추가적으로 조금 더 부과했을 때 구매자와 판매자가 부담하는 세금의 몫은 탄력성의 상대적 크기에 달려 있으며 탄력성이 낮은 쪽이 더 많은 세금을 부담하게 된다. 구체적으로 구매자 가격 상승분으로 나타나는 구매자의 부담과 판매자 가격 하락분으로 나타나는 판매자 부담은 다음과 같은 식으로 결정된다.

$$\text{구매자 부담분: } p_B - p^* = \frac{\eta}{(\eta + \varepsilon)}$$

$$\text{판매자 부담분: } p^* - p_S = \frac{\varepsilon}{(\eta + \varepsilon)}$$

수학적 분석

구매자와 판매자의 부담이 탄력성의 상대적 크기에 결정된다는 것은 다음과 같이 보일 수 있다. 종량세 τ(타우)를 판매자에게 걷는 경우를 생각해보자. 이때의 시장 균형 가격을 $p(\tau)$라 하면 이는 곧 구매자가 지불하는 가격이다. 판매자가 받는 가격은 여기에서 세금납부를 제한 $p(\tau) - \tau$이다. 균형 가격이므로 이 가격에서 수요량과 공급량이 일치한다. 수요함수와 공급함수를 $D(\cdot)$와 $S(\cdot)$라 하면 균형 조건은 다음과 같이 주어진다.

$$D(p(\tau)) = S(p(\tau) - \tau)$$

세금 τ가 변할 때 균형 가격이 조정되어 위 식을 만족시키므로 이 식은 τ에 대한 항등식이다. 세금이 증가할 때 균형 가격이 오르는 정도인 $\frac{dp}{d\tau}$가 추가적인 세금에 따른 구매자의 부담이다. 이를 구하기 위해 위 항등식을 τ에 대해 미분한다.

$$\frac{dD}{dp}\frac{dp}{d\tau} = \frac{dS}{dp}\left(\frac{dp}{d\tau} - 1\right)$$

이를 $\frac{dp}{d\tau}$에 대해 풀면

$$\frac{dp}{d\tau}=\frac{\frac{dS}{dp}}{\frac{dS}{dp}-\frac{dD}{dp}}=\frac{\frac{dS}{dp}\frac{p}{Q}}{\frac{dS}{dp}\frac{p}{Q}-\frac{dD}{dp}\frac{p}{Q}}=\frac{\eta}{\eta+\varepsilon}$$

이 된다. 판매자의 부담은 판매자 가격이 내려가는 정도이므로 $-\frac{d}{d\tau}(p(\tau)-\tau)$로 쓸 수 있어

$$-\frac{d}{d\tau}(p(\tau)-\tau)=-\left(\frac{dp}{d\tau}-1\right)=\frac{\varepsilon}{\eta+\varepsilon}$$

이 된다.

요약

조세의 경제적 귀착은 수요와 공급 탄력성의 상대적 크기에 의해 정해진다. 수요 탄력성이 클수록 판매자의 부담이 증가하고 공급탄력성이 클수록 구매자의 부담이 증가한다.

거래에 대한 세금 부과의 부담이 판매자와 구매자에게 부담되는 정도는 법적 귀착과는 독립적으로 결정된다는 것, 탄력성의 상대적 크기가 어떤 쪽이 더 부담을 지는지를 결정한다는 것은 현실적으로 중요한 함의이다. 이를 노동시장과 결부시켜 생각해보자. 국민연금은 일하는 동안 돈을 내고 은퇴 후에 돈을 받는 구조로 설계된 전국민 대상 연금이다. 사업장에 고용된 경우 연금 기여금은 급여의 일정비율로 결정되는데, 이 기여금의 절반은 고용주가 급여와 별도로 부담해야 하고, 나머지 절반은 피고용인의 급여에서 공제한다. 이렇듯 절반씩 부담시키는 것을 기여금의 법적 귀착이라고 생각할 수 있다. 위 논의는 경제적 귀착은 법적 귀착과 독립적으로 결정된다고 알려준다.

현재 당신이 일하는 직장에서 국민연금 기여금과 관련된 규칙이 바뀐다고 해보자. 현재는 고용주와 당신이 절반씩 부담하는 구조인데, 올해부터 전액을 당

신의 급여에서 공제한다고 한다. 당신은 이러한 규칙 개정에 찬성할 것인가? 수요-공급 모형을 이용한 조세의 귀착 분석에서 우리는 경제적 귀착이 법적 귀착과는 독립적으로 결정된다는 사실을 배웠다. 따라서, 우리는 법적 귀착의 변동에 신경 쓸 필요가 없어야 한다. 하지만 우리는 직관적으로 이런 변화에 반대하고 싶은 마음이 생긴다. 이런 직관은 완전히 잘못된 것인가?

이를 좀 더 자세히 이해하기 위해 왜 경제적 귀착이 법적 귀착과는 독립적으로 결정되는지를 생각해 볼 필요가 있다. 모형에 따르면 법적 귀착이 바뀔 때 가격 조정이 일어나기 때문에 경제적 귀착이 같아진다. 세금을 구매자에게 거두면 가격이 하락하고, 세금을 판매자에게 거두면 가격이 상승하여 경제적 귀착이 같아지는 것이다. 이를 그대로 위 상황에 적용해 본다면 경제적 귀착이 일정하기 위해서는 제도의 변경으로 당신의 부담 몫이 늘어나는 만큼 당신의 급여가 상승해야 한다. 그러나 제도가 변경된다고 해서 당신의 급여가 바로 바뀔 것 같지는 않다. 그래서 아마도 직관적으로 반대하고 싶은 마음이 생기는 것이다. 충분한 시간이 지나고 임금에 대한 조정이 발생하고 나면 아마도 경제적 귀착은 같아질 것이나 그 전까지는 법적 귀착이 경제적 귀착에 영향을 줄 수 있다.

기여금의 부담이 탄력성의 상대적 크기에 따라 결정된다는 것도 충분한 시간을 두고 가격 조정이 일어난 뒤의 일이다. 그래서 다른 직업군에 대한 노동시장을 비교하면 동일한 법적 귀착에도 경제적 귀착은 다른 것을 짐작할 수 있다. 예를 들어, 당신이 특별한 심장수술을 할 수 있는 외과의사라 하자. 큰 종합병원에서는 이 정도 심장수술을 할 수 있는 인력이 반드시 필요하다. 이 말은 당신에 대한 병원의 수요가 비탄력적이라는 뜻이다. 반드시 필요하기 때문에 고용 비용의 변화가 있더라도 수요량의 변화가 있기 어렵다. 반면 이런 종합병원은 여러 군데 있어서 당신은 언제라도 다른 병원으로 옮길 수 있다. 이 말은 당신의 노동공급이 아주 탄력적이라는 뜻이다. 이 경우 당신 몫의 국민연금 기여금도 상당 부분 고용주가 부담할 것임을 짐작할 수 있다. 그만큼 당신의 급여가 오르기 때문이다. 실제로 어떤 전문인력들은 세후 연봉을 기준으로 임금 협상을 한다. 반대로 당신이 쉽게 대체 가능한 비숙련 인력이라고 해보자. 당신의 일은 회사에서 꼭 필수적인 인력은 아니어서 사람이 구해지지 않아도 업무에 큰 지장은 없다. 그러면 국민연금 기여금의 상당 부분은 당신이 부담하고 있을 것이다. 고용 비용의 증가만큼 급여가 낮아졌을 것이기 때문이다.

그러나 이런 분석의 결과는 가격 조정이 충분히 이루어지기 전의 효과를 얘기할 때는 크게 관련이 없다. 국민연금 기여금의 부담 정도가 바뀔 때 이것이 어떤 효과를 가질 것인가라는 질문에 정확하게 대답하기 위해서는 이 시장에서 얼마나 빠르게 가격조정이 이루어질 것인지에 대한 분석이 이루어져야 한다.

앞서 가격 규제의 효과를 다루면서 수요-공급 모형이 가지는 한계를 언급한 바 있는데, 여기에서도 그 점이 부각된다. 수요-공급 모형을 기반으로 한 조세 귀착 분석에서는 가격 조정에 대한 고려가 없다. 우리는 가격 조정이 다 이루어지고 난 후의 균형만을 비교할 뿐이며, 새로운 균형에 도달하기까지 얼마나 시간이 걸리는지, 어떤 과정을 거치는지는 얘기하지 않는다. 따라서, 모형 분석에서 얻어지는 함의는 가격 조정이 이루어진 장기의 효과를 고려할 때는 타당하나, 그렇지 않은 단기의 효과를 얘기하기 위해서는 모형에서 언급하지 않은 요소들을 고려해야 한다.

요약

조세의 경제적 귀착이 법적 귀착과 독립적으로 탄력성의 상대적 크기에 따라 결정되는 것은 가격 조정이 이루어지기 때문이며, 가격 조정에는 시간이 걸릴 수 있다.

종가세 부과의 효과

앞서 우리는 종량세 부과에 따른 조세의 귀착 문제를 분석했다. 현실의 소비세는 종량세보다는 종가세 형태로 부과되는 경우가 더 많다. 한국과 유럽 국가의 대표적인 소비세인 부가가치세가 그렇고, 미국의 주 정부 세금인 판매세 역시 종가세이다. 그러나 수요-공급 모형에서는 종량세와 종가세의 효과가 동일하다. 그래서 우리는 분석의 편의상 종량세의 효과를 다루었다. 여기에서는 종가세 부과의 효과를 다루면서 종가세와 종량세의 효과가 동일하다는 것의 의미를 명확하게 밝힌다.

종가세를 판매자에게 부과하는 경우를 고려해 보자. 즉, 세율 t를 판매자 가격에 곱하여 이를 세금으로 거둔다. 이를 구매자에게 부과하는 경우에도 동일한 분석을 할 수 있다. 가격과 상관없이 단위당 동일한 세금을 부과하는 종량세와는 달리 종가세는 가격이 낮으면 적은 세금을, 가격이 높으면 많은 세금을 부과한다. 세금을 부과할 때 동일한 공급량을 유지하기 위해서는 시장 가격이 세금만큼 올라야 한다. 종량세를 부과했을 때는 가격 수준과 무관하게 세금이 같으므로 공급 곡선이 모든 공급량 수준에서 종량세만큼 위로 올라간다. 종가세가 부과되면 가격 수준의 일정 비율이 세금으로 부과된다. 〈그림 2-12〉의 패널 (a)에서 세금 부과 전의 균형 가격 p_0을 생각해 보자. 이 가격에 세율 t가 곱해진 tp_0가 세금이 되고, 공급 곡선은 거래량 Q_0에서 tp_0만큼 위로 올라야 한다. 공급 가격이 낮고 공급량이 적을 때는 적은 세금만큼, 공급 가격이 높고 공급량이 많을 때는 많은 세금만큼 공급 곡선이 위로 이동한다. 그 결과 패널 (a)에서 보듯 공급 곡선이 회전 이동하듯 올라간다. 가격 수준이 높을 때 주어지는 많은 공급량 수준에서 공급 곡선이 더 위로 올라갔음을 알 수 있다.

일단 세금 부과로 인한 공급 곡선의 이동을 이해하면 이후의 분석은 종량세의 경우와 동일하다. 새로운 공급 곡선과 수요 곡선이 만나는 점에서 시장 균형이

그림 2-12 종가세와 종량세의 동일한 효과

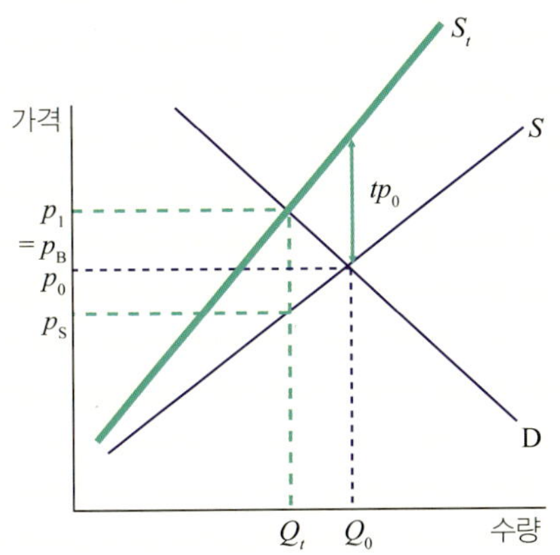

(a) 종가세율 t 부과의 효과

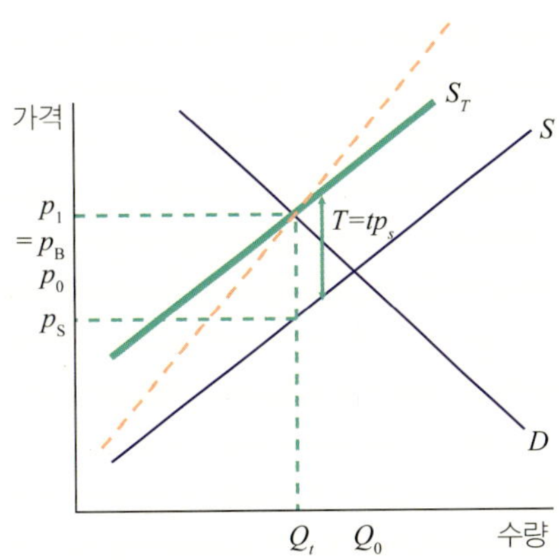

(b) 같은 균형 거래량을 얻는 종량세 T 부과의 효과

얻어진다. 이때 시장 가격은 구매자가 지불하는 가격이다. 판매자가 실제로 받는 가격은 세금을 제외한 가격이며, 이전 공급 곡선의 균형 거래량에서 얻어진다.

종가세 대신 종량세를 부과하면서 같은 균형 거래량을 얻으려면 어느 정도의 종량세를 부과해야 할까? 패널 (b)는 이런 종량세 부과를 보여준다. 패널 (a)에서 구한 균형 거래량과 균형 가격에서 구한 상품의 단위당 세금 tp_s를 종량세 T로 부과하면 된다. 다른 거래량과 가격 수준에서 종량세와 종가세의 세금 액수는 달라지지만, 균형에서는 같다. 그리고 세금 부과로 인한 구매자 가격, 판매자 가격, 그리고 그에 따른 조세의 경제적 귀착 역시 같아진다. 즉, 종량세와 종가세가 같은 균형 거래량을 얻도록 부과된다면 두 세금은 동일한 조세 귀착 결과를 가져온다는 점에서 같은 효과를 가진다.

연습문제 10

종가세를 구매자에게 부과하는 경우를 수요 곡선을 이동하여 분석하시오. 동일한 균형 거래량을 얻는 종량세액을 그림으로 보이고, 이때의 판매자 가격, 구매자 가격이 같음을 보이시오.

요약

수요 공급 모형에서 종가세 부과와 종량세부과에 따른 거래량이 같다면, 조세 귀착 역시 동일하다.

2.7 수요-공급 모형의 한계

우리는 경제학의 가장 기본적인 분석도구로서 수요-공급 모형을 소개하고 이를 이용하여 가격 규제와 거래세 부과 등의 정부 개입 효과를 분석하였다. 이를 통해 수요-공급 모형의 분석력과 한계를 동시에 체감하였다.

수요-공급 모형은 상대적으로 단순한 분석도구임에도 강력한 분석을 제공한다. 아마도 사회현상을 분석할 때 가장 먼저 적용해 보아야 할 도구일 것이다. 특히 세금 부과의 효과를 다루면서 조세의 경제적 귀착이 법적 귀착과 독립적으로 결정되며 탄력성의 상대적 크기에 따라 결정된다는 결론을 얻게 되는데, 이는 수요-공급 모형 분석의 강력함을 보여준다.

하지만 이를 적용하는 과정에서 경험적으로 받아들이기 어려운 예측과 처방이 발생하는 것도 확인하였다. 이런 문제가 일어나는 가장 큰 원인은 수요-공급 모형에 시간의 개념이 존재하지 않기 때문이다. 수요-공급 모형에서는 가격이 오르면 수요량이 줄고 공급량이 느는데, 이런 변화에 얼마만큼의 시간이 걸리는지에 대해서는 논의하지 않는다. 변화가 생기면 수요 곡선 혹은 공급 곡선이 이동하고 균형 가격은 조정되는데 이 역시도 모형 분석에서는 즉시 일어나는 일이며 실제로 얼마나 시간이 걸리는지는 모형을 통해서는 알 수 없다. 그래서 2020년 팬데믹 초기의 마스크 가격 상한제의 경우 우리의 직관과는 다르게 이의 부작용이 강조되는 분석 결과를 제공한다. 결국 수요-공급 모형의 분석은 충분한 시간이 지나 모든 조정이 이루어지고 난 후에 일어날 일에 관한 예측과 관련이 있다. 그러나 우리가 관심 있는 현실의 시간대는 그런 조정이 일어나지 못하는 상황일 수도 있다. 마스크 가격 상한제가 그러했고, 국민연금 기여금의 부담 방식 변화에 찬성할 것인가에 대한 가상의 질문도 그렇다. 따라서 수요-공급 모형을 적용할 때는 장기적 변화를 염두에 두어야 한다. 그렇지 않다면 수요-공급 모형 분석의 결과는 조심성을 가지고 적용할 필요가 있다.

Chapter 2 연습문제

1 다음의 진술을 평가하시오.

DVD 플레이어가 최초로 출시되었을 때 가격은 75만 원 정도였고, 구하기도 어려웠다. DVD 플레이어가 대중화되면서 구하기 쉬워졌는데, 가격 역시 10만 원 수준으로 떨어졌다. 이는 공급 법칙을 위배하는 것이다.

2 수요–공급 모형을 이용하여 다음의 변화를 설명하시오.

(1) 평균 책 가격이 상승하는 중에 연간 책 판매량은 작년에 비해 감소하였다.

(2) 원유 판매량은 작년과 유사한데 가격은 급격히 증가하였다.

(3) 철광석 가격이 작년과 유사한 수준에서 형성된 가운데 연간 판매량은 급격히 증가하였다.

3 다음의 그래프는 빵 시장의 가격과 판매량에 대한 10년간의 관찰 결과를 보여준다. 이런 관찰을 일으킨 주요한 변화는 무엇이라고 추측할 수 있는가?

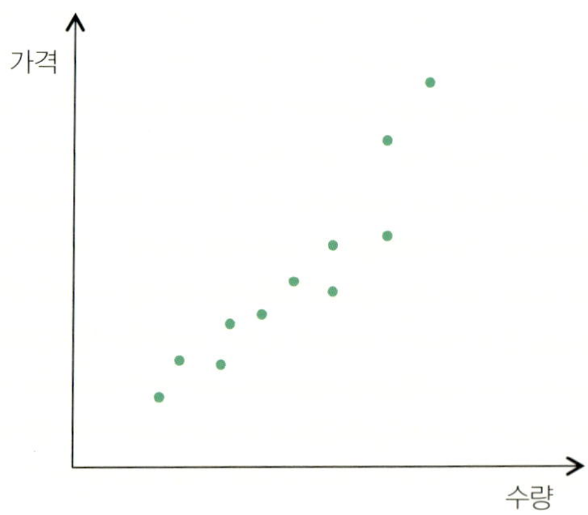

4 가격이 2500원에서 3000원으로 인상되었을 때, 수요량이 1000개에서 750개로 줄어든다고 하자. 수요의 호 탄력성(arc elasticity)을 구하시오.

5 코코넛 시장에서 올해 풍년으로 인해 코코넛의 공급이 증가하였다. 그 결과 가격은 10% 하락하고, 연간 판매량은 5% 증가하였다. 이 정보로부터 수요의 가격 탄력성을 계산할 수 있는가? 계산할 수 있다면, 그 값은 얼마인가? 계산할 수 없다면, 어떤 정보가 부족해서 계산할 수 없는지 설명하시오.

6 화장품 회사 '대서양'은 올해 기초화장품 라인의 가격 인상을 고려하고 있다. 가격 인상에 따른 매출 변화에 대해 매출이 증가할 것이라는 입장과 오히려 매출이 감소할 것이라는 입장이 경영진 회의에서 충돌하였다. 다음 회의를 위해 자료를 준비해야 하는 당신은 가격 인상이 매출 변화에 미치는 영향을 파악하기 위해 어떤 자료를 조사할 것인지, 조사의 결과가 매출 변화의 예측에 어떻게 영향을 미칠 것인지를 설명하시오.

7 가격 규제의 효과를 수요-공급 모형을 이용하여 분석할 때, 다음의 진술이 참인지, 거짓인지, 불분명한지 평가하시오.

(1) 전월세 상한제는 낮은 가격에 충분히 많은 임대 주택을 공급하게 하여 임차인에게 혜택을 준다.
(2) 생필품 가격 상승을 억제하기 위한 가격 상한제는 관련 품목의 수요 곡선이 탄력적일수록 상품 부족 문제가 덜 심각하다.
(3) 최저 임금에 따른 고용 감소 효과는 노동 수요 곡선의 탄력성이 클수록 심각하다.

8 본문 60쪽 참고

9 가상의 나라 율도국 정부는 조세 수입 확대를 위하여 두 상품 A와 B 중 하나에 새로운 종량세를 도입하고자 한다. 현재 두 상품의 균형 가격과 거래량은 같다.

(1) 수요-공급 곡선을 이용하여 종량세가 구매자에게 부과될 경우의 판매자 가격과 구매자 가격의 변화를 표현하시오.

(2) 현재의 균형 거래량과 가격에서 상품 A의 수요와 공급은 상품 B에 비해 더 탄력적인 것으로 나타난다. 동일한 종량세 부과를 통하여 더 많은 세금을 거두는 것이 목표라면 어떤 상품에 종량세를 부과해야 하는가? (Hint: 수요와 공급이 탄력적일수록 수요 곡선과 공급 곡선은 더 완만한 기울기를 가진다.)

10 본문 66쪽 참고

11 거래세의 부과가 미치는 영향에 대한 다음의 서술이 참인지, 거짓인지, 불확실한지 평하고, 이유를 설명하시오.

(1) 판매자에게 부과하는 거래세인 부가가치세를 인상하면 시장 가격의 변화가 이루어지기 전에는 인상된 부가가치세가 판매자의 새로운 부담이 된다.

(2) 시장 가격의 변화가 이루어진 후 상품의 시장 가격은 세금 인상 폭만큼 증가하여 구매자가 새로운 부담을 모두 지게 된다.

(3) 부가가치세율을 인상할 때 시장 가격의 조정이 이루어진 후 수요 탄력성이 큰 상품의 시장 가격이 수요 탄력성이 작은 상품의 시장 가격보다 더 많이 오른다.

Part 2

자유로운 개인의 선택과 효율적인 시장

이 파트는 앞서 소개한 경제학의 가장 기본적인 분석도구인 수요–공급 모형의 배후에 존재하는 **개인적 선택**을 다룬다. 수요 곡선의 배후에는 소비 결정을 하는 소비자들이 있다. 공급 곡선의 배후에는 생산 결정을 하는 기업들이 있다. 이들의 합리적 의사결정으로 수요 곡선과 공급 곡선이 유도된다.

우리는 이미 분석도구로서 수요–공급 모형을 가지고 있고, 시장 균형 분석을 통하여 많은 것들을 알 수 있다. 그런데, 왜 수요 곡선과 공급 곡선을 굳이 소비자와 기업의 합리적 선택행위로서 설명하고 유도하려 하는가? 아마도 내적인 논리적 완결성을 추구하려는 뜻이 있을 것이다. 우리는 수요 법칙과 공급 법칙을 얘기하면서 오른쪽으로 내려가는 수요 곡선과 오른쪽으로 올라가는 공급 곡선을 전제했다. 하지만 왜 그런 모양의 수요 곡선과 공급 곡선이 나오는지에 대해 자세히 논한 적은 없다. 다만 경험적 규칙성이라고 주장했을 뿐이다. 내적 논리의 완결성 측면에서 그 부분에 대한 설명은 비어 있다. 어떤 학문 체계에 무엇인가 설명되지 않은 빈 곳이 있다는 것은 곧 학자들이 학문적 기여를 할 수 있는 기회라는 의미이다. 그런 기여가 쌓이고 학문 체계의 빈 곳이 조금씩 사라지면서 그 분야는 성숙해 가는 것으로 볼 수 있다.

하지만 지적인 호기심을 충족하고 논리적 완결성을 추구하기 위해서만 이 분석을 하는 것은 아니다. 개인의 합리적 선택에 대해 분석함으로써 우리는 다음의 두 가지 이익을 얻을 수 있다.

첫째, 개인의 선택에 대한 분석은 수요–공급 모형만으로는 대답할 수 없는 문제에 대한 추가적인 분석도구를 제공해 줄 것이다. 예를 들어, '코로나 팬데믹 시기에 각 지방정부가 지역 화폐 형태로 지급한 재난 지원금은 현금으로 지급한 것에 비해 지역 소비를 얼마나 늘렸는가?'라는 식의 질문에는 소비자의 선택을 직접 분석하는 이 파트의 분석이 도움이 된다.

둘째, 수요–공급 모형은 시장에서 어떤 일이 벌어질 것인가를 예측하는 데 도움을 주지만, 어떤 상태가 더 바람직한지를 평가하는 데에는 도움을 주지 않는다. 어떤 상태가 다른 상태보다 바람직한지 아닌지를 평가하기 위해서는 기준이 필요하다. 자연스러운 기준은 시장 참가자들이 어떤 상태를 좋아하는지와 관련한 것일 텐데 수요-공급 모형은 이에 대한 명시적 분석이 없다. 개인의 선택을 분석하기 위해서는 선택의 목적을 설명해야 하며, 시장 참가자들의 선택의 목적에 비추어 볼 때 자연스럽게 어떤 상태가 더 바람직한지를 평가하는 것이 가능해진다.

어떤 상태가 더 바람직한지를 평가하는 게 가능해지면, 우리는 자원의 배분 기제로서 시장을 평가할 수 있게 된다. 상품에 가격이 매겨지고 그 가격에 상품이 거래되는 시장은 제한된 자원을 배분하는 하나의 제도이다. 시장 경제에 살고 있는 우리들은 그것을 당연하게 받아들이지만, 시장이 자원을 배분하는 유일한 제도인 것은 아니며, 제도에 따라 자원 배분의 결과도 달라질 것이다. 개인의 선택에 대한 분석을 마치고 나면 시장 경제가 가져오는 자원 배분이 바람직한 것인지를 평가할 수 있게 된다. 이 분석을 통하여 우리는 시장 경제가 '효율적'인 자원 배분을 실현하고 있음을 보일 것이다. 물론 여기에는 여러 조건이 필요하고, 그 조건이 충족되지 않았을 때 발생하는 문제는 다음 파트에서 다룬다.

Chapter

3

소비자 선택 1

최적 선택과 그 변화

이 장에서는 수요 곡선의 배후에 있는 소비자들의 소비 선택을 분석하고 소비 선택의 결과로서 수요 함수 혹은 수요 곡선을 도출할 것이다. 우선 소비자의 소비 선택 행위 분석을 위해 소비자에게 주어진 상황을 설명한다. 소비자에게 주어진 상황은 소비자가 무엇을 좋아하는지를 나타낼 수 있는 **선호**와 소비자가 얼마나 많은 상품을 살 수 있는지를 나타내는 **예산 제약**이다.

주어진 상황에 대한 설명 후에 주어진 상황 속에서 소비자가 어떻게 합리적인 소비 선택을 하는지를 다룬다. 소비자가 어떻게 합리적인 선택을 하는지를 알게 되면 소비자에게 주어진 상황이 바뀔 때 소비자의 선택이 바뀌는 형태를 분석할 수 있게 된다. 이를 **비교정태 분석(comparative statics analysis)**이라고 하는데, 이 분석의 하나로서 개별 소비자의 수요 곡선을 도출할 것이다.

3.1 주어진 상황: 선호와 예산 제약

소비자의 소비 행태를 분석하기 위해서는 소비자가 선택할 수 있는 소비의 대상이 무엇이고, 이 대상들 중 무엇을 더 좋아하며 어떤 것들이 선택 가능한지 등에 대한 묘사가 먼저 필요하다.

소비자가 소비하는 대상은 당연히 재화와 서비스라는 상품이다. 예를 들어, 사과와 배라는 상품이 있을 때 소비자는 1주일, 한 달, 1년 같은 일정한 기간 동안 사과 몇 개, 배 몇 개를 소비할지 선택하는 것이다. 여기에서 선택의 대상은 주어진 기간 동안 소비할 사과와 배의 조합이다. 이 조합을 **소비 묶음(consumption bundle)**이라고 한다. 일반적으로 두 개의 상품 x와 y가 있다고 할 때, 일정한 기간에 소비할 상품의 조합, 혹은 소비 묶음은 두 상품의 순서쌍(x_1, y_1)으로 표기할 수 있다. 주어진 기간이 한 달이라고 하면, 이 순서쌍은 한 달간 상품 x를 x_1개, 상품 y를 y_1개 소비하는 소비 묶음이다. 이런 소비 묶음을 영어 대문자 A, B, C 등으로 표시한다고 하자. 예를 들어, $A = (5,2)$는 일정 기간 동안 5개의 x재화와 2개의 y 재화를 소비하는 소비 묶음이 A라는 뜻이다.

두 종류의 상품이 있을 때 우리가 생각할 수 있는 모든 소비 묶음은 2차원 평면상의 점으로 표시할 수 있다. 이를 **상품 공간(commodity space)**이라 부른다. 역으로 상품 공간의 점들은 생각할 수 있는 모든 소비 묶음을 나타낸다. 이 말은 $(\frac{1}{4}, \sqrt{2})$와 같은 순서쌍도 우리가 고려하는 소비 묶음이 된다는 것이다. 한 달에 사과를 1/4개 소비한다는 것은 평균적으로 4달에 사과 1개를 먹는 것이라 이해할 수 있으나 배 $\sqrt{2}$개를 한 달에 소비한다는 것을 어떻게 이해할지는 어렵다. 그러나 숫자가 표기되는 어떤 방식으로도 상품을 나누어 표기할 수 있다고 가정한다. 이는 소비자의 선택을 그래프를 통한 시각적 형태로 쉽게 분석하기 위한 가정이다. 이제 두 종류의 상품을 가정하고 2차원 상품 공간의 모든 점을 선택의 대상이 되는 소비 묶음으로 한다.

우리가 실제 소비하는 상품의 종류는 2개보다 훨씬 많지만, 여기에서는 두 종류의 상품만을 고려한다. 이는 두 가지 방식으로 정당화할 수 있다. 첫째, 주로 시각적인 방식을 통하여 분석을 수행하는 현재 단계에서는 2차원 평면상의 그래프를 사용할 수밖에 없기 때문에 설명의 편리를 위하여 두 종류의 상품만을 고려한다는 것이다. 일반적인 n개의 상품에 대한 분석은 주로 수학적인 방식을 사용하는 고급 수준의 미시경제학에서 다루는데, 여기에서 얻은 대부분의 직관과 결론은 그 단계에서도 여전히 적용된다. 둘째, 두 종류의 상품만을 고려한다고 하지만, 일반적인 개수의 상품 선택에도 이 방법을 이용할 수 있다. 우리가 상정한 두 종류의 상품 중 하나는 특정한 상품을 제외한 다른 모든 상품의 조합이라고 생각하는 것이다. 이런 가정하에서는 하나로 묶인 상품 간의 선택이 어떻게 바뀌는지 분석할 수는 없지만, 우리가 관심 있는 특정 상품과 그 외 다른 모든 상품 간의 선택이 어떻게 바뀌는지에 대해서는 분석이 가능하다. 분석의 맥락에 따라서는 이것만으로도 충분할 때가 있다.

이제 선택의 대상이 되는 소비 묶음 중 소비자가 무엇을 더 좋아하는지의 소비자 취향을 묘사해야 한다. 어떤 소비자는 한 달 동안 배보다 사과를 소비하는 것을 더 좋아하고, 다른 소비자는 사과보다 배를 소비하는 것을 더 좋아할 것이다. 이를 소비자의 '**선호**'라고 한다. 소비자의 선호는 소비자들에게 여러 소비 묶음을 제시하면서 무엇을 더 좋아하는지 물어보면 알게 될 것이다. 그리고 이것이 소비자가 가지고 있는 욕망을 표현한다.

물론 소비자가 더 좋아한다고 해서 바로 그 소비 묶음을 선택할 수 있는 것은 아니다. 소비자가 쓸 수 있는 자원에 제약이 있기 때문이다. 경제학의 기본 문제였던 희소성의 개념을 상기해 보자. 가지고 싶은 것을 다 가질 수는 없고, 자기가 가진 자원 내에서 선택해야 한다. 소비자가 가진 자원의 한계가 소비자가 선택할 수 있는 소비 묶음을 제한할 것이다. 이렇듯 소비자가 선택할 수 있는 소비 묶음의 한계를 '**예산**' 혹은 '**예산 제약**'이라 한다. 소비자의 소비 선택 행위를 분석하기 위해서는 이 역시 묘사되어야 한다.

이들 요소들에 대한 묘사가 이루어지면 소비자가 어떤 선택을 할 것인지 분석할 수 있다. 아주 당연한 결론부터 말하자면, 소비자는 자기의 제약된 자원을 가지고 선택할 수 있는 소비 묶음 중에서 가장 좋아하는 것을 선택할 것이다. 이러한 선택을 구체적으로 묘사하는 것이 우리가 앞으로 할 일이다.

요약

소비자 선택을 분석하기 위해서는 소비의 대상인 소비 묶음, 이것에 대한 소비자의 선호, 그리고 소비 가능한 소비 묶음의 한계인 예산에 대한 묘사가 필요하다.

소비자 선호

1. 선호 순서

소비자가 선택하는 대상인 소비 묶음 중 어떤 소비 묶음을 더 좋아하는지의 취향을 묘사하는 것이 소비자의 선호이다. 앞서 언급한 것처럼 여러 소비 묶음 *A*, *B*, *C*… 등이 있다고 하면 우리는 소비자에게 임의의 두 소비 묶음을 보여주면서 어떤 소비 묶음을 좋아하는지 물어볼 것이다. 예를 들어, *A*와 *B*라는 소비 묶음을 소비자에게 보이면서 어떤 소비 묶음을 더 좋아하는지 물으면 소비자는 *A*가 더 좋다고 하든지, *B*가 더 좋다고 하든지, 아니면 둘이 똑같이 좋다고 대답할 것이다(물론, 모른다고 대답할 수도 있지만 그런 가능성은 뒤에 언급할 가정으로 배제한다). 만약 둘 중 하나가 더 좋다고 대답하면, 예를 들어 *A*가 *B*보다 더 좋다고 대답하면 이를 $A \succ B$라고 표기한다(물결로 된 부등호이다). 만약 *A*와 *B*가 똑같이 좋다고 하면 $A \sim B$라고 표기한다.

개념적으로 우리는 모든 소비 묶음의 쌍에 대해 소비자에게 이 질문을 반복할 수 있다. 그러면 모든 소비 묶음을 이 소비자가 가장 좋아하는 것부터 순서대로 나열할 수 있고, 무엇을 더 좋아하는지에 대한 완전한 묘사를 할 수 있다. **선호 순서(preference ordering)**라고 부르는 이러한 묘사는 언뜻 생각해보면 모든 소비 묶음이 일렬로 놓인 정돈된 순서일 것처럼 보인다. 하지만 이 묘사는 소비자의 취향에 따른 것이므로 꼭 정돈된 순서일 필요는 없다. 그렇다 해도 합리적인 개인의 소비 선택을 묘사하기 위해서는 이 선호 순서가 정돈된 것이어야 할 텐데, 그러기 위해서는 다음과 같은 가정이 필요하다.

소비자의 선호에 대한 가정 1. 완비성(completeness)

어떤 두 소비 묶음에 대해서도 한쪽이 더 좋거나 둘이 똑같이 좋다. 즉, 임의의 두 묶음 A와 B에 대해, $A>B$거나 $A<B$거나 $A \sim B$이다.

이 가정은 소비자가 이 두 묶음은 비교할 수 없거나 자기도 모르겠다는 식으로 답변하지 않는다는 것을 의미한다. 그런 경우가 있으면 소비자가 소비 묶음 중 하나를 선택할 수 없는 상황이 발생하기 때문이다.

소비자의 선호에 대한 가정 2. 이행성(transitivity)

만약 임의의 세 소비 묶음 A, B, C가 있고 소비자가 A와 B에 대해 $A>B$, B와 C에 대해 $B>C$라고 했다면, A와 C에 대해 $A>C$라고 해야 한다. 만약 $A \sim B$, $B \sim C$이었다면, $A \sim C$이어야 한다.

이 가정은 소비자의 선호에 최소한의 일관성을 부여한다. 이 가정이 만족하지 않으면 선호 순서는 일렬로 쭉 나열되지 못하고 빙빙 도는 구간이 생길 것이다. 그렇게 되면 역시 소비자가 선택을 할 수 없는 상황이 발생할 수 있다.

소비자의 선택을 분석하기 위하여 이행성의 가정이 필요하지만 이를 위반하는 소비자의 취향도 충분히 가능하다. 소비 묶음은 아니지만, 저녁 모임을 위한 술의 종류를 선택하는 철수를 생각해 보면 이행성의 가정이 만족되지 않은 경우를 떠올릴 수 있다. 가능한 술의 종류는 맥주, 와인, 위스키라고 하자. 맥주와 와인 중에 하나를 고르라면 '맥주는 너무 약하니 적당한 취기가 있는 와인으로 가자.'라고 대답하고, 와인과 위스키 중에 고르라면 '어차피 취기가 올라올 텐데 강한 위스키로 하자.'라고 대답할 수 있다. 선호의 일관성이 있다면 맥주와 위스키 중에 고르라고 했을 때 위스키를 골라야 하겠지만, '위스키는 너무 독하니 그냥 가볍게 맥주나 하자.'라고 하는 대답이 충분히 가능하다. 물론 이렇게 되면 철수가 어떻게 선택할 것인지에 대한 예측은 아주 어려워지겠지만 현실에서는 이런 상황이 충분히 가능하다. 다만, 그런 상황이 아주 예외적이고 모형화하기도 어렵기 때문에 위 가정을 한다고 할 수 있겠다.

소비자의 선호에 대한 가정 3. 비포만성(non-satiation) 혹은 단조성(monotonicity)

소비자는 더 많은 개수의 상품이 있는 소비 묶음을 선호한다. 만약 A=(x_1, y_1),

$B=(x_2, y_2)$이고, $x_1>y_1$, $y_1>y_2$이라면, $A>B$이어야 한다.

이 가정은 소비자의 무한한 욕망을 표현하는 것이다. 만약 소비자가 적당한 양의 상품에 만족하고 이보다 더 많은 상품은 필요 없다고 한다면 소비자에게 엄밀한 의미에서의 선택의 문제는 발생하지 않을 것이며, 자원의 효율적 배분이라는 문제 역시 발생하지 않을 것이다. 이 가정은 그런 상황을 배제한다.

요약

모든 소비 묶음을 소비자가 좋아하는 순서대로 나열하는 선호 순서로 소비자의 선호를 요약할 수 있으며, 완비성, 이행성, 단조성의 가정을 더하면 잘 정돈된 소비자의 선호 순서를 정의할 수 있다.

2. 선호 순서의 표현

지금까지 소비자가 무엇을 더 좋아하는지를 묘사하기 위해 소비 묶음을 가장 좋아하는 것부터 순서대로 나열하는 선호 순서라는 것을 소개하였다. 또한 선호 순서가 잘 정돈될 수 있도록 소비자의 선호에 완비성, 이행성, 단조성의 가정을 하였다. 이제 분석을 위해 선호 순서를 표현할 수 있는 방식에 대해 고민해 보자.

우리는 선호 순서를 두 가지 방식으로 표현할 것이다. 하나는 그래프를 이용한 시각적 표현이다. 이렇게 시각적으로 선호 순서를 표현한 것을 **'선호 지도(preference maps)'**라고 한다. 또 하나는 소비 묶음에 숫자를 부여해 순서를 표현하는 수학적인 방법으로 이를 **'효용함수(utility function)'**라고 한다.

요약

선호 순서를 나타내는 방식에는 선호 지도와 효용함수가 있다.

(1) 무차별 곡선과 선호 지도: 선호 순서의 시각적 표현

우리는 지형을 묘사하기 위해 지도를 그린다. 그런데 지형은 3차원적인 대상인 데 반해 지도는 2차원 평면에 그려진다. 그래서 땅의 높이 혹은 고도 정보를 2

차원 평면에 묘사할 수단이 필요하다. 그래서 등장한 것이 등고선(level curve)이다. 등고선은 고도가 같은 위치를 연결한 선이다. 그리고 등고선을 여러 개 그리면 지도의 어떤 지점이 더 높은 지형을 나타내는지 알 수 있다.

선호에 대해서도 유사한 방식으로 묘사를 할 수 있다. 이때 고도 정보에 해당하는 것이 소비자의 선호 순서이다. 소비자가 똑같이 좋아하는 소비 묶음을 모두 연결하면 지도의 등고선 같은 것이 되는데, 이 연결 위의 모든 상품이 소비자에게 차이가 없다는 의미로 이 연결을 '**무차별 곡선**'이라 부른다. 그리고 이 무차별 곡선을 여러 개 병렬하면 선호 지도가 된다.

좀 더 구체적으로 알아보자. 두 개의 상품으로 이루어진 소비 묶음이 소비자의 선택 대상이라고 하자. 그럼 생각할 수 있는 모든 소비 묶음은 〈그림 3-1〉의 패널 (a)에서처럼 수평축은 상품 x의 양을, 수직축은 상품 y의 양을 나타내는 2차원 평면상의 한 점으로 표현될 수 있을 것이다. 예시로 x 재화 x_1개와 y 재화 y_1개를 포함한 소비 묶음 A가 표시되어 있다.

이제 소비자가 주어진 상품 A와 똑같이 좋다고 말했던 모든 소비 묶음들을 이 2차원 평면 위에서 찾아 모두 연결한다(〈그림 3-1〉의 패널 (b)). 이것이 **무차별 곡선(indifference curve)**이다. 무차별 곡선은 소비자가 똑같이 좋아하는, 혹은 좋아하는 정도에서 서로 차별되지 않는 소비 묶음들의 집합이다. 다른 소비 묶음을

그림 3-1 2차원 평면 위의 소비 묶음과 무차별 곡선

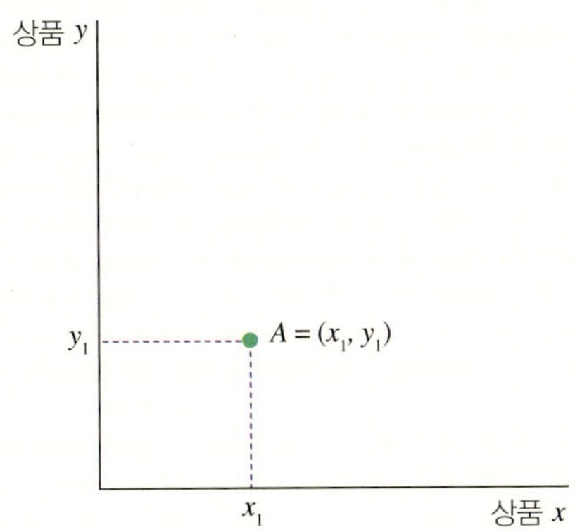

(a) 2차원 평면 위 상품 묶음 A

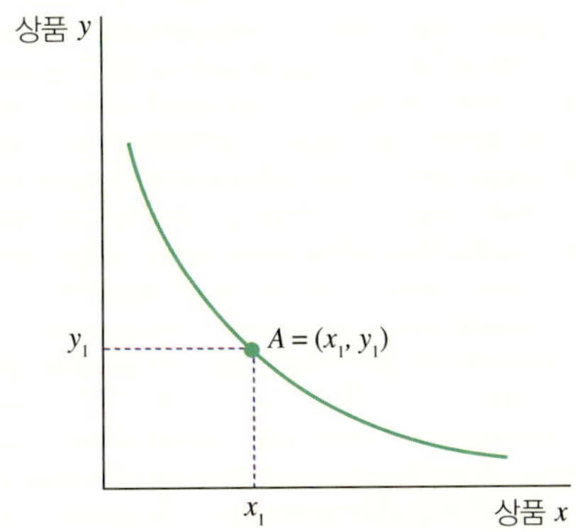

(b) A를 지나는 무차별 곡선

고르면 이 소비 묶음을 지나는 또 다른 무차별 곡선을 그릴 수 있다. 이렇듯 많은 무차별 곡선이 그려지면 이것이 곧 선호 지도이다. 지도 위에 등고선을 그린 것과 비슷한 방식이다.

무차별 곡선의 개념이 무엇인지를 설명했으나 그 곡선이 어떤 모양으로 그려지는지에 대해서는 아직 논의하지 않았다. 앞서 선호 순서를 잘 정돈된 것으로 만들기 위해 몇 가지 가정을 하였는데, 이를 이용해 무차별 곡선이 만족해야 하는 몇 가지 특성을 추론할 수 있다.

무차별 곡선의 특성 1. 모든 소비 묶음은 어떤 무차별 곡선 위에 있어야 한다.

이는 **완비성**의 가정 때문에 나온 특성이다. 어떤 소비 묶음을 고르더라도 다른 소비 묶음들과 비교 가능하고, 따라서 이를 지나는 무차별 곡선을 그릴 수 있다. 물론 소비자는 다른 모든 소비 묶음을 이 소비 묶음보다 더 좋아하거나 덜 좋아하지 똑같이 좋아하지는 않는 경우도 있을 수 있다. 그러면 무차별 곡선은 한 소비 묶음만을 가지는 점이 된다. 하지만 어떤 경우에도 무차별 곡선은 정의될 수 있다.

무차별 곡선의 특성 2. 서로 다른 두 무차별 곡선은 서로 교차할 수 없다.

이 특징은 **이행성**의 가정 때문에 생겨난 것이다. 만약 두 개의 무차별 곡선이 〈그림 3-2〉의 패널 (a)처럼 서로 교차한다고 하자. 이 두 무차별 곡선상의 세 소비 묶음 A, B, C를 생각해 보자. A와 B는 같은 무차별 곡선 위에 있으므로 $A \sim B$이다. 또 B와 C도 같은 무차별 곡선 위에 있으므로 $B \sim C$이다. 이행성 가정에 따르면 $A \sim C$이어야 하고 두 소비 묶음은 같은 무차별 곡선 위에 있어야 하는데 그렇지 않다. 이는 이행성 가정을 위반한다. 따라서 이행성 가정을 만족하는 선호 순서를 나타내는 선호 지도 위의 무차별 곡선은 교차할 수 없다.

무차별 곡선의 특성 3. 무차별 곡선은 음의 기울기를 가진다.

이는 **단조성** 가정 때문에 생긴 특성이다. 〈그림 3-2〉의 패널 (b)에서 어떤 소

그림 3-2 무차별 곡선의 특성

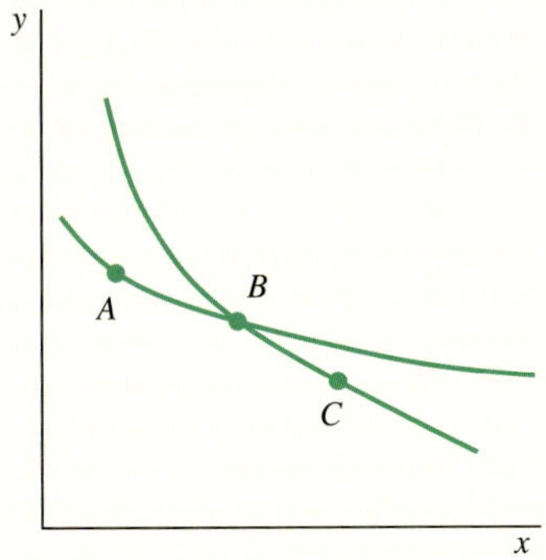

(a) 교차하는 무차별 곡선은
이행성 가정을 위반한다.

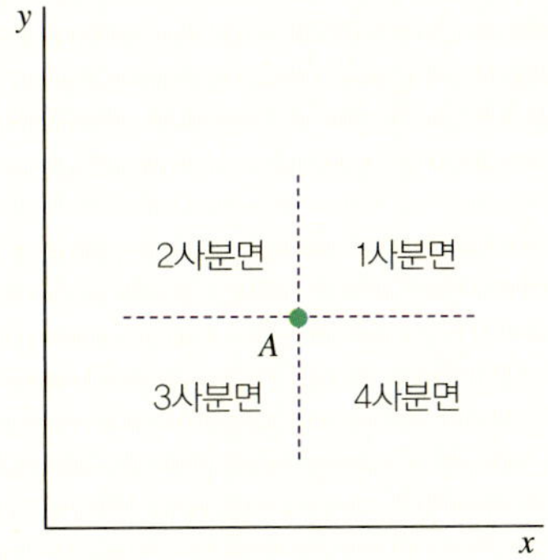

(b) 소비자가 A와 똑같이 좋아하는
소비 묶음들은 2와 4사분면에 있다.

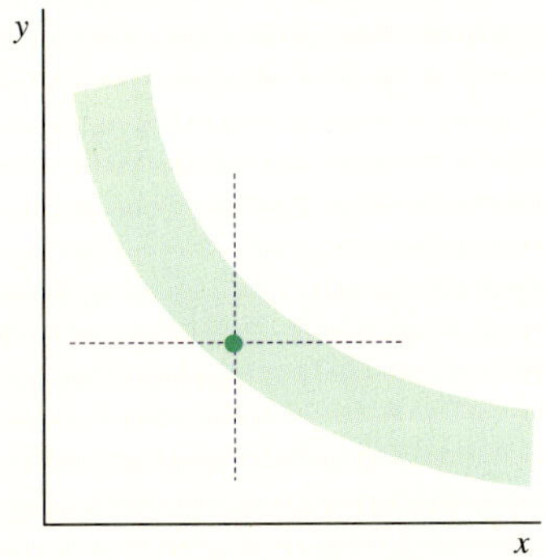

(c) 두꺼운 무차별 곡선은
단조성 가정을 위반한다.

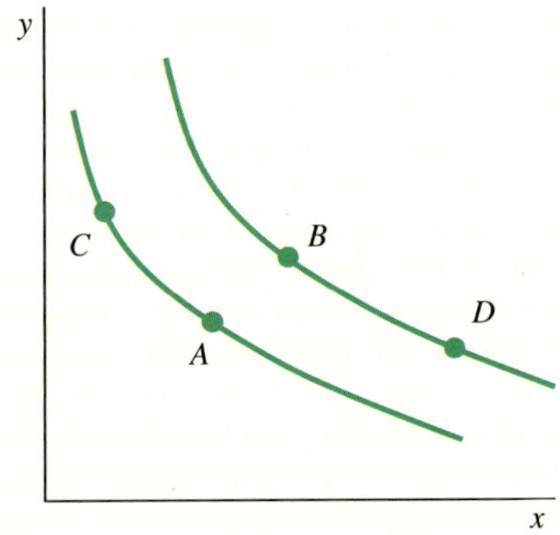

(d) 원점에서 먼 무차별 곡선일수록 소비자가
더 좋아하는 상품 묶음을 나타낸다.

비 묶음 *A*를 선택하고 이를 지나는 무차별 곡선을 그린다고 하자. 우선 이 소비 묶음을 지나는 수평선과 수직선을 그려본다. 이렇게 생긴 1사분면(소비 묶음 *A*의 오른쪽 위 방향) 위에 있는 모든 소비 묶음은 *A*보다 더 많은 양의 상품 x와 y를 가진다. 단조성 가정에 따라 소비자는 이 소비 묶음들을 *A*보다 더 좋아한다. 반면 3사분면(소비 묶음 *A*의 왼쪽 아래 방향) 위에 있는 모든 소비 묶음은 *A*보다 더 적은 양의 상품 x와 y를 가진다. 단조성 가정에 따라 소비자는 *A*를 이 소비 묶음들보다 더 좋아한다. 따라서 소비자가 *A*와 똑같이 좋아하는 소비 묶음들은 2와 4사분면에 있을 것이고 무차별 곡선은 음의 기울기를 가질 것이다.

무차별 곡선의 특성 4 무차별 곡선은 아주 얇다.

이 특성 역시 **단조성** 가정 때문에 생기는 것이다. 만약 무차별 곡선이 〈그림 3-2〉의 패널 (c)처럼 두꺼운 모양을 하고 있다고 하자. 무차별 곡선 위의 한 소비 묶음을 고르고 이를 지나는 수평선과 수직선을 그린다. 앞의 논리와 마찬가지로 소비자는 1사분면 위에 있는 소비 묶음들을 이 소비 묶음보다 더 좋아해야 한다. 그러나 이 중 일부 소비 묶음들이 같은 무차별 곡선 위에 있으므로 이는 단조성 가정을 위반한다. 엄밀히 말해 무차별 곡선은 두께가 없는 선이다.

무차별 곡선의 특성 5 원점에서 더 먼 무차별 곡선일수록 소비자가 더 좋아하는 소비 묶음들을 나타낸다.

서로 교차하지 않는 무차별 곡선을 여러 개 그린다고 하자. 그러면 원점에서 먼 무차별 곡선 위의 소비 묶음이 더 선호되는 소비 묶음이다. 이는 **단조성** 가정 때문에 그렇다. 두 무차별 곡선이 있을 때 더 멀리 있는 무차별 곡선 위의 소비 묶음이 더 많은 양의 상품을 가지도록 각 무차별 곡선 위에서 하나씩 소비 묶음을 고를 수 있다. 〈그림 3-2〉 패널 (d)의 소비 묶음 *A*와 *B*가 그렇게 골라진 두 소비 묶음의 예이다. 단조성 가정으로 소비자는 더 많은 양의 상품을 가지는 *B*를 더 좋아한다. 같은 무차별 곡선 위의 소비 묶음들을 똑같이 좋아하므로, 더 멀리 있는 무차별 곡선 위의 모든 소비 묶음을 더 가까이 있는 무차별 곡선 위의 모든 소비 묶음보다 더 좋아한다. 얼핏 선호 순서를 알기 어려운 두 소비 묶음 *C*와 *D*도 이를 지나는 무차별 곡선이 그려지면 선호 순서를 쉽게 알 수 있다. 이런 특징으로 무차별 곡선이 여러 개 그려지면 모든 소비 묶음들에 대한 선호 순서를 표시할 수 있게 된다.

이제 우리는 음의 기울기를 가지고 아주 얇으면 교차하지 않는 무차별 곡선을 여러 개 그림으로써 소비 묶음들에 대한 선호 순서를 표현할 수 있다. 이것이 선호 순서를 시각적으로 표현한 혹은 그래프로 표현한 선호 지도이다. 예를 들어, 임의의 두 소비 묶음을 고르면, 각 소비 묶음을 지나는 무차별 곡선을 그린다. 서로 교차하지 않는 두 무차별 곡선 중 하나는 원점에서 더 멀 것이다. 원점에서 더 먼 무차별 곡선 위의 소비 묶음이 소비자가 더 좋아하는 소비 묶음이다.

요약

소비자가 똑같이 좋아하는 소비 묶음들의 집합이 무차별 곡선이다. 무차별 곡선은 음의 기울기를 가지고, 아주 얇으며, 서로 교차하지 않는다. 무차별 곡선을 여러 개 그리면 선호 지도가 되고 이것으로 선호 순서를 나타낼 수 있다.

무차별 곡선의 여러 특성을 확인했지만 음의 기울기를 가지는 무차별 곡선이 어떤 모양으로 굽어 있는지에 대해서는 아직까지 논의하지 않았다. 〈그림 3-3〉 패널 (a)처럼 원점 방향으로 볼록할 수도, 패널 (b)처럼 원점 방향으로 오목할 수도 있는데 선호에 대해 세웠던 완비성, 이행성, 단조성의 세 가지 가정만으로는 굽은 방향을 알 수 없다.

무차별 곡선의 굽은 방향을 알기 위해서는 무차별 곡선의 기울기가 어떻게 변화하는지 알아야 한다. 패널 (a)처럼 원점 방향으로 볼록한 무차별 곡선이라면 곡선을 따라 오른쪽으로 갈수록 무차별 곡선은 더 평평하다. 즉, 기울기의 절댓값이 작아진다. 반면 패널 (b)처럼 원점 방향으로 오목한 무차별 곡선이라면 곡선을 따라 오른쪽으로 갈수록 무차별 곡선은 더 기운다. 즉, 기울기의 절댓값이 더 커진다.

무차별 곡선의 기울기의 절댓값을 **한계 대체율**(Marginal Rate of Substitution)이

그림 3-3 무차별 곡선의 굽은 방향

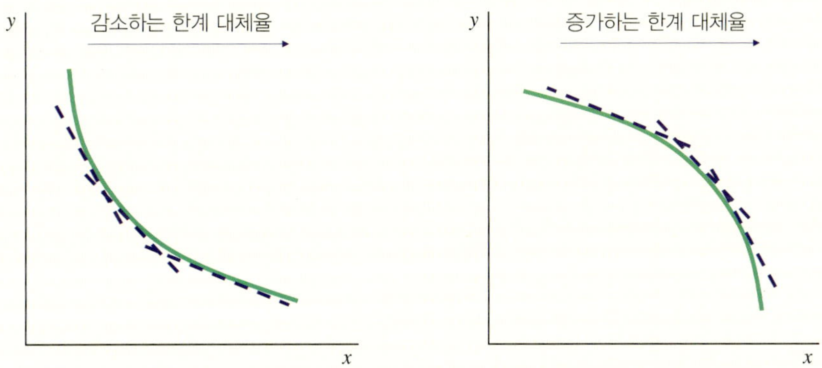

(a) 원점 방향으로 볼록한 무차별 곡선 (b) 원점 방향으로 오목한 무차별 곡선

라 하고, MRS_{xy}로 표기한다. 무차별 곡선을 따라 오른쪽으로 이동하면 상품 x의 양이 늘고, 상품 y의 양이 준다. 무차별 곡선의 기울기의 절댓값은 상품 y가 주는 양과 상품 x가 느는 양의 비율이다.

$$MRS_{xy} = -\frac{dy}{dx}$$

무차별 곡선을 따라 이동하면 소비자의 만족도는 변화하지 않는다. 따라서 이 기울기는 소비자가 같은 만족도를 유지하면서 상품 x를 추가적으로 얻기 위해 포기할 의사가 있는 상품 y의 양을 나타낸다. 상품 x가 많아지고 상품 y는 적어질수록 소비자에게 상품 y가 더 중요해질 것이라고 추측할 수 있다. 이 추측이 맞다면 무차별 곡선을 따라 오른쪽으로 이동하면 상품 x를 얻기 위해 포기할 수 있는 상품 y의 양은 점점 줄어들 것이고, 이는 곧 한계 대체율이 줄어든다는 의미가 된다. 이런 **한계 대체율 체감**은 무차별 곡선이 원점 방향으로 볼록하다는 의미이다.

무차별 곡선이 원점 방향으로 볼록한 것에 대해서 또 다른 해석을 할 수도 있다. 〈그림 3-4〉에서 같은 무차별 곡선에 있는 두 소비 묶음 A와 B를 고른다. 소비 묶음 A는 상품 y는 많은 반면 상품 x는 적다. 반면 소비 묶음 B는 상품 x는 많은 반면 상품 y는 적다. 이제 상품 x와 y의 양 모두 두 소비 묶음의 평균인 새로운 소비 묶음 C를 고른다. 이 소비 묶음은 A와 B를 연결하는 선의 가운데에 위치

그림 3-4 볼록한 무차별 곡선: 선호의 볼록성

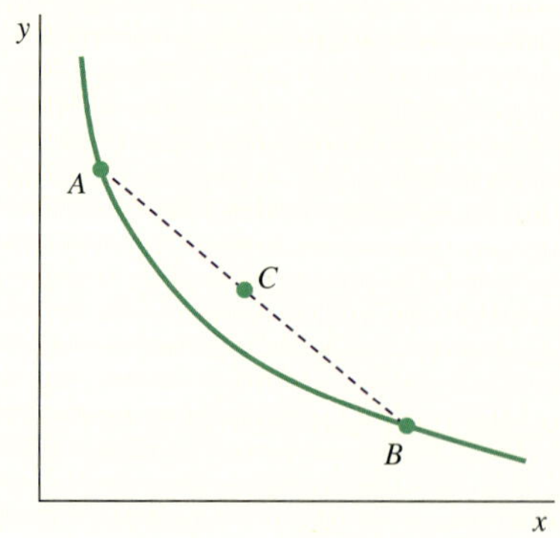

한다. 무차별 곡선이 원점 방향으로 볼록하다는 것은 소비자가 C를 A나 B보다는 좋아한다는 의미이다. 이때 C는 꼭 A와 B를 절반씩 섞은 평균일 필요는 없다. 무차별 곡선이 원점 방향으로 볼록하다면 소비자는 A와 B를 연결하는 선의 어떤 소비 묶음도 A나 B보다는 좋아한다. 즉, 하나의 상품이 일방적으로 많은 것보다는 두 상품이 적절히 배합된 소비 묶음을 더 좋아한다는 의미이다. 한계 대체율 체감, 그리고 두 상품이 적절하게 섞여 있는 것을 더 좋아한다는 것 모두 소비자의 선호에 대한 그럴싸한 추측이다. 이 그럴싸한 추측을 소비자의 선호에 반영하기 위해 소비자 선호에 대한 또 하나의 가정을 더한다.

소비자의 선호에 대한 가정 4. 볼록성(convexity)

동일한 무차별 곡선 위에 있는 임의의 소비 묶음 A와 B를 골라 어떤 비율로든 그것을 섞은 새 소비 묶음 C를 만들면, 소비자는 C를 A나 B보다 더 좋아한다.

이 가정은 소비자가 항상 두 상품이 적절히 혼합된 소비 묶음을 더 좋아한다는 것을 의미한다.

무차별 곡선의 특성 6. 무차별 곡선은 원점을 향해 볼록하다.

선호의 볼록성 가정이 있으면 무차별 곡선이 원점을 향해 볼록한 모양을 갖는다. 이제 소비자의 선호는 음의 기울기를 가지고 아주 얇으며 원점 방향으로 볼록하고 서로 교차하지 않는 무차별 곡선들로 나타낼 수 있다. 그리고 원점에서 더 먼 무차별 곡선은 소비자가 더 좋아하는 소비 묶음을 나타낸다. 이런 무차별 곡선들로 이루어진 선호 지도를 표준적인 선호 지도라고 할 수 있는데, 앞으로는 특별한 언급이 없는 한 소비자의 선호는 표준적인 선호 지도로 표현된다고 가정한다.

요약

소비자의 선호에 볼록성 가정을 더하면 무차별 곡선은 원점 방향으로 볼록한 모양을 갖는다.

몇몇 특별한 형태의 선호를 나타내는 무차별 곡선을 소개하면서 선호 지도에 대한 논의를 마치도록 하자. 첫 번째 특별한 형태의 선호는 **완전 대체재(perfect substitutes)**이다. 두 상품이 일정한 비율로 교환될 때 소비자의 만족도가 영향을 받지 않으면 두 상품은 완전 대체재이다. 예를 들어, 콜라를 소비할 때 브랜드를 따지지 않는 소비자라면 코카콜라와 펩시는 완전 대체재이다. 감자를 소비할 때 원산지에 따른 품질 차이가 없다면 강원도에서 생산된 감자와 경상도에서 생산된 감자도 완전 대체재이다. 〈그림 3-5〉 패널 (a)는 두 상품이 완전 대체재일 때 무차별 곡선을 보여준다. 무차별 곡선의 기울기는 항상 일정하여 선형의 무차별 곡선이 그려진다. 같은 20개이기만 하다면 강원도 감자 20개든 경상도 감자 20개든, 혹은 강원도 감자 10개와 경상도 감자 10개의 조합이든 똑같이 좋아할 것이다.

두 번째 특별한 형태의 선호는 **완전 보완재(perfect complements)**이다. 소비자에게 가치가 있기 위해서는 두 상품이 일정한 비율로 같이 소비되어야 하는 상품이 완전 보완재이다. 극단적인 예를 들면, 왼쪽 운동화와 오른쪽 운동화이다. 왼쪽 운동화가 1개라면 오른쪽 운동화가 1개이건, 5개이건 1켤레의 운동화만의 가치가 있다. 완전 보완재의 경우 무차별 곡선은 패널 (b)처럼 직각 모양을 가지게 된다.

세 번째로 생각해 볼 선호는 **경제적 비재화(economic bad)**가 포함된 경우이다. 경제적 비재화란 쓰레기와 같이 적을수록 소비자에게 더 좋은 것이다. 경제적 비재화가 포함되면 단조성의 가정이 성립되지 않는다. 이 경우 무차별 곡선은 패널

그림 3-5 특수한 선호의 무차별 곡선

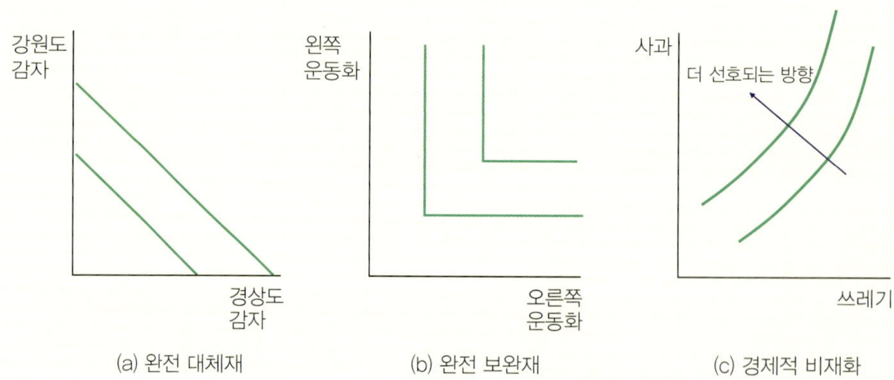

(c)처럼 양의 기울기를 가진다.

일반적인 재화의 경우 무차별 곡선은 음의 기울기를 가지고 원점을 향해 볼록한 모양이다. 그러나 특수한 경우를 고려하면 위 세 가지 경우처럼 선형, 직각 모양, 양의 기울기를 가진 여러 형태의 무차별 곡선이 가능하다.

요약

완전 대체재, 완전 보완재, 경제적 비재화가 섞여 있는 경우에는 특수한 모양의 무차별 곡선을 그릴 수 있다.

(2) 효용함수(utility function): 선호 순서의 수학적 표현

효용함수는 선호 순서를 수학적으로 표현하는 수단이다. 완비성, 이행성, 단조성의 가정에 따라 모든 소비 묶음들을 가장 좋아하는 것부터 잘 정돈된 순서대로 나열할 수 있게 되었다. 이렇게 나열된 소비 묶음에 숫자를 배정한다. 이때 숫자를 배정하는 방식을 함수 $U(\cdot)$로 표기한다. 예를 들어, 소비 묶음 $A=(x_1, y_1)$에 숫자 u_1을 배치한다고 하면

$$U(A)=U(x_1, y_1)=u_1$$

이라 쓸 수 있다. 숫자를 배치할 때 더 좋아하는 소비 묶음에 더 높은 숫자가 가도록 하면 이것이 곧 선호 순서를 표현하는 효용함수이다. 한번 숫자가 배치되면 그 숫자를 비교함으로써 어떤 소비 묶음을 소비자가 더 좋아하는지 알 수 있다. 숫자는 자연스럽게 순서가 정의되어 있으므로 이것이 가능하다.

$$A \succ B \Leftrightarrow U(A) > U(B)$$

각 소비 묶음에 배정된 숫자를 **'효용(utility)'**이라고 부른다. 소비 묶음에 숫자를 부여하고 이의 크기로 소비자가 만족하는 정도를 비교하니, 이 숫자를 소비 묶음을 소비할 때 소비자가 느끼는 만족도, 혹은 행복감으로 해석하고 싶다. 실제 효용이라는 개념을 처음 제기했던 공리주의자들은 사람들의 행복감을 측정하는 단위인 유틸(util)이라는 것을 염두에 두고 이런 행복감을 최대화하는 것이 좋다는

생각을 가졌다. 소비 묶음에 배정된 숫자를 이렇게 해석하면 숫자의 절대적 크기와 다른 소비 묶음에 배정된 숫자와의 차이 등이 중요한 의미를 가지게 된다. 특히 이 숫자들은 서로 다른 사람들이 느끼는 행복감을 비교할 수 있는 기준이 되기도 한다. 이런 식으로 해석된 효용을 '**기수적 효용**(cardinal utility)'이라고 한다. 그러나 서로 다른 사람이 느끼는 행복감의 정도를 객관적으로 비교하기는 어렵다. 이런 비교가 가능하다면 내가 얻은 행복감이 네가 잃어버린 행복보다 더 크니까 이 변화가 더 좋은 것이라고 주장할 수 있는데, 이런 주장을 받아들이기는 어렵다. 실제 위 효용함수의 정의를 살펴보면 이 숫자들은 숫자의 상대적 크기 이외에는 아무런 의미가 없다. 소비자가 더 좋아하는 소비 묶음에 더 큰 숫자를 배치한다는 조건만 만족하면 어떤 숫자가 배치되는지 상관이 없기 때문이다. 이때, 효용은 순서만이 중요하다고 하여 '**서수적 효용**(ordinal utility)'이라고 한다. 우리는 여기에서 서수적 효용 개념으로 이 숫자들을 해석할 것이다. 서수적 효용 개념을 사용하면 동일한 선호 순서를 나타내는 효용함수가 여럿이 된다. 배치된 모든 숫자를 100씩 증가시켜도, 혹은 2배로 해도 숫자의 순서는 바뀌지 않기 때문이다.

요약

효용함수는 더 좋아하는 소비 묶음에 더 높은 숫자를 배치하는 것으로 선호 순서를 나타낸다. 이때 배치된 숫자를 효용이라 하는데, 순서만이 중요하다는 의미에서 서수적 효용이라 한다.

효용함수가 정의되면 이것과 무차별 곡선 혹은 선호 지도와의 관계를 생각해 볼 수 있다. 같은 무차별 곡선 위에 있는 소비 묶음들은 소비자가 똑같이 좋아하는 소비 묶음들이므로 효용함수에서는 동일한 숫자 혹은 효용이 배정된다. 따라서 〈그림 3-6〉과 같이 무차별 곡선에 효용함수에서 배정된 효용 u_0, u_1, u_2 등을 사용하여 구분하고, 'u_0 수준의 무차별 곡선'이라 지칭할 수 있다. 물론, 원점에서 더 떨어진 무차별 곡선에 더 큰 숫자가 배치되어야 하므로, $u_0 < u_1 < u_2$의 관계가 성립한다. 우리는 이 숫자들의 절대적 크기에 아무런 의미가 없다는 사실을 알지

그림 3-6 무차별 곡선과 효용함수

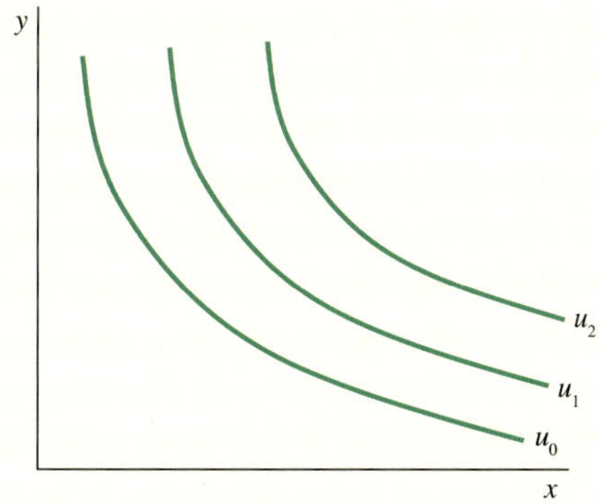

만, 설명의 편의상 때로는 그것이 만족감을 나타내는 것처럼 언급할 때도 있다. 그러나 그것은 오직 설명의 편의를 위한 것이며 그 숫자의 절대적 크기에 의미를 부여하지 않더라도 논리의 문제가 발생하지는 않는다.

효용함수를 정의하고 나면 이는 수학적 대상이므로 미분을 포함한 여러 가지 수학적 연산을 적용할 수 있다. 더 고급 수준의 미시경제학에서는 수학을 사용하여 각종 분석을 행하는데, 효용함수를 정의하는 것도 그런 분석을 행하기 위함이다. 상품 x의 양이나 상품 y의 양이 증가할 때 효용함수에서 배정된 숫자가 증가하는 정도를 '**한계 효용(marginal utility)**'이라고 한다. 만약 증가하는 상품의 양이 아주 작으면 이것이 곧 미분의 개념이다. 따라서, 한계 효용은 다음과 같이 쓸 수 있다.

$$MU_x = \frac{\partial U(x,y)}{\partial x},\ MU_y = \frac{\partial U(x,y)}{\partial y}$$

이때, $\frac{\partial U(x,y)}{\partial x}$은 함수의 편미분(partial derivative)인데, 미분에 익숙하지 않은 독자들은 $\frac{\Delta U(x,y)}{\Delta x}$, 상품 x가 늘어날 때 효용 $U(x,y)$가 늘어나는 정도라고 생각하면 된다. 효용을 기수적으로 해석하면, 한계 효용은 상품 하나를 추가적으로 소비할 때 늘어나는 만족감이라 할 수 있다. 일부 논의에서 그런 해석을 이용하기는 하지만 우리가 따르는 효용의 개념은 서수적 효용이다. 효용을 서수적으로 해석하면 한계 효용은 그 자체로는 아무런 의미가 없다. 그러나 그것의 비율은 의미가 있다. 만약 상품 x의 한계 효용이 상품 y의 한계 효용보다 크다면, 즉 이 둘의 비율이 1보다 크다면, 소비자가 상품 x를 하나 더 소비하는 것을 상품 y를 하나 더 소비하는 것보다 좋아한다는 뜻이다. 그 비율의 크기는 소비자가 상품 x를 하나 더 소비하는 것이 상품 y를 하나 더 소비하는 것보다 몇 배나 더 좋은지를 나타내는 것이다. 실제로, 무차별 곡선의 기울기는 한계 효용의 비율로 표시할 수 있다.

〈그림 3-7〉과 같이 주어진 무차별 곡선을 따라 소비 묶음을 변경한다고 해보자. 소비 묶음 A에서 B로 옮겨갈 때 효용의 변화는 상품 x의 양이 늘어남에 따라 증가하는 효용과 상품 y의 양이 줄어듦에 따라 감소하는 효용의 합으로 나타난다. 상품의 양이 변함에 따라 증가 혹은 감소하는 효용은 단위당 효용 변화인 한계 효용(MU_x, MU_y)과 변화하는 상품 양(d_x, d_y)의 곱으로 표시된다. 그런데 하나의 무차별 곡선 위에서 효용의 변화는 없으므로 다음의 관계가 성립한다.

$$MU_x dx + MU_y dy = 0$$

위 식을 변형하면 한계 대체율의 정의인 $-\frac{dy}{dx}$를 얻을 수 있는데, 이것이 곧 한계 효용의 비율이다.

그림 3-7 한계 대체율과 한계 효용

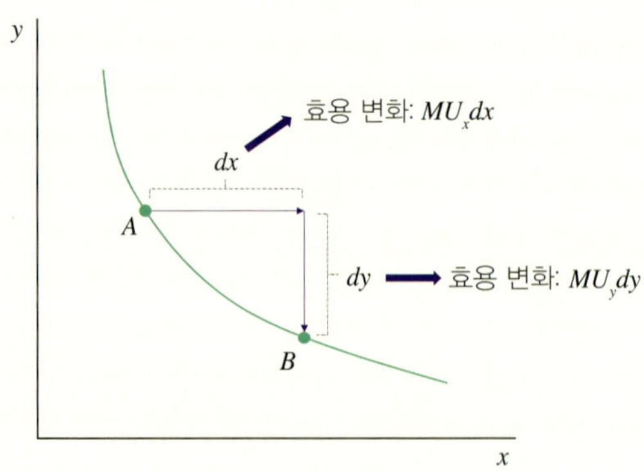

$$MRS_{xy} = -\frac{dy}{dx} = \frac{MU_x}{MU_y}$$

앞서 언급하였듯이, 한계 효용의 비율은 상품 x를 하나 더 소비하는 것이 상품 y를 하나 더 소비하는 것보다 몇 배나 좋은지를 보여준다. 만약 이 숫자가 3이라면, 이 소비자는 상품 x의 소비를 하나 더 늘리기 위하여 상품 y의 소비를 3개 희생시킬 수 있다는 의미이다. 이 비율이 곧 한계 대체율이 된다.

요약

한계 효용은 상품 소비가 한 단위 커질 때 늘어나는 효용이며, 한계 대체율은 이 한계 효용의 비율로 표시된다.

지금까지 선호 순서를 시각적으로 표현하는 선호 지도와 수학적으로 표현하는 효용함수를 소개하였다. 고급의 미시경제학에서는 주로 효용함수를 이용해 소비자 선택을 분석하고 선호 지도는 이해를 위한 보조적 수단으로 사용하지만, 이 교과서 수준의 논의에서는 주로 선호 지도를 이용해 분석하고 효용함수는 더 수준 높은 논의를 위한 보조 수단으로 활용한다.

예산 제약

우리는 소비자의 선호에 욕구의 무한함을 표현하는 단조성 혹은 비포만성이라 불리는 가정을 하였다. 이제 소비자가 가진 자원의 유한함을 표시하는 예산 제약을 묘사해 보자. **예산 제약**은 일정한 기간 동안 소비자가 소비할 수 있는 소비 묶음의 집합으로 정의할 수 있다. 소비자가 소비할 수 있는 소비 묶음을 표현하기 위해서는 소비자의 **소득**, 그리고 상품들의 **가격**이 주어져야 한다.

예를 들어, 한 달 동안 두 상품 사과와 배를 소비하는 철수가 있다고 하자. 철수의 한 달 소득은 10,000원이고, 사과의 가격이 100원, 배의 가격이 200원이다. 그럼 철수가 한 달 동안 소비할 수 있는 사과와 배의 조합, 곧 소비 묶음들은 무엇일까? 〈그림 3-8〉의 패널 (a)에 소비 가능한 소비 묶음들이 표시되어 있다. 만약 철수가 한 달 수입 10,000원을 모두 사과를 사는 데만 쓴다면, 소비할 수 있는 사과의 개수

그림 3-8 예산 제약

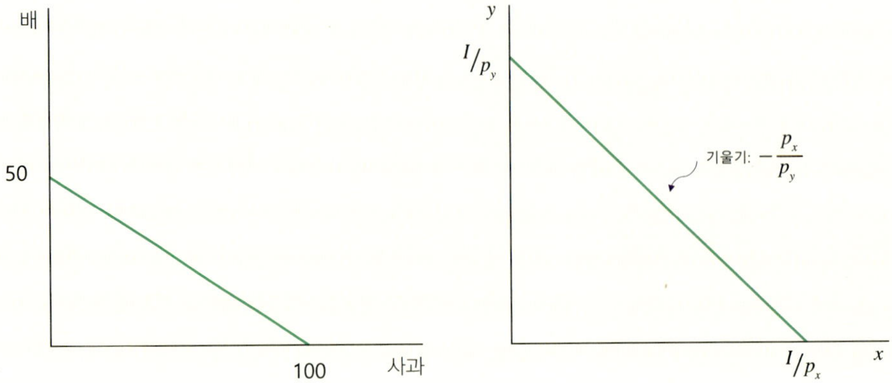

(a) 철수의 예산제약
(한달 수입: 10,000, 사과 가격: 100, 배 가격: 200)

(b) 일반적인예산제약

는 10,000/100=100개이다. 마찬가지로 철수가 한 달 수입을 모두 배를 사는 데만 쓴다면 소비할 수 있는 배의 개수는 10,000/200=50개이다. 철수가 배 1개의 소비를 줄이면 사과 2개를 살 수 있으므로 (2,49)도 소비 가능하다. 사실 이 변환비율을 따르는 다른 상품 조합도 소비 가능하다. 따라서 소비자가 소비할 수 있는 소비 묶음은 (100,0)과 (0,50)을 잇는 직선으로 표현된다.

일반적으로 두 상품 x, y를 소비하는 소비자의 주어진 기간 동안의 소득이 I이고, 각 상품의 가격이 p_x와 p_y라고 하면, 이 소비자가 주어진 기간 동안 소비할 수 있는 소비 묶음은 다음의 식을 만족하는 (x, y)이다.

$$p_x x + p_y y = I$$

위 식의 좌변은 소비 묶음 (x, y)를 구매할 때의 지출액이다. 결국 예산 제약은 소비 묶음을 구매하는 데 드는 지출액이 소득과 같다는 뜻이다. 〈그림 3-8〉의 패널 (b)에서 이 예산 제약은 수평축 절편 $\frac{I}{p_x}$와 수직축 절편 $\frac{I}{p_y}$를 잇는 직선이다. 이때 이 예산 제약 혹은 예산선의 기울기는 두 상품 가격의 비율, 혹은 상대 가격에 음의 부호를 붙인 $-\frac{p_x}{p_y}$이다. 이 기울기의 절댓값인 상대 가격은 시장에서 두 재화 x와 y가 거래되는 비율이다. 엄밀하게 말하면, 상품 x 한 단위를 얻기 위해 포기해야 하는 상품 y의 양이다.

요약

예산 제약은 소비자가 구입 가능한 소비 묶음의 집합으로 재화의 가격, 소득이 주어져 있을 때 $p_x x + p_y y = I$로 주어진다.

이제 가격, 혹은 소득이 변할 때 예산 제약이 어떻게 변화하는지 확인해 보자. 앞으로 환경 변화에 따른 소비자 최적 선택의 변화에 대해서 논의할 때 소득과 가격 변화로 인한 예산선의 변화가 사용될 것이다. 먼저 소득이 I에서 I'으로 증가하는 경우를 생각해 보자. 예산선의 기울기는 상대 가격이고, 가격은 변화하지 않았으므로 예산선의 기울기는 변화하지 않는다. 이제 같은 가격에 더 많은 재화를 소비할 수 있으므로 예산선은 원점에서 더 멀어질 것이다. 결국 〈그림 3-9〉의 패널 (a)에서 보이듯이 예산선은 평행하게 바깥으로 이동한다. 만약 소득이 감소하면 예산선은 안쪽으로 평행이동한다.

다음으로 가격이 변화하는 경우를 고려해 보자. 상품 x의 가격이 p_x에서 p_x'로 증가했다고 하자. 상품 y의 가격과 소득은 변화하지 않았으므로 상품 y의 최대 소

그림 3-9 예산선의 변화

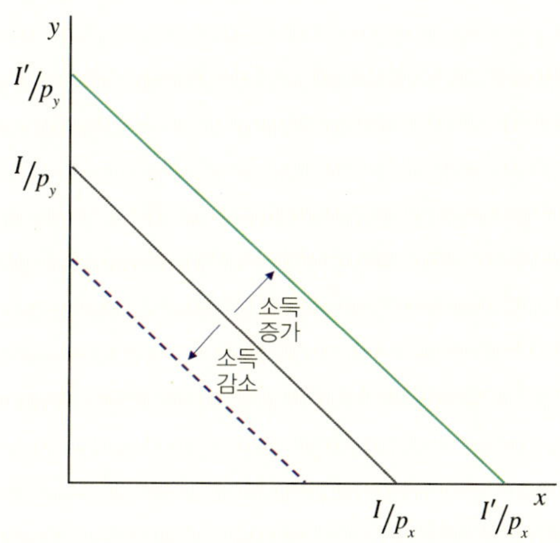

(a) 소득 증가

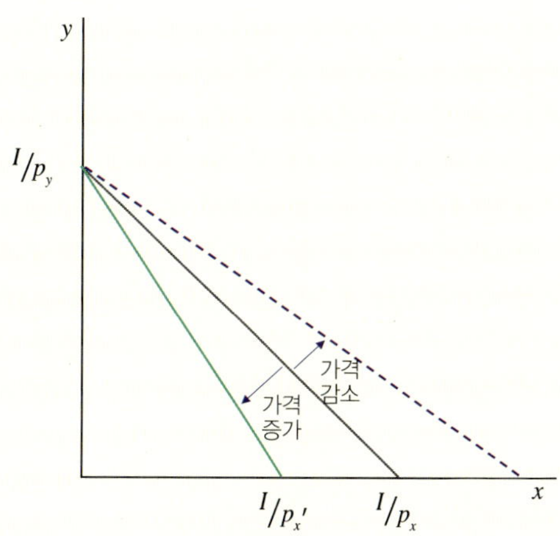

(b) 상품 x의 가격 증가

비량은 이전과 동일하다. 하지만 상품 x의 최대 소비량은 가격의 증가로 인해 줄어든다. 따라서 〈그림 3-9〉의 패널 (b)에서 보이듯이 예산선은 수직축 절편을 중심으로 안쪽으로 회전하게 된다. 만약 상품 x의 가격이 하락하면, 동일한 논리로 예산선은 수직축 절편을 중심으로 바깥쪽으로 회전한다.

마지막으로 표준적이지 않은 예산 제약의 예를 설명하면서 예산 제약에 관한 논의를 마친다. 첫 번째로 고려하는 상황은 가격이 일정하지 않고 소비량에 따라 변화하는 경우이다. 만약 상품 x의 소비량이 x_0라는 일정 수준을 넘어서면 **가격 할인**이 적용되어 가격이 p_x에서 p_x'로 감소한다고 하자. 〈그림 3-10〉의 패널 (a)에서 보이듯이 우선 가격이 p_x인 상태에서 예산선을 그린다. 상품 x의 소비량이 x_0를 넘어서면 가격이 하락하므로 원래 가격에서 점선이던 예산선이 더 평평해지면서 실선이 된다. 따라서 소비량 x_0 수준에서 예산선이 바깥쪽으로 꺾이게 된다.

다음으로 상품의 부족으로 인해 **수량 할당**이 일어나서 각 소비자가 상품 x에 대해 일정한 양 이상을 살 수 없는 경우를 고려해 보자. 이제 소비자는 상품 x에 대해 x_1 이상으로는 소비할 수 없다. 그럼 패널 (b)처럼 소비자의 본래 예산선에서 점선인 부분이 사라지고 상품 x의 소비수준이 x_1 이하인 부분만이 남을 것이다.

그림 3-10 특수한 예산 제약

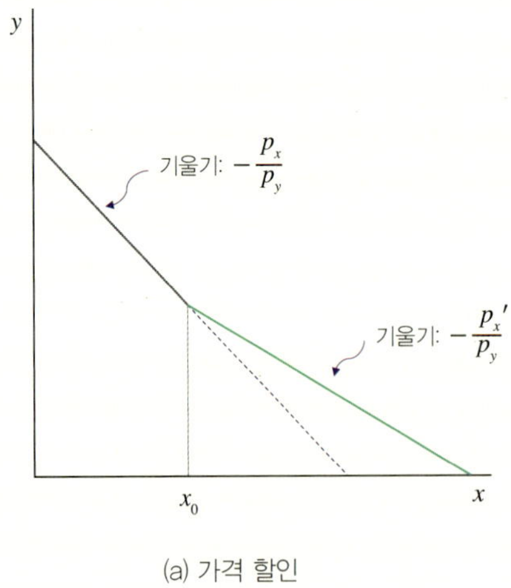

(a) 가격 할인

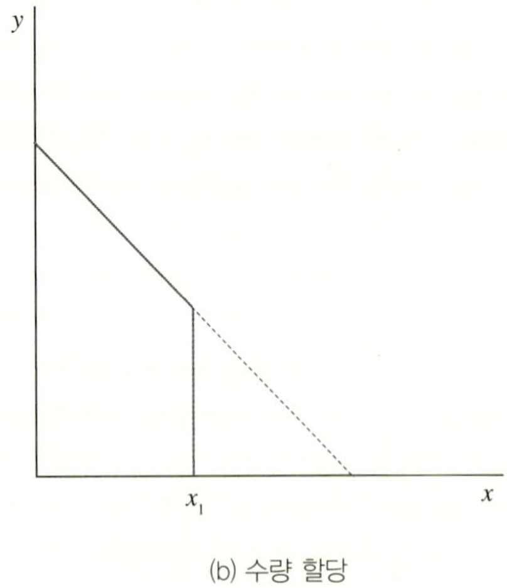

(b) 수량 할당

요약

소득이 변하면 예산선은 평행이동하고, 가격이 변하면 축의 절편을 중심으로 회전한다. 수량할당이나 가격 할인 등의 특수한 경우도 예산선으로 표현 가능하다.

3.2 소비자의 최적 선택

소비자는 지금까지 묘사한 선호와 예산 제약이 주어진 상태에서 구입 가능한 소비 묶음 중 가장 좋아하는 것을 선택한다. 구입 가능한 소비 묶음은 예산 제약으로 묘사되었다. 예산 제약 내에 있는 소비 묶음 중 가장 좋아하는 소비 묶음이라면 가장 원점에서 먼 무차별 곡선 위의 소비 묶음, 또는 효용함수에서 가장 높은 숫자를 얻는 소비 묶음을 선택한다는 의미이다.

수학적으로 소비자의 선택 문제는 **효용 최대화 문제**라고 부르며, 다음과 같이 쓸 수 있다.

$$\max_{x,\ y} U(x,y)$$
$$s.t.\ \ p_x x + p_y y = I$$

여기에서 s.t.는 subject to의 약자로서 그 뒤에 올 식의 '제약을 만족하면서'라는 뜻이다. 즉, 예산 제약을 만족하면서 효용함수를 최대화하는(maximize) 혹은 가장 높은 효용 값을 성취하는 소비 묶음을 고르는 문제가 되겠다.

선호 지도를 이용한 그래프상으로는 예산선 위의 소비 묶음 중 원점에서 가장 먼 무차별 곡선 위에 있는 소비 묶음을 선택하면 된다. 〈그림 3-11〉을 보면 상품의 가격과 소비자의 소득이 주어진 상태에서 예산선이 그려진다. 예산선 위의 한 소비 묶음 *A*를 고르면, *A*를 지나는 무차별 곡선을 그릴 수 있다(점선의 무차별 곡선). 만약 *A*가 원점에서 가장 먼 무차별 곡선 위에 있다면 예산선 위에 있으면서 이 무차별 곡선 바깥쪽에 있는 소비 묶음은 없을 것이다. 그런데 예산선 위의 어떤 소비 묶음들은 이 무차별 곡선의 바깥쪽에 있다(예산선의 굵은 부분). 무차별 곡선이 예산선과 교차하면 항상 예산선 위에 있으면서도 무차별 곡선 바깥에 있는 소비 묶음이 존재한다. 따라서 원점으로부터 가장 멀리 떨어진 무차별 곡선에

그림 3-11 소비자의 최적 선택

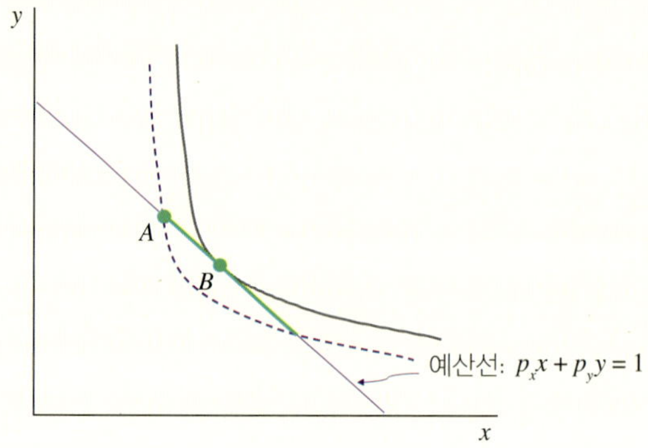

닿기 위해서는 예산선에 접하는 무차별 곡선을 그려야 한다(실선의 무차별 곡선). 예산선과 무차별 곡선이 접하는 곳에 있는 소비 묶음 B가 소비자의 최적 선택이다.

소비자의 최적 선택이 되는 소비 묶음에서는 이를 지나는 무차별 곡선과 예산선이 서로 접한다. 다르게 얘기하면 최적 선택의 소비 묶음에서 무차별 곡선의 기울기와 예산선의 기울기가 같다. 무차별 곡선의 기울기(정확히는 그 절댓값)는 한계 대체율(MRS)이고, 예산선의 기울기(절댓값)는 상대 가격이므로 최적의 소비 묶음에서는 다음의 관계가 성립한다.

$$MRS_{xy} = \frac{p_x}{p_y}$$

이 두 기울기의 의미를 상기해 보자. 좌변인 한계 대체율은 소비자가 상품 x를 추가적으로 얻기 위해 **포기할 용의가 있는** 상품 y의 양이다. 우변인 상대 가격은 소비자가 시장의 거래를 통해 상품 x를 추가적으로 얻기 위해 **포기해야 하는** 상품 y의 양이다. 최적의 선택에서는 이 비율이 일치해야 한다.

만약 한계 대체율과 상대 가격이 서로 다르다면 소비자는 소비 묶음의 조정을 통해 더 나은 선택을 할 수 있다. 〈그림 3-12〉의 소비 묶음 A의 경우처럼 한계 대체율이 상대 가격보다 더 큰(무차별 곡선의 기울기가 예산선보다 더 급한) 경우를 생각해 보자. 소비자가 상품 x를 추가적으로 얻기 위해 포기할 용의가 있는 상품 y의 양은 소비자가 상품 x를 추가적으로 얻기 위해 시장의 거래에서 포기해야 하

그림 3-12　소비자 선택의 조정

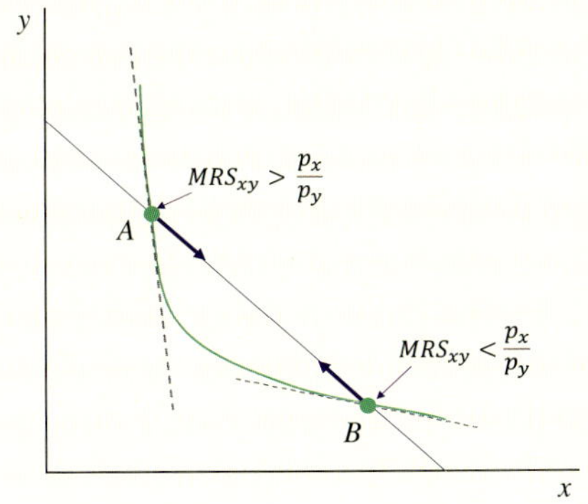

는 상품 y의 양보다 크다. 따라서 시장에서 요구되는 것만큼 상품 y를 포기하면서 상품 x의 소비를 늘림으로써, 즉 예산선을 따라 상품 x의 소비는 늘리고 상품 y의 소비는 줄임으로써(굵은 화살표), 더 좋아하는 소비 묶음을 선택할 수 있다. 반면 〈그림 3-12〉의 소비 묶음 B처럼 한계 대체율이 상대 가격보다 더 작은(무차별 곡선의 기울기가 더 완만한) 경우, 소비자는 상품 x의 소비를 줄이고 y의 소비를 늘림으로써 더 좋은 소비 묶음을 찾아갈 수 있다. 이런 개선의 가능성이 완전히 없어진 경우, 즉 한계 대체율과 상대 가격이 같아지는 경우에 소비자는 최적의 선택을 한 것이다.

한계 대체율이 한계 효용의 비율이라는 사실을 이용하면 소비자의 최적 선택에서 한계 대체율이 상대 가격과 같다는 것을 다른 의미로 해석할 수 있다. 한계 대체율이 상대 가격과 같다는 것은 한계 효용의 비율과 상대 가격이 같다는 의미이다.

$$MRS_{xy} = \frac{MU_x}{MU_y} = \frac{p_x}{p_y}$$

$$\frac{MU_x}{p_x} = \frac{MU_y}{p_y}$$

이 식을 조작하면 두 번째 식이 된다. 이 식의 좌변은 추가적인 1원을 상품 x의 소비에 사용할 때 늘어나는 상품 x의 소비량 $(\frac{1}{p_x})$과 단위 소비량 증가에 따른 효용의 증가 (MU_x)를 곱한 것이다. 이는 곧 추가적인 1원을 상품 x의 소비에 지출했을 때 늘어나는 효용의 증가라고 볼 수 있다. 마찬가지로 이 식의 우변은 추가적인 1원을 상품 y의 소비에 지출했을 때 늘어나는 효용의 증가이다. 최적의 소비 선택에서는 이 두 값이 같아야 한다. 만약 두 값이 다르면 소비자는 소비 묶음을 바꾸어 더 나은 선택을 할 수 있다. 예를 들어, 좌변의 값이 더 크면 상품 y에 쓰이는 1원을 줄여 상품 x의 소비에 쓸 때 효용이 더 증가할 것이다. 물론 이런 해석은 효용의 절대적 크기를 생각하는 기수적 해석처럼 보여 효용의 상대적 크기만을 강조하는 우리의 당초 해석과는 달라 보인다. 하지만 이 경우는 동일한 개인이 다른 상품을 소비할 때 느끼는 효용의 크기를 상대적으로 비교하는 것으로, 서로 다른 개인의 행복감을 비교하는 기수적 해석과는 다소 차이가 있다.

요약

소비자의 최적 선택은 예산선 위에 있는 소비 묶음 중 원점에서 가장 먼 무차별 곡선에 있는 소비 묶음을 고르는 것이다. 최적 소비 묶음은 무차별 곡선이 예산선과 접하는, 즉 한계 대체율과 상대 가격이 같아지는 지점에서 얻어진다.

지금까지는 소비자의 최적 선택이 두 상품을 모두 소비하는 경우만을 고려하였다. 소비자의 최적 소비 묶음이 2차원 평면의 구석이 아닌 내부에서 얻어지므로 이를 수학적으로는 **내부 해(interior solution)**라고 부른다. 반면 한 상품의 소비는 0이 되는 최적 선택, 혹은 **구석 해(corner solution)**도 존재할 수 있는데 이 경우 한계 대체율과 상대 가격의 관계에 대해서 알아보자.

상품 x의 소비가 0이 되는 구석 해가 존재하는 경우(소비 묶음 A)는 무차별 곡선이 〈그림 3-13〉처럼 그려지는 경우이다. 그림에서 확인할 수 있듯이 이 경우 무차별 곡선의 기울기가 예산선에 비해서 완만하다.

$$MRS_{xy} \leq \frac{p_x}{p_y}$$

소비 묶음 A에서 무차별 곡선과 예산선이 접하는 경우도 있을 수 있으므로 등식도 가능하다. 소비자는 상품 x를 소비하기 위해 시장에서 거래되는 것보다 더 적은 양의 상품 y를 포기할 용의가 있다. 따라서, 이 경우에는 상품 x의 소비를

그림 3-13 소비자의 최적 선택이 구석 해인 경우

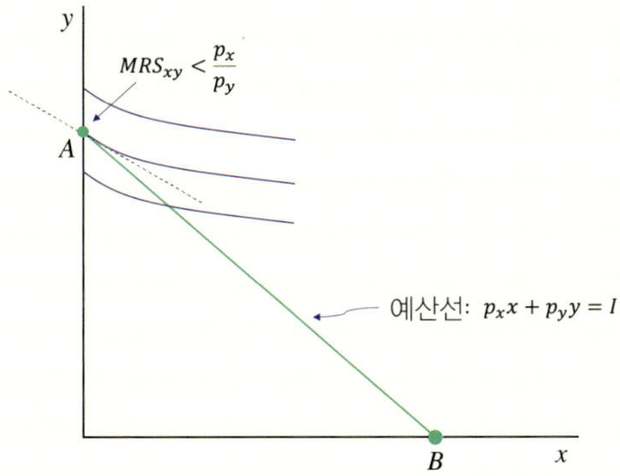

줄이고 상품 y의 소비를 늘려서 더 좋아하는 소비 묶음을 선택할 수 있다. 하지만 이미 상품 x의 소비가 0이기 때문에 그런 조정은 불가능하고 이 소비 묶음이 최적 선택이 되는 것이다. 그 반대의 구석 해(상품 y의 소비가 0이 되는 경우)도 가능한데, 그런 일이 발생할 수 있는 조건을 구하는 것은 [연습문제 6]으로 남긴다.

연습문제 6

소비자의 최적 선택이 〈그림 3-13〉의 소비 묶음 B에서 일어난다면, 이 소비자의 무차별 곡선은 어떻게 그려져야 하는지, 그리고 한계 대체율과 상대 가격은 어떤 관계를 보여야 하는지 설명하시오.

수학적 분석

지금까지는 무차별 곡선과 예산선의 시각적 도구를 이용해 소비자의 최적 선택을 분석하였다. 수학적 도구인 효용함수와 예산 제약식을 이용하여도 동일한 분석과 결론을 얻을 수 있다. 앞서 언급했던 소비자의 효용 극대화 문제를 다시 상기해 보자.

$$\max_{x,y} U(x,y)$$
$$s.t.\ p_x x + p_y y = I$$

소위 등식 제약하의 최적화 문제(optimization with equality constraint)를 푸는 수학적

방법은 라그랑지 정리(Lagrange theorem)에 의해 요약되어 있다. 학부 수준의 경제수학에서는 이 방법을 증명 없이 소개하는데, 여기에서도 이 방법을 따라보자. 제약식을 $G(x,y)=0$으로 표현했을 때의 $G(x,y)$에 라그랑지 승수 λ(람다)를 곱한 것과 최적화하는 목적식을 더한 것을 **라그랑지언(Lagrangian: $\mathcal{L}$)**이라 한다.

$$\mathcal{L} = U(x,y) + \lambda(I - p_x x - p_y y)$$

라그랑지 정리에 따르면 등식제약하의 최적화 문제의 해는 이 라그랑지언을 최적화하는 변수 x, y와 라그랑지 승수 λ에 대해 미분한 값이 0이 되는 조건을 만족한다.

$$\mathcal{L}_x = MU_x - \lambda p_x = 0 \text{ 혹은 } MU_x = \lambda p_x$$
$$\mathcal{L}_y = MU_y - \lambda p_y = 0 \text{ 혹은 } MU_y = \lambda p_y$$
$$\mathcal{L}_\lambda = I - p_x x - p_y y = 0$$

λ를 소거하기 위해 첫 번째 등식을 두 번째 등식으로 같은 변끼리 나누면

$$\frac{MU_x}{MU_y} = \frac{p_x}{p_y}$$

이 되어 한계 대체율과 상대 가격이 같아져야 한다는 최적 선택의 조건이 얻어진다. 그리고 세 번째 식은 예산 제약이 만족되어야 한다는 것이다. 즉, 예산선 위에 있으면서 무차별 곡선과 예산선의 기울기가 같아야 한다(혹은 둘이 서로 접해야 한다)는 시각적 분석의 결론과 동일한 결과를 낳는다.

소비자 선택 분석의 간단한 응용사례로서 **현금 보조(cash grant)**와 **현물 보조(in-kind transfer)**의 효과 차이를 분석하면서 이 논의를 마무리하자. 정부가 지출을 통해 (보통은 소득이 낮은) 개인을 도와주는 방식으로는 크게 개인이 필요할 것으로 판단되는 상품을 직접 주는 현물 보조와 현금을 주고 개인이 이 돈을 필요한 곳에 쓰게 하는 현금 보조가 있다. 현물 보조의 경우 과거에는 정부가 직접 쌀, 밀가루, 설탕 등을 직접 나누어 주었으나, 이제는 특정한 목적에서 지출할 수 있는 쿠폰인 바우처(voucher)나 특정한 가맹점에서 특정한 지출 항목에만 사용이 가능한 현금카드를 주는 식으로 운영한다. 현금 보조의 경우에는 개인의 은행계좌

에 현금을 이체하는 방식으로 운영한다. 2020년의 코로나 팬데믹과 그에 따른 경기 침체가 발생했을 때 많은 나라들이 국민들에게 보조금을 지급하는 정책을 폈다. 그런데 나라에 따라 이 보조금의 사용 용도를 제한하는 정도가 달랐다. 예를 들어 미국에서는 개인의 은행계좌에 일정한 금액을 이체해주고 사용 용도에 전혀 제한을 두지 않은 반면, 한국에서는 지급 주체가 지방정부인 경우가 많아 그 지역에서만 쓸 수 있고 유흥업소와 같은 특정 목적에는 사용할 수 없는 현금카드 혹은 신용카드 포인트 등을 지급하였다. 미국의 보조금은 현금 보조에 가깝고 한국의 보조금은 미국에 비해서는 현물 보조에 가깝다고 할 수 있겠다. 최근 현물 보조는 현금카드 형태로 지급되며 사용할 수 있는 용도가 조금 더 다양하나 여기에서는 분석의 편의를 위해 식료품 구입이라는 한 가지 목적에만 쓸 수 있는 현금 카드를 지급하는 현물 보조의 경우를 생각해 보자.

보통 식료품만을 구입할 수 있는 현금카드를 지급한다고 하면, 우리는 식료품의 소비가 주어진 현금카드 액수만큼 늘어날 것으로 생각하기 쉽다. 그렇지 않더라도 현물 보조를 하는 경우 현금 보조를 하는 경우보다 식료품 소비가 더 늘었을 것으로 추측한다. 정말 그런지를 확인하기 위해 현물 보조와 현금 보조가 소비자의 선택에 미치는 영향을 살펴보자.

먼저 우리가 관심 있는 현물인 식료품을 수평축에, 그 외의 모든 상품의 소비를 수직축에 놓은 상품 공간을 생각해보자. 식료품 외의 모든 상품의 소비는 식료품을 소비하고 남은 소득이라고도 생각할 수 있으며, 그래서 가격이 1이라고 표준화할 수 있다. 어떤 형태의 보조금도 지불되기 전 대표적 소비자의 예산 제약은 일반적인 형태로 그려질 것이다. 〈그림 3-14〉 패널 (a)의 검은색 실선이 이를 보여준다. 이제 현물 보조로 식료품을 구입할 수 있는 현금카드를 지급했다고 하자. 그럼 기존 예산선 위의 어떤 소비 묶음에서도 화살표처럼 식료품 소비를 현물 보조액수에 해당하는 양만큼 늘릴 수 있다. 따라서 예산선은 오른쪽으로 현물 보조량만큼 이동한 모양(초록색 실선)이 될 것이다. 여기에 대표적 소비자의 선호를 반영하는 무차별 곡선을 그려 놓으면 현물 보조로 인해 소비자의 소비가 어떻게 변했는가를 예측할 수 있다.

만약 패널 (a)의 무차별 곡선이 소비자의 선호를 반영하는 것이라면 우리는 다

그림 3-14 현물 보조와 현금 보조

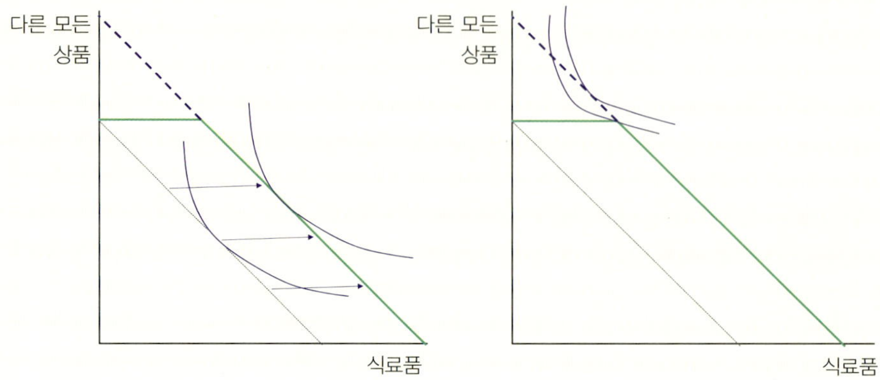

(a) 현물 보조와 현금 보조의 차이가 없는 경우 (b) 현물 보조와 현금 보조의 차이

음과 같은 소비의 변화를 예측할 수 있다. 현물 보조로 식료품 소비는 늘지만, 현물 보조에 해당하는 현금카드를 모두 식료품 소비에 쓰는 것만큼 늘지는 않는다. 이 보조는 일부 전용되어 다른 상품의 소비 증가로 이어진다. 물론 지급된 현금카드로는 식료품만을 살 수 있기 때문에 이 금액이 전용된다는 말은 이상하게 들린다. 하지만 자기 소득 중 일부를 이미 식료품 소비에 쓰고 있던 소비자가 현물 보조를 받은 경우, 식료품 소비에 쓰던 자기 소득의 일부를 다른 상품의 소비에 전용할 수 있다.

그럼 현금 보조를 하는 경우에는 무엇이 달라지는가? 이제 식료품만을 쓸 수 있는 현금카드 대신 동일한 액수를 소비자의 계좌에 이체해 주었다고 하자. 이는 소비자의 소득 상승과 동일한 효과를 내며 예산선은 바깥으로 평행이동한다. 따라서 현물 보조에 비하여 점선으로 표시된 만큼의 예산선이 더 생긴다. 현금이 지급되면 이 돈은 다른 상품의 구입에도 쓰일 수 있기 때문에 다른 상품의 최대 구입량이 현금 보조액만큼 늘어날 수 있다. 그러나 소비자의 선호가 패널 (a)의 무차별 곡선과 같다면 소비자의 선택은 현물 보조 때와 비교하여 변하지 않는다. 현물 보조와 현금 보조는 식료품 소비도 동일한 수준으로 늘리고 소비자의 만족도도 똑같다.

그럼, 언제 현물 보조와 현금 보조가 차이를 낳는가? 이제 소비자의 선호가 패널 (b)에 그려진 무차별 곡선으로 묘사된다고 하자. 패널 (a)와 패널 (b)의 소비자의 예산선은 정확하게 같다. 다만, 소비자의 선호만이 다를 뿐이다. 이 경우 식료품의 소비를 비교하면 현물 보조가 현금 보조에 비해 더 많은 식료품 소비를 유도한다. 반면 소비자의 만족도를 비교하면 현금 보조 시 소비자의 만족도가 현물 보조에 비해 더 높다. 소비자가 현물 보조를 받았을 때 선택한 소비 묶음에서 무차별 곡선의 기울기와 상대 가격을 비교해 보라. 소비자는 식료품의 소비를 줄이고 다른 재화의 소비를 늘리고 싶지만, 현물 보조 외의 모든 소득을 이미 다른 상품의 소비에 쓰고 있기 때문에 더 이상 조정이 불가능하다. 그러나 현금 보조를 받으면 다른 상품 소비를 더 늘릴 수 있어서 소비자가 더 좋아하는 소비 묶음을 선택할 수 있게 된다. 주목할 것은 현물 보조 시 식료품 소비 액수가 정확히 지급한 현물 보조 액수와 같다는 것이다. 따라서 소비자의 식료품 소비 액수가 현물 보조 액수와 같을 때만 현물 보조와 현금 보조는 다른 효과를 갖고, 소비자의 식료품 소비 액수가 현물 보조 액수보다 크면 두 지원 정책은 효과가 같다고 할 수 있다.

현물 보조와 현금 보조의 차이에 대한 이 분석은 다른 정책의 효과를 평가할 때도 사용될 수 있다. 아래 연습 문제를 참고하라.

연습문제 7

경기도는 청년에게 청년 수당을 지급하면서 본인 거주 지역에서만 쓸 수 있는 지역 화폐를 지급하였다. 수평 축에 현지 소비를, 수직 축에 타지 소비를 두는 상품 공간을 고려하여 이 지역 화폐의 효과를 분석하고 다음 질문에 답하시오.

(1) 지역의 소비 액수는 청년수당 지급액수만큼 증가하는가?

(2) 지역 화폐 지급은 현금 지급에 비해 지역 소비를 더 진작시키는가?

(3) 지역 화폐를 할인하여 현금으로 교환해 주는 업체가 생겼다고 하자. 예를 들어, 10만 원의 지역 화폐 카드는 9만 원의 현금으로 교환될 수 있다. 이 경우 소비자의 예산선은 어떻게 변화하는가?

이론적으로 현물 보조와 현금 보조는 의도한 상품에 대한 소비자의 소비가 지급된 현물 보조보다 많다면 그 효과에 있어 차이가 전혀 없다. 만약 차이가 있다면 현물 보조는 의도한 상품의 소비를 진작시키지만 소비자의 만족도는 더 낮아진다. 더군다나 현물 보조는 사용할 때 표시가 나기 때문에 **낙인 효과(stigma effect)**가 나타날 수도 있다. 정부의 보조가 소비자를 돕기 위한 것이라 할 때 그런 측면에서 더 나을 수 있는 현금 보조가 있음에도 여전히 현물 보조를 사용하는 이유는 무엇일까? 여기에는 경제학에 국한되지 않은 여러 논리가 작용할 수 있다.

첫째, 정치적으로 현물 보조는 산업에 대한 지원정책으로 받아들여질 수 있다. 미국의 대표적인 현물 보조인 푸드 스탬프(Food Stamp) 제도는 농업 분야에 대한 지원정책으로도 받아들여진다. 한국에서 저소득층이 문화 행사를 향유할 수 있도록 나누어 주는 문화 바우처 제도(이 바우처를 사용해 영화, 연극 등의 문화행사를 관람할 수 있다) 역시 저소득층에 대한 지원이기도 하지만 문화 산업에 대한 지원으로도 받아들여진다.

둘째, 사회복지 제도로서의 현물 보조는 정치적 지지를 받기 쉽다. 저소득층에게 현금을 지급하는 정책은 이 현금이 술, 담배 소비 등 바람직하지 못한 방향으로 쓰일 수 있다는 비판에 노출되고, 정치적 지지가 약화될 수 있다. 저소득층에게 충분한 음식을 제공한다는 논리는 정치적 지지를 얻기가 더 쉬울 것이다.

셋째, 지금까지는 이론적 분석이 정확하게 현실에 적용된다는 전제하에 논의한 것이다. 그러나 현실의 개인들은 이론의 분석과는 다소 다른 선택을 할 수도 있다. 실제로 식료품 소비를 위한 현금 카드처럼 이름표가 붙은 소득이 있으면 소비가 이런 소득의 구성을 따라간다는 연구가 있다(Abeler and Marklein 2017). 현실에서는 이론의 예측과는 달리 현물 보조의 경우 식료품 소비를 더 늘릴 가능성도 있다. 이는 실증적인 검증의 문제이다.

요약

현물 보조와 현금 보조는 소비자의 상품에 대한 지출액이 현물 보조액수와 일치하는 경우를 제외하고는 그 효과가 같다. 효과가 달라질 때에는 현물 보조가 대상 상품의 소비는 늘리지만, 소비자의 만족도 면에서는 현금 보조가 더 낫다.

3.3 비교정태 분석: 수요 곡선의 도출

지금까지 소비자의 선호와 예산 제약을 소개하고, 선호와 예산 제약이 주어진 상태에서 소비자의 최적 선택이 어떻게 이루어지는가를 논의하였다. 소비자의 선택은 2장에서 소개한 수요 곡선의 배후에 있는 것이고, 분석의 목표 중 하나는 수요 곡선을 유도하는 것이다. 수요 곡선은 가격이 바뀔 때 수요량이 어떻게 변하는가를 보여준다. 따라서 소비자의 선택 문제에서 가격이 바뀔 때 소비자의 최적 선택이 어떻게 변하는지를 보고 이로부터 소비자의 수요 곡선을 유도할 수 있다. 이렇듯 소비자의 선택 문제에서 주어진 환경으로 받아들여지는 가격과 소득이 바뀔 때 소비자의 최적 선택이 어떻게 변하는지 분석하는 것을 **비교정태 (comparative statics) 분석**이라 한다. 비교정태라는 이름이 암시하듯 우리는 가격이 바뀌기 전과 후에 결과적으로 도출되는 최적 선택을 비교한다. 그것이 어떤 과정을 거쳐서 바뀌는지의 동학(dynamics)은 다루지 않는다. 이는 수요-공급 모형에서 환경이 바뀌기 전과 후의 균형만을 비교하지, 균형이 어떻게 옮아가는지를 분석하지는 않는 것과 같다.

가격 변화에 따른 최적 선택의 변화-수요 곡선의 유도

가격이 변할 때 소비자의 최적 선택이 어떻게 바뀌는지 분석함으로써 수요 곡선을 유도한다. 상품 x의 가격이 p_x에서 p_x'으로 하락한 상황을 분석해 보자. 주어진 가격에서 소비자의 선택을 보라. 〈그림 3-15〉의 패널 (a)의 위쪽 그림은 보통의 상품 공간을 보여준다. 상품 x의 가격이 p_x인 상황에서 예산선이 있고(실선의 예산선) 이때 무차별 곡선이 예산선과 접하는 소비 묶음 A에서 최적 선택이 이루어지고 있다. 패널 (a)의 아래쪽에는 상품 x의 가격과 수요량의 관계(곧 수요 곡선)를 보기 위해 수평축에 상품 x의 수요량 혹은 소비량, 수직축에 가격인 평면이 있다. 위 그림의 수평축과 아래 그림의 수평축은 모두 상품 x의 수요량을 나타낸다. 상품 x의 가격이 p_x일 때 소비 묶음 A가 선택되고 결국 상품 x의 수요량이 x_0인 상황이 점으로 표기되어 있다.

그림 3-15 가격 변화와 수요 곡선의 도출

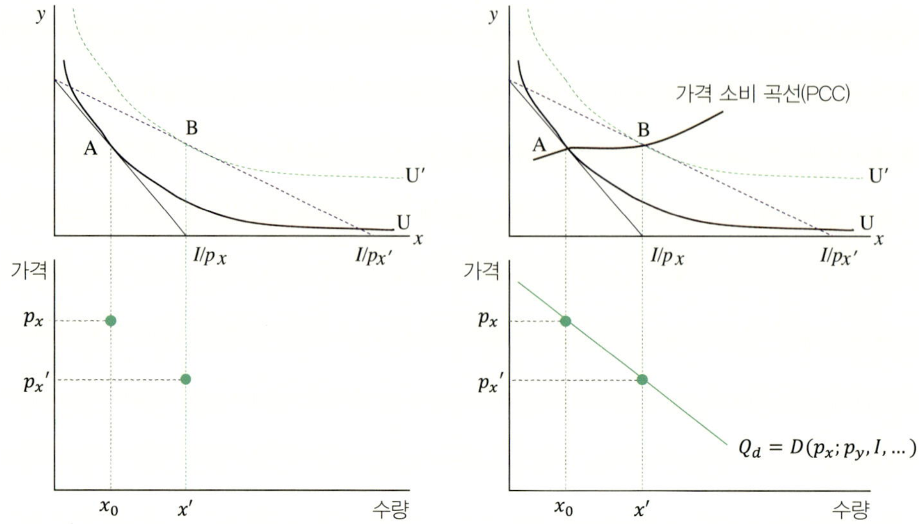

(a) 가격 하락과 수요량 변화 (b) 가격 소비 곡선과 수요 곡선

이제 상품 x의 가격이 하락한다. 그러면 동일한 소득으로 더 많은 상품 x를 구매할 수 있다. 따라서 상품 x의 가격 하락은 예산선을 수직축 절편을 중심으로 바깥쪽으로 회전시키고, 그 결과 점선의 예산선이 된다. 이 새로운 예산선에서 무차별 곡선이 접하는 최적 소비 선택 B가 결정된다. 이때 상품 x의 수요량은 x'이 된다. 새로운 가격과 새로운 수요량의 관계가 아래 그림의 새로운 점으로 표시된다.

이 그림에서는 두 수준의 가격과 이때의 수요량을 나타내는 두 점만이 표기되어 있지만, 가격을 계속 변동시키면서 수요량의 변화를 추적하여 여러 점들을 찍을 수 있다. 이 작업을 계속한 결과가 패널 (b)에 나타난다. 우선 위쪽 그림에서 상품 x의 가격을 변동시키면서 그에 상응하는 예산선과 최적 선택을 생각해 볼 수 있다. 이 최적 소비 묶음의 변화를 선으로 연결하면 **가격 소비 곡선(PCC: Price Consumption Curve)**을 얻게 된다. 이 가격 소비 곡선을 따라 가격과 상품 x의 소비량의 관계를 구할 수 있고 이를 아래 그림에서 선으로 연결한 것이 곧 수요 곡선이다. 이 수요 곡선에서 수요량은 당연히 상품 x의 가격에 따라 변한다. 그러나 최적 소비 묶음의 선택에는 상품 y의 가격, 소비자의 소득, 그리고 소비자의 선호를 반영하는 무차별 곡선의 모양 등이 다 영향을 미친다. 그래서 우리는 이 수요 곡선을 나타내는 수요 함수를 이런 변수들의 함수라고 쓸 수 있다 ($Q_d = D(p_x; p_y, I, \cdots)$). 당연히 이 수요 곡선은 패널 (a)에서 구한 두 점을 지나게 된다. 가격-소비 곡선에서 가격이 내리면서 상품 x의 소비량이 계속 늘어가는 것이 확인되며 이는 아래쪽으로 내려가는 수요 곡선, 곧 수요 법칙을 만족하는 수요 곡선을 낳는다.

위 분석에서 우리는 수요 법칙을 만족하는 수요 곡선을 도출했다. 그러나 선호에 대해 가정한 네 가지, 완비성, 이행성, 단조성, 볼록성만을 가지고는 수요 법칙을 보장할 수 없다. 〈그림 3-16〉에서 상품 x의 가격 하락에 따른 최적 소비 묶음 변화의 여러 가능성을 확인할 수 있다. 상품 x의 가격 하락으로 예산선은 수직축 절편을 축으로 바깥으로 회전 이동한다.

가격 변화 전 최적 소비 묶음을 지나는 수평선과 수직선을 그리면 상품 x의 가격 하락으로 인한 소비 묶음의 변화는 세 가지 가능성을 가진다. 상품 x와 y의 소비가 모두 증가하는 영역, x의 소비는 증가하지만 y의 소비는 감소하는 영역, 그리고 x의 소비가 감소하고 y의 소비는 증가하는 영역이 그 세 가지이다. 〈그림 3-16〉은 그 세 가지 가능성이 소비자의 선호에 따라 모두 가능함을 보여준다. 패널 (a)에서 상품 x의 가격 하락으로 두 상품 모두의 소비가 증가한다. 패널 (b)에서는 x의 소비는 증가하지만 y의 소비는 감소한다. 패널 (c)에서는 x의 소비가 감

그림 3-16 가격 변화와 최적 소비 묶음의 변화

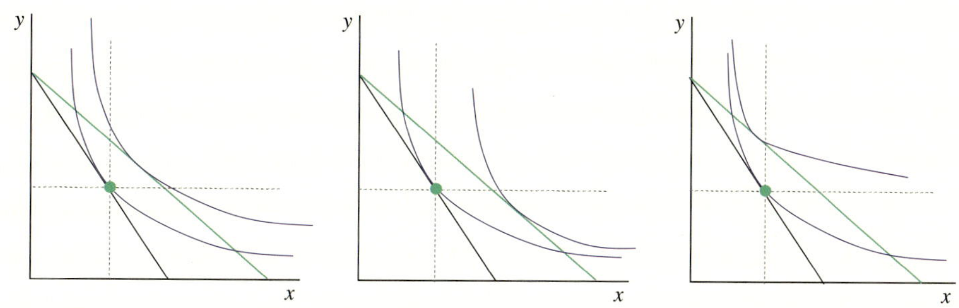

(a) 상품 x와 y 소비 모두 증가 (b) 상품 x 소비 증가, y 소비 감소 (c) 상품 x 소비 감소, y 소비 증가

소하고 y의 소비는 증가한다. 단지 다른 모양의 무차별 곡선을 그림으로써 이 세 가지가 모두 가능했다. 이 세 가지 형태의 무차별 곡선은 앞서 언급한 네 가지 가정, 완비성, 이행성, 단조성, 볼록성을 모두 만족한다. 세 그림 모두에서 무차별 곡선은 음의 기울기로 서로 교차하지 않고, 아주 얇으며, 원점에 대해 볼록하다. 따라서 기본적인 가정을 만족하지만, 소비자마다 다를 수 있는 선호에 따라 이 세 가지 소비 변화가 모두 가능한 것이다.

이제 각 상품의 수요량 변화에 맞추어 이 변화를 분류해 보자. 가격 변화에 따른 상품 x의 수요량의 변화를 '**가격 효과**'라고 한다. 보통 가격이 오르면 수요량이 줄어들어 가격 효과는 음이라고 생각한다. 이것이 곧 수요 법칙이다. 패널 (a)와 (b)의 경우에는 가격 하락에 따라 수요량이 증가하여 수요 법칙을 만족한다. 그런데, 패널 (c)의 경우에는 가격 하락에도 수요량이 감소하였다. 이렇듯 수요 법칙을 위반하는 재화를 '**기펜재(Giffen goods)**'라고 부른다. 따라서, 이론적으로는 수요 법칙을 위반하는 기펜재의 존재가 가능하다. 왜 기펜재가 존재하는지, 실제로 기펜재가 존재할 수 있는지 등에 대해서는 다음 장에서 추가적으로 논의한다.

상품 x의 가격이 변할 때 상품 y의 수요가 변하는 효과를 '**교차 가격 효과(cross price effect)**'라고 부른다. 패널 (a)와 (c)에서는 상품 x의 가격이 내릴 때 상품 y의 소비가 증가하였다. 우리는 2장의 탄력성에 관한 논의에서 다른 상품의 가격이 수요량에 미치는 변화를 측정하는 교차 탄력성의 개념을 소개하였다. 패널 (a)와 (c)의 경우에는 교차 탄력성이 음의 값을 가지게 되는데 이 경우 두 재화는 **보완재**의 관계를 가진다고 정의했다. 반면 패널 (b)에서처럼 상품 x의 가격이 내려갈 때 상품 y의 소비가 줄면 교차 탄력성은 양의 값을 가지게 되고 이 경우는 두 재화가 **대체재**의 관계를 가진다고 정의했다.

요약

가격이 변할 때의 최저 소비 묶음의 변화를 통하여 수요 곡선을 도출할 수 있다. 이론적으로는 수요 법칙을 위반하는 기펜재의 가능성을 배제할 수 없다.

소득 변화에 따른 최적 선택의 변화-수요 곡선의 이동

이제 소득이 변화할 때 소비자의 최적 선택이 어떻게 변화하는가를 분석한다. 〈그림 3-17〉은 가격 변화의 효과를 분석했을 때처럼 상품 공간을 그린 그림을 위에, 가격과 수요량의 공간이 그려져 있는 그림을 아래에 보여준다. 패널 (a)의 위쪽 그림에 기존의 소득과 가격 수준에서 소비자의 예산선(실선의 예산선)과 이에 접하는 무차별 곡선(실선의 무차별 곡선)을 그리면 소비자의 최적 선택을 구할 수 있다. 이때 상품 x의 소비량은 x_0이고, 아래 그림에는 가격 p_x와 수요량 x_0의 조합이 이전에 도출한 수요 곡선 위에 있다.

이제 소득이 I에서 I'로 증가하였다고 하자. 그럼 기존의 예산선이 바깥쪽으로 평행이동하여 점선의 예산선이 된다. 역시 이에 접하는 무차별 곡선에서 새로운 최적 소비 묶음이 구해진다. 그림에서 상품 x의 수요량은 x'으로 증가한다. 아래 가격과 수요량 평면에서는 이제 같은 가격에 더 많은 수요량이 대응한다. 물론 새로운 소득 수준 I'에서도 가격과 수요량과의 관계를 따라 새로운 수요 곡선을 그릴 수 있다. 따라서 소득 변화는 패널 (b)의 아래 그림에서 보이는 것과 같이

그림 3-17 소득 변화와 수요 곡선의 이동

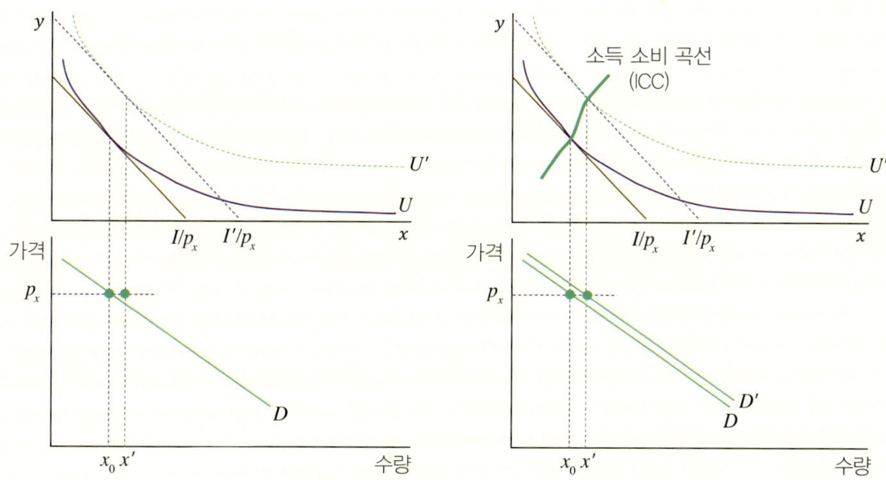

(a) 소득 증가와 수요량 변화 (b) 소득 소비 곡선과 수요 곡선의 이동

수요 곡선의 이동을 낳는다. 지금까지는 한 번의 소득 변화에 따른 최적 소비 묶음의 변화를 보았는데, 소득이 여러 수준으로 변화하면 이에 따른 최적 소비 묶음의 변화를 추적할 수 있다. 소득 변화에 따른 최적 소비 묶음의 변화를 연결한 것이 패널 (b)의 위쪽 그림에서 보이는 **소득 소비 곡선**(ICC: Income Consumption Curve)이다. 이를 따라 소비량의 변화를 추적하면 수요 곡선의 이동을 관찰할 수 있을 것이다.

소득이 변함에 따라 수요량이 변하는 효과를 '**소득 효과**(income effect)'라고 부른다. 〈그림 3-17〉에서는 소득이 증가함에 따라 상품 x의 소비가 증가하였다. 그러나 상품 x의 가격이 하락할 때 소비자의 선호에 따라 상품 x와 y의 소비가 오를 수도 내릴 수도 있었던 것처럼, 소득 증가에 따라서 상품 x와 y의 소비는 여러 가지 조합으로 변한다.

연습문제 9

가격 변화에 따른 최적 소비 묶음의 모든 변화 가능성을 보인 〈그림 3-16〉처럼 소득이 증가할 때 상품 x와 y의 소비 변화 가능성의 조합을 모두 보이시오.

특히 소득이 증가함에 따라 상품의 소비가 감소할 수 있는데, 이렇게 소득 효과가 음인 상품을 '**열등재**(inferior good)'라고 부른다. 이에 대비하여 소득이 올라갈 때 소비가 증가하는, 즉 소득 효과가 양인 상품을 '**정상재**(normal good)'라 부른다. 소득 효과라는 새로운 단어를 사용했으나 2장에서 소개했던 수요의 소득 탄력성과 이에 따른 상품의 분류를 그대로 따른 것이다. 2장에서 수요의 소득 탄력성이 양의 값을 가지는 상품을 정상재라 부르고 음의 값을 가진 상품을 열등재라 불렀는데, 소득 탄력성과 소득 효과는 같은 부호를 가진다.

우리는 소득이 증가할 때 소비의 변화를 수요 곡선의 이동으로 나타냈다. 그러나 당초 수요 곡선이 어떻게 그려졌는지를 생각해보면 이것이 소득과 수요량의 관계를 나타내는 유일한 방법은 아니다. 2장에서 우리는 수요량에 영향을 미치는 여러 요소를 고려하고 이 관계를 요약한 것을 수요 함수라 불렀다. 수요 함수를 2차원 평면에서 시각적으로 표현하기 위해 가격 이외의 다른 요소를 모두 고정하

그림 3-18 엥겔 곡선

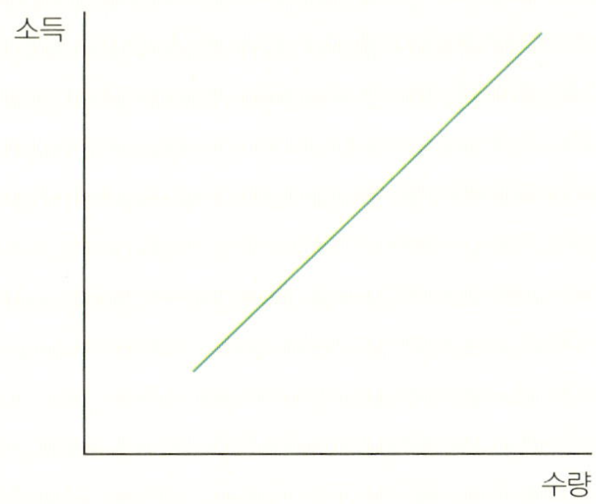

고 가격과 수요량 간의 관계를 나타낸 것이 수요 곡선이다. 이 말은 수요 함수에서 소득 이외의 다른 요소를 고정시키고 소득과 수요량의 관계를 그리는 것도 가능하다는 뜻이다. 이를 **'엥겔 곡선(Engel curve)'**이라 부르며 엥겔 곡선을 그림으로써 소득이 증가할 때 나타나는 소비의 변화를 나타낼 수 있다. 수직축에 소득이, 수평축에 수량이 표시될 때 만약 상품 x가 정상재라면 엥겔 곡선은 〈그림 3-18〉처럼 오른쪽으로 올라가는 모양을 가지게 될 것이다. 엥겔 곡선과 수요 곡선 모두 수요 함수를 나타낸 것이다. 다만 수요량을 설명하는 여러 요소 중에 가격을 강조하여 수요량과의 관계를 표시한 것이 수요 곡선이라면 소득을 강조하여 수요량 간의 관계를 표시한 것이 엥겔 곡선이다.

수요 함수

수학적 분석

앞서 설명하였듯이 수요 곡선과 엥겔 곡선은 수요 함수를 그래프로 표현하는 다른 방식일 뿐이다. 따라서 가격과 수요량, 혹은 소득과 수요량의 그래프를 그리는 대신 수요량을 각 재화의 가격 및 소득의 함수로 표현하는 것도 수요를 나타내는 방법이라 하겠다. 개인의 선호를 수학적으로 표현한 효용함수의 구체적인 형태를 알고 있다면 소비자의 최적 선택으로부터 수요 함수의 수학적 형태를 바로 도출할 수 있다.

우리는 소비자의 선호에 대해 완비성, 이행성, 단조성, 볼록성의 네 가지 가정밖에 하지 않았으므로 소비자의 효용함수 형태에 주어지는 제약은 상당히 작을 것이다. 더구나 우리가 흔히 수학에서 쓰는 일반적인 함수 형태는 가능한 효용함수의 아주 일부분에 불과하다. 하지만 분석의 편의를 위해 쉽게 다룰 수 있는 수학적 형태의 효용함수를 주고 수요 함수를 도출해 본다.

소비자의 효용함수가 다음과 같은 형태의 소위 **콥-더글라스(Cobb-Douglas) 함수**[1] 라고 하자.

$$U(x,y) = x^{\alpha}y^{\beta}$$

각 재화의 가격과 소득은 이전과 같이 p_x, p_y, I로 주어져 있다. 그럼 소비자의 효용 최대화 문제는 다음과 같다.

$$\max_{x,y}\ x^{\alpha}y^{\beta}$$
$$s.t.\ \ p_x x + p_y y = I$$

라그랑지 정리를 이용해 이 최적화 문제의 해가 만족해야 할 조건을 구한다. 먼저 라그랑지언 함수를 쓴다.

$$\mathcal{L}\ = x^{\alpha}y^{\beta} + \lambda(I - p_x x - p_y y)$$

이 함수를 x, y, λ에 대해 미분하여 이를 0과 등치시키는 조건을 구한다.

$$\mathcal{L}_x = \alpha x^{\alpha-1}y^{\beta} - \lambda p_{x=0} \text{ 혹은 } \alpha x^{\alpha-1}y^{\beta} = \lambda p_x$$
$$\mathcal{L}_y = \beta x^{\alpha}y^{\beta-1} - \lambda p_y = 0 \text{ 혹은 } \beta x^{\alpha}y^{\beta-1} = \lambda p_y$$
$$\mathcal{L}_{\lambda} = I - p_x x - p_y y = 0$$

라그랑지 승수 λ를 소거하기 위해 처음 두 식의 변끼리 나누면

$$\frac{\alpha}{\beta}\frac{y}{x} = \frac{p_x}{p_y}$$

혹은

1 콥-더글라스 함수는 특정한 실증적 사실을 설명하기 위해 제안된 생산함수이다. 그러나 이것이 가진 몇 가지 바람직한 수학적 성질 때문에 많은 분석에서 효용함수로도 쓰인다. 이에 대한 자세한 설명은 5장에서 소개한다.

$$y = \frac{\beta}{\alpha}\frac{p_x}{p_y}x$$

가 된다. 이를 세 번째 식에 대입하면

$$p_x x + p_y \frac{\beta}{\alpha}\frac{p_x}{p_y}x = I$$

이고 이를 x에 대해 풀면 상품 x의 수요 함수가 된다.

$$x = \frac{1}{p_x}\frac{\alpha}{\alpha+\beta}I$$

상품 y의 수요 함수는 이를 다시 $y = \frac{\beta}{\alpha}\frac{p_x}{p_y}$ 에 대입해 구한다.

$$y = \frac{1}{p_y}\frac{\beta}{\alpha+\beta}I$$

콥-더글라스 효용함수를 사용할 때 각 상품에 대한 지출 비율이 효용함수에 사용된 승수의 상대적 크기에 의해 결정되는 것으로 알려져 있다. 즉, 상품 x에 대한 지출액이 전체 소득액에서 차지하는 비중($\frac{p_x x}{I}$)은 $\frac{\alpha}{\alpha+\beta}$이다. 이런 사실을 염두에 두고 있으면, 콥-더글라스 효용함수가 있을 때 위 과정을 모두 생략하고 이를 이용해 바로 수요 함수를 구할 수 있다.

수요 함수는 각 상품의 소비량을 주어진 각 재화의 가격과 소득으로 표현한다. 이로부터 가격 효과, 교차 가격 효과, 소득 효과 등을 구해낼 수 있다. 또, 필요하면 수요 곡선과 엥겔 곡선 역시 그릴 수 있다.

시장 수요-개인 수요 곡선의 수평합

앞서 도출한 수요 곡선은 소비자 개인의 수요 곡선이다. 우리가 수요-공급 모형에서 도입한 수요 곡선은 시장 수요 곡선이다. 따라서 개별 소비자의 수요 곡선을 시장 수요 곡선으로 변환시키는 과정이 필요하다.

개별 소비자의 수요 곡선은 상품의 가격이 주어졌을 때 그 소비자의 상품에 대한 소비량을 나타낸다. 시장 수요 곡선은 상품의 가격이 주어졌을 때의 시장 수요량을 나타낸다. 그런데 시장 수요량은 시장에 참가하는 개별 소비자의 수요량을 모두 더한 것이기 때문에 개별 소비자의 수요 곡선의 수평합을 구하면 시장

그림 3-19 개별 수요 곡선에서 시장 수요 곡선으로

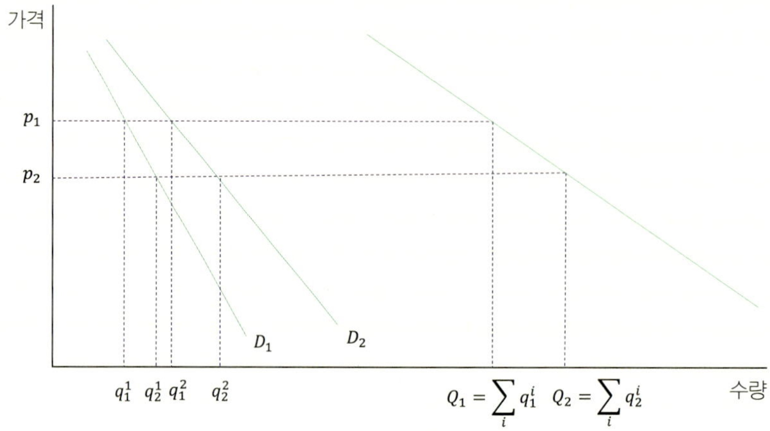

수요 곡선이 될 것이다.

시장에 n명의 소비자가 있다고 하자. 우리는 이 개별 소비자의 수요 곡선을 소비자의 최적 선택으로부터 도출하여 그릴 수 있다. 〈그림 3-19〉는 이 중 두 소비자의 수요 곡선을 보여준다. 이제 가격 수준이 p_1로 주어지면 개별 소비자 i의 수요량 q_1^i를 구하고 이를 다 더해 시장 수요량 $Q_1 = \sum_i q_1^i$를 구한다. 이런 식의 작업을 모든 시장 가격에 대해 행하면 시장 수요 곡선을 구할 수 있다. 앞서 설명하였듯이 시장 수요 곡선은 개별 소비자 수요 곡선의 수평합이다.

이로써 우리는 이 장에서의 최종 목표를 달성했다. 개별적인 소비자의 선택으로부터 시장 수요 곡선을 도출한 것이다. 당초의 기대는 이렇게 도출된 시장 수요 곡선은 수요 법칙을 만족한다는 것이었다. 그러나 적어도 이론적으로는 수요 법칙을 위반하는 수요 곡선의 존재 혹은 기펜재의 존재를 배제할 수는 없다. 왜 이런 기펜재가 이론적으로 존재할 수 있는가, 현실적으로 이런 기펜재는 얼마나 존재할 가능성이 큰가 등 아직 해결하지 못한 의문들이 남아 있다. 이를 포함한 소비자 선택의 응용 문제는 다음 장에서 다룬다.

1 다음의 진술이 참인지, 거짓인지, 아니면 확실하지 않은지를 밝히고, 이유를 설명하시오.

(1) 서로 교차하는 두 무차별 곡선은 이행성 가정을 위반한다.
(2) 완전 보완재인 두 상품의 한계 대체율은 일정하다.

2 두 상품의 소비자인 철수는 제시된 소비 묶음에 대해 다음과 같은 선호를 보고하였다. 철수의 선호는 우리가 보통 소비자의 선호에 대하여 한 가정(완비성, 이행성, 단조성, 볼록성)을 모두 만족하는가? 설명하시오.

ⅰ) 철수는 (1,3)의 소비 묶음을 (5,2)의 소비 묶음보다 더 좋아한다.
ⅱ) 철수는 (3,4)의 소비 묶음보다 (4,1)의 소비 묶음을 더 좋아한다.

3 영희는 항상 피자와 콜라를 같이 소비한다. 영희의 피자와 콜라에 대한 무차별 곡선을 그리시오.

4 전기 요금이 인상될 때 전기와 그 이외 상품에 대한 대표적 소비자의 예산선이 어떻게 변하는지 보이시오. 또한, 전기 요금 인상과 더불어 전기 요금 할증제가 실시되어 전기 사용량이 일정 용량을 넘으면 단위 전기 요금이 더 오른다. 이때 전기 요금 할증제에 따른 예산선의 변화를 보이시오.

5 다음의 진술이 참인지, 거짓인지, 아니면 확실하지 않은지를 밝히고, 이유를 설명하시오.

(1) 만약 현재 소비 묶음에서 $MRS_{xy} \le \dfrac{p_x}{p_y}$의 관계가 성립하면, 소비자는 상품 y를 더 소비하는 것이 좋다.

(2) 소비자의 최적 소비 묶음에서 $MRS_{xy} \le \dfrac{p_x}{p_y}$인 관계가 성립하면, 최적 소비 묶음에서 상품 y의 소비량은 0이다.

(3) 두 개의 상품 x와 y가 있는 상태에서, 상품 x의 가격이 하락할 때 두 상품 소비는 모두 줄 수 있다.

(4) 두 개의 상품 x와 y만을 소비할 때, 두 상품이 모두 열등재가 될 수는 없다.

6 본문 101쪽 참고

7 본문 105쪽 참고

8 영희는 외식을 위하여 일정한 금액을 소비한다. 일반적으로 1년에 고급 식당을 20회 가고, 보통 식당을 50회 이용한다. 영희에게 보통 식당에서 하는 외식은 기펜재로 알려져 있다.

(1) 예산선과 무차별 곡선을 이용하여 영희가 1년에 소비하는 외식을 나타내시오.

(2) 보통 식당은 손님 유치를 위하여 메뉴의 가격을 인하하였다. 보통 식당의 가격 인하로 인한 영희의 예산선의 변화를 그리시오. 영희가 선택할 새로운 소비를 표시하시오.

(3) 메뉴의 가격을 내리는 대신, 보통 식당은 쿠폰을 발행하여 1년에 50회 이상 이용 시 가격 할인을 적용해 준다. 새로운 정책에 따른 영희의 예산선을 그리시오. 영희의 소비 선택은 어떻게 변화할 것인지 나타내시오. (2)에 대한 분석과 연결하여 영희와 같은 소비자를 끌어들이기 위해 보통 식당이 어떤 가격 전략을 선택하는 것이 더 나은지 설명하시오.

9 본문 112쪽 참고

10 소비하는 두 상품이 모두 정상재일 때, 소득 소비 곡선(income consumption curve)의 모양은 어떻게 되는가?

[수학 지식 필요]

11 두 상품 x, y에 대한 효용함수가 $3\ln x + \ln y$인 소비자의 각 상품에 대한 수요량을 가격과 소득의 함수로 표현하시오.

Chapter 4

소비자 선택 2

응용

이 장에서는 3장에서 소개한 소비자 선택의 분석 모형을 이용하여 할 수 있는 여러 추가적인 분석을 소개한다. 3장의 목표가 수요 법칙을 만족하는 수요 곡선의 도출이었음에도 불구하고, 이론적으로는 수요 법칙을 위반하는 기펜재의 가능성을 배제하지 못했다. 우리는 기펜재가 왜 가능한지를 이론적으로 더 심도 있게 분석한다.

수요 곡선의 배후에 있는 소비자의 선택 문제를 분석함으로써 얻는 한 가지 이점은 소비자가 무엇을 원하며 얼마나 원하는지를 명시적으로 다룰 수 있다는 것이다. 앞서 소비자의 최적 선택을 분석하기 위하여 소비자의 선호를 표현하는 선호 지도와 효용함수를 소개했다. 따라서 이를 기준으로 상황 변화에 따른 소비자의 만족도 비교가 가능해진다. 예를 들어, 상품의 가격이 상승할 때 가격 변화 전후의 상황을 비교하여 소비자의 만족도가 악화되었는지, 악화되었다면 어느 정도나 악화되었는지를 다룰 수 있는 것이다. 소비자의 만족도에 대한 명시적 비교를 이용하여 가격이 상승할 때 합당하게 소비자에게 보상을 주는 방법이 무엇인지를 보여주는 **가격 지수**(price index)라는 개념을 소개한다. 또한 가격이 변동할 때 나타나는 소비자의 만족도 변화를 어떻게 객관적으로 측정할 수 있을지도 논의한다.

4.1 가격 효과의 분해

'**가격 효과(price effect)**'란 가격의 변화가 소비자의 수요량에 미치는 영향이다. 우리는 일반적으로 이 효과가 음(−)이라는 가정하에 수요 법칙을 말하고, 오른쪽으로 내려가는 수요 곡선을 상정하였다. 그러나 3장의 분석에서 수요 법칙을 위반하는 기펜재의 가능성을 이론적으로 배제하지 못했다. 그럼 가격 효과가 양(+)이 되는 것은 어떤 경우인가?

가격 효과는 개념적으로 두 가지 효과가 혼합되어 나타난 것이다. 상품 x의 가격이 올랐다고 상정해보자. 이 가격 상승으로 상품 x의 소비, 혹은 수요량은 변할 것이다. 이 수요량 변화는 두 가지 요인에 기인한다. 먼저 상품 x의 가격이 오름으로써 상품 x는 상품 y에 비해 상대적으로 더 비싸졌다. 두 상품의 상대적인 가격이 변하면 소비자는 저렴한 상품을 더 구매하고 비싸진 상품을 덜 구매한다. 상대 가격의 변화로 생긴 이런 수요량 변화를 **대체 효과(substitution effect)**라고 부른다. 그러나 상품 x의 가격 상승은 상대 가격의 변화만을 가져온 것이 아니다. 상품 x의 가격이 오르면 소비자가 같은 소득을 가지고도 구매할 수 있는 상품 x의 양이 줄어든다. **구매력(purchasing power)**의 하락, 혹은 **실질 소득**의 감소라고 부를 수 있는 현상이 동반되는 것이다. 실질 소득의 변화로 인해 수요량의 변화가 발생하는데, 이를 **소득 효과(income effect)**라고 부른다. 여기에서 우리는 가격 변화로 인한 수요의 변화(가격 효과)를 상대 가격 변화로 인한 수요의 변화(대체 효과)와 실질 소득 변화로 인한 수요의 변화(소득 효과)로 분해하고자 한다.

그럼, 이런 분해를 하는 목적은 무엇인가? 먼저 이 분석을 통해 이론적으로 배제할 수 없었던 수요 법칙의 위반, 혹은 기펜재의 존재 이유를 좀 더 심도 있게 이해할 수 있을 것이다. 그러나 이런 이론적 이유만으로 가격 효과의 분해를 행하는 것은 아니다. 우리는 대체 효과와 소득 효과라는 단어를 사용하지 않았을 뿐이지 은연중에 가격 변화로 인한 효과를 대체 효과와 소득 효과로 구분한다. 이를테면 다음과 같은 상황을 고려해 보자. '유가 인상으로 인한 화물차 운전자의 실질 소득 감소를 보전하기 위해 자동차세를 인하한다.' 이런 상황에 다음과 같은 질문을 할 수 있다. 첫째, 실질 소득 감소를 보전하기 위해 자동차세는 얼마나 인하해 주어야 하는가? 둘째, 자동차세를 인하하고 나면 유류 소비는 어떻게 변화할 것인가? 앞으로 분석을 통해 가격 효과의 분해가 이 두 질문에 답을 하기 위한 중요한 분석 수단이 된다는 사실을 보일 것이다.

요약

가격 변화로 인한 수요량 변화(가격 효과)는 개념적으로 상대 가격의 변화로 인한 변화(대체 효과)와 실질 소득 변화로 인한 변화(소득 효과)로 나눌 수 있다.

대체 효과, 소득 효과, 슬러츠키 방정식(Slutsky equation)

가격 효과를 대체 효과와 소득 효과로 구분하기 위해 상품 x의 가격이 오른 상황을 고려해 보자. 〈그림 4-1〉의 패널 (a)는 상품 x의 가격이 p_0에서 p_1로 오른 경우에 상품 x의 소비 변화를 보여준다. 가격이 p_0일 때 최적 소비 묶음은 A이고 상품 x의 소비량은 x_0이다. 가격이 p_1으로 오르면 소비자의 예산선은 수직축 절편을 중심으로 안쪽으로 회전이동하고, 소비자의 새로운 최적 소비 묶음은 B가 된다. 상품 x의 소비량은 x_1으로 감소하는데 이 x_0로부터 x_1으로의 소비량의 변화가 가격 효과이다.

앞서 언급했던 것처럼 이 가격 효과는 개념적으로 두 가지 효과가 다 반영된 것이다. 먼저 상품 x가 상품 y보다 가격 변화 전에 비해 더 비싸서 발생한 대체 효과이다. 이는 예산선의 기울기가 더 급해진 것을 통해 확인 가능하다. 또한 같은 명목 소득으로 살 수 있는 상품의 양이 줄어 발생한 소득 효과이다. 예산선은 안쪽으로 더 축소되었으며, 그 결과 소비자의 효용은 U_0에서 U_1으로 감소하였다.

이 두 효과를 분리하기 위해서, 정확하게는 상대 가격 변화로 인한 대체 효과만을 남기기 위해서, 소비자의 실질 소득을 보전할 수 있는 방법을 고려한다. 소

그림 4-1 가격 효과의 분해

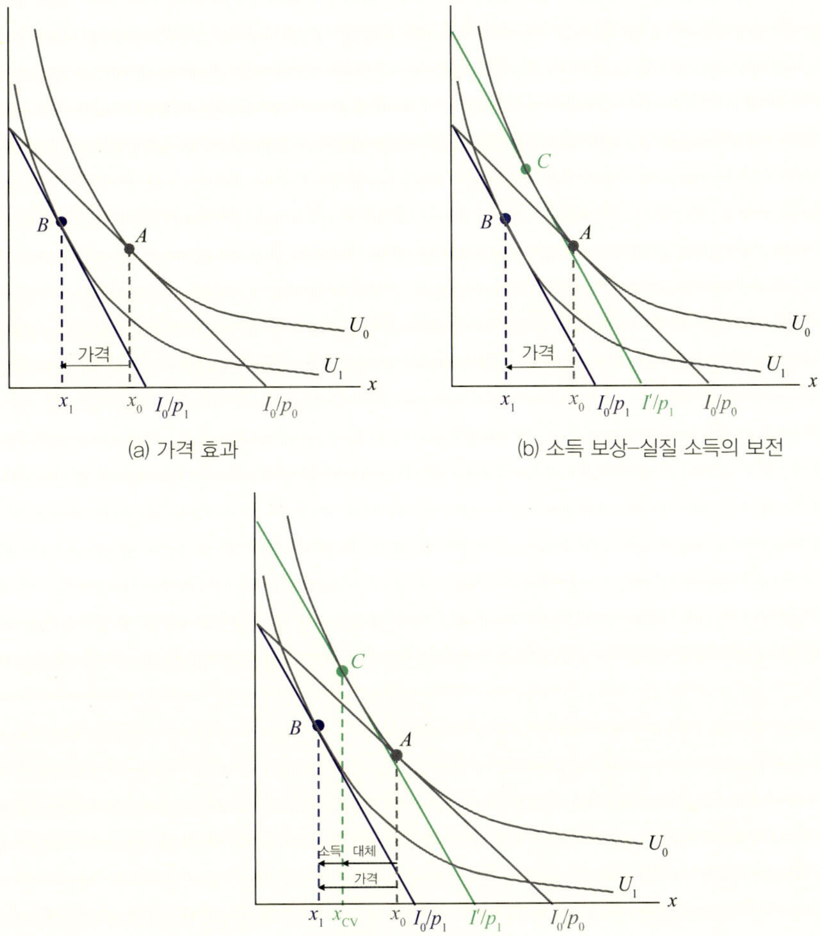

(a) 가격 효과

(b) 소득 보상–실질 소득의 보전

(c) 대체효과와 소득 효과

비자의 명목 소득을 올려서 소비자의 실질 소득을 보전할 수 있다면 가격 상승으로 인한 소득 효과는 사라질 것이다. 실질 소득 보전 후의 수요 변화는 순전히 상대 가격 변화 때문에 발생한 것으로 이해할 수 있다.

실질 소득의 감소를 보전해준다는 것은 무슨 의미일까? 만약 명목 소득을 올려 이전의 예산선을 그대로 회복할 수 있다면, 소비자는 정확히 같은 구매력을 가지게 될 것이다. 그러나 상대 가격의 변화로 예산선의 기울기가 바뀌었기 때문에 명목 소득을 올리더라도 이전의 예산선을 똑같이 회복할 수는 없다. 그럼 어떻게 해야 실질 소득이 보전되었다고 할 수 있을까? 실질 소득을 보전해준다는 의미를 두 가지로 생각해 볼 수 있다. 첫 번째는 소비자가 이전에 선택했던 소비 묶음을 그대로 소비할 수 있으면 실질 소득이 보전되었다고 보는 것이다. 이 개념에 따라 실질 소득을 보전해주는 방법은 소비자의 소득을 늘려 예산선이 이전에 소비했던 소비 묶음 *A*를 지나도록 하는 것이다. 이러한 방식의 소득 보상을, 이를 제안한 경제학자의 이름을 따서 **슬러츠키 보상**(Slutsky compensation)이라 부른다. 두 번째는 소비자의 만족도가 유지되면 실질 소득이 보전되었다고 보는 것이다. 이 개념에 따라 실질 소득을 보전해주는 방법은 소비자의 소득을 늘려 예산선이 원래 U_0 효용 수준의 무차별 곡선과 접하도록 하는 것이다. 이러한 방식의 소득 보상을 역시 제안한 경제학자의 이름을 따서 **힉스 보상**(Hicks compensation)이라 부른다. 가격 변화가 미미한 수준이라면 두 방법에 따른 보상의 차이가 거의 없기 때문에 어느 방법을 사용해도 무방하다. 이후의 분석에서는 힉스 보상을 통하여 실질 소득을 보전한다. 슬러츠키 보상의 개념에 대해서는 가격 지수를 다루는 다음 절에서 추가적으로 논의한다.

앞서 언급했듯이 힉스 보상을 통해 소비자의 실질 소득을 보전해주려면 원래의 효용 수준인 U_0의 무차별 곡선을 회복할 수 있도록 소비자의 소득을 늘려줘야 한다. 이런 보상이 〈그림 4-1〉의 패널 (b)에 나타나 있다. 소비자의 예산선은 평행이동해 원래의 무차별 곡선 U_0와 접한다. 이때 명목 소득은 *I*에서 I'으로 증가했는데, 이러한 명목 소득의 변화를 **보상 변화**(CV: Compensating Variation)라 한다. 보상 변화를 통해 소비자가 선택할 소비 묶음은 예산선과 무차별 곡선이 접하는 *C*이다.

이제 소비자의 실질 소득에 대한 보전이 이루어졌기 때문에 남아 있는 소비량의 변화는 오로지 상대 가격의 변화로 발생한 것이다. 따라서 소비 묶음 *A*에서 *C*로의 변화에 따르는 상품 *x*의 소비량 변화가 **대체 효과**이다. 이는 패널 (c)의 x_0에서 x_{cv}까지의 변화이다. 전체 가격 효과 중 대체 효과를 제외한 나머지는 실질 소득의 감소로 인한 것으로 볼 수 있어 **소득 효과**가 된다. 따라서 x_{cv}에서 x_1까지의 수요량 변화는 소득 효과이다.

요약

가격 효과에서 소득 효과를 제거하기 위해 소비자의 실질 소득(효용)을 보존해주는 소득 보상을 한다. 소득 보상 후에도 나타나는 수요량 변화는 대체 효과이고, 대체 효과로 설명되지 않은 나머지 가격 효과가 소득 효과이다.

여기에서 대체 효과는 항상 음의 값을 가진다. 즉, 가격이 오르면 수요가 감소하고 가격이 내리면 수요가 증가한다. 왜 그럴까? 실질 소득이 보전되면 항상 같은 무차별 곡선 위에 머무르면서 예산선의 기울기에 따라 그 접점이 바뀌고 선택된 소비 묶음이 변하게 된다. 그런데 상품 x의 가격이 오르면 예산선의 기울기가 커진다. 무차별 곡선은 원점에 대해 볼록하므로, 예산선과 무차별 곡선의 기울기가 같아지는 최적의 소비 묶음은 상품 x의 양은 줄고, y의 양은 늘려서 구해진다. 소비자는 가격이 상대적으로 비싼 상품의 소비는 줄이고, 상대적으로 싼 상품의 소비는 늘린다.

반면 소득 효과의 부호는 상품의 성격에 따라 다르다. 앞서 기펜재의 경우를 생각해 보자. 기펜재는 소득 효과가 양의 값을 가져 수요 법칙을 위반하는 상품이다. 대체 효과가 항상 음이므로 가격 효과가 양의 값이 된다는 것은 소득 효과가 양의 값이라는 뜻이다. 일반적으로 정상재는 소득 효과가 음이 되고 열등재는 소득 효과가 양이 된다. 〈그림 4-2〉에서 설명하듯이 상품의 가격이 오르면 실질 소득이 감소한다. 정상재라면 실질 소득이 감소하면서 소비도 감소하므로, 상품 가격이 오를 때 소비가 감소하여 가격 변화의 소득 효과가 음이다. 반면 열등재

그림 4-2 상품의 성격에 따른 가격 변화의 소득 효과

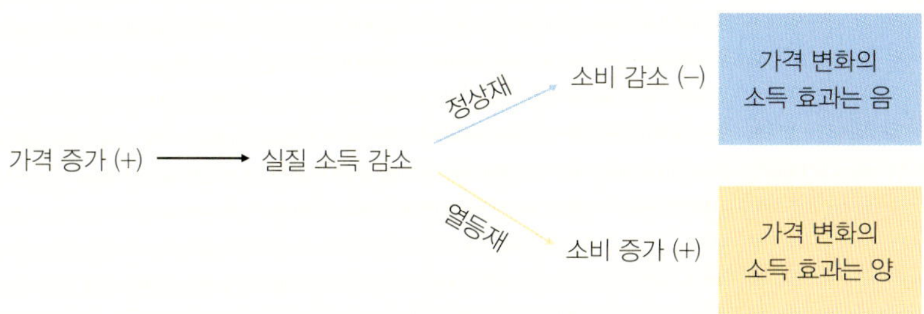

라면 그 반대가 성립한다. 실질 소득이 감소하면 소비가 증가하여, 가격이 오를 때 소비가 증가한다. 즉, 가격 변화의 소득 효과는 양이 된다.

소득이 변화할 때의 소비 변화를 다룬 3장의 비교정태 분석 결과와 비교하면 소득 효과라는 용어가 다른 의미로 사용되고 있다는 것을 알 수 있다. 3장의 논의에서는 소득이 오를 때 소비가 증가하면 소득 효과가 양의 값을 가지고, 그런 재화를 정상재라고 불렀다. 그런데 이곳의 논의에서는 정상재의 소득 효과는 음의 값을 가진다고 한다. 여기의 분석에서는 가격 변화의 방향과 소비의 방향을 가지고 소득 효과의 부호를 결정하기 때문이다. 〈그림 4-2〉에서 설명하는 것처럼 가격이 오를 때 실질 소득은 감소하고 정상재라면 소비가 감소하기 때문에 가격과 소비량이 반대로 움직여 소득 효과가 음이다. 이런 혼란을 방지하기 위해서 가끔은 '가격 변화의 소득 효과'라는 단어를 사용한다. 그러나 소득 효과라 약칭하더라도 맥락에 따라 다른 뜻이 될 수 있다.

〈그림 4-1〉의 가격 효과 분해는 정상재의 경우 대체 효과와 소득 효과가 같은 방향으로 작용함을 보여준다. 하지만 열등재의 경우에는 대체 효과와 소득 효과가 반대 방향으로 작용한다.

〈그림 4-3〉은 열등재의 경우에 나타나는 가격 효과의 분해를 보여준다. 가격 분해의 과정은 〈그림 4-1〉과 같다. 패널 (a)에서 상품 x의 가격 상승에 따른 소비 묶음 선택의 변화와 상품 x의 소비량 변화가 보인다. 이 상품 x의 소비량 변화 $(x_0 \rightarrow x_1)$가 가격 효과이다. 이를 대체 효과와 소득 효과로 분해하기 위해 실질 소득이 보전되도록 소득을 변화시킨다. 소득 변화는 예산선의 평행이동으로 나타나고 실질 소득 보전은 가격 변화 전의 무차별 곡선 U_0를 접함으로써 얻어진다. 이때 얻어진 소비 묶음 C와 상품 x의 소비 x_{CV}가 상대 가격의 변화로만 얻어진 소비이다. 따라서 원래 소비량으로부터의 변화$(x_0 \rightarrow x_{CV})$가 대체 효과이다. 그리고 가격 효과와 대체 효과의 차이$(x_{CV} \rightarrow x_1)$가 실질 소득 변화로 인한 소득 효과이다. 대체 효과와 소득 효과가 같은 방향으로 작용했던 〈그림 4-1〉의 정상재와 달리 〈그림 4-3〉의 열등재는 대체 효과와 소득 효과가 반대 방향으로 작용한다. 하지만 그 절대적인 크기가 대체 효과가 더 크기 때문에 가격 효과는 여전히 대체 효과와 같은 방향인 음(−)이다. 따라서 기펜재는 극단적인 열등재의 경우로 생각해

그림 4-3 가격 효과의 분해: 열등재의 경우

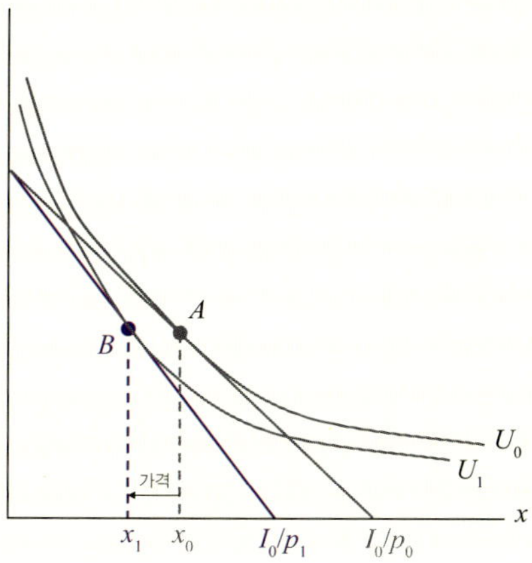

(a) 가격 효과

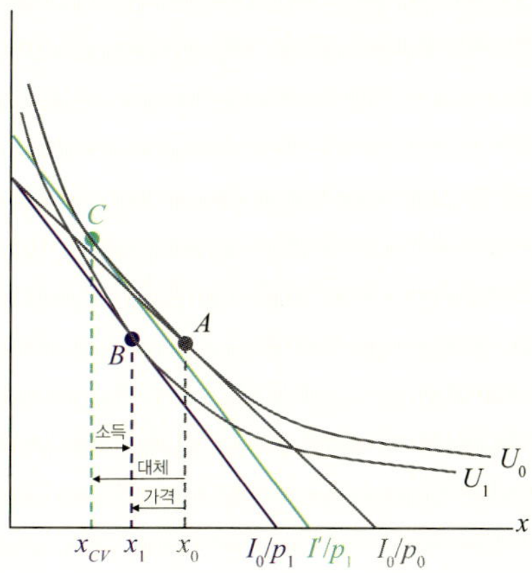

(b) 소득 보상 및 가격 효과의 분해

볼 수 있다. 기펜재는 소득 효과의 절대적인 크기가 대체 효과보다 커서 가격 효과가 양(+)이 되는 경우이다.

연습문제 3

무차별 곡선과 예산선을 이용해 가격이 상승할 때 소비가 증가하는 기펜재의 경우를 보이고, 소득 보상을 통해 가격 분해를 하시오. 기펜재는 가격 변화의 소득 효과가 양(+)인 열등재이고, 소득 효과의 절대적 크기가 대체 효과보다 커서 나타남을 확인하시오.

우리는 위의 분석으로부터 기펜재는 소득 효과가 대체 효과를 넘어서는 극단적인 열등재임을 알 수 있다. 직관적으로 기펜재의 이론적 가능성을 생각해 보기는 그리 어렵지 않다. 외식의 종류가 패스트푸드와 파인 다이닝의 두 가지 종류만 존재하는 상태를 생각해 보자. 우리는 쉽게 패스트푸드가 열등재인 소비자를 생각해 볼 수 있다. 이 소비자는 소득이 증가하면 외식 예산을 늘리면서 패스트푸드는 적게 먹고, 파인 다이닝을 하는 식당에 더 자주 가게 될 것이다. 이 소비자들 중에 패스트푸드 소비가 전체 외식 예산에서 큰 비중을 가진 소비자 집단을 생각해 보자. 만약 패스트푸드의 가격이 오르면 이들은 외식 예산에 심각한 제약을 받는다. 과거에는 패스트푸드 식당을 이용하고도 파인 다이닝 식당을 갈 만한 여력이 있었던 이 소비자는 패스트푸드 식당의 비싼 가격 때문에 파인 다이닝 식당을 갈 만한 여력이 사라지는 것이다. 결국 파인 다이닝 식당을 이용할 외식 기회를 모두 패스트푸드 식당 사용으로 대체하게 된다. 그러면 가격의 상승에도 패스트푸드 식당을 가는 횟수는 오히려 늘어날 것이고, 패스트푸드 식당은 이 소비자에게 기펜재가 된다.

문제는 이런 소비자가 충분히 많아서 가격이 오를 때 패스트푸드 식당 사용이 늘어나는 현상을 사회적인 수준에서 관찰할 수 있는지 여부이다. 즉, 이론적으로 기펜재가 존재할 가능성은 있지만, 실증적으로 확인할 수 있는 기펜재가 있는지는 다른 문제이다. 기펜재의 역사적 사례로 처음 제기된 것은 1840년대 아일랜드 대기근 당시의 감자였다. 감자 가격이 상승하였음에도 고기 소비를 할 여력이 줄어들어 감자 소비가 더 늘었다는 주장이다. 그러나 당시 대기근 자체가 감자병으로 인한 감자 생산의 축소로 시작된 것이어서 감자의 소비는 줄 수밖에 없었고, 감자 소비가 줄면서 감자 가격이 올랐다는 점에서 가격 인상과 소비 증가가 같이 나타나는 기펜재의 예가 될 수 없다는 반론이 있다. 실험을 통해 중국의 가난한 지역의 주식인 쌀과 밀이 기펜재의 성격을 보인다는 연구(Jensen and Miller 2008)가 있으나, 기펜재를 얼마나 현실적인 가능성으로 보아야 하는지는 논쟁의 여지가 있다.

가격 효과가 대체 효과와 소득 효과의 합으로 표현된다는 것을 수학적으로 표현한 것이 **슬러츠키 방정식(Slutsky equation)**이다. 이 방정식은 고급 수준의 미시경제학에서는 좀 더 구체적인 수학적 표현을 가지나 여기에서는 이 정의를 소개하는 것으로 갈음한다.

슬러츠키 방정식 가격 효과 = 대체 효과 + 소득 효과

요약

대체 효과는 항상 음(−)이고 소득 효과는 정상재의 경우 음(−), 열등재의 경우 양(+)이다. 기펜재는 양의 소득 효과가 음의 대체 효과보다 더 큰 극단적인 열등재이다.

(보통) 수요 곡선과 보상 수요 곡선

앞선 분석에서 가격 효과는 소비자의 명목 소득을 고정한 상태에서 가격이 변할 때 수요량이 어떻게 변하는지를 보여준다. 반면 대체 효과는 소비자의 실질 소득(혹은 효용 수준)을 고정한 상태에서 가격이 변할 때 수요량이 어떻게 변하는지를 보여준다. 어떤 수요량의 변화가 우리에게 의미가 있을까? 이는 우리가 분석하고자 하는 상황에 따라 다르다.

시장에서 가격이 변할 때 수요량이 얼마나 변할 것인지 예측하고 싶다면 당연히 가격 효과를 보아야 한다. 이를 보여주는 것이 우리가 일반적으로 보는 수요 곡선이다. 그런데 수요 곡선을 역으로 해석한다면 어떻게 될까? 즉, 소비자가 소비량에 따라 이 상품에 얼마나 높은 가격을 지불할 용의가 있는지를 보여주는 것으로 수요 곡선을 해석하는 것이다. 이런 해석을 **역수요 함수**라 하고 시장의 거래를 통한 소비자의 이익을 논하는 절에서 자세히 다룬다. 만약 이런 해석을 따르면 소비자가 수요 곡선을 따라 소비량이 변할 때 소비를 통하여 얻는 효용만큼 가격을 지불하게 되므로 소비자의 효용 수준 혹은 실질 소득은 변하지 않아야 한다. 따라서 소비자의 실질 소득 혹은 효용 수준이 고정된 상태에서 구한 수요량의 변화, 즉 대체 효과를 보아야 한다. 이런 이유로 대체 효과만을 보는 수요 곡선이 필요해지는데, 이를 **보상 수요 곡선**이라 한다. 우리는 보통 수요 곡선과 보상 수요 곡선의 정의와 차이점 등을 논의할 것이다.

(보통) 수요 곡선, 혹은 이를 고안한 경제학자의 이름을 따서 **마셜(Marshall) 수요 곡선**이라는 부르는 수요 곡선은 가격 변화에 따른 **가격 효과** 전체의 수요량 변화를 추적한다. 반면 **보상 수요 곡선**, 혹은 이를 고안한 경제학자의 이름을 따서 **힉스(Hicks) 수요 곡선**이라 부르는 수요 곡선은 가격 변화에 따라 **대체 효과**만의 수요량 변화를 추적한다. 이를 보상 수요 곡선이라고 부르는 이유는 가격이 변할 때마다 실질 소득을 보전하기 위하여 소득 보상이 이루어지기 때문이다. 두 수요 곡선을 구분할 때 보통 수요 곡선은 D_M(M은 마셜의 첫 글자), 보상 수요 곡선은 D_H(H는 힉스의 첫 글자)로 표기하고, 수식어 없이 수요 곡선이라 하면 보통 수요 곡선을 지칭한다.

표 4-1 보통 수요 곡선과 보상 수요 곡선의 비교

보통 수요 곡선	보상 수요 곡선
마셜(Marshall) 수요 곡선	힉스(Hicks) 수요 곡선
가격 효과	대체 효과
명목 소득 고정, 실질 소득 변동	실질 소득(효용 수준) 고정, 명목 소득 변동
양의 기울기 가능 – 기펜재	기울기는 항상 음

(보통) 수요 곡선은 명목 소득이 고정되어 있다. 따라서 가격이 변함에 따라 효용 수준으로 측정된 실질 소득은 변한다. 대체 효과와 소득 효과를 모두 포함한 가격 효과를 추적한다. 대부분의 경우 음(−)의 기울기를 가지지만 이론적으로는 기펜재가 존재할 수 있으므로 양(+)의 기울기도 가능하다.

반면 보상 수요 곡선은 실질 소득, 혹은 효용 수준이 고정되어 있다. 가격이 변할 때 실질 소득을 유지하기 위한 소득 보상이 이루어지므로 명목 소득은 변한다. 대체 효과만을 추적하고, 따라서 기울기는 언제나 음(−)이다.

요약

가격 효과를 추적하는 보통 수요 곡선은 명목 소득을 고정하는 반면, 대체 효과를 추적하는 보상 수요 곡선은 실질 소득(효용)을 고정한다.

수요 곡선과 보상 수요 곡선의 상대적 기울기는 가격 효과와 대체 효과의 크기에 의해 결정된다. 가격 효과와 대체 효과의 차이는 소득 효과이므로 그 상대적

그림 4-4 보통 수요 곡선과 보상 수요 곡선의 상대적 기울기: 정상재의 경우

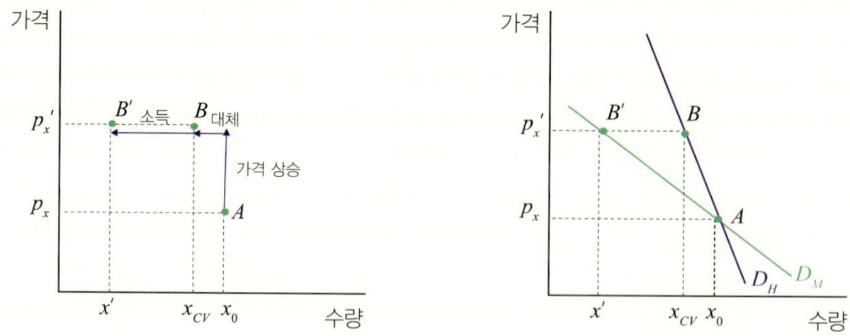

(a) 같은 방향의 대체 효과와 소득 효과 (b) 더 급한 기울기의 보상 수요 곡선

기울기는 가격 변화를 통한 소득 효과의 부호가 음의 값을 가지는 정상재인지, 양의 값을 가지는 열등재인지에 따라 달라진다.

우선 정상재의 경우를 생각해 보자. 〈그림 4-4〉의 패널 (a)에서 상품 x의 가격이 p_x일 때 수요량이 x_0라고 하자(점 A). 이 수준의 명목 소득과 실질 소득(효용)을 기준으로 보통 수요 곡선과 보상 수요 곡선을 그린다. 이제 가격이 올라 p_x'이 되었다. 대체 효과는 항상 음(−)이므로 가격이 오를 때 항상 수요량은 줄어 대체 효과의 화살표 방향으로 수요량이 변하고 점 B가 대체 효과로 인한 수요량을 보여준다. 상품이 정상재이면 가격이 오를 때 실질 소득이 감소하고 이에 따라 수요량이 줄어 소득 효과 역시 음(−)이다. 즉, 소득 효과도 대체 효과와 같은 방향으로 작용하여 소득 효과의 화살표 방향으로 수요량이 변하고 이를 총합한 가격 효과의 수요량은 점 B′으로 나타난다. 따라서, 패널 (b)에서 점 A와 B를 연결하면 보상 수요 곡선이 되고 A와 B′을 연결하면 보통 수요 곡선이 되는데, 보상 수요 곡선의 기울기가 보통 수요 곡선의 기울기보다 더 급한 것을 알 수 있다.

반면 열등재의 경우에는 대체 효과와 소득 효과가 반대 방향으로 작용한다. 〈그림 4-5〉에서 보이는 것처럼 가격이 상승하면 대체 효과로 수요량이 줄지만 소득 효과로 수요량이 는다. 따라서 가격이 오를 때 보상 수요 곡선의 수요량 감소가 보통 수요 곡선의 수요량 감소보다 더 크고, 보통 수요 곡선의 기울기가 보상 수요 곡선의 기울기보다 더 급하다.

그림 4-5 보통 수요 곡선과 보상 수요 곡선의 상대적 기울기: 열등재의 경우

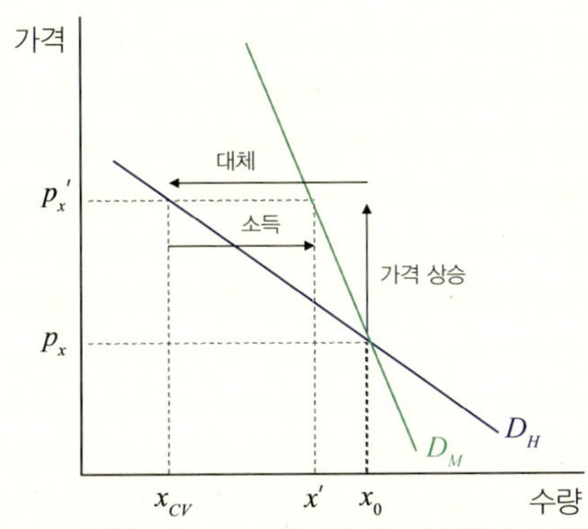

요약

정상재의 경우 소득 효과와 대체 효과가 같은 방향이기 때문에 보상 수요 곡선이 보통 수요 곡선보다 기울기가 더 급하고, 열등재의 경우 소득 효과와 대체 효과가 반대 방향이기 때문에 보통 수요 곡선의 기울기가 더 급하다.

4.2 가격 지수

소비자 가격 지수와 물가 상승률

임금 협상을 할 때 임금 인상을 주장하는 근거로 사용되는 것 중 하나가 생활비의 상승이다. 물가가 상승하여 그에 상응하는 임금 상승이 필요하다는 것이다. 그리고 그 근거로 **소비자 물가 상승률** 혹은 **인플레이션율**을 사용한다. 즉, 임금이 소비자 물가 상승률만큼 올라야 한다고 주장한다.

이런 논의에서 우리는 몇 가지 질문을 할 수 있다. 첫째, 소비자 물가 상승률이란 무엇인가? 한 가지 상품의 가격 변화는 쉽게 측정할 수 있다. 그러나 물가 상승률, 혹은 인플레이션율이라고 할 때는 여러 상품의 가격이 상승하는 것이고, 그 상승률이 상품마다 다르다. 그러면 어떻게 서로 다른 가격 상승률을 하나로 뭉뚱그려서 소비자 물가 상승률을 만들 수 있는가? 둘째, 임금 상승률을 소비자 물가 상승률에 맞추어 준다는 것은 무슨 의미인가? 상품들의 가격이 오르면 동일한 소득에도 살 수 있는 상품들의 양이 줄어드는 것은 쉽게 알 수 있다. 그러면 얼마나 임금을 높여야 이에 상응하는 보상이 될까?

우리는 소비자의 선택 문제를 분석하면서 선호 지도로 표현되는 소비자의 선호를 소개했다. 그리고 가격 변동으로 소비자의 선택이 변할 때 소비자가 도달하는 무차별 곡선, 즉 소비자의 만족도도 변화하는 것을 알고 있다. 우리는 가격 효과에서 상대 가격으로 변한 대체 효과만을 뽑아내기 위해 소비자의 효용을 유지해 주는 소득의 변화, 즉 보상 변화(compensating variation)가 개념적으로 어떻게 작용하는지 설명할 수 있다. 따라서, 가격 상승으로 인한 소득의 보상은 이 보상 변화와 관련이 될 것이다. 이 절의 논의는 이를 현실적으로 어떻게 적용할 것인가와 관련된다.

먼저 여러 상품의 가격 상승률을 물가 상승률이라는 하나의 숫자로 통합한다는 관점에서 문제를 생각해보도록 하자. 물가 상승률을 이해하고 나면 이에 따른 소득 보상이 의미하는 바에 대한 논의가 자연스럽게 이어질 것이다. 논의의 편의를 위해 두 가지 상품 x와 y가 있다고 하자. 여기에서는 두 가지 상품을 고려하지만 이 논의는 여러 상품의 경우에도 적용된다. 상품 x의 가격이 1기에서 2기까지 p_{x1}에서 p_{x2}로 변하면 가격 상승률은 p_{x2}/p_{x1}의 비율로 쓸 수 있다. 두 개의 상품이 있으면 두 상승률의 평균으로 전체 가격 상승률을 구할 수 있으리라는 것이 자연스런 짐작이다.

$$\frac{p_{x2}}{p_{x1}}\theta_x + \frac{p_{y2}}{p_{y1}}\theta_y$$

우리는 가중치 θ_x와 θ_y를 두어 더 유연한 가중 평균을 전체 물가 상승률로 삼았다. 이 가중치를 어떻게 할 것인지가 전체 물가 상승률을 구하는 방식을 결정한다. 소비자 입장에서 생각해 보면 더 자주 쓰는 상품의 물가 상승이 덜 쓰는 상품의 물가 상승보다 더 주요하게 생활비 상승을 가져올 것이다. 따라서 이 가중치로 전체 예산에서 상품 x와 y의 지출이 차지하는 비중을 생각해볼 수 있다.

요약

물가 상승률은 개별 상품 가격 상승률의 가중 평균으로 구할 수 있다.

각 상품의 가격 상승률의 가중 평균으로 전체 물가 상승률을 구할 수 있다는 생각을 염두에 두고 흔히 물가 상승률의 지표로 쓰는 소비자 물가 상승률에 대해 알아보자. 소비자 물가 상승률은 여러 가격을 합쳐 만든 대표적인 가격, 혹은 가격 지수의 상승률이다. 여기에서 대표적인 가격으로 쓰이는 가격 지수가 **소비자 물가 지수**(CPI: Consumer Price Index)이다. 소비자 물가 지수는 일정한 상품의 목록과 수량으로 이루어진 **소비 바구니**(consumption basket)를 정하고 이를 소비하는 데 드는 비용을 계산한 것이다. 물론 이 소비 바구니는 전체 소비자의 소비 패턴을 반영하여 정한다. 두 가지 상품을 고려하는 위 예에서 기준 연도인 1기의 소비 패턴을 반영하여 소비 바구니 (x_1, y_1)을 정하였다고 하자. 그럼 각 시기의 소비자 물가 지수 Y는 다음과 같이 계산된다.

$$Y_1 = p_{x1}x_1 + p_{y1}y_1$$
$$Y_2 = p_{x2}x_1 + p_{y2}y_1$$

결국 소비자 물가 지수는 이 고정된 소비 묶음을 각 시기 다른 가격으로 소비하는 데 드는 비용이다. 소비자 물가 상승률은 이렇게 계산한 소비자 물가 지수의 상승률이다.

$$\frac{Y_2}{Y_1} = \frac{p_{x2}x_1 + p_{y2}y_1}{p_{x1}x_1 + p_{y1}y_1} = \frac{p_{x2}}{p_{x1}}\theta_x + \frac{p_{y2}}{p_{y1}}\theta_y$$

이 소비자 물가 상승률 공식을 조작하면 각 재화 가격 상승률의 가중 평균으로 쓸 수 있다. 이때 가중치는 소비 바구니에서 기준 연도 가격으로 계산한 각 상품의 지출 비중이다.

$$\theta_x = \frac{p_{x1}x_1}{Y_1}, \quad \theta_y = \frac{p_{y1}y_1}{Y_1}$$

즉, 소비자 물가 상승률은 소비 바구니에 포함된 상품 가격의 상승률을 가중 평균한 값이고, 가중치는 기준 연도 상품 지출 비중이다. 결국 각 상품 가격 상승률의 가중 평균을 구한다는 개념과 대표적인 가격을 정해 이의 상승률을 구한다는 개념은 같은 것이다.

요약

소비자 물가 지수는 특정한 소비 바구니를 소비하는 데 드는 비용이고, 이 지수의 증가율인 소비자 물가 상승률은 개별 상품의 물가 상승률을 기준 연도의 지출 비중으로 가중 평균한 값과 같다.

소비자 물가 지수는 기준 연도의 소비 패턴을 반영하여 소비 바구니를 정하고, 각 시기의 가격으로 이를 소비하는 데 드는 비용이다. 이 지수의 증가율인 소비자 물가 상승률은 각 상품의 가격 상승률을 기준 연도의 지출 비중으로 가중 평균한 값이 된다. 이렇게 기준 연도의 소비 패턴을 반영해 구한 소비 바구니로 계산한 가격 지수를 **'라스파이레스 지수(Lasyeyres index)'**라고 한다. 이와는 달리 비교하는 시기인 2기의 소비 패턴을 반영해 소비 바구니를 정하고 이를 소비하는 데 드는 비용을 계산한 가격 지수도 가능한데, 이를 **'파쉐 지수(Paasche index)'**라고 한다. 파쉐 지수의 상승률은 각 상품의 가격 상승률을 비교 연도의 지출 비중

참고할 내용

파쉐 지수로 계산한 대표적인 물가 상승률로는 **GDP 디플레이터(deflator)**가 있다. GDP(Gross Domestic Product: 국내 총생산)는 국가 내의 경제활동을 요약하기 위해 계산하는 것이다. 각 연도의 **명목 GDP**는 그해에 생산된 모든 상품을 가격으로 평가한 가치이다. 두 가지 상품을 고려하는 위 예에서 2기에 이루어진 생산이라 하면 2기의 명목 GDP는 다음과 같다.

$$\text{명목 } GDP = p_{x2}x_2 + p_{y2}y_2$$

명목 GDP가 늘어나는 것은 생산이 늘어나기 때문이기도 하지만, 가격이 상승하기 때문이기도 하다. 경제활동의 실질적인 증가를 측정하기 위해서는 가격 상승으로 인한 명목 GDP의 상승분을 제외해야 하는데, 이를 위해서 1기의 가격을 사용해 생산 가치를 평가할 수 있고 이를 **실질 GDP**라고 한다.

$$\text{실질 } GDP = p_{x1}x_2 + p_{y1}y_2$$

개념적으로 명목 GDP는 실질 GDP에 가격 상승률을 곱하면 구할 수 있는데, 이때 쓰는 가격 상승률이 GDP 디플레이터이다. 따라서, GDP 디플레이터는 명목 GDP와 실질 GDP의 비율이다.

$$GDP \text{ 디플레이터} = \frac{\text{명목 } GDP}{\text{실질 } GDP} = \frac{p_{x2}x_2 + p_{y2}y_2}{p_{x1}x_2 + p_{y1}y_2} = \frac{p_{x2}}{p_{x1}}\theta_x{}' + \frac{p_{y2}}{p_{y1}}\theta_y{}'$$

이 GDP 디플레이터 공식은 소비자 물가 상승률 공식과 동일한 형태이며 다만 사용하는 소비 묶음으로 1기의 소비 패턴인 (x_1, y_1)의 소비 바구니 대신에 2기의 생산량인 (x_2, y_2)를 사용한다. 사용되는 가중치는 1기 가격을 이용한 2기의 지출 비중이 된다.

$$\theta_x{}' = \frac{p_{x1}x_2}{p_{x1}x_2 + p_{y1}y_2}, \quad \theta_y = \frac{p_{y1}y_2}{p_{x1}x_2 + p_{y1}y_2 Y_1}$$

(단, 기준 연도의 가격으로 계산한 비중임)으로 가중 평균한 값이 된다. 개념적으로 어떤 지수를 사용하여 물가 상승률을 계산하는 것이 더 좋은지에 대한 답은 없다. 다만, 실용적으로 가격 지수를 빠르게 계산한다는 측면에서는 라스파이레스 지수가 더 효과적이다. 라스파이레스 지수의 경우 소비 바구니가 이미 정해져 있기 때문에 올해 가격만을 조사하면 가격 지수를 계산할 수 있다. 그러나 파쉐 지수의 경우 올해가 지나기 전에 소비 바구니를 정할 수 없기 때문에 지수의 계산 시점, 따라서 물가 상승률의 계산 시점이 늦춰진다.

생활비 보정의 효과

상품의 가격 상승으로 생활비가 올라가고 이에 대응해 동일한 생활 수준을 보장하도록 행하는 임금 인상을 **생활비 보정**(COLA: Cost of Living Adjustment)이라고 한다. 1970년대 노조 활동이 활발했던 선진국에서는 임금 협상 시 이러한 생활비 보정이 당연시되었고 임금 인상률을 소비자 물가 상승률에 따라 인상하는 것이 생활비 보정으로 받아들여졌다. 지금도 최저 임금 결정이나 임금 협상 때 소비자 물가 상승률은 하나의 벤치마크가 된다. 기업에서 직원을 다른 지역으로 파견 보내는 경우 전반적인 물가 수준의 차이를 보정하기 위해 임금 조정을 한다. 이 역시도 소비자 물가 지수처럼 대표적인 소비 바구니를 만들어 이를 소비했을 때의 비용 비율에 따라 임금을 조정해 준다.

그렇다면 소비자 물가 상승률만큼 소득을 보정해 준다는 것은 무슨 의미일까? 〈그림 4–6〉의 패널 (a)는 동일한 명목 소득하에서 물가 상승으로 인한 소비자의 소비와 효용의 변화를 보여준다. 두 상품의 가격은 p_{x1}, p_{y1}이었고 주어진 소득 I와 결합해 예산선이 주어져 있다. 이 예산선하의 최적 소비 묶음은 A이며 소비자의 효용 수준은 U_1의 무차별 곡선으로 나타난다. 이 소비 묶음 A는 기준 연도의 소비 패턴을 나타내며 소비자 물가 지수를 계산하는 소비 바구니이다. 이제 두 상품의 가격이 p_{x2}, p_{y2}로 상승한다. 소득을 특정 상품의 소비에 모두 쓸 때 소비할 수 있는 최대 소비량인 수평축과 수직축 절편은 가격 상승으로 인해 감소하였다. 두 상품의 상대 가격인 예산선의 기울기가 가격 변화 후에 더 급한 것으로 보아

그림 4-6 소비자 물가 지수에 따른 생활비 조정

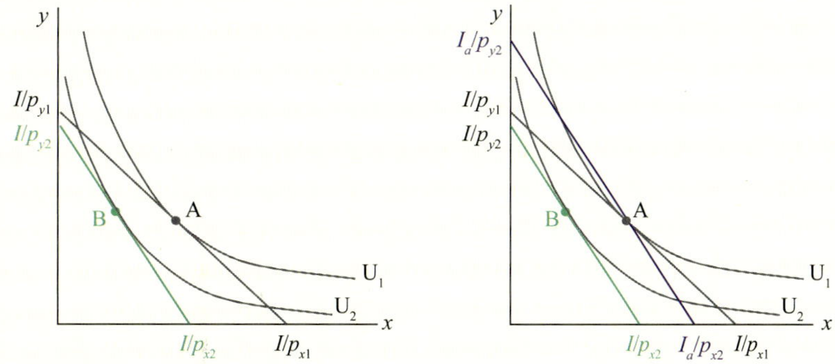

(a) 물가 상승에 따른 생활 수준 하락 (b) 물가 상승률에 따른 소득 보정

상품 x의 가격 상승률이 더 높았음을 짐작할 수 있다. 이제 새로운 가격하에서 이전의 최적 소비 묶음 A는 더 이상 구매가 가능하지 않다. 새로운 최적 소비 묶음은 B이며, 소비자의 효용은 U_2의 무차별 곡선으로 하락한다.

이제 소비자 물가 상승률만큼 소득을 보정해 준다. 즉, 소득 상승률이 물가 상승률과 같도록 보정된 소득 I_a를 정한다.

$$\frac{I_a}{I} = \frac{p_{x2}x_1 + p_{y2}y_1}{p_{x1}x_1 + p_{y1}y_1}$$

이때 $A=(x_1, y_1)$이므로 $p_{x1}x_1 + p_{y1}y_1 = I$이고, 위 식은 $p_{x2}x_1 + p_{y2}y_1 = I_a$가 만족하도록 소득 수준을 조정했다는 의미이다. 즉, 소비자 물가 지수로 계산한 상승률만큼 소득을 보정한다는 것은 가격 변화 전 소비하던 소비 묶음을 계속 소비할 수 있도록 소득을 인상시켜 준다는 뜻이다. 4.1절에서 우리는 가격 효과에서 대체 효과를 분리해내기 위하여 실질 소득 보전을 위한 소득 보상을 시행했다. 그 논의에서 두 가지의 소득 보상 방식을 고려하였으며, 그중 슬러츠키 보상은 기존의 소비 묶음을 계속 소비할 수 있게 해주는 것이 실질 소득의 보전이라 보았다. 소비자 가격 지수에 따른 소득 보정은 정확하게 **슬러츠키 보상**이다. 따라서, 패널 (b)에서 보이듯이 조정된 소득의 예산선은 기존 소비 묶음 A를 지나게 된다.

요약

소비자 물가 지수에 따라 소득을 보정한다는 것은 새로운 가격에도 기존에 소비하던 소비 묶음을 구매할 수 있도록 해주는 것이다.

소비자 물가지수에 따라 소득을 보정하면 소비자는 물가 상승 이전보다 더 높은 효용을 누리게 된다. 〈그림 4-6〉의 패널 (b)에서 보이듯이 소비 묶음 *A*는 소득 보정 후에는 더 이상 최적 소비 묶음이 아니다. 소비자는 새로운 예산선에서 소비를 조정하여 원점에서 더 먼 무차별 곡선에 다다를 수 있다. 그런 의미에서 소비자 물가 지수에 따른 소득 보정은 생활비 상승에 대해 과도한 보상을 하게 된다. 이런 일이 발생하는 직관적 이유는 단순하다. 물가 상승이 이루어질 때 모든 재화의 가격은 동일한 상승률로 오르지 않는다. 즉 상대 가격이 변하는 것이다. 물가 상승 전의 소비 묶음을 소비할 수 있도록 소득을 조정해 주면 소비자는 상대 가격 변화를 반영해 소비 묶음을 조정하여 더 높은 수준의 효용을 얻을 수 있다. 〈그림 4-6〉에서는 상품 x의 가격이 상대적으로 더 많이 상승하였으므로 상품 x의 소비는 줄이고 y의 소비를 늘림으로써 더 나은 소비 묶음을 선택할 수 있다.

소비자 물가 지수에 따른 소득 보상이 생활비 상승에 대한 과도한 보상을 했다면, 가장 정당한 보상은 무엇일까? 그것은 소비자의 효용이 이전 수준과 동일하도록 하는 보상일 것이다. 4.1절의 논의에서 했던 **힉스 보상**과 동일한 개념이다. 생활비 변화에 따른 소득 보정에서는 이를 **진정한 생활비 보정(True Cost of Living adjustment)**이라 한다. 이에 따르면 소득 보상은 원래의 효용 수준 U_1을 회복하는 정도에서 이루어져야 한다. 따라서, 〈그림 4-7〉에서 보이듯이 진정한 생활비 보정은 예산선이 원래의 효용 수준인 U_1의 무차별 곡선을 접하도록 소득을 조정해 주는 것이다. 진정한 생활비 보정은 소비자 가격 지수에 따른 생활비 보정에 비해 소득 상승률이 더 낮음을 확인할 수 있다.

진정한 생활비 보정은 소비자의 효용 수준을 정확하게 유지시켜 준다는 점에서 소비자 물가 지수에 따른 보정보다 개념적으로 우월한 생활비 보정 방식이다. 그러나 우리는 실제로 무차별 곡선, 더 넓게는 소비자의 선호를 직접 관측하

그림 4-7 진정한 생활비 보정

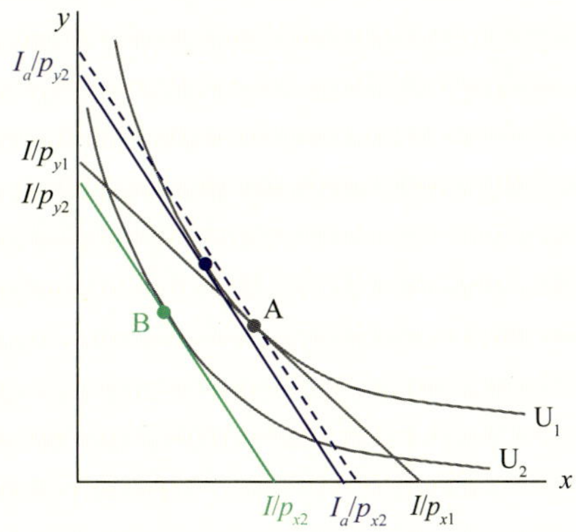

지 못한다. 개념적으로 소비자의 선호는 소비자에게 서로 다른 소비 묶음에 대해 어느 것을 더 좋아하는지를 반복적으로 물음으로써 관측할 수 있다. 하지만 현실에서 가용한 자료를 가지고 소비자의 선호를 관측하는 것은 어렵다. 결국 소비자 물가 지수에 따른 생활비 보정은 진정한 생활비 보정의 계산 가능한 근사(approximation)라고 볼 수 있다. 그리고 소득 상승률이 소비자 물가 상승률보다 같거나 크다면, 소비자의 효용은 더 개선되었다고 해석할 수 있다.

요약

소비자 물가 지수에 따른 소득 보정은 소득 상승률을 소비자 물가 상승률만큼 인상함으로써 소비자 후생을 유지해 주는 진정한 생활비 보정보다 소득을 과잉 보상해 주고, 이에 따라 소비자의 후생은 개선된다.

4.3 소비자 후생(consumer welfare)

수요 곡선의 배후에 있는 소비자의 선택 문제를 명시적으로 고려함으로써 얻을 수 있는 장점 중 하나는 환경이 바뀜에 따라 소비자의 효용이 바뀌는 것을 분석할 수 있다는 점이다. 앞 절에서 다룬 가격 지수 문제도 가격 변화에 따른 소비자 효용 감소와 이에 대한 적절한 보상을 다룬 것이다. 소비자의 효용 혹은 만족도를 **소비자 후생**이라고 부른다. 이 절에서는 가격 변화에 따른 소비자의 후생 변화를 분석하고 이를 이용해 소비자가 시장 거래에 참여함으로써 얻은 이익–소비자 잉여(consumer surplus) 개념을 소개한다.

소비자 잉여– 수요 곡선을 통한 소비자 후생 분석

수요 곡선은 가격이 주어졌을 때 수요량을 보여준다. 이 관계를 역으로 해석할 수 있다. 수요량이 주어지면 가격이 결정된다고 보는 것이다.[1] 이때 가격은 소비자가 상품에 대해 지불할 용의가 있는 금액이다. 상품의 양이 주어지면 소비자는 마지막으로 소비하는 상품에 대해 가치를 평가하고 이에 따라 어느 정도의 가격까지 지불할 용의가 있는지를 결정하는데 이것이 수요 곡선에서 나타난다는 해석이다. 이때 소비자가 지불하려고 하는 가격은 소비자가 느끼는 가치를 반영한다. 만약 이런 방식으로 수요 곡선을 해석하게 되면 소비자가 상품을 구매할 때 얻게 되는 소비자의 후생을 수요 곡선으로부터 측정할 수 있고, 거래를 통해 소비자가 얻는 이익도 측정할 수 있다.

〈그림 4–8〉은 시장 거래를 통해 얻게 되는 소비자의 이익, 혹은 소비자 잉여를 수요 곡선으로부터 측정하는 과정을 보여준다. 패널 (a)에서 보듯이 수요 곡선을 역으로 해석하면 상품을 소비할 때 얻게 되는 가치가 수직 높이로 측정된다. 만약 x_1만큼의 상품 x를 소비한다면 마지막 한 개의 재화를 소비할 때 얻는 가치는 p_1이다. 오른쪽으로 갈수록 아래로 내려가는 수요 곡선은 수요량이 늘어나면서 단위 소비량에 대한 가치는 점점 하락하고 있음을 보여준다. 이는 한계 대체율 체감을 논의할 때 특정 재화의 소비가 많아지면 그 가치가 상대적으로 작아질 것이라고 논의한 것과 유사하다. 따라서 (x_1-1)개째를 소비할 때 얻는 가치는 p_1

1 수요 곡선은 수요량을 가격의 함수로 보는 것이고, 역의 해석은 가격을 수요량의 함수로 보는 것이다. 수학적으로 이는 역함수의 개념이다.

그림 4-8 소비자 잉여

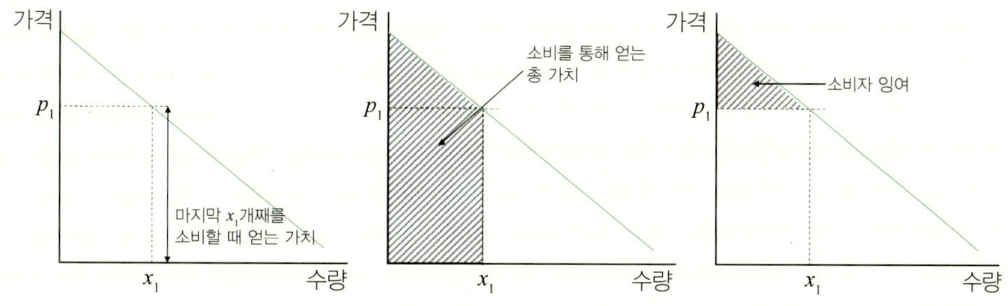

(a) 역수요 곡선　(b) 소비로 얻는 가치　(c) 소비자 잉여

보다 더 높을 것이다. 이 모든 가치는 수요 곡선의 수직 높이로 측정된다. 따라서 x_1만큼의 상품을 소비할 때 얻는 총가치는 패널 (b)에서와 같이 수요 곡선의 수직 높이를 x_1 수량까지 다 더한 면적이 된다. 소비자는 x_1만큼의 재화를 소비할 때 p_1의 가격을 지불한다. 따라서 지불한 총액은 $p_1 \times x_1$의 직사각형 면적이다. 소비를 통해 얻은 총가치에서 지불한 액수를 제외하면 패널 (c)의 소비자 잉여가 얻어진다.

소비자 잉여(consumer surplus)는 소비자가 시장의 거래에 참가해 얻는 이익이다. 소비자가 실제 지불한 가격은 마지막 한 개의 재화를 소비할 때 얻는 가치와 같으며, 이전 소비로부터 얻는 가치보다는 낮다. 따라서 소비자는 시장 가격을 지불하고 더 높은 가치를 얻음으로써 거래를 통해 이익을 본다. 수요 곡선이 주어졌을 때 소비자 잉여는 수요 곡선의 아래쪽, 그리고 가격 위쪽의 면적으로 구해진다.

요약

수요 곡선은 주어진 거래량에서 소비자가 상품에 대해 지불할 용의가 있는 금액을 보여준다고 해석될 수 있으며, 이 해석을 따를 경우 소비자가 거래를 통해 얻는 이익인 소비자 잉여는 수요 곡선 아래, 가격 위 면적으로 구해진다.

소비자 잉여의 변화를 통해 가격 변화에 따른 소비자 후생의 변화를 관측할 수

그림 4-9 가격 변화에 따른 소비자 후생의 변화

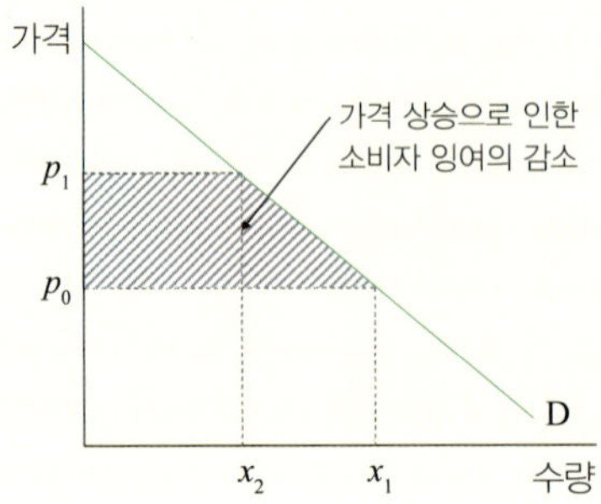

있다. 〈그림 4-9〉는 가격이 p_0에서 p_1로 상승한 경우의 소비자 후생 변화를 고려한다. 우리는 이전 논의로부터 수요 곡선에 가격이 주어졌을 때 소비자 잉여를 측정하는 법을 배웠다. 이는 가격 위, 수요 곡선 아래의 면적이다. 따라서, 가격이 p_0일 때와 p_1일 때의 소비자 잉여의 크기를 알 수 있다. 가격이 p_0에서 p_1로 오를 때 소비자 잉여의 크기가 줄어든다. 이 줄어든 소비자 잉여의 크기가 곧 가격 상승으로 인한 소비자 후생의 감소이다.

우리는 소비자의 선택을 분석하면서 상품의 가격 상승으로 예산선이 변하면 소비자가 더 낮은 효용 수준의 무차별 곡선에 머무르게 됨을 보았다. 즉, 가격 상승으로 인한 소비자 후생의 감소를 확인할 수 있다. 그럼 가격 상승으로 인한 후생 감소가 있다고 하는 것은 이 분석이 추가적으로 제공해주는 정보가 아니다. 하지만 소비자의 선택을 분석하기 위해 도입한 무차별 곡선은 우리가 관측할 수 있는 대상이 아니다. 따라서 거기에서 측정한 후생 감소 역시 개념적으로만 존재할 뿐 측정 가능한 것이 아니다. 그러나 수요 곡선은 시장에서 소비자의 행태를 관측함으로써 측정 가능한 것이고 그로부터 구한 소비자의 후생 감소도 측정할 수 있다. 즉, 소비자의 후생 변화를 정량적으로 측정할 수 있게 된 것이다.

요약

가격 변화가 소비자 후생에 미치는 효과는 소비자 잉여의 변화로 측정할 수 있다.

그러나 수요 곡선을 통한 소비자 후생 분석은 논리적으로 불완전한 요소가 있다. 우리는 수요 곡선을 역수요 곡선으로 해석하면서, 수요 곡선에서 구한 가격이 곧 상품에 대해서 소비자가 느끼는 가치와 같다고 논의했다. 만약 그 해석이 정확하다면, 수요 곡선을 따라 이동하면서 소비자는 소득과 소비를 같은 가치로 교환하게 된다. 따라서 이런 교환을 통해 소비자의 후생은 변화하지 않아야 한다. 하지만 보통 수요 곡선에 대한 앞선 논의에서 보았듯이 보통 수요 곡선에서는 명목 소득이 고정되어 있고 소비자의 실질 소득 혹은 후생 수준은 변화한다. 역수요 곡선의 해석을 적용하려면 소비자의 효용이 고정된 상태에서 구한 보상 수요 곡선을 사용하는 것이 적절하다. 실제로 가격 변화를 통한 소비자의 후생 변화는 보상 수요 곡선을 통해서 측정하는 것이 개념적으로 정확한데 이를 다음에서 분석하기로 한다.

대등 변화(EV: Equivalent Vairation)와 보상 변화(CV: Compensating Variation) – 후생 변화를 소득 변화로 측정하기

우리는 여러 방식으로 가격 변화가 일으키는 소비자의 후생 변화를 논의했다. 가격 효과를 분해할 때 가격 상승은 실질 소득의 감소(혹은 소비자 후생의 감소)로 이어지고 실질 소득 감소의 효과를 제거해야 상대 가격 변화로 인한 효과를 분리해 낼 수 있음을 보였다. 가격 지수의 논의에서는 가격 상승으로 인한 후생 손실과 이를 보상하기 위해 가격 지수 상승률에 따라 소득 조정을 하였을 때 어떤 효과가 있는지를 검토했다. 또 소비자 잉여의 개념을 활용하여 가격 상승에 따른 소비자 후생 감소를 수요 곡선상에서 측정하고자 하였다.

여기에서는 가격 변화로 인한 소비자 후생의 변화를 이에 상응하는 소득의 변화로 나타내고 이를 수요 곡선상에서 어떻게 측정할지를 논의한다. 가격이 변하면 소비자의 최적 선택으로 얻어진 무차별 곡선의 수준이 바뀐다. 이런 소비자의 만족도 변화는 무차별 곡선에 배정된 효용의 차이로 표현할 수 있다. 그러나 서수적 효용 개념을 따를 때 효용은 소비 묶음에 대한 선호 순서를 반영하기 위해 순서대로 배정된 숫자일 뿐이며, 그 숫자 간의 절대적 차이는 큰 의미가 없다.

설사 기수적 효용 개념을 따라서 효용의 크기가 소비자의 절대적 만족도를 나타내고, 숫자의 차이가 만족도의 차이를 반영하고 있다고 해석하고 싶어도 이런 성격을 만족하는 객관적인 효용의 크기를 측정하기는 어렵다. 따라서 효용의 차이를 객관적으로 확인 가능하고 비교 가능한 숫자인 화폐 단위로 바꿔 표현하고자 한다. 예를 들어, "최근의 유가 상승은 소비자의 효용을 10억만큼 감소시켰다"라고 하면 10억이라는 숫자의 단위도 없고 의미하는 바도 분명하지 않지만 "최근의 유가 상승은 소비자들에게 100억 원의 소득 감소와 같은 손실을 입혔다"라는 표현은 객관적이고 쉽게 와닿는다. 그래서 가격 변화로 인한 효용의 변화를 소득의 변화로 표현하려는 것이다.

그럼 소비자의 후생의 변화를 어떻게 소득의 변화로 표현할 수 있는가? 이를 위해 여기에서는 두 가지 소득 변화의 개념인 **보상 변화**(CV: compensating variation)와 **대등 변화**(EV: equivalent variation)를 도입한다. 보상 변화는 가격 변화에 따른 소비자 효용의 변화를 보상하는 소득 변화이다. 즉, 소비자가 가격 변화 이전의 후생 수준을 회복하기 위해 필요한 소득의 변화가 보상 변화이다. 반면 대등 변화는 가격 변화와 대등한 소비자 후생 변화를 일으키는 소득의 변화이다. 즉, 가격 변화 없이도 가격 변화와 동일한 소비자 후생 변화를 가져오는 소득의 변화가 대등 변화이다.

요약

가격 변화로 인한 소비자 후생의 변화를 화폐 단위의 소득 변화로 표현한 것이 보상 변화와 대등 변화이다.

1. 보상 변화(CV: Compensating Variation)

보상 변화는 앞서 언급한 대로 가격 변화에 따르는 후생 변화를 보상하는 소득의 변화이다. 가격이 변한 후 이미 발생한 후생의 변화를 상쇄하기 위하여 소비자에게 주거나 빼앗아야 하는 소득액의 크기라고 생각할 수 있다.

〈그림 4-10〉은 그래프로 표현한 보상 변화를 보여준다. 설명의 편의를 위해 수평축에는 상품 x가, 수직축에는 그 외의 상품 소비의 조합, 혹은 상품 x를 소비

그림 4-10 보상 변화

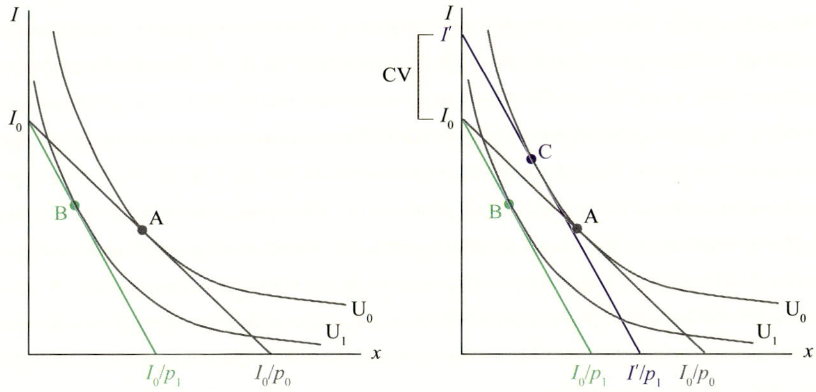

(a) 가격 상승에 따른 후생 감소

(a) 후생 감소를 보상하는 소득 변화

하고 남은 소득이 있는 상품 공간을 고려한다. 이제 상품 x의 가격이 p_0에서 p_1으로 오른다. 패널 (a)에서 이 가격 상승은 예산선이 수직축 절편을 중심으로 안쪽으로 회전하는 것으로 나타난다. 소비자의 선택은 소비 묶음 A에서 B로 변하고, 소비자의 후생은 U_0에서 U_1으로 감소하였다. 보상 변화는 이러한 후생의 감소를 보상하는 소득의 변화이므로 원래의 효용 수준인 U_0을 회복하도록 소득을 변화시키면 된다. 이는 패널 (b)에서 U_0의 무차별 곡선과 접하도록 만드는 예산선의 평행이동 폭으로 나타난다. 이는 가격 효과의 분해에서 소비자의 실질 소득을 보전하는 소득 변화와 정확하게 똑같은 것이다. 우리는 수직축에 상품 x를 소비하고 남은 소득을 표시했으므로 이 소득 변화는 두 예산선 간의 수직거리와 일치한다.

2. 대등 변화(EV: Equivalent Variation)

대등 변화는 가격 변화와 대등한 소비자 후생 변화를 가져오는 소득의 변화이다. 이는 가격 변화를 통해 나타날 후생의 변화를 가격 변화 없이 일으키도록 소비자에게 주거나 빼앗아야 하는 소득액의 크기라고 생각할 수 있다.

〈그림 4-11〉은 그래프로 표현한 대등 변화를 보여준다. 〈그림 4-10〉과 동일하게 상품 x의 가격이 오른 상황을 고려하고, 패널 (a)는 〈그림 4-10〉에서 그대

그림 4-11 대등 변화

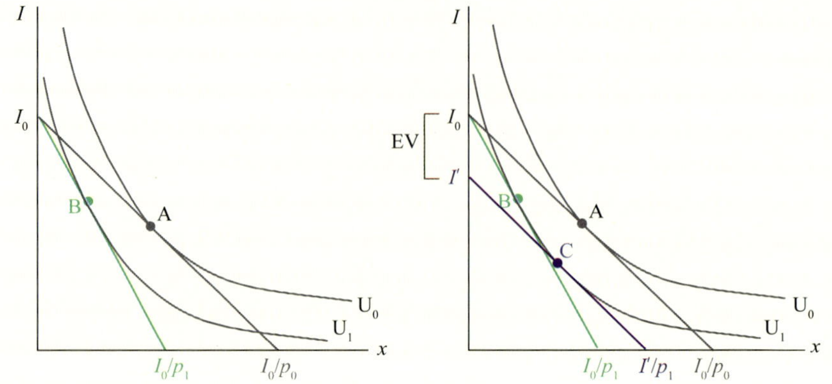

(a) 가격 상승에 따른 후생 감소 (b) 동일한 후생 감소를 가져오는 소득 변화

로 가져온 것이다. 가격 변화를 통해 소비자의 후생은 U_0에서 U_1으로 감소하였는데, 가격 변화 없이 동일한 후생 변화를 가져오도록 소득을 변화시킨다. 이는 패널 (b)에서 가격 변화 전의 예산선을 평행이동해 새로운 효용인 U_1의 무차별 곡선과 접하도록 하는 것으로 나타난다. 이때 평행이동한 두 예산선 간의 수직 거리가 대등 변화이다.

3. 보상변화와 대등 변화의 비교

〈그림 4-12〉는 〈그림 4-10〉과 〈그림 4-11〉의 보상 변화와 대등 변화를 겹쳐 그림으로써 비교할 수 있게끔 보여준다. 보상 변화와 대등 변화 모두 무차별 곡선의 차이를 예산선의 거리로 표현한 것이다. 가격 변화로 인한 소비자 후생 변화는 U_0의 무차별 곡선에서 U_1의 무차별 곡선으로 이동한 것으로 나타난다. 보상 변화와 대등 변화는 이 무차별 곡선의 이동을 무차별 곡선에 접하는 두 예산선의 거리(혹은 이에 대응하는 소득 변화)로 표현한 것이다. 결국 두 개념 모두 예산선의 평행이동으로 표시할 수 있다.

다만 평행이동하는 예산선의 종류가 다르다. 보상 변화는 **가격 변동 후의 상대가격**에 기초한 예산선을 평행이동시키는 반면, 대등 변화의 경우 **가격 변동 전의**

그림 4-12 보상 변화와 대등 변화의 비교

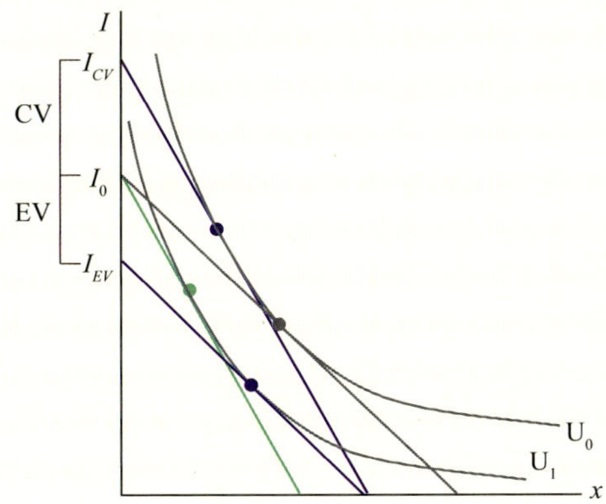

상대 가격에 기초한 예산선을 평행이동시킨다. 서로 다른 상대 가격에 기초한 예산선을 평행이동시키므로 같은 두 무차별 곡선의 이동을 표현함에도 이 값의 크기가 같을 이유는 없다.

요약

보상 변화는 가격 변화의 소비자 후생 효과를 보상하는 소득 변화이고, 대등 변화는 가격 변화와 대등한 소비자 후생 효과를 가지는 소득 변화이다. 보상 변화는 가격 변동 후 예산선의 평행이동으로 표현되고, 대등 변화는 가격 변동 전 예산선의 평행이동으로 표현된다.

보상 변화, 대등 변화, 소비자 잉여 변화 간의 비교-수요 곡선으로 표현한 보상 변화와 대등 변화

지금까지 가격 변화로 인한 소비자 후생의 변화는 세 가지 개념으로 표현되었다. 먼저 수요 곡선상의 소비자 잉여가 가격 변화로 인해 변동한 정도로 표현할 수 있다. 또한 소비자의 선택이 일어나는 상품 공간에서 가격 변화 후의 예산선을 이동시키는 소득 변화로 측정한 보상 변화와 가격 변화 전의 예산선을 이동시키는 소득 변화로 측정한 대등 변화가 있다. 이 세 개념 모두 똑같은 소비자의 후생 변화를 나타내므로 어떤 관련성이 있으리라고 판단할 수 있다. 여기에서는 이런 관련성을 드러내기 위하여 상품 공간에서 소득 변화로 측정된 보상 변화와 대등 변화를 수요 곡선상에서 어떻게 표현할 수 있는지를 알아본다.

1. 보상 변화와 대등 변화의 새로운 해석

지금까지 보상 변화와 대등 변화는 **동일한 가격 수준**에서 **서로 다른 효용 수준**을 나타내는 소득의 변화로 보았다. 가격 변동 전의 가격 수준에서 이 변화를 보면 대등 변화이고, 가격 변동 후의 가격 수준에서 이 변화를 보면 보상 변화이다. 그런데 이 두 변화는 **서로 다른 가격 수준**에서 **동일한 효용 수준**을 달성하는 데 필요한 소득의 차이라고도 볼 수 있다.

〈그림 4-13〉은 〈그림 4-10〉과 〈그림 4-11〉의 패널 (b)를 옮겨 놓은 것이다. 〈그림 4-13〉의 패널 (a)는 보상 변화를, 패널 (b)는 대등 변화를 보여준다. 패널 (a)의 보상 변화는 가격 변동 후의 예산선(점선 예산선)과 이를 평행이동하여 원래 효용 수준인 U_0의 무차별 곡선과 접하는 예산선(초록 예산선)의 거리, 혹은 소득의 차이로 측정되었다. 그런데 가격 변동 후의 예산선(점선 예산선)과 가격 변동 전 원래 효용 수준 U_0의 무차별 곡선과 접하는 예산선(회색 예산선)은 동일한 소득

그림 4-13 보상 변화와 대등 변화의 새로운 해석

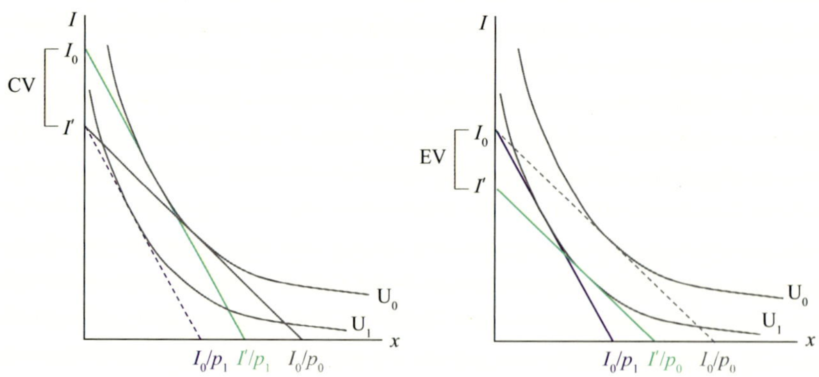

(a) 보상 효과　　(b) 대등 변화

수준에서 그려진 것이다. 따라서 보상 변화는 회색 예산선과 초록 예산선의 소득 차이라고도 볼 수 있다. 두 예산선은 모두 동일한 수준의 효용인 U_0의 무차별 곡선과 접하고 있다. 그러나 서로 다른 가격 수준에서 그려진 예산선이므로, 이때의 소득은 주어진 U_0의 효용 수준을 서로 다른 수준의 가격에서 달성하는 데 필요한 소득이다. 즉, 보상 변화는 동일한 효용 수준 U_0을 가격 변동 전과 후의 서로 다른 가격 수준에서 달성하는 데 필요한 소득 수준의 차이라고 볼 수 있다.

동일한 해석은 대등 변화에서도 가능하다. 패널 (b)에서 대등 변화는 가격 변동 전의 예산선(점선 예산선)과 이를 평행이동하여 새로운 효용 수준인 U_1의 무차별 곡선과 접하는 예산선(초록 예산선)의 거리, 혹은 소득의 차이로 측정되었다. 그런데 가격 변동 전의 예산선(점선 예산선)과 가격 변동 후 새로운 효용 수준 U_1의 무차별 곡선과 접하는 예산선(파란 예산선)은 동일한 소득 수준에서 그려진 것이다. 따라서 대등 변화는 파란 예산선과 초록 예산선의 소득 차이라고도 볼 수 있다. 두 예산선은 서로 다른 가격 수준에서 같은 무차별 곡선과 접하는 예산선이다. 이때 소득은 주어진 효용 수준 U_1을 서로 다른 수준의 가격에서 달성하는 데 필요한 소득이다. 즉, 대등 변화는 동일한 효용 수준 U_1을 가격 변동 전과 후의 서로 다른 가격 수준에서 달성하는 데 필요한 소득 수준의 차이라 볼 수 있다.

결국 보상 변화와 대등 변화 모두 주어진 효용 수준을 서로 다른 가격에서 달성하는 데 필요한 소득의 차이라 해석할 수 있다. 서로 다른 가격이란 가격 변동 전의 가격과 가격 변동 후의 가격이다. 둘의 차이는 주어진 효용 수준이 다르다는 것이다. 가격 변동 전의 효용 수준인 U_0을 달성하는 데 가격 변동 전후의 가격에서 필요한 소득의 차이를 구한 것이 보상 변화이고, 가격 변동 후의 효용 수준인 U_1을 달성하는 데 필요한 소득의 차이를 구한 것이 대등 변화이다.

요약

같은 가격으로 서로 다른 효용 수준을 얻는 소득의 차이로 정의된 보상 변화와 대등 변화는 다른 가격으로 동등한 효용 수준을 얻는 데 필요한 소득의 차이로도 해석할 수 있다.

2. 지출 최소화 문제

보상 변화와 대등 변화에 대한 새로운 해석에 따르면 어떤 효용 수준을 달성하는 데 얼마나 많은 소득이 필요한지를 정의할 수 있는 방법이 필요하다. 이를 정의하는 문제가 '**지출 최소화 문제**'이다. **지출 최소화**란 목표로 하는 효용을 달성하기 위해 가장 적은 비용을 들이는 방법을 연구하는 것이다. 이 방법에 따라 계산한 비용이 앞서 얘기한 주어진 효용 수준을 달성하는 데 필요한 소득이 된다.

지출 최소화 문제는 수학적으로 다음과 같이 쓸 수 있다.

$$\min_{x,y} p_x x + p_y y$$
$$s.t.\ \ U(x,y) = \overline{U}$$

즉, 주어진 효용 수준 $\overline{U}$를 만족하는 모든 소비 묶음 중에서 주어진 가격하에서 이를 소비하는 데 드는 지출, $p_x x + p_y y$가 최소화되는 소비 묶음을 고르는 것이다. 3장에서 다루었던 소비자의 최적 선택 문제인 효용 최대화 문제를 상기해보자.

$$\max_{x,y} U(x,y)$$
$$s.t.\ \ p_x x + p_y y = I$$

지출 최소화 문제는 효용 최대화 문제의 제약식과 목적식을 서로 바꾼 것이다. 효용 최대화는 소득에 따라 주어진 예산선 위의 소비 묶음 중에서 원점에서 가장 멀리 떨어진 무차별 곡선에 닿는 소비 묶음을 고르는 것이다. 반면 지출 최소화 문제는 목표 효용 수준에 따라 주어진 무차별 곡선 위의 소비 묶음 중에서 원점에 가장 가까운 예산선에 닿는 소비 묶음을 고르는 것이다. 두 경우 모두 예산선과 무차별 곡선이 접하는 점에서 최적의 소비 묶음이 얻어진다는 점은 같다.

상품의 가격이 바뀔 때 지출 최소화의 최적 소비 묶음 혹은 수요가 변하는데, 이 가격과 수요량 변화의 관계가 **보상 수요 곡선**이다. 〈그림 4-14〉는 지출 최소화의 최적 소비 묶음이 결정되는 과정을 보여준다. 상품 y의 가격이 p_y로 주어진 상태에서 상품 x의 가격이 p_0에서 p_1로 오른다고 하자. 목표로 하는 효용 수준 $\overline{U}$를 만족하는 소비 묶음들이 무차별 곡선으로 주어져 있다. 상품 x의 가격이 p_0인 상

그림 4-14 지출 최소화 문제: 가격이 변할 때 최적 소비 묶음의 변화

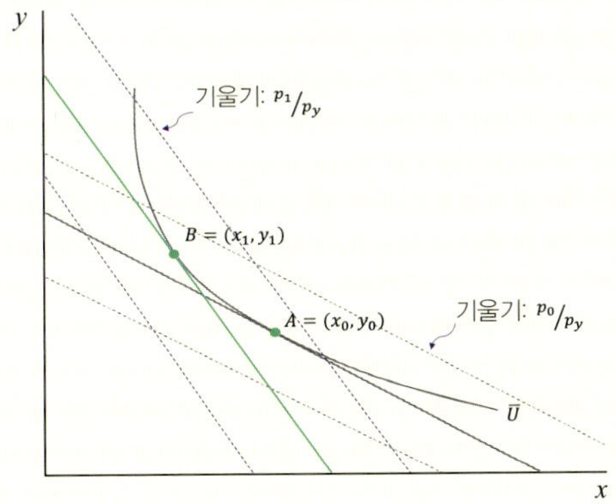

태에서 기울기가 p_0/p_y인 예산선들이 그려지는데, 소득 수준이 낮을수록 원점에 가깝게 그려진다. 그중 주어진 무차별 곡선과 접하는 예산선이 주어진 효용 수준을 달성하는 최소한의 소득 수준을 나타내며, 그 접점이 최적의 소비 묶음 A이다. 상품 x의 가격이 p_1로 오르면 예산선들의 기울기는 급해지고, 바뀐 가격하에서 지출 최소화를 달성하는 최적 소비 묶음은 주어진 무차별 곡선과 접하는 예산선의 접점인 소비 묶음 B이다. 상품 x의 가격이 오름에 따라 최적 소비 묶음은 A에서 B로 옮겨 가지만, 여전히 같은 무차별 곡선상에 있다. 이 변화는 실질 소득(혹은 효용 수준)을 유지하면서 상품의 상대 가격이 바뀔 때의 수요량 변화이고, 이는 가격 효과의 분해 과정에서 보았던 대체 효과이다. 따라서 지출 최소화 문제에서 가격이 바뀔 때 상품의 소비량 변화가 대체 효과를 보여주는 보상 수요 곡선이다.

지출 최소화 문제를 통하여 서로 다른 가격하에서 같은 효용 수준을 달성하는 데 필요한 소득 수준 역시 정의할 수 있다. 〈그림 4-14〉에서 상품 x의 가격이 p_0일 때 효용 $\bar{U}$를 달성하는 데 필요한 최소한의 소득을 I_0라 하자. 이 소득은 소비 묶음 A를 소비하는 데 필요한 소득이므로 $I_0 = p_0x_0 + p_yy_0$이다. 마찬가지로 상품 x의 가격이 p_1일 때 효용 $\bar{U}$를 달성하는 데 필요한 최소한의 소득을 I_1이라 하면, 이는 소비 묶음 B를 소비하는 데 드는 소득 $I_1 = p_1x_1 + p_yy_1$이다. 일반적으로 주

어진 가격 수준 (p_x, p_y)에서 목표 효용 수준 $\overline{U}$을 달성하는 데 필요한 소득 수준을 정의할 수 있는데, 이를 **지출함수**라고 하며 $E(p_x, p_y, \overline{U})$라고 쓴다. 예를 들어, 위에서 구한 소득 수준 I_0은 $I_0 = E(p_0, p_y, \overline{U})$라고 쓸 수 있다.

보상 변화와 대등 변화의 새로운 해석을 상기해 보자. 두 변화 모두 다른 가격하에서 같은 효용 수준을 달성하기 위해 필요한 소득의 차이였다. 이때 다른 가격은 변동 전과 후의 가격이다. 보상 변화와 대등 변화의 차이는 주어진 효용 수준이 다르다는 것이다. 보상 변화는 가격 변동 전의 효용 수준 U_0가 달성해야 할 효용 수준이고, 대등 변화에서는 가격 변동 후의 효용 수준 U_1이 달성해야 할 효용 수준이다. 따라서 보상 변화와 대등 변화는 다음과 같이 쓸 수 있다.[2]

$$CV = E(p_0, p_y, U_0) - E(p_1, p_y, U_0)$$
$$EV = E(p_0, p_y, U_1) - E(p_1, p_y, U_1)$$

같은 지출함수의 차이지만, 목표 효용 수준이 다르다는 것이 함수의 세 번째 변수의 차이로 나타난다.

지출함수의 차이로 정의된 보상 변화와 대등 변화는 보상 수요 곡선을 이용하여 표시할 수 있다. 앞서 지출 최소화 문제에서 구한 최적 소비 묶음은 가격이 변할 때 보상 수요 곡선을 나타냄을 보였다. 그런데 가격이 변할 때 지출함수는 보상 수요만큼 변한다. 상품 x의 가격이 1원 올랐다고 하자. 그럼 동일한 효용을 유지하기 위해 추가적으로 필요한 소득은 얼마일까? 상품의 가격이 아주 조금 변할 때에는 최적 소비 묶음도 거의 변하지 않는다. 효용 수준을 유지하기 위해 같은 소비 묶음을 소비한다고 하면 상품 x의 가격이 1원 오를 때 지출은 상품 x의

2 지금까지 보상 변화와 대등 변화에 관한 논의에서는 필요한 소득 변화의 절대적 크기에만 관심을 가졌다. 가격이 오를 때 소비자 후생이 감소하고, 가격이 내릴 때 소비자 후생이 증가하는 것이 당연하게 여겨지기 때문이다. 하지만 좀 더 엄밀히 하자면 소비자 후생이 증가할 때 소득 변화가 양의 값을 가지고, 감소할 때 음의 값을 가지는 것이 바람직할 것이다. 위에서 정의된 지출함수의 차이는 이런 요구를 만족시킨다. 가격이 오르면 같은 효용 수준을 달성할 때 필요한 소득은 더 커질 것이기 때문에 위에서 정의된 지출함수의 차이는 음이 된다. 만약 보상 변화와 대등 변화의 절대적인 크기에만 관심을 가진다면 정의된 차이의 부호는 무시할 수 있다.

그림 4-15 보상 수요 곡선과 가격이 변할 때 효용 유지를 위한 필요 소득의 변화

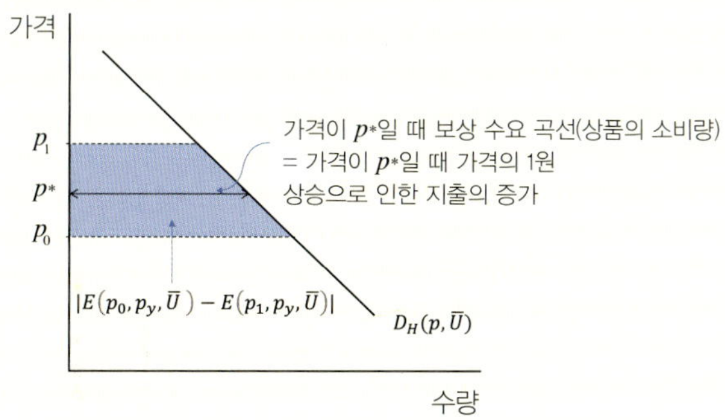

소비량만큼 증가한다. 즉, 상품 x의 가격이 1원 오를 때 효용을 유지하기 위해 필요한 지출 증가는 상품 x의 수요량이다. 〈그림 4-15〉는 목표 효용 수준이 $\overline{U}$일 때의 보상 수요 곡선을 보여준다. 가격이 p^*일 때의 보상 수요 곡선의 수평 거리는 보상 수요이면서 동시에 가격이 조금 증가할 때 필요한 지출의 증가를 보여준다. 상당한 크기로 변하는 가격도 조금씩 변하는 가격이 누적되어 나타나는 것이므로, 가격 변동에 따른 지출 차이는 가격이 조금 변할 때마다 발생하는 보상 수요만큼의 지출 증가를 다 더하면 구할 수 있다. 그림에서 가격이 p_0에서 p_1까지 변할 때 필요한 지출액의 변화는 이 보상 수요를 다 더한 것과 같다.[3] 따라서 지출함수의 차이는 보상 수요 곡선의 왼쪽 옆면적이다. 위에서 정의한 보상 변화와 대등 변화 역시 지출함수의 차이로 표시되므로 해당하는 가격 구간에서 각 효용 수준에 대응하는 보상 수요 곡선의 왼쪽 옆면적이 된다.

요약

보상 변화와 대등 변화를 다른 가격하에서 같은 효용을 얻기 위해 필요한 소득의 차이로 해석하면, 이는 적절하게 정의된 보상 수요 곡선의 왼쪽 옆면적으로 구할 수 있다.

3 가격이 오른 경우이기 때문에 지출함수의 차이, $E(p_0, p_y, \overline{U}) - E(p_1, p_y, \overline{U})$는 음수의 값을 가진다. 보상 수요 곡선의 왼쪽 옆면적은 지출함수 차이의 절댓값이다.

수학적 분석

지출함수의 차이가 보상 수요 곡선의 옆면적으로 나타날 수 있다는 것은 미적분학을 활용하여 설명할 수도 있다. 가격이 오를 때 지출함수가 보상 수요만큼 오른다는 얘기는 지출함수를 가격에 대해서 미분할 때 보상 수요가 된다는 뜻이다.

$$\text{상품 } x\text{의 보상 수요} = \frac{\partial E(p, U)}{\partial p_x}$$

적분은 미분의 역과정이다. 즉, $\frac{dF(x)}{dx} = f(x)$이면,

$$\int f(x)dx = F(x) + C, \quad \int_a^b f(x)dx = F(b) - F(a)$$

가 성립한다. 따라서 지출함수의 차이는 보상 수요를 같은 가격 구간에서 적분한 값이다. 어떤 함수의 적분은 그 함수 그래프의 아래 면적과 같다. 그런데 보상 수요 곡선은 독립 변수가 수직축에 있으므로, 지출함수의 차이는 해당 가격 구간 보상 수요 곡선의 옆면적이 된다.

〈그림 4-16〉은 보상 수요 곡선으로 표현한 보상 변화와 대등 변화를 보여준다. 가격-수량 평면에 보통 수요 곡선 $D_M(p, I)$이 그려져 있다. 상품의 가격이 p_0에서 p_1로 상승할 때 소비자 잉여의 변화는 보통 수요 곡선의 옆면적이 된다. 보

그림 4-16 보상 수요 곡선을 이용한 보상 변화와 대등 변화

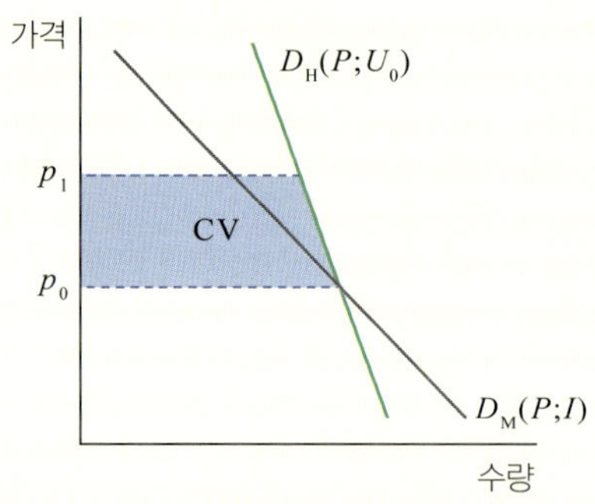

(a) 보상 변화

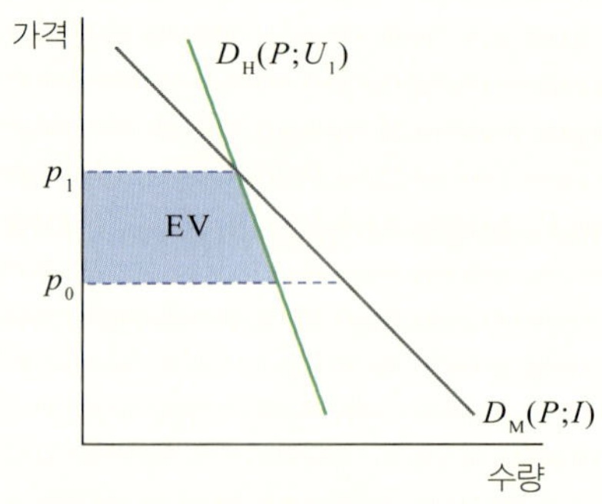

(b) 대등 변화

상 변화는 가격 변동 전의 효용 수준을 달성하기 위해 필요한 소득의 차이다. 따라서 보상 변화를 얻기 위해서는 가격 변동 전 효용 수준의 보상 수요 곡선을 그려야 한다. 패널 (a)는 보상 수요 곡선 $D_H(p, U_0)$를 보여준다. 가격 변동 전의 효용 수준에서 그려진 것이므로 가격이 p_0일 때 보통 수요 곡선과 만난다. 이 그림은 정상재를 가정하고 있고, 보상 수요 곡선의 기울기는 보통 수요 곡선의 기울기보다 급하다. 그리고 이렇게 그려진 보상 수요 곡선의 p_0에서 p_1 사이의 구간 옆면적이 보상 변화이다. 이에 대비해 대등 변화는 가격 변동 후의 효용 수준을 달성하기 위해 필요한 소득의 차이다. 패널 (b)에 그려진 관련 보상 수요 곡선은 변동 후의 가격 p_1에서 보통 수요 곡선과 만나는 $D_H(p, U_1)$이다. 이 보상 수용 곡선의 p_0에서 p_1 사이의 구간 옆면적이 대등 변화이다.

이 그림에서는 그 절대적 크기에서 보상 변화가 가장 크고, 대등 변화가 가장 작으며, 소비자 잉여의 변화는 그 중간이다. 그러나 이런 절대적 크기의 상대적 비교가 모든 상황에서 적용되는 것은 아니다. 이 예시의 경우 재화가 정상재라는 가정과 가격이 오르는 상황의 비교라는 조건 때문에 절대적 크기가 그런 순서로 놓인 것이며, 상황이 달라지면 절대적 크기의 비교 결과는 다를 수 있다.

연습문제 7

정상재인 상품 x의 가격이 하락할 때 보상 변화, 대등 변화, 소비자 잉여 변화를 그래프로 그려 구하시오. 이들의 절대적 크기를 서로 비교하시오.

우리는 가격 변화가 소비자 후생에 미치는 효과를 측정하는 수단으로 소비자 잉여의 변화를 얘기하면서 역수요 곡선의 해석을 그 기반으로 삼았다. 즉, 수요 곡선의 가격은 소비자가 상품을 구매할 때 지불할 용의가 있는 금액이며, 소비자가 상품의 소비로 느끼는 가치와 같다는 것이다. 그러나 이 해석을 따를 경우, 수요 곡선을 따라 상품 구매가 이루어지면 상품 소비의 가치만큼 가격을 지불하는 것이므로 소비자의 후생은 변화가 없어야 한다. 따라서 이런 해석을 뒷받침하기 위한 수요 곡선으로는 보통 수요 곡선보다는 소비자의 효용 수준이 고정되어 있는 보상 수요 곡선이 더 적절할 수 있음을 언급하였다. 보상 변화와 대등 변화에 대한 분석은 위의 설명이 정당함을 보여준다. 즉, 가격 변화가 소비자 후생에 미치는 효과를 소비자 선택 모형을 통해 이론적으로 분석하면, 이는 보상 수요 곡선의 옆면적으로 나타난다. 보통 수요 곡선의 옆면적은 이론적인 측면에서 좀 더 적확한 보상 변화나 대등 변화의 실증적 근삿값으로 기능할 수 있다. 실증적으로 보통 수요 곡선은 시장의 자료를 이용해 추정 가능할 것이다. 보상 수요 곡선을 구하기 위해서는 소득 효과를 제거하는 과정을 거쳐야 한다. 따라서 소비자 잉여의 변화는 보상 변화나 대등 변화에 대한 실증적으로 편리한 근사라고 할 수 있겠다.

요약

보상 변화, 대등 변화, 소비자 잉여 변화의 상대적 크기는 보통 수요 곡선과 보상 수용 곡선을 그려 서로 비교할 수 있으며, 소비자 잉여 변화는 보상 변화와 대등 변화의 실증적 근사라 할 수 있다.

수학 지식 필요

때로는 이론적 분석의 편의성 때문에 보상 변화, 대등 변화, 소비자 잉여의 변화가 모두 같은, 특별한 선호를 가정하고는 한다. 이 세 값은 보통 수요 곡선과 보상 수요 곡선이 일치하는 선호에서 같아진다. 보통 수요 곡선과 보상 수요 곡선의 차이는 소득 효과이므로 소득 효과가 없는 선호를 가정하면 위 세 값이 일치하게 된다. 소득 효과가 없는 선호를 **준선형 선호**(quasi-linear preference)라고 하며 다음과 같은 형태의 효용함수로 표현된다.

$$U(x,y)=v(x)+y$$

이 효용함수의 경우 한계 대체율은 $MRS_{xy}=\nu'(x)$로 표현된다. 최적 소비 묶음은 한계 대체율이 상대 가격과 일치하는 지점에서 구해지기 때문에 상품 x의 소비량은 상대 가격에 의해서 결정되고 소득 수준에는 의존하지 않는다. 따라서 상품 x에 대한 소득 효과는 0이고 보통 수요 곡선과 보상 수요 곡선은 동일하다.

4.4 응용 사례: 자동차세를 통한 유가 보조금의 지급

유가 보조금은 석유 가격 상승이 심할 때 일정한 자격을 갖춘 화물 자동차에 대해 유가의 일부를 보조해주는 제도이다. 이 유가 보조금은 자동차 소유주에게 부과하는 자동차세를 재원으로 지급한다. 자동차세는 모든 자동차에게 부과되는 세금이고, 유가 보조금은 일부 화물 자동차에만 지급되는 보조금이며, 자동차세 전부를 유가 보조금으로 지급하는 것은 아니다. 하지만 우리가 배운 분석 도구를 가장 손쉽게 적용할 수 있도록 모든 자동차 소유주에게 자동차세를 거두어 유가 보조금의 형태로 지급하는 제도의 효과를 분석해 보도록 하자. 우리가 분석하고자 하는 질문들은 다음과 같다.

(1) 리터당 일정한 유가 보조금을 지급할 때 자동차 연료 소비는 어떻게 바뀌는가?
(2) 유가 보조금을 지급받기 위해 자동차 소유주는 얼마나 많은 자동차세를 낼 용의가 있는가?
(3) 자동차세만을 재원으로 하여 유가 보조금 지급액을 지급할 때 자동차 소유주의 후생은 어떻게 변하는가?

(3)의 경우 특별한 분석 없이 문제를 들었을 때 자동차 소유주에게 세금을 걷어 모든 세금 수입을 다른 형태로 다시 자동차 소유주에게 나누어 주니 전체적으로 이들의 후생은 변하지 않을 것으로 생각하기 쉽다. 하지만 앞으로의 분석은 그렇지 않다는 것을 보여준다.

분석을 위해 대표적인 자동차 소유주를 상정하고 이 대표적인 소비자의 소비 패턴을 이해하기 위해 수평축에 자동차 연료 소비를, 수직축에 그 외의 소비(혹은 자동차 연료 소비 후의 남는 소득)가 있는 상품 공간을 고려한다. 〈그림 4-17〉은 그런 상품 공간을 보여준다.

유가 보조금이 없을 때 자동차 연료 가격은 단위당 p_0이다. 패널 (a)의 점선 예산선이 유가 보조금과 자동차세가 없을 때 이 대표적 소비자의 예산선이라고 하자. 이 예산선과 무차별 곡선 U_0가 접하는 소비 묶음 A에서 소비자의 최적 선택

그림 4-17 유가 보조금의 효과

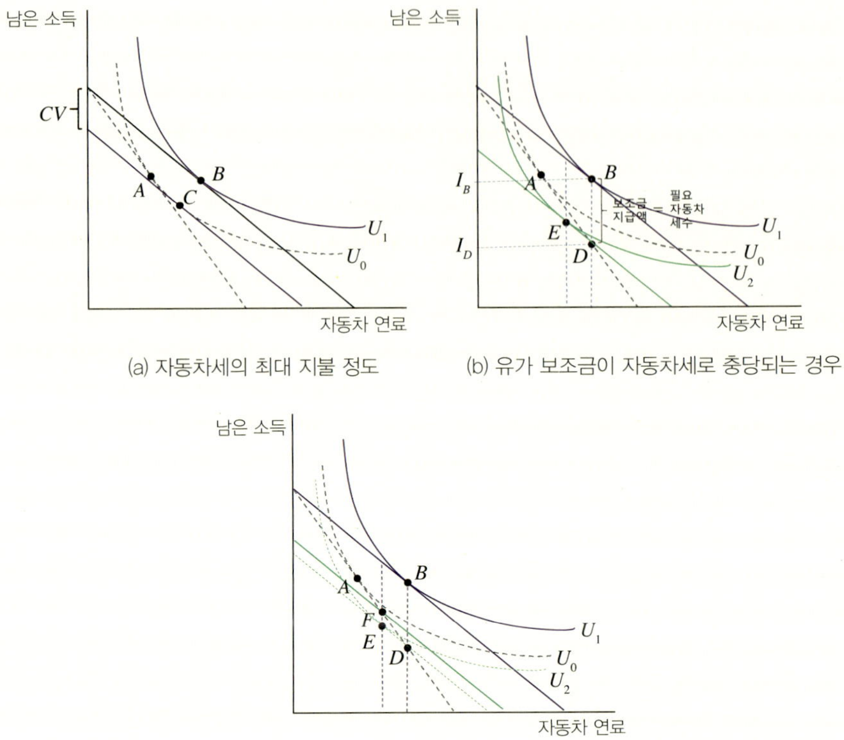

(a) 자동차세의 최대 지불 정도

(b) 유가 보조금이 자동차세로 충당되는 경우

(c) 자동차 연료 소비 감소로 유가 보조금 지출이 줄고 자동차세도 줄어들어 생기는 예산선

이 이루어진다. 이제 보조금을 연료 단위당 s씩 지불한다고 하자. 논의의 편의를 위해 보조금 지급은 소비자가 지불하는 연료의 가격을 보조금만큼 낮춘다고 가정[4]하면 연료의 가격은 $p_1=p_0-s$가 된다. 유가 보조금 지급 후 예산선은 패널 (a)의 실선처럼 바깥으로 회전 이동한다. 새로운 최적 소비 묶음은 B에서 얻어진다. 자동차 연료에 대한 보조금을 지급하면 당연하게도 연료 소비가 늘어나는 것을 확인할 수 있다.

이 유가 보조금을 지급받기 위해 대표적인 자동차 소유주는 어느 정도의 자동차세를 낼 용의가 있을까? 자동차세는 자동차 소유주라면 그 소비 패턴과 관계

4 세금 부과가 일반적으로 구매자 가격 상승과 판매자 가격 저하로 나누어 나타나듯이 보조금 지급도 일반적으로는 구매자 가격 하락과 판매자 가격 상승으로 분할되어 나타난다.

없이 내야 하는 세금이다. 따라서 자동차세 납부는 자동차 소유주의 예산선을 안쪽으로 평행이동시킨다. 자동차세 납부 이후의 소비자 효용이 최초의 효용 수준 U_0보다 높은 한 이 자동차 소유주는 보조금을 받기 위해 그만큼의 자동차세를 지불할 용의가 있다. 따라서 이 자동차 소유주가 낼 용의가 있는 최대 금액의 자동차세는 예산선을 U_0의 무차별 곡선과 접할 때까지 이동시킬 것이다. 이는 보조금 지급으로 인한 소비자의 효용 증가를 상쇄하는(보상하는) 소득 변화이므로 앞서 소개한 보상 변화와 동일한 개념이다. 패널 (a)에서 보이는 CV가 이 보조금을 받기 위해 자동차 소유주가 지불할 용의가 있는 자동차세이다.

만약 보조금 지급을 자동차세로 모두 충당한다면 자동차세는 얼마나 걷어야 할까? 우리는 이 대표적인 소비자에게 지급된 보조금의 총액을 패널 (b)에서 확인할 수 있다. 보조금 지급으로 대표적인 자동차 소유주는 자동차 연료 소비를 늘려 소비 묶음 B를 선택했다. 만약 자동차 소유주가 보조금이 지급되지 않았을 때 소비 묶음 B와 동일한 양의 자동차 연료를 소비했다면, 이 소비자는 보조금 없는 예산선의 소비 묶음 D를 소비했을 것이다. 즉, 현재 수준의 자동차 연료를 소비할 때 보조금이 없었다면 남은 소득이 I_D이었을 텐데, 보조금 지급 덕택에 남은 소득이 I_B로 증가하였다. 따라서 현재 자동차 연료 소비 수준에 상응하는 보조금 지급 총액은 I_B-I_D, 즉 패널 (b)에 표시된 B와 D의 수직 거리이다. 만약 이 보조금 총액을 모두 자동차세로 충당해야 한다면 이 소비자의 예산선은 $\overline{BD}$의 수직 거리만큼 안쪽으로 평행이동해야 하고 소비 묶음 D를 지나는 새로운 초록색 예산선이 그려진다. 유가 보조금을 충당하기 위해 필요한 자동차세는 $\overline{BD}$의 수직 거리인데, 이는 패널 (a)에서 구한 자동차 소유주가 낼 용의가 있는 최대 금액인 보상 변화보다 큰 것을 알 수 있다. 이는 유가 보조금을 자동차세로 충당할 때 소비자의 효용이 감소할 것임을 짐작하게 한다.

실제로 소비 묶음 D를 지나는 새로운 예산선에서 소비자의 효용은 U_2로 원래의 효용 수준 U_0보다 더 낮아지는 것을 확인할 수 있다. 결과적으로 동일한 액수의 돈을 자동차세로 걷어서 유가 보조금으로 나누어 준다고 하더라도 소비자의 효용은 감소하는 것이다. 왜 그럴까? 정부가 자동차세를 걷어 그대로 유가 보조금으로 지급하면, 소비자는 내는 돈과 받는 돈이 같기 때문에 결과적으로 소득 또한 바뀌지 않는다. 즉, 소비자는 모든 조정이 이루어진 후 최초의 예산선인 점선 위의 어떤 소비 묶음을 소비하게 된다. 그런데 유가 보조금 지급은 자동차 연료의 상대 가격을 낮추어서 자동차 연료 소비를 증가시키는 효과(대체 효과)가 있다. 이로 인해 원래의 가격에서 골랐을 소비 묶음 *A*보다는 자동차 연료의 소비가 늘어나게 된다. 하지만 최초에 주어진 점선의 예산선에서 가장 높은 효용을 주었던 소비 묶음은 *A*이다. 여기에서 이탈하여 자동차 연료 소비를 늘리는 것은 소비자 효용을 감소시킨다. 즉, 상대 가격을 왜곡시키는 보조금의 지급은 그 재원이 외부에서 오지 않는 한 소비자 후생 측면에서 비용을 발생시킨다.

앞서 설명한 대로 보조금 액수와 자동차 세수가 일치하면 소비자는 결국 원래의 예산선인 점선 예산선에 있는 소비 묶음을 소비하게 된다. 그런데 패널 (b)에서 최적 소비 묶음은 *E*이고 이는 점선 예산선 안쪽에 있는 소비 묶음이다. 소비 묶음 *E*는 *B*에 비해 자동차 연료 소비량이 적으므로 보조금 총액이 줄어든다. 따라서 필요한 자동차 세수 역시 줄어들어야 한다. 패널 (c)에서 볼 수 있듯이, 소비 묶음 *E*에 상응하는 자동차 연료 소비에 대한 유가 보조금을 자동차세로 충당한다면 새로운 예산선은 소비 묶음 *E*의 자동차 연료 소비량에 대응하는 최초 예산선의 소비 묶음인 *F*를 지나는 초록색 실선 예산선이 된다. 물론, 그림에서는 그리지 않았지만 새로운 예산선 하에서 무차별 곡선과 접하는 소비자의 최적 소비 선택은 자동차 연료 소비를 늘릴 것이고 이에 따라 늘어난 유가 보조금 지출을 충당하기 위해 자동차세는 늘어날 것이다. 이런 조정 과정이 계속되어 결국 자동차세 수입과 보조금 지출이 일치하게 되면 대표적 소비자의 새로운 예산선과 무차별 곡선이 접하는 최적 소비 묶음이 최초의 점선 예산선 위에 있어야 한다. 이 결과에 대한 분석은 연습문제로 남긴다.

연습문제 8

대표적 자동차 소유주에 대한 유가 보조금 지출과 자동차세 수입이 같을 경우 최적 소비 묶음과 효용 수준을 〈그림 4-17〉을 이용해 구하시오.

Hint 보조금 지출과 자동차세 수입이 같다면 소비자가 선택한 최적 소비 묶음은 점선 예산선에 있어야 한다. 물론 이 최적 소비 묶음에서 보조금 지급으로 완만해진 예산선은 무차별 곡선과 접해야 한다.

위 분석은 자동차 소유주 모두를 하나의 대표적 소비자로 가정하여 매우 단순화한 것이다. 실제로는 자동차 연료 소비가 상대적으로 많은 자동차 소유주와 적은 자동차 소유주가 이 정책으로 서로 다른 영향을 받을 것이다. 차량 이용이 많은 소유주는 이 정책을 통하여 후생이 증가할 수 있다. 그러나 자동차 소유주 전체로 후생의 변화를 평가할 때 이 분석은 여전히 유효하다.

현실의 유가 보조금 정책의 효과를 평가하기 위해서는 현실 정책의 특성을 반영할 필요가 있다. 유가 보조금은 화물 자동차 소유주에게만 지급되지만, 자동차세는 모든 자동차 소유주에게 과세되므로 분석의 목적을 위해서는 이를 구분하는 것이 필요할 수 있다. 결국 상황에 적합한 모형을 설정하기 위해서는 분석의 목적을 명확히 할 필요가 있다. 분석의 목적이 정책의 효과를 평가하는 것이라면, 유가 보조금 정책이 원하는 정책 목표가 무엇인지에 대한 명확한 정의가 있어야 한다.

이러한 여러 고려 사항에도 불구하고 위에서 예시된 분석 내용은 소비자 선택 모형이 여러 정책의 효과를 평가할 수 있는 분석 도구를 제공한다는 것을 보여준다.

연습문제

1 가격 변화로 인한 수요량의 변화인 가격 효과는 대체 효과와 소득 효과로 구분 가능하다. 이때 대체 효과와 소득 효과의 개념을 구분하여 설명하시오.

2 소득이 오를 때 수요량이 증가하여 소득 효과가 양인 상품을 정상재라 부르는 반면, 가격 효과의 분해에서 정상재의 소득 효과는 음이라고 한다. 왜 똑같은 정상재의 소득 효과가 서로 반대 부호인지, 두 개념의 차이를 설명하시오.

3 본문 127쪽 참고

4 다음의 진술이 참인지, 거짓인지, 아니면 확실하지 않은지를 밝히고, 이유를 설명하시오.

(1) 기펜재는 열등재이다.
(2) 가격 변화의 대체 효과만을 반영하는 보상 수요 곡선보다 소득 효과까지 더하여 반영하는 보통 수요 곡선이 가격 변화에 따른 수요량 변화가 더 크므로 기울기가 더 완만하다.
(3) 보통 수요 곡선 위에서는 명목 소득이 보상 수요 곡선 위에서는 실질 소득이 일정하다.

5 영희는 용돈의 전부를 아이스크림과 영화 관람에 소비한다. 작년 영희의 수입은 월평균 80이었다가 올해에는 월평균 120으로 증가하였다. 아이스크림 가격은 10에서 15로, 영화표의 가격은 20에서 25로 인상되었다. 영희는 작년 한 달에 아이스크림을 4개 소비하고, 영화를 2회 관람하다가 올해 들어와서는 한 달에 아이스크림을 3개 소비하고, 영화를 3회 관람하고 있다.

(1) 영희에게 해당하는 '영희 소비자 물가 지수'를 계산한다고 할 때, 이 지수의 상승률을

구하시오.

(2) 올해 영희의 후생이 작년에 비해 어떻게 변화하였는지를 평가하시오.

6 다음의 각 경우에 해당하는 개념을 예산선과 선호 지도로 간단히 표시하고, 이것이 보상 변화(CV)인지 대등 변화(EV)인지를 보이시오.

(1) 정부의 유류세 부과를 피하기 위해 자동차 운전자가 낼 의향이 있는 일괄 징수액
(2) 수영 레슨비 할인을 해 주는 클럽에 가입하기 위하여 소비자가 회원비로 낼 용의가 있는 최대 금액
(3) 정부는 속해 있던 경제 공동체를 탈퇴함으로써 의무적으로 부과해야 했던 위스키에 대한 과세를 철폐할 수 있다. 보건 정책상의 이유로 정부가 세금을 철폐하지 않고, 세금을 철폐한 만큼의 소비자 후생 증진을 위하여 보조금을 지불할 때 필요한 보조금 지급액
(4) 에너지 가격 상승으로 인한 빈곤 가구의 후생 감소를 회복하기 위해 정부가 지불해야 하는 보조금 지급액

7 본문 155쪽 참고

8 본문 160쪽 참고

9 정부가 보건 정책의 일환으로 담배에 대한 세금을 인상하였다. 이 효과를 보기 위한 다음의 모형을 고려해 보자.
논의의 편의를 위해 세금을 제외한 담배 가격은 변하지 않는다고 가정한다. 분석을 위해 담배와 그 외의 상품 조합인 두 가지 상품을 가구가 소비하는 상황을 고려하며, 두 상품은 모두 정상재라고 가정한다. 모든 가구는 동일한 선호와 소득을 가지고 있어서, 대표적인

가구의 선택을 분석함으로써 세금의 효과를 알 수 있다.

(1) 대표적인 가구의 예산선과 선호 지도를 그려 세금 인상 전과 후의 담배 소비의 변화를 보이시오.
(2) 세금 인상으로 인한 소비 변화를 대체 효과와 소득 효과로 분해하시오.
(3) 이 대표적인 가구로부터의 조세 수입을 표시하시오.
(4) 소비자가 이 담배세를 피하기 위하여 정부에 지불할 용의가 있는 최대 금액을 표시하시오. 담배세를 인상하는 대신 정부는 모든 가구에 일괄적으로 건강세를 부과하기로 하였다.
(5) 담배세 인상과 동일한 담배 소비 감소 효과를 얻기 위해 필요한 건강세 금액을 그림으로 표현하시오. 필요한 건강세는 (4)에서 구한 소비자의 지불 용의 금액보다 큰가, 작은가?

Chapter

5 생산자 이론

우리는 4장에서 수요 곡선의 배후에서 일어나는 소비자의 선택 문제를 분석하고 이 분석으로부터 수요 곡선을 도출하였다. 이 장에서는 공급 곡선의 배후에서 일어나는 생산자의 선택 문제를 다룬다.

본격적으로 생산자의 선택 문제를 논의하기에 앞서 생산 문제를 맞이하고 선택하는 주체인 '**기업**'이란 무엇인지 생각해 볼 필요가 있다. 소비자는 우리가 흔히 접하는 너와 나 같은, 생각하고 행동할 수 있는 자연인이지만, 기업은 그런 자연인이 아니기 때문에 기업이 선택을 한다는 것이 무슨 의미인지 먼저 검토한다. 기업이 무엇인지 정의하고 나면 기업의 선택 문제에서 고려해야 할 환경인 **생산 기술**에 대해 알아본다. 소비자가 소비 묶음을 선택할 때 선호와 예산이 주어져 있었듯이 생산자인 기업이 생산 결정을 할 때도 주어진 환경이 있는데, 이 환경이 생산 요소를 생산물로 바꾸는 생산 기술이다. 그러므로 생산 기술을 어떻게 묘사할지에 대해서 논의할 것이다. 생산 기술이 주어져 있을 때 기업의 결정은 두 단계를 통하여 이루어진다고 볼 수 있다. 첫째, 목표로 하는 생산량이 있을 때 이를 어떻게 효율적으로 달성할 것인지를 결정한다. 둘째, 효율적인 생산이 이루어진다는 가정하에 얼마나 많은 생산량을 생산할지 결정한다. 이를 순차적으로 설명할 것이다. 먼저 기업이 원하는 생산량을 최소한의 생산 비용으로 달성하는 효율적인 생산 방식을 어떤 방식으로 결정하는지 설명한다. 효율적인 생산 방식의 결정을 통해 기업은 생산량에 따라 생산 비용이 어떻게 바뀌는지를 알게 될 것이다. 이런 생산 비용에 대한 이해를 바탕으로 기업은 얼마나 많이 생산할지를 결정해야 한다. 우리는 기업의 목적이 생산을 통한 이익, 즉 이윤을 최대화하는 것으로 가정할 것이다. 그리고 이윤을 최대화하기 위해 기업이 생산량을 어떻게 결정하는지를 설명한다. 기업이 이윤을 최대화하는 생산량을 결정하기 위해서는 생산량에 따라 생산 비용이 어떻게 변하는지 뿐만 아니라 생산량이 어느 정도의 매출 혹은 수입으로 연결되는지도 알아야 한다. 그런데 생산량과 수입의 관계는 시장에 얼마나 많은 생산자가 있는지에 따라 달라진다. 우리는 생산자가 충분히 많은 시장, 소위 완전 경쟁 시장을 소개하고 이 시장 구조하에서 생산자의 생산 결정이 어떻게 이루어지는가를 분석할 것이다. 이로부터 시장 공급 곡선을 도출하는 것이 이 장의 궁극적 목표다.

5.1 기업이란 무엇인가?

추상적으로 **기업**은 생산 요소를 생산물로 변환하는 생산 기술을 가진 주체이다. 기업을 주체로 보는 것은 기업이 앞으로 분석할 여러 선택을 분명한 목표를 가지고 합리적으로 결정하여 행동한다고 보기 때문이다.

소비자 선택의 주체인 소비자는 이 책을 읽고 있는 독자들과 같은 사람이다. 사람들 혹은 자연인은 자기의 생각을 가지고 결정을 한다. 이들이 자신의 이익이라는 구체적인 목표를 가지고 모든 요인을 고려해 합리적인 선택을 한다는 가정은 완벽하게 옳지는 않더라도 현실에 대한 그럴싸한 근사(approximation)라고 생각할 수 있다. 그런데 기업은 좀 다르다. 기업은 생각하고 행동하는 자연인이 아니다. 기업은 사람들로 이루어진 조직이다. 조직에 속한 사람들은 나름의 목적이 있고 이에 비추어 선택하고 행동할 것이다. 그런데 자연인이 아닌 조직이 목적을 가지고 선택을 한다는 것은 그렇게 자연스럽게 들리지 않는다.

그럼에도 우리는 기업을 특별한 목적을 가지고 주어진 환경에서 선택하고 행동하는 추상적인 주체로 정의한다. 현실에서 기업은 법적으로 정의된 법인(legal entity)이고, 그 지위와 종류가 여러 가지이다. 이런 조직이 왜 출현하게 되었는지, 어떤 법적 지위를 가지는지, 어떻게 조직되어야 하는지 등등의 재미있는 질문이

참고할 내용 기업은 왜 존재하는가?

기업 이론을 최초로 연구한 사람은 경제학자 코우즈(Ronald Coase)라고 알려져 있다. 2장에서 보았듯이 경제학은 생산자와 소비자의 의사 결정이 어떻게 시장에서 상호 작용하고 가격을 통하여 조정되는지를 연구한다. 앞으로 이 교과서의 논의가 진전되면서 밝혀지겠지만, 이런 시장의 조정은 효율적이라는 것이 경제학에서 일차적으로 가지게 될 결론이다. 그런데 기업 내에서는 가격을 통한 시장의 조정이 이루어지지 않는다. 예를 들어, 기업 내에서 부품 생산을 하는 한 부서가 이를 이용하여 완제품을 만드는 다른 부서에 부품을 공급할 때, 얼마나 많은 부품을 만들지 결정하는 건 총괄 관리자이지 시장의 가격이 아니다. 가격의 조정이 효율적이라면 왜 관리와 명령으로 이루어지는 기업 조직이 이를 대신하는가? 애초에 시장이 조정할 결정을 대신하는 조직인 기업이 왜 존재하는가? 이것이 코우즈가 20대 때(1930년대)에 한 질문이었고, 코우즈는 이 질문에 답을 하기 위해 당시 대규모 기업이 가장 발달한 미국의 기업 도시들을 방문하였다.

코우즈가 제시한 기업이 존재하는 이유는 시장의 '거래 비용(transaction cost)'이다. 표준화된 상품에 대한 거래에는 비용이 거의 존재하지 않는다. 그러나 표준화되지 않은 상품에 대해서는 거래 비용이 존재한다. 물건의 특성이 내가 원하는 것인지, 내가 원하는 때에 지속적으로 구할 수 있는지 등을 확인해야 하고, 이를 명시해서 계약해야 하는 등의 과정이 필요하다. 이런 과정을 거치며 감내해야 하는 모든 비용이 거래 비용이다. 시장이 효율적이라면 관리와 명령이 시장에서 이루어지는 거래를 완벽하게 모사하지 못하기 때문에 여기에도 비용이 있다. 그러나 관리와 명령에 따르는 비용이 시장의 거래 비용보다 작다면 조직화된 관리와 명령, 혹은 기업이 시장을 대신하는 것이 더 이익이 된다. 그래서 기업이 존재한다. 그럼 어떤 이유로 거래 비용이 발생하는가? 기업은 어느 범위까지 확장될 것인가? 예를 들어 부품 제조 회사와 최종 생산물 회사는 어떤 경우에 시장을 통해 거래하고, 어떤 경우에 합병하여 하나의 기업이 되는가? 등이 이후 학자들이 연구한 질문이다.

코우즈의 개념에 기초하여 실제 미국 대규모 기업집단의 출현과 발전에 대해 연구한 책으로는 경영 사학자 챈들러(Alfred Chandler)의 『보이는 손』을 참고할 만하다.

있을 수 있다. 하지만 여기에서는 그런 논의를 심도 있게 다루지 않는다. '기업 이론'이란 이름으로 이를 다루는 연구 분야가 따로 있다. 여기에서는 향후 논의에 필요한 정도의 추상적 정의에 만족한다.

추상적인 주체로 정의된 기업의 목적은 **이윤 최대화**이다. 즉, 이윤 최대화를 위해 모든 결정을 한다. 현재 수준의 논의에서 이윤 최대화라는 기업의 목적은 하나의 가정으로 받아들인다. 아마도 경제학이 상정한 가장 기본적인 생산자는 개인 사업자에 가까웠을 것이고 그가 돈을 벌기 위해 혹은 이윤을 최대화하기 위하여 생산활동을 한다는 것은 당연하게 여겨졌을 것이다. 하지만 현대의 생산자인 기업은 구조를 가진 조직이다. 구조를 가진 조직은 자연인과 달리 그 자체가 의식이 없고 따라서 목적도 없다. 물론 법인의 목적이 무엇이라고 정관에 쓰여 있을 수도 있지만, 그것은 조직을 설립하고 정관을 작성하는 사람들이 이 조직을 통하여 성취하려는 목적이다. 즉, 목적은 조직을 구성하는 구성원들이 가지는 것이다. 조직이 집단적으로 어떤 일을 수행할 때 목적이 있다면, 그 목적은 조직의 중요한 의사 결정을 하는 사람들이 염두에 두고 있는 것이라고 보아야 한다. 그렇다면 기업의 목적이 이윤 최대화라는 것을 정당화하려면 기업의 중요한 의사 결정을 누가 하는지 이들의 목적이 무엇인지 등등을 논해야 한다. 실제로 기업의 행위를 이윤 최대화라는 목적으로 설명할 수 있는지에 대해서는 여러 논의가 있다.

하지만 여기에서는 이윤 최대화를 가정으로 받아들이고, 왜 이 가정이 현실을 설명하는 데 유용할 것인지에 관한 논리 하나를 제공하는 것으로 논의를 마무리한다. 기업에서 의사 결정을 하는 사람들이 이윤을 최대화하는 방식으로 기업을 운영하지 않는다면 시장의 경쟁은 이런 기업을 도태시킬 것이다. 똑같은 조건에서 더 많은 이윤을 내는 기업에 비해 더 비싼 비용을 들여 상품을 만들거나 상품을 만들어도 잘 팔지 못할 것이고, 결국 도산하거나 다른 기업에 인수 합병되는 과정을 겪을 것이다. 이렇듯 시장의 경쟁이 이윤을 최대화하는 기업만을 남겨놓을 것이기에 우리가 현실에서 보는 기업들의 의사 결정은 이윤 최대화라는 목적을 가정할 때 잘 설명될 수 있다. 현실 기업의 의사 결정을 이런 단순한 논리로 모두 포괄할 수는 없겠지만, 기업이 이윤 최대화를 목적으로 의사 결정을 하는 주체로서 행동한다는 가정은 현실을 설명하는 좋은 규준점이 된다.

요약

생산자 이론에서의 기업은 생산 요소를 생산물로 바꾸는 생산 기술을 갖추고 이윤 최대화를 목적으로 행동하는 추상적 주체라고 정의된다.

5.2 기술적으로 효율적인 생산: 생산 기술

우선 이윤 최대화를 위해 생산 결정을 하는 기업에게 주어진 환경을 살펴본다. 기업에게 주어진 환경은 생산 기술이다.[1] 생산이란 생산 요소를 생산물로 바꾸는 과정이며, 기술은 생산 요소와 생산물의 관계를 결정하는 것이다.

논의의 편의를 위해 두 개의 생산 요소와 하나의 생산물을 가진 생산 과정을 상정한다. 고려하는 두 개의 생산 요소는 **노동(L: Labor)**과 **자본(K: Capital)**이다. 노동은 생산을 위해 고용되는 노동자가 투여한 노동량이라 할 수 있고, 자본은 생산을 위해 마련된 기계 장비 등의 설비를 지칭한다. 물론 실제 생산을 위해서는 여러 종류의 원재료, 중간재 등이 사용될 수 있다. 이런 다양한 생산 요소 모두를 노동과 자본의 두 생산 요소로 분류한다. 분류하는 기준은 단기간에 투입 수준을 변동할 수 있는지 여부이다. 편의상 노동은 짧은 시간 안에 투입량을 변동시킬 수 있는 모든 생산 요소를, 자본은 투입량을 변동시킬 때 상대적으로 긴 시간이 필요한 생산 요소를 분류하여 지칭한 것이라 할 수 있다. 예를 들어 생산량을 늘려야 할 때 추가적으로 노동자를 고용하거나 기존에 비해 노동시간을 늘리는 것은 비교적 빠른 시간 안에 할 수 있다. 반면 새로운 설비를 사서 이를 설치하거나 새로운 공장 라인을 증설하는 데에는 상대적으로 더 긴 시간이 필요하다. 만약 원재료나 중간재 등을 쉽게 구입하여 투입량을 늘릴 수 있다면 이 역시 노동으로 분류될 것이다.

1 물론 현실의 기업은 새로운 생산 기술을 배우거나 개발하는 결정도 한다. 그리고 목적에 따라 이에 대한 결정을 명시적으로 고려하는 분석을 할 수도 있다. 하지만 이런 결정도 주어진 환경에서 출발한다. 이 논의의 궁극적인 목적은 기업의 결정으로부터 공급 곡선을 유도하는 것이기 때문에 생산 기술을 주어진 환경으로 받아들인다.

기술은 생산 요소와 생산량과의 관계를 정의하는 것이다. 노동량 L과 자본량 K가 주어져 있을 때의 최대 생산량을 q라고 하자. 이 관계를 요약하는 것이 **생산 함수**이다.

$$q = f(L, K)$$

생산 함수는 그 정의로부터 기술적으로 효율적인 생산을 가정한다. **기술적으로 효율적인 생산**은 주어진 생산 요소에서 최대의 생산량을 성취하는 것을 말한다. 그리고 기술적으로 효율적인 생산을 할 때의 생산 요소와 생산량 간 관계가 생산 함수의 정의이다.

다시 노동과 자본의 분류로 돌아와 보자. 투입량을 바꿀 수 있는 생산 요소를 **가변 생산 요소**(variable input)라고 하고, 투입량을 바꿀 수 없는 생산 요소를 **고정 생산 요소**(fixed input)라 정의한다. 하지만 투입량의 변동 가능성을 논하려면 이를 고려하는 시간대가 먼저 결정되어야 한다. 같은 생산 요소라도 하루를 고려할 때와 1년을 고려할 때 투입량을 바꿀 수 있는지 여부가 달라지기 때문이다. 그래서 노동이 가변 생산 요소이고 자본은 고정 생산 요소인 시간대를 **단기**(short run)라 하고, 노동과 자본이 모두 가변 생산 요소인 시간대를 **장기**(long run)라고 한다. 여기에서 단기와 장기의 구분은 물리적인 시간 구분이기보다는 개념적인 시간 구분이다. 단기가 실제로 몇 시간, 며칠, 몇 개월을 얘기하는지는 모호하다. 다만, 우리가 고려하는 특정한 생산 요소만 투입량이 조정되어 생산이 변할 수 있는 시기이다.

요약

두 개의 투입 요소 노동(L)과 자본(K)으로 하나의 생산물을 생산한다. 기술적으로 효율적인 생산은 생산 함수로 나타난다. 노동만 변경 가능한 시기가 단기이고, 노동과 자본 모두 변경 가능한 시기가 장기이다.

단기 생산

앞서 설명한 대로 단기는 노동이 가변 생산 요소이고, 자본이 고정 생산 요소인 시간대이다. 따라서 단기의 자본 투입량은 $\overline{K}$로 고정되어 있다. 자본 투입량이 고정된 상태에서 노동 투입량과 생산량의 관계가 생산 함수로 주어진다.

$$q = f(L, \overline{K})$$

단기에서는 생산량을 조정할 수 있는 수단이 노동 투입량밖에 없으므로 노동 투입량과 생산량 사이의 관계만을 묘사하면 된다. 이 관계와 관련해 노동 투입량에 따른 여러 생산량 개념을 정의할 수 있다. 우선, 노동 투입량에 따라 변하는 생산량을 **노동의 총생산**(TP_L: total product of labor)이라고 한다.

$$TP_L = f(L, \overline{K})$$

아주 작은 노동 투입량 증가에 따른 총생산량의 변화를 **노동의 한계 생산**(MP_L: marginal product of labor)이라 하고, 현재의 노동 투입 수준에서 노동 1단위당 생산량을 **노동의 평균 생산**(AP_L: average product of labor)이라고 한다.

$$MP_L = \frac{\Delta q}{\Delta L} = \frac{\partial f(L, \overline{K})}{\partial L}$$

$$AP_L = \frac{q}{L}$$

〈그림 5-1〉은 위 세 가지 개념을 보여준다. 우선 〈그림 5-1〉의 그래프는 노동 투입량과 노동의 총생산과의 관계를 보여준다. 일반적으로 노동 투입량이 증가함에 따라 총생산량이 증가한다. 하지만 노동 투입량이 증가함에 따라 총생산이 증가하는 정도는 투입량의 수준에 따라 다르다. 다음의 상황을 생각해 보자. 10대의 기계가 있는 공장에 노동자를 추가적으로 투입한다. 노동자가 전혀 없을 때는 기계 10대가 있어도 생산이 없다가 기계를 다뤄줄 노동자가 투입되면서 생산이 증가한다. 노동자의 수가 1명일 때는 이 노동자가 각 생산 공정에서 해당하는 서로 다른 기계를 모두 다 다루어야 하므로 생산 속도는 느리다. 하지만 노동

그림 5-1 노동의 총생산, 한계 생산, 평균 생산

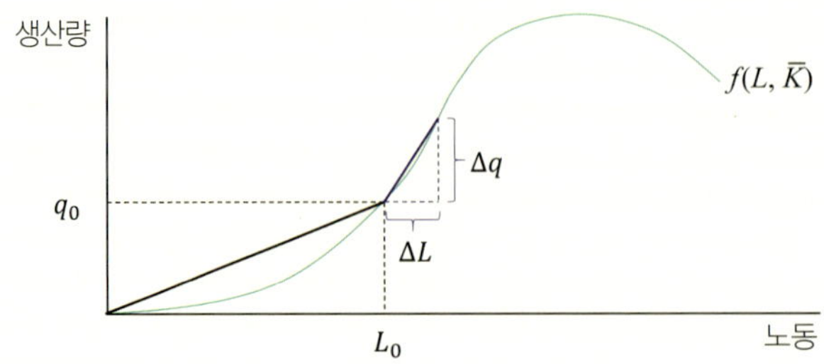

자의 수가 늘면서 한 명의 노동자가 담당해야 하는 기계 및 공정이 줄어들고, 노동자도 특정 기계를 다루는 데 익숙해져 생산 속도의 증가폭이 더 커질 것이다. 노동자가 늘어날수록 **분업에 따른 이익**이 발생하여 노동자가 1명에서 2명이 될 때보다 2명에서 3명이 될 때 생산량이 더 많이 증가할 수 있다. 노동자가 적정한 수준에 이를 때까지 노동자가 다루는 기계와 해야 할 일들을 나누면서 자기의 전문적인 일에만 몰두하는 분업으로 이익이 발생한다. 따라서 생산 속도는 빨라지고 생산량은 빠르게 늘어난다. 이는 그래프에서 가파르게 늘어나는 총생산으로 확인할 수 있다.

하지만 노동자의 수가 일정한 수준 이상이 되면 더 이상 일을 나누기가 어려워진다. 한 기계에 여러 명이 배치된다고 해서 생산 속도가 획기적으로 늘지도 않는다. 고정된 생산 요소인 기계에 너무 많은 노동자가 배치되는 혼잡 때문에 노동자 수를 늘릴 때 늘어나는 생산량은 점점 줄어들게 된다. 그래서 노동 투입에 따른 총생산의 증가 속도는 점차 줄어들게 된다. 궁극적으로 노동자가 너무 많아져 오히려 생산에 방해가 될 수도 있다. 이는 그래프에서 노동 투입량이 증가함에 따라 오히려 총생산이 감소하는 구간으로 나타난다. 노동 투입량이 늘어남에 따라 총생산이 줄어들 수 있는지 여부는 투입된 노동을 어떻게 활용할 수 있는지에 따라 다르다. 만약 고용된 노동자는 반드시 생산 과정에 투입해야 한다고 가정하면 혼잡에 의한 총생산 감소는 충분히 발생할 수 있다. 그러나 보통의 경우 노동을 추가로 투입할 때 오히려 생산이 감소한다면 그 노동자를 공장 밖으로 보내 놀게 하는 것이 더 낫고, 실제로 이것도 가능한 대응이다. 이를 투입된 생산 요소에 대한 **무상 처분**(free disposal)이라고 한다. 만약 생산 요소의 무상처분이 가능하다면 생산 요소 투입량 증가에 따른 생산량 감소는 있을 수 없다.

이런 총생산의 변화를 한계 생산 및 평균 생산의 변화와 연결시켜 생각해 볼 수 있다. 우선 한계 생산은 총생산 그래프 접선의 기울기이다. 〈그림 5-1〉에서 노동 투입량 L_0의 한계 생산을 생각해 보자. 그 지점에서 노동 투입량이 늘어날 때 생산량이 늘어나는 정도인 $\frac{\Delta q}{\Delta L}$이 노동의 한계 생산이고 이는 그림에서 삼각형 빗변의 기울기이다. 노동 투입의 증가분 ΔL이 아주 작아질 때 이 빗변은 그래프의 접선이 된다. 한편 노동의 평균 생산은 그래프와 원점을 잇는 선의 기울기이다. 노동 투입량 L_0에서 평균 생산은 $\frac{q_0}{L_0}$이므로 그래프와 원점을 잇는 선의 기울기이다.

〈그림 5-2〉는 한계 생산이 총생산 그래프의 기울기이고 평균 생산은 총생산 그래프와 원점을 잇는 선의 기울기라는 사실을 이용하여 노동 총생산의 그래프로부터 노동의 한계 생산과 평균 생산의 그래프를 유추해내고 있다. 우선 한계 생산부터 살펴보자. 총생산 그래프는 노동 투입량이 늘어나면서 점점 가팔라지다가 점 A를 지나면서 다시 완만해지고 있다. 즉, 점 A까지는 한계 생산이 증가하다가 이후 한계 생산은 감소한다. 앞선 설명에서 노동 투입량이 낮은 수준일 때 한계 생산이 증가하는 것은 분업을 통한 이익이 발생하기 때문이라고 설명했

그림 5-2 한계 생산과 평균 생산

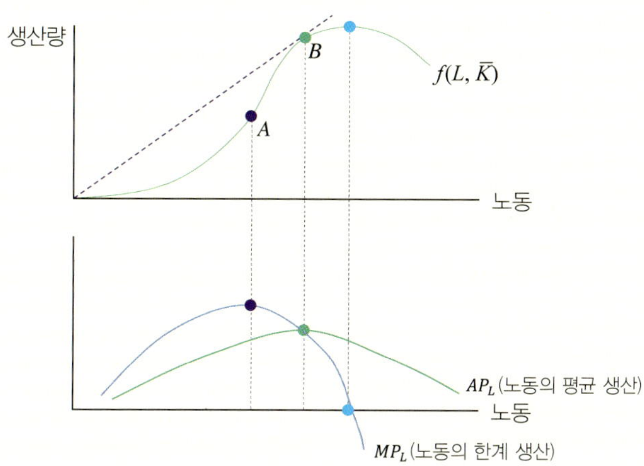

다. 이후 한계 생산이 감소하는 것은 고정된 투입 요소에 너무 많은 노동이 투입되어 발생한 **혼잡에 따른 비용** 때문이다. 다른 생산 요소가 고정되어 있을 때 한 생산 요소의 투입이 증가하면 궁극적으로 한계 생산은 감소하는데, 이를 **한계 수확 체감**(diminishing marginal returns)의 법칙이라고 부른다. 한계 생산은 꾸준히 감소하여 총생산이 정점을 지날 때 0이 되고 그 뒤로는 음(−)의 값을 가진다. 앞서 언급한 것처럼 한계 생산이 음의 값을 가지는 것은 무상 처분의 가정을 하지 않았기 때문이다. 무상 처분의 가정이 있다면 한계 생산이 0이 되고 총생산의 증가가 멈출 수는 있어도 총생산이 감소하는 일은 발생하지 않는다.

총생산의 그래프로부터 평균 생산 역시 유추할 수 있다. 평균 생산은 그래프로부터 원점을 잇는 직선의 기울기이다. 이 기울기는 노동 투입량이 적을 때는 투입량이 늘면서 점점 커지다가 그림의 점 B를 지난 후로는 점차 감소한다. 이 점 B에서는 그래프와 원점을 잇는 직선이 곧 그래프의 접선이기도 하다. 이 점은 평균 생산과 한계 생산이 같아지는 지점이자 평균 생산이 가장 커지는 지점이다.

한계 생산과 평균 생산이 같아지는 노동 투입량 수준에서 평균 생산이 최대가 된다는 것은 항상 성립되는 성질이다. 만약 한계 생산이 평균 생산보다 크다고 해보자. 기존 노동 투입량이 1단위당 생산하는 양보다 새로운 노동 투입이 증가시키는 생산량이 더 크다면, 새로운 노동 투입까지 포함한 평균 생산은 이전보다 더 높을 것이다. 즉 평균 생산은 증가한다. 반대로 한계 생산이 평균 생산보다 작다면 평균 생산은 감소한다. 따라서 한계 생산이 평균 생산과 같아질 때 평균 생산은 최대가 된다. 〈그림 5-2〉는 평균 생산이 최대인 초록 점에서 한계 생산의 그래프가 평균 생산의 그래프를 위에서 아래로 교차하고 있음을 보여준다.

요약

단기에는 주어진 자본 투입량에서 노동 투입량에 따른 생산(노동의 총생산)을 본다. 이로부터 노동 1단위 늘릴 때 늘어나는 생산인 한계 생산, 생산량을 노동 투입량으로 나눈 평균 생산을 구한다.

수학 지식 필요

평균 생산이 증가하는지 감소하는지 확인하려면 평균 생산을 노동 투입량에 미분하여 그 부호를 확인해야 한다.

$$\frac{dAP_L}{dL} = \frac{d}{dL}\left(\frac{q}{L}\right) = \frac{1}{L^2}\left(\frac{dq}{dL}L - q\right)$$
$$= \frac{1}{L}\left(\frac{dq}{dL} - \frac{q}{L}\right) = \frac{1}{L}(MP_L - AP_L)$$

위 식의 두 번째 등호는 미분의 분수 법칙(quotient rule)을 따른 것이다. 분수 법칙은 $\frac{d}{dx}\frac{f(x)}{g(x)} = \frac{f'(x)g(x) - f(x)g'(x)}{[g(x)^2]}$이다. 위 식에 따르면, $MP_L > AP_L$일 때 $\frac{dAP_L}{dL} > 0$이 되어 평균 생산이 증가한다. 그리고 $MP_L = AP_L$일 때 평균 생산은 최대화된다.

장기 생산

장기에는 노동과 자본 모두 가변 생산 요소이다. 단기에서는 생산량을 변동시키기 위해서 노동 투입만을 변동시킬 수 있으므로 노동과 생산량과의 관계만으로도 생산 기술을 묘사하는 데 충분하다. 하지만 장기에서는 동일한 생산량을 얻기 위해 두 투입 요소의 여러 조합이 가능하다. 따라서, 생산 기술을 묘사하기 위해 노동 투입량과 생산량 간의 관계를 묘사한 단기와는 다른 방법이 필요하다.

장기의 생산 기술을 묘사하기 위해 동일한 생산량을 얻는 다양한 생산 요소의 조합을 표기하는 **등량곡선(iso-quant curve)**을 사용한다. 등량곡선은 동일한 생산량을 만들어내는 기술적으로 효율적인 노동과 자본의 조합의 집합이라고 정의된다. 기술적으로 효율적인, 즉 주어진 생산 요소로 가장 많은 생산량을 만들어내는 생산은 생산 함수 $f(L,K)$로 주어지므로, 생산량 q_0를 나타내는 등량곡선은 $f(L,K) = q_0$로 쓸 수 있다. 3장에서 우리는 두 상품으로 이루어진 소비 묶음에 대한 선호를 표시하기 위해 무차별 곡선을 사용했다. 수평축과 수직축에 각 상품의 소비량을 표기하고, 가능한 모든 소비 묶음(두 상품의 조합)으로 이루어진 2차원의 상품공간을 고려하였다. 그리고 이 중 소비자가 똑같이 좋아하는 소비 묶음

그림 5-3 등량곡선

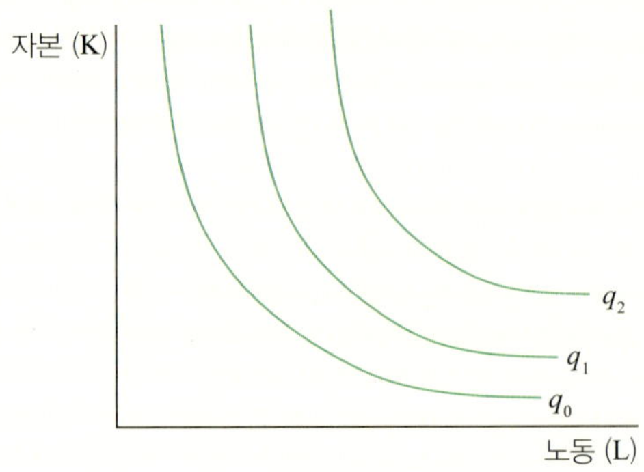

을 연결하여 무차별 곡선을 그렸다. 마찬가지로, 등량곡선을 그리기 위해 〈그림 5-3〉처럼 수평축에 노동, 수직축에 자본이 표기된 2차원 공간을 생각한다. 이 2차원 공간은 가능한 모든 자본과 노동의 조합을 보여준다. 생산 함수에 따라 각 조합마다 생산량이 결정된다. 이 조합들 중 동일한 생산량을 만드는 생산 요소의 조합을 연결한 것이 등량곡선이다. 예를 들어 〈그림 5-3〉에서 생산량을 q_0로 결정하면 그 생산량을 만드는 모든 조합을 골라내고 이를 연결하면 q_0의 등량곡선을 얻는다. 다른 생산량 수준인 q_1이나 q_2에도 이에 해당하는 등량곡선을 그릴 수 있다.

개념상으로 등량곡선은 무차별 곡선과 유사한 측면이 있다. 상품의 조합이 생산 요소의 조합으로, 선호 순서가 생산량으로 대체되었을 뿐이다. 하지만 소비자에게 묻는 방식으로는 객관성을 확보하기 힘든 소비자의 선호와는 달리, 생산 기술은 생산 요소의 조합을 활용했을 때 그만한 생산량을 만들어내는지 객관적으로 확인할 수 있다. 순서를 위해 상품 조합에 배정되었지만 그 자체로는 큰 의미가 없는 숫자인 효용과는 달리, 등량곡선에 배치된 q_0, q_1, q_2의 생산량은 객관적으로 확인 가능하고 그 자체로 의미가 있는 숫자이다.

등량곡선도 무차별 곡선처럼 몇 가지 특성을 갖는다. 무차별 곡선의 특성은 우리가 소비자의 선호에 대해 몇 가지 가정을 함으로써 구한 것이다. 그러나 등량곡선의 특징은 우리가 쉽게 받아들일 수 있는 생산 기술의 특징으로부터 나온다.

(1) 등량곡선은 오른쪽 아래로 내려가는 기울기를 가진다. 생산 요소를 더 많이 투입할수록 생산량은 늘어난다. 노동을 더 투입하면 생산량은 늘어난다. 따라서 노동 투입량이 늘어나면 동일한 생산량을 유지하기 위해 자본 투입량은 줄어든다.

(2) 등량곡선은 서로 교차하지 않는다. 두 등량곡선은 서로 다른 생산량 수준을 나타낸다. 두 등량곡선이 서로 교차한다면 교차하는 지점의 생산 요소 조합은 두 생산량을 다 달성한다는 의미인데, 이는 기술적으로 효율적인 생산을 가정한 등량곡선의 정의와 모순된다. 같은 조합이 더 낮은 생산량을 만들어 낼 수는 없다.

(3) 더 많은 생산량을 나타내는 등량곡선은 원점에서 더 멀리 떨어져 있다. 생산량을 늘리기 위해서 생산 요소의 투입을 늘려야 한다.

(4) 등량곡선은 원점을 향해 볼록하다. 등량곡선 기울기의 절댓값을 **한계 기술 대체율**(MRTS: Marginal Rate of Technical Substitution)이라 한다. 〈그림 5-4〉에서 보는 것처럼 한계 기술 대체율은 동일한 생산량을 유지하면서 노동 투입량을 늘릴 때 절약할 수 있는 자본의 투입량이다.

$$MRTS_{LK} = -\frac{dK}{dL}$$

즉, 한계 기술 대체율은 생산 과정에서 노동과 자본이 대체될 수 있는 정도를 나타낸다. 한계 기술 대체율이 크다고 하면 노동을 늘릴 때 많은 자본을 절약할

그림 5-4 한계 기술 대체율

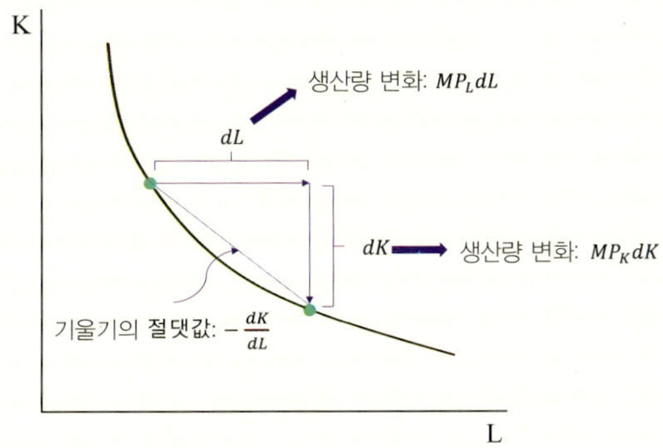

수 있다는 것이므로 자본이 노동으로 쉽게 대체된다(혹은 노동이 자본으로 쉽게 대체되지 않는다)는 뜻이다. 반대로 한계 기술 대체율이 작다고 하면 노동을 늘려도 절약할 수 있는 자본이 적다는 것이므로 자본이 노동으로 쉽게 대체되지 않는다(혹은 노동이 자본으로 쉽게 대체된다)는 뜻이다.

한계 기술 대체율은 한계 생산의 비율로 쓸 수 있다. 노동 투입의 변화와 자본 투입의 변화로 인한 생산량 변화는 변화된 투입량에 한계 생산을 곱한 것과 같다. 하지만 등량곡선을 따라 생산량 변화는 없으므로 등량곡선 위의 노동 투입 변화와 자본 투입 변화 사이에는 다음의 등식이 성립해야 한다.

$$MP_L dL + MP_K dK = 0$$

$$-\frac{dK}{dL} = \frac{MP_L}{MP_K}$$

우리는 한계 생산이 일반적으로 다음과 같은 특징을 가질 것으로 예측한다. 다른 생산 요소의 투입이 늘어날수록 한계 생산은 늘어난다. 기계 기기가 더 많이 갖추어져 있으면 노동자를 한 명 더 고용할 때 늘어나는 생산은 증가할 것으로 기대할 수 있다. 그러나 그 자체 투입량이 늘수록 한계 생산은 줄어든다. 기계 기기의 양이 똑같을 때 노동 투입량이 늘어나면 노동의 한계 생산은 감소한다. 생산 기술이 위에서 묘사한 한계 생산의 특징을 모두 만족할 때, 등량곡선을 따라 오른쪽으로 이동하면(노동의 투입이 늘고 자본의 투입이 줄면) 노동의 한계 생산은 줄어들고, 자본의 한계 생산은 늘어난다. 따라서 한계 기술 대체율은 감소한다. 한계 기술 대체율이 감소한다는 것은 등량곡선의 기울기가 점점 평평해진다는 뜻으로 등량곡선은 원점에 대해 볼록하다.

물론 논리적으로 한계 생산이 감소한다고 해서 한계 대체율이 꼭 감소하는 것은 아니며, 한계 대체율이 감소하기 위해 한계 생산이 반드시 감소해야 하는 것도 아니다. 한계 생산은 감소하지만 한계 대체율이 감소하지 않는 경우도 있고, 한계 생산이 증가하지만 한계 대체율이 감소하는 경우도 있을 수 있다.[2] 하지만

2 생산 함수가 $f(L,K) = \sqrt{L+K}$ 인 경우와 $f(L,K) = L^2K^2$ 인 경우를 고려해보라.

위에서 언급한 대로 한계 생산이 다른 생산 요소의 투입량이 증가함에 따라 증가하거나 최소한 감소하지 않는다면, 한계 생산이 감소할 때 한계 대체율은 감소한다.

원점에 대해 볼록한 등량곡선은 두 생산 요소 간의 불완전한 대체를 보여준다. 한 생산 요소를 줄이면 다른 생산 요소가 늘어나 줄어든 생산 요소를 대체하면서 생산량을 유지할 수 있다. 하지만 이런 대체는 불완전해서 한 생산 요소가 희귀해질수록 다른 생산 요소가 이를 대체할 수 있는 정도는 점점 줄어든다.

요약

장기의 생산은 동일한 양을 생산하는 생산 요소의 조합인 등량곡선으로 묘사된다. 하나의 생산 요소가 희귀해질수록 생산 요소 간의 대체가 더 어려워지면 한계 기술 대체율은 감소하고 등량곡선은 원점에 대해 볼록하다.

생산 요소 간의 대체 가능성에 따라 두 가지 극단적인 경우의 생산 기술을 생각해 볼 수 있다. 한 경우는 생산 요소의 투입량과 관계없이 두 생산 요소가 완전하게 대체 가능한 경우이고, 다른 경우는 두 생산 요소의 대체가 불가능한 경우이다. 이 두 가지 극단적인 생산 기술을 나타내는 등량곡선의 형태를 생각해 보자.

첫째, 두 생산 요소가 완전 대체 가능하다면 등량곡선은 〈그림 5-5〉의 패널 (a)처럼 직선이 된다. 예를 들어 고려하는 생산 요소가 패스트푸드 식당의 주문을 받는 아르바이트 노동자(L)와 키오스크 기계(K)라고 해보자. 그리고 한 업소의 주문을 처리하기 위해 한 명의 노동자 또는 1대의 키오스크 기계가 필요하다고 하자. 그러면 10개 업소의 주문을 처리하기 위해 노동자 10명 혹은 기계 10대가 필요하다. 그리고 총합이 10이기만 하면 노동자의 비중 혹은 기계의 비중은 상관없다. 따라서 노동자의 수와 기계의 수 합이 10인 모든 조합은 10개 업소의 주문을 처리하는 등량곡선 위에 있다. 이 경우 생산 함수는 $q=L+K$라고 쓸 수 있다. 일반적으로 두 생산 요소가 동일한 생산량을 위해 생산 요소의 현재 투입량과 관계없이 일정한 비율에 따라 교환될 수 있다면, 두 생산 요소는 **완전 대체** 가능하다

그림 5-5 특별한 형태의 등량곡선

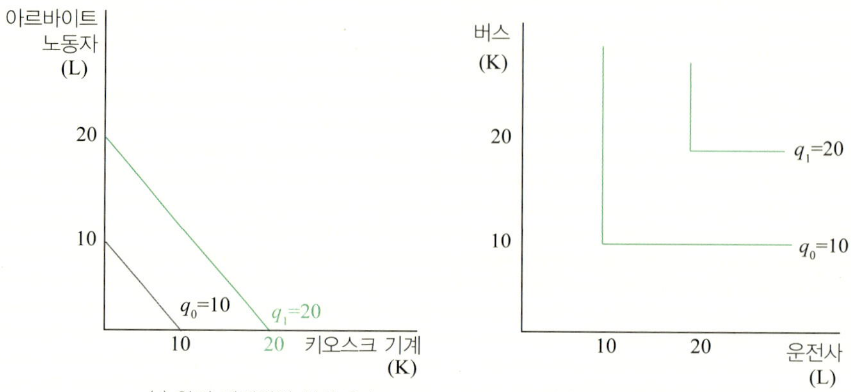

(a) 완전 대체적인 생산 요소 (b) 대체 불가능한 생산 요소

고 할 수 있다. 두 생산 요소가 완전 대체 가능할 때, 생산 함수는

$$q = \alpha L + \beta K$$

의 형태로 쓰인다. 이때 계수 α와 β가 두 생산 요소가 교환되는 비율을 결정해 준다.

둘째, 두 생산 요소가 **대체 불가능**하다면 등량곡선은 〈그림 5-5〉의 패널 (b)처럼 직각으로 꺾인 모양이 된다. 이 경우에는 생산을 위해 두 생산 요소 모두가 일정한 비율로 필요하다. 예를 들어, 운전기사와 버스가 두 생산 요소라고 해보자. 하루에 버스를 1회 운행하기 위해서는 1명의 운전기사와 1대의 버스가 필요하다. 1대의 버스가 있는 상태에서 더 많은 수의 운전기사가 있다고 하더라도 버스 운영 횟수는 증가하지 않는다. 마찬가지로 1명의 운전기사가 있는 상태에서 여러 대의 버스가 있다고 해서 버스 운영 횟수가 증가하지는 않는다. 버스 운행을 10회로 늘리려면 10명의 운전기사와 10대의 버스가 갖추어져야지, 운전기사나 버스의 투입만으로는 운행 횟수를 늘릴 수 없다. 이 경우 생산 함수는 $q=\min\{L, K\}$라고 쓸 수 있다. 일반적으로 생산을 위해 일정한 조합의 생산 요소가 필요한 경우 생산 함수는

$$q = \min\{\alpha L, \beta K\}$$

형태로 쓰인다. 이때 계수 α와 β가 두 생산 요소가 조합되는 비율을 결정한다. 이런 형태의 생산 함수를 제안한 경제학자의 이름을 따서 **레온티에프**(Wassily Leontief) 생산 함수라고 부른다.

장기의 생산에서는 두 생산 요소의 투입을 동시에 증가시키는 것, 즉 생산 규모를 늘리는 것이 가능하다. 이때 생산량이 얼마나 늘어나는지를 측정하기 위해 **규모 수익**(returns to scale)이란 개념을 사용한다. 규모 수익이란 두 생산 요소를

참고할 내용 산업연관 분석 혹은 투입–산출 모형(input–output model)

2022년 러시아–우크라이나 전쟁과 그로 인한 경제 제재로 원유 공급이 줄어들거나 가격 상승으로 원유 사용량이 줄어들었다. 이런 변화가 각 산업 부문의 생산, 나아가서는 경제 전체의 생산에 어떤 영향을 미칠까? 이를 분석하기 위한 가장 간단한 가정은 모든 산업 부문의 생산이 레온티에프 생산 함수를 가진다는 것이다. 전체 경제의 산업 부문은 각 산업이 다른 산업의 산출물을 생산 요소로 사용함으로써 서로 엮여 있다. 각 산업의 생산 함수가 레온티에프 생산 함수를 가진다고 가정하면 원유 공급의 감소는 이를 직접 생산 요소로 사용하는 산업의 산출물을 줄일 것이다. 그 산업들의 산출물을 생산 요소로 사용하는 다른 산업의 산출물들을 줄일 것이고, 이것은 또 다른 산업들의 생산 요소 투입을 줄여서 산출물이 감소하는 연쇄 효과를 낳는다. 이를 수학적으로 정리한 모형이 '투입–산출 모형'이다. 실제로 산업 부문 간의 투입과 산출의 관계를 다 알아내고, 이 중 하나의 산출을 변화시켜 경제 전체 산업 부문이 어떻게 변화하는가를 알아내는 것은 많은 노력이 필요한 작업이다. 그러나 각 산업의 투입물이 고정된 비율로 산출물을 만들어낸다고 가정하면 개념적으로 수행 가능한 작업이 된다. 이런 분석을 산업 연관 분석이라 하며 각 산업 간의 투입과 산출의 관계를 정리해 놓은 표(수학적으로는 행렬)는 한국은행 홈페이지에서 확인할 수 있다. 이런 산업 연관 분석은 레온티에프 생산 함수라는 제한된 가정에도 불구하고, 각 산업에 미칠 여파를 가늠하게 해준다는 점에서 자주 사용된다. 예를 들어, 공공 투자가 한 산업 부문의 생산을 증가시킬 때 고용은 얼마나 증가하느냐는 질문에 답하려고 해보자. 우선 이 생산을 증가시키는 데 직접적으로 필요한 고용의 증가를 생각해 볼 수 있을 것이다. 그런데, 생산의 증가에는 다른 산업 부문에서 생산된 산출물이 생산 요소로 필요할 것이고, 이 생산 요소들을 생산하는 데 필요한 고용도 간접적으로 증가할 것이다. 이런 모든 효과를 산업연관 분석으로 계측할 수 있고, 이렇게 구한 고용 증가 정도를 고용유발계수라고 한다. 레온티에프는 이 산업 연관 분석을 제안하고 분석한 공로로 노벨 경제학상을 수상하였다.

동일한 비율로 증가시켰을 때 생산량이 늘어나는 정도이다. 만약 모든 생산 요소를 동일한 비율로 늘릴 때 생산량 역시 동일한 비율로 늘어난다면 이를 **일정한 규모 수익**(CRS: constant returns to scale) 혹은 규모 수익 불변이라 부른다. 만약 생산량이 생산 요소의 증가 비율보다 더 늘어났다면 이를 **증가하는 규모 수익**(IRS: increasing returns to scale) 혹은 규모 수익 체증이라 한다. 반대로 생산량이 생산 요소의 증가 비율보다 적게 늘어났다면 이를 **감소하는 규모 수익**(DRS: decreasing returns to scale) 혹은 규모 수익 체감이라 한다. 생산 함수를 이용하여 이를 표현하면 아래와 같다.

일정한 규모 수익(CRS): $f(kL,\ kK) = kf(L,K)$

증가하는 규모 수익(IRS): $f(kL,\ kK) > kf(L,K)$

감소하는 규모 수익(DRS): $f(kL,\ kK) < kf(L,K)$

이때 k는 1보다 큰 수이다. 모든 생산 요소를 $k(>1)$배로 늘렸을 때의 생산, $f(kL,kK)$이 원래 생산량의 k배, $kf(L,K)$보다 크면 생산 기술이 증가하는 규모 수익을 가진다고 얘기한다.

〈그림 5-6〉은 규모 수익의 차이에 따른 등량곡선의 모양을 보여준다. 최초의

그림 5-6 규모 수익에 따른 등량곡선

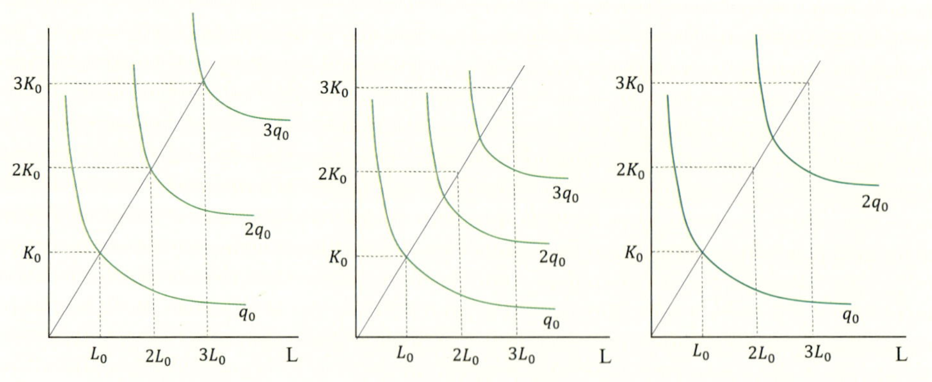

(a) 일정한 규모 수익　(b) 증가하는 규모 수익　(c) 감소하는 규모 수익

노동과 자본의 투입량을 (L_0, K_0)라 하고 이의 2배, 3배의 생산 요소 투입 조합을 선택하자. 그리고 최초의 생산 요소 조합에서의 생산량을 $q_0(=f(L_0, K_0))$라 하고, 이의 2배, 3배의 생산량을 나타내는 등량성을 그려보자. 만약, 생산 기술이 일정한 규모 수익의 특성을 가지고 있다면 2배, 3배의 생산량을 나타내는 등량곡선은 패널 (a)와 같이 2배, 3배의 생산 요소 조합을 지날 것이다. 만약 생산 기술이 증가하는 규모 수익의 특성을 가지고 있다면 패널 (b)처럼 2배, 3배의 등량곡선은 2배, 3배의 생산 요소 조합보다 원점과 가깝게 위치할 것이다. 생산 요소 조합이 2배에 이르면 생산량은 2배보다 더 커지게 되기 때문이다. 반대로 생산 기술이 감소하는 규모 수익의 특성을 가지고 있다면 패널 (c)처럼 2배, 3배의 등량곡선은 2배, 3배의 생산 요소 조합보다 원점에서 더 멀리 놓일 것이다. 생산 요소 조합이 2배가 되더라도 아직 생산량은 2배에 못 미치기 때문이다. 동일한 생산량 차이를 보이는 등량곡선을 그렸을 때, 증가하는 규모 수익의 생산 기술을 나타내는 등량곡선들은 가깝게 붙어있고, 감소하는 규모 수익의 생산 기술을 나타내는 등량곡선들은 멀리 떨어져 있다.

어떤 생산 기술의 차이가 이런 규모 수익의 차이를 가져올까? 우리는 생산 기술의 차이를 묘사하기 위해 규모 수익이라는 개념을 사용하고 있으나 구체적인 생산 기술에 대한 지식은 없다. 따라서 규모 수익의 차이도 우리가 모르는 생산 기술의 특성일 뿐이다. 그래도 각각의 상황을 상상해볼 수는 있다. 일정한 규모 수익을 가진 상황은 상대적으로 생각하기 쉽다. 여기 공장 설비와 노동자가 있다. 만약 생산량을 2배로 늘리고 싶다면 할 수 있는 가장 쉬운 일은 옆에 똑같은 공장을 짓고 동일한 수의 노동자를 고용하는 것이다. 그러면 자본 투입량 2배와 노동 고용량 2배를 가지고 생산량 2배를 완성할 수 있다. 그런데 공장을 가동하는 데 있어서 노동자의 숙련도가 중요하다고 해보자. 그러면 동일한 수의 노동자를 고용한다고 해도 두 번째 공장에서는 최초 공장만큼의 생산량을 만들어낼 수 없다. 그러면 우리는 감소하는 규모 수익의 상황을 맞이하게 된다. 만약 똑같은 2개의 공장을 관리하는 데 관리자의 숫자는 2배보다 덜 필요하다면, 2배의 생산량을 달성하는 데 필요한 노동자의 숫자는 2배보다 작아서 증가하는 규모 수익이 발생할 수 있다.

요약

두 생산 요소를 동시에 늘릴 때 생산량의 변화를 규모 수익이라 한다. 생산량이 생산 요소의 증가와 비례적으로 증가하면 일정한 규모 수익, 비례보다 더 증가하면 증가하는 규모 수익, 덜 증가하면 감소하는 규모 수익이라 한다.

특정한 생산 함수 형태를 가정하면 규모 수익의 특성을 함수의 모수(parameter)로 쉽게 표현할 수 있다. 가정하는 생산 함수의 형태는 콥-더글라스(Cobb-Douglas) 생산 함수이다.

$$q = AL^{\alpha}K^{\beta}$$

참고할 내용

콥–더글라스 생산 함수

콥–더글라스 생산 함수는 경제학자인 더글라스(Paul Douglas)가 수학자인 콥(Charles Cobb)에게 특정한 성질을 만족하는 함수 형태에 대해 문의하고 콥이 이 형태를 제안하면서 사용하게 되었다고 알려진다. 경제학자인 더글라스는 경제 전체의 산출에서 노동과 자본의 몫이 일정하다는 통계학적인 관측을 정당화하는 생산 함수를 원했다. 이 통계적 관측은 함수가 제안되었던 1920년대의 선진 경제에서 확인되었다. 만약 경제 전체의 생산이 콥–더글러스 생산 함수로 표현된다면 경제 전체에 주어진 노동과 자본량하에서 총생산은 $Y=AL^{\alpha}K^{\beta}$이 된다. 이 교과서의 논의에서는 요소 시장의 균형을 다루지 않지만, 보통 경제학에서는 생산 요소의 생산성이 생산 요소의 가격을 결정한다고 본다. 이런 견해에 따라 임금이 노동의 한계 생산과 같고 이자율이 자본의 한계 생산과 같으면, 전체 산출물 중에서 노동의 몫과 자본의 몫은 다음과 같다.

노동에 돌아가는 전체 산출물:

$$MP_L L = \alpha AL^{\alpha-1}K^{\beta}L = \alpha Y$$

자본에 돌아가는 전체 산출물:

$$MP_K K = \beta AL^{\alpha}K^{\beta-1}K = \beta Y$$

따라서 전체 산출물 중에서 노동과 자본 몫은 α와 β로 주어지고, 이를 통계적으로 추정할 수 있다. 콥–더글라스 함수는 여러 편리한 특성을 만족하여 효용함수로도 사용되며 이론 및 실증 연구에 사용되고 있다. 다만, 최초의 동기가 되었던 노동과 자본 몫이 일정하다는 사실은 최근의 통계적 관측에서는 확인되지 않고 있다. 일부 연구들은 최근 들어서 전체 소득 중에서 자본 몫이 증가하고 있는 현상을 보고하고 있다. 이것이 소득 불평등의 증가를 일으키는 한 원인인지에 관련한 논쟁이 있다.

만약 생산 기술이 이 생산 함수로 표현되는 상태에서 노동 투입량과 자본 투입량을 k배로 늘릴 때 생산량의 변화를 보자. 우선 최초의 노동과 자본 투입량이 (L_0, K_0)이고, 생산량은 $q_0 = AL_0^{\alpha}K_0^{\beta}$라고 하자. 노동 투입량과 자본 투입량을 k배로 늘릴 때 생산량은 다음과 같다.

$$A(kL_0)^{\alpha}(kK_0)^{\beta} = k^{\alpha+\beta}AL_0^{\alpha}K_0^{\beta}$$

만약 $\alpha+\beta=1$이면, 이 생산량은 $AL_0^{\alpha}K_0^{\beta}$로서 최초 생산량의 k배가 된다. 만약 $\alpha+\beta>1$이면, 이 생산량은 최초 생산량의 k배보다 크게 된다. 따라서 콥-더글라스 생산 함수에서는 $\alpha+\beta$의 크기가 1보다 큰지, 작은지에 따라 증가하는 규모 수익인지 감소하는 규모 수익인지가 결정된다.

5.3 경제적으로 효율적인 생산: 비용 곡선

앞 절에서 묘사한 기업의 생산 기술은 **기술적으로 효율적인** 생산을 가정한다. 주어진 생산 요소를 가지고 최대한의 생산량을 생산하는, 기술적으로 효율적인 생산을 묘사하는 것이 생산 함수이다. 따라서 생산 함수에 묘사된 기술에는 낭비되는 생산 요소가 없다.

그러나 낭비되는 생산 요소가 없다고 해서 **경제적으로 효율적인** 생산을 달성하는 것은 아니다. 경제적으로 효율적인 생산은 가장 적은 비용을 들여 생산량을 달성하는 것이다. 물론 현재의 상황이 기술적으로 비효율적인 생산이라면, 그래서 똑같은 생산량을 위해 더 적은 생산 요소를 사용할 수 있다면, 현재의 생산에서 생산 비용을 줄이는 것이 가능하므로 이는 경제적으로도 비효율적인 생산이다. 그래서 기술적으로 효율적인 생산은 경제적으로 효율적인 생산을 위한 필요조건이다. 그러나 현재의 생산이 기술적으로 효율적인 생산이라고 해서 이것이 곧 경제적으로도 효율적인 생산이라는 것을 의미하지는 않는다. 동일한 생산량을 달성하는 기술적으로 효율적인 생산 방법은 여럿 존재하고 이 중에는 현재의 생산 방식보다 더 적은 생산 비용을 들일 방식이 존재할 수 있기 때문이다.

경제적으로 효율적인 생산은 기업이 이윤 최대화라는 목적을 실현하기 위해 꼭 전제되어야 하는 것이다. 뒤에서 자세히 살펴보겠지만, 기업은 이윤을 최대화하기 위해 얼마나 많이 생산할지를 결정한다. 많은 생산은 한편으로는 더 많은 수입을 창출하지만, 다른 한편으로는 생산을 위한 비용을 증가시킨다. 이윤은 수입과 비용의 차이이기 때문에, 이윤을 최대화하고자 한다면 되도록 비용을 줄여야 한다. 따라서 동일한 생산량을 가장 적은 비용으로 생산하는, 경제적으로 효율적인 생산이 먼저 달성되어야 한다.

여러분이 이윤을 최대화하는 생산량을 결정하는 기업의 최고 경영자라고 하자. 이윤을 최대화하는 생산량을 결정하기 위해서는 생산량을 늘릴 때 수입이 어떻게 바뀌는지, 그리고 생산 비용이 어떻게 바뀌는지를 알아야 한다. 그래서 생산을 담당하는 임원에게 그 정보를 요구할 것이다. 생산 담당 임원은 같은 생산량을 달성하면서도 가장 적은 비용이 드는 생산방법을 강구할 것이고, 그 결과로 경제적으로 효율적인 생산을 했을 때 생산량의 변화에 따라 필요한 비용이 어떻게 바뀌는지를 알 수 있다. 목표한 생산과 필요한 비용의 관계를 나타내는 것을 **비용함수**(cost function)라 하는데, 이를 얻는 것이 이 절의 목표이다.

요약

기업의 목적인 이윤 최대화를 위해서는 최소의 비용으로 목적한 생산량을 달성하는 경제적으로 효율적인 생산이 필요하고, 이를 통해 생산량과 필요한 비용의 관계를 알아낼 수 있다.

생산 비용: 경제적 비용

경제적으로 효율적인 생산은 같은 생산량을 가장 적은 비용으로 생산하는 것이다. 이때 고려하는 비용은 **경제적 비용**(economic cost)이다. 이는 회계 장부에서 비용으로 처리되는 **회계적 비용**(accounting cost)과는 다르다. 회계 장부에서는 명시적으로 지출된 항목을 비용으로 취급하는 데 반해 경제적 의미에서는 이런 명시적 비용과 더불어 명시적으로 지출되지 않았더라도 자원이 사용되었다면 비용으로 취급한다. 예를 들어, 여러분이 작은 점포를 열어 장사를 시작하는 상황을 생각해 보자. 여러분이 누군가를 고용하여 임금을 지불하였다면 그 임금은 여러분의 주머니에서 명시적으로 지출된 돈이고 이는 회계 장부에 비용으로 잡힌다. 반대로 여러분의 점포에서 일하는 누군가가 여러분의 가족이라고 하자. 같은 사람이 같은 일을 하지만, 가족인 관계로 법적인 고용 관계가 아니고 임금도 지불하지 않는다. 명시적인 지출이 없기에 회계장부상에도 비용이 없다. 그런데 똑같은 사람이 똑같은 일을 한다면 같은 자원을 같은 방법으로 활용하는 것이다. 따라서 경제적으로는 같은 비용이 들어야 한다.

이런 경제적 비용을 계산하기 위해 **기회비용**(opportunity cost)이라는 개념을 사용할 수 있다. 여러분의 점포에서 일하는 사람이 가족이건 그렇지 않건 간에 이 사람은 다른 점포에서 일해서 임금을 받았을 수 있다. 여러분의 점포에서 일하기 위해 그런 기회를 포기했는데, 그렇게 포기된 기회를 비용으로 보는 것이 기회비용이다. 기회비용은 말 그대로 다른 선택 가능한 대안으로부터의 기회를 포기한 비용이다. 가족이 아닌 사람을 고용하면 이 임금을 직접 지불하기 때문에 임금이 명시적 비용이자 기회비용인 경제적 비용이다. 가족을 고용하였다면 임금은 암묵적 비용이지만 기회비용인 경제적 비용이다. 따라서 두 경우 명시적 비용, 혹은 회계적 비용은 다르지만, 기회비용인 경제적 비용은 같아진다.

경제적 비용의 개념을 활용하면 자본을 사용하는 비용은 그 자본의 임대 비용이 된다. 이는 자본재의 가격과는 다르다. 점포 운영을 위해 복사기 하나를 쓴다고 하자. 여러분은 이 복사기를 여러분의 장사 밑천으로 샀을 수도 있고, 은행에서 돈을 대출하여 샀을 수도 있으며, 아니면 매달 임차료를 내면서 대여했을 수도 있다. 이때 점포의 비용은 무엇인가? 복사기의 가격인가, 복사기의 임대료인가, 아니면 상황에 따라 달라지는가? 회계상으로 세 가지 거래는 서로 다르다. 여기 점포의 자산과 부채를 기록하는 대차대조표가 있다고 해보자. 만약 복사기를 샀다면 복사기는 점포의 자산이 될 것이다. 현금을 주고 샀다면 현금으로 가지고 있던 자산이 복사기라는 자산으로 바뀐 것이다. 돈을 빌려서 샀다면, 자산에 복사기가 그리고 부채에 동일한 금액의 대출이 생긴다. 복사기를 대여했다면 이는 자산도 부채도 아니다. 회계상의 비용을 생각해 보자. 복사기를 샀다고 하더라도 그 가격이 회계상의 비용이 될 수 없다. 이는 자산의 형태가 변하거나(현금→복사기), 자산과 부채가 동시에 늘어난 것이다. 하지만 대출을 해서 샀다면 그만한 대출이자를 지불해야 하고, 이는 회계적 비용으로 잡힌다. 복사기를 대여했다면 임차료가 회계상의 비용이 된다. 하지만 세 가지 상황 모두 똑같은 자원을 사용하고 있는 것이므로 경제적 비용은 같아야 한다. 복사기를 현금으로 사서 쓴다면, 우리는 복사기의 기회비용을 지불하는 것이다. 이 복사기를 다른 사람에게 대여해서 임대료를 받을 수 있었다. 그런데 그 기회를 포기하고 복사기를 사용하고 있으므로 복사기의 임대료가 경제적 비용이 된다. 이는 세 번째 상황과도 같다. 두 번째 상황에서 이자 비용이 곧 경제적 비용이다. 하지만 이자 비용은 임차료와 같을 것이다. 만약 임차료가 더 비싸다면 모두 돈을 대출받아 복사기를 사려고 할 것이고, 이자 비용이 더 비싸다면 아무도 복사기를 사지 않고 이를 대여해 임차료를 지불할 것이기 때문이다. 결국 자본의 비용 혹은 가격은 자본재의 가격이 아닌 임차료이다. 이후의 논의에서 우리는 자본 K를 투입할 때의 가격으로 임차료를 나타내는 r을 쓴다.

요약 경제적 비용은 기회비용으로 회계적 비용과 달리 명시적으로 지출되지 않은 암묵적인 비용을 포함한다. 비용 계산에 쓰이는 자본의 요소 가격은 자본의 임차료이다.

단기 비용

두 가지 투입 요소, 노동(L)과 자본(K)을 사용하여 하나의 생산물을 생산하는 생산 과정에서 단기는 자본 투입량은 고정되어 있고, 노동 투입량만이 변할 수 있는 시간대이다. 생산량을 변동시키기 위해서는 노동 투입량을 변동시킬 수밖에 없고, 노동 투입량과 생산량 사이에 단기 생산을 묘사할 때 노동의 총생산이라 부르던 일정한 관계가 성립한다. 따라서, 생산량을 달성하기 위하여 가장 적은 비용을 들이는 방법을 고민할 필요가 없다. 생산량을 달성할 방법은 하나밖에 없기 때문이다. 생산량이 주어지면 곧 필요한 노동 투입량이 결정되고 비용도 따라서 결정된다.

단기의 비용은 생산량에 따라서 달라지는 **가변 비용**(VC: variable cost)과 생산량과 상관없이 소요되는 **고정 비용**(F: fixed cost)으로 구성된다. 단기에서 자본은 고정 생산 요소로 생산량과 상관없이 주어져 있고 이를 사용하는 비용이 소요된다. 이것이 고정 비용이다. 주어진 자본의 양이 $\overline{K}$이고 자본의 가격(정확하게는 임대료)이 r이면, 이 고정 비용은 $r\overline{K}$이다. 여러분의 점포 운영으로 돌아가 보자. 복사기를 1년 계약으로 임대했으며 이에 따라 매달 임대료가 나간다. 이 임대료 지출은 점포의 고정 비용이다. 반면에 생산량에 따라 노동 투입량은 달라지고 노동 투입에 드는 비용이 달라진다. 이것이 가변 비용이다. 점포 운영을 위해 고용한 아르바이트 직원은 일이 줄면 당장 해고가 가능하다. 그리고 일이 많아지면 아르바이트 직원을 더 뽑아야 한다. 아르바이트 직원에게 주는 급여는 가변 비용이다. 생산량 q를 생산하기 위해 필요한 노동 투입량을 $L(q)$라고 하고, 노동의 가격(혹은 임금)을 w라 하면, 이 가변 비용은 $wL(q)$이다. 따라서, 단기의 총비용(C)은 가변 비용(VC)과 고정 비용(F)의 합이다.

$$C(q) = VC(q) + F$$

가변 비용이 생산량의 함수인 반면 고정 비용은 생산량과 무관한 상수이다.

생산량을 늘리면 필요한 노동 투입량이 늘어나고 비용도 이에 따라 늘어난다. 생산량 1개를 늘릴 때 늘어나는 비용을 **한계 비용**(MC: marginal cost)이라 한다.

$$MC = \frac{dC(q)}{dq} = \frac{dVC(q)}{dq}$$

고정 비용은 변하지 않기 때문에 생산량을 늘릴 때 가변 비용만이 늘어난다. 단기에서 한계 비용은 곧 **한계 가변 비용**이다.

현재의 생산량에서 생산량 1개당 평균적으로 들어가는 비용을 **평균 비용**(AC: average cost)이라 한다.

$$AC = \frac{C}{q} = \frac{VC}{q} + \frac{F}{q} = AVC + AFC$$

총비용은 가변 비용과 고정 비용의 합이므로 평균 비용 역시 **평균 가변 비용**(AVC)과 **평균 고정 비용**(AFC)의 합으로 이루어진다.

이 세 가지 비용(총비용, 한계 비용, 평균 비용)이 생산량에 따라 어떻게 변하는지 그래프로 알아보도록 하자. 〈그림 5-7〉은 생산량에 따른 총비용의 변화인 **총비용 곡선**을 보여준다. 앞서 언급한 대로 총비용은 고정 비용과 가변 비용으로 구성된다. 고정 비용은 생산량과 관계없이 투여되어 있는 자본량 $\overline{K}$의 임대 비용인 $r\overline{K}$로 일정하다. 가변 비용은 노동 투입량에 따른 비용 wL로 생산량에 필요한 노동 투입량에 따라 변한다.

요약

단기 비용은 생산량이 주어지면 필요한 노동 투입량이 결정되어 특별한 의사 결정 없이 얻어진다. 단기 비용은 고정 비용과 가변 비용으로 구성되어 있다. 한계 비용은 한계 가변 비용이며, 평균 비용은 평균 가변 비용과 평균 고정 비용으로 구성된다.

단기의 생산을 설명할 때 노동 투입량이 늘어남에 따라 생산량이 어떻게 변할지를 예측하고 묘사하였다. 그때의 묘사에 따르면 노동 투입량이 아주 낮은 초기에는 노동 투입량을 늘리면서 분업의 이익 때문에 생산량이 점점 더 빠르게 늘

그림 5-7 단기의 총비용 곡선

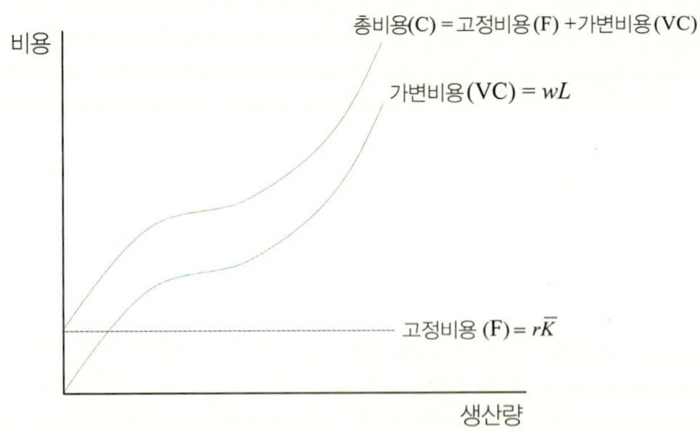

어난다. 하지만 노동 투입량이 많아져서 일정한 수준을 넘어서게 되면 고정된 투입 요소에 노동이 너무 혼잡하게 되어 노동 투입에 따른 생산량 증가 속도는 점점 느려진다. 이를 비용 관점에서 생각해 보면, 생산량이 낮을 때는 비용이 점점 느리게 늘어가지만(분업의 이익), 생산량이 많아지면 비용 역시 더 빠르게 늘어간다(혼잡 비용)고 할 수 있다. 이것이 〈그림 5-7〉의 가변 비용 곡선의 모양에 반영되어 있다. 생산량이 낮을 때는 생산량이 늘면서 늘어나는 가변 비용 증가 속도는 점점 느려지지만, 생산량이 많아지면 가변 비용의 증가 속도가 점점 더 빨라진다.

총비용 곡선은 가변 비용 곡선을 고정 비용만큼 상향 이동한 모양이다. 따라서, 그 형태에서 총비용 곡선과 가변 비용 곡선의 모양은 정확하게 같다.

일단 총비용 곡선을 그리고 나면, 한계 비용 곡선과 평균 비용 곡선은 총비용 곡선으로부터 쉽게 도출할 수 있다. 단기 생산에서의 논의를 떠올려 보자. 한계 생산은 총생산 곡선의 접선의 기울기이고, 평균 생산은 총생산곡선과 원점을 연결한 선의 기울기라고 하였다. 마찬가지로 한계 비용은 총비용 곡선의 접선의 기울기이고, 평균 비용은 총비용 곡선과 원점을 이은 선의 기울기이다.

〈그림 5-8〉은 한계 비용 곡선과 평균 비용 곡선을 보여준다. 우선 한계 비용을 보자. 단기에서 한계 비용은 곧 한계 가변 비용이기도 하다. 〈그림 5-7〉에서 가변 비용과 같은 모양인 총비용 곡선의 기울기는 생산량이 적은 단계에서는 생

그림 5-8 단기의 한계 비용과 평균 비용 곡선

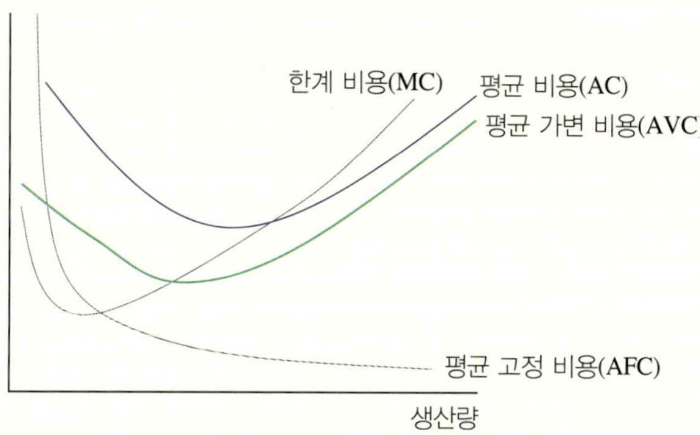

산량이 늘어남에 따라 점점 완만해지다가 생산량이 일정 수준을 넘어서면 다시 급해지는 모양이다. 즉, 한계 비용은 생산량이 적은 수준에서는 점차 감소하다가(분업의 이익), 생산량이 늘어나면서 증가한다(혼잡 비용).

평균 비용은 평균 고정 비용과 평균 가변 비용의 합이다. 평균 고정 비용은 생산량이 늘어남에 따라 감소한다. 같은 비용이 더 많은 생산량에 배분되기 때문이다. 반면 평균 가변 비용은 처음에는 감소하다가 생산량이 많아지면 증가한다. 생산량이 적을 때는 분업의 이익 때문에 생산량이 늘어날수록 평균 비용이 감소하지만, 생산량이 많으면 혼잡 비용 때문에 생산량이 늘어나면서 평균 비용이 증가한다. 평균 고정 비용과 평균 가변 비용의 합인 평균 비용은 생산량이 적을 때 평균 고정 비용과 평균 가변 비용 모두 감소하므로 감소한다. 생산량이 많아지고 평균 가변 비용이 증가하기 시작할 때에도 감소하는 평균 고정 비용의 효과가 이를 상쇄하기 때문에 계속 감소하다가 생산량이 충분히 많아지면 늘어나는 평균 가변 비용의 효과가 커지면서 평균 비용도 상승한다.

연습문제 7

〈그림 5-7〉에서 총비용 곡선과 원점을 잇는 선의 기울기가 평균 비용이다. 이를 이용하여 평균 비용이 감소하다가 증가하는 모양을 가지고 있음을 확인하시오. 평균 가변 비용이 가장 낮을 때의 생산량과 평균 비용이 가장 낮을 때의 생산량을 비교하시오. 평균 비용이 가장 낮을 때의 생산량이 평균 가변 비용이 가장 낮을 때의 생산량보다는 크다는 것을 확인하시오.

우리는 앞서 총비용 곡선의 모양을 묘사할 때 노동의 총생산 곡선의 모양으로부터 이를 유추했었다. 즉, 단기의 생산과 비용 간에는 긴밀한 관계가 있다. 우선 한계 비용은 노동의 한계 생산과 역의 관계를 가진다.

$$MC = \frac{dVC(q)}{dq} = w\frac{dL}{dq} = \frac{w}{MP_L}$$

한계 비용은 곧 한계 가변 비용이고 첫 번째 등식이다. 가변 비용은 노동의 가격

w에 필요한 노동 투입량 L을 곱한 것임을 이용하면 두 번째 등식을 얻는다. 한계 비용은 생산량을 늘릴 때 필요한 노동량의 변화 ($\frac{dL}{dq}$)가 클수록 크다. 노동의 한계 생산이 클 때 생산량을 늘리기 위해 필요한 노동량은 줄어들기 때문에 한계 비용은 작다. 이런 역의 관계 때문에 한계 생산이 증가할 때는 한계 비용이 감소한다.

위와 비슷한 논리로 평균 가변 비용 역시 평균 생산과 역의 관계를 가진다.

$$AVC = \frac{VC}{q} = w\frac{L}{q} = \frac{w}{AP_L}$$

단기의 생산에서 노동의 한계 생산이 증가하다(분업의 이익)가 감소하는(혼잡 비용) 것으로부터 한계 비용이 감소하다가 증가하는 것을 유추할 수 있다. 마찬가지로 노동의 평균 생산이 증가하다가 감소하므로, 단기의 평균 비용도 감소하다가 증가한다.

평균 생산이 증가하고 감소하는 것이 한계 생산이 평균 생산보다 큰지 작은지에 따라 결정된 것처럼 평균 비용이 증가하고 감소하는지도 한계 비용이 평균 비용보다 큰지 작은지에 따라 결정된다. 만약 추가적으로 한 개를 더 생산할 때의 비용(한계 비용)이 지금까지 생산했던 생산량의 평균 비용보다 더 작다면, 한 개를 더 생산한 것까지 포함한 평균 비용은 줄어들 것이다. 마찬가지로 한계 비용이 평균 비용보다 더 크면, 하나를 추가로 생산한 것까지 포함한 평균 비용은 더 커질 것이다. 따라서, 〈그림 5-8〉에서 평균 비용이 최소화되는 생산량은 한계 비용과 평균 비용이 같을 때에 얻어진다. 이는 평균 가변 비용과 평균 비용 모두 마찬가지이다. 즉, 한계 비용 곡선은 평균 가변 비용 곡선과 평균 비용 곡선의 최저점에서 이 두 곡선을 아래에서 위로 가로지른다.

요약

단기의 한계 비용과 평균 가변 비용은 노동의 한계 생산, 평균 생산과 역의 관계를 가진다. 생산량이 일정 수준을 넘어서면 노동의 한계 생산이 감소하므로 한계 비용은 상승하며, 평균 비용은 보통 하락하다가 상승하는 모양을 가진다.

장기 비용

앞서 묘사한 단기 생산에서는 자본 투입량은 고정되고 노동 투입량만 변화시킬 수 있었고, 비용 역시 고정 비용과 가변 비용으로 구별되었다. 하지만 장기가 되면 고정된 생산 요소 없이 두 생산 요소를 모두 변동시킬 수 있다. 장기는 고정된 생산 요소가 없으므로 고정 비용이 없다는 점에서 단기와 다르다. 여러분의 점포 운영에서 복사기 임대 계약은 1년이다. 1년이 지나면 임대 계약은 종료할 수 있다. 따라서, 1년보다 긴 기간을 고려하면 고정 비용은 없다. 그러나 장기 비용이 단기 비용과 다른 중요한 차이점은 경제적으로 효율적인 생산 방식을 결정하는 데 의사 결정이 필요하다는 점이다. 단기에서는 변동시킬 수 있는 생산 요소가 하나밖에 없으므로 원하는 생산량을 얻기 위한 방법을 선택할 여지가 없었다. 그러나 장기에서는 원하는 생산량을 얻기 위해서 가능한 생산 요소의 여러 조합 중 하나를 선택할 수 있다. 따라서, 여러 가능한 생산 요소의 조합 중에서 더 적은 비용이 드는 조합을 선택해야 한다.

이 선택 문제를 **비용 최소화(cost minimization) 문제**라고 한다. 원하는 생산량을 가장 적은 비용을 들여 얻는 방법을 선택하는 문제이다. 노동의 가격(임금)을 w라 하고, 자본의 사용 비용(임대료)을 r이라 하면 생산 요소 조합 (L,K)를 투입하는 데 드는 경제적 비용은 $wL+rK$이다. 생산 함수가 $f(L,K)$이고 생산량 목표가 q_0이면, 이 생산량 목표를 달성하는 생산 요소 조합은 등량곡선 $f(L,K)=q_0$ 위에 있는 생산 요소의 조합이다. 따라서, 비용 최소화 문제는 등량곡선 $f(L,K)=q_0$ 위에 있는 생산 요소의 조합 (L,K) 중 비용 $wL+rK$를 최소화하는 조합을 고르는 것이다. 수식으로 표현하면 다음과 같다.

$$\min_{L,\ K} wL+rK$$
$$s.t.\ \ f(L,K)=q_0$$

이윤을 최대화하는 생산 결정을 하는 최고 경영자에게 필요한 정보를 다시 떠올려 보자. 이윤은 수입에서 비용을 차감한 값이다. 최고 경영자는 생산량을 늘릴 때 이를 얼마의 가격에 팔아 수입이 어떻게 되는지를 알아야 한다. 기업의 판매 담당 이사는 주어진 생산량에서 어떤 방식으로 상품을 판매하는 것이 가장 많은 수입을 올릴 수 있는지를 고민하고, 이 정보를 알려줄 것이다. 또한 최고 경영자는 생산량을 늘릴 때 비용이 얼마나 드는지를 알아야 한다. 기업의 생산 담당 이사는 어떻게 하면 가장 적은 비용을 들여 생산량을 달성할 수 있을지를 고민하고, 이 정보를 알려줄 것이다. 비용 최소화는 생산 담당 이사가 고민하는 문제를 대변하고, 이윤 최대화를 하기 위해 필요한 하위 문제라고 할 수 있다.

비용 최소화 문제를 그래프로 생각해 보자. 우선 목표 생산량이 주어지면 이를 달성하는 기술적으로 효율적인 생산 요소의 조합은 등량곡선을 통해 알 수 있다. 〈그림 5-9〉의 패널 (a)는 생산량 목표가 q_0일 때의 등량곡선 $f(L,K)=q_0$를 보여준다. 생산량 목표를 달성하기 위해서는 이 등량곡선 위의 생산 조합을 선택해야 한다. 특정한 생산 요소의 조합 (L,K)를 선택하면 주어진 노동과 자본의 가격하에서 생산 비용 $wL+rK$가 계산된다. 생산 비용이 같은 모든 생산 요소의 조합을 생각할 수 있는데 이를 나타낸 것이 **등비용선**이다. 예를 들어, 생산 비용이 C_0인 생산 요소의 조합은 $wL+rK=C_0$를 만족하는 (L,K)이다. 이는 소비자의 선택 문제에서 그렸던 예산선과 아주 유사하다. 예산선을 나타내는 식 $p_xx+p_yy=I$를 상기해 보자. 상품 x와 y가 생산 요소 L(노동)과 K(자본)로, 상품 가격 p_x와 p_y가 노동과 자본의 가격 w와 r로 바뀌었을 뿐이다. 따라서 예산선처럼 가격 비율의 기울기 $\frac{w}{r}$

그림 5-9 비용 최소화

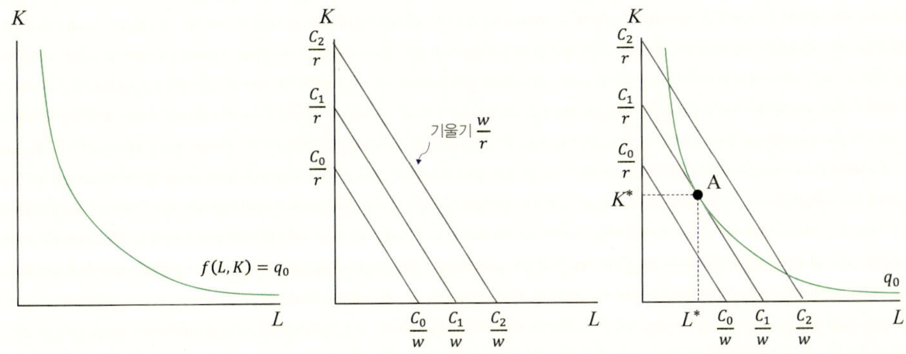

(a) 등량선 $f(L,K)=q_0$ (b) 등비용선 (c) 최적 생산 요소 조합

을 가지는 직선이 등비용선이다. 패널 (b)는 다른 수준의 비용을 나타내는 등비용선을 보여준다. 비용 수준에 따라 평행한 직선이 그려지며, 원점에서 먼 직선일수록 더 높은 비용 수준을 나타낸다. 목표 생산량을 달성하면서도 가장 적은 비용을 들이기 위해서는 등량곡선 위의 생산 요소 조합 중에서 원점과 가장 가까운 등비용선에 있는 조합을 골라야 한다. 이런 생산 요소의 조합은 주어진 등량곡선에 등비용선이 접할 때 구해진다. 패널 (c)는 주어진 등량곡선과 여러 등비용선을 겹쳐 보여준다. 비용을 최소화하는 최적 생산 요소의 조합은 등량곡선과 등비용선이 접하는 *A*에서 구해지고, 이때 노동과 자본의 투입량은 각각 L^*와 K^*이다.

최적 생산 요소의 조합에서 등량곡선과 등비용선이 접하고 둘의 기울기가 같다. 등량곡선의 기울기는 한계 기술 대체율(MRTS: marginal rate of technical substitution)이고, 등비용선의 기울기는 생산 요소 가격의 비율이다. 따라서, **최적 생산 요소 조합**에서는 다음 관계가 성립한다.

$$MRTS_{LK} = \frac{w}{r}$$

좌변의 한계 기술 대체율은 목표 생산량을 유지하면서 노동 투입을 1단위 늘릴 때 절약할 수 있는 자본 투입의 양이다. 우변의 생산 요소 가격 비율은 같은 비용을 유지하기 위해 노동 투입을 1단위 늘릴 때 줄여야 하는 자본의 양이다. 만약 두 값이 다르다면 기업은 생산 요소의 조합을 조정함으로써 더 적은 비용으로 목표 생산량을 달성할 수 있다. 예를 들어, 좌변의 한계 기술 대체율이 우변의 생산 요소 가격 비율보다 크다면 노동 투입량을 늘리고 자본 투입량을 줄임으로써 생산량을 유지하면서도 생산 비용을 줄일 수 있다. 생산량을 유지하면서 노동 투입을 늘리기 위해 절약할 수 있는 자본의 양이 같은 비용을 유지하기 위해 줄여야 하는 자본의 양보다 많기 때문에 등량곡선을 따라 노동 투입량을 늘리면 비용이 줄어들 것이다.

한계 기술 대체율은 노동 한계 생산과 자본 한계 생산의 비율이기도 하다 ($MRTS_{LK} = \frac{MP_L}{MP_K}$). 이를 이용하면 비용을 최소화하는 최적의 생산 요소 조합에서는 다음 관계가 성립한다.

$$\frac{MP_L}{w} = \frac{MP_K}{r}$$

좌변은 비용 1원을 노동을 고용하는 데 쓸 때 늘어나는 생산량이다. 비용 1원을 노동을 고용할 때 쓰면 추가적으로 고용되는 노동의 양은 $\frac{1}{w}$이다. 노동이 추가적으로 고용될 때 늘어나는 생산량이 MP_L이므로 이 둘의 곱은 비용 1원으로 노동을 고용할 때 늘어나는 생산량이 된다. 마찬가지로 우변은 비용 1원을 자본의 투입량을 늘리는 데 쓸 때 늘어나는 생산량이다. 비용을 최소화하는 최적 생산 요소의 조합에서 이 둘의 값은 같아야 한다.

요약

장기의 비용은 동일한 생산량을 달성하는 데 최소의 비용을 들이는 생산 요소 조합을 고르는 비용 최소화 문제의 결과이다. 최적 생산 요소 조합은 등량곡선과 등비용선이 접하는 지점에서 얻어진다.

수학적 분석

비용 최소화는 앞의 설명과 같이 등량곡선과 등비용 곡선의 그래프를 이용해 이 둘의 접점에서 최적 생산 요소 조합을 구하는 방식으로 설명할 수 있다. 동시에 비용 최소화 문제를 수학적으로 접근하여 설명하여도 동일한 결론을 얻는다. 수학적으로 제시된 비용 최소화 문제를 고려해 보자.

$$\min_{L,K} wL + rK$$
$$s.t.\ \ f(L,K) = q_0$$

비용 최소화 문제 역시 등식 제약하의 최적화 문제이므로 라그랑지 정리를 이용할 수 있다. 라그랑지언 $\mathcal{L}$은 최적화하는 목적식과 라그랑지 승수 λ에 제약식을 곱한 것의 합으로 쓰인다.

$$\mathcal{L} = wL + rK + \lambda\{q_0 - f(L,K)\}$$

라그랑지언을 최적화하는 변수 L, K와 라그랑지 승수 λ에 대해 미분한 값이 0이 되는 1계 조건을 통하여 최적 생산 요소 조합을 구할 수 있다.

$$\mathcal{L}_L = w - \lambda\frac{\partial f}{\partial L} = 0 \text{ 혹은 } w = \lambda MPL$$
$$\mathcal{L}_K = r - \lambda\frac{\partial f}{\partial K} = 0 \text{ 혹은 } r = \lambda MPK$$
$$\mathcal{L}_\lambda = q_0 - f(L, K) = 0$$

라그랑지 승수 λ를 소거하기 위해 첫 번째 등식을 두 번째 등식으로 나누면

$$\frac{w}{r} = \frac{MP_L}{MP_K} = MRTS_{LK}$$

이 되어 한계 기술대체율과 생산 요소의 가격 비율이 같아져야 된다는 비용 최소화의 조건이 구해진다. 세 번째 식은 생산 요소 조합이 등량곡선 위에 있어야 한다는 것이다.

비용 최소화를 통해 구한 최적 생산 요소 투입량 L^*와 K^*를 **조건부 요소 수요(conditional factor demand)**라고 한다. 생산 요소의 가격의 주어졌을 때 생산 요소의 수요를 보여주는 것이므로 요소 수요인데, '조건부'라는 단어가 붙은 이유는 목표하는 생산량이 주어진 조건에서 정해지는 수요이기 때문이다. 조건부 요소 수요는 요소 가격과 목표 생산량에 따라 변하는 값이다.

생산 요소의 가격이 바뀔 때 조건부 요소 수요의 변화를 알아보자. 노동의 가격이 떨어지는 경우를 예로 들어보자. 〈그림 5-10〉의 패널 (a)는 가격 변화 전 조

그림 5-10 요소 가격 변화에 따른 조건부 요소 수요

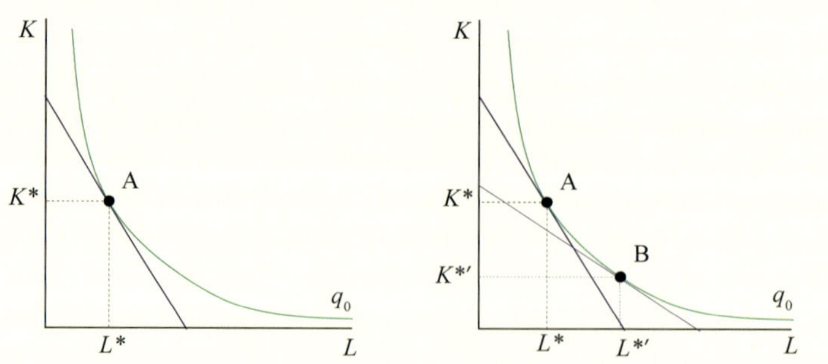

(a) 가격 변화 전 조건부 수요 (b) 임금 하락과 조건부 수요의 변화

건부 수요를 보여준다. 이제 노동의 가격인 임금이 w에서 w'으로 하락한다. 노동의 가격이 상대적으로 싸졌으므로 등비용선의 기울기가 완만해진다(등비용선의 기울기는 $\frac{w}{r}$임을 기억하자). 패널 (b)는 완만해진 등비용선을 보여준다. 목표로 하는 생산량은 변하지 않았으므로 동일한 등량곡선과 더 완만해진 등비용선이 접하는 점이 새로운 조건부 요소 수요를 나타낸다. 즉, 조건부 요소 수요는 A에서 B로 바뀐다. 노동의 가격이 하락함에 따라 동일한 생산량을 얻기 위해 상대적으로 싸진 노동 투입을 늘리고 자본 투입은 줄이는 것이다.

목표로 하는 생산량이 바뀔 때 조건부 요소 수요의 변화를 알아보자. 〈그림 5-11〉의 패널 (a)는 목표 생산량이 q_0일 때 조건부 요소 수요를 보여준다. 이제 목표 생산량이 q_1로 증가하고 달성해야 할 등량곡선이 원점에서 더 멀어진다. 새로운 목표 생산량을 달성하기 위해 q_1의 등량곡선에 접하는 더 높은 비용의 등비용선을 구할 수 있다(패널 (b)). 이 그림에서는 더 많은 생산량을 위해 노동 투입과 자본 투입을 모두 늘렸다. 물론 기술의 특성에 따라(혹은 등량곡선의 모양에 따라) 생산량을 늘리기 위해 자본 투입을 줄이고 노동 투입을 많이 늘리는 변화, 혹은 그 반대의 변화도 가능하다. 목표 생산량의 변화에 따른 조건부 요소 수요의 변화는 여러 다른 목표 생산량에서도 구할 수 있다. 여러 목표 생산량에 따른 조건부 요소 수요의 변화를 연결한 것이 패널 (c)에 보이는 **확장 경로**(expansion path)이다.

그림 5-11 목표 생산량 변화에 따른 조건부 요소 수요

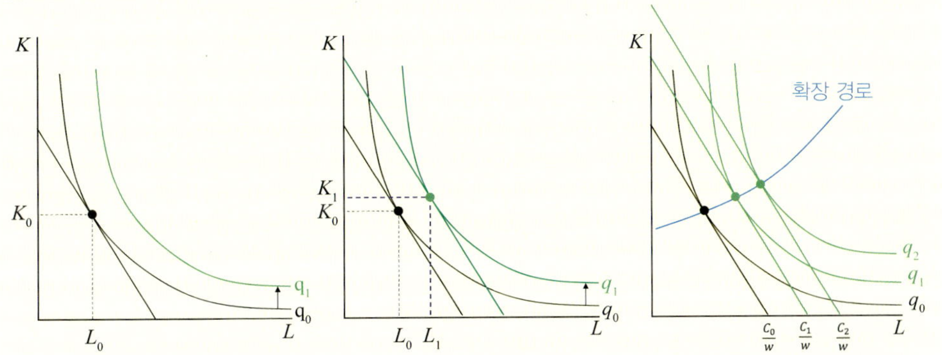

(a) 목표 생산량 변화 (b) 조건부 수요 변화 (c) 확장 경로와 비용 변화

이 논의의 궁극적인 목표는 생산 담당자로서 최고 경영자에게 보고할 생산량과 비용 간의 관계를 파악하는 것이다. 즉, 목표 생산량이 변함에 따라 필요한 비용이 어떻게 달라지는지의 정보가 필요하다. 우리는 확장 경로를 따라 조건부 요소 수요의 변화뿐만 아니라 목표 생산량을 달성하는 데 필요한 비용의 변화도 추적할 수 있다. 〈그림 5-11〉의 패널 (c)에서 보이듯이 목표 생산량이 q_0, q_1, q_2로 바뀌면서 비용 최소화의 결과로 나온 비용이 C_0, C_1, C_2로 증가한다. 〈그림 5-12〉는 이런 생산량과 비용과의 관계를 보여준다. 수평축에 목표 생산량이, 수직축에는 비용이 있다. 확장 경로를 따라 목표 생산량이 q_0, q_1, q_2로 변할 때 비용이 C_0, C_1, C_2인 것이 세 점으로 보인다. 다른 목표 생산량 수준에서도 확장 경로를 따라 비용을 추적할 수 있으며 이를 연결하면 **비용 곡선**이 된다.

장기의 비용 곡선이 어떤 형태를 띠는지에 대해서는 특별한 논의가 없다. 우리는 단기의 한계 비용은 하락하다가 상승할 것으로 예상했다. 자본 투입량이 고정된 상태에서 생산량을 늘리기 위해 노동 투입량을 늘리면 처음에는 분업의 이익이 크고, 노동 투입량이 늘어나면 혼잡으로 인한 손실이 더 클 것으로 보았기 때문이다. 즉, 결국에는 노동의 한계 생산이 감소하면서 한계 비용은 증가한다. 장기의 비용 곡선에서는 생산이 늘어나면서 일반적으로 두 생산 요소 모두가 늘어난다. 따라서 각 생산 요소의 한계 생산이 아닌 규모 수익에 따라 비용 곡선의 형태가 영향을 받을 것으로 짐작할 수 있다. 규모보다 증가하는 수익의 생산 기술에서는 동일한 목표 생산량을 나타내는 등량곡선의 간격이 좁아져서 필요한 비

그림 5-12 장기 비용 곡선

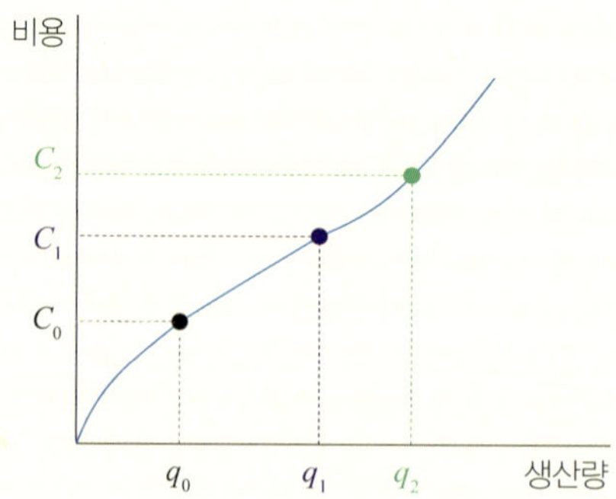

용 상승이 줄어들 것이고, 감소하는 규모 수익에서는 등량곡선의 간격이 넓어져서 필요한 비용 상승이 늘어날 것이다. 우리는 보통 생산량이 증가하면서 궁극적으로는 규모 수익이 감소할 것으로 예상한다. 생산량이 늘어나도 규모 수익이 증가한다면 경제에 필요한 모든 생산을 한 기업에서 몰아서 하는 것이 비용을 아낄 수 있어 경제에는 하나의 기업만이 존재할 것이다. 그런데 현실에서는 여러 기업이 존재하는 것으로 보아 규모 수익이 결국에는 감소할 것으로 짐작한다. 그래서 우리는 장기에서도 단기와 비슷한 비용 곡선의 모양을 상정한다. 즉, 생산량이 낮은 수준에서는 비용 증가가 점점 더 느려지다가 생산량이 높은 수준이 되면 비용 증가가 점점 더 빨라지는 형태이다. 이런 모양이 〈그림 5-12〉에 반영되어 있다.

일단 비용 곡선이 그려지면, 한계 비용과 평균 비용을 생각할 수 있다. 단기의 비용과 마찬가지로 한계 비용은 비용 곡선의 접선의 기울기이며, 평균 비용은 원점과 비용 곡선을 잇는 선의 기울기이다. 〈그림 5-12〉에서 비용 곡선의 기울기는 감소하다가 상승하는 모양을 가진다. 원점을 잇는 선의 기울기도 감소하다가 상승하는 모양이다. 따라서, 비용 곡선이 〈그림 5-12〉와 같이 주어지면 한계 비용과 평균 비용 모두 〈그림 5-13〉처럼 감소하다가 상승하는 모양을 보인다.

한계 비용과 평균 비용 간의 관계는 단기에서와 같다. 한계 비용이 평균 비용보다 낮으면 평균 비용은 감소하고, 한계 비용이 평균 비용보다 높으면 평균 비

그림 5-13 장기의 한계 비용과 평균 비용

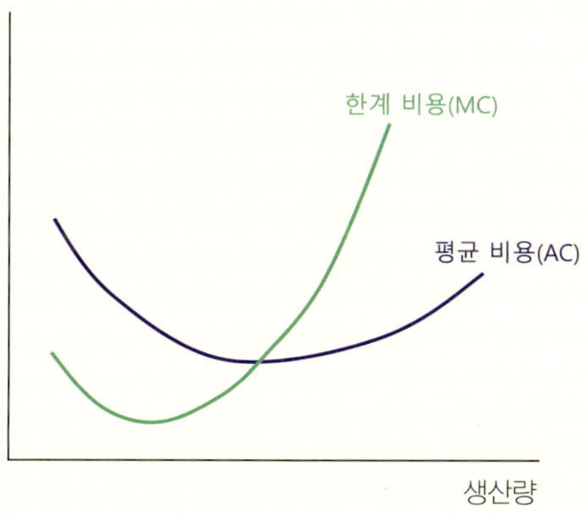

용은 증가한다. 따라서 평균 비용이 한계 비용과 같을 때 평균 비용은 최소화된다. 즉, 한계 비용 곡선은 평균 비용 곡선의 최저점에서 평균 비용 곡선을 아래에서 위로 가른다.

생산량이 증가하면서 평균 비용이 증가하느냐 감소하느냐를 기준으로 **규모의 경제**를 정의한다. 〈그림 5-14〉가 보여주듯이, 생산이 늘어나면서 평균 비용이 감소하면 **규모의 경제**(economies of scale)가 있다고 말한다. 반면 생산이 늘어나면서 평균 비용이 증가하면 **규모의 불경제**(diseconomies of scale)가 있다고 말한다. 규모의 경제는 **규모 수익**과 밀접한 관련성을 가진다. 만약 요소 가격이 일정하다면, 증가하는 규모 수익이 있을 때 규모의 경제가 나타난다. 즉, 생산 요소 투입량을 2배로 늘릴 때 생산량이 2배 이상 증가하면, 생산량을 늘릴 때 평균 비용이 감소한다. 마찬가지로 감소하는 규모 수익이 있을 때 규모의 불경제가 나타난다. 고정된 규모 수익이면 평균 비용 역시 일정하다. 그러나 규모의 경제는 생산 기술의 특성 이외의 요소에도 영향을 받는다. 만약 대량 생산을 위한 재료를 구입하면서 가격 협상을 할 수 있는 경우를 생각해보자. 예를 들어, 미국의 전자기기 회사 애플은 동일한 규격으로 생산하여 전 세계적으로 많은 물량의 휴대폰을 판다. 따라서, 이 휴대 전화의 부품 공급사가 된다는 것은 큰 이익을 보장해준다. 이를 이용하여 애플이 부품 공급사에게 더 낮은 부품 가격을 요구할 수 있다면, 기술적으로 증가하는 규모 수익을 가지고 있지 않다 하더라도 규모의 경제

그림 5-14 규모의 경제

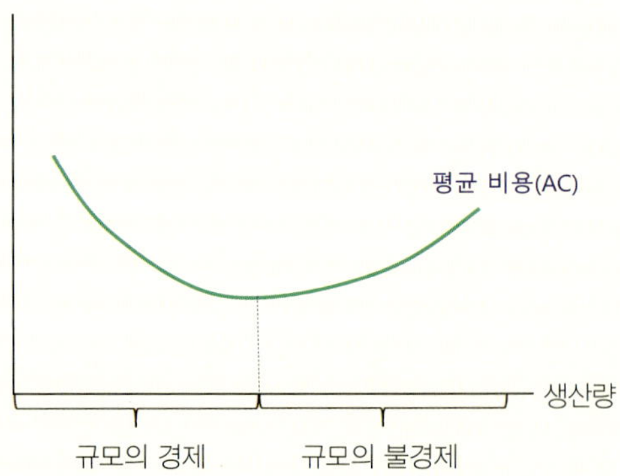

를 달성할 수 있다.

요약

비용 최소화 문제에서 목표 생산량을 바꾸면서 대응하는 필요 비용을 계산하면 장기의 비용 곡선을 구할 수 있다. 비용 곡선으로부터 한계 비용, 평균 비용을 구한다. 궁극적으로 한계 비용은 상승하고, 평균 비용은 하락하다가 상승하는 것으로 가정한다. 평균 비용의 하락과 상승으로 규모의 경제를 정의하며 이는 규모 수익과 밀접한 관련을 갖는다.

수학적 분석

특정한 생산 함수를 가정하면 비용 최소화 문제를 풀어 조건부 요소 수요와 비용을 구할 수 있다. 가장 일반적인 형태의 생산 함수인 콥-더글라스 생산 함수를 가정해 보자.

$$\min_{L,K} \; wL + rK$$
$$s.t. \; AL^{\alpha}K^{\beta} = q$$

라그랑지언을 쓰고 이로부터 일계 조건을 구해 조건부 요소 수요를 구할 수 있다. 그러나 이미 앞의 분석으로부터 일계 조건이 요소 가격 비율과 한계 기술 대체율(혹은 한계 생산의 비율)이 같아지는 것이라는 사실을 알고 있기 때문에, 이를 바로 이용해 아래 조건을 쓴다.

$$\frac{w}{r} = \frac{\alpha AL^{\alpha-1}K^{\beta}}{\beta AL^{\alpha}K^{\beta-1}} = \frac{\alpha}{\beta}\frac{K}{L}$$

위 식으로부터 $K = \frac{\beta}{\alpha}\frac{w}{r}L$를 얻고 이를 제약식에 대입하면

$$AL^{\alpha}\left(\frac{\beta}{\alpha}\frac{w}{r}L\right)^{\beta} = A\left(\frac{\beta}{\alpha}\right)^{\beta}\left(\frac{w}{r}\right)^{\beta}L^{\alpha+\beta} = q$$

이고, 이를 L에 대하여 풀면 노동의 조건부 요소 수요 함수를 구할 수 있다.

$$L = \left(\frac{1}{A}\right)^{\frac{1}{\alpha+\beta}}\left(\frac{\alpha}{\beta}\right)^{\frac{\beta}{\alpha+\beta}}\left(\frac{r}{w}\right)^{\frac{\beta}{\alpha+\beta}}q^{\frac{1}{\alpha+\beta}}$$

이를 다시 $K=\frac{\beta}{\alpha}\frac{w}{r}L$에 대입하면 자본의 조건부 요소 수요 함수를 얻는다.

$$K=\left(\frac{1}{A}\right)^{\frac{1}{\alpha+\beta}}\left(\frac{\beta}{\alpha}\right)^{\frac{\alpha}{\alpha+\beta}}\left(\frac{w}{r}\right)^{\frac{\alpha}{\alpha+\beta}}q^{\frac{1}{\alpha+\beta}}$$

위 조건부 요소 수요 함수로부터 노동의 자본에 대한 상대 가격 $\frac{w}{r}$이 오르면, 노동에 대한 수요는 줄고 자본에 대한 수요가 늘어나는 것을 확인할 수 있다.

위에서 구한 조건부 요소 수요를 $wL+rK$에 대입하면 비용 함수를 구할 수 있다.

$$C(q;w,r)=\left(\frac{1}{A}\right)^{\frac{1}{\alpha+\beta}}\left\{\left(\frac{\alpha}{\beta}\right)^{\frac{\beta}{\alpha+\beta}}+\left(\frac{\beta}{\alpha}\right)^{\frac{\alpha}{\alpha+\beta}}\right\}w^{\frac{\alpha}{\alpha+\beta}}r^{\frac{\beta}{\alpha+\beta}}q^{\frac{1}{\alpha+\beta}}$$

평균 비용을 구하면

$$AC=\frac{C(q;w,r)}{q}=\left(\frac{1}{A}\right)^{\frac{1}{\alpha+\beta}}\left\{\left(\frac{\alpha}{\beta}\right)^{\frac{\beta}{\alpha+\beta}}+\left(\frac{\beta}{\alpha}\right)^{\frac{\alpha}{\alpha+\beta}}\right\}w^{\frac{\alpha}{\alpha+\beta}}r^{\frac{\beta}{\alpha+\beta}}q^{\frac{1}{\alpha+\beta}-1}$$

이 된다. 만약 $\alpha+\beta=1$이면, 위 평균 비용은 생산량 q와 관계없이 일정하다. 즉, 고정된 규모 수익일 때 평균 비용은 일정하다. 만약 증가하는 규모 수익이면($\alpha+\beta>1$), $\frac{1}{\alpha+\beta}-1<0$이 되어 평균 비용은 생산량이 커짐에 따라 감소하고, 규모의 경제가 있다. 감소하는 규모 수익일 때도 규모의 불경제가 있음을 확인할 수 있다.

연습문제 11

위 비용 함수로부터 한계 비용을 구하시오. 증가하는 규모 수익이면($\alpha+\beta>1$), 한계 비용이 평균 비용보다 낮음을 보이시오.

단기 비용과 장기 비용의 관계

단기에는 자본이 고정되어 있지만, 장기에는 노동과 자본 모두를 유연하게 활용할 수 있다. 단기에 선택할 수 있는 생산 요소의 조합은 장기에도 항상 선택할 수 있지만, 장기에서 선택할 수 있는 생산 요소 조합 중 어떤 것은 단기에서 주어진 자본량과 다른 자본량 수준을 가지므로 단기에서는 선택할 수 없다. 따라서 같은 생산량을 달성하는 데 드는 비용은 장기에서 더 낮을 것으로 짐작할 수 있다.

〈그림 5-15〉는 목표 생산량이 바뀜에 따라 단기와 장기에서 어떻게 생산 요소 조합의 변화가 발생하는지를 보여주고 있다. 우선 생산량 목표가 q_0인 상태에서 충분한 시간이 지났다고 하자. 노동과 자본 투입이 이 생산량을 가장 적은 비용으로 달성하기 위해 조정되었다. 패널 (a)에서 주어진 자본과 노동의 가격하에 그려진 등비용선이 목표 생산량 q_0의 등량곡선과 접하는 (L_0, K_0)가 그런 조정 과정을 거쳐 얻어진 생산 요소 조합이다. 생산량 목표가 q_1로 증가하면 이에 해당하는 등량곡선 위의 생산 요소 조합을 선택해야 한다. 단기에는 자본의 투입량이 K_0로 고정된다. 따라서 패널 (a)에서처럼 노동 투입량을 늘려 q_1의 등량곡선에 있는 생산 요소의 조합을 선택하는 수밖에 없다. 그리고 이 생산 요소 조합을 지나는 등비용선이 단기에 필요한 비용이다. 이 등비용선은 q_1의 등량곡선과 접하지 않아 장기의 최적 생산 요소 조합은 아님을 알 수 있다. 이제 시간이 흐르면서 자본 투입량을 조절할 수 있게 된다. 이런 장기의 조정은 패널 (b)에서 확인할 수 있다. 목표 생산량 q_1이 충분한 시간 동안 지속되면 비용을 줄이기 위해 자본 투입량을 늘리고 노동 투입량을 줄인다. 그리고 등비용선이 등량곡선과 접하는 점에서 최

그림 5-15 목표 생산량이 변할 때 단기와 장기의 생산 요소 투입량 조정

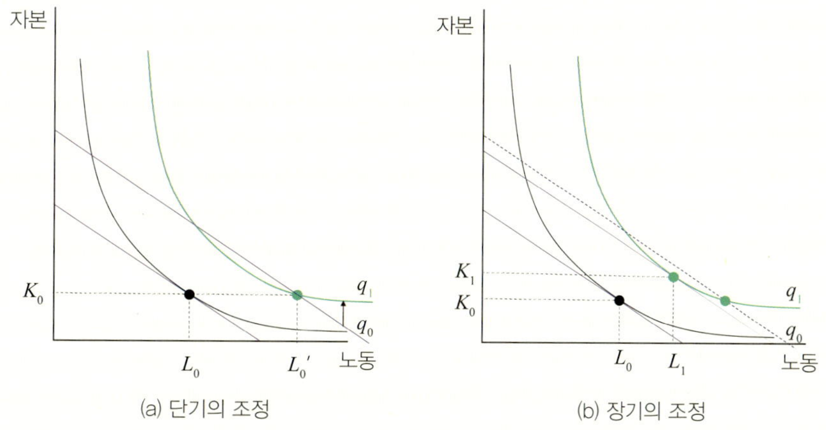

적 생산 요소 조합을 얻는다. 이 점을 지나는 등비용선은 단기의 생산 요소 조합을 지나는 등비용선보다 원점에 더 가까워 장기의 생산 비용은 단기의 생산 비용보다 낮다.

단기의 평균 비용 곡선은 자본 투입량이 주어진 상태에서 그려진다. 〈그림 5-16〉의 패널 (a)처럼 달라진 자본 투입량에 따라 단기의 평균 비용 곡선이 여러 개 그려진다. 장기에는 목표 생산량이 주어지면 이를 달성하는 여러 평균 비용 중에서 가장 낮은 평균 비용을 선택할 것이다. 그리고 그에 해당하는 자본 투입량을 생산 요소의 조합으로 선택하면 된다. 따라서 장기 평균 비용 곡선은 많은 단기 평균 비용 곡선들의 가장 낮은 부분을 이어 연결한 것이다. 그래서 장기 평균 비용 곡선은 단기 평균 비용 곡선을 아래에서 감싸는 선(envelope)이 된다. 패널 (b)는 이렇게 그려진 장기 평균 비용 곡선을 보여준다.

패널 (b)에서 생산량 q_0을 생산하는 장기의 평균 비용이 결정되는 점 A를 고려해 보자. 이 장기적인 평균 비용을 달성하기 위하여 필요한 자본의 투입 수준은 K_0이다. 하지만 K_0의 자본량에서 단기 평균 비용을 최소화하는 최적의 생산 규모는 q_0보다 높다. 그리고 이 단기의 최적 생산 규모는 장기적으로 비용을 최소화하는 것도 아니다. 즉, 규모의 경제가 존재하는 구간에서는 규모의 경제를 이용하기 위하여 단기적인 관점에서 볼 때는 과도한 자본 규모를 갖추고 이를 조금 덜

그림 5-16 단기와 장기의 평균 비용 곡선

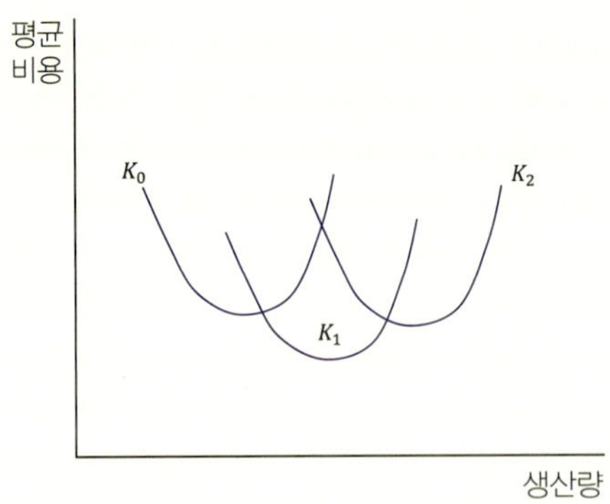

(a) 자본 투입량에 따른 단기 평균 비용 곡선

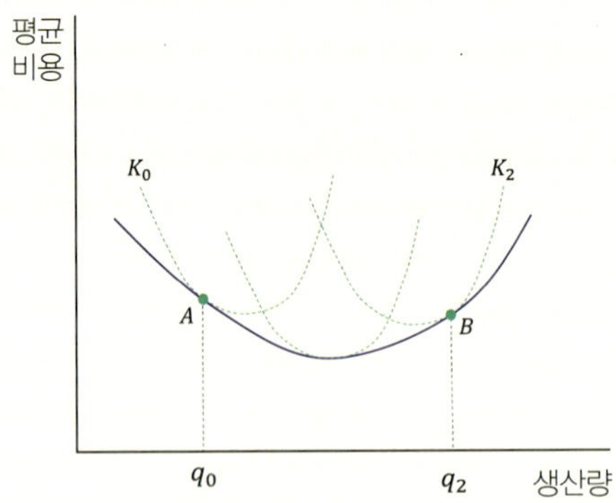

(b) 단기 평균 비용 곡선을 아래에서 감싸는 장기 평균 비용 곡선

이용하는 것이 유리하다. 생산량 q_2를 생산하는 점 B에서는 반대의 일이 벌어진다. 규모의 불경제가 있는 구간에서는 단기적인 관점에서는 과소한 자본 규모를 가지고 이를 더 많이 사용하는 것이 비용을 최소화하는 방법이다.

요약

장기 비용은 자본 투입량을 조절할 수 있다는 추가적인 유연성 때문에 단기 비용보다 낮다. 장기 평균 비용 곡선은 여러 자본 투입량 수준에서 그려진 단기 평균 곡선을 아래에서 감싸는 선이다.

5.4 기업의 최적 선택과 완전 경쟁하의 공급 곡선

지금까지 우리는 기업의 생산 기술을 묘사하고 이것을 바탕으로 주어진 생산량을 최소의 비용으로 달성하는 기업의 선택을 설명했다. 그 결과로 우리는 생산량과 필요 비용과의 관계를 유도했다. 이제 이런 비용 정보(생산 담당자가 최고 경영자에게 보고한 생산량과 필요 비용 간의 관계)를 바탕으로 이윤을 최대화하는 생산량을 결정해야 한다.

기업의 이윤 최대화를 위한 최적 선택

이윤은 수입과 비용의 차액이다. 상품을 생산해서 팔면 이에 따른 **수입**이 있다. 반면 생산하는 데 드는 **비용**이 있다. 그 차이가 **이윤**이며, 기업은 이윤을 최대화하기 위하여 생산량을 결정한다.

$$\text{이윤}(\pi) = \text{수입}(\text{R: revenue}) - \text{비용}(\text{C: cost})$$

이윤 최대화를 위한 생산량을 결정할 때, 기업은 생산량을 추가적으로 늘릴 경우 발생할 이윤의 변화를 고려해야 한다. 생산량을 추가적으로 늘릴 때 이윤이 늘어난다면 생산량을 늘려야 하고, 반대로 이윤이 줄어들면 생산량을 줄여야 이윤이 늘어날 것이다. 생산량을 추가적으로 늘릴 때 변하는 이윤을 **한계 이윤**이라 한다. 기업은 한계 이윤이 양일 때 계속 생산량을 늘려 이 한계 이윤이 0이 되는 순간 생산량 증가를 멈추어야 이윤을 최대화할 수 있다. 즉, 한계 이윤이 0이 되는 생산량이 이윤을 최대화한다.

한계 이윤은 생산량을 늘릴 때 나타나는 수입의 변화인 한계 수입과 비용의 변화인 한계 비용의 차이이다.

$$\text{한계 이윤 }\left(\frac{d\pi}{dq}\right) = \text{한계 수입 }\left(\frac{dR}{dq}\right) - \text{한계 비용 }\left(\frac{dc}{dq}\right)$$

한계 수입과 한계 비용이 같을 때 한계 이윤이 0이 되므로, 이윤을 최대화하는 조건은 한계 수입(MR: marginal revenue)과 한계 비용(MC: marginal cost)이 같다는 것이다. 이것이 이윤 최대화를 위한 기업의 최적 선택을 나타내는 조건이다.

우리는 지난 절의 분석을 통하여 기업의 한계 비용에 대한 정보를 알고 있다. 이윤 최대화를 위한 결정에서 추가적으로 필요한 정보는 생산량과 수입 간의 관계이다. 그런데 생산량과 수입 간의 관계는 시장의 구조, 특히 시장에 얼마나 많은 생산자가 있는지에 따라 달라진다. 시장에는 많은 소비자가 있을 것으로 예상할 수 있다. 그러나 생산자의 수는 시장에 따라 다르다. 어떤 상품의 시장에서는 우리가 고려하는 기업이 유일한 생산자일 수도 있고, 다른 시장에서는 많은 생산자 중 하나일 수도 있다. 생산자 수를 포함한 시장의 구조에 따라 생산자들 간의 경쟁 결과로 인한 상품의 가격이 달라질 것이기 때문에 생산량이 어느 정도의 수입으로 연결될지도 달라진다. 따라서, 이윤 최대화를 이해하기 위해서는 시장 구조를 이해해야 한다.

요약

이윤 최대화 생산량은 한계 수입과 한계 비용이 같아지는 생산량이다. 한계 수입은 시장 구조에 따라 다르다.

시장 구조 혹은 산업 조직

시장에 존재하는 생산자의 수에 따라 시장의 경쟁이 달라지는데, 이를 **시장 구조**라고 한다. 따라서, 시장 구조는 경쟁의 정도에 따라 혹은 생산자의 수에 따라 구별이 된다. 시장 구조의 양극단에 생산자가 하나밖에 없어 경쟁이 전혀 없는 시장과 생산자가 충분히 많아 경쟁이 완전한 시장이 있다. 그리고 그 중간에 경쟁이 완전한 것은 아니지만 전혀 없는 상태도 아닌 시장이 존재한다.

우선 시장에 생산자가 하나밖에 없어 경쟁이 없는 상태를 **독점**(monopoly)이라고 한다. 독점 시장에서의 생산자는 가격을 정할 수 있는 힘이 있다. 물론 가격을 정한다고 해서 자기가 팔고 싶은 만큼 다 판다는 것은 아니다. 시장에서 그 가격에 소비자가 물건을 사주어야만 팔 수 있기 때문이다. 하지만 가격을 높여서 조금 팔지, 아니면 가격을 낮추고 많이 팔지를 기업이 결정할 수 있다.

생산자가 하나밖에 없는 이유는 다른 기업이 이 시장에 진출할 수 없기 때문이다. 기업들의 시장 진입을 막는 것을 **진입 장벽**(entry barrier)이라고 하는데, 독점이 존재하는 이유는 진입 장벽이 존재하기 때문이다. 이 진입 장벽은 여러 가지 이유로 생길 수 있다. 예를 들어, 기술적으로 그 상품을 생산할 수 있는 기술을 한 기업밖에 가지고 있지 않아서 다른 기업이 상품을 생산할 수 없다면, 시장에는 하나의 기업만이 존재한다.

반대편 극단에 생산자가 충분히 많아 경쟁이 완전한 상태인 **완전 경쟁**(perfect competition)이 있다. 완전 경쟁의 생산자는 가격을 정할 수 없다. 시장에 많은 생산자가 존재하고 그들 모두가 똑같은 물건을 생산한다. 따라서, 시장에 있는 가격보다 조금이라도 높은 가격을 받으려고 하면 아무도 상품을 사지 않을 것이다. 하지만 전체 시장 규모에 비해 이 기업이 생산하는 양은 아주 작기 때문에 기업이 선택할 수 있는 범위 내에서 아무리 많이 생산해도 시장 가격에 상품을 다 팔 수 있다. 따라서, 기업은 시장 가격을 주어진 것으로 보고 생산량을 결정할 뿐이다.

시장에서 하나의 생산자가 차지하는 비중이 작은 이유는 충분히 많은 생산자가 있기 때문이다. 그 말은 완전 경쟁에서는 진입 장벽이 없어 누구나 자유롭게 시장을 진입할 수 있다는 뜻이다.

완전 경쟁과 독점의 중간에 경쟁은 있지만 완전하지는 않은 상태가 존재한다. 그중 하나의 형태는 생산자들이 만드는 물건은 같지만, 오직 소수의 생산자만 있는 경우이다. 다른 형태는 생산자는 충분히 많지만 그들이 만드는 상품이 조금씩 달라 경쟁이 불완전한 경우이다.

소수의 생산자가 경쟁하는 경우를 **과점(oligopoly)**이라 한다. 소수의 생산자만이 있기 때문에 완전 경쟁처럼 생산자들이 가격을 그저 받아들이지는 않는다. 하지만 다른 생산자도 있기 때문에 경쟁이 전혀 없는 것도 아니다. 과점은 진입 장벽은 있으나 소수 기업이 시장에 진입할 수 있는 경우에 생긴다.

생산자가 생산하는 물건이 조금씩 다른 경우를 차별화된 상품이라 하고, 충분히 많은 생산자들이 차별화된 상품을 가지고 경쟁하는 경우를 **독점적 경쟁(monopolistic competition)**이라고 한다. 이 시장에서 각 생산자들이 생산하는 상품은 동일한 종류이지만 조금씩 다르다. 그래서 각 기업은 상품의 가격을 설정할 수 있다. 하지만 독점과 달리 소비자들은 다른 기업의 상품으로 대체할 수 있다. 예를 들어 휴대폰 시장을 생각해 보자. 다양한 휴대폰 제조업자가 있고 그들이 제조하는 휴대폰은 다른 특성을 가지고 있지만, 소비자들은 가격을 비교하면서 다른 휴대폰 소비로 옮겨갈 수 있다. 시장의 진입 장벽은 없거나 낮아서 충분히 많은 생산자가 있지만, 그런 상품의 차별성 때문에 경쟁은 불완전하다.

〈표 5-1〉은 이런 시장의 구분을 도식적으로 보여준다. 독점, 과점, 독점적 경쟁, 완전 경쟁의 구분은 개념적인 것이고, 현실의 시장은 정확히 하나의 구분으로 나누어 떨어지지는 않는다. 예를 들어, 항공기 시장은 전 세계의 항공기를 보잉과 에어버스의 두 생산자가 대부분 공급하는 과점시장이지만 동시에 두 회사

표 5-1 시장 구조의 구분

구분	생산자 수	진입장벽	상품의 차별화	기업의 가격 설정
독점	하나	O		O
과점	소수	O	동질의 상품	O (소수의 생산자)
독점적 경쟁	다수	X	차별화된 상품	O (차별화된 상품)
완전 경쟁	다수	X	동질의 상품	X

가 만들어내는 항공기는 서로 차별화되어 있다. 하지만 이런 구분과 각 구분에 따른 이론적 분석은 실제 시장을 이해하는 데 도움을 준다. 물론 구체적인 시장 분석을 위해 소수의 기업이 차별화된 상품을 생산하면서 경쟁하는 시장을 모형화할 수 있다.

시장 구조에 따라 같은 생산량이 발생시키는 수입이 달라질 수 있으므로, 이윤 최대화를 위한 기업의 선택 또한 달라진다. 우리는 먼저 완전 경쟁 시장에서의 기업의 최적 선택을 다룬다. 우리가 2장에서 다룬 수요-공급 모형은 완전 경쟁 시장을 염두에 둔 것이다. 완전 경쟁 시장에서 기업의 선택을 분석함으로써 공급 곡선을 도출할 것이다. 독점, 과점에 대한 분석은 8장과 9장에서 다룬다.[3]

요약

시장 구조는 양극단에 완전 경쟁과 독점이 있고, 그 중간에 과점과 독점적 경쟁이 있다. 과점은 생산자 수가 적다는 측면에서, 독점적 경쟁은 상품 차별화 때문에 불완전 경쟁이 생긴다.

완전 경쟁에서 기업의 선택과 공급 곡선

앞서 소개한 대로 완전 경쟁은 충분히 많은 생산자가 있어 그들 간의 경쟁이 완전한 상태이다. 충분히 많은 수의 생산자와 소비자의 존재는 완전 경쟁을 위한 필수 조건이다. 거기에 생산자가 생산한 상품들은 모두 동질적이다. 즉, 상품의 차별화가 없다. 물론 충분히 많은 수의 생산자가 존재하기 위해서는 진입장벽이 없이 자유로운 시장 진입이 가능해야 한다.

이런 상황에서 개별 기업은 시장 가격을 자기의 생산 결정과 무관하게 결정되는 가격으로 받아들이게 된다. 이때 개별 기업이 직면하게 되는 수요 곡선은 〈그림 5-17〉처럼 시장 가격에서 수평이 된다. 이 기업이 생산하는 상품의 가격이 주어

3 독점적 경쟁은 현실에서 중요한 사례이나 이 교과서에서는 다루지 않는다. 관심 있는 독자는 산업 조직론(industrial organization) 관련 교과서를 참조하라.

그림 5-17 완전 경쟁에서 개별 기업 상품의 수요 곡선

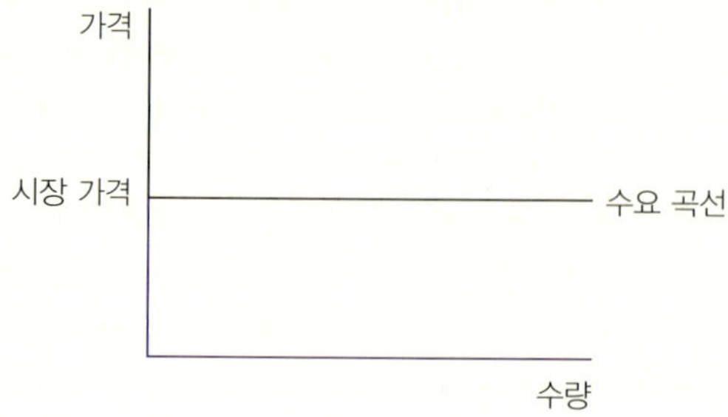

진 시장가격보다 높다면 어떤 소비자도 이 기업의 상품을 사지 않을 것이다. 반면 이 상품의 가격이 시장가격보다 낮다면 모든 소비자들이 이 기업의 상품을 사려고 할 것이다. 따라서, 기업은 주어진 가격에서 생산량을 결정해야 한다.

이 상황에서 기업이 상품 하나를 더 생산하면 이 기업의 수입은 가격만큼 증가한다. 개별 기업은 주어진 시장 가격에 물건을 하나 더 팔 뿐이다. 개별 기업의 생산량은 시장 전체에서 아주 작은 부분을 차지해 가격에 영향을 미치지 못한다. 따라서, 완전 경쟁 기업의 한계 수입(MR)은 시장 가격과 같다(MR=p).

이전 분석에서 기업의 이윤 최대화 생산량은 한계 수입과 한계 비용이 같아지는 지점에서 구해졌다. 그런데 완전 경쟁 시장에서는 한계 수입이 가격과 같으므로 완전 경쟁 기업의 이윤 최대화 생산량은 가격이 한계 비용과 같아지는 점에서 얻어진다.

완전 경쟁 → ← 이윤 최대화

$$p = MR = MC$$

이제 기업이 이윤을 최대화하는 생산량을 결정하는 것으로부터 기업의 공급 곡선, 나아가 시장의 공급 곡선을 구할 수 있다. 공급 곡선은 단기와 장기를 구별해 도출한다. 생산 및 비용에 대한 설명에서 이미 언급했듯이 단기와 장기는 개념적인 시간 구분이다. 단기는 노동 투입은 변경 가능하지만, 자본 투입은 변경할 수 없는 시간대이다. 반면 장기는 노동과 자본 투입 모두 변경할 수 있는 시간대이다. 자본 투입을 변경할 수 있다면, 새로운 기업이 공장을 짓고 시장에 진입

하거나 기존 기업이 공장을 없애고 시장에서 빠져나가는 것도 가능하다. 그래서 이 분석에서의 장기는 기업의 진입과 퇴출까지 가능한 시간대이다.

요약

완전 경쟁에서 한계 수입은 가격과 같고, 이윤 최대화 생산량은 가격이 한계 비용과 같아지는 생산량이다. 이 결정으로부터 기업의 공급 곡선을 구할 수 있다.

1. 단기의 공급 곡선

우선 기업의 단기 공급 곡선을 도출한다. 〈그림 5-18〉의 패널 (a)는 기업의 한계 비용, 평균 비용, 평균 가변 비용 곡선을 보여준다. 평균 비용은 생산량이 적을 때는 분업의 효과 때문에 내려가고, 생산량이 많아지면 고정 투입 요소에서 발생하는 혼잡 때문에 올라간다. 한계 비용 곡선은 평균 (가변) 비용의 최저점에서 평균 (가변) 비용 곡선을 아래에서 위로 가른다. 이윤을 최대화하는 기업은 한계 수입이 한계 비용과 같아지는 점에서 생산량을 결정하고, 완전 경쟁에서는 한계 수입이 시장 가격과 같다. 따라서 완전 경쟁에서는 가격이 한계 비용과 같아지는 점에서 생산량이 결정된다는 사실을 상기하자. 패널 (a)에서 시장의 가격이 p_1이면, 한계 비용과 p_1이 같아지는 생산량은 q_1이다. 가격이 p_2이면, 한계 비

그림 5-18 기업의 생산량 결정과 공급 곡선(단기)

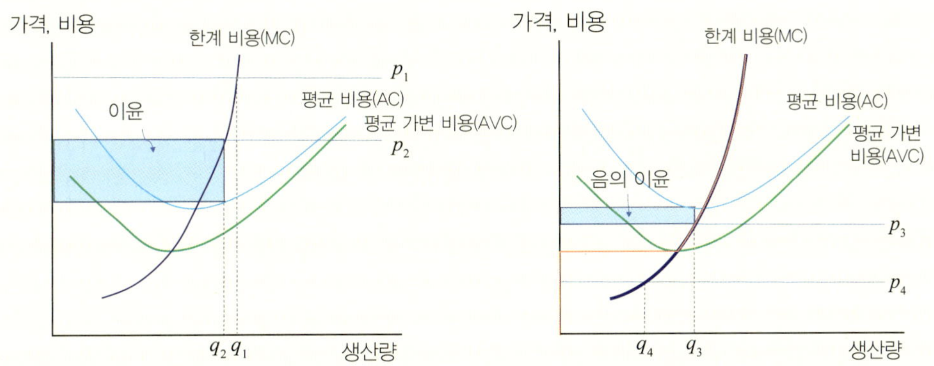

(a) 이윤 최대화 생산량과 기업의 이윤 (b) 음의 경제적 이윤과 생산 여부 결정

용과 p_2가 같아지는 생산량은 q_2이다. 공급 곡선은 가격이 주어지면 기업의 공급량을 보여준다. 그런데 가격이 주어지면 한계 비용 곡선 위에서 생산량이 결정된다. 따라서, 한계 비용 곡선이 곧 이 기업의 공급 곡선이다. 그림에서는 이 기업의 이윤도 표시할 수 있다. 가격이 p_2이고 생산량이 q_2일 때, 상품 하나당 수입(평균 수입)은 곧 가격이다. 상품 하나당 비용(평균 비용)은 평균 비용 곡선에서 구할 수 있다. 상품 하나당 이윤은 가격에서 평균 비용을 뺀 값이고(색칠한 사각형의 높이), 여기에 생산량을 곱한 값인 사각형의 넓이가 기업의 이윤이 된다.

한계 비용 곡선은 기업의 공급 곡선이지만, 모든 가격 수준에서 그런 것은 아니다. 만약 가격이 너무 낮다면 기업은 생산을 아예 중단할 수 있기 때문이다. 〈그림 5-18〉의 패널 (b)에서 가격이 평균 비용보다 낮은 p_3가 되었다고 해보자. 물론 생산을 한다면 가격과 한계 비용이 같아지는 q_3에서 생산하는 것이 이윤을 최대화하는 방법이다. 그러나 이 경우, 이윤은 음(−)의 값을 가진다. 생산량 q_3에서의 평균 비용은 가격보다 낮아 상품 하나당 이윤이 음(−)이고 색칠한 사각형의 넓이만큼 음(−)의 이윤이 발생한다. 그러나 여전히 기업은 생산을 계속한다. 가격은 평균 비용보다는 낮지만, 평균 가변 비용보다 높다. 즉, 고정 비용을 제외하고 생산을 할 때만 발생하는 평균 비용보다는 가격이 높다는 것이다. 기업이 음(−)의 이윤을 가지게 된 것은 고정 비용이 크기 때문이다. 단기에서는 자본 투입량이 고정되어 있으므로 이로 인해 생산량과 관계없이 비용이 발생한다. 이 기업이 생산을 중단하면 고정 비용으로 인한 손해는 음(−)의 이윤보다 더 크다. 따라서, 기업은 생산을 하는 쪽이 더 낫다. 다시 여러분의 점포 운영과 복사기 대여의 예를 생각해 보자. 복사기 임대료를 지불하고 나면 점포 운영은 적자이지만, 복사기 임대료 지출을 제외하면 흑자인 경우를 생각해 볼 수 있다. 점포 운영을 하지 않더라도 복사기 임대료는 내야 하므로, 이 경우에는 운영을 하는 것이 그나마 적자 폭을 줄일 수 있다.

만약 가격이 p_4와 같이 평균 가변 비용보다 아래로 내려가면 기업은 생산을 중단하게 된다. 이제는 복사기 임대료를 제외하더라도 점포 운영은 적자이고, 이럴 때는 점포 운영을 중단하고 고정 비용인 복사기 임대료만 지불하는 것이 더 낫다. 즉, 평균 가변 비용 곡선 위쪽의 한계 비용 곡선이 기업의 공급 곡선이며, 가

그림 5-19 기업의 공급 곡선과 시장 공급 곡선(단기)

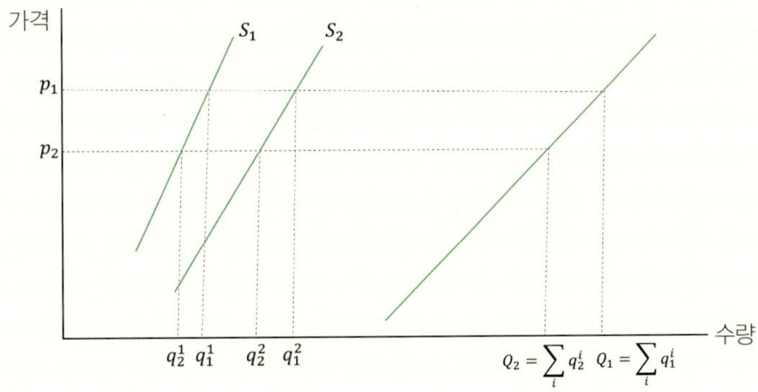

격이 평균 가변 비용보다 낮으면 공급량은 0이다. 생산 여부가 결정되는 평균 가변 비용의 최저점을 **생산 중단점(shut down point)**이라고 하고, 이윤이 양수가 되는 지점인 평균 비용의 최저점을 **손익 분기점(break-even point)**이라고 한다.

일단 기업의 공급 곡선이 구해지면 시장 공급 곡선은 개별 기업 공급 곡선의 수평합으로 구할 수 있다. 단기에는 기업의 수가 정해져 있다. 예를 들어 현재 n개의 기업이 있다고 하자. 〈그림 5-19〉는 개별 기업의 공급 곡선 S_1, S_2 등을 보여준다. 주어진 가격 수준에서 개별 기업의 공급량을 구하면 시장 공급량은 개별 기업의 공급량을 모두 합한 값이다. 이를 모든 가격 수준에서 수행하면 시장 공급 곡선은 개별 기업 공급 곡선의 수평합으로 구해진다.

요약

단기의 기업 공급 곡선은 한계 가변 비용 위의 한계 비용 곡선이다. 시장 공급 곡선은 시장에 존재하는 개별 기업 공급 곡선의 수평합이다.

2. 장기의 공급 곡선

장기의 공급 곡선도 단기의 공급 곡선과 유사한 방식으로 구할 수 있다. 차이가 있다면, 단기에는 평균 비용과 평균 가변 비용을 구별할 수 있었던 데 반해 장기에는 고정 비용이 없이 모든 비용이 가변 비용이기 때문에 평균 가변 비용이라는 개념이 없다는 것이다. 〈그림 5-20〉은 기업의 장기 평균 비용과 한계 비용 곡선을 보여준다. 이윤을 최대화하는 생산량은 여전히 가격이 한계 비용과 같아지는 점에서 얻어진다. 그림처럼 가격이 p_1이라면 q_1이 이윤을 최대화하는 생산량이다. 가격이 바뀜에 따라 기업의 생산량은 장기 한계 비용 곡선에서 얻어지므로 장기 한계 비용 곡선이 곧 이 기업의 공급 곡선이다. 그러나 가격이 p_2처럼 평균 비용보다 낮아지게 되면 생산을 했을 때 기업 이윤은 음(-)이 되므로 생산을 중단하게 된다. 하지만 이때의 생산 중단은 단기의 생산 중단과는 다소 다른 의미이다. 단기에는 자본 설비를 그대로 두고 그 비용을 지불하면서 생산을 중단한다면, 장기에는 모든 자본 설비를 다 철수시키는 식으로 생산을 중단한다. 장기는 자본 설비를 조정할 수 있을 만큼 긴 기간이기 때문이다. 점포 운영과 복사기 임대료의 예를 다시 생각해보자. 복사기 임대료를 제외하고 흑자가 나는 경우에는 전체적으로 적자가 나더라도 점포 운영을 계속한다고 했다. 복사기 임대료를 제외하고도 적자가 나면 운영을 중단하지만 복사기 임대료는 계속 지불한다. 임대료를 제외하고 흑자가 나더라도 그 흑자가 임대료보다 작으면 임대기간이 끝나는 지점에서 복사기 대여 계약을 종료하고 운영을 중지할 것이다. 그것이 장기의 생산 중단이다.

기업의 공급 곡선을 구했으니 시장 공급 곡선을 구할 차례이다. 장기는 자본

그림 5-20 기업의 생산량 결정과 공급 곡선(장기)

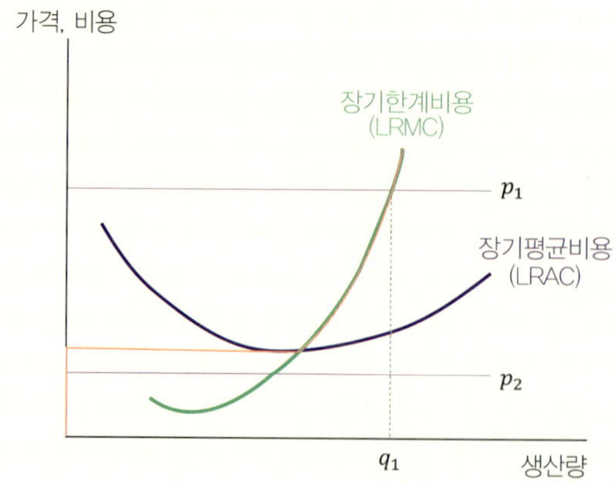

투입량을 조정할 수 있을 뿐만 아니라 신규 기업의 진입이나 기존 기업의 퇴출도 가능한 시간대이다. 따라서 단기와는 달리 시장 공급 곡선을 구하기 위해 기업의 수를 고정해 놓을 수 없다.

기업의 진입과 퇴출은 경제적 이윤에 기인한다. 장기에서 생산 중단은 모든 자본 투입을 철수시키는 기업의 퇴출이다. 반면 시장 가격에서 경제적 이윤을 얻을 수 있다면 기업은 새로 진입할 것이다.

가장 단순한 상황으로 모든 기업이 동일한 생산 기술을 가지는 경우를 생각해 보자. 〈그림 5-21〉의 왼편 그림이 모든 기업이 동일하게 가지고 있는 장기 한계 비용과 평균 비용 곡선이다. 만약 가격이 p_1이면 기업의 이윤은 음(−)의 값이 된다. 따라서 기업들은 생산을 중단하고 시장을 빠져나간다. 이때 개별 기업의 공급량은 0, 시장 공급량도 0이 된다. 평균 비용보다 낮은 모든 가격에서 시장 공급량은 0이 된다. 가격이 p_2이면 개별 기업은 가격이 한계 비용과 같아지는 생산량 q_2를 생산한다. 단기에서라면 기업의 수 n을 곱해 시장 공급량을 구할 것이다. 하지만 장기에서는 기업의 진입과 퇴출이 이루어진다. 이 경우 기업의 이윤은 양이므로 동일한 기술을 가지고 있는 대기 기업들이 이윤을 노리고 진입한다. 따라서 개별 기업의 공급량은 q_2이지만 시장 공급량은 무한하다. 이런 논리는 평균 비용보다 높은 모든 가격에 적용된다. 따라서 시장 공급 곡선은 평균 비용의 최저점

그림 5-21 완전 경쟁에서 시장 공급 곡선(장기, 동질적인 기업)

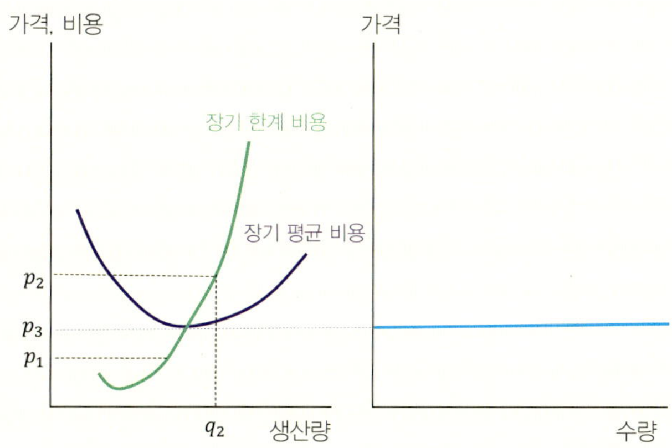

인 가격 p_3에서 그림의 오른편과 같이 수평이다.

모든 기업이 동일한 기술을 가진 경우 완전 경쟁의 장기 공급 곡선은 평균 비용의 최저점에서 수평이다. 개별 기업은 평균 비용을 최소화하는 최적의 생산 규모를 달성한다. 이 장기 공급 곡선상에서 모든 개별 기업은 가격과 평균 비용이 같아 이윤이 0이 된다.

기업의 이윤이 0이 된다면 왜 기업을 운영하는지 의문이 들 것이다. 중요한 것은 이때 0이 되는 이윤은 경제적 이윤이지, 회계적 이윤은 아니라는 것이다. 다시 점포를 운영하는 예로 돌아가 보자. 점포 운영으로 월 800만 원의 회계적 이윤이 발생했다고 하자. 그런데 만약, 여러분이 점포를 운영하지 않고 취직했다면 월 300만 원의 월급을 받을 수 있었다. 여러분이 점포 운영을 위해 포기한 월 300만 원은 회계적 비용은 아니지만, 여러분의 기회비용이고 곧 경제적 비용이다. 따라서 점포 운영의 경제적 이윤은 500만 원이다. 점포 운영에 특별한 지식이 필요하지 않고, 누구나 할 수 있는 일이라 해보자. 여러분과 같이 월 300만 원을 벌 수 있고 점포 운영을 하면 월 800만 원의 수익을 낼 수 있는 사람들은 누구나 점포를 열 것이다. 이런 신규 진입은 시장의 공급을 증가시켜 가격을 낮추고, 결국 각 점포의 이윤을 줄이게 된다. 이윤이 줄어들어 점포의 회계적 이윤이 300만 원이 되면 그제야 신규 진입이 멈출 것이다. 이제 점포를 운영하나 회사를 다니나 벌어들이는 돈은 같아지고, 경제적 이윤은 0원이 된다. 그러나 점포 운영은 여전히 회계적 이윤을 가져다준다. 그 회계적 이윤이 점포를 하지 않았을 때의 이익보다 많지 않을 뿐이다.

완전 경쟁의 장기 시장 공급 곡선이 항상 수평인 것은 아니다. 위에서 수평인 장기 공급 곡선을 도출할 때는 모든 기업이 동질적이라고 가정하였다. 만약 기업들이 서로 다르다면 가격이 오를수록 공급량이 올라가는 시장공급 곡선을 유도할 수 있다. 〈그림 5-22〉의 왼편 그림은 두 종류의 다른 기업을 상정하고, 이 둘의 장기 한계 비용과 평균 비용 곡선을 보여준다. 종류 1의 기업은 생산 기술이 효율적이어서 모든 생산량에서 한계 비용과 평균 비용이 종류 2의 기업보다 낮다. 시장에는 종류 1의 기업이 n개 있고, 종류 2의 기업은 충분히 많이 있다고 하자. 가격이 p_1보다 낮으면 효율적인 종류 1의 기업도 이윤이 음이어서 시장 공급

그림 5-22 완전 경쟁에서 시장 공급 곡선(장기, 이질적인 기업)

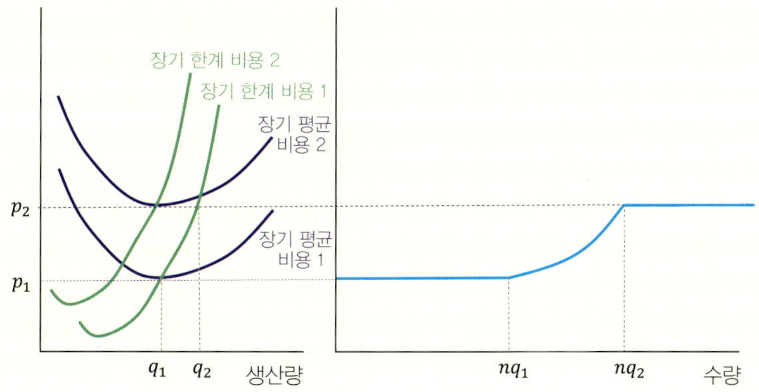

량은 0이다. 가격이 p_1이 되면 종류 1의 기업은 q_1을 생산하고, 그런 기업이 n개 있으므로 시장 공급량은 nq_1이 된다. 가격이 이보다 오르면 종류 1의 기업은 한계 비용 곡선을 따라 생산량을 늘리고 이에 따라 시장 공급량이 늘어난다. 가격이 p_2가 되면 종류 2의 기업이 생산을 시작해 시장 공급량이 늘어나 시장 공급 곡선은 수평이 된다. 여기에서 우리는 두 종류의 기업만 생각하고 있지만, 기업의 생산 기술이 조금씩 차이가 나는 많은 종류의 개별 기업을 상정한다면 매끄럽게 오른쪽으로 올라가는 시장 공급 곡선이 나타날 것이다.

이 경우 종류 1의 기업은 양(+)의 경제적 이윤을 누릴 수 있다. 완전 경쟁 상황이라도 기업의 경제적 이윤이 항상 0이 되는 것은 아니다. 점포를 운영하는 예를 다시 생각해 보자. 여러분이 운영을 잘해 다른 사람들보다 월 200만 원의 회계적 이윤을 더 얻을 수 있다고 하자. 다른 사람들의 회계적 이윤이 회사에 취직하여 벌 수 있는 300만 원이 되면 그들의 경제적 이윤은 0이 되고, 시장 진입은 더 이상 이루어지지 않는다. 하지만 여전히 여러분은 점포 운영을 더 효율적으로 하기 때문에 다른 사람들보다 200만 원 많은 월 500만 원의 회계적 이윤, 그리고 그 효율성의 차이인 월 200만 원의 경제적 이윤을 누릴 수 있다.

기업의 생산 기술로부터 평균 비용 곡선과 한계 비용 곡선을 그릴 때 기업이 직면하는 생산 요소의 가격은 고정되어 있다고 가정했다. 시장의 생산량이 늘어나면서 이들 요소에 대한 수요가 늘어나 요소 가격이 상승할 수 있다. 그렇게 되면 많이 기업들이 시장에 진입함에 따라 평균 비용과 한계 비용이 상승할 것이다. 그 경우에도 우리는 오른쪽으로 올라가는 시장 공급 곡선을 그릴 수 있다.

요약

장기의 기업 공급 곡선은 평균 비용 위에 놓인 한계 비용 곡선이다. 기업이 동질적인 경우 기업의 진입과 퇴출로 시장 공급 곡선은 최저인 평균 비용에서 수평이다. 이질적인 기업이 있는 경우나 요소 가격 상승이 있는 경우 오른쪽으로 올라가는 시장 공급 곡선도 가능하다.

시장 수요 곡선으로부터 소비자가 거래에 참여하여 얻는 이익인 소비자 잉여를 구했던 것처럼, 시장 공급 곡선으로부터 생산자가 거래에 참여하여 얻는 이익인 **생산자 잉여**(PS: producer surplus)를 구할 수 있다. 〈그림 5−23〉에서는 공급 곡선이 그려지고 시장 가격과 거래량이 표기되어 있다. 만약 시장 공급 곡선이 단기 공급 곡선이라면, 이 공급 곡선은 한계 비용 곡선의 수평 합이다. 시장 가격과 거래량에서 기업들의 총수입은 p^*q^*가 된다. 공급 곡선의 아래 면적은 기업들의 비용의 총합이 된다. 따라서 빗금 친 영역은 고정 비용을 제외한 기업의 이윤이 되고 곧 생산자 잉여이다. 이 공급 곡선이 장기 공급 곡선이라 하면 매끄럽게 증가하는 모양을 가지는 경우는 이질적인 기업을 가정하는 것이고, 역시 빗금 친

그림 5−23 생산자 잉여(producer surplus)

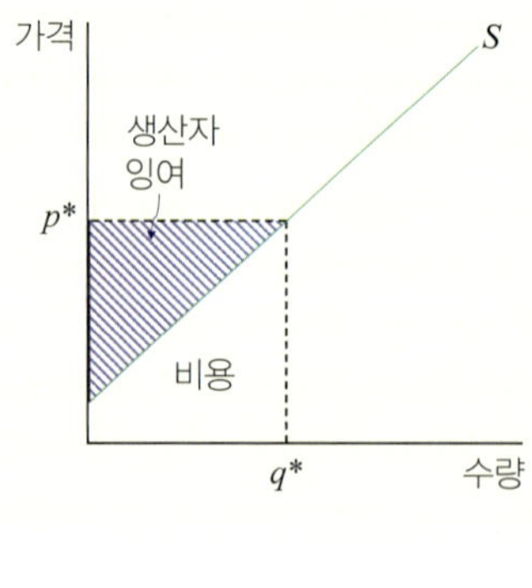

영역은 상대적으로 효율적인 기업이 누리는 경제적 이윤이다. 기업의 이윤은 거래를 통하여 얻는 생산자의 이익, 곧 생산자 잉여가 된다.

요약

거래를 통한 이익인 생산자 잉여는 가격 아래 공급 곡선 위의 영역이다.

Chapter 5 연습문제

1 단기에서 노동의 한계 생산이 적은 투입량 수준에서 증가하다가 결국에는 감소하는 이유를 설명하시오.

2 다음의 진술이 참인지, 거짓인지, 아니면 확실하지 않은지를 밝히고, 이유를 설명하시오.

(1) 노동의 평균 생산이 한계 생산보다 클 때, 노동의 평균 생산은 노동 투입량이 늘어나면서 증가한다.
(2) 노동의 한계 생산이 감소하면, 노동의 평균 생산 역시 감소한다.
(3) 동일한 생산량에 해당하는 등량곡선을 그릴 때, 감소하는 규모 수익을 가진 생산 기술의 등량곡선은 증가하는 규모 수익을 가진 생산 기술의 등량곡선보다 더 가깝게 그려진다.
(4) 한계 기술 대체율이 감소하면 등량곡선은 원점에 볼록하다.
(5) 증가하는 규모 수익을 가진 생산 기술이면 자본의 한계 생산 역시 증가한다.

3 노동의 한계 생산이 12이고 한계 기술 대체율이 4일 때, 자본의 한계 생산은 얼마인가?

4 복사 가게의 하루 복사 매수는 복사기와 종업원의 숫자에 의해 결정된다. 복사기가 운영되면 대당 하루 1000장을 복사할 수 있다. 하지만 복사기가 운영되려면 종업원이 있어야 하고 종업원은 한 명이 최대 3대의 복사기를 관리할 수 있다. 예를 들어, 종업원 1명에 복사기 2대를 가진 복사가게는 하루 2000장의 복사가, 종업원 1명에 복사기 4대를 가진 복사 가게는 하루 3000장의 복사가 가능하다(편의를 위해 복사기와 종업원 수는 어떤 실수도 가능하다고 하자).

(1) 종업원의 숫자를 L, 복사기의 숫자를 K, 하루 복사량을 q라 할 때, 이 복사 가게의 생산 함수를 표현하시오.

(2) $K=\overline{K}$인 단기에서 노동의 총생산, 평균 생산, 한계 생산 곡선을 그리시오.

(3) 장기의 생산을 나타내는 등량곡선을 그리시오.

5 다음 생산 함수가 일정한 규모 수익, 증가하는 규모 수익, 혹은 감소하는 규모 수익의 특성을 보이는지 설명하시오.

(1) $f(L,K)=2L+5K$

(2) $f(L,K)=L^{\frac{1}{2}}K^{\frac{1}{2}}$

(3) $f(L,K)=\sqrt{3L+K}$

6 다음 경우 사업 운용의 연간 경제적 비용을 계산해 보라. 혹시 추가적인 정보가 필요하면 명시하고 이를 어떻게 경제적 비용 계산에 넣을지 논의하시오.

월 300만 원을 받던 직장을 그만두고 사업을 시작하였다. 시장 이자율이 연 5%인 상황에서 사업을 위해 본인 자금 2000만 원과 차입금 3000만 원의 자본을 들여 시설을 갖추었다. 월 급여 200만 원의 직원 한 명을 두고, 가족도 한 명 무급으로 일하고 있다.

7 본문 192쪽 참고

8 다음의 진술이 참인지, 거짓인지, 아니면 확실하지 않은지를 밝히고, 이유를 설명하시오.

(1) 단기의 생산에서 노동의 한계 생산이 증가할 때 한계 비용은 감소한다.

(2) 단기의 생산에서 노동의 한계 생산이 노동의 평균 생산보다 크면 평균 생산 비용은 감소한다.

(3) 장기에서 경제적으로 효율적인 생산을 위해서는 임금이 오르면 기업은 항상 노동 투입량을 줄이고 이를 자본으로 대체한다.

(4) 장기의 생산에서 규모의 경제가 존재하면, 한계 생산 비용은 평균 생산 비용보다 낮다.

(5) 장기 비용은 단기 비용보다 낮다.

(6) 기업은 손실을 보는 경우에는 바로 생산을 중단한다.

(7) 모든 생산자가 동일한 생산 기술을 가진 완전 경쟁의 장기 공급 곡선은 수평이다.

9 섬유 업체의 공장이 현재 하루 1000톤의 섬유를 생산하고 있다. 추가적인 면직 기계 K를 도입하면 하루 200만 원의 비용이 들고, 노동자 L을 추가 고용하면 하루 10만 원의 비용이 든다. 현재의 생산 수준에서 면직 기계의 한계 생산은 50톤이고, 노동자의 한계 생산은 4톤이다. 이 공장은 현재 최소한의 비용을 들여 생산하고 있는가? 최소한의 비용을 들여 생산하고 있다면, 근거를 제시하시오. 최소한의 비용을 들여 생산하고 있지 않다면, 사용하는 투입 요소를 어떻게 조정해야 하는지 설명하시오.

10 등량곡선과 등비용선을 이용하여 왜 영국의 집은 대부분이 벽돌과 돌로 만들어진 반면 미국의 집은 주로 목재로 만들어지는지 설명하시오. 벽돌과 나무는 집을 만드는 데 있어 완전 대체재에 가깝다고 가정하시오.

11 본문 204쪽 참고

12 모든 잠재적 진입 기업의 장기 한계 비용과 장기 평균 비용이 다음과 같다.

$$MC = 3q^2 - 20q + 27$$
$$AC = q^2 - 10q + 27$$

이 시장의 수요 곡선이 $Qd = 520\text{-}10p$로 주어져 있을 때, 이 완전 경쟁 시장의 장기 균형에서 각 기업의 생산량, 기업의 수, 균형 가격을 구하시오.

Chapter

6

완전 경쟁 시장의 효율성

우리는 2장에서 시장을 분석할 수 있는 가장 기본적인 도구인 수요-공급 모형을 소개했다. 이 모형에서 당연하게 받아들인 수요 법칙과 공급 법칙을 이해하기 위해 수요 곡선과 공급 곡선의 배후에 있는 개인의 선택 문제를 분석하였다. 3장에서는 소비자의 효용 최대화 선택을 통해 개인의 수요 곡선과 시장 수요 곡선을 유도하였다. 5장에서는 기업의 이윤 최대화 선택을 통해 개별 기업의 공급 곡선과 시장 공급 곡선을 유도하였다. 기업의 선택을 분석하여 도출한 공급 곡선은 완전 경쟁이라는 하나의 시장 구조에서만 도출된 것이다. 따라서, 2장에서 소개한 수요-공급 모형은 완전 경쟁 시장을 분석하기 위한 도구이다.

개인의 합리적 선택 행위를 통해 수요 곡선과 공급 곡선을 유도하면서 추가적으로 얻게 된 이점은 시장 참가자들의 거래 참여를 통한 이익을 개념화할 수 있다는 것이다. 소비자 잉여, 생산자 잉여의 개념이 그것이다.[1] 거래 참여를 통한

1 물론 거래를 통한 소비자의 이익은 보상 수요 곡선에서 측정한 보상 변화와 대등 변화를 통해 개념적으로 더 정확하게 측정된다. 하지만 이후의 논의에서는 이의 근삿값으로 소비자 잉여 개념을 사용한다.

이익을 평가할 수 있으면, 자원 배분에 대한 규범적 평가가 가능해진다.

경제학은 자원 배분을 연구한다. 한정된 자원으로 무한한 욕구를 최대한 충족시킬 좋은 방법에 대해 생각한다. 그리고 시장은(혹은 완전 경쟁 시장은) 자원을 배분하는 제도 중 하나이다. 우리는 시장에서 이루어지는 자원 배분에 대해 두 가지 종류의 질문을 할 수 있다. 우선 경제적 환경이 바뀌면 시장에서 이루어지는 자원 배분이 어떻게 변할 것인가를 질문할 수 있다. 이 질문은 왜 변화가 일어나는지에 대한 이해, 그리고 앞으로 어떤 일이 벌어질 것인지에 대한 예측과 관련이 있다. 이런 질문에 대한 답을 하려는 분석을 **'실증적 접근(positive approach)'**이라고 한다. 반면 이렇게 이루어진 자원 배분이 좋은 것인지, 이보다 더 좋은 자원 배분을 할 수 없는지 등에 대한 질문을 할 수 있다. 이 질문은 특정 자원 배분이 바람직한지에 대한 가치 평가와 관련이 있다. 이런 질문에 답을 하려는 분석을 '**규범적 접근(normative approach)**'이라 한다.

우리는 2장에서 개인 선택에 대한 분석 없이도 실증적 접근에 따른 여러 질문에 답했다. 시장 제도가 주어져 있을 때 가격과 거래량의 변화를 어떻게 이해할 수 있는지, 외부 충격이 발생하면 가격과 거래량은 어떻게 변할 것인지 등이 그것이다. 반면 시장 균형을 통한 가격과 거래량의 결정이 좋은 것인지에 대해서는 특별한 분석을 하지 않았다. 이를 평가하기 위해서는 평가의 기준이 필요하다. 수요 곡선과 공급 곡선의 배후에 있는 개인의 선택을 분석함으로써 소비자 잉여와 생산자 잉여라는 평가의 기준을 가지게 되었다. 이제 시장 균형이 좋은 자원 배분인지에 대한 규범적 평가를 내려보자.

요약

경제학적 분석에는 어떤 일이 일어날 것인가에 관한 실증적 접근과 어떤 결과가 바람직한지에 관한 규범적 접근이 있다.

6.1 시장의 효율성

자원 배분이 효율적인지를 평가하기 위해 필요한 평가의 기준을 **사회 후생(social welfare)**이라 부른다. 사회 후생은 기본적으로 사회 구성원들의 행복(well-being)을 측정하는 것이다. 사회 구성원들의 행복은 그들이 경제활동에 참여하는 목적에 비추어 평가할 수 있다. 소비자들은 그들의 선호에 비추어 행복감을 측정할 수 있고, 생산자 혹은 기업은 이윤이라는 척도에 비추어 행복감을 측정할 수 있다.[2] 이를 측정 가능한 개념으로 표현한 것이 4장과 5장에서 소개한 소비자 잉여와 생산자 잉여이다. 따라서 현재의 맥락에서 사회 후생은 시장 참여자들이 거래에 참여함으로써 얻게 되는 이익의 총합, 즉 소비자 잉여와 생산자 잉여의 합인 총잉여(total surplus)를 통해 측정할 수 있다.

$$\text{사회 후생} = \text{총잉여} = \text{소비자 잉여} + \text{생산자 잉여}$$

그림 6–1 완전 경쟁 시장의 사회 후생

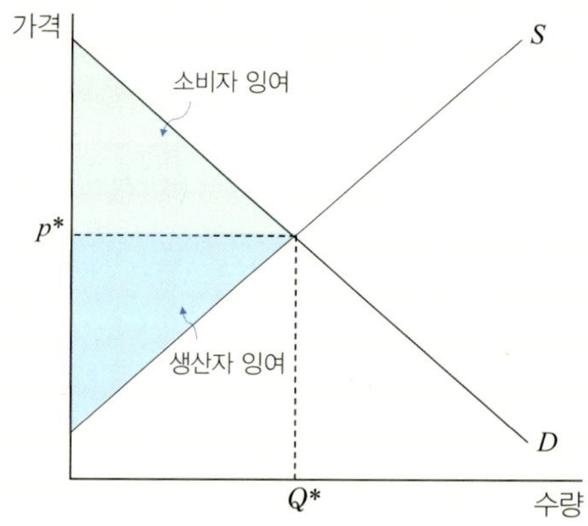

2 앞서 언급하였듯이 기업은 자연인이 아닌 조직이다. 우리는 편의를 위해 기업이 이윤 최대화라는 목적을 추구하는 경제적 주체라고 보았다. 이런 기업이 더 많은 이윤을 남긴다고 해서 어떻게 사회 구성원들의 행복이 올라가느냐고 의문을 가질 수 있다. 하지만 기업의 이윤은 결국 자연인인 사회 구성원들에게 되돌아간다. 예를 들어, 기업을 소유하는 주주가 배당금의 형태로 가져갈 수 있다. 따라서, 이를 사회 후생의 척도로 보는 것에 큰 문제는 없을 것이다.

우선 완전 경쟁 시장 균형에서의 사회적 후생을 평가해 보자. 〈그림 6-1〉은 완전 경쟁 시장의 수요 곡선과 공급 곡선을 보여준다. 시장 균형은 수요 곡선과 공급 곡선이 교차하는 곳에서 정해지고, 여기에 해당하는 균형 가격과 균형 거래량이 있다. 소비자 잉여는 수요 곡선의 아래, 시장 가격의 위로 둘러싸인 면적이다. 생산자 잉여는 공급 곡선의 위, 시장 가격의 아래로 둘러싸인 면적이다. 이 두 영역을 합한 것이 총잉여이며, 사회 후생을 측정하는 기준이 된다.

이제 시장이 아닌 다른 제도, 예를 들어 계획 경제 같은 제도를 통하여 자원 배분이 이루어지는 상황을 고려해 보자. 시장 경제가 아니므로 가격은 존재하지 않을 수도 있다. 그러나 자원 배분 제도이므로 얼마나 생산할 것인지, 누가 어떤 방법으로 생산할 것인지, 누가 소비할 것인지 등을 결정해 주어야 한다.

완전 경쟁 체제의 시장 경제는 이런 모든 문제를 가격이라는 매개와 가격을 보고 개인들이 선택하는 행위를 통하여 결정한다. 가격이 주어지면 소비자들은 소비 선택을 한다. 이런 소비 선택을 통하여 수요 곡선이 도출되었는데, 이는 상품에 대하여 소비자가 얼마나 가치를 느끼는지를 보여준다. 기업 혹은 생산자 역시 가격을 보고 생산 결정을 한다. 이로부터 공급 곡선이 도출되는데, 이는 생산자가 상품을 생산하는 데 얼마나 많은 비용이 드는지를 보여준다.

시장 경제에서는 일단 생산량이 주어지면 누가 어떤 방법으로 생산할 것인지와 누가 소비할 것인지가 효율적인 방식으로 결정된다. 생산량이 주어졌을 때 생산 비용이 낮은 생산자가 생산을 하고, 소비가치가 높은 소비자가 소비를 하는 것이 효율적이다. 시장 경제에서는 이것이 자연스럽게 이루어진다. 우선 소비의 측면에서 소비자는 상품의 가격이 주어지면 자신의 선호에 따라 자신이 상품 소비를 통해 느끼는 가치가 가격보다 높을 때 그 상품을 구매하여 소비한다. 따라서, 소비를 통해 높은 가치를 느끼는 소비자가 상품을 소비하게 된다. 생산의 측면에서도 각 생산자는 상품을 가장 적은 비용으로 생산하는 방식을 택하고, 그렇게 결정된 생산 비용을 가격과 비교하여 생산 비용이 가격보다 낮을 때 상품을 생산한다. 결국 생산 비용이 낮은 생산자가 상품을 생산하게 된다.

우리가 고려하는 시장이 아닌 다른 제도하에서도 생산량 수준을 제외한 모든 자원 배분은 시장 경제처럼 효율적인 자원 배분 제도를 고려한다. 즉, 이 자원 배분 체제에서는 누가 소비할지, 누가 어떻게 생산할지 등에 있어서는 시장 경제처럼 효율적인 방식이 유지된다. 다만 생산량의 결정만 시장 균형과 다른 수준에서 이루어진다. 일단 생산량 결정이 이루어지면 시장 경제와 마찬가지로 생산자들은 가장 비용을 적게 들이는 방식으로 생산을 하고, 생산 비용이 상대적으로 낮은 생산자들이 생산을 한다. 생산된 상품은 주어진 수요 곡선에 의해 가격이 결정되고 지불 용의가 높은 소비자들이 상품을 소비한다. 시장 경제와 다른 유일한 점은 생산량 수준이다. 이 제도를 통해 결정되는 생산량은 시장 균형 생산량보다 더 많거나 적을 수 있는데, 이 경우 사회 후생이 어떻게 변할 것인지 생각해 보자.

그림 6-2 균형 거래량보다 적게 생산할 경우 사회 후생

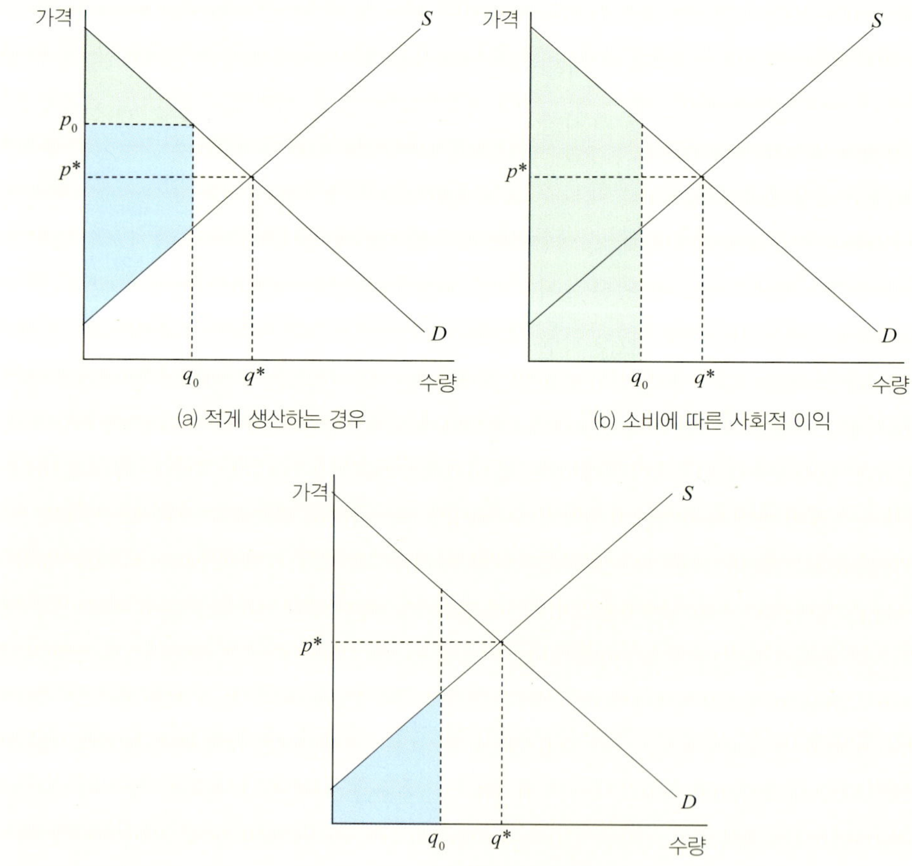

〈그림 6-2〉는 균형 거래량보다 적은 생산량 수준을 선택할 경우의 사회 후생을 보여준다. 앞서 언급하였듯이 생산량 결정을 제외하고는 시장 경제와 동일한 방식의 자원 배분을 따른다. 패널 (a)에서 보이는 것처럼 q_0의 생산량이 시장에 공급되었다면, 이는 수요 곡선에 의해 p_0의 가격에 판매될 것이다. 이 가격보다 높은 가치를 느끼는 소비자가 상품을 소비하므로 소비자 잉여는 수요 곡선 아래, 가격 p_0의 위 영역인, 초록색 삼각형 면적으로 구해진다. 생산량을 달성하기 위해 가장 효율적인 방법이 사용되므로, 공급 곡선을 따라 생산 비용이 낮은 생산자부터 생산을 한다. 따라서 생산자 잉여는 가격 p_0의 아래, 공급 곡선의 위 영역인 파란색 사다리꼴 면적이다. 사회 후생은 이 둘을 합친 면적이다. 〈그림 6-1〉과 비교했을 때 총잉여가 감소했음을 확인할 수 있다. 누가 어떻게 생산할 것인지, 누가 소비할 것인지에 대한 결정에서 효율성을 가정하였음에도 불구하고 시장 균형에 비해 적게 생산하면 사회 후생은 감소하는 것이다. 물론 우리가 고려하는 대안적인 자원 배분 제도가 생산(누가 어떻게 생산할 것인지에 대한 결정)과 분배(누가 소비할 것인지에 대한 결정)에서 효율적인 결정을 하리라는 보장은 없다. 따라서, 총잉여의 감소는 이보다 더 심할 수 있다.

위 논의에서는 시장 경제처럼 수요 곡선에 따라 결정된 가격과 소비 결정을 상정했지만, 총잉여로 사회적 후생을 평가할 때 가격 수준은 중요하지 않다. 가격은 소비자가 생산자에게 지불하는 것으로 잉여를 한쪽에서 다른 쪽으로 이전시킬 뿐이다. 거래량이 같은 한 가격과 상관없이 총잉여는 일정하다. 가격이 높으면 소비자 잉여가 주는 만큼 생산자 잉여가 늘고, 반대로 가격이 낮으면 소비자 잉여가 느는 만큼 생산자 잉여가 줄 뿐이다.

그럼 생산량 q_0가 주어졌을 때 가격에 대한 고려 없이 총잉여를 평가해 보자. 누가 소비하는지가 효율적으로 결정될 때 q_0만큼의 상품을 소비하면, q_0까지의 수요 곡선 아래 면적(패널 (b)의 초록색 영역)만큼 소비를 통한 사회적인 편익이 발생한다. 누가 생산하는지가 효율적으로 결정될 때 q_0만큼의 상품을 생산하면, 생산을 위한 비용은 q_0까지의 공급 곡선 아래 면적(패널 (c)의 파란색 영역)이 된다. 총잉여는 패널 (b)의 초록색 면적에서 패널 (c)의 파란색 면적을 뺀, 수요 곡선과 공급 곡선의 차이를 모아 놓은 것이고 이는 패널 (a)에서 구한 사회적 후생과 같다. 다시 말해 특정 생산량이 주어지면, 사회적인 후생은 주어진 생산량까지의 수요 곡선 아래에서 공급 곡선 아래를 뺀 면적이 된다.

〈그림 6-3〉은 균형 거래량보다 많이 생산할 경우 사회 후생 수준을 보여준다. 앞서 언급한 것처럼 일단 생산량 수준이 주어지면 사회 후생인 총잉여는 가격 수준과 무관하게 결정된다. 균형 생산량인 q^*까지는 수요 곡선이 공급 곡선 위에 있고 이 차이를 모아 놓은 초록색 삼각형이 총잉여가 된다. 하지만 균형 생산량을 넘어서면 공급 곡선이 수요 곡선보다 위에 있고, 파란색 삼각형은 음(−)의 사회 후생이 된다. 〈그림 6-1〉의 완전 경쟁 시장 균형과 비교하면 파란색 삼각형 면적만큼 사회 후생의 손실이 있음을 알 수 있다.

위 논의는 생산량 수준을 제외하고는 효율적인 자원 배분 제도를 가정했다. 즉, 누가 어떻게 생산할지와 누가 소비할지의 결정은 효율적으로 이루어진다고 가정하였다. 앞서 언급하였듯이 다른 자원 배분 제도가 생산과 분배의 결정에서 시장 경제처럼 효율적인 결정을 하리라는 보장은 없다. 그러나 가정하는 자원 배분 제도가 효율적인 생산과 분배 결정을 한다고 해도, 시장 균형 생산량보다 적게 혹은 많이 생산하면 사회 후생은 시장 균형에 비해 줄어드는 것을 확인할 수 있다. 즉, 시장 균형은 누가 어떻게 생산하고(생산), 누가 소비하는지(분배)의 결정에서도

그림 6-3 균형 거래량보다 많이 생산할 경우 사회 후생

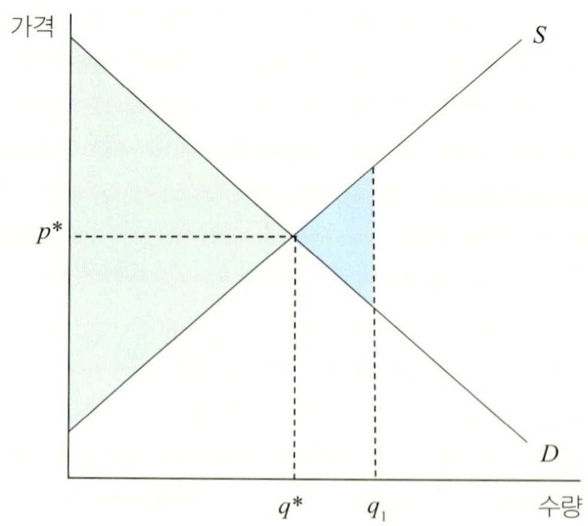

효율적일 뿐만 아니라, 생산량의 결정도 총잉여를 최대화하도록 이루어져 효율적이다. 다른 어떤 자원 배분 제도도 완전 경쟁 시장에 비해 총잉여를 증가시킬 수는 없다.

완전 경쟁 시장이 효율적인 생산량 수준을 달성하는 이유는 시장 균형이 수요 곡선과 공급 곡선이 만나는 지점에서 발생하기 때문이다. 수요 곡선은 상품이 추가적으로 생산되었을 때 이를 사회 구성원이 소비함으로써 얻게 되는 추가적인 가치, 즉 **한계 편익**을 보여준다. 반면 공급 곡선은 상품의 생산을 위해 필요한 추가적인 비용, 즉 **한계 비용**을 반영한다. 사회 구성원이 소비를 통해 얻는 추가적인 가치가 생산에 필요한 추가적인 비용보다 크다면 생산을 증가시키는 것이 사회 후생을 늘리는 것이다. 만약 그 반대라면 생산을 감소하는 것이 사회 후생을 늘린다. 따라서 사회 후생을 최대화하는 생산량 수준은 한계 편익과 한계 비용이 일치하는 점, 즉 수요 곡선과 공급 곡선이 일치하는 점에서 얻어진다. 이것이 곧 시장 균형이다.

요약

상품의 추가적인 소비가치를 반영하는 수요 곡선과 추가적인 생산 비용을 반영하는 공급 곡선이 만날 때 총잉여는 최대화된다. 규범적으로 평가할 때 완전 경쟁 균형은 총잉여를 최대화한다는 점에서 효율적이다.

완전 경쟁 시장 균형은 사회 후생을 최대화한다는 점에서 효율적이다. 이 결과가 많은 경제학자들이 자원 배분 제도로서 시장을 신뢰하도록 하는 이론적 토대를 제공한다. 시장에 대한 개입은 이런 효율성을 침해할 것이기 때문에 자제되어야 한다. 이제 2장에서 보았던 시장 개입의 사례 – 가격 규제와 소비세 부과 – 를 통해 정부의 개입이 어떻게 자원 배분의 효율성을 침해하는지 파악해 보도록 한다.

6.2 시장 개입의 비효율성

가격 규제가 사회 후생에 미치는 영향

우리는 2장에서 가격 규제의 효과를 살펴보았다. 가격 상한제를 시행하면 초과 수요가 생기고 상품의 공급 부족 현상이 심화될 수 있다. 노동시장의 가격 하한제인 최저 임금제를 시행하면 비자발적 실업이 늘어나고 노동 시장에서 일자리 부족 현상이 심화될 수 있다. 이런 문제점을 지적했지만, 2장에서는 규범적으로 이 제도를 평가하는 기준이 없었다. 규범적 평가의 기준으로 제시한 사회 후생의 관점에서 가격 규제의 비효율성을 논할 수 있다.

〈그림 6-4〉는 **가격 상한제**로 인한 사회 후생의 변화를 보여준다. 그림에서 균형 가격은 수요와 공급이 일치하는 p^*인데, 상한으로 설정된 가격은 이보다 낮은 p_1이다. 균형 가격보다 낮은 가격 상한으로 초과 수요가 발생한다. 초과 수요가 발생했을 때 누가 상품을 소비할지는 수요-공급 분석만으로는 명확하지 않다. 소비자 잉여를 최대화하기 위해 소비를 통해 가장 높은 가치를 얻는 소비자가 우선 상품을 소비할 수 있다고 가정하자. 그럼 소비를 통한 가치는 수요 곡선을 따라 발생하여 소비자 잉여는 가격의 위, 수요 곡선의 아래 영역(패널 (a)의 초록색

그림 6-4 가격 상한제로 인한 사회 후생의 변화

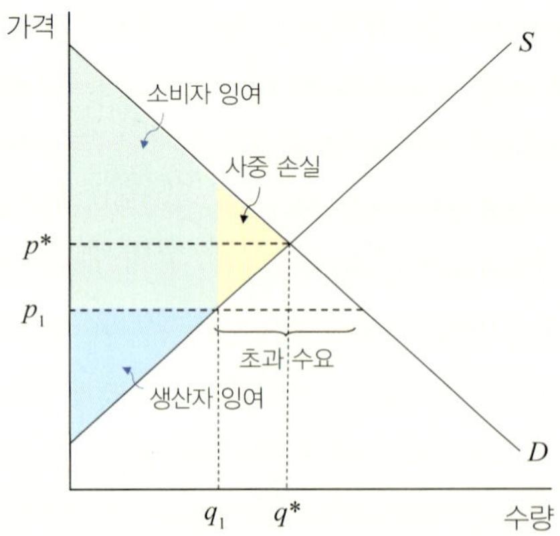

(a) 소비 가치가 높은 소비자가 구매할 때

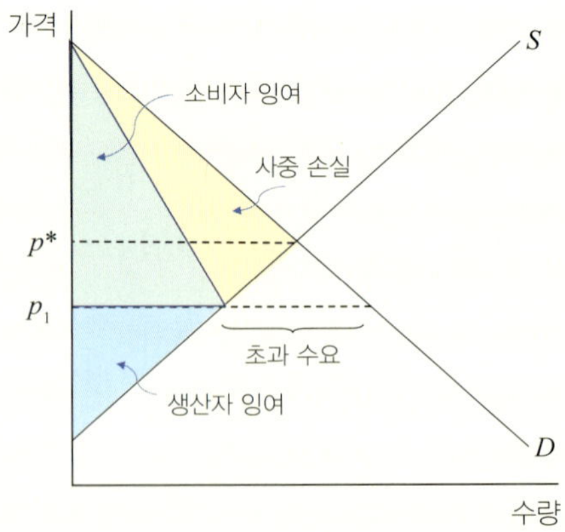

(b) 무작위로 할당될 때

영역)이 된다. 생산자 잉여는 보통과 같이 가격의 아래, 공급 곡선의 위 영역(패널 (a)의 파란색 영역)이다. 가격 상한제가 없는 상황과 비교하여 총잉여는 노란색 삼각형 영역만큼 줄어들었다. 이 영역은 가격 상한제로 인한 사회 후생의 손실이고, 이를 **사중 손실(deadweight loss)**이라 한다. 완전 경쟁 균형은 총잉여를 최대화하는 효율적인 자원 배분을 가져오기 때문에 가격 규제는 반드시 비효율적일 수밖에 없는데, 이 사중 손실이 비효율성의 정도를 보여준다.

그러나 가격 상한제의 목적은 소비자를 보호하기 위한 것이다. 가격 상한제가 없는 상황과 비교하여 생산자 잉여는 많이 감소하고 이의 상당 부분은 소비자 잉여로 대체되었다. 만약 소비자 잉여가 충분히 상승한다면 설사 총잉여가 감소하더라도 가격 상한제의 목적은 달성된 것으로 볼 수 있다.

따라서 소비자 잉여의 변화에 집중하여 제도를 평가해 볼 수 있다. 가격 규제 전과 비교하였을 때 소비자 잉여는 늘어난 부분과 줄어든 부분이 있다. 늘어난 부분은 가격 규제가 없었다면 도달했을 균형 가격과 규제 가격의 차이인 $(p^{*}-p_1)$을 높이로 하고, 현재 거래량 q_1을 밑변으로 하는 직사각형이다. 상품을 구매한 소비자는 가격 규제로 인해 더 싼 가격에 물건을 구입할 수 있게 되었고, 이는 이 직사각형만큼의 소비자 잉여 증가로 나타난다. 반면 감소 부분도 존재한다. 사중 손실 영역 중 균형 가격 p^{*}의 윗부분이다. 가격 규제가 없었다면 상품을 소비하여 가치를 누렸을 소비자들이, 가격 규제와 이로 인한 공급 감소 때문에 상품을 더 이상 소비할 수 없게 되었다. 이들의 잃어버린 소비가 반영된 것이 소비자 잉여의 감소 부분이다. 패널 (a)에서는 소비자 잉여의 증가 부분이 감소 부분보다 더 크게 보이지만, 가격 규제로 인한 상품 공급 감소가 심해지면 소비자 잉여의 증가 영역은 줄어들고 감소 영역은 더 늘어난다. 따라서, 사전적으로 가격 상한으로 소비자 잉여가 더 늘어난다고 볼 수는 없다.

연습문제 3

시장 균형에서 탄력성이 더 큰 공급 곡선을 상정하면 사중 손실이 더 커지고, 소비자 잉여 역시 감소할 가능성이 더 커짐을 보이시오(시장 균형에서 탄력성이 더 큰 공급 곡선은 균형점을 지나면서 더 작은 기울기를 가지는 공급 곡선이다).

〈그림 6-4〉의 패널 (a)에서는 초과 수요 상태에서 상품 소비에 더 높은 가치를 두는 소비자가 상품을 소비할 수 있는 상황을 가정하였다. 그러나 현실에서 이런 가정이 성립하는 것은 아니다. 초과 수요 상태일 때는 상점에 줄을 서고, 면식 있는 상점 주인에게 미리 부탁을 하고, 상품이 들어오는 시간에 맞춰 일찍 가고 하는 등의 방식으로 상품을 구매할 수 있다. 줄을 오래 서는 사람들, 상품이 오는 시간에 맞춰 가는 사람들이 상품을 더 원하는 사람들일 수도 있지만, 그런 행동에 따르는 비용이 적은 사람일 수도 있다. 예를 들어, 다른 일이 바쁜 사람들은 물건을 아무리 원해도 상점에 줄을 서서 기다릴 시간이 없다. 때마침 상점에 상품이 있을 때 상점을 방문한 사람들이 상품을 산다고 하면, 상품들은 설정한 가격 상한보다 높은 가치를 보유한 모든 소비자들에게 무작위로 배정된다고 보는 것이 현실적인 가정일 것이다. 그렇다면 소비자 중에서 상품을 구매하게 되는 사람의 비율은 소비자가 소비를 통해 느끼는 가치 수준과 무관하게 같고, 그 비율은 상한 가격 수준의 수요량에서 실제로 공급된 상품량이 차지하는 비율이 될 것이다. 예를 들어, 수요량이 100이고 공급량이 50이면 수요자의 절반만 물건을 살 수 있다. 따라서, 실제 구매자들이 소비를 통해 얻는 가치는 패널 (b)에서 수요곡선을 초과 수요만큼 안쪽으로 회전시킨 직선으로 나타나고, 소비자 잉여는 패널 (b)의 초록색 삼각형 영역이 된다. 패널 (a)의 상황과 비교했을 때 상품에 대해 높은 가치를 가지고 있는 소비자라도 상품을 구매할 기회가 더 이상 보장되지 않기 때문에, 소비자 잉여는 감소하고 사중 손실은 증가한다. 상품을 원하는 일부 소비자가 상품을 살 수 없는 상황이란 점에서 패널 (a)와 (b)의 상황은 같지만, 상품을 실제로 소비하는 소비자의 구성에 대한 다른 가정이 둘의 차이를 만든다. 패널 (b)의 상황에서 균형 가격 p^*에는 상품을 구매하지 못했을 소비자들이 가격 상한으로 낮아진 가격에 상품을 구매함으로써 높은 가격에 상품을 구매할 수 있었던 소비자들의 소비를 대체했다는 것이 소비자 잉여가 추가 하락한 이유이다. 예를 들어, 염두에 두고 있는 가격 상한제가 임대료 가격 상한제라 하자. 임대료가 시장에서 결정되는 높은 수준이라면 도심에 살 생각을 하지 않았을 임차인들이 가격 상한제로 인해 낮아진 임대료 때문에 주택을 임차하려 하고 그중 일부는 임차에 성공한다. 그러면 도심에 거주할 필요성이 높아서 높은 임대료에도 도심 주

택을 임차하려던 임차인들이 임차 기회를 잃어버려서 소비자 잉여의 추가 감소가 나타난다고 할 수 있다.

가격 하한제에 대해서도 유사한 분석을 할 수 있다. 〈그림 6-5〉는 가격 하한제로 인한 사회 후생의 변화를 보여준다. 균형 가격 p^*보다 높은 가격에 하한 가격이 설정되어 있고, 그 가격에서 초과 공급이 발생한다. 최저 임금제의 예를 들면, 이 초과 공급은 비자발적 실업에 해당한다. 노동 시장의 소비자, 즉 고용주는 더 높은 임금을 지불해야 하고 높은 임금으로 인해 수요도 줄였다. 따라서 패널 (a)의 초록색 영역으로 나타난 소비자 잉여는 가격 규제 전보다 감소한다. 초과 공급이 발생했을 때 누가 취업자가 되는지는 불명확하다. 만약 생산자 잉여를 최대화하기 위하여 가장 낮은 임금에도 일할 용의가 있는 노동자들이 먼저 취업을 했다고 하면 생산자 잉여는 패널 (a)의 파란색 영역이 된다. 소비자 잉여와 생산자 잉여의 합인 총잉여는 가격 규제 전보다 노란색 삼각형 영역만큼 줄어들었다. 가격 규제로 인한 사회 후생 감소의 척도인 이 사중 손실은 가격 하한으로 인한 고용 감소 때문에 나타난 것이다.

최저 임금제는 노동자를 보호하기 위한 조치이다. 따라서 총잉여가 감소하였다 하더라도 생산자 잉여가 증가한다면 정책의 목적을 달성한 것이다. 생산자 잉

그림 6-5 가격 하한제로 인한 사회 후생의 변화

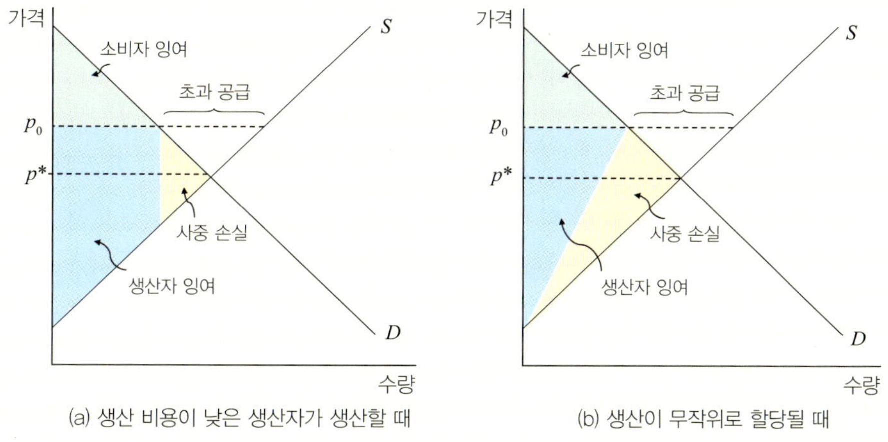

여는 증가한 부분과 감소한 부분으로 나눌 수 있다. 최저 임금제로 인한 고용의 감소에도 불구하고 고용된 노동자는 여전히 더 높은 임금을 받게 되므로 후생이 증가한다. 반면 고용의 감소로 일자리를 잃게 된 노동자로 인해 생산자 잉여가 감소할 수 있다. 어떤 효과가 더 클지, 그래서 생산자 잉여가 감소할지 증가할지 여부는 사전적으로 알 수 없다. 단, 수요의 탄력성이 작아서 높은 임금에도 고용이 많이 줄지 않는다면 생산자 잉여는 증가할 수 있다.

패널 (a)는 생산자 잉여를 최대화하기 위하여 낮은 임금에도 일할 용의가 있는 순서대로 고용이 이루어진다고 가정한 것이다. 하지만 고용이 무작위로 할당된다고 보는 것이 중립적인 접근일 것이다. 고용이 무작위로 할당되면, 패널 (b)와 같이 여러 수준의 임금 수준에 일할 용의가 있는 노동자들이 동일한 비율로 고용될 것이다. 따라서, 파란색 영역으로 생산자 잉여가 줄고 사중 손실은 늘어난다. 추가적인 생산자 잉여의 감소는 이전 균형 임금 수준에서는 임금이 너무 낮아 일할 용의가 없던 노동자들이 균형 임금에서도 일할 용의가 있었던 노동자들을 대체하기 때문에 발생한 것이다.

요약

가격 규제는 균형 거래량을 줄여 총잉여를 감소시킨다. 소비자(생산자)를 보호하기 위한 가격 상한제(하한제)가 소비자(생산자) 잉여를 증가시킨다고 사전적으로 확신할 수는 없다.

소비세 부과가 사회 후생에 미치는 영향

우리는 2장에서 소비세의 법적 귀착과 경제적 귀착에 대하여 분석하였다. 가격 조정이 충분히 이루어진 후 완전 경쟁 시장의 균형에서 조세의 경제적 귀착은 법적 귀착과는 무관하게 결정된다. 그리고 조세의 경제적 귀착을 결정짓는 궁극적 요인은 수요와 공급 탄력성의 상대적 크기이다.

이런 조세 부과로 인한 사회 후생의 변화를 알아보자. 〈그림 6-6〉은 조세 부과로 인한 사회 후생의 변화를 보여준다. 종량세 t가 부과되었다고 하자. 우리는

그림 6-6 소비세 부과로 인한 사회 후생 변화

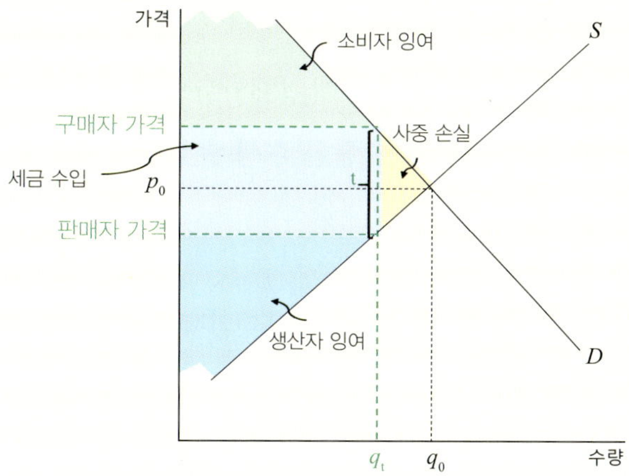

가격 조정이 완료된 균형에서는 조세의 법적 귀착과 무관하게 경제적 귀착이 결정되는 것을 알고 있다. 따라서, 이를 소비자에게 부과해 수요 곡선이 세금만큼 아래로 평행이동하는 경우와 생산자에게 부과해 공급 곡선이 세금만큼 위로 평행이동하는 경우를 구분하지 않고 후생 변화를 분석한다. 종량세 t가 부과되면 구매자 가격과 판매자 가격이 정확히 세금만큼 격차가 나게 된다. 따라서 수요 곡선과 공급 곡선의 수직적 거리가 t가 되는 거래량 q_t에서 균형이 발생한다. 이렇게 구한 균형 거래량에서 수요 곡선의 가격이 구매자 가격이 되고, 공급 곡선의 가격이 판매자 가격이 된다.

소비자 잉여는 구매자 가격 위, 수요 곡선 아래의 영역이다. 세금 부과로 인하여 구매자 가격이 상승하였고, 이에 따라 소비자 잉여는 감소한다. 생산자 잉여는 판매자 가격 아래, 공급 곡선 위의 영역이다. 마찬가지로 세금 부과로 인해 판매자 가격이 감소하여 생산자 잉여는 감소하였다. 구매자 가격과 판매자 가격의 차이는 상품 단위당 세금이다. 세금은 소비자와 생산자가 부담하지만 정부로 이전되는 돈이다. 정부의 세금 수입은 단위당 세금 t에 거래량 q_t를 곱한 값이다. 이 직사각형의 영역은 소비자 잉여와 생산자 잉여의 감소이지만, 정부에게 세금 수입의 형태로 이전되는 후생이므로 사회 후생의 감소는 아니다. 따라서, 세금 부과로 인한 사회 후생의 감소, 즉 사중 손실은 노란 삼각형의 영역이다. 세금 부과로 인한 사중 손실은 생산량의 감소에 의한 것이다. 세금은 민간 부문에서 공공 부문으로의 후생 이전이므로 경제활동의 변화가 없다면 그 자체로 사회 후생의 손실은 없다. 그러나 세금의 부과로 인해 경제활동의 변화가 발생한다. 세금 부과 전에 비해 생산량이 줄어들어 이를 통한 후생 손실이 발생하는 것이다.

요약

세금은 민간 부문에서 공공 부문으로 후생의 이전이지만 균형 거래량을 줄이기 때문에 사회 후생을 감소시킨다.

완전 경쟁 시장은 소비자 잉여와 생산자 잉여를 더한 총잉여, 즉 시장 참가자가 거래로부터 얻는 이익을 최대화한다는 점에서 효율적이다. 따라서, 완전 경쟁 시장에 대한 개입은 총잉여의 감소, 사중 손실을 불러일으킨다. 우리는 하나의 상품에 대한 시장을 분석함으로써 이런 결론을 얻었다. 현실에서는 여러 개의 상품이 동시에 거래된다. 그렇다면 그런 일반적인 경우에도 완전 경쟁 시장은 효율적일 것인가? 이에 대한 분석을 다음 장에서 다룬다.

1 다음의 진술이 실증적 접근에 관련된 것인지, 규범적 접근에 관련된 것인지 설명하시오.

(1) 청년을 위한 취업 프로그램을 지원함으로써 청년들의 구직 기간이 현재의 평균 6개월에서 5개월로 줄어들 것으로 예측된다.
(2) 청년을 위한 취업 프로그램의 운영 비용은 5천억 원 정도이지만, 이를 통해 구직 기간을 축소한 효과는 1조의 경제적 가치가 있을 것으로 판단되어 효율적인 정책이 될 것이다.
(3) 내년 세계 경제의 성장률이 높아지면서 늘어난 원유 수요로 국제 원유 가격은 올해 보다 약 5~10% 인상될 것으로 기대된다.
(4) 출산 지원금으로 인해 연간 약 000명의 추가 출산이 발생할 것으로 기대한다.
(5) 우크라이나 전쟁으로 인한 에너지 가격의 상승은 유럽 경제권에 약 000조 원의 경제적 손실을 발생시킬 것으로 예상된다.

2 대부분의 항공사는 승객들이 마지막 순간에 취소하는 경우 빈 좌석을 효과적으로 활용하기 위해 각 비행기 편의 일정 수의 좌석에는 이중 예약을 받는다. 그런데 취소하는 승객이 없어 모든 승객이 탑승하려 하는 경우 누구를 태우고 누구를 태우지 않을 것인지를 결정해야 하는 문제가 발생한다. 이를 위해 다음의 방식이 사용될 수 있다.

– 선착순
– 탑승 수속 직원의 재량
– 항공사가 나중 항공편을 이용하는 승객에게 현금이나 항공 바우처 등을 제공

(1) 각 방법을 사용할 경우 어떤 승객들이 탑승 못할지 설명하시오.
(2) 효율적인 자원 배분의 관점에서 어떤 방법이 가장 효과적인가?

3 본문 235쪽 참고

4 다음의 진술이 참인지, 거짓인지, 아니면 확실하지 않은지를 밝히고, 이유를 설명하시오.

(1) 가격 상한제는 생산자를 희생하여 소비자의 후생을 향상시킨다.
(2) 노동 수요가 비탄력적일수록 최저 임금에 따른 후생 감소는 더 크다.
(3) 가격 규제에도 불구하고 거래량 변동이 없다면 사중 손실은 발생하지 않는다.

5 '무릉도원' 국의 정부는 정부 재정 개선을 위하여 식료품과 보석 중 한 상품의 판매자에게 종량세를 부과하고자 한다. 식료품의 수요와 보석의 공급은 완전 비탄력적인 것으로 알려져 있다. 정부는 임박한 다음 선거를 위하여 되도록 소비자의 후생에 손상을 주지 않으려 한다. 어떤 상품에 세금을 부과해야 하는가?

6 다음의 수요 곡선과 공급 곡선이 있는 완전 경쟁 시장을 고려한다.

$$Q_s = 8p$$
$$Q_d = 1800 - 10p$$

(1) 시장의 균형 가격과 균형 거래량을 구하시오. 소비자 잉여와 생산자 잉여를 구하시오.
(2) 이 시장에 판매자에게 20% 세율의 종가세를 부과하였다. 판매자 가격, 구매자 가격, 균형 거래량을 구하시오. 조세 수입, 소비자 잉여, 생산자 잉여를 구하시오. 사중 손실이 얼마나 발생하는가?
(3) (2)와 동일한 조세 수입을 얻기 위해 구매자에게 종량세를 부과한다면 종량세 금액은 얼마가 되어야 하는가?

Chapter 7

일반 균형

완전 경쟁의 효율성

지금까지는 하나의 상품이 거래되는 시장에서 완전 경쟁 시장이 효율적임을 보였다. 2장에서 수요-공급 모형을 소개하고, 3장과 5장에서는 그 배후에서 일어나는 개인의 선택을 분석하여 수요 곡선과 공급 곡선을 유도하였다. 이때 공급 곡선은 완전 경쟁이라는 특정한 시장 구조를 전제한 상태에서 유도되는 것이다. 따라서, 명시적으로 언급하지는 않았지만 수요-공급 모형은 완전 경쟁의 시장 구조에 적용되는 모형이다. 개인의 선택을 분석하면서 시장 참가자들이 거래를 통하여 얻는 이익을 측정하는 소비자 잉여와 생산자 잉여 개념을 소개했다. 자원 배분의 효율성은 소비자 잉여와 생산자 잉여를 더한 총잉여의 크기를 척도로 하여 평가할 수 있으며, 완전 경쟁 균형은 이 총잉여를 최대화한다는 점에서 효율적이다.

하나의 상품 시장은 여러 상품이 거래되는 경제 전체의 일부분이다. 따라서 이에 대한 분석을 **부분 균형(partial equilibrium)** 분석이라 한다. 부분 균형 분석의 전제는 상품 시장 간의 상호 작용이 무시할 수준으로 작다는 것이다. 즉, 고려하는 상품 시장을 제외한 다른 상품의 시장은 모두 균형 상태에 있고, 분석하는 상품 시장에서 균형이 변화하더라도 다른 상품 시장에 미치는 영향은 제한적이라는 것이다. 그래서 수요 곡선과 공급 곡선을 그릴 때, 가격 이외의 다른 요소들–예를 들어, 다른 재화의 가격과 생산 요소의 가격–이 주어진 상태에서 변하지 않는다고 가정할 수 있다. 많은 수의 상품이 존재하는 경제 전체에서 하나의 상품 시장은 작은 부분일 뿐이다. 따라서 이 시장의 변화가 다른 시장에 미치는 영향이 작다는 가정은 큰 문제가 되지 않을 수도 있다.

하지만 밀접한 두 상품 시장 간에는 여러 상호 작용이 존재할 수 있다. 분석하는 시장에서 일어나는 일이 다른 시장에 파급 효과를 미치고, 다른 시장의 변화가 다시 분석하는 시장에 영향을 미치는 상황이 가능하다. 예를 들어 서로 대체재인 상품 x와 y를 고려해 보자. 어떤 이유로 상품 x의 생산비가 상승하여 공급 곡선이 왼편으로 이동하고 가격 상승이 이루어졌다고 하자. 상품 x의 가격 상승은 밀접한 대체재인 상품 y의 수요 곡선을 우측 이동시키고, 가격을 올린다. 상품 x의 수요 곡선을 그릴 때 고정된 것으로 간주된 대체재 y의 가격 상승은 다시 상품 x의 수요를 증가시킨다. 따라서, 이러한 상호 작용을 고려하지 않은 채 한 시장을 분리해서 분석하는 것은 잘못된 예측과 평가를 낳을 수 있다. 상호 작용하는 모든 시장을 동시에 분석하는 것을 **일반 균형**(general equilibrium) 분석이라 하는데, 만약 시장 간 상호 작용이 크다면 일반 균형 분석이 필요하다. 특히, 부분 균형 분석에서 완전 경쟁 균형이 효율적이라 하여도 상호 작용하는 시장을 모두 고려하는 일반 균형 분석에서까지 이 결론이 유지되리라는 보장은 없다. 이 장에서는 일반 균형 분석의 예시를 통하여 완전 경쟁 시장이 여전히 효율적인지를 평가한다.

7.1 일반 균형 분석의 필요성: 시장 상호 작용의 예시

때로는 전혀 관련 없을 것 같은 상품 시장 간의 상호 관계가 경제 현상을 이해하는 필수 요소가 될 수 있다. 여기에서 설명하는 원유 가격 상승과 2007~2008년의 식량 위기가 그 한 예이다.

2008년은 미국의 주택 담보 대출 시장에서 촉발된 금융위기가 세계 경제에 영향을 미쳤던 시기이다. 하지만 2008년 금융위기가 닥치기 이전까지는 상당한 장기 호황의 시기였고, 금융위기 직전인 2007년부터 2008년 상반기에 걸쳐 심각한 식량 위기가 있었다.

식량 가격의 급격한 상승으로 나타난 식량 위기의 원인을 한두 가지로 요약하기는 어렵다. 물론 주요 식량 생산국에서 발생한 가뭄과 흉작이 큰 원인이기도 하지만, 또 한 가지 주요한 원인으로 지목된 것은 장기 호황으로 늘어난 원유 수요와 이에 따른 원유 및 에너지 가격 상승이다. 〈그림 7-1〉의 패널 (a)는 원유 수요 상승에 따른 수요 곡선의 우측 이동과 이에 따른 가격 상승을 보여준다. 에너지 가격 상승은 한편으로 이를 원료로 사용하는 비룟값 상승을 포함한 농업 생산비용 상승으로 이어졌다. 또 다른 한편으로 탄소 감축 요구와 맞물리며 대체 에너지인 바이오 연료, 즉 에탄올의 수요 증가로 이어졌다. 이는 바이오 연료의 가격 증가와 생산 증가로 이어졌는데, 이로 인해 바이오 연료 생산의 주재료인 옥수수의 수요가 증가한다. 패널 (b)는 옥수수 수요의 증가로 인해 수요 곡선이 D에서 D'으로 이동하고, 이에 따라 옥수수 가격이 상승하면서 공급 곡선을 따라 공급량이 증가하는 현상을 보여준다. 공급 곡선에 따른 옥수수 생산량의 증가는 동일한 토지를 더 집약적으로 경작한 결과이기도 하지만, 식량 생산을 위한 경작지가 바이오 연료의 재료 경작으로 전환된 결과이기도 하다.

그림 7-1 2007~2008년 식량 위기의 부분적 이해

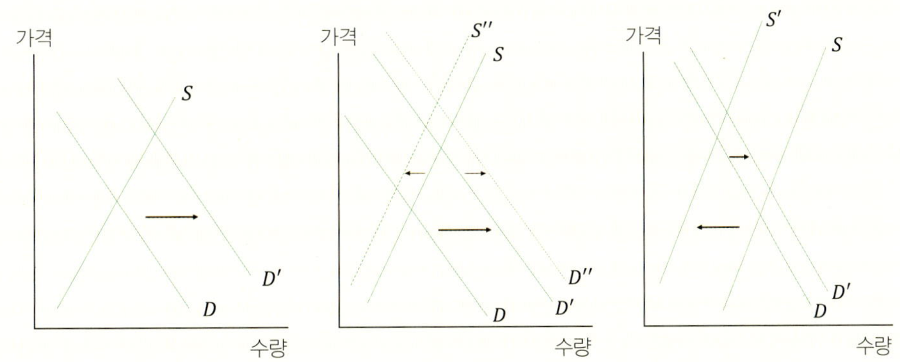

(a) 원유 시장 (b) 옥수수 시장 (c) 밀 시장

식량 작물, 예를 들어 밀 시장은 두 가지 환경 변화를 겪는다. 비룟값 인상 등 생산 비용 상승은 공급 곡선을 왼편으로 이동시킨다. 또 한편으로 바이오 연료 재료 경작을 위한 옥수수로의 경작지 전환은 추가적으로 밀 공급 곡선을 왼편으로 이동시킨다. 패널 (c)는 이러한 변화를 보여준다. 이로 인한 밀 가격의 상승은 다시 옥수수 시장에 영향을 미친다. 밀의 가격 상승은 소비에서 밀을 대체할 수 있는 곡물의 수요를 증가시킨다. 다른 한편 밀의 가격 상승은 옥수수 경작지를 다시 밀로 대체하려는 움직임으로 나타날 것이다. 이는 패널 (b)의 수요 곡선을 더욱 오른쪽으로 이동시키고, 공급 곡선은 왼편으로 이동시킨다(점선의 수요 곡선과 공급 곡선이 이런 변화를 보여준다). 추가적인 옥수수 가격 상승은 바이오 연료 가격 상승을 가져와 원유 수요를 또 증가시킬 수 있으며, 밀의 수요를 증가시키고 공급을 감소하는 변화를 가져올 수도 있다. 따라서, 여러 상품의 시장을 동시에 고려하면 다른 상품의 가격을 주어진 것으로 간주할 수 없다.

이런 상호 작용을 분석에서 고려하기 위하여 일반 균형 분석을 실시한다. 우리의 주된 목적은 크게 두 가지이다. 첫째, 일반 균형 분석의 예시를 통하여 여러 상품 시장을 동시에 고려해도 시장 균형이 존재함을 보인다. 복잡한 시장 간의 상호 작용에도 불구하고 모든 시장의 수요와 공급이 일치하도록 가격 조정이 가능하다. 둘째, 부분 균형 분석에서 얻어진 완전 경쟁 시장이 효율적이라는 결과를 일반 균형 분석에서도 얻을 수 있는지 확인하는 것이다.

요약

여러 상품 시장은 상호 작용한다. 2007~2008년의 식량 위기는 원유 가격 상승과 식량 가격 상승이 상호 작용한 하나의 예이다. 상호 작용하는 시장의 균형과 효율성을 분석하는 것이 일반 균형 분석이다.

7.2 일반 균형의 예시

고급 수준의 미시 경제학에서 일반 균형 분석은 모든 상품 시장을 고려하여, 일반적인 n개의 상품이 있을 때 이를 모두 소비하는 여러 소비자와 생산하는 여러 기업의 선택을 분석하고, 그 결과 모든 상품 시장의 수요와 공급이 일치하는 균형 상태를 다룬다. 하지만 이 교과서가 다루는 중급 수준의 미시 경제학에서는 생각할 수 있는 가장 단순한 경우를 일반 균형의 예시로서 소개한다. 하나는 생산 과정 없이 두 개의 상품이 주어진 상태에서 두 소비자가 이를 서로 교환하는 경제이고, 또 하나는 주어진 자원을 이용하여 두 상품이 생산되는 과정까지 포함하는 경제이다. 이 두 예시를 통하여 완전 경쟁 균형을 보이고, 이 균형이 효율적인 자원 배분을 달성하는지를 평가한다.

순수 교환 경제

첫 번째 예시로 소개하는 일반 균형 모형은 여러 상품의 거래를 볼 수 있는 가장 단순한 환경인 2개의 상품과 2명의 소비자로 이루어진 경제이다. 이를 간단히 2×2 경제라고 쓴다. 여러 상품의 시장을 분석하기 위해 최소 2개의 상품이 있어야 하고, 이 상품들이 거래되어야 하므로 최소 2명의 소비자가 필요하다.

먼저 2개의 상품으로 x와 y가 있다. 이 경제에서는 생산 과정이 없이 두 개의 상품이 일정량 주어진다. 이를 부존자원(endowment)이라고 한다. 두 상품의 부존량을 각각 $\bar{x}$와 $\bar{y}$로 표기한다.

경제에 있는 2명의 소비자는 A와 B로 표기한다. 이 2명의 소비자는 두 상품의 부존량을 나눠 가진 상태에서 교환을 시작한다. 이 두 소비자가 가지고 있는 상품의 양을 각각 (x_A^E, y_A^E)와 (x_B^E, y_B^E)로 표시한다. 즉, 소비자 A는 상품 x를 x_A^E만큼, 상품 y를 y_A^E만큼 가지고 있고, 소비자 B도 상품 x를 x_B^E만큼, 상품 y를 y_B^E만큼 가지고 있다. 물론, 두 소비자가 가진 상품의 양을 합하면 경제 전체의 부존량과 같아야 하므로 $x_A^E + x_B^E = \bar{x}$, $y_A^E + y_B^E = \bar{y}$의 관계가 성립한다.

이제 이 경제에서 자원의 배분 문제를 생각한다. 주어진 두 상품을 두 소비자가 어떻게 나누어서 소비하는지가 이 경제가 해결해야 할 자원 배분 문제이다. 주어진 상품의 양은 제한되어 있고, 두 소비자는 되도록 많은 상품 소비를 원할 텐데, 두 소비자를 최대한 만족시키도록 상품을 분배해 소비할 수 있는 방법을 강구하는 것이다.

이 상황에서 가능한 모든 자원 배분은 **에지워쓰 상자(Edgeworth box)**라는 시각적인 형식으로 표시할 수 있다.[1] 밑변의 길이가 상품 x의 부존량 $\bar{x}$와 같고, 높이가 상품 y의 부존량 $\bar{y}$와 같은 직사각형을 생각해 보자. 〈그림 7-2〉는 이런 직사각형을 보여준다. 이 직사각형에서 왼쪽 아래 꼭짓점부터 소비자 A의 소비를 측정하고, 오른쪽 위 꼭짓점부터 소비자 B의 소비를 측정하면 이것이 곧 에지워쓰 상자이다.

두 상품의 부존량을 두 소비자가 나눠 소비할 수 있는 모든 방식이 이 상자 안의 점들로 표시된다. 예를 들어, 두 소비자가 교환을 시작하기 전에 주어진 최초의 상품 배분도 가능한 배분 방식 중 하나이므로 이 상자 안의 한 점으로 표기할 수 있다. 〈그림 7-2〉의 자원 배분 상태 E는 최초의 배분 상태 (x_A^E, y_A^E)와 (x_B^E, y_B^E)를 표기한다. 소비자 A가 가진 (x_A^E, y_A^E)는 왼쪽 아래 꼭짓점을 원점으로 한 소비 공간에 표시되어 있다. 소비자 B가 가진 (x_B^E, y_B^E)는 오른쪽 위 꼭짓점을 원점으로 하는 소비

그림 7-2 에지워쓰 상자와 최초의 배분 상태

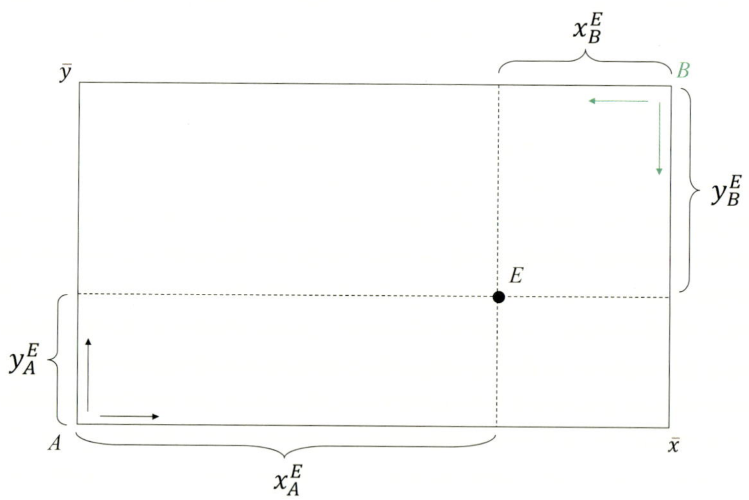

1 에지워쓰 상자라는 이름은 2×2 경제와 이를 시각적으로 분석하는 틀을 제시한 경제학자 에지워쓰(Francis Edgeworth)의 이름을 따서 붙여진 것이다.

공간에 표기되어 있다. 상자를 그릴 때 밑변과 높이를 상품 x와 y의 부존량과 같게 하였으므로 A와 B가 가진 상품의 양을 합하면 경제 전체의 부존량과 같게 된다. 상자 안의 다른 점들도 경제의 부존량을 소비자에게 나눠주었을 때 나오는 자원 배분의 결과를 보여준다.

요약

부존 상품을 어떻게 나누어 소비할 것인가를 다루는 2×2 경제에서 모든 가능한 자원 배분은 에지워쓰 상자 안의 점으로 표기된다.

1. 서로 이익이 되는 재배분과 효율적인 배분

그럼 가능한 모든 자원 배분 중 어떤 자원 배분이 소비자를 최대한 만족시킬 수 있을까? 우선 최초의 자원 배분 상태인 E에서 두 소비자 모두에게 이익이 되도록 상품을 재배분하는 것이 가능한지 검토한다. 〈그림 7-3〉의 패널 (a)는 〈그림 7-2〉의 에지워쓰 상자와 최초의 배분 E를 다시 보여준다. 재배분은 최초 배분 상태 E에서 에지워쓰 상자 안의 다른 점으로 옮겨 가는 것을 의미한다.

먼저 A에게 이익이 되는 재배분을 생각해 보자. 재배분이 A에게 이익이 되려면, A가 새로운 자원 배분 상태에서 소비하게 되는 소비 묶음을 기존의 소비 묶

그림 7-3 서로 이익이 되는 재배분

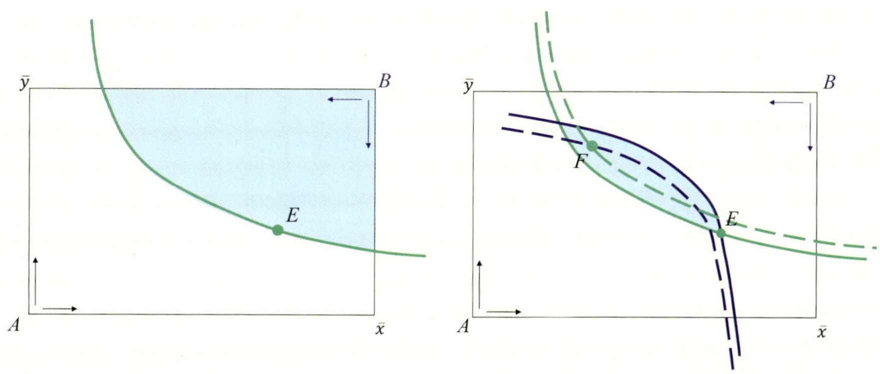

(a) A가 배분 E보다 더 좋아하는 배분 (b) 배분 E의 파레토 개선

음보다 더 좋아해야 한다. 이런 평가를 하기 위해서는 *A*의 선호를 표기할 필요가 있다. 패널 (a)에 최초 자원 배분 상태의 소비 묶음을 지나는 *A*의 무차별 곡선이 그려져 있다. 이 무차별 곡선보다 원점에서 더 멀리 떨어진 소비 묶음을 보장해주는 재배분은 소비자 *A*에게 이익이 된다. 즉, 패널 (a)에 색칠한 무차별 곡선의 오른쪽 위 영역이 *A*에게 이익이 되는 재배분이다. 소비자 *B*에게 이익이 되는 재배분도 동일한 방식으로 생각해 볼 수 있다. 패널 (b)에는 최초의 배분 *E*를 지나는 *B*의 무차별 곡선(파란 무차별 곡선)이 그려져 있다. 이 무차별 곡선의 왼쪽 아래쪽 영역은 *B*에게 이익이 되는 재배분이다.

최초의 배분 상태를 지나는 두 소비자의 무차별 곡선을 그림으로써 소비자 *A*와 *B* 모두에게 이익이 되는 재배분이 존재한다는 것을 알 수 있다. 각 소비자에게 이익이 되는 재배분 중 서로 겹치는 영역이 있다. 패널 (b)의 색칠된 부분이 이 겹치는 영역을 보여준다. 최초의 배분 상태에서 이 영역 안의 배분으로 옮겨가는 것은 *A*와 *B* 모두에게 이익이 되는 재배분이다. 예를 들어 배분 *F*로 옮겨가면 두 소비자 모두 더 높은 만족도를 가지는 점선의 무차별 곡선으로 이동하게 된다. 이렇듯 경제 구성원 모두에게 이익이 되는 재배분을 우리는 '**파레토 개선(Pareto improvement)**'이라 부른다. 엄밀하게 말해 파레토 개선은 구성원 누구에게도 손실을 끼치지 않으면서 적어도 한 명의 구성원은 더 나아지는 배분의 변화이다.

어떤 배분을 좋은 배분이라고 평가하기 위해서는 최소한 파레토 개선이 불가능해야 한다. 파레토 개선이 가능하다는 것은 그 배분보다 경제 구성원 모두가 더 좋아하는 배분이 가능하다는 뜻이므로 현재의 배분을 좋은 배분이라고 말하기 어렵다. 따라서, 파레토 개선이 불가능하다는 것은 좋은 배분이 되기 위한 최소한의 조건이다.

파레토 개선이 불가능하다는 조건, 즉 좋은 배분이 되기 위한 최소한의 조건을 만족시키는 배분을 **파레토 효율적인 배분(Pareto efficient allocation)**이라고 한다. 〈그림 7-3〉의 배분 *F*는 배분 *E*의 파레토 개선이다. 하지만 배분 *F*를 지나는 두 소비자의 무차별 곡선을 그리면 여전히 두 소비자 모두가 *F*보다 좋아하는 배분들이 존재하여 파레토 개선이 가능하다. 배분 *F*는 *E*의 파레토 개선이기는 하지만 여전히 파레토 효율적인 배분은 아니다.

요약

에지워쓰 상자에서 소비자 모두의 효용이 나아지는 재배분을 파레토 개선이라 한다. 파레토 개선이 불가능한 것은 좋은 자원 배분이 되기 위한 최소한의 조건이며 이를 만족하는 배분을 파레토 효율적인 배분이라 한다.

파레토 개선이 불가능하려면 두 소비자의 무차별 곡선을 그렸을 때 두 소비자가 현재 배분보다 좋아하는 소비 묶음의 영역이 겹치지 않아야 한다. 두 소비자의 무차별 곡선이 서로 접하면 두 소비자가 현재의 배분보다 더 좋아하는 소비 묶음들은 서로 겹치지 않으므로 무차별 곡선이 서로 접하는 것이 파레토 효율적인 배분의 조건이다. 〈그림 7-4〉는 파레토 효율적인 배분을 보여준다. 예를 들어 최초의 배분 상태 *E*를 지나는 소비자 *B*의 무차별 곡선을 고정시켜 놓고 이에 접하는 *A*의 무차별 곡선을 찾으면 그 접점인 배분 *G*가 파레토 효율적인 배분이 된다. 반대로 *A*의 무차별 곡선을 고정시켜 놓고, 이에 접하는 *B*의 무차별 곡선을 찾아도 접점인 배분 *H*는 파레토 효율적인 배분이다. 최초의 배분 *E*와 무관하게 한 소비자의 임의의 무차별 곡선을 정하고, 이에 접하는 다른 소비자의 무차별 곡선을 그리면 두 무차별 곡선의 접점으로부터 파레토 효율적인 배분을 찾아낼

그림 7-4 파레토 효율적인 배분과 계약 곡선

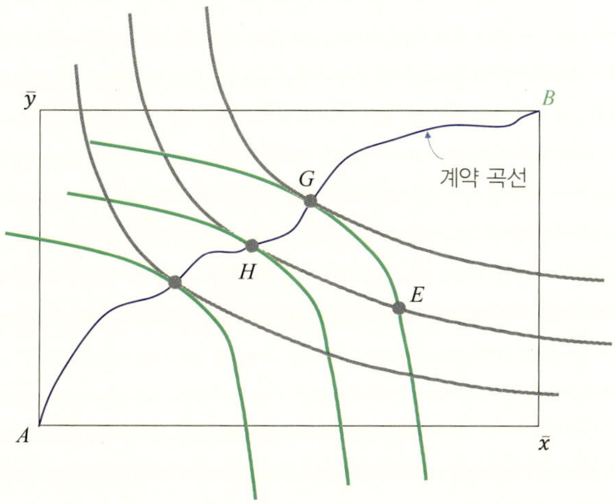

수 있다. 따라서 많은 수의 파레토 효율적인 배분이 존재하며 이들을 연결한 선, 즉 파레토 효율적인 배분들의 집합을 **계약 곡선**(contract curve)이라고 한다.

파레토 효율적인 배분에서 두 무차별 곡선이 접하므로, 배분에서 두 무차별 곡선의 기울기인 한계 대체율이 같다는 것이 파레토 효율적인 배분의 조건이라고도 말할 수 있다.

$$MRS_A = MRS_B$$

한계 대체율은 소비자가 추가적인 상품 x를 얻기 위해 포기할 용의가 있는 상품 y의 양이다. 만약 두 소비자의 한계 대체율이 다르면 두 소비자는 상품 x와 y를 교환해 만족도를 더 높이는 파레토 개선의 가능성이 생긴다. 예를 들어, 〈그림 7-5〉에서 최초의 배분 E를 지나는 두 사람의 무차별 곡선을 보자. 배분 E를 지나는 무차별 곡선의 기울기를 비교하면 소비자 A의 한계 대체율이 B의 한계 대체율보다 작은 것을 알 수 있다($MRS_A < MRS_B$). 즉, B는 A에 비해 추가적인 상품 x를 얻기 위해 더 많은 상품 y를 포기할 용의가 있다. 만약 두 한계 대체율 사이의 어떤 값으로 상품 x와 y를 교환할 수 있게 하면 B는 상품 y를 포기하고 x를 얻는 반면 A는 상품 x를 포기하고 상품 y를 얻을 것이다. 예를 들어, 상품 x 1개를 얻

그림 7-5 한계 대체율과 파레토 개선 가능성

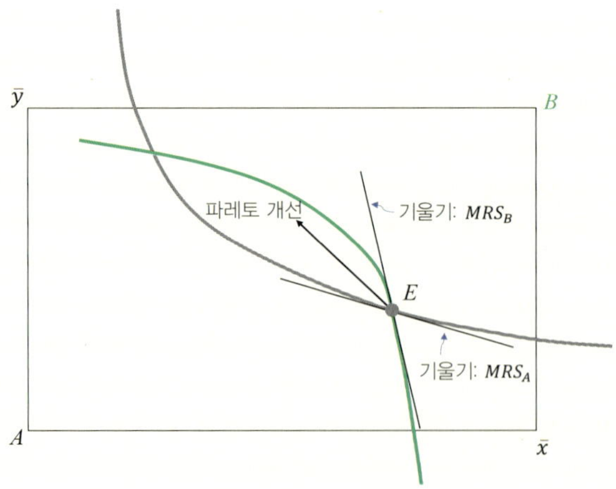

기 위해 소비자 *B*가 *y* 3개를 포기할 용의가 있는 반면, 소비자 *A*는 1개를 포기할 용의가 있다고 하자. 만약 *x* 1개에 *y* 2개를 교환하도록 한다면, 소비자 *B*는 *x* 1개를 얻기 위해 *y* 2개를 포기할 것이고, 반면 *A*는 *x* 1개를 포기하고, *y* 2개를 얻을 것이다. 그럼으로써 둘 모두가 좋아지는 파레토 개선이 이루어진다. 그러나 두 소비자의 한계 대체율이 같다면 파레토 개선은 더 이상 불가능하다.

우리는 부분 균형 분석에서 자원 배분의 효율성을 평가하는 기준으로 총잉여의 크기를 제시하였다. 총잉여로 평가한 사회 후생을 최대화하는 것이 곧 효율적인 자원 배분이라는 뜻이다. 반면 파레토 효율성은 일반 균형 분석에서 자원 배분의 효율성을 평가하는 기준이 된다. 앞으로의 논의에서 자원 배분이 효율적이라는 말은 파레토 효율적이란 뜻이다. 두 상품과 두 소비자가 존재하는 2×2 경제에서 파레토 효율적인 배분은 두 소비자의 무차별 곡선이 접하는 배분, 곧 한계 대체율이 같아지는 배분이다.

요약

경제에서 파레토 효율적인 배분은 두 소비자의 무차별 곡선이 접하여, 한계 대체율이 같을 때 얻어진다. 파레토 효율적인 배분을 모아 놓은 것이 계약 곡선이다.

우리의 목적은 완전 경쟁 균형은 효율적이라는 부분 균형 분석의 내용이 일반 균형 분석에서도 적용되는지를 확인하는 것이다. 이를 위해 우리가 예시로 고려하는 2×2 경제에서 완전 경쟁이 어떤 식으로 작동하는지, 그리고 완전 경쟁 균형은 파레토 효율적인 배분을 달성하는지를 분석해 본다.

2. 경쟁적인 교환과 시장 균형

두 소비자가 완전 경쟁적인 시장에서 거래를 하는 경우를 고려한다. 우리는 5장에서 완전 경쟁적인 시장은 많은 수의 생산자와 소비자가 있고 제품이 동질적인 시장이라고 정의했다. 이런 상황에서 생산자와 소비자는 가격을 주어진 것으로 받아들이고 자신들의 선택이 시장 가격에 영향을 미치지 않는 듯이 행동한다. 두 소비자만이 존재하는 상황은 이런 조건을 만족하지 않기 때문에 완전 경쟁적인 시장이 작동하리라고 생각하기 어렵다. 그러나 두 소비자가 마치 완전 경쟁 시장에 있는 것처럼 행동한다고 가정하면 완전 경쟁 시장의 작동 방식에 따라 이루어지는 거래의 결과를 예측할 수 있다. 즉, 시장 참가자인 두 소비자는 시장 가격을 주어진 것으로 받아들여 자신의 소비를 결정한다. 결정된 소비에 따라 각 상품의 수요, 공급이 결정되고 수요와 공급이 일치하도록 가격이 조정된다.[2]

두 상품의 가격 p_x와 p_y가 주어졌을 때 두 사람의 소비 선택은 3장에서 분석한 소비자 선택을 따른다. 다만 3장에서는 소비자에게 명목 소득 I가 주어져 있던 반면에, 여기에서는 최초에 배분된 상품이 주어져 있다. 따라서 소비자는 주어진 가격에 배분된 상품을 팔아 생긴 소득으로 소비를 한다고 이해할 수 있다. 이 경우 소비자는 가격이 어떻게 되든 최초에 배분된 상품 조합을 항상 소비할 수 있다. 그래서 소비자의 예산선은 상대 가격 $\frac{p_x}{p_y}$의 기울기를 가지고 최초에 주어진 상품 조합을 지나는 직선으로 표시된다. 〈그림 7-6〉의 패널 (a)는 두 상품의 가격이 주어졌을 때 에지워쓰 상자에 그려진 예산선을 보여준다. 상대 가격은 시장에서 두 상품의 교환비율을 보여주므로 두 소비자 모두에서 적용된다. 따라서 이 예산선은 A와 B 모두의 예산선이다.

패널 (b)는 주어진 예산선에 두 소비자의 무차별 곡선을 겹쳐서 구한 최적 소비 묶음의 선택을 보여준다. 소비자의 최적 선택은 주어진 예산선에 무차별 곡선이 접하는 지점에서 구해진다. 패널 (b)에서 A의 최적 소비 묶음은 (x_A, y_A)이다. 주어진 최초 배분 (x_A^E, y_A^E)와 비교할 때 x의 최적 소비량은 주어진 양에 비해 적고 y의 최적 소비량은 주어진 양에 비해 많다. 즉, 현재 가격에서 소비자 A는 상품 x를 시장에서 팔고 그 수입으로 상품 y를 시장에서 사서 소비할 계획이다. 이 가격에서 A는 상품 x의 판매자이고 상품 y의 구매자이다. 마찬가지로 B의 최적 소비 묶음은 최초 배분과 비교할 때 x의 최적 소비량은 많고 y의 최적 소비량은 적다. 곧 이 가격에서 소비자 B는 상품 x의 구매자이고, 상품 y의 판매자이다.

그러나 이 가격에서 시장 균형은 얻어지지 않는다. 상품 x의 시장을 고려해 보

2 2×2 경제는 두 종류의 개인들이 충분히 많은 경제를 간략하게 묘사하는 것으로 이해할 수 있다. 그러면 충분히 많은 수의 생산자(판매자)와 소비자가 있으므로 완전 경쟁 시장이 작동한다.

그림 7-6 가격이 주어졌을 때 소비자의 선택과 시장의 수요량 및 공급량

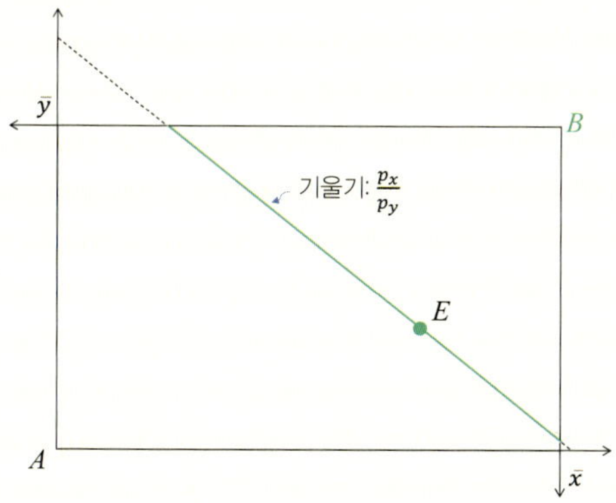

(a) 가격이 주어질 때 두 사람의 공통 예산선

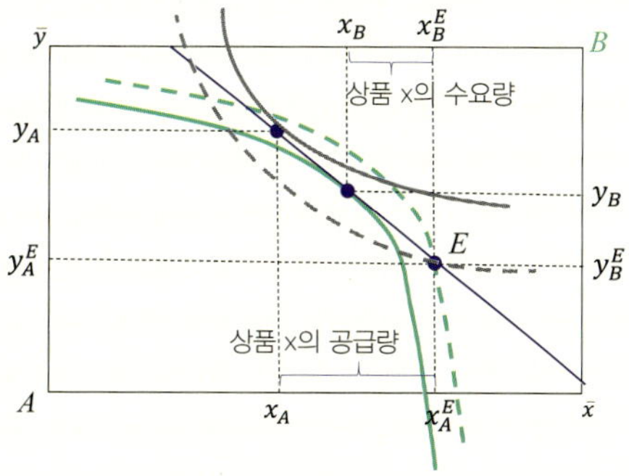

(b) 최적 선택과 수요량, 공급량

라. 상품 x의 공급량은 소비자 A가 시장에서 팔려고 하는 $x_A^E - x_A$이다. 반면 수요량은 소비자 B가 시장에서 사려고 하는 $x_B - x_B^E$이다. 패널 (b)에서 확인할 수 있듯이 현재 가격에서 공급량이 수요량보다 많아(혹은 초과 공급이 있어) 상품 x의 시장에서 균형이 달성되지 않는다. 이는 상품 y의 시장에서도 마찬가지이다. 상품 y의 시장에서는 현재의 가격에서 초과 수요가 발생한다.

시장 균형은 가격이 조정되어 각 상품 시장의 수요량과 공급량이 일치할 때 달성된다. 〈그림 7-7〉은 이렇게 달성된 균형을 보여준다. 두 소비자가 모두 주어진 가격에서 최적 선택을 했고, 그렇게 해서 얻어진 각 상품의 공급량과 수요량이 일치한다. 이때의 가격이 균형 가격이고 예산선의 기울기로 표시된다. 가격 수준과 무관하게 예산선은 항상 최초 자원 배분을 지나고 가격 비율이 예산선의 기울기를 결정하므로 모든 상품의 가격이 2배가 되더라도 예산선은 변하지 않는다. 따라서 2×2 경제의 균형 가격은 가격의 절대적 수준이 아닌 상대 가격으로 결정된다.

시장 균형은 두 소비자의 공통의 예산선 위에서 발생하므로, 상품 x의 수요량과 공급량이 일치하면 상품 y의 수요량과 공급량도 일치한다. 즉, 두 개의 시장이 있을 때 하나의 시장이 균형 상태에 있으면 다른 시장도 균형 상태에 있게 된다.

그림 7-7 경쟁 시장의 균형

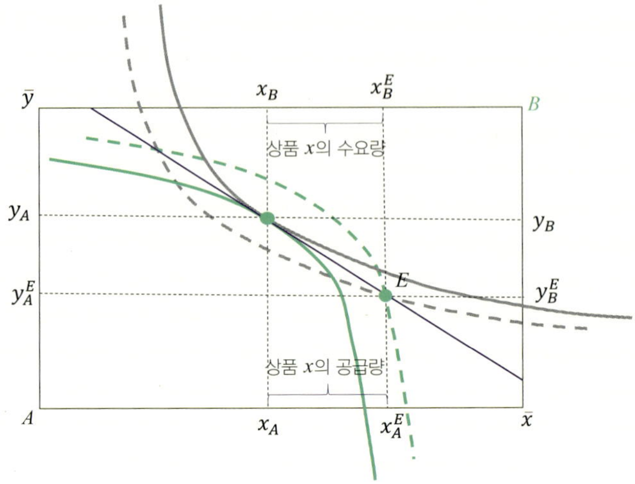

이는 일반적인 개수의 상품 시장에서도 적용되는 것으로 다른 나머지 시장이 모두 균형이면 나머지 하나 남은 시장 역시도 자동적으로 균형이 된다. 이는 흔히 **'왈라스 법칙(Walras' law)'**이라고 알려져 있다.

시장 균형 배분에서는 두 소비자의 무차별 곡선이 예산선과 접한다. 각 소비자가 최적 선택을 하는 과정에서 무차별 곡선과 예산선이 접하는 점에서 소비 결정을 하기 때문이다. 즉, 한계 대체율과 상대 가격이 같아진다. 더군다나 각 소비자의 선택이 시장 균형이 되기 위해서는 두 소비자가 선택한 소비 묶음이 공통의 배분점으로 나타나야 한다. 따라서, 시장 균형 배분에서는 상대 가격을 매개로 하여 두 소비자의 한계 대체율이 같아진다. 2×2 경제의 파레토 효율적인 자원 배분은 두 소비자의 한계 대체율이 같아지는 조건을 만족해야 하는데, 시장 균형 배분은 이 조건을 만족하는 것이다. 즉, 시장 균형 배분은 (파레토) 효율적이다.

요약

2×2 경제의 시장 균형은 상대 가격이 두 소비자의 한계 대체율과 같아지는 배분에서 얻어지므로, 시장 균형은 파레토 효율적이다.

수학적 분석

우리가 고려한 2×2 경제에서 부존 상품량과 각 소비자의 효용함수가 구체적으로 주어지면 시장 균형 가격과 균형 배분을 명시적 형태로 구할 수 있다. 두 상품 x와 y의 부존양이 (10,10)이고, 최초의 자원 배분이 E_A=(5,5), E_B=(5,5)인 경제를 생각해 보자. 개인 A와 B의 효용함수는 다음과 같이 주어져 있다.

$$u_A(x,y) = 3\ln x + \ln y$$
$$u_B(x,y) = \ln x + 3\ln y$$

상품의 가격이 p_x, p_y일 때 소비자 A와 B의 선택 문제는 다음과 같이 쓸 수 있다.

$$A: \max_{x,y}\ 3\ln x + \ln y$$
$$s.t.\ \ p_x x + p_y y = 5p_x + 5p_y$$

$$B: \max_{x,y}\ \ln x + 3\ln y$$
$$s.t.\ \ p_x x + p_y y = 5p_x + 5p_y$$

일반적인 소비자의 효용 극대화 문제인데, 차이는 명목 소득 I가 주어진 대신에 최초 배분 상품량 (5,5)를 가격 p_x, p_y에 팔아서 얻는 수입을 소득으로 쓴다는 점이다.

이 효용 극대화 문제로부터 라그랑지언 함수를 만들고, 이로부터 일계 조건을 구하여 각 상품에 대한 수요함수를 구할 수 있다. 하지만 콥-더글라스 효용함수의 경우 모수(parameter) α, β로부터 각 상품의 지출 비중을 구할 수 있고(3.3.3의 내용을 참조), 위 효용함수는 콥-더글라스 함수의 로그를 취한 변형이므로 ($\ln(x^\alpha y^\beta) = \alpha\ln x + \beta\ln y$), 이를 이용하여 상품 x의 수요함수를 구할 수 있다.

$$p_x x_A = \frac{3}{4}(5p_x + 5p_y)$$
$$p_x x_B = \frac{1}{4}(5p_x + 5p_y)$$

상품 x의 시장이 균형이 되기 위해서는 수요와 공급이 일치해야 한다.

$$x_A + x_B = 10$$

이는 각 개인의 순수요의 합이 0이 되는 조건, $(x_A - 5) + (x_B - 5) = 0$과 동일하다.

위에서 구한 수요 함수를 대입하면 균형 가격을 구할 수 있다.

$$\frac{3}{4}\left(5+5\frac{p_y}{p_x}\right)+\frac{1}{4}\left(5+5\frac{p_y}{p_x}\right)=10$$

따라서 균형 가격은 $\frac{p_x}{p_y}=1$이다. 앞서 언급한 것처럼 균형 가격은 상대 가격으로만 구해지고 절대적인 가격 수준은 구해지지 않는다. 왈라스 법칙에 따라 상품 x의 시장이 균형을 이루면, 상품 y의 시장도 균형을 이룬다.

연습문제 3

상품 y의 수요함수를 구하고, 시장 균형 조건을 만족하는 균형 가격을 구하시오. 이렇게 구한 균형 가격이 상품 x의 시장에서 구한 균형 가격과 같다는 것을 확인하시오.

생산 과정이 포함된 교환 경제

이제 두 상품이 부존 자원으로 주어지지 않고, 한정된 생산 요소를 이용하여 각 상품을 생산하는 경제를 고려한다. 가장 단순한 상황을 상정해 한정된 생산 요소는 두 사람의 노동력이고, 이를 이용해 상품을 생산한다고 가정한다.

1. 생산 가능 경계–주어진 자원으로 생산 가능한 상품의 조합

우선 생산 활동을 통해 만들어 낼 수 있는 상품 생산량의 한계를 생각해 보자. 여전히 소비자 A와 B가 이 경제에 존재한다. 소비자 A와 B가 자신에게 주어진 모든 노동 시간을 활용해 상품 x와 y를 만든다고 하자. 예를 들어, 두 사람에게 하루 10시간의 노동 시간이 주어지고, 이를 이용해 사과나 바나나를 수확하는 경우를 생각할 수 있다. 둘의 기술이 달라서, A는 상대적으로 사과를 따는 데 능하고 B는 상대적으로 바나나를 수확하는 데 능하다. 구체적으로 A는 1시간에 사과 2개를 따거나 바나나 1송이를 딸 수 있다. B는 이와 반대로 1시간에 사과 1개를 따거나 바나나 2송이를 딸 수 있다. 이런 생산 기술이 주어진 상태에서 각 개인이 생산할 수 있는 상품 조합을 그려볼 수 있다. 〈그림 7–8〉의 패널 (a)는 두 사람이 주어진 10시간 동안 생산할 수 있는 사과와 바나나의 조합을 보여준다. *A*는 10시간을 사과를 따는 데 쓰면 사과 20개를 딸 수 있고, 바나나를 따는 데 쓰면 10송이를 딴다. 사과 1개를 더 따려면 30분의 시간이 필요하고 바나나 수확이 반 송이만큼 줄어든다. *B*의 경우 모든 시간을 사과 수확에 쓰면 10개를 딸 수 있고, 바나나 수확에 쓰면 20송이를 딴다. 이처럼 기술적으로 효율적인 생산을 통해 생산할 수 있는 상품의 조합을 나타내는 것을 **생산 가능 경계**(PPF: production possibility frontier)라고 한다. 이 경계를 넘어서서 생산하는 것은 불가능하다. 그리고 이 생산 가능 경계의 기울기는 한 상품 생산이 다른 상품 생산으로 변환되는 정도를 보여주는 지표로 이를 **한계 변환율**(MRT: marginal rate of transformation)이라 한다. 이 상황에서 한계 변환율은 사과를 더 생산하기 위해 바나나 생산이 얼마나 줄어들어야 하는지를 보여주는 것으로, *A*의 한계 변환율은 1/2, *B*의 한계 변환율은 2이다.

한계 변환율이 다른 개인들은 각자가 상대적으로 강점이 있는 상품의 생산에 집중하고 이후 생산한 상품을 상대방과 거래하여 생산 가능 경계를 넘어서는 상품 조합을 소비할 수 있다. 이때 상품 간의 거래 비율은 두 한계 변환율의 사이의

그림 7–8 생산 가능 경계와 거래의 이익

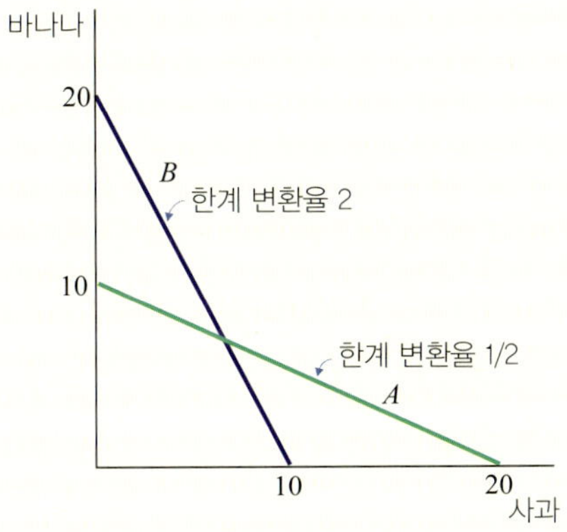

(a) 생산 가능 경계

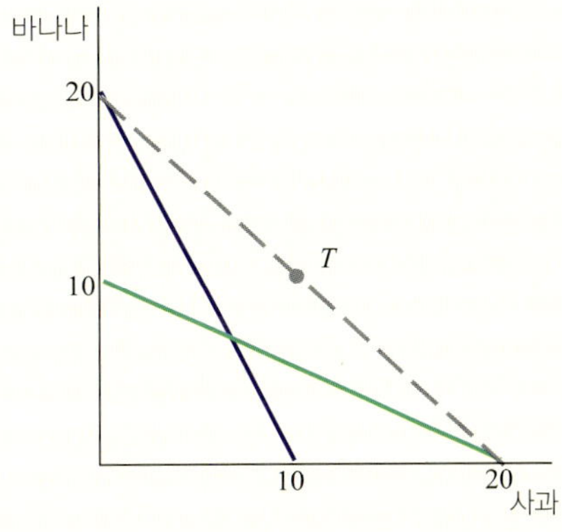

(b) 비교 우위와 거래의 이익

값이면 된다. 앞의 예에서 A는 사과 생산에 상대적 강점이 있고 B는 바나나 생산에 상대적 강점이 있다. 따라서, A는 사과 생산에 집중하고, B는 바나나 생산에 집중한 후 한계 변환율인 1/2과 2 사이의 거래 비율로 거래를 하는 것이 가능하다. 만약 사과와 배의 거래 비율이 1:1이라면 A와 B 모두 패널 (b)에서 점선으로 표시된 상품 조합을 소비하는 것이 가능하게 된다. 예를 들어 A가 생산한 20개의 사과와 B가 생산한 20개의 바나나 중 10개씩을 서로 교환하면 두 사람 모두 10개의 사과와 10개의 바나나(조합 T)를 가지게 되는데, 이는 각 개인의 생산 가능 경계를 넘어서는 것이다. 국가 간에도 동일한 논리가 적용된다. 한 국가가 한 상품의 생산에 대해 상대적인 강점이 있다면, 우리는 그 국가가 그 상품 생산에 **비교 우위(comparative advantage)**가 있다고 얘기한다. 각 국가가 비교 우위가 있는 상품의 생산에 상대적으로 집중하고, 두 국가 사이에 교역이 이루어지면 두 국가 모두 자급 상태의 생산 가능 경계 바깥에 있는 상품 조합을 소비할 수 있다.

이제 두 사람의 생산을 포괄한 경제 전체의 생산 가능한 상품의 조합을 생각해 보자. 만약 이 경제가 바나나를 최대한 생산하고자 한다면 두 사람의 노동 시간을 모두 바나나 수확에 집중해 30송이의 바나나를 수확할 수 있다. 이제 바나나 생산을 줄이고 사과 생산을 늘리려 하면, 사과 생산에 상대적 강점이 있는 A의 노동 시간을 먼저 사과 생산에 쓰도록 하는 것이 좋을 것이다. 따라서 〈그림 7-9〉의 패널 (a)처럼 A의 한계 변환율을 따라 사과 생산을 늘리고 바나나 생산을 줄인다. A의 노동 시간을 다 소진하고 나서도 여전히 더 많은 사과 생산이 필요하다면 B의 노동 시간을 사과 생산에 추가적으로 투입할 것이다. 그래서 그 이후로는 B의 한계 변환율이 적용된다.

일반적으로 두 상품 x와 y가 있을 때 상품 x의 생산량을 늘리고자 하면 항상 x의 생산에 상대적으로 강점이 있는 생산 기술부터 먼저 적용하므로 한계 변환율은 x의 생산이 늘어남에 따라 증가하게 된다. 따라서 경제 전체의 생산 가능 경계는 〈그림 7-9〉의 패널 (b)처럼 원점에 대해 오목한 모양을 가지게 된다.

생산 가능 경계를 따라서 생산이 일어날 때 경제는 주어진 자원을 완전하게 활용한다. 만약 자원의 가격이 주어져 있다면 생산 가능 경계 위의 생산 비용은 모두 같을 것이다. 생산 가능 경계를 따라 상품 조합이 변하면 생산 비용의 변화는

그림 7-9 전체 경제의 생산 가능 경계

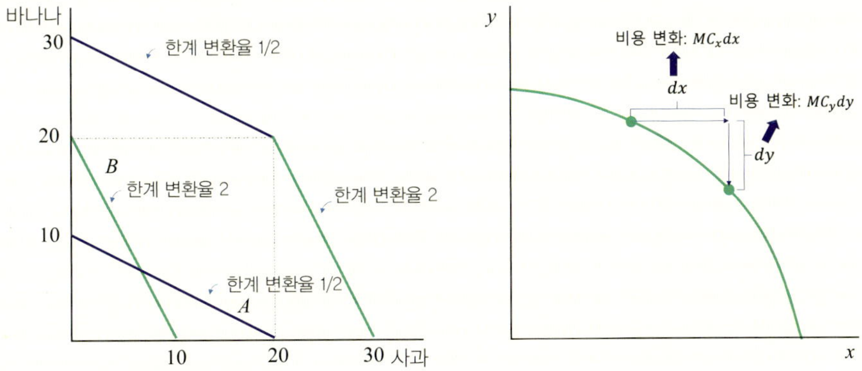

(a) A와 B를 통합한 생산 가능 경계

(b) 일반적인 생산 가능 경계

없다. 상품의 양이 변함에 따라 증가 혹은 감소하는 비용은 단위당 비용 변화인 한계 비용(MC_x, MC_y)과 변화하는 상품의 양(dx, dy)의 곱으로 표시된다. 따라서, 생산 가능경계 위에서 다음의 관계가 성립한다.

$$MC_x dx + MC_y dy = 0$$

위 식을 변형하면 한계 변환율의 정의인 $-\dfrac{dy}{dx}$를 얻게 되는데, 이는 곧 한계 비용의 비율이다. 이 관계는 생산이 포함된 경제의 파레토 효율성을 논할 때 필요한 관계이다.

$$MRT_{xy} = -\frac{dy}{dx} = \frac{MC_x}{MC_y}$$

요약

생산 과정이 포함된 경제에서 생산 가능 경계는 경제가 주어진 자원을 활용해 생산할 수 있는 최대한의 상품 조합을 보여준다. 생산 가능 경계는 원점에 대해 오목하며, 기울기인 한계 변환율은 각 상품의 한계 생산 비용의 비율과 같다.

2. 생산이 포함된 경제의 효율적인 자원 배분

우리는 생산 과정 없이 교환만이 이루어지는 경제에 대한 논의에서 효율적인 자원 배분을 파레토 효율적인 자원 배분이라 정의했다. 그리고 파레토 효율적인 자원 배분은 두 사람의 무차별 곡선이 접하는 지점에서 얻어지는 자원 배분임을 보였다.

생산이 포함된 경제에서도 일단 생산이 이루어져서 두 상품의 양이 주어지고 나면 두 무차별 곡선이 접하도록 상품을 나누어 가져야 파레토 개선이 불가능할 것이다. 그럼 두 상품은 어떤 조합으로 생산해야 파레토 효율적일까?

우선 생산 가능 경계 위의 생산 조합을 생산해야 한다. 생산 가능 경계 안의 조합을 생산한다면 경제에 주어진 자원만으로도 상품을 더 생산할 수 있고, 이렇게 더 생산된 상품을 모든 경제 구성원이 소비할 수 있도록 조금씩 나누어 주면 모두의 후생이 나아지는 파레토 개선이 이루어질 것이다.

그렇다고 생산 가능 경계 위의 아무 조합이나 선택하여 두 소비자의 무차별 곡선이 접하도록 나누어 소비하게 한다고 해서 파레토 효율적인 자원 배분이 이루어지는 것은 아니다. 상품 y만을 생산하는 극단적인 경우를 생각해보자. 경제에 주어진 자원을 활용하여 최대량의 상품 y를 생산한다면, 상품 y만을 생산하는 생산 조합도 생산 가능 경계 위에 있다. 그런데 만약 두 소비자들이 상품 y에 대해서는 전혀 가치를 느끼지 못하고 상품 x만을 원한다면, 생산 가능 경계에 없더라도 상품 x를 조금이라도 생산하여 두 소비자가 소비하는 것이 파레토 개선이 될 것이다.

따라서 파레토 효율적인 자원 배분을 위해서는 생산 조합을 선택할 때 경제 구성원들의 선호가 반영되도록 해야 한다. 이를 간단히 이해하기 위하여 경제 구성원이 한 사람으로 이루어진 경제에서 효율적인 자원 배분을 위해 어떻게 생산 조합이 결정되어야 하는지를 생각해보자. 〈그림 7-10〉은 주어진 생산 가능 경계와 경제의 유일한 구성원인 소비자의 무차별 곡선을 겹쳐서 보여준다. 생산된 상품 조합은 결국 이 소비자가 소비하게 되므로, 소비자가 가장 좋아하는 소비 묶음을 생산하는 것이 이 경제의 파레토 효율적인 자원 배분일 것이다. 따라서, 생산 가능 경계를 벗어나지 않으면서 원점에서 가장 먼 무차별 곡선 위에 있는 상품 조

그림 7-10 구성원이 한 명일 경우 최적 생산물 조합의 선택

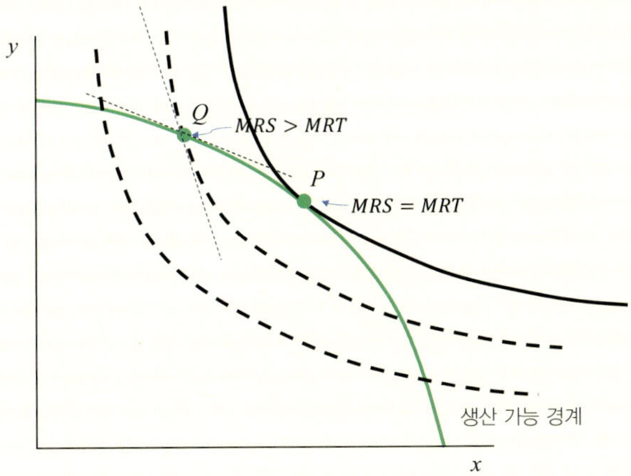

합을 생산해야 한다. 이런 상품 조합은 소비자의 무차별 곡선이 생산 가능 경계와 접할 때, 즉 무차별 곡선의 기울기인 한계 대체율과 생산 가능 경계의 기울기인 한계 변화율이 같을 때 얻어진다. 즉, 소비자가 생각하는 주관적인 상품 x와 y의 교환 비율(한계 대체율)과 기술이 허락하는 두 상품의 변환 비율(한계 변환율)이 같아지는 상품의 조합(〈그림 7-10〉의 P)이 최적 생산 조합인 것이다.

$$MRS = MRT$$

만약 상품 조합 Q처럼 한계 대체율이 한계 변환율보다 크다면 이 경제 구성원은 상품 x를 추가적으로 얻기 위해 기술적으로 필요한 양보다 더 많은 양의 상품 y를 포기할 용의가 있으므로 x의 생산을 늘리는 것이 파레토 개선이 된다.

경제에 두 사람의 소비자가 있어 생산된 상품이 두 소비자의 한계 대체율이 같도록 나눠지더라도 한계 대체율이 한계 변환율과 다르다면 파레토 개선의 여지가 있다. 두 소비자 A와 B가 있는 상태에서 $MRS_A = MRS_B > MRT$인 관계가 성립한다고 하자. 그럼 A와 B 모두 상품 x를 더 소비하기 위해 기술적으로 필요한 양보다 더 많은 양의 y를 포기할 용의가 있다. 따라서 x를 더 생산하고 y를 덜 생산하여 두 소비자 모두 조금 더 많은 x와 조금 더 적은 y를 소비하게 하면 두 소비자의 후생은 모두 증가하여 파레토 개선이 이루어진다.

따라서, 두 소비자로 이루어져 있고 주어진 생산 가능 경계에 따라 생산이 가능한 경제에서 파레토 효율적인 자원 배분은 두 사람의 한계 대체율과 한계 변환율이 같아지는 조건을 만족한다.

$$MRS_A = MRS_B = MRT$$

이 자원 배분은 각 상품을 얼마나 생산할 것인지에 대한 생산 문제와 생산된 상품을 어떤 소비자가 얼마나 소비하게 할 것인지에 대한 분배 문제를 모두 포괄한 것이다.

〈그림 7-11〉은 이 조건을 만족하는 파레토 효율적인 배분을 예시한다. 생산 가능 경계 위에 있는 상품 조합이 선택되어 생산되면, 생산된 각 상품의 양을 기반으로 한 에지워쓰 상자를 그릴 수 있다. 이 에지워쓰 상자 안에 모든 상품의 양이 주어져 있을 때 파레토 효율적인 분배를 나타내는 계약 곡선을 그릴 수 있는데, 이 계약 곡선에 있는 모든 분배가 파레토 효율적인 것은 아니다. 앞서 언급한 것처럼 한계 대체율이 한계 변환율과 다르면 다른 상품 조합을 생산하는 것이 파레토 개선으로 이어지기 때문이다. 이 계약 곡선 위에 한계 변환율과 한계 대체율이 같아지는 분배가 있다면 이것이 파레토 효율적인 배분이다.

그림 7-11 파레토 효율적인 자원 배분의 예시

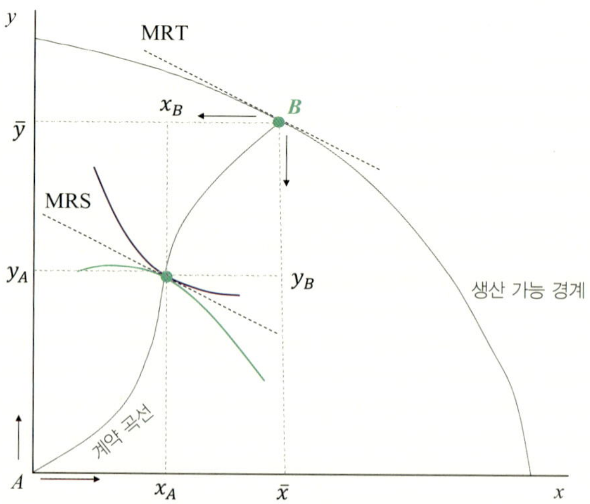

요약

생산이 포함된 경제에서 파레토 효율적인 배분은 모든 소비자의 한계 대체율과 생산 가능 경계의 기울기인 한계 변화율이 같아질 때 얻어진다.

3. 완전 경쟁 균형

이 경제에서 완전 경쟁 시장의 균형을 생각해 보자. 완전 경쟁 시장에서 생산자와 소비자는 가격이 주어진 상태에서 상품의 생산 결정과 소비 결정을 한다. 그 결과로 상품의 공급과 수요가 결정되고, 공급과 수요가 일치되도록 가격이 조정된 상태가 완전 경쟁 시장의 균형이다. 따라서, 완전 경쟁 시장의 균형은 다음의 과정과 조건을 통하여 얻어진다.

첫째, 소비자들은 가격이 주어진 상태에서 예산선과 무차별 곡선이 접하는 최적 소비 조합을 선택한다.

$$MRS_A = \frac{p_x}{p_y}$$

$$MRS_B = \frac{p_x}{p_y}$$

소비자들의 선택 결과로 상품에 대한 수요량이 결정된다. 둘째, 기업들은 가격이 주어졌을 때 이윤을 최대화하는 생산량을 결정한다. 이윤 최대화 생산량은 가격이 한계 비용과 같아질 때 구해진다.

$$p_x = MC_x$$

$$p_y = MC_y$$

기업들의 선택의 결과로 상품에 대한 공급량이 결정된다. 셋째, 이렇게 형성된 공급량과 수요량이 각 상품의 시장에서 일치할 때 시장 균형이 얻어진다.

우리는 생산 요소의 거래에 대한 모형화를 하지 않았기 때문에 위 설명만으로는 구체적인 시장 균형을 구하는 데 한계가 있다. 그러나 시장 균형이 존재할 때 시장 균형에 따른 자원 배분이 파레토 효율적인 자원 배분의 조건을 만족한다는 것은 확인할 수 있다.

시장 균형은 위에서 언급한 소비자의 최적 소비 조합 선택 조건과 기업의 이윤 최대화 생산량 선택 조건을 만족하므로, 완전 경쟁 균형의 결과로 인한 자원 배분 역시 이 조건을 만족한다. 그리고 시장 가격이 매개가 되어 다음의 조건이 만족될 것이다.

$$MRS_A = MRS_B = \frac{p_x}{p_y} = \frac{MC_x}{MC_y} = MRT$$

우선 시장 가격이 매개가 되어 두 소비자의 한계 대체율이 같아진다. 소비자들은 주관적으로 교환하고자 하는 두 재화의 비율이 상대 가격과 같아지도록 소비를 선택하기 때문이다. 또한 한계 대체율은 한계 변환율과 같아진다. 각 기업들은 한계 비용과 가격이 같아지는 지점에서 생산량을 결정하여 상대 가격이 한계 비용의 비율과 같아진다. 그런데, 한계 비용의 비율은 곧 한계 변환율이다. 결국 상대 가격을 매개로 하여 모든 소비자의 한계 대체율은 경제 전체의 한계 변환율과 같아지고, 완전 경쟁 균형은 파레토 효율적인 자원 배분의 조건을 만족시킨다.

요약

생산 과정이 포함된 경제에서 완전 경쟁 시장의 균형은 가격을 통해 한계 대체율과 한계 변화율이 같도록 하므로 파레토 효율적이다.

완전 경쟁의 효율성: 후생 경제학 제1정리

우리는 두 가지 간단한 사례를 통해 일반 균형 분석을 예시하였다. 두 사례를 통해서 알 수 있는 사실은 여러 개의 시장이 있는 경우에도 완전 경쟁 균형은 파레토 효율적이라는 것이다. 일반적인 수의 소비자와 기업, 그리고 상품의 수를 가정했을 때에도 완전 경쟁 균형은 파레토 효율적이라는 결과를 얻을 수 있다. 우리는 여기에서 특별한 분석 없이 이 결과만을 소개한다. 경제학에서 중요하게 여겨지는 이 결과는 후생 경제학 제1정리라 불린다.

후생 경제학 제1정리 경쟁 균형은 파레토 효율적이다.

아주 단순하지만 강력한 이 정리는 경제학적 사고의 근간을 이룬다. 경제학은 기본적으로 시장의 균형이 효율적이라는 사실을 받아들인다. 따라서, 이에 대한 개입을 주장하기 위해서는 이를 정당화할 수 있는 이유를 제시해야 한다. 만약 아무런 정보가 없다면 시장 균형이 효율적이라는 것이 기본적인 전제이고, 이를 기각하기 위해서는 근거가 필요하다.

물론 이 강력한 정리의 배후에는 여러 가지 숨겨진 단점이 있다. 첫째, 파레토 효율적인 배분은 상당히 많으며, 바람직한 배분의 최소한의 조건일 뿐이다. 파레토 효율적이라고 해서 모든 문제가 해결되었다는 뜻은 아니다. 첫 번째 예로 들었던 순수 교환 경제에서 한 구성원이 경제의 모든 상품을 소유하고 있는 극단적인 경우를 생각해 보라. 에지워쓰 상자의 왼쪽 아래 꼭짓점이나 오른쪽 위 꼭짓점으로 표시되는 이 배분은 항상 계약 곡선 위에 있다(〈그림 7-4〉를 참조). 만약 소비자 *A*가 모든 상품을 소비하는 경우, *B*의 효용을 개선하기 위해서는 *A*의 소비를 줄여서 *A*의 효용을 희생시킬 수밖에 없다. 따라서, 이 배분은 파레토 개선이 불가능한 배분, 곧 파레토 효율적인 배분이다. 이렇듯 극단적으로 불평등한 자원 배분도 파레토 효율적이기 때문에 파레토 효율적인 배분이 곧 바람직한 배분이라는 뜻은 아니다. 앞서 언급하였듯이 파레토 효율적인 배분은 바람직한 배분을 위한 최소한의 조건이라고 보는 편이 타당할 것이다. 따라서, 시장 균형이 파레토 효율적이라고 해서 이것이 곧 가장 바람직한 배분이라는 뜻은 아니다.

둘째, 이 단순한 진술에는 많은 숨겨진 가정이 있다. 몇 가지를 열거하자면, 1) 우선 **완전 경쟁**이 작동하여야 한다. 그러나 우리가 아는 많은 상품 시장은 완전 경쟁이 아닐 수 있다. 여러분이 일상적으로 사용하는 많은 상품은 소수의 알려진 회사들이 대부분을 생산하는 경우가 많다. 2) 모든 상품과 서비스가 시장을 통하여 거래되어야 한다. 만약 시장에서 거래되지 않은 상품과 서비스가 있다면 존재하는 시장이 완전 경쟁적이더라도 균형은 파레토 효율적이지 않을 수 있다. **외부성**(externality)은 시장에서 거래되지 않은 상품과 서비스의 예로 주로 이야기되는 것이다. 생산 활동으로 인한 오염 물질의 배출은 주위 사람들의 생활에 영향을 미친다. 최근 정부의 개입으로 달라지고 있지만, 보통 오염 물질에 대한 시장은 자연 발생적으로 존재하지는 않는다. 3) 정보가 모두에게 공유되어야 한다. 우리는 완전 경쟁 시장의 조건으로 모든 생산자들이 동일한 상품을 판다고 가정했다. 이는 달리 표현하면 상품에 대한 정보를 모두가 완전하게 알고 있어서 시장 참가자가 가진 정보의 차이가 없다는 뜻이다. 그런데 많은 서비스의 거래에서 우리는 서비스의 품질에 대해서 **불완전한 정보**를 가지고 있는 경우가 많고, 그 경우 가지고 있는 정보에 차이가 발생할 수 있다. 법적 도움을 받기 위해 변호사를 고용하려는 경우를 생각해 보자. 변호사들의 수임료가 다양할 때 수임료가 가장 싼 변호사를 고용하지는 않는다. 아마도 제공하는 법적 서비스가 낮을지도 모른다고 걱정하기 때문일 것이다. 반면 변호사 자신들은 자신들이 제공하는 서비스의 수준이 어느 정도인지 잘 알 것이다. 이렇듯 많은 거래에서 한쪽은 상품과 서비스의 질을 잘 모르지만, 다른 쪽은 이를 잘 알고 있는 경우가 발생한다. '경쟁 균형'이라는 한마디로 요약되어 있지만, 후생 경제학의 제1정리에는 이렇듯 여러 숨겨진 가정이 있다. 그리고, 이 가정이 위반되었을 때 '균형 배분이 효율적'이라는 결과도 만족되지 않는다. 시장의 균형 배분이 더 이상 효율적이지 않을 때, 우리는 이를 '**시장 실패(market failure)**'라고 부른다. 이런 시장 실패는 시장에 대한 개입을 정당화할 수 있는 기반이 되는데, 이에 대해서는 교과서의 후반부에서 더 심도 있게 다룬다.

요약

후생 경제학 제1정리에 따르면, 일반적인 수의 상품, 소비자, 기업을 고려해도 완전 경쟁 시장의 균형은 파레토 효율적이다. 하지만 후생 경제학 제1정리는 완전경쟁, 완비시장, 대칭적 정보 등의 숨겨진 가정을 가진다.

7.3 사회 선택

완전 경쟁 시장은 파레토 효율적인 자원 배분을 달성한다. 하지만 앞서 강조했듯이 파레토 효율적인 자원 배분은 사회적으로 바람직한 자원 배분이 갖추어야 할 조건 중 하나이지 절대적인 조건은 아니다. 특히, 파레토 효율성 개념은 분배의 형평성에 대해 둔감하다. 한 사람이 경제의 모든 상품을 소비하는 것은 언제나 파레토 효율적이다. 경제의 모든 구성원이 동일한 소비를 하는 경우는 사람들의 선호가 다양한 일반적인 경우에 파레토 효율적이지 않다. 하지만 한 사람이 모든 것을 소비하는 파레토 효율적인 배분과 모든 사람이 동일한 소비를 하는 파레토 비효율적인 배분 중 어떤 것이 사회적으로 더 바람직할까? 이 질문에 대해 파레토 효율성만을 기준으로 답하기는 어려울 것이다. 즉, 파레토 효율적인 배분이라고 해서 파레토 비효율적인 배분보다 반드시 사회적으로 더 바람직하다고 말할 수는 없다. 물론 파레토 비효율적인 배분과 이를 파레토 개선하는 파레토 효율적인 배분을 비교하면 파레토 효율적인 배분이 더 바람직하다. 하지만 우리가 위에서 고려한 두 배분은 파레토 개선의 관계가 없다. 그리고 우리는 수많은 파레토 효율적인 자원 배분 중에서 시장 균형이 어떤 자원 배분을 달성하는지에 대해서는 논의한 바가 없다. 시장 균형이 달성하는 파레토 효율적인 배분이 다른 파레토 효율적인 배분보다 더 좋은 배분인지는 알 수 없다.

이 절에서는 파레토 효율성뿐만 아니라 형평성까지 고려하여 정의한 사회적으로 바람직한 배분을 생각해 보고 이를 어떻게 달성할 수 있을 것인지를 검토해 본다. 이를 위해서는 크게 두 가지 작업이 필요하다. 첫째, 윤리적인 판단을 포함하여 사회적으로 바람직한 배분을 정의하는 것이다. 둘째, 사회적으로 성취 가능한 배분이 무엇인지 정의하는 것이다. 이 두 작업을 하고 나면 사회적으로 성취 가능한 배분 중에서 사회에 가장 바람직한 배분을 골라내는 작업이 이루어질 것이다. 이를 **사회 선택**이라고 한다.

이런 작업을 수행하기 위해 우리는 사회적으로 바람직한 배분과 성취 가능한 배분을 사회 구성원의 효용 관점에서 묘사해 본다. 자원 배분은 결국 사회 구성원인 소비자의 욕구를 만족시키기 위한 것이다. 그래서 자원 배분을 규범적으로 평가하기 위해서 소비자의 선호라는 개념이 필요했고, 파레토 효율성 개념도 소비자의 효용 측면에서 정의된 것이다. 따라서, 자원 배분도 소비자의 효용 측면에서 묘사하는 것이 필요하다. 지금까지 자원 배분은 어떤 상품이 얼마나 생산되고, 생산된 상품을 어떤 소비자가 소비하는지로 묘사되었다. 이렇게 구한 자원 배분은 결국 소비자들의 효용으로 연결된다. 따라서, 자원 배분을 자원 배분의 결과로 소비자들이 향유하게 되는 효용의 조합으로 묘사할 수 있고, 사회적으로 바람직한 배분도 효용의 조합으로 묘사하는 것이 자연스럽다.

효용 가능 경계(UPF: utility possibility frontier)

바람직한 자원 배분을 이야기하기 앞서 우선 가능한 자원 배분을 소비자의 효용 관점에서 묘사해 보자. 주어진 자원으로 얻을 수 있는 소비자 효용은 한계가 있을 것이기 때문이다. 〈그림 7-12〉는 순수 교환 경제에서 가능한 자원 배분을 보여준다. 2×2 경제의 모든 가능한 자원 배분은 패널 (a)의 에지워쓰 상자 안의 점으로 표시된다. 각 소비자가 재화를 얼마나 소비하는지가 에지워쓰 상자가 보여주는 자원 배분이다. 우리는 이를 패널 (b)의 각 소비자의 효용 조합으로 표시하고자 한다. 패널 (b)의 평면은 수평축에 소비자 A의 효용 수준을, 수직축에 소비자 B의 효용 수준을 표시한다. 에지워쓰 상자 안의 배분은 두 소비자의 효용 수준으로 연결되고, 이에 해당하는 패널 (b) 평면의 점을 찾을 수 있다.

그럼 패널 (b) 평면의 점 중 주어진 자원을 가지고 경제가 도달할 수 있는 조합

그림 7-12 소비자 효용으로 표시한 자원 배분과 효용 가능 경계

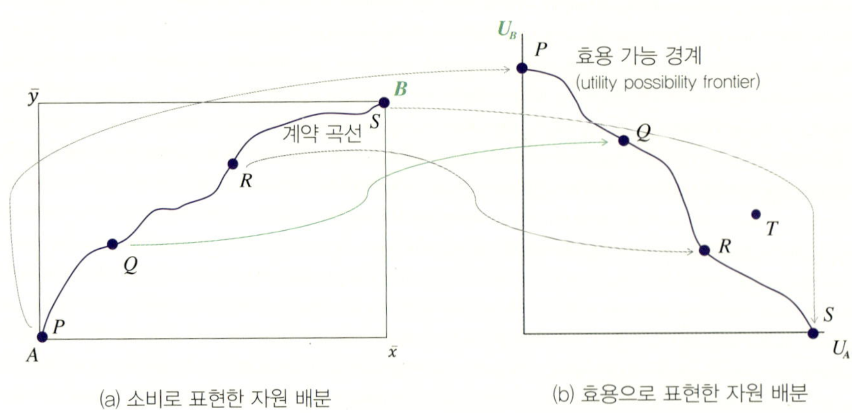

(a) 소비로 표현한 자원 배분 (b) 효용으로 표현한 자원 배분

과 없는 조합은 어떻게 나누어질 것인가? 이를 나타내기 위해 에지워쓰 상자에서 파레토 효율적인 배분을 보여주는 계약 곡선을 그린다. 그리고 이 계약 곡선을 따라 나타나는 소비자 A와 B의 효용 조합을 패널 (b)의 평면에 표기하자. 예를 들어, 에지워쓰 상자 왼쪽 아래 꼭짓점의 자원 배분 P는 경제 내의 모든 상품을 소비자 B가 소비하는 자원 배분이다. 따라서 A의 효용 수준은 최저이고, B의 효용 수준은 이 경제 내에서 가능한 자원 배분 중 최고 수준이다. 계약 곡선을 따라 A의 소비가 늘어나고 B의 소비가 줄어들면 패널 (b)에서 A의 효용은 늘어나고 B의 효용은 줄어들 것이다. 결국, 에지워쓰 상자의 오른쪽 위 꼭짓점인 배분 S에 이르면 B의 효용은 최저점에 이르고, A의 효용은 경제가 획득할 수 있는 최고점에 이른다. 이렇게 그려진 패널 (b)의 곡선을 **효용 가능 경계(UPF: utility possibility frontier)**라고 한다.

이 경계 바깥의 효용 조합은 주어진 경제가 도달할 수 없는 조합이다. 패널 (b)의 T라는 조합을 생각해 보자. 이는 R 조합과 비교했을 때 두 소비자의 효용이 모두 증가한 조합이므로, R의 파레토 개선이다. 그런데 R은 파레토 효율적인 배분에서 구해진 효용 조합이므로 이 경제 내의 가용한 자원으로는 파레토 개선이 불가능하다. 따라서 T는 주어진 자원으로는 얻을 수 없는 효용의 조합이다. 반면 효용 가능 경계 안의 모든 효용 조합은 이 경제가 달성할 수 있는 효용 조합이다. 비록 비효율적이지만, 주어진 상품을 소비하지 않고 버리는 선택은 언제나 가능하기 때문이다. 따라서 효용 가능 경계는 경제가 달성할 수 있는 효용 조합의 한계를 보여준다.

요약

파레토 효율적인 배분은 사회적으로 바람직한 배분의 최소한의 조건일 뿐이다. 파레토 효율적인 배분을 따라 사회가 달성할 수 있는 소비자 효용 조합의 한계를 보여주는 것이 효용 가능 경계이다.

사회 후생 함수(social welfare function)

효용 조합으로 표시된 자원 배분 중에서 사회적으로 가장 바람직한 자원 배분은 무엇인가? 개인이 자신의 소비 구성에 대해 선호를 가지듯이 사회도 구성원의 효용 구성에 대해 선호를 가질 수 있다. 소비자의 선호를 수학적으로 표현하는 것을 효용함수라 하는데, 사회의 선호 역시 수학적으로 표현할 수 있으며 이를 **사회 후생 함수**(social welfare function)[3]라 한다. 효용함수와 마찬가지로 사회가 더 선호하는 배분에 대해 더 높은 값을 부여한다.

사회의 선호는 사회가 가지는 일종의 윤리적 판단이라고 할 수 있다. 하지만 특별한 논쟁 없이 받아들일 수 있는 판단의 기준이 있는데 이것이 파레토 개선이다. 한 자원 배분이 다른 자원 배분을 파레토 개선한다면, 다른 사회 구성원의 피해 없이 일부 구성원들의 효용이 증가하는 것이므로 사회적으로 더 좋아해야 할 것이다.

논쟁적일 수 있는 윤리적 판단은 효용의 분포에 대한 관점과 관련된다. 형평성의 관점에서 후생이 사람들에게 고루 나눠지는 것에 대해 사회가 얼마나 가치를 둘지에 따라 두 가지 상반되는 관점이 가능하다. 한편으로 사회가 누리는 전체 효용이 커질 수만 있다면 그게 일부에게 집중되더라도 상관없다는 관점이 있다. 반대편에는 후생이 골고루 나눠질 때만이 전체 효용의 증가에 의미가 있다는 관점이 있다.[4]

첫 번째 관점은 **공리주의**(utilitarianism)라 불리고 다음의 사회 후생 함수로 표현된다.

$$W = U_A + U_B$$

3 사회 후생 함수란 표현은 문맥에 따라 다르게 쓰이는 경우가 있으니 주의해야 한다. 예를 들어, 재정학 과목에서 애로우의 불가능성 정리(Arrow's impossibility theorem)를 논의할 때 사용하는 사회 후생 함수는 지금 사용하는 사회 후생 함수와는 의미가 약간 다르다.

4 이 논의에서 우리는 마치 서로 다른 사람의 효용을 비교 평가할 수 있는 것처럼 다룬다. 이는 소위 효용의 기수적(cardinal) 해석이다. 만약 효용을 서수적으로 해석한다면 서로 다른 사람의 효용의 수치를 비교할 수 없으므로 현재의 논의는 불가능하다.

"최대 다수의 최대 행복"이라는 철학자 벤담(Jeremy Bentham)의 말로 요약되는 이 윤리적 접근법에서는 행복은 그것을 누리는 사람이 누가 되었든 차별 없이 다루어져야 하며, 따라서 그 총합이 최대가 되는 것이 가장 중요하다. 왕이나 귀족의 특권에 반대하여 나온 당시로서는 평등주의적 관점이었지만, 현대에 이르러서는 총합이 최대화될 수 있다면 효용이 일부의 사람에게 국한되더라도 상관없다는 불평등의 용인으로 받아들여진다.

두 번째 관점은 이를 제안한 정치 철학자의 이름을 따서 **롤스의 사회 후생 함수**라 불리며, 다음과 같이 표현된다.

$$W = \min\{U_A, U_B\}$$

롤스(John Rawls)는 '정의론(Theory of Justice)'이란 책을 통해 2차 세계 대전 이후로 확대되어가던 국가의 복지 정책을 정당화하기 위하여 위 사회 후생 함수로 대변되는 철학적 관점을 제기한 것으로 알려져 있다. 그에 따르면 사람들은 각자 처한 위치가 다르기 때문에 사회가 운영되는 규칙에 합의하기 어렵다. 자기의 현재 위치에서 손해를 보는 변화에 동의하기 어렵기 때문이다. 따라서, 사회적 규칙을 만들기 위해서는 현재의 위치를 모르는 가상의 상태인 소위 **'무지의 장막(the veil of ignorance)'** 뒤에서 합의할 수 있는 규칙을 생각해 봐야 한다. 무지의 장막 뒤에 있는 사람들은 본인이 사회에서 가장 열악한 위치에 있을 가능성을 염려하여 가장 열악한 위치에 있는 사람들의 행복을 보장하는 사회적 규칙을 만들 것이다.[5] 따라서, 가장 불행한 자의 효용이 증진되지 못한다면 총합의 증가는 무의미하다는 관점이 나타난다.

개인의 선호를 무차별 곡선을 통해 시각적으로 표현하듯이 사회 후생 함수도 비슷한 방식의 시각적인 표현을 찾을 수 있다. 개인이 똑같이 좋아하는 소비 묶음을 연결한 무차별 곡선처럼 사회가 똑같이 바람직하다고 판단하는 후생의 구

5 사람들이 자신의 위치를 모를 때 어떤 선택을 할 것인가는 불확실성이 있는 상황에서 사람들이 가지는 선호와 관련이 있다. 자신이 가장 열악한 상황에 처할 상황을 고려해 규칙을 정하는 것은 가장 최악의 상황만을 고려한다는 점에서 상당히 극단적인 형태의 선호이다. 자세한 내용은 11장에서 다룰 불확실성하의 선택을 참조하라.

성을 연결한 선을 그리는 것이다. 〈그림 7-13〉은 〈그림 7-12〉에서 구한 효용 가능 경계와 더불어 공리주의적 사회 후생 함수와 롤스 사회 후생 함수로 대변되는 사회의 선호를 보여준다. 효용의 총합이 강조되는 공리주의적 사회 후생함수는 A와 B의 효용이 1:1로 교환되어도 사회적으로 똑같이 바람직하고, 가장 불행한 사람의 효용이 중요한 롤스의 사회 후생 함수에서는 더 행복한 사람의 효용이 증가해도 사회적으로는 똑같이 취급된다.

요약

사회적으로 바람직한 배분은 파레토 효율성과 더불어 형평성에 관한 도덕적 가치 판단을 포함하며, 이를 포괄한 것이 사회 후생 함수이다. 대표적으로 많이 언급되는 사회 후생 함수로는 공리주의적 사회 후생 함수와 롤스의 사회 후생 함수가 있다.

사회적으로 바람직한 자원 배분과 이의 달성

일단 특정한 사회 후생 함수를 가정하면 파레토 비효율적인 배분이 때로는 파레토 효율적인 배분보다 사회적으로 더 바람직한 배분으로 받아들여질 수 있다.

그림 7-13 사회 후생 함수와 바람직한 자원 배분의 선택

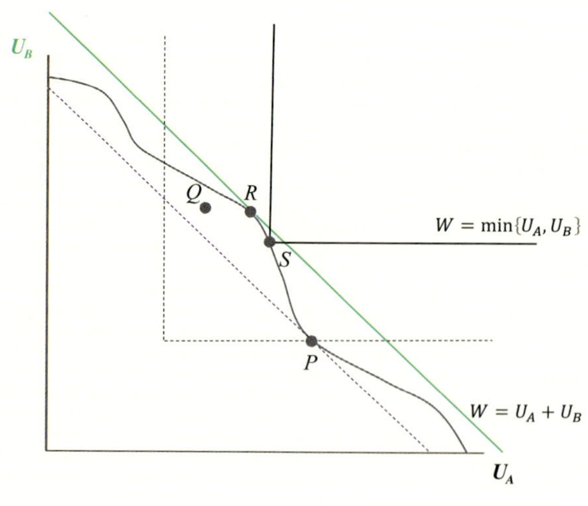

〈그림 7-13〉에서 효용 가능 경계 내부에 위치하여 파레토 효율적이지 않은 배분 *Q*와 효용 가능 경계상에 위치해 파레토 효율적인 배분 *P*를 비교해 보자. 공리주의적 사회 후생 함수 관점에서도, 롤스의 사회 후생 함수 관점에서도 파레토 비효율적인 배분 *Q*가 파레토 효율적인 배분 *P*보다 사회적으로 더 바람직하다.

사회적으로 가장 바람직한 자원 배분은 파레토 효율적인 자원 배분 중 하나로 주어진다. 공리주의 사회 후생 함수에 따르면 배분 *R*이, 롤스 사회 후생 함수에 따르면 배분 *S*가 사회적으로 가장 바람직한 자원 배분이다.

만약 우리가 특정한 사회 후생함수에 합의해 사회적으로 바람직한 자원 배분을 정할 수 있다면 이런 자원 배분은 어떻게 달성해야 할까? 〈그림 7-13〉에서 소비자들의 효용 조합으로 구한 바람직한 자원 배분은 이에 대응하는 에지워쓰 상자 안의 상품 자원 배분으로도 표현할 수 있다. 효용 조합의 자원 배분은 효용 가능 경계 위에 있기 때문에 에지워쓰 상자에서 이에 대응하는 자원 배분은 계약 곡선 위에 있을 것이다. 따라서, 경제 내에서 소비자의 소비 수준을 조정함으로써 〈그림 7-13〉에서 구한 바람직한 효용의 분포를 얻을 수 있다. 예를 들어, 정부가 각 소비자가 소비할 상품의 양을 지정하고 이에 맞추어 상품의 생산을 계획하는 식으로 사회적으로 바람직한 자원 배분을 달성할 수 있다. 그러나 논리적으로는 간단해 보이는 계획에 의한 바람직한 배분의 달성은, 실제 경제에서는 이루기 어렵다. 정부가 소비자들의 선호, 각 기업들의 생산 기술과 그에 따른 생산 비용 등을 모두 알기는 어렵기 때문이다. 정부의 개입은 비효율적인 생산이나 분배로 이어지기 쉽다. 예를 들어, 사람들은 컴퓨터가 필요한데, 청소기를 많이 만들어내는 일이 발생한다. 따라서, 완전 경쟁 시장이 원활하게 작동하고 있다면, 사회적으로 바람직한 자원 배분을 얻는데도 가급적 시장 제도를 의지하면서 정부의 개입을 최소화하는 것이 필요할 것이다. 이를 뒷받침하는 논리가 후생 경제학 제2정리이다.

후생 경제학 제2정리 (특정한 조건이 만족하면) 모든 파레토 효율적인 자원 배분은 소득 이전과 결합된 시장 균형으로 얻어질 수 있다.

후생 경제학 제2정리는 제1정리의 전제와 결말을 바꾼 진술[6]에 가깝다. 이 정리에 따르면 사회 후생 함수로 정해진 (파레토 효율적인) 바람직한 자원 배분을 얻기 위해서 그에 해당하는 생산과 소비 결정을 정부가 직접 할 필요는 없다. 정부는 사회 구성원 사이에 소득 이전을 하고 이후 모든 자원 배분 과정을 시장에 맡기면 된다. 예를 들어 순수 교환 경제에서 현재의 시장 균형에서 *A*의 후생 수준이 사회적으로 바람직한 자원 배분에 비해 너무 낮다면, 시장 제도에 개입하지 말고 *B*로부터 *A*에게로 소득 이전만을 하라는 것이 이 정리의 메시지이다.

요약

효용 가능 경계와 사회 후생 함수를 결합하면 경제가 달성 가능한 바람직한 자원 배분을 얻을 수 있다. 후생 경제학 제2정리에 따르면, 사회적으로 바람직한 배분은 시장 경제에 대한 최소한의 간섭인 소득 이전을 통해 달성할 수 있다.

7.4 시장 균형의 효율성과 그 불만

하나의 상품 시장을 분석하는 부분 균형 분석에서 시장 균형은 거래로 인한 이익인 총잉여를 최대화한다는 점에서 효율적이다. 여러 시장을 함께 분석하는 일반 균형 분석에서도 시장 균형은 파레토 효율적인 자원 배분을 달성한다는 점에서 효율적이다. 따라서 특별한 근거 없이 시장 개입을 하는 것은 바람직하지 않다는 것이 경제학의 기본 입장이다.

파레토 효율적인 자원 배분이 곧 사회적으로 바람직한 자원 배분을 의미하는 것은 아니다. 파레토 효율성을 넘어서는 윤리적 판단이 있을 수 있고, 이런 기준으로 바람직한 자원 배분을 고른다면 시장 균형이 바람직한 자원 배분을 달성한다는 보장은 없다. 하지만 이 경우에도 정부는 시장 제도의 자원 배분 과정에 직

6 논리학에서는 이를 명제의 역(converse)이라 한다.

접적으로 개입하기보다는 소득 이전이라는 최소한의 개입만을 하여야 한다. 그러면 시장 제도가 사회적으로 바람직한 자원 배분을 달성해 줄 수 있기 때문이다.

하지만 이 논의는 시장 제도가 원활하게 작용하는 한에서 유용하다. 앞서 언급하였듯이 시장 균형의 효율성을 얘기하는 후생 경제학 제1정리는 여러 가지 가정이 전제되어야 성립한다. 시장은 완전 경쟁적이어야 하고, 모든 상품과 서비스에 대한 시장이 존재해야 하며, 정보가 모두에게 똑같이 공유되어야 한다. 이런 가정이 성립하지 않으면 시장 경제는 더 이상 효율적이지 않고, 정부가 시장에 개입할 근거가 생긴다. 다음 파트에서는 시장 실패와 이에 대응한 정부의 개입 가능성을 다룬다.

요약

후생 경제학의 근본 정리에 따르면 사회적으로 바람직한 배분은 시장 제도에 대한 최소한의 개입을 통하여 달성할 수 있지만, 현실 경제에서는 시장이 효율적인 자원 배분을 달성하지 못하는 시장 실패가 발생할 수 있다.

Chapter 7 연습문제

1 무인도에 표류한 돌돌이와 석순이는 100봉지의 땅콩을 가지고 있다. 두 사람과 하나의 상품으로 이루어진 이 경제에서 모든 가능한 자원의 배분을 보여주는 그림을 그리시오. 이 중 파레토 효율적인 배분을 찾으시오.

2 목축업자 김갑순 씨는 유산으로 두 자식 철수와 영희에게 50마리의 말과 10만 제곱미터의 목장을 남겼다. 유언장에 따르면 철수와 영희는 똑같이 25마리의 말과 5만 제곱미터의 목장을 가지게 된다.

(1) 모든 가능한 유산의 배분을 보여주는 에지워쓰 상자를 그리고, 유언장에 따른 유산의 배분을 보여주는 점을 그리시오.

(2) 철수와 영희가 상호 합의하에 유산 배분을 재조정할 수 있다면, 두 사람 모두에게 이익이 되는 유산 배분의 조정이 가능한가? 그림을 그려 설명하시오.

3 본문 258쪽 참고

4 하루 10시간의 노동 시간을 가진 돌돌이와 석순이는 이 시간을 활용하여 바나나와 사과를 딸 수 있다. 돌돌이는 하루에 최대 사과 4개 혹은 바나나 8송이를 딸 수 있고, 그것의 어떤 조합(예를 들어, 사과 2개와 바나나 4송이) 역시 수확할 수 있다. 석순이는 하루에 최대 사과 20개 혹은 바나나 10송이를 딸 수 있고, 그것의 어떤 조합 역시 수확할 수 있다. 절대적으로 보면 석순이는 사과와 배의 어떤 상품의 생산에서도 돌돌이보다 우위를 가지고 있다. 이 경우에도 여전히 돌돌이와 석순이가 교환을 하는 것이 이득이 될 수 있는가?

5 철수와 영희로 이루어진 공동체는 현재 사과 20개와 바나나 15송이를 생산하고 있다. 생산된 사과와 바나나는 철수가 (15개, 5송이), 영희가 (5개, 10송이)를 가지고 있다. 여기에서 바나나 1송이를 더 생산하려면 사과 생산이 2개 줄어든다. 철수는 사과 3개와 바나나 1송이를 교환할 용의가 있고, 영희는 사과 1개와 바나나 1송이를 교환할 용의가 있다.

(1) 현재의 생산을 그대로 둔 상태에서 철수와 영희가 상품의 교환을 통해 파레토 개선을 할 방법이 있는가? 없다면 왜 없는지 이유를 설명하고, 있다면 그 방법을 설명하시오.

(2) 철수와 영희가 상품의 교환을 하지 않고, 생산의 조정을 통해 파레토 개선을 할 방법이 있는가? 없다면 왜 없는지 이유를 설명하고, 있다면 그 방법을 설명하시오.

6 두 소비자 A와 B가 있는 상황에서 두 상품 x와 y가 생산되고 거래되는 경제를 생각해 보자. 완전경쟁의 시장을 가진 이 경제에서, 두 상품의 가격은 p_x와 p_y이다.

(1) 시장 경제에서 두 소비자가 소비를 선택하는 조건을 쓰시오.

(2) 완전 경쟁인 시장에서 각 상품의 생산자들이 이윤 최대화를 위한 생산량을 달성하는 조건을 쓰시오.

(3) 시장 경쟁 균형은 파레토 효율적이라는 후생 경제학의 제1정리가 성립함을 논하시오.

7 다음의 진술이 참인지, 거짓인지, 아니면 확실하지 않은지를 밝히고, 이유를 설명하시오.

(1) 생산 가능 경계 위의 모든 점은 파레토 효율적이다.

(2) 효용 가능 경계 위의 모든 점은 파레토 효율적이다.

(3) 효용 가능 경계 안의 배분에서 효용 가능 경계로 이동하게 되면 파레토 개선이 이루어진다.

(4) 롤스 사회 후생 함수의 관점에서 볼 때, 파레토 효율적인 배분은 파레토 비효율적인 배분보다 항상 더 바람직하다.

(5) 공리주의 사회 후생 함수의 관점에서 볼 때, 파레토 비효율적인 배분보다 더 바람직한 파레토 효율적인 배분을 항상 찾을 수 있다.

Part 3

비효율적인 시장 : 시장 실패

우리는 파트 2에서 완전 경쟁 시장이 효율적이라는 후생 경제학 제1정리를 소개했다. 즉, 시장 균형이 파레토 효율적인 자원 배분을 낳고, 시장에 대한 개입은 효율적인 자원 배분을 방해한다.

그러나 후생 경제학 제1정리는 여러 숨겨진 가정이 있으며, 이 가정이 만족하지 않으면 시장 균형은 더 이상 효율적이지 않다. 파트 3에서는 시장 균형이 효율적이지 않은 **시장 실패**(market failure)의 경우를 다룬다.

우리가 다루는 시장 실패는 크게 세 가지 경우이다. 첫째, 시장 구조가 완전 경쟁을 만족하지 않은 경우이다. 우리는 8장에서 독점 시장, 그리고 9장에서는 과점 시장을 분석한다. 과점 시장을 분석하기 위해서는 나의 합리적인 의사 결정이 다른 사람의 선택에 의해 영향을 받는 경우 어떻게 선택이 이루어지는가를 분석하는 틀이 필요한데, 이것이 게임 이론이다. 따라서 9장에서는 게임 이론과 전략적 선택을 다루고, 이를 응용하는 사례로서 과점 시장을 분석한다.

둘째, 특정 재화나 상품에 대한 시장이 존재하지 않는 경우이다. 이의 대표적인 경우로 10장에서 '**외부성**(externality)'을 다룬다. 외부성은 한 경제 주체의 행동이 다른 주체에게 영향을 미치는데 이런 영향이 시장에서 거래되지 않는 경우를 지칭한다. 오염 물질 배출이 외부성의 대표적 예로 다루어진다. 외부성이 있는 재화의 특수한 사례로서 소위 '**공공재**(public goods)'의 효율적인 공급 수준에 대해서도 다룬다. 우리는 왜 국방이나 안전과 같은 서비스를 전통적으로 정부가 공급하였는지를 탐구할 것이다.

셋째, 정보가 모든 시장 참가자들에게 동일하게 공유되지 못하는 경우이다. **정보의 비대칭성**이라고 불리는 이 상황을 우리는 11장에서 분석한다. 공급하는 재화나 서비스의 질에 대해 구매자가 잘 모르거나, 소비자의 특성에 대해 서비스의 공급자가 잘 모르는 경우가 이에 해당한다. 이런 상황을 분석하기 위하여 정보가 불충분하고 불확실한 상태에서 개인들의 선택을 다루는 모형을 소개할 것이다.

이 모든 경우에 시장의 자원 배분은 효율적이지 않다. 따라서, 정부의 개입을 통하여 자원 배분이 개선될 가능성이 생긴다. 우리는 각 상황에서 어떤 식의 개입이 시장의 자원 배분을 개선할 수 있을지 논의할 것이다. 그러나 이는 가능성일 뿐이다. 정부가 우리의 이론적 처방처럼 정확한 방향으로 개입하게 되는지, 그렇게 하더라도 개입하는 과정에서 다른 문제가 발생할 가능성은 없는지 등은 여전히 논쟁적인 문제로 남는다. 결국 정부의 개입이 시장의 자원 배분을 더 개선할지, 악화시킬지는 어떤 시장 상황에, 정부가 어떤 방식으로 개입하는지에 대한 구체적 분석에 달려 있다.

요약

불완전 경쟁, 외부성, 정보의 비대칭성 등으로 시장 경제의 자원 배분이 더 이상 효율적이지 않은 시장 실패가 발생할 수 있으며, 시장 실패의 경우 정부의 개입을 통한 개선 가능성이 생긴다.

Chapter 8

독점과 가격 전략

완전 경쟁 시장의 가장 핵심적인 가정은 기업과 소비자가 의사 결정을 할 때 자신의 결정이 가격에 영향을 미치지 못한다고 생각한다는 것이다. 그래서 기업과 소비자는 가격을 주어진 것으로 받아들이고, 주어진 가격에서 얼마나 생산할지, 얼마나 소비할지를 결정한다. 이런 결정이 결국 공급 곡선과 수요 곡선으로 나타난다. 이는 충분히 많은 수의 소비자와 기업이 시장에 존재하기 때문에 가능한 가정이다. 충분히 많은 수의 다른 생산자가 있을 때, 한 생산자의 생산 결정이 시장 전체의 상품 공급량에 미치는 영향은 무시할 수 있을 것이다. 마찬가지로 충분히 많은 수의 다른 소비자가 있을 때, 한 소비자의 소비 결정이 시장 전체의 상품 소비량에 미치는 영향 역시 무시할 만하다. 그러나 시장 참가자의 수가 제한되면 이런 가정은 더 이상 성립하지 않는다. 보통 시장 참가자 수의 제한은 상품을 생산하는 기업 측에서 발생한다. 생산자 수가 제한되면, 기업은 생산 결정을 할 때 자신의 생산량이 시장 가격에 미치는 영향을 고려해야 한다. 그렇기에 시장 가격을 주어진 것으로 받아들이고 이에 따라 생산 결정을 하여 결정되는 공급 곡선은 더 이상 존재하지 않는다. 기업이 생산 결정을 통해 시장 가격에 미치는 영향을 고려하면 기업의 의사 결정은 완전 경쟁과는 다르게 된다. 우리는 이런 사례로서 생산자가 하나뿐인 독점과 생산자가 하나는 아니지만 소수인 과점을 다룬다.

독점은 시장에 하나의 생산자가 있고 거래되는 상품에 대해 긴밀한 대체재가 없을 때 발생한다. 긴밀한 대체재가 있는 상황에 기업이 생산량을 줄여서 상품을 구하기 어려워진다면 소비자는 대체재를 소비하게 된다. 하지만 긴밀한 대체재가 없을 때 소비자들은 그 용도의 상품 소비를 아예 포기하지 않는 한 비싼 가격이라도 상품을 사야만 한다. 따라서, 하나밖에 없는 이 상품의 생산자는 생산량을 줄임으로써 높은 가격을 받아낼 수 있다. 이제 기업은 더 이상 가격을 받아들이지 않고, 생산량을 조절하여 가격을 설정할 수 있다.

시장에 생산자가 하나밖에 없는 이유는 다른 기업이 이 시장에 진입하지 못하기 때문이다. 다른 기업이 시장에 진입하지 못하는 이유는 기업의 진입을 방해하는 **진입 장벽**(entry barrier)이 있기 때문인데, 이 진입 장벽의 종류는 다양하다. 먼저 법적인 진입 장벽이 있을 수 있다. 특정한 서비스를 제공하기 위하여 정부가 발급하는 자격증(license)이나 정부의 인허가가 필요할 수 있다. 정부가 제한하는 자격증의 수에 따라 독점 시장 혹은 과점 시장이 생긴다. 이동 통신 사업자의 경우를 생각해 보자. 이동 통신 사업을 영위하기 위해서는 특정한 주파수 대역을 사용할 수 있어야 하고, 전파 간섭 때문에 이를 여러 기업이 동시에 사용할 수도 없다. 따라서, 정부가 이동 통신 서비스 목적에 특정한 주파수 대역을 할당하고 이를 사용할 권리를 기업에게 배정한다. 이 권리를 획득한 기업만이 이동 통신 서비스를 제공할 수 있는데, 이런 자격의 획득이 진입 장벽 역할을 한다. 특허(patent) 역시 법적인 진입 장벽 역할을 한다. 특허는 기술 개발 활동을 장려하기 위하여 등록된 기술을 일정 기간 동안 다른 기업이 쓰지 못하도록 해주는 법적인 장치이다. 기업이 특정한 기술에 대해 특허를 받게 되면 특허가 유효한 기간 동안 그 기술의 사용에 대해 독점을 보장받게 된다. 보통 특허는 상품을 만드는 부분적인 기술에 적용되기에 상품 자체의 독점으로 연결되지 않은 경우가 많다. 하지만 특허 자체가 상품의 독점을 보장해주는 의약품과 같은 사례도 있다. 신약이 개발되면 제약회사는 효능을 가져오는 물질에 대한 물질 특허와 약의 이름에 관련된 상품 특허를 동시에 얻는다. 따라서, 특허가 유효한 기간 동안 특정한 물질을 통해 효능을 얻는 약은 보유 기업이 독점 생산하게 된다. 물질 특허는 상표 특허에 비해 먼저 만료되는데, 그럼 동일한 물질을 함유하지만 다른 상표를 가진 제네릭(generic)이라 불리는 복제약이 시장에 출현한다. 예를 들어, 발기부전 치료제로 각광을 받는 비아그라는 물질 특허가 만료되어 여러 가지 다른 이름의 복제약이 판매되고 있다. 하지만 상표 특허는 유효해 동일 물질로 이루어져 동일한 효능을 가진 약이라도 비아그라라는 상표를 쓸 수는 없다.

기술적인 이유의 진입 장벽도 생길 수 있다. 특허가 없더라도 다른 기업들이 (일정 기간) 따라 할 수 없는 독보적인 기술이 있다면 기업은 독점 기업이 될 수 있다. 예를 들면, 컴퓨터의 중앙 정보 처리 장치(CPU)를 만드는 인텔은 한때 독보적인 기술로 이 시장을 독점했다. 시간이 흐른 후 AMD와 애플의 출현으로 이런 시장 상황은 바뀌게 되지만, 특정한 시기에 인텔이 시장을 독점할 수 있었던 이유는 다른 회사들이 비슷한 성능의 칩을 설계하거나 제조할 수 없었기 때문이다. 만약 규모의 경제가 존재한다면 이것 역시 독점을 만들어 낼 수 있다. 규모의 경제란 생산량을 늘릴수록 평균 비용이 감소하는 경우를 의미한다. 규모의 경제가 있다면 새로운 기업이 진입하더라도 작은 생산 규모와 높은 생산 비용 때문에 기존 기업과 경쟁이 어려울 수 있다.

이 외의 여러 가지 이유로도 진입 장벽이 가능하다. 일단 진입 장벽이 있으면 시장에서 활동하는 기업의 수가 제한되고, 이들은 자신들의 결정이 가격에 영향을 미친다는 사실을 고려하면서 생산 결정을 하게 된다. 이제 기업이 하나만 있는 경우 이런 생산 결정이 어떻게 이루어지는지 알아보자.

요약

독점 시장에서는 시장에 생산자가 하나밖에 없어 생산량 조절을 통해 가격에 영향을 미칠 수 있다. 독점 시장이 발생하는 이유는 시장에 법적, 기술적인 이유 등으로 새로운 기업의 시장 진입을 방해하는 진입 장벽이 있기 때문이다.

8.1 독점 기업의 생산 결정

기업의 이윤은 수입과 비용의 차이이다. 기업은 이윤을 최대화하기 위해서 한계 이윤이 양일 때 생산을 늘리고 한계 이윤이 음일 때 생산을 줄인다. 따라서 이윤 최대화 생산량은 한계 이윤이 0일 때, 즉 한계 수입과 한계 비용이 같을 때 얻어진다. 생산량의 변화가 가격에 영향을 미치지 않는다고 생각하는 완전 경쟁 기업에게 한계 수입은 가격과 같다. 상품을 하나 더 생산하면 주어진 가격에 상품을 팔 수 있어 그만큼 수입을 늘릴 수 있기 때문이다. 하지만 독점 기업에게 가격은 주어진 것이 아니라 자신의 생산 결정에 따라 변하는 것이므로, 한계 수입은 더 이상 가격과 같지 않다.

독점 기업의 한계 수입은 가격보다 낮다. 생산을 하나 더 늘리면 현재의 가격에 하나 더 팔 수 있으므로 가격만큼의 한계 수입이 생긴다. 하지만 독점 기업이 생산량을 늘리면 시장에 구입 가능한 상품이 늘어나서 상품의 가격이 하락한다. 즉, 생산을 늘리지 않았더라면 더 높은 가격에 팔 수 있었던 상품을, 생산을 늘려서 더 낮은 가격에 팔아야 한다. 그만큼 한계 수입이 줄어든다.

수입은 가격과 판매량을 곱한 것($R = pQ$)이고, 두 변수를 곱한 값의 변화는 한 변수의 변화와 다른 변수의 원래 수치를 곱한 값들의 합으로 표시되므로 ($d(pQ) = dpQ + pdQ$)[1] 한계 수입(MR)은 아래와 같이 쓸 수 있다.

$$MR = \frac{d(pQ)}{dQ} = p + Q\frac{dp}{dQ}$$

즉, 한계 수입은 새롭게 생산된 상품이 현 가격에 판매되어 발생한 수입(p)과 기존 생산량(Q)에서 발생하는 수입이 새롭게 생산된 상품 때문에 변한 가격($\frac{dp}{dQ}$) 때문에 줄어든 정도를 더한 것과 같다. 생산량이 늘어남에 따라 가격이 변화하는 정도($\frac{dp}{dQ}$)는 수요 곡선에서 얻어지는데, 더 많은 생산량이 시장에서 판매되기 위해서는 가격이 내려야 한다($\frac{dp}{dQ} < 0$). 결국 기존 생산량에서 발생한 수입은 추

1 2.4절의 논의를 참조하라.

가 생산 때문에 줄어들어, 한계 수입은 가격보다 낮다($MR<p$).

가격이 내려가는 정도는 수요 탄력성과 밀접한 관련이 있어서, 한계 수입은 탄력성으로 표현된다.

$$MR = p + Q\frac{dp}{dQ} = p\left(1 + \frac{Q}{p}\frac{dp}{dQ}\right) = p\left(1 - \frac{1}{\varepsilon}\right)$$

위 식으로부터 수요의 가격 탄력성이 커질수록 한계 수입은 커진다는 것을 알 수 있다. 수요의 가격 탄력성이 크다는 것은 가격이 조금만 내려도 수요가 많이 늘어난다는 의미이다. 즉, 생산량이 늘어날 때 이것이 시장에서 판매되기 위하여 필요한 가격의 하락이 적으므로 기존 생산량에서 발생하는 수입이 적게 줄어든다.

요약

독점 기업이 생산량을 늘림에 따라 가격이 내려가 기존 판매량에서 수입이 줄어들기 때문에 독점 기업의 한계 수입은 가격보다 낮다. 가격과 한계 수입의 차이는 수요 탄력성의 크기에 영향을 받아, 수요 탄력성이 클수록 둘의 차이가 줄어든다.

우리는 2장을 통해 선형 수요 곡선의 탄력성이 측정 위치에 따라 달라지는 것을 알고 있다. 〈그림 8-1〉은 〈그림 2-8〉을 옮겨 놓은 것이다. 수요의 가격 탄력성은 $\varepsilon = -\frac{dQ}{dp}\frac{p}{Q}$인데, 선형 수요 곡선의 경우 $\frac{dQ}{dp}$가 상수이다. 수요 곡선을 따라 왼쪽으로 갈수록 수량은 줄고 가격은 늘어서, $\frac{p}{Q}$가 커진다. 그리고 선형 수요 곡선의 가운데 지점에서 $-\frac{dQ}{dp}$와 $\frac{Q}{p}$가 같아지므로 수요 탄력성은 1이 된다. 따라서 〈그림 8-1〉과 같이 탄력성은 수요 곡선의 가운데 점에서 1이 되고, 왼쪽 위로 멀어질수록 점점 커지면서 1보다 크게 되며, 오른쪽 아래로 멀어질수록 점점 작아지면서 1보다 작게 된다. 수량이 0과 가까워지면서 탄력성은 무한대에 근접하고, 가격이 0이 되면 탄력성 역시 0이 된다.

탄력성으로 표현된 한계 수입의 식을 보면 탄력성이 1일 때 한계 수입은 0이 되고 탄력성이 커지면서 커진다. 탄력성이 무한대가 될 때 한계 수입은 가격과 같다. 〈그림 8-1〉은 이 관계로부터 유도한 한계 수입 곡선도 보여준다. 생산량

그림 8-1 선형 수요 곡선의 탄력성과 독점 기업의 한계 수입

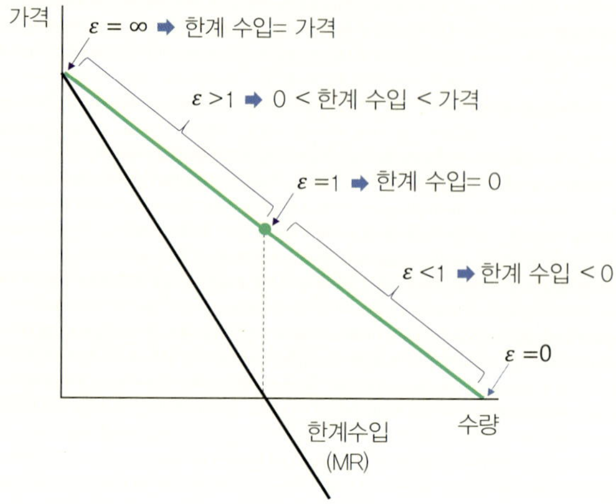

이 0일 때 수요 탄력성은 무한대가 되어, 한계 수입 곡선과 수요 곡선이 같다. 생산량이 늘수록 탄력성은 작아지고 한계 수입과 가격의 격차가 커지면서 한계 수입 곡선이 수요 곡선에서 멀어진다. 수요 곡선의 중간점에서 탄력성은 1이 되고, 한계 수입은 0이 된다. 즉, 수요 곡선이 선형일 때 한계 수입 곡선은 선형 수요 곡선과 가격 절편을 공유하며 수량 절편은 절반인 직선이 된다. 이렇게 구한 한계 수입 곡선에 한계 비용 곡선을 겹쳐 그리면 이윤 최대화 생산량을 구할 수 있다. 〈그림 8-2〉는 이렇게 구한 독점 기업의 이윤 최대화 생산량과 가격을 보여준다. 한계 수입과 한계 비용이 같아지는 Q^*가 이윤 최대화 생산량이고, 수요 곡선에서 이 생산량에 해당하는 시장 가격 p^*가 구해진다.

선형 수요 곡선이 명시적인 식으로 주어지면 한계 수입의 명시적인 식 역시 구할 수 있다. 한계 수입의 명시적 식을 구하기 위해서는 수요량을 가격의 식으로 표현한 보통의 수요 함수보다는 가격을 수요량의 식으로 표현한 역수요 함수를 쓰는 것이 더 편리하다.[2] 역수요 함수가 $p = a - bQ$로 주어져 있다고 하자. 위에서 한계 수입은 다음과 같이 쓸 수 있었다.

2 수요 함수 $Q = c - dp$가 주어져 있으면 역수요 함수는 $p = \frac{c}{d} - \frac{1}{d}Q$이다.

그림 8-2 독점 기업의 이윤 최대화 생산량과 가격

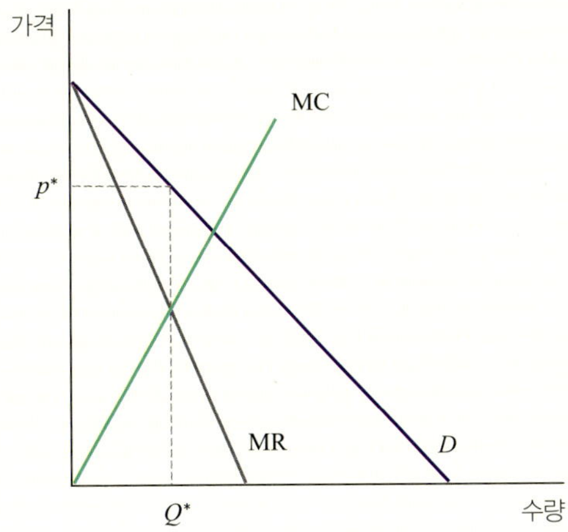

$$MR = p + Q\frac{dp}{dQ}$$

한계 수입은 생산량의 함수이기 때문에 위 식에 포함된 가격을 수량으로 표시한다.

$$MR = a - bQ + Q(-b) = a - 2bQ$$

따라서, 〈그림 8-2〉의 패널 (a)에서 구한 것과 같이 한계 수입은 역수요 함수와 동일한 가격 절편을 가지지만 역수요 함수에 비해 기울기가 2배인 직선이 된다.

요약

한계 수입은 수요 함수로부터 구할 수 있으며, 선형 수요 함수의 경우 한계 수입 곡선은 역수요 함수와 동일한 가격 절편과 2배의 기울기를 갖는다.

수학적 분석

미분에 익숙한 독자라면 미분을 바로 활용해 한계 수입을 구할 수 있다. 총수입은 가격과 생산량의 곱이고 이를 생산량의 식으로 표현하면 아래와 같다.

$$TR = pQ = (a - bQ)Q$$

이를 생산량에 대해 미분한 것이 한계 수입이다.

$$MR = \frac{dTR}{dQ} = a - 2bQ$$

만약 한계 비용이 생산량의 함수로 명시적으로 주어지면, 이윤을 최대화하는 독점 생산량과 독점 가격 등을 구할 수 있다. 예를 들어, 시장 수요와 한계 비용이 다음의 식으로 주어져 있다고 하자. 시장 수요 곡선은 역수요 함수 형태로 주어져 있다.

$$p = 24 - Q$$
$$MC = 2Q$$

위 논의로부터 선형 수요 곡선이 주어지면, 한계 수입은 수요 곡선과 동일한 가격 절편과 2배의 기울기를 가진다는 것을 알고 있으므로 한계 수입은 다음과 같다.

$$MR = 24 - 2Q$$

한계 수입과 한계 비용이 같아질 때 독점 생산량이 구해진다.

$$24 - 2Q = 2Q$$
$$Q^* = 6$$

독점 가격은 독점 생산량을 수요 함수에 대입해 구한다.

$$p^* = 24 - 6 = 18$$

요약

독점 생산량은 한계 수입과 한계 비용이 같아지는 생산량이며, 수요 함수로부터 이 생산량에 해당하는 독점 가격을 구할 수 있다.

8.2 독점의 후생 효과와 정부 규제 및 세금 부과의 효과

독점으로 인한 비효율과 기업의 시장 지배력

독점 시장의 자원 배분은 더 이상 효율적이지 않다. 독점 시장에서 소비자 잉여, 생산자 잉여, 총잉여의 크기를 효율적인 자원 배분을 달성하는 가상적인 완전 경쟁 상황과 비교해 보자. 〈그림 8-3〉의 패널 (a)는 독점 기업의 이윤 최대화 생산량 결정과 이에 따른 독점 가격 수준을 보여준다. 이윤 최대화 생산량은 한계 수입과 한계 비용이 같아지는 지점에서 결정되고 독점 가격은 수요 곡선상에서 이윤 최대화 생산량에 대응하는 가격이다. 이때 소비자 잉여는 수요 곡선의 아래, 가격 위쪽의 영역이다. 생산자 잉여는 기업의 이윤과 같다. 이윤은 가격과 생산량의 곱인 총수입에서 총비용을 뺀 값인데, 고정 비용이 없는 경우 총비용은 한계 비용을 다 더한 것과 같아 한계 비용의 아래 영역이다. 결국 생산자 잉여는 가격 아래, 한계 비용 곡선 위의 영역이다.

〈그림 8-3〉의 패널 (b)는 이 기업이 완전 경쟁 기업처럼 행동할 때 나타나는 자원 배분과 사회 후생을 보여준다. 기업이 가격을 주어진 것으로 받아들이면 기

그림 8-3 독점의 후생 효과

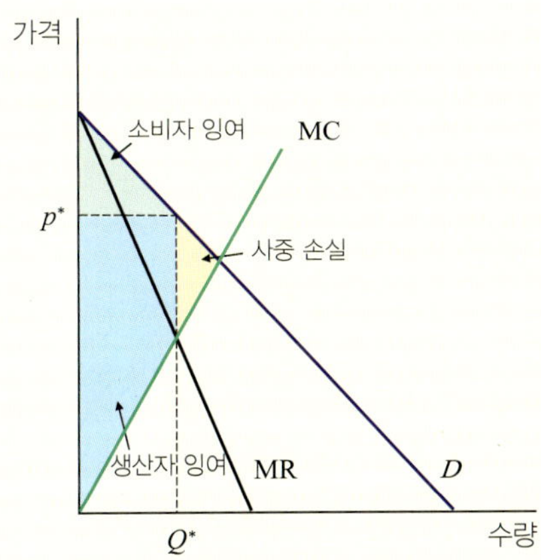

(a) 독점 시장의 사회 후생

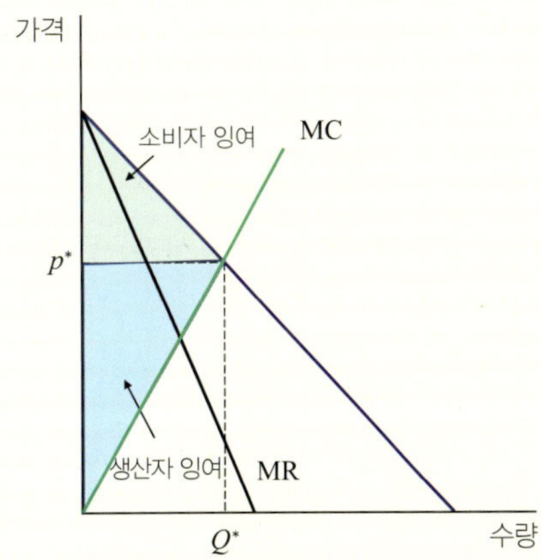

(b) 완전 경쟁 시장의 사회 후생

업은 가격과 한계 비용이 같아지는 점에서 생산량 결정을 하게 되고, 한계 비용 곡선이 이 기업의 공급 곡선이 된다. 따라서, 수요량과 공급량이 일치하는 곳에서 시장 균형이 얻어진다. 소비자 잉여는 수요 곡선의 아래, 가격 위쪽의 영역이다. 생산자 잉여는 가격 아래, 공급 곡선 위의 영역이다.

패널 (a)와 (b)를 비교하면 독점으로 인한 후생 변화를 알 수 있다. 우선 독점으로 인해 소비자 잉여가 감소한다. 독점 기업은 이윤 최대화를 위해 완전 경쟁 기업에 비해 더 적은 양을 생산한다. 소비자는 완전 경쟁 상황에 비해 더 적은 양의 상품을 더 높은 가격에 소비하므로 소비자 잉여가 감소한다. 생산자 잉여는 그림에서 직접 비교하기는 어려우나 늘어난 것으로 추론할 수 있다. 독점 기업은 한계 수입과 한계 비용이 일치하는 지점까지 생산한다. 완전 경쟁 기업처럼 행동하면 한계 비용이 한계 수입보다 높을 때도 생산하니 이윤은 줄어들 것이다.

이 둘을 합한 총잉여는 감소하였으며 이 감소분은 독점으로 인한 사회 후생의 감소, 곧 **사중 손실(deadweight loss)**이다. 이윤 최대화 생산량은 한계 수입과 한계 비용이 같아지는 지점에서 얻어지는데, 독점의 한계 수입은 가격보다 낮으므로 가격은 항상 한계 비용보다 높다.

$$p > MR = MC$$

가격은 소비자가 상품을 소비함으로써 얻게 되는 가치, 곧 생산의 사회적 가치를 나타낸다. 한계 비용은 생산의 사회적 비용이므로 사회적으로 효율적인 생산 수준은 가격과 한계 비용이 같아질 때 얻어지고, 이때 총잉여도 최대화된다. 완전 경쟁 균형이 효율적인 이유는 가격과 한계 비용이 같아지는 지점까지 생산이 이루어지기 때문이다. 그러나 독점에서는 가격이 한계 비용보다 높음에도 불구하고 생산이 멈춘다. 따라서 독점 생산은 비효율적이다.

요약

독점 생산량에서 가격이 한계 비용보다 크므로 독점 생산은 비효율적이며, 이 비효율성의 정도는 사회적으로 효율적인 수준의 생산과 비교한 총잉여의 감소, 즉 사중 손실을 통하여 측정할 수 있다.

이론적으로 완전 경쟁 기업의 상품 가격은 한계 비용과 같고, 독점 기업의 상품 가격은 한계 비용보다 높다. 그래서 완전 경쟁 시장은 효율적이고, 독점 시장은 비효율적이다. 그러나 실제의 시장은 독점과 완전 경쟁으로 쉽게 구분되지 않는다. 현실의 시장은 대부분 우리가 이론적으로 분석한 순수한 독점 상태나 완전 경쟁이 가정하는 이상적인 경쟁 상태가 아니며, 많은 기업들이 완전한 독점 기업은 아니더라도 가격에 어느 정도 영향을 미칠 수 있다. 현실의 시장에서 기업이 얼마나 가격을 통제할 수 있는지를 측정하려는 시도가 꾸준히 있었다. 이를 기업의 **시장 지배력**이라고 하는데, 이를 측정하는 한 가지 방법으로 가격이 한계 비용보다 높은 정도를 이용할 수 있다. 이렇게 측정한 시장 지배력의 지표를, 이 방법을 제안한 경제학자의 이름을 따서 **러너 지수(Lerner index)**라 한다.

러너 지수는 가격과 한계 비용의 차이를 가격 수준으로 나누어 정규화한 것이다. 수식으로는 아래와 같이 쓸 수 있다.

$$L = \frac{p - MC}{p}$$

가격이 한계 비용을 초과하는 정도를 마크업(mark−up) 혹은 이윤 마진(profit margin)이라고 부르는데, 러너 지수는 전체 가격에서 마크업 또는 마진이 차지하는 정도(마진율)를 측정하는 것이다. 이윤 마진이 양의 값을 가지는 한 이 비율은 0과 1 사이의 값을 가지는데, 기업의 시장 지배력이 강할수록 가격에서 마크업이 차지하는 비중이 클 것으로 예상한다.

독점 기업의 이윤 최대화 생산량 결정 조건을 이용하면, 이론적으로 러너 지수는 수요 탄력성의 역수로 표현할 수 있다. 독점 가격은 한계 수입과 한계 비용이 일치하는 점에서 얻어진다.

$$MR = p\left(1 - \frac{1}{\varepsilon}\right) = MC$$

위 식을 조작하면 다음과 같은 관계를 얻는다.

$$\frac{p-MC}{p}=\frac{1}{\varepsilon}$$

러너 지수인 좌변의 식은 수요 탄력성의 역수로 표현된다. 수요 탄력성이 크다는 것은 가격이 올랐을 때 수요량이 많이 준다는 뜻이다. 수요 탄력성이 큰 것은 유사한 대체재가 있어서 가격이 오를 때 다른 상품을 대체 소비하여 수요량이 줄기 때문이다. 설사 유사한 제품이 없더라도 꼭 필수적으로 써야 할 상품이 아니면 가격이 오를 때 수요량이 많이 줄어든다. 어느 경우라도 수요 탄력성이 크면 기업이 가격을 높게 책정하기 어려울 것이다. 반대로 소비자들이 이 기업에서 생산하는 상품에 대한 충성도가 높으면 높은 가격에도 불구하고 수요량이 크게 줄어들지 않는다. 따라서 기업은 가격을 통제할 수 있는 높은 시장 지배력을 갖는다.

개념적으로는 쉽게 정의되는 러너 지수이지만, 이를 실제로 측정하기에는 어려움이 있다. 가격은 관측되지만 한계 비용은 기업의 회계 장부로부터 측정해야 하는데, 이 측정이 쉽지 않다. 경제적 비용과 회계적 비용의 차이가 있을 뿐만 아니라 설사 그 차이를 무시하더라도 상품을 추가적으로 하나 더 생산할 때의 비용을 계산해 내기는 어렵기 때문이다. 이런 어려움 때문에 실제 러너 지수의 계산에는 한계 비용 대신 평균 비용을 사용한다.

요약

독점 기업의 시장 지배력 정도는 가격과 한계 비용의 차이가 시장 가격에서 차지하는 비중인 러너 지수로 측정할 수 있으며, 이는 이론적으로 수요 탄력성의 역수와 같다.

독점에 대한 정부의 규제

앞서 살펴보았듯이 독점으로 인한 자원 배분은 사중 손실을 낳는다. 정부의 시장 개입이 항상 비효율을 낳던 완전 경쟁과는 달리, 독점에서는 정부가 규제를 통하여 사중 손실을 줄일 수 있는 가능성이 생긴다.

우선 **가격 상한 규제**가 사중 손실을 줄일 수 있는 가능성이 있다. 독점으로 인한 비효율의 원인은 가격이 한계 비용보다 높게 책정되는 데 있다. 따라서 가격

참고할 내용 기업 혹은 소매점들의 가격 전략

지금까지는 독점 기업이 이윤 최대화를 위한 생산량 결정, 혹은 가격 결정을 할 때 한계 수입에 대한 정확한 정보를 가지고 있는 것처럼 논의했다. 이는 독점 기업의 행동을 분석하고 예측하기 위한 가정이고, 이런 가정들이 독점 시장을 분석하는 데 도움을 준다. 하지만 분석에서 가정한 것처럼 기업이 한계 수입에 대한 정보를 자연스럽게 아는 것은 아니다. 기업 입장에서도 어떤 정보를 얻고 분석하여 이윤을 최대화하는 가격을 결정해야 하는지가 중요한 결정 문제이다.

실제의 기업이나 소매점들은 이론적으로 완전한 독점 기업은 아니지만 어느 정도의 가격 설정 능력을 가진다. 전통적으로 소매점들은 경쟁 소매점들의 가격에 대응하거나 여러 비용을 계산해 일정한 마진을 붙이는 가격 설정을 해왔다. 하지만 자료 분석능력이 발달하면서 자신이 취급하는 상품에 대한 판매 자료를 바탕으로 수요의 가격 탄력성을 추론하고, 이에 기반해 가격 설정을 할 수 있다. 우리가 제시한 이론처럼 수요가 가격에 민감하게 반응하는 상품에 대해서는 가격을 낮추고, 덜 민감하게 반응하는 상품에 대해서는 가격을 올리는 전략을 택할 수 있다. 최근에는 인공지능 알고리즘의 발달로 한 상품의 가격이 변할 때 비슷한 대체품이나 관련이 약할 것으로 생각되는 상품들의 수요 변화까지 추정하여 상품들에 대한 최적의 가격 설정을 제안하는 서비스를 하는 회사도 늘어나고 있다.

규제를 통해 가격을 한계 비용과 가깝게 만들 수 있다면 사중 손실을 줄일 수 있을 것이다. 〈그림 8-4〉는 가격 규제를 통한 효율적인 자원 배분의 가능성을 보여준다. 만약 기업이 독점력을 행사해 높은 가격을 책정하고 있다는 사실을 정부의 경쟁 당국이 인지하고 있고, 또한 시장의 수요와 기업의 한계 비용을 정확히 알고 있다면 효율적인 자원 배분을 달성할 수 있다. 패널 (a)처럼 수요 곡선과 한계 비용 곡선이 일치하는 가격을 상한 가격 $\bar{p}$로 설정하면 독점 기업의 한계 수입은 상한 가격에서 수평이 된다. 한계 수입이 감소하는 이유는 생산량의 증가로 가격이 하락하기 때문인데, 이미 가격 상한에 걸려 있는 구간에서는 생산량을 늘려도 가격은 변하지 않고 상한 가격에 상품을 더 팔 수 있을 뿐이다. 이때 한계 수입과 한계 비용이 만나는 생산량은 수요 곡선과 한계 비용 곡선이 만나는 생산량으로 사중 손실이 전혀 없다.

현실에서 경쟁 당국은 시장의 수요 곡선과 기업의 한계 비용에 대한 정보를 정

그림 8-4 가격 규제로 인한 효율 개선 가능성

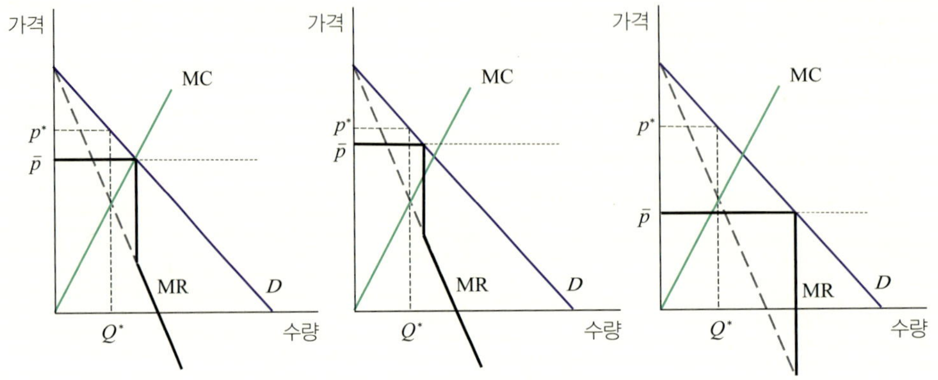

(a) 효율적인 가격 규제 (b) 효율을 개선하는 가격 규제 (c) 지나친 가격 규제로 인한 효율 악화

확하게 알 수 없다. 그러나 경쟁 당국이 시장의 수요 곡선과 기업의 한계 비용에 대한 정확한 정보를 모른다고 하더라도 독점 가격이 행사되고 있다는 사실을 정확하게 파악하고 있다면 가격을 다소 낮추도록 하는 가격 상한제는 여전히 사중 손실을 감소시킨다. 〈그림 8-4〉의 패널 (b)에서 상한 가격은 효율적인 수준은 아니지만 독점 가격보다 다소 낮은 수준으로 설정되었고 이에 따라 독점 상황에 비해 사중 손실은 줄어든다. 문제는 상한 가격이 과도한 수준에 이를 수도 있다는 것이다. 패널 (c)처럼 너무 낮은 상한 가격을 설정하면 이제 한계 수입과 한계 비용이 만나는 생산량은 독점에 비해서도 더 낮다. 따라서 가격 규제는 사중 손실을 더 증가시킬 수도 있다. 이러한 가능성은 경쟁 당국이 기업이 독점 가격을 행사하고 있다는 사실을 정확하게 파악할 수 없다는 사실 때문에 가중된다. 현재 가격이 한계 비용에 아주 가까운 수준임에도 경쟁 당국이 이를 독점 가격이라고 이해하면 가격 규제는 지나친 수준이 될 가능성이 커진다. 설사 도입 초기에 효율을 증가시키는 규제라고 해도 효율성 개선 효과가 계속 지속되리라고 기대할 수는 없다. 경쟁 환경은 계속 변화하는데, 규제는 경직적으로 유지될 수도 있기 때문이다. 예를 들어, 도입 초기에는 패널 (b)와 같은 상황이어서 효율을 개선하는 효과가 있었지만, 시간이 흘러 수요와 한계 비용이 증가했음에도 똑같은 가격 규제가 유지되면 패널 (c)와 같은 상황으로 바뀔 수도 있다.

요약

독점 상황에서 가격 상한과 같은 규제는 자원 배분의 효율성을 개선할 수 있는 가능성이 있으나, 과도한 규제로 효율성을 침해할 가능성도 배제할 수 없다.

가격 규제는 독점 상황에서 사중 손실을 줄일 수 있는 가능성이 있지만, 효과적인 규제를 위해서는 시장 수요와 한계 비용에 관한 정보가 필요하다. 따라서 독점이 형성된 후에 이를 사후적으로 규제하기보다는 기업이 지나친 시장 지배력을 갖추지 않도록 하는 사전적인 조치가 더 효과적일 수도 있다. 가격 측면에서 기업의 시장 지배력을 판단할 때는 러너 지수처럼 마크 업이 가격에서 어느 정도의 비중을 차지하는지를 보는 방법이 있는데, 이를 위해서는 쉽게 얻기 어려운 기업의 비용 정보가 필요하다. 반면 수량적 측면에서도 시장 지배력을 판단할 수 있는데 이때 쉽게 볼 수 있는 지표는 **시장 점유율(market share)**이다. 즉, 전체 시장 판매량에서 이 기업의 생산물이 차지하는 비중을 보는 것이다. 이론적으로 독점 기업의 시장 점유율은 1일 것이고, 완전 경쟁 기업의 시장 점유율은 0에 가까운 아주 작은 값일 것이다. 따라서 시장 점유율로 기업의 시장 지배력을 평가할 수 있다. 만약 인수 합병(M&A: merger and acquisition)을 통하여 새롭게 등장하는 기업의 시장 점유율이 높다면 이를 이용해 높은 가격을 책정할 가능성이 있다. 따라서 경쟁 당국은 기업의 인수 합병 시 이를 승인할 권한을 규제 도구로 삼는다. 그리고 이런 승인 판단의 중요한 기준은 인수 합병으로 나타날 기업의 시장 점유율 변화이다. 최근의 사례로는 대한항공의 아시아나항공 인수 시도가 있다. 한국의 경쟁 정책 당국인 공정거래 위원회는 여러 노선의 운영권을 반납하는 조건으로 이를 승인하였으나, 2022년 10월 당시 미국과 유럽연합 경쟁 당국의 승인은 아직 이루어지지 않았다. 현대 중공업의 대우 조선 해양에 대한 합병 시도도 중국, 싱가포르 등 일부 국가에서는 승인되었으나 2022년 초 유럽연합 집행위원회가 이를 승인하지 않을 것으로 알려졌다.

이런 정책 수단을 조금 더 적극적으로 사용하면 기존 기업에 대한 분할을 요구할 수도 있다. 예를 들어 1990년대 말 미 법무부는 반독점 소송을 통해 마이크로 소프트 사가 개인용 컴퓨터 운영체제의 독점적 지위를 이용하여 웹 브라우저를 끼워서 판매한 것이 불법이므로 운영체제 사업 분야와 웹 브라우저 사업 분야를 분할하라는 요구를 한 적이 있다. 최근에는 구글이나 페이스북과 같은 빅 테크 기업들을 대상으로 분할을 요구할 수 있는지 그 가능성에 대한 논의가 이어지고 있다. **반독점법**에 의하여 실제로 기업 분할이 이루어진 대표적인 사례는 1910년대 록펠러가 운영하던 스탠다드 오일이 대법원의 결정에 의해 34개 회사로 분할된 것이다. 분할된 회사의 일부는 이후 대형 석유 회사인 엑스온, 모빌, 세브론 등이 되었다. 분할되기 전의 회사가 실제로 시장 지배력을 이용하였는지, 그리고 이러한 분할이 원하는 경쟁 효과를 일으켰는지 등에 대해서는 여전히 논쟁이 정리되지 않은 것으로 보인다.

시장 지배력을 평가하는 기준으로 시장 점유율을 사용할 때는 시장의 범위를 결정하는 소위 '**시장 획정(市場 劃定, market definition)**'[3]이 중요한 이슈가 된다. 예를 들어, 코카콜라의 시장 점유율을 계산할 때 코카콜라가 콜라 시장에서 차지하는 점유율을 계산하는지, 탄산음료 시장에서 차지하는 점유율을 계산하는지, 아니면 음료 시장 전체에서 차지하는 점유율을 계산하는지에 따라 시장 점유율과 시장 지배력에 대해서 다른 판단을 할 수 있다. 이것은 곧 상품들의 대체 가능성과 관련된다. 소비자들이 콜라의 소비를 쉽게 다른 음료의 소비로 대체할 수 있다면 이 상품들은 경쟁 관계에 있고 하나의 시장으로 판단할 수 있다. 그렇지 않고 콜라 가격의 상승이 다른 음료의 소비로 잘 대체되지 않으면, 이는 분리된 시장으로 보아야 할 것이다.

요약

독점 기업의 출현을 막기 위해 정부가 인수 합병에 대한 승인을 하고, 심지어는 기존 기업의 분할까지 요구할 수 있다. 이런 판단을 위해 시장의 범위를 결정하는 시장 획정이 중요하다.

3 획정은 확정의 오타가 아니다. 획정이란 '선거구 획정' 같은 용례를 통해 알 수 있듯이 경계를 명확히 구별해 정하는 것을 의미한다.

독점 시장의 상품에 대한 세금 부과의 효과: 종량세 vs 종가세

우리는 2장의 논의에서 완전 경쟁 시장에서는 종량세와 종가세가 동일한 효과를 가진다는 것을 확인하였다. 즉, 동일한 세수입을 발생시키는 종량세와 종가세는 판매자, 구매자 가격과 균형 거래량이 동일하다는 것이다. 그러나 앞으로의 분석을 통해 알 수 있듯이 독점 시장에서는 동일한 거래량을 달성할 때 종가세가 종량세보다 더 많은 세수입을 발생시킨다. 따라서 종가세가 종량세에 비해서 더 우월하다고 할 수 있다. 부가 가치세의 예에서 보듯이, 현실에서는 종가세가 종량세보다 더 일반적으로 사용되는데 이런 분석이 그 근거가 될 수도 있겠다.

〈그림 8-5〉의 패널 (a)는 종량세 T를 부과하였을 때 독점 기업의 생산량 결정과 이에 따른 조세 수입을 보여준다. 종량세 T를 소비자에게 부과할 때 시장 가격에 대한 수요 곡선은 T만큼 아래로 평행이동하여 D_T가 된다. 새로운 수요 곡선으로부터 새로운 한계 수입 곡선 MR_T를 구하고, 한계 수입이 한계 비용과 일치하는 점에서 이윤 최대화 생산량 Q^*가 구해진다. 시장 가격은 이윤 최대화 생산량 수준에서 수요 곡선 D_T가 보여주는 가격이며, 이는 곧 판매자가 받는 가격 P_S이다. 여기에 종량세 T를 더한, 그래서 수요 곡선 D에서 구한 가격이 구매자가 세금을 더해 내는 가격 P_B이다. 조세 수입은 구매자 가격과 판매자 가격의 차이인

그림 8-5 독점 시장에서 종량세와 종가세의 효과 비교

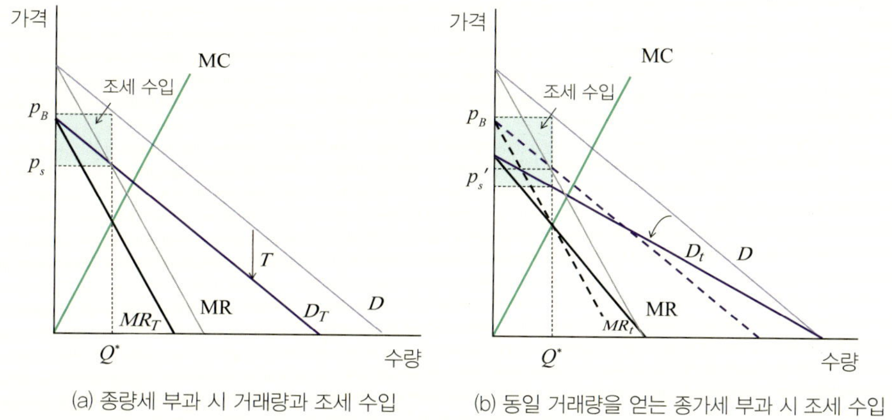

(a) 종량세 부과 시 거래량과 조세 수입

(b) 동일 거래량을 얻는 종가세 부과 시 조세 수입

단위 세금과 거래량을 곱한 영역이다.

이제 동일한 거래량을 얻도록 종가세를 부과한다. 패널 (b)는 이 과정을 보여준다. 세율 t의 종가세를 소비자에게 부과하면 높은 가격에서 더 많은 세금이 부과되므로 수요 곡선은 수량 절편을 중심으로 아래 방향으로 회전한다. 회전하는 정도는 세율 t의 크기에 달려 있다. 선형 수요 곡선의 경우 세율과 상관없이 한계 수입 곡선은 항상 수량축의 중점을 지난다. 선형 수요 곡선의 중점에서 수요 탄력성은 1이 되고 한계 수입은 0이기 때문이다. 동일한 거래량을 얻도록 세율을 정했다면 패널 (b)처럼 한계 수입 곡선은 수요 곡선 수량축 절편의 절반에서 시작하여 한계 비용 곡선과 생산량 Q^*에서 만나도록 그려진다. 이 한계 수입 곡선의 가격축 절편으로부터 출발한 수요 곡선이 종가세율 t를 나타내준다. 세율을 종량세 부과 시와 동일한 생산량이 되도록 결정했으므로, 이윤 최대화 생산량 Q^*는 패널 (a)와 같다. 동일한 수요량을 창출하기 위해 구매자 가격도 이전과 같아야 한다. 그런데 회전하여 구한 수요 곡선 D_t로부터 구한 판매자 가격 p_s'은 종량세 부과 시에 비해 낮아졌음을 확인할 수 있다. 즉, 종가세를 부과하면 동일한 거래량을 얻을 때의 단위 세금 액수는 종량세보다 커진다. 당연히 정부의 조세 수입도 늘어난다. 그리고 늘어난 정부 수입은 모두 판매자 가격 하락에 기인하므로 독점 기업이 추가적으로 부담하는 것이다.

독점 시장에서는 종가세와 종량세를 부과하여 동일한 거래량을 얻을 때, 즉 동일한 크기의 사중 손실이 발생할 때, 종가세가 더 많은 조세 수입을 창출한다. 거꾸로 말하면 동일한 조세 수입을 창출하기 위하여 종가세는 종량세에 비해 더 적은 사중 손실을 발생시킨다. 따라서, 종가세를 활용하는 것이 종량세를 부과하는 것보다 더 효율적이다. 완전 경쟁 시장에서는 두 세금의 효과가 동일하므로, 시장 구조에 대한 지식이 불확실할 때도 종가세를 사용하는 것이 더 나은 전략이 될 것이다.

그렇다면 왜 독점 상황에서는 종가세를 사용하는 것이 더 많은 조세 수입을 만들어내는 것일까? 이는 종량세와 종가세가 한계 수입에 미치는 영향의 차이 때문이다. 〈그림 8-6〉은 종가세와 종량세가 부과되었을 때 동일한 수량과 판매자 가격에서 한계 수입의 크기를 비교한다. 그림에서 두 세제하에서 동일한 판매자 가격이 이루어지는 생산량은 Q_0이다. 이 생산량에서 생산량을 dQ만큼 늘릴 때 늘어

그림 8-6 동일한 수량과 판매자 가격에서 종량세와 종가세의 한계 수입 비교

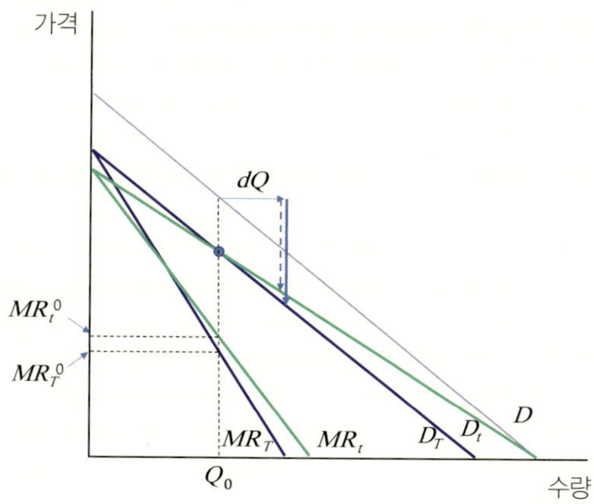

난 생산량을 시장에서 소화하기 위해서는 구매자 가격이 내려야 한다. 이때 판매자 가격의 변화를 비교하면 종가세에서의 판매자 가격 변화(점선 화살표)가 종량세에서의 판매자 가격 변화(실선 화살표)보다 작은 것을 확인할 수 있다. 종량세에서는 세금 부담의 변화가 없으므로 구매자 가격을 내리기 위해서는 판매자 가격이 구매자 가격과 같은 크기로 내려야 한다. 하지만 종가세에서는 판매자 가격이 내릴 때 세금 부담도 같이 줄어들어, 판매자 가격은 구매자 가격보다 더 적게 내려도 된다. 그 결과 동일한 수량 확대를 위하여 필요한 판매자 가격의 변화는 종가세에서 더 작은 것이다. 생산량 증가를 위하여 종가세하에서 필요한 판매자 가격 하락이 종량세하에서 필요한 판매자 가격 하락보다 작기 때문에 종가세의 한계 수입이 종량세의 한계 수입보다 더 크다. 그림에서 생산량 Q_0에서 종가세하의 한계 수입 MR_t^0가 종량세하의 한계 수입 MR_T^0보다 큰 것을 확인할 수 있다. 높은 한계 수입으로 독점 생산자는 종가세하에서 생산을 더 늘릴 유인이 있다. 결국 종가세는 단위당 조세가 같아질 때 종량세에 비해 더 많은 생산량을 유도하여 조세 수입도 늘리고 사중 손실도 줄인다.

요약

종량세와 종가세가 동일한 효과를 가지는 완전 경쟁 시장과 달리 독점 시장에서는 종가세가 종량세에 비해 동일한 거래량으로 더 많은 조세 수입을 거둘 수 있다.

8.3 가격 차별과 기타 가격 전략

지금까지 살펴본 독점 기업의 이윤 최대화 전략은 상품 가격이 단일하게 정해지는 경우를 상정하고, 이윤을 최대화하는 생산량을 결정하는 것이었다. 그러나 시장 상황에 따라 독점 기업은 여러 가지 창의적인 가격 전략을 구사할 수 있다. 우선 같은 상품이라도 소비자에 따라, 구매 시기에 따라, 혹은 구매량에 따라 다른 가격을 부과할 수 있다. 항공기 티켓을 구매한 경험이 있다면 같은 노선의 비행기표라도 언제 구입하는지에 따라, 혹은 어떤 경로(여행사를 통해서 구매, 항공사에게 직접 구매, 혹은 인터넷 판매 사이트 이용 등)로 구입하는지에 따라 가격이 변한다는 사실을 알 것이다. 이렇듯 같은 상품에 대해 다른 가격을 부과하는 것을 **'가격 차별(price discrimination)'**이라 한다. 또 다른 창의적인 가격 전략은 기업이 여러 가지 상품을 취급할 때 이를 같이 사면 가격 할인을 해주는 경우이다. 예를 들어, 인터넷 서비스, 이동 전화 서비스, IPTV 서비스를 묶어서 사면 각각 구매하는 경우보다 가격이 더 낮다. 여기에서는 독점 기업이 가격 전략을 통해서 이윤을 더 늘릴 가능성이 있는지를 검토한다.

가격 차별(price discrimination)

가격 차별이란 같은 상품에 대해서 다른 소비자들에게, 혹은 다른 구매량에 대해서 다른 가격을 부과하는 것을 말한다. 영화관의 학생 할인은 보통 학생에 대한 우대 정책이라고 받아들이기 쉽지만, 영화를 보는 관객이 학생인지 아닌지에 따라 다른 가격을 부과하는 전략으로 생각할 수도 있다. 하나를 사면 두 번째는 절반 가격에 살 수 있다는 신발 가게의 가격 할인도 한 켤레의 신발을 살 때와 두 켤레의 신발을 살 때 단위 가격이 달라지게 하는 가격 전략이라고 볼 수도 있다. 두 전략 모두 동일한 상품에 다른 가격을 부과하게 되는 것이다. 이런 관점에서 학생 할인은 구매자에 따른 가격 차별이고, '하나 사면 두 번째는 절반 가격'이라는 가격 할인은 구매량에 따른 가격 차별이다.

독점 기업은 가격 차별을 통해 단일 가격이 가지고 있는 약점을 보완해 더 많은 이윤을 창출할 수 있다. 독점 기업의 한계 수입이 가격보다 낮은 이유를 되새겨보자. 독점 기업이 상품을 하나 더 생산하여 팔려고 하면 그 가격만큼 추가 수입을 얻지만, 기존에 생산하던 상품은 더 낮은 가격에 팔아야 한다. 한계 수입은 기존 생산품의 가격 하락에 따른 손실을 고려해 가격보다 낮다. 가격을 정하는 관점에서 생각하면, 낮은 가격으로 추가적인 수요자를 확보할 수 있지만 단위 판매의 수입은 줄어든다. 가격을 내릴 때의 이러한 상충관계(추가적 수요자 확보 vs 단위 판매 수입 하락)를 피할 수 있다면 독점 기업은 더 많은 이윤을 확보할 수 있을 것이다. 가격 차별이 가능하다면, 기존 구매자에게는 여전히 높은 가격을 받으면서 낮은 가격으로 새로운 수요자를 확보하여 이 상충관계를 피할 수 있다.

독점 기업이 가격 차별을 할 수 있으려면 일정한 조건이 만족되어야 한다. 가격 차별이 가능하다면 독점 기업은 항상 단일 가격의 상충관계를 피하려 할 테지만, 많은 경우 단일 가격을 보게 되는 것은 가격 차별이 항상 가능하지는 않기 때문이다. 기업이 가격 차별을 하려면 우선 시장 지배력이 있어 가격을 설정할 수 있어야 한다. 단일 가격도 설정할 수 없이 시장에서 정해진 가격을 받아들여야 한다면 차별화된 가격을 설정하는 것은 더욱 어려울 것이다. 가격 차별을 위해서는 차별의 기준에 대한 정보가 필요하다. 소비자가 누구인지에 따라 가격 차별을 하려면 소비자가 누구인지를 구별할 능력이 있어야 한다. 소비자가 학생인지 아닌지 구별할 수 없다면 학생 할인은 불가능하다. 마찬가지로 구매량에 따라 가격 차별을 하려면 소비자의 구매 이력을 확인할 수 있어야 한다. 그러나 가장 중요한 조건은 재판매가 불가능해야 한다는 것이다. 만약 기업이 한 그룹의 소비자들에게 싼 가격에, 다른 그룹에게는 비싼 가격에 상품을 판다는 사실이 알려지면 싸게 살 수 있는 소비자가 이 상품을 사서 비싼 가격에 사야 하는 소비자에게 파는 차익 거래가 가능해진다. 이런 재판매가 가능하다면 가격 차별은 근본적으로 불가능하다. 영화 관람처럼 재판매가 불가능한 서비스의 경우, 아니면 재판매 여부를 모니터하여 이에 대한 적절한 벌칙을 부과하는 게 가능한 경우에만 가격 차별이 가능하다.

요약

독점 기업은 상황이 허락하면 소비자에 따라, 혹은 구매량에 따라 다른 가격을 부과하는 가격 차별을 통하여 이윤을 더 늘릴 수 있다.

동일한 상품에 다른 가격을 부과한다고 하여 이를 모두 가격 차별로 생각할 수 있는 것은 아니다. 동일한 상품이더라도 상황에 따라 생산 비용이 달라질 수 있다. 예를 들어 산업용 전기는 가정용 전기에 비해 사용 전력당 전기료가 싼 것으로 알려져 있다. 하지만 다른 가격이 곧 이윤을 최대화하기 위한 전기회사의 가격 차별 전략 때문이라고 볼 수는 없다. 산업용 전기의 공급 서비스는 고압의 전기를 공장까지 전달해주는 것으로 끝이고 설비에 맞게 변압하고 배선하는 것은 기업의 몫이다. 하지만 가정용 전기는 이에 맞게 변압해주는 일이 공급 서비스에 포함되어 배전 비용이 더 큰 것으로 알려져 있다. 따라서 완전 경쟁 상황에서 한계 비용에 따라 가격을 부과한다 하더라도 다른 가격이 부과될 수 있다. 이때 가격의 차이는 비용의 차이에 기인한다.

보통 가격 차별은 크게 두 차원에서 이루어진다. 소비자의 특성에 따라 다른 가격을 부과하는 것이 한 차원이고, 상품의 구매량에 따라 다른 가격을 부과하는 것이 또 다른 차원이다. 이 두 가지 차원 모두에서 가격 차별을 할 수 있다면 우리는 이를 **1급 가격 차별**(first degree price discrimination), 혹은 **완전 가격 차별**(perfect price discrimination)이라 한다. 만약 소비자에 따라서는 가격 차별을 하지 않지만 구매량에 따라 가격 차별을 한다면, 이를 **2급 가격 차별**(second degree price discrimination) 혹은 **수량 차별**(quantity discrimination)이라 한다. 소비자가

표 8-1　가격 차별의 구별

가격 차별의 차원		소비자의 특성	
	가격 차별 여부	O	X
구매량	O	1급 가격 차별 (완전 가격 차별)	2급 가격 차별 (수량 차별)
	X	3급 가격 차별 (시장별 가격 차별)	단일 가격제

누구인지에 따라서만 가격 차별을 하면 이를 **3급 가격 차별**(third degree price discrimination) 혹은 **시장별 가격 차별**(multimarket price discrimination)이라 한다. 이를 간단히 도식화한 것이 〈표 8-1〉이다. 이제 가격 차별 전략이 어떻게 사용되는지를 하나하나 살펴보도록 한다.

요약

가격 차별은 소비자의 특성과 구매량에 따라 적용될 수 있으며, 이 두 가지 모두에 대해 가격 차별이 적용되면 1급 가격 차별, 구매량에 따라서 적용되면 2급 가격 차별, 소비자의 특성에 따라서 적용되면 3급 가격 차별이라 한다.

1. 1급 가격 차별 혹은 완전 가격 차별

완전 가격 차별이 가능하면 모든 소비자에 대해, 그리고 그들이 구매하는 각각의 구매 단위에 따라서 소비자들의 지불 용의 금액만큼 가격을 부과할 수 있다. 동일한 상품에 대해서 각 소비자들은 서로 다른 수요 곡선을 가지고 있다. 즉, 같은 구매량에 대해 서로 지불 용의 금액이 다르다. 그리고 같은 소비자라도 구매량이 늘어날 때 수요 곡선을 따라 지불 용의 금액이 감소한다. 완전 가격 차별은 이 모든 차이에 대해 다른 가격을 부과할 수 있다는 뜻이다. 철수와 영희가 사는 가격이 다르고, 철수가 첫 상품을 살 때의 가격과 두 번째 상품을 살 때 가격이 다르다. 그렇게 되면 기업의 한계 수입은 수요 곡선에서 구해진 지불 용의 금액과 같고, 수요 곡선이 곧 한계 수입 곡선이 된다.

〈그림 8-7〉은 1급 가격 차별에서의 이윤 최대화 생산량과 사회 후생을 보여준다. 이윤 최대화 생산량은 한계 수입이 한계 비용과 같아지는 지점에서 얻어지고, 1급 가격 차별이 이루어지면 수요 곡선이 곧 한계 수입 곡선이므로 수요 곡선과 한계 비용 곡선이 만나는 점이 완전 가격 차별을 하는 기업이 결정하는 생산량 Q^*이다. 생산량이 소비 가치를 나타내는 수요 곡선과 생산 비용을 나타내는 한계 비용 곡선이 만나는 점에서 결정되므로, 생산량 수준은 총잉여를 최대화하는 효율적인 수준이다. 그러나 잉여의 분배는 완전 경쟁인 경우와 다르다. 소비자들은 자신들의 소비 가치, 혹은 지불 용의 금액만큼 가격을 지불하므로 거래를

그림 8-7 1급 가격 차별에서의 이윤 최대화 생산량과 후생

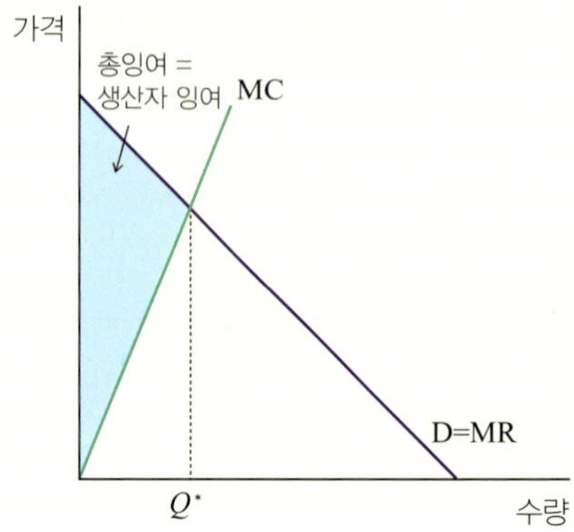

통한 이익이 발생하지 않는다. 즉, 소비자 잉여는 0이 된다. 반면 모든 총잉여는 기업에게 돌아간다.

흔히 독점 기업의 시장 지배력이 높아질수록 자원 배분의 왜곡이 심할 것으로 생각하기 쉽다. 실제로 러너 지수로 시장 지배력을 평가한다면 가격과 한계 비용의 차이가 커진다는 것은 자원 배분의 효율성 관점에서 보면 좋지 않은 일이다. 그리고 가격 차별 행위가 독점 기업의 시장 지배력 남용이라고 이해해 자원 배분의 왜곡을 더 심하게 한다고 생각하기 쉽다. 하지만 위 분석에서 알 수 있듯이 완전 가격 차별은 효율적인 자원 배분을 가져온다. 기업이 소비자 잉여를 모두 가져갈 수 있다는 사실이 오히려 기업이 더 많은 생산량을 생산하도록 하여 효율성의 개선이 이루어진다.

요약

1급 가격 차별은 소비자가 누구인지, 얼마나 소비하는지에 따라 다른 가격을 부과하는 것이다. 1급 가격 차별하에서 자원 배분은 효율적이며, 다만 소비자 잉여가 사라지고 모든 총잉여가 생산자 잉여가 된다.

참고할 내용

완전 가격 차별의 가능성

완전 가격 차별을 실제 현실에서 의미 있는 규모로 관찰하기는 어렵다. 가상적으로 소량의 사치재(예를 들면, 핸드백)를 맞춤형 주문생산 방식으로 판매하는 상황이라면 소비자에 따라 그리고 소비자가 원하는 디자인과 주문량에 따라 다른 가격을 부과하는 방식이 가능할 것이다. 그러나 이런 방식이 큰 규모로 실현되기는 쉽지 않다. 완전 가격 차별과 가장 유사한 상황으로 자주 거론되는 예는 다이아몬드 채굴과 원석 유통에서 한때 85%의 시장 점유율을 보였던 남아프리카 공화국 회사 드 비어스(De Beers)의 판매 관행이다. 드 비어스는 '다이아몬드는 영원히(Diamond is Forever)'라는 광고 캠페인을 통해 다이아몬드를 약혼 반지의 상징처럼 만들어 그 수요를 끌어올린 것으로 잘 알려져 있다. 채굴 단계에서 대부분의 광산을 소유하고 원석 유통 시장에서의 독점적 지위를 이용해 소유하지 않은 광산에서 생산된 대부분의 원석도 사들였다고 한다. 완전 가격 차별로 의심받는 것은 원석의 유통인데, 생산지와 상관없이 모든 원석을 하나의 청산 거래소에 모으고, 1년에 10번만 시장을 열어 리스트를 통해 관리하는 회원사에게만 다이아몬드 원석을 유통시켰다. 초대된 회원사는 원석 묶음과 가격을 제안받고 이를 구매하거나 거절하는 것 외에 가격 협상을 할 수 없으며, 재판매도 금지되었다. 드 비어스에게 모든 재고 정보도 제공하고 감사를 받기도 했는데, 불응할 경우 다음에 열리는 시장에서 배제하는 식으로 보복을 하였다. 이런 매우 드문 사례에도 불구하고, 완전 가격 차별은 현실에서 실현하기는 어려운 극단적인 경우라고 볼 수 있다. 드 비어스는 다른 다이아몬드 광산의 개발, 합성 다이아몬드의 유행 등으로 지금은 독점적 지위를 많이 잃은 것으로 평가받고 있다.

온라인 소매상이 발달한 최근에는 기술적으로 완전 가격 차별을 실현할 수 있는 조건이 갖추어져 있다. 같은 상품이라도 접속 아이디에 따른 구매자의 특성 및 구매 이력을 파악함으로써 구매자가 누구냐에 따라, 그리고 구매 시점에 따라 다른 가격을 제안할 수 있는 것이다. 소위 다이나믹 프라이싱(dynamic pricing)이라 불리는 이런 전략은 아마존이나 쿠팡 같은 온라인 소매상에서도 쓰일 수 있고, 우버와 같은 공유 자동차 서비스에서도 쓰일 수 있다. 그러나 이런 전략이 꼭 이윤 최대화를 위한 독점 기업의 전략인지에 대해서는 논쟁의 여지가 있을 수 있다. 이를테면, 각종 가격 비교 사이트에서 낮은 가격을 노출시키기 위하여 가격을 조정하는 경우 잦은 가격 변화는 경쟁 심화의 징후라고 해석할 수도 있기 때문이다.

2. 2급 가격 차별 혹은 수량 차별

2급 가격 차별은 판매량에 따른 가격 차별이다. 전기 요금이나 수도 요금처럼 사용량이 일정 수준을 넘어서면 단위 가격을 달리하는 경우, 또는 여러 상품 묶음과 그 가격을 제시하고 소비자들이 원하는 상품 묶음을 고르도록 하는 것이 **수량 차별**에 해당한다. 이를 흔히 **비선형적 가격 제도**라고도 부른다. 단위 가격이 일정하다면 상품 묶음의 수량이 커질수록 상품 묶음의 가격은 비례적으로 올라간다. 하지만 포장 단위에 따라 단위 가격이 변하면 상품 묶음의 가격은 수량에 비례하지 않는다. 예를 들어 10개 묶음을 1000원에, 15개 묶음을 1300원에, 20개 묶음을 1500원에 파는 것이 비선형적 가격 제도이다. '2개 사면 1개 무료'와 같이 할인 행사처럼 보이는 것도(이 경우 1개 살 때와 3개 살 때의 단위 가격이 달라진다) 가격 전략에 따른 비선형 가격 제도라고 볼 수 있다.[4] 수량 차별이라 이름 붙이기는 했으나, 이러한 가격 차별은 수량 차원이 아닌 질적 차원에서도 발생할 수 있다. 항공기의 일반 좌석과 비즈니스 좌석, 그리고 일등석 좌석의 요금 차이는 제공되는 서비스의 차이보다 더 크게 보인다. 만약 품질을 수량화한다면 품질이 올라감에 따라 가격이 비례적으로 올라가는 것이 아니라 더 빠르게 올라가는 것이라 볼 수 있다. 즉, 소비하는 품질의 수준에 따라 품질의 단위 가격이 달라지는 것이다. 더 많은 양을 살 때 더 낮은 단위 가격을 지불하는 보통의 수량 차별과는 달리, 항공기 서비스 품질에 대한 차별은 더 높은 품질을 소비하기 위하여 더 높은 단위 가격을 지불해야 한다. 이런 차이는 소비자들의 선호 차이로 이해할 수 있다.

완전 가격 차별과 달리 2급 가격 차별에서는 소비자에 따른 차별은 존재하지 않는다. 완전 가격 차별이라면 한 소비자에게 제시된 상품 묶음과 가격을 다른 소비자가 선택할 수 없도록 할 수 있다. 그러나 2급 가격 차별에서는 제시된 상품 묶음을 누구라도 선택할 수 있고, 어느 소비자라도 동일한 상품 묶음을 선택하면 같은 가격을 지불한다. 예를 들어, 항공권을 판매할 때 2급 가격 차별에서는 비즈니스 좌석과 일반 좌석에 다른 가격을 부과할 뿐이지만, 소비자에 따른 차별이 존재하지 않으므로 같은 일반 좌석에서는 회사 출장으로 여행하는 손님

4 '2개 사면 1개 무료'는 실제로 재고를 줄이기 위한 할인 행사일 수도 있다.

과 휴가 목적으로 여행하는 손님을 구별하여 다른 가격을 부과할 수는 없다. 그러나 가격 구조를 잘 설계하면 출장으로 여행하는 손님들이 주로 높은 가격에 비즈니스 좌석을 고르도록, 휴가 목적의 손님들이 낮은 가격에 일반 좌석을 고르도록 하는 결과를 유도할 수는 있다.

예시를 위해 전기 요금이나 수도 요금처럼 사용량 수준에 따라 단위 가격을 바꾸는 경우를 생각해 보자. 모든 소비자가 〈그림 8-8〉의 패널 (a)에서 주어지는 수요 곡선을 가지고 있다고 하자. 독점 기업의 한계 비용이 생산량 수준과 관계없이 동일할 때 이윤 최대화 생산량은 한계 수입과 한계 비용이 같아지는 점 q^*에서 얻어지고, 이에 따라 가격 p^*가 이윤을 최대화하는 단일 가격이다. 각 소비자로부터 이 기업이 얻는 이윤은 표시된 영역과 같다.

만약 수량에 따른 가격 차별을 할 수 있다면 패널 (b)에서 보이는 것처럼 q_1의 소비량까지는 p_1의 가격을, q_1 이상의 소비량에 대해서는 p_2의 단위 가격을 제시할 수 있다. 이 경우 소비자는 q_2만큼의 소비를 할 것이고, 기업의 이윤은 증가한다. 주목할 것은 이런 가격 차별에 따라 소비자 잉여도 증가할 수 있다는 것이다. 단일 가격이었다면 소비하지 못했을 상품량을 가격 차별에 따라 소비하게 되면서 거래에 따른 이익을 누릴 수 있다. 패널 (a)와 (b)의 소비자 잉여를 비교하면, 높은 가격에 사는 상품에 대해서는 줄어들지만 더 많은 상품을 소비하게 됨에 따

그림 8-8 2급 가격 차별을 통한 이윤과 후생의 변화

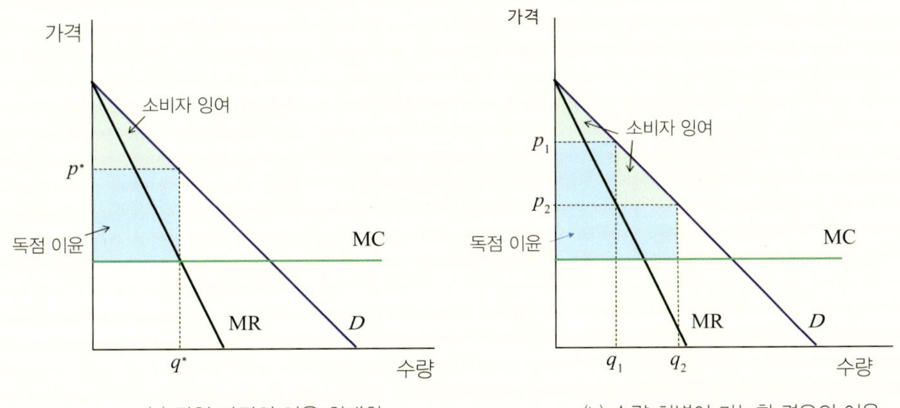

(a) 단일 가격의 이윤 최대화

(b) 수량 차별이 가능한 경우의 이윤

라 늘어난 소비자 잉여가 있음을 확인할 수 있다. 2급 가격 차별에 따라 생산량이 증가하였으므로 총잉여 역시 증가한다. 1급 가격 차별과 마찬가지로 가격 차별을 통해 효율성이 증가하는 현상이 2급 가격 차별에서도 발견된다.

〈그림 8-8〉이 보여주는 가격 차별은 일정 사용량을 넘어서면 낮은 단위 가격을 제시하는 것처럼 설명했지만, 서로 다른 메뉴를 제시하고 소비자가 이 중에서 선택하여 소비하도록 하는 것과 개념적으로 크게 다르지 않다. 예를 들어, q_1과 q_2의 수량으로 이루어진 두 개의 상품 묶음을 제시했다고 하자. 두 상품 묶음의 가격을 p_1q_1과 $p_1q_1+p_2(q_2-q_1)$로 각각 책정하면, 상품량 q_1과 q_2를 소비할 때 지불해야 하는 가격은 q_1까지는 p_1의 단위 가격에, 그리고 이를 넘어서면 p_2의 단위 가격에 상품을 팔 때와 다르지 않다.

현재의 예시에서는 논의를 단순하게 하기 위해 모든 소비자가 동일한 수요 곡선을 가진다고 가정하고 수량 차별하에서도 모두가 동일한 수량을 소비한다고 보았다. 하지만 현실의 2급 가격 차별은 다양한 요금제를 제시하였을 때 일부 소비자는 적은 소비량에 만족하고, 다른 소비자는 많은 소비량을 선택한다. 따라서 수량 가격 차별을 두 개의 상품 묶음을 제시하는 것으로 해석하였을 때 생산자가 파악하지 못하는 소비자의 선호에 따라 일부 소비자는 q_1의 상품 묶음을, 다른 소비자는 q_2의 상품 묶음을 소비한다. 휴대 전화 사용 요금제가 이러한 예에 해당한다고 할 수 있다. 낮은 가격에 적은 데이터 사용량의 요금제와 높은 가격에 많은 데이터 사용량의 요금제를 비교하면 데이터 사용량당 단위 가격은 데이터 사용량이 많은 요금제가 더 낮다. 데이터 사용의 수요 곡선이 완만하여 사용량이 늘어나도 사용의 가치가 느리게 떨어지는 소비자들은 데이터 사용량이 많은 요금제를 선택하고, 반면 사용의 가치가 급격히 떨어지는 소비자들은 데이터 사용량이 적은 요금제를 선택하게 된다. 때로는 데이터가 적은 사용량의 요금제를 쓸 때 할당되는 데이터가 너무 적다는 생각을 할 수 있는데 이는 소비자들을 많은 데이터 사용량 요금제로 유도하기 위한 수단이 된다. 항공기 일반석을 충분히 불편하게 만들어야 더 많은 돈을 내고 비즈니스 석을 이용하려는 유인이 생기는 것과 마찬가지 원리이다. 이러한 가격 차별의 분석을 위한 수학적 모형을 **독점적 선별(monopolistic screening)** 모형이라 하는데, 이는 대학원 수준의 미시 경제학에서 배울 수 있다.

요약

2급 가격 차별은 소비량에 따른 가격 변화나 상품량과 가격 조합의 메뉴를 주고 소비자가 소비를 선택하게 하는 것이다. 일반적으로 독점 단일 가격에 비해 효율성은 증가하고, 소비자 잉여 역시 증가할 수 있다.

3. 3급 가격 차별 혹은 시장별 가격 차별

3급 가격 차별은 수량 차별 없이 단일 가격제를 유지하지만, 소비자의 그룹에 따라 다른 단일 가격제를 적용하는 가격 차별이다. 이를 시장별 가격 차별이라 부르는 이유는 소비자의 특성에 따라 시장을 분할하고 각 시장에 다른 가격을 적용한다고 해석할 수 있기 때문이다. 앞서 예를 들었던 학생 할인과 같은 경우가 대표적인 3급 가격 차별이다.

동일한 공산품이 여러 국가에서 서로 다른 가격으로 판매되는 것을 많이 보았을 것이다. 이는 물론 생산지로부터의 물류 비용이나 관세의 차이 등 비용 요인에 영향을 받은 것일 수도 있으나, 물리적으로 분리된 시장을 이용한 가격 차별일 수도 있다. 〈그림 8-9〉는 가격 차별 현상으로 이를 이해하는 방식을 보여준다. 두 나라 A와 B에 같은 상품을 판매하는 독점 기업이 있다. 이 상품에 대한 두 나라의 수요 곡선이 다른 형태로 주어져 있다. 그래프로 쉽게 설명하기 위해 생산의 한계 비용은 일정하다고 간주하였으나 이는 꼭 필요한 가정은 아니다.

이 독점 기업이 이미 생산한 특정한 상품 양을 두 나라에 배정하여 판매한다면 어떤 식으로 배정하여야 할까? 각 국가에 배정된 생산량은 그 나라의 가격 수준과 매출을 결정할 것이다. 한 국가에 추가적으로 상품을 배정하면 이에 따른 가격 하락까지 고려한 추가적인 매출을 생각해 볼 수 있는데 이것이 한계 수입이다. 〈그림 8-9〉에서 주어진 각 국가의 수요 곡선에 따라 각 국가의 한계 수입 곡선을 구할 수 있다. 만약 현재 배정된 상품 양에서 한 나라의 한계 수입이 다른 나라의 한계 수입보다 크다면 한계 수입이 큰 나라에 더 많은 상품을 배정하여 판매하는 편이 더 좋을 것이다. 따라서 이윤 최대화를 위하여 두 나라의 한계 수입이

그림 8-9 3급 가격 차별: 두 시장에 적용되는 다른 단위 가격

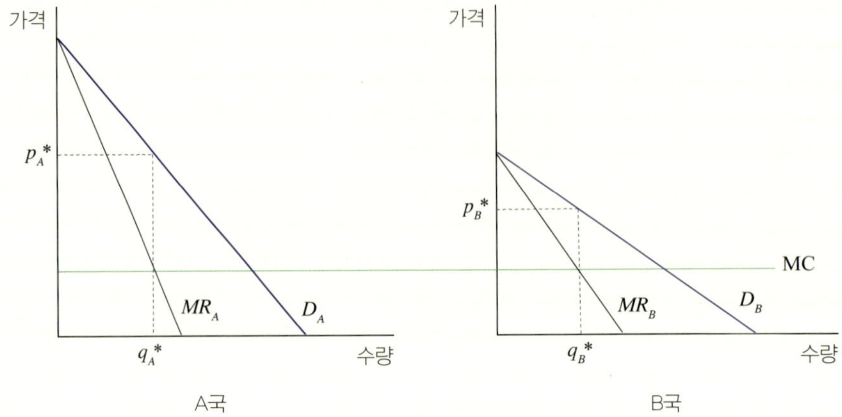

같도록 상품을 배정해야 한다.

주어진 생산량에서 한계 수입이 같도록 상품을 배정할 때, 같아진 한계 수입과 생산의 한계 비용을 비교해 추가적인 생산 여부를 결정한다. 두 나라에서 같아진 한계 수입이 한계 비용보다 크다면 생산을 늘려야 한다. 따라서, 이윤 최대화를 위한 생산과 상품 배정은 두 나라의 한계 수입과 생산의 한계 비용이 같아질 때 달성된다.

$$MR_A = MR_B = MC$$

한계 비용이 일정하면 〈그림 8-9〉에서처럼 두 나라의 한계 수입 곡선이 일정한 한계 비용과 같아지는 지점에서 각 나라의 이윤 최대화 생산량을 쉽게 구할 수 있다.

이렇게 구한 각 나라의 이윤 최대화 생산량으로부터 각 나라의 가격이 구해진다. 〈그림 8-9〉의 경우 *A*국의 가격이 *B*국의 가격보다 더 높은 것을 확인할 수 있다. 이러한 관계를 각 나라의 수요 탄력성과 연결하여 생각해 볼 수 있다. 한계 수입을 수요의 탄력성으로 표시했던 식을 되새겨 보자.

$$MR = \frac{d(pQ)}{dQ} = p + Q\frac{dp}{dQ} = p\left(1 + \frac{Q}{p}\frac{dp}{dQ}\right) = p\left(1 - \frac{1}{\varepsilon}\right)$$

생산량을 늘릴 때 가격은 탄력성이 클수록 적게 떨어지므로, 한계 수입은 탄력성이 클수록 커진다. 이윤 최대화를 위한 가격 차별에서는 두 나라의 한계 수입이 같으므로 두 나라의 가격과 탄력성은 다음의 관계를 만족한다.

$$p_A\left(1-\frac{1}{\varepsilon_A}\right)=p_B\left(1-\frac{1}{\varepsilon_B}\right)$$

위 조건이 만족되면서 〈그림 8-9〉와 같이 A국의 가격이 더 높기 위해서는 $(p_A>p_B)$ $(1-\frac{1}{\varepsilon_A})<(1-\frac{1}{\varepsilon_B})$의 관계가 성립해야 하고, 결국 $\varepsilon_A<\varepsilon_B$가 되어야 한다. 즉, 수요가 가격에 민감하게 반응하는 나라에는 낮은 가격으로 판매량을 늘리는 전략을 택하고, 가격이 오르더라도 수요가 크게 줄지 않는 나라에서는 높은 가격으로 마진폭을 늘리는 전략을 택한다는 것이 3급 가격 차별의 기본적인 논리이다.

3급 가격 차별의 예로 들었던 학생 할인의 경우도 학생들이 가격에 민감하게 반응하기 때문에 이 그룹의 소비자에게는 낮은 가격을 제공하는 것으로 이해할 수 있다. 소비자의 행동 특성으로부터 3급 가격 차별을 행할 수도 있다. 보통 비행기 표의 가격은 출발 3개월 전이 가장 싸고, 출발일이 다가올수록 점점 비싸지는 것으로 알려져 있다. 출발일이 다가올수록 남아 있는 잔여 좌석이 줄기 때문에 가격이 증가하는 것으로 이해할 수도 있지만, 이를 3급 가격 차별로 이해할 수도 있다. 여행 목적의 승객들은 보통 비행기표를 미리 구매하고, 출장 목적의 승객들은 출발일에 가까울 때 비행기표를 구매하는 경향이 있다. 여행 목적의 승객들이 탄력성이 높은 반면 출장 목적의 승객들은 탄력성이 낮다고 여겨지는데, 그래서 출발일이 다가올수록 높은 가격을 부과할 수 있다.

요약

3급 가격 차별은 소비자의 특성에 따라 시장을 나누고, 각 시장에 다른 가격을 부과하는 것이다. 이윤을 최대화하는 3급 가격 차별은 각 시장의 한계 수입이 한계 비용과 같아지는 지점에서 얻어진다.

참고할 내용 가격 차별의 중요한 조건 – 재판매 불가능

가격 차별을 하기 위한 가장 중요한 조건은 재판매가 불가능해야 한다는 것이다. 재판매가 가능하다면 싸게 산 소비자가 비싼 가격을 지불해야 하는 소비자에게 파는 차익 거래(arbitrage)를 할 수 있기 때문이다. 이를 막기 위해 여러 가지 장치를 해 놓을 수 있다. 예를 들어, 한때 영상 매체로 사용되었던 DVD 같은 경우 소위 지역코드가 있어서 한 지역에서 판매된 DVD는 그 지역에서 판매된 플레이어에서만 재생이 되었다. 지금은 이로부터 자유로운 기기가 많아졌지만, 휴대 전화 같은 경우도 컨트리 락(country lock), 네트워크 락(network lock) 등 특정 국가의 특정 서비스 네트워크에서만 작동하도록 하는 방식이 채용된 경우가 많았다. 특히 다른 국가의 시장에 다른 가격을 부과하는 3급 가격 차별의 경우 이를 우회하는 구매 대행이나 병행 수입이 가능하다. 이를 효과적으로 억제하지 못하면 3급 가격 차별은 불가능하다.

2013년 미국의 연방 대법원에서는 저작물의 가격 차별에 관련한 중요한 판결이 있었다. 미국에서 출판되는 대학 수준의 교과서는 보통 하드카피의 형태로 비싼 가격에 팔리고, 동일한 내용의 교과서가 해외에서는 글로벌 에디션이라는 페이퍼 백의 형태로 싸게 팔린다. 그런데 미국 대학에 다니는 한 태국 학생이 이 글로벌 에디션을 태국에서 친구를 통해 구입한 뒤 미국에서 판매하여 9만 불가량의 이익을 보았다. 이에 대해 미국의 출판사가 저작권 위반에 관한 소송을 제기하였는데, 연방 대법원은 6–3의 결정으로 태국 대학생의 손을 들어주었다. 연방 대법원의 다수 의견은 저작물이 일단 판매된 순간 구매자가 소유권을 가지기 때문에 재판매를 포함한 어떤 다른 행위도 가능하다는 것이다. 최초 판매의 원칙(first sale doctrine)이라 불리는 이 논리에 따르면, 저작권자는 최초의 판매에 대해서만 권리를 가지므로 교과서에 '미국 내 판매 금지'라고 명시했다고 해서 재판매가 불가능한 것은 아니게 된다. 만약 이 원칙이 받아들여지면 교과서에 대해 행하는 3급 가격 차별은 더 이상 적용될 수 없다.

3급 가격 차별이 불가능해지면 누가 이익을 보고, 누가 손해를 볼까? 먼저 교과서를 출판하는 출판사들은 확실하게 손해를 본다. 더 이상 다른 나라에 다른 가격을 부과할 수 없어 이윤은 줄어들 것이다. 싸게 교과서를 구입하던 글로벌 에디션의 구매자들도 손해를 본다. 출판사들이 글로벌 에디션 판매를 중단하면 미국 내에서 판매되는 비싼 가격의 교과서를 구입하거나 교과서 구입을 포기해야 한다. 미국의 소비자들은 이익을 볼 가능성이 있다. 출판사들이 글로벌 에디션을 포기하고, 전 세계 시장을 상대로 하는 적절한 이윤 최대화 가격을 선택한다면 현재 미국 내 교과서 가격보다 낮아질 것이기 때문이다.

기타 가격 전략: 이부 가격제와 묶음 판매

1. 이부 가격제(two-part tariffs)

가격 차별 외에도 여러 가지 다른 가격 전략이 존재하고, 아마 지금도 창의적인 기업가들이 새로운 가격 전략을 개발하고 있을 것이다. 최근 각광받고 있는 대표적인 가격 전략은 구독료이다. 온라인 플랫폼 산업에서 매월 일정한 회원료를 받는 구독료는 아마존이 프라임 멤버 제도를 도입하고, 온라인 스트리밍 서비스가 각광받으면서 지금은 여러 사업모형에서 고려되는 가격 전략이 되었다. 기업 입장에서는 예측 가능하고 안정적인 수입원을 제공한다는 점에서 이 가격 전략에 매력을 느끼는 듯하다.

소위 구독 경제는 전통적으로 '**이부 가격제**(two-part tariffs)'라고 불리는 가격 전략의 한 형태이다. 이부 가격제란 회원권, 입장료처럼 소비수준과 상관없이 내는 요금과 소비수준에 따라 달라지는 사용료를 결합한 가격 전략이다. 예를 들어 회원제 골프장의 경우 회원으로 가입해 회비를 납부하고, 추가적으로 골프 라운딩마다 그린피를 낸다. 회비는 골프장 사용량과 관계없이 내는 요금이고, 그린피는 사용량에 비례해 지불하는 단위 가격이다. 사무실에서 사용하는 대형 복사기의 경우 대부분 이를 임대해 사용한다. 그리고 복사기를 사용하기 위해서는 그 복사기에 맞는 전용 카트리지를 구입해야 한다. 이때 임대료는 복사기 사용량과 관계없이 내는 요금이고, 카트리지 구입 비용은 사용량에 비례하는 요금이다. 온라인 시장 플랫폼의 회원제도 이와 유사한 구조를 가지고 있다.

이부 가격제는 디즈니랜드와 같은 테마파크의 가격 체계를 관찰하고 이를 이해하기 위한 연구의 결과로 고안된 개념이다. 당시 테마파크는 입장료와 놀이기구 사용료를 따로 받는 구조였는데, 이를 이윤 최대화의 결과로 이해한 것이 이부 가격제이다.

이부 가격제의 구조가 독점의 단일 가격 시스템보다 어떻게 더 많은 이윤을 확보하도록 돕는지 이해해 보자. 간단한 설명을 위해 모든 소비자가 동일한 수요곡선을 가지고 있고, 기업의 한계 생산 비용이 일정한 경우를 고려한다. 〈그림 8-10〉의 패널 (a)는 대표적 소비자의 수요 곡선과 기업의 한계 생산 비용 곡선

그림 8-10 이부 가격제

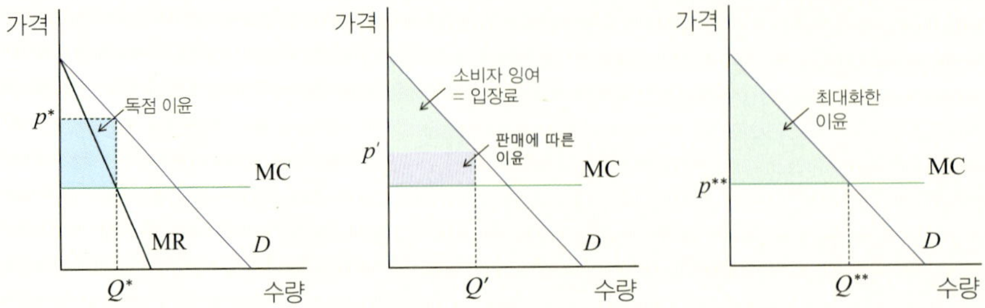

(a) 단일 가격에 따른 이윤 최대화 (b) 단위 가격이 주어질 때 부과할 입장료수준 (c) 단위 가격의 결정

을 보여준다. 독점 기업의 이윤 최대화 생산량은 한계 수입과 한계 비용이 만나는 지점에서 구해지고, 이윤 최대화를 위한 독점 가격 수준과 이에 따른 독점 이윤도 확인할 수 있다. 테마파크가 입장료를 받지 않고 놀이기구 사용료만을 받는 경우가 이에 해당한다. 이 경우에는 놀이기구 사용료를 높게 받아 수요량 감소를 감수하면서 사용당 이윤 폭을 넓힘으로써 이윤을 최대화한다.

만약 이 테마파트가 이부 가격제를 활용한다면 어느 정도의 입장료를 받아야 할까? 패널 (b)에서 놀이기구 사용 요금을 p'으로 결정하였다고 하자. 수요 곡선에 따라 대표적 소비자는 Q'만큼 놀이기구를 사용할 것이다. 이때 대표적 소비자의 소비자 잉여를 생각해볼 수 있다. 소비자 잉여는 놀이공원에 입장해 놀이기구를 탔을 때 지불한 요금을 넘어서서 소비자가 느끼는 즐거움이다. 놀이공원의 입장료가 소비자 잉여보다 작은 한 소비자는 입장료를 지불하고 놀이공원에 입장해 놀이기구를 탈 것이다. 이윤을 늘리고 싶은 독점 기업 입장에서는 최대한의 입장료를 부과해야 하는데, 부과할 수 있는 최대한의 입장료가 곧 소비자 잉여이다. 따라서 어떤 단위 가격을 설정하건 사용량과 상관없는 요금은 소비자 잉여와 같도록 설정한다. 이 경우 소비자로부터 얻는 기업의 이윤은 입장료 수입에 놀이기구 사용에 따른 이윤을 더한 값이다. 가격 p'은 기업의 한계 비용(동시에 평균 비용)보다 높아서 놀이기구 사용에 따라 이윤이 발생하는데, 이것이 패널 (b)의 판매에 따른 이윤이다.

이윤 최대화를 위해서는 단위 가격을 어떻게 설정해야 하는가? 판매에 따른 이윤을 최대화하려면 패널 (a)의 독점 가격을 선택해야 한다. 그러나 이 경우 소비자 잉여가 줄어서 부과할 수 있는 입장료가 줄어들고 오히려 전체 이윤이 감소한다. 패널 (b)에서 단위 가격을 낮추면 판매에 따른 이윤은 줄어들겠지만 더 많은 입장료를 부과해 이를 상쇄하고 더 많은 이윤을 누릴 수 있다. 이윤을 최대화하기 위해서는 패널 (c)에서처럼 단위 가격을 한계 비용 수준까지 내려야 한다. 한계 비용이 일정하다고 가정한 이 경우에는 판매를 통한 이윤은 0이 되지만, 입장료 이윤이 늘어나 합계 이윤은 최대가 된다.[5] 따라서, 최적의 이부 가격제는 단위 가격을 한계 비용과 일치시키고 소비 수준과 관계없이 내는 요금은 소비자 잉여와 일치시켜야 한다. 여기에서 확인한 것처럼 이부 가격제는 단일 가격제에 비해 더 많은 이윤을 낳는다.

요약

입장료처럼 한 번 내는 비용과 사용량에 따라 내는 가격이 결합된 가격 체계를 이부 가격제라 한다. 이윤 극대화를 위한 이부 가격은 사용량에 따라 내는 가격을 한계 비용과 같게 하고, 입장료처럼 한 번 내는 비용은 소비자 잉여가 같게 하는 것이다.

2. 묶음 판매(bundling)

휴대 전화 서비스, 인터넷 서비스, 그리고 IPTV(인터넷을 통한 TV) 서비스는 보통 같은 회사에서 제공하며 한 가지 서비스를 구입할 때보다 여러 가지 서비스를 연결하여 구입하면 개별적으로 구입할 때보다 더 싸다. 마이크로 소프트 사의 오피스 프로그램은 여러 가지 프로그램을 따로 분리하여 팔지 않고, 하나로 묶어서 판매한다. 이렇게 여러 상품이나 서비스를 하나로 묶어서 판매하는 것을 **묶음 판매**

5 〈그림 8–9〉에서 우리는 모든 소비자가 동일한 수요 곡선을 가지고 있다고 가정하여서 이부 가격제를 실시하면 마치 완전 가격 차별처럼 소비자 잉여가 존재하지 않는다. 하지만 소비자의 수요 곡선이 서로 다르다고 하면 최대의 입장료는 구매하는 소비자들의 소비자 잉여 중 가장 작은 수준으로 책정해야 하므로, 일부 소비자는 이부 가격제하에서도 소비자 잉여를 누릴 수 있다.

표 8-2 묶음 판매의 가능성

	휴대 전화 서비스	인터넷 서비스	묶음
철수	100	80	180
영희	70	90	160

(bundling)라고 한다.

그럼 어떤 경우에 묶음 판매를 하는 것이 기업의 이윤 증가에 도움이 될까? 휴대 전화 서비스와 인터넷 서비스의 예를 들어 이 상황을 설명해 보자. 두 소비자 철수와 영희가 각각 휴대 전화 서비스와 인터넷 서비스에 지불할 용의가 있는 금액은 〈표 8-2〉와 같다. 논의의 편의를 위해 서비스를 제공하기 위한 한계 비용은 0이라고 하자.

한계 비용이 0이므로 수입을 늘리는 것이 곧 이윤을 늘리는 것이다. 휴대 전화 서비스와 인터넷 서비스를 따로 판매하는 경우와 묶음으로 판매하는 경우를 비교해 보자. 따로 판매하는 경우 휴대 전화 서비스는 70의 가격에, 인터넷 서비스는 80의 가격에 둘 모두에게 판매한다. 이 경우 이윤은 휴대 전화 서비스로부터 70×2=140, 인터넷 서비스로부터 80×2=160으로 총 300이다. 반면 묶음으로 판매하는 경우 묶음을 160의 가격에 판매하여 총 이윤은 160×2=320이다. 따라서, 이 경우에는 묶음 판매로 서비스를 판매하는 것이 이익이 된다.

〈표 8-2〉의 경우 철수와 영희의 각 서비스에 대한 지불 용의 금액은 음의 상관관계를 가진다. 철수는 휴대 전화 서비스에 더 높은 가치를 가진 반면, 영희는 인터넷 서비스에 더 높은 가치를 둔다. 그래서 묶음으로 판매하는 경우 생산량을 늘릴 때 가격 하락폭이 상대적으로 작다.

만약 지불 용의 금액이 양의 상관관계를 가져서 휴대 전화 서비스에 높은 가치를 두는 소비자가 인터넷 서비스에도 높은 가치를 둔다면 묶음 판매는 큰 도움이 되지 않는다. 만약 철수와 영희의 지불 용의 금액이 〈표 8-3〉과 같다고 하자. 〈표 8-3〉은 〈표 8-2〉에서 철수와 영희의 인터넷 서비스의 지불 용의 금액만 맞바꾼 것이다. 이제 철수가 휴대 전화 서비스 인터넷 서비스 모두에서 높은 가치를 부여하고 있다. 이 경우 묶음 판매는 이윤을 증가시키지 않는다.

표 8-3 묶음 판매가 도움이 되지 않는 경우

	휴대 전화 서비스	인터넷 서비스	묶음
철수	100	90	190
영희	70	80	150

연습문제 12

철수와 영희의 지불 용의 금액이 〈표 8-3〉과 같을 때 개별 판매의 이윤과 묶음 판매의 이윤이 다르지 않음을 확인하시오.

만약 지불 용의 금액의 양의 상관관계가 지나치면 오히려 개별 판매가 묶음 판매보다 더 많은 이윤을 준다. 만약 철수와 영희의 지불 용의 금액이 〈표 8-4〉와 같다고 하자. 〈표 8-3〉과 비교하면 영희의 인터넷 서비스에 대한 지불 용의 금액이 더 줄었다. 이제 인터넷 서비스에 대한 지불 용의 금액 차이가 너무 크다. 즉, 인터넷 서비스 수요 곡선의 탄력성이 낮아져서 수요량을 늘리기 위해 많은 가격 하락이 필요하다.

이때 개별 판매를 하면 휴대 전화 서비스는 70의 가격에 2단위를 팔고, 인터넷 서비스는 90의 가격에 1단위를 팔아, 이윤은 $70 \times 2 + 90 = 230$이 된다. 반면 묶음 판매의 경우 100의 가격으로 2단위를 팔아 이윤은 200이 된다. 따라서, 이 경우 개별 판매가 묶음 판매보다 유리하다.

개별 판매와 묶음 판매를 동시에 사용하는 것 역시 가능하다. 이 경우 개별 판매 가격은 높게 설정하고, 묶음 판매는 할인된 가격을 적용하는 형식의 판매가 가능하다. 이제 영수, 철수, 영희, 영미 4명의 소비자가 있고, 그들의 지불 용의 금액은 〈표 8-5〉와 같다고 하자.

표 8-4 개별 판매가 더 이익이 되는 경우

	휴대 전화 서비스	인터넷 서비스	묶음
철수	100	90	190
영희	70	30	100

표 8-5 개별 판매와 묶음 판매의 혼용

	휴대 전화 서비스	인터넷 서비스	묶음
영수	110	20	130
철수	100	80	180
영희	70	90	160
영미	20	110	130

만약 개별 판매를 한다면, 휴대 전화 서비스의 경우 70의 가격에 3단위를 판매하고, 인터넷 서비스의 경우 80의 가격에 3단위를 판매해야 한다. 휴대 전화 서비스의 경우 110의 가격에 1단위, 100의 가격에 2단위, 70의 가격에 3단위, 30의 가격에 4단위를 판매하는 선택이 있고, 그중 70의 가격에 3단위를 판매하는 것이 가장 많은 수입을 올린다. 따라서 개별 판매 전략의 이윤은 450이다.

만약 묶음 판매를 한다면, 130의 가격에 4단위를 판매하게 되고, 이윤은 520이다. 각 소비자의 두 서비스에 대한 지불 용의 금액은 서로 음의 상관관계를 가지고 있으므로 묶음 판매가 개별 판매보다 더 많은 이윤을 보장해준다.

하지만 묶음 판매와 개별 판매를 혼용하면 더 많은 이윤을 누릴 수도 있다. 만약 휴대 전화 서비스와 인터넷 서비스의 개별 구매 가격이 각각 110이고, 묶음 가격은 160인 경우를 생각해 보자. 영수는 휴대 전화 서비스만, 영미는 인터넷 서비스만 구매할 것이다. 철수와 영희는 묶음 서비스를 구매할 것이다. 따라서 묶음 서비스 2단위, 휴대 전화 서비스 1단위, 인터넷 서비스 1단위가 판매되고, 총 이윤은 $160 \times 2 + 110 + 110 = 540$이 된다. 따라서 묶음 판매와 개별 판매를 혼용하는 것이 묶음 판매만을 하는 것보다 더 효율적이다. 이 경우 개별 판매는 특정한 서비스만 강하게 원하는 사람에게 비싸게 판매하는 것이고, 묶음 판매는 두 서비스에 대한 지불 용의 금액 차이가 크지 않은 소비자에게 적당한 가격을 제시하여 둘을 모두 사용하도록 유도하는 것이다.

요약

소비자가 각 상품에 대해 느끼는 가치가 음의 상관관계를 가지면 상품을 묶어 판매하는 것이 이윤을 더 늘릴 수 있다. 묶음 판매로만 파는 전략도 가능하고, 개별 판매와 병행하는 것도 가능하다.

지금까지 진입 장벽을 통하여 유일한 생산자가 존재하는 독점 시장에서 기업이 이윤 최대화를 위하여 어떻게 의사 결정을 하는지, 그리고 이런 기업의 결정이 어떻게 자원 배분의 효율성을 약화시키는지를 논의하였다. 독점 기업의 가격은 한계 비용보다 높은 수준에서 설정되어 사중 손실을 낳는다.

더 나아가 독점 기업이 시장 지배력을 활용하여 이윤을 더 늘릴 수 있는 가격 전략에 대해서도 논의했다. 소비자가 누구인지, 얼마나 많은 물량을 소비하는지에 따라 다른 가격을 책정하는 가격 차별과 그 밖의 다른 기타 가격 전략을 통해 독점 기업은 더 이윤을 늘릴 수 있다.

독점은 시장 균형이 더 이상 효율적이지 않을 수 있는 첫 번째 사례로서 완전 경쟁의 가정이 만족되지 않은 경우이다. 하지만 시장의 생산자가 소수인 과점 시장도 완전 경쟁의 가정이 성립하지 않는 사례이다. 다음 장에서 이에 대해 분석한다.

연습문제

1 독점 기업의 한계 수입이 가격보다 낮은 이유를 간단히 설명하시오.

2 독점 기업의 수요 함수가 다음과 같이 주어져 있을 때, 이 기업의 역수요 함수와 한계 수입을 구하시오.

(1) $Q = 20 - 2p$

(2) $Q = 40 - \frac{1}{2}p$

(3) $Q = 30 - p$

3 독점기업의 역수요 함수가 $p = 100 - Q$이고, 비용 곡선이 $c(Q) = 8Q$라고 하자.

(1) 독점 생산량과 가격을 구하시오.

(2) 독점 기업의 이윤과 소비자 잉여를 구하시오.

(3) 완전 경쟁 균형의 생산자 잉여를 구하고, 독점 이윤이 더 크다는 것을 확인하시오. 완전 경쟁 균형과 비교할 때 사중 손실을 구하시오.

4 효율적인 생산 수준은 가격과 한계 비용이 같아질 때 얻어진다. 왜 그런지 설명하고, 독점의 경우 효율적인 생산 수준이 달성되지 않은 이유를 설명하시오.

5 다음의 진술이 참인지, 거짓인지, 아니면 확실하지 않은지를 밝히고, 이유를 설명하시오.

(1) 독점 기업은 가격을 한계 비용보다 높게 설정한다.

(2) 독점 기업의 가격 설정에서 상품의 수요가 탄력적일수록 이윤 마진은 가격에서 더 높은 비중을 차지한다.

(3) 독점 기업이 기존의 독점 가격 설정에서 가격 차별까지 하게 되면, 사회 후생은 더욱 악화된다.

6 효율적인 다용도 충전기를 개발한 A사는 특허를 획득하고 시장조사를 통하여 이 충전기의 수요 곡선이 다음과 같은 역수요 함수로 표현됨을 알게 되었다.

$$p = 20 - Q$$

충전기 생산의 한계 비용과 평균 비용은 다음과 같다.

$$MC = 2Q$$
$$AC = Q$$

(1) 이윤을 최대화하기 위한 A사의 생산량과 가격을 구하시오.

특허로 인한 독점 가격의 행사가 사회 후생에 좋지 않다고 판단한 경쟁 당국은 A사의 비용을 조사하였다. 한계 비용을 계산할 수 없었던 경쟁 당국은 현재의 평균 비용을 조사하는 데 성공하였고, 이를 상한 가격으로 설정하였다.

(2) 규제로 설정된 상한 가격은 얼마인가?

(3) 새로운 규제 가격하에서 A사의 생산량은 어떻게 되는가? 새로운 생산량과 규제가 없을 때의 생산량을 비교하고 규제를 통하여 사회 후생이 개선되었는지를 평가하시오.

7 다음의 기사를 읽고 공정 거래 위워회와 에스케이텔레콤이 보는 시장 범위의 차이를 비교하시오.

> 에스케이텔레콤(SKT)이 씨제이(CJ)헬로비전을 인수해 자회사인 에스케이브로드밴드(SKB)와 합병하려던 계획이 공정거래위원회의 경쟁 제한성 심사에서 사실상 '불허' 판단을 받아 방송 · 통신시장 '빅뱅'이 물거품이 될 공산이 커졌다. 합병이 성사되면 이동통신시장 1위와 케이블방송 1위 사업자의 결합은 시장 판도를 크게 흔들 것으로 예상돼왔다.
>
> (…)
>
> 유료방송시장에서 에스케이텔레콤과 씨제이헬로비전의 가입자를 합치면 718만 명(점유율 25.8%)으로 1위 케이티(KT)의 가입자 수 817만 명(29.3%)에 미치지 못한다. 에스케이텔레콤과 씨제이헬로비전도 이를 근거로 "인수 · 합병이 불허되면 케이티의 독주체제가

더욱 굳어져, 경쟁 촉발을 통한 서비스 개선의 기회가 저해될 수 있다"고 강조해왔다.

그러나 공정위는 전체 시장 점유율보다 지역 단위 시장 점유율 변화가 경쟁 제한성을 심화시킨다는 점을 주목했다. 앞서 공정위는 2013년 티브로드 도봉강북방송이 대구케이블방송을 인수할 당시에도 전국이 아닌 시 · 군 · 구 단위 시장 점유율을 따져 경쟁 제한성을 판단했다. 씨제이헬로비전의 지역 케이블방송 23곳 중 15곳은 점유율이 50%를 넘고, 이 가운데 11곳은 60%를 넘는다.

(…)

〈한겨레 신문 2016년 7월 5일〉

8

한계 비용이 $\frac{4}{3}$로 일정한 독점기업이 다음의 수요 곡선을 가지고 있다.

$$Q_d = 20 - 2p$$

(1) 세율 50%의 종가세를 구매자에게 부과한다. 즉, 구매자 가격은 판매자 가격인 시장 가격보다 1.5배가 된다. 이윤 최대화 생산량과 시장 가격을 구하시오. 조세 수입은 얼마인가?

(2) 제안된 종가세 대신에 종량세 T를 구매자에게 부과한다. 즉, 구매자 가격은 판매자 가격인 시장 가격에 T를 더한 값이다. 이윤을 최대화하는 생산량은 얼마인가?

(3) 세율 50%의 종가세를 부과한 경우와 동일한 생산량을 유지하기 위해 필요한 종량세 T의 수준은 얼마인가? 이 경우 조세 수입은 어떻게 되는가?

(4) '독점의 경우 종가세의 부과가 종량세보다 더 낫다'는 진술을 평가하시오.

9

다음의 기사를 읽고 답하시오.

서울 송파구에 사는 신아무개(38)씨는 얼마 전 쿠팡에서 샤워타월을 구매하려다 깜짝 놀랐다. 어떤 상품으로 주문할지 고민하다 옆에 있던 아내에게 링크를 보냈는데, 같은 상품임에도 아내의 가격이 훨씬 쌌다. 신씨는 "내 아이디로 구매할 때 6000원대인 상품이 아내에겐 3000원대로 거의 절반 가격이더라"며 "나는 일주일에 2~3회씩 주문하는 충성고객이고 아내는 쿠팡을 거의 이용하지 않는데, 내 구매가가 더 비싼 게 말이 되느냐. 지금까지 이런 사실을 모르고 호구 노릇을 한 것 같아 어이가 없다"고 분통을 터뜨렸다. 쿠팡이 같은 상품을 두고도 회원마다 서로 다른 가격을 적용해 논란이 일고 있다. 쿠팡 쪽은 판매율을 높이기 위한 '프로모션'의 일환이라는 설명이지만, 사전 고지도 없이 충성고객에게 더 비싼 가격을 물리는 것은 부당하다는 소비자들의 원성이 높다.

(…)

이커머스 업계에선 쿠팡의 이런 가격 시스템을 인공지능(AI)에 기반한 '다이내믹 프라이싱'(제품 · 서비스 가격을 유동적으로 바꾸는 전략)이라고 설명한다. 다이내믹 프라이싱은 실시간 시장 상황, 즉 경쟁자의 가격이나 날씨, 수요 및 공급 등의 조건에 따라 상품 가격을 탄력적으로 운영하는 정책이다. 국외에서는 아마존 · 우버 등이 대표적으로 다이내믹 프라이싱 정책을 적용 중이고, 국내에서는 쿠팡이나 카카오를 비롯해 주로 이커머스 기업이 시행 중이다.

(…)

〈한겨레 신문 2022년 5월 9일〉

(1) 다이나믹 프라이싱을 가격 차별의 관점에서 설명하시오.

(2) 위 기사의 신씨와 그 아내에 대해 다른 가격을 부과하는 것을 탄력성 개념을 이용하여 설명하시오.

10 새로운 종류의 데이터 저장 디스크가 '뉴디스크'에 의해 개발되었다. A국에 생산설비가 가진 이 회사는 생산량과 관계없이 한계 비용은 6이다($MC=6$). 뉴디스크 사는 A국과 유럽에 이 디스크를 독점적으로 판매할 계획이다. 시장 조사를 통하여 구한 A 국과 유럽의 시장 수요 함수는 다음과 같다.

$$p_A = 132 - 6Q_A$$
$$p_E = 200 - 4Q_E$$

(1) 유럽과 A국의 수요를 더한 세계 수요 함수를 구하시오($Q_W = Q_A + Q_E$). 편의를 위해 수요 함수의 꺾인 부분은 무시한다.

(2) 디스크가 유럽과 A국 사이에 쉽게 교역되어 가격 차이가 있을 수 없다고 하자. 뉴디스크 사의 이윤 최대화 생산량과 가격을 구하시오.

(3) 기술 표준의 차이 때문에 A국과 유럽 간의 디스크가 상호 교환되어 사용될 수 없다고 하자. 이제 '뉴디스크' 사는 두 지역에 서로 다른 가격을 부과할 수 있다. 각 시장의 이윤 최대화 생산량과 가격을 구하시오. 이를 B에서 구한 가격 및 생산량과 비교하시오.

11 각 골프 플레이어들의 다음의 동등한 연간 수요 함수를 가지는 골프 클럽을 고려하자.

$$p = 200 - 4Q$$

여기에서 p는 라운드당 가격이고, Q는 연간 라운드 이용 횟수이다. 각 라운드 운영 한계비용은 8이고, 고정 비용은 없다고 하자.

(1) 이윤을 최대화하기 위한 생산량과 가격을 구하시오. 한 골프 플레이어당 이윤은 어떻게 되는가?

(2) 이부 가격제를 사용할 때, 이 골프장이 연간 회원권과 라운드당 가격으로 매겨야 하는 가격은 얼마인가? 한 골프 플레이어당 이윤은 어떻게 되는가?

12 본문 321쪽 참고

13 한계 생산 비용이 각각 20인 칼과 가위를 파는 회사가 있다. 칼과 가위의 잠재적 소비자인 철수와 영수가 칼과 가위에 대해 지불하려는 최대 지불 용의 금액은 아래 표와 같다.

	칼	가위
철수	70	50
영수	30	60

(1) 이 회사가 칼과 가위를 각각 팔 때 이윤을 최대화하는 칼의 가격과 가위의 가격은? 이 때 이윤은 얼마인가?

(2) 이 회사가 칼과 가위를 하나의 묶음으로 팔 때, 이윤을 최대화하는 묶음의 가격은? 이 때 이윤은 얼마인가?

(3) 이 회사는 칼과 가위를 묶음으로 팔 것인가, 각각 팔 것인가?

Chapter

9

과점 시장과 게임 이론

이 장은 불완전 경쟁의 또 다른 예로 시장에 소수의 생산자가 존재하는 **과점 시장**을 분석한다. 과점 시장에서 생산자의 선택을 분석하기 위해서는 완전 경쟁이나 독점과는 다른 분석 도구가 요구된다. 완전 경쟁 시장에서의 생산자는 가격을 시장에서 주어진 것으로 보고 생산 결정을 하였다. 가격이 주어져 있기 때문에 다른 생산자의 의사 결정을 고려할 필요가 없다. 반면 독점 생산자에게는 고려할 다른 생산자가 없다. 자기가 결정하는 생산량에 따라 가격이 어떻게 변할지를 이해하고, 이를 바탕으로 생산량 결정을 한다.

하지만 과점 시장 생산자의 선택은 이와 다르다. 과점 시장의 생산자는 다른 생산자의 결정을 고려해야 한다. 과점 시장의 생산자도 독점 기업처럼 자기의 생산량 결정이 가격에 영향을 미친다는 사실을 알고 있다. 하지만 가격은 자기의 생산 결정에만 영향을 받는 것이 아니다. 다른 생산자의 생산 결정 역시 가격에 영향을 미친다. 따라서, 자기의 생산 결정이 가격에 미치는 영향을 이해하기 위해서는 다른 생산자의 생산량 결정이 무엇인지를 예측해야 한다. 이는 다른 생산자들도 마찬가지이다. 즉, 생산자들의 의사 결정이 상호 작용하고 최적 생산량 결정도 상호 의존한다.

의사 결정이 상호 의존적인 상황을 **전략적 상황**이라 한다. 전략적 상황에서는 내 의사 결정을 위해 남의 의사 결정을 이해해야 한다. 그리고 전략적 상황을 분석하는 학문 분야가 '**게임 이론(game theory)**'이다. 의사 결정이 상호 의존적인 상황, 곧 전략적 상황은 본질적으로 복잡할 수밖에 없다. 과점 기업의 생산량 결정 문제를 다시 생각해 보자. 논의의 편의를 위해 두 기업 A와 B만이 시장에 존재한다고 가정한다. 기업 A의 입장에서는 기업 B의 생산량 결정을 예상해야 자기의 생산량이 가격과 이윤에 어떻게 영향을 미칠지 이해할 수 있고 의사 결정도 할 수 있다. 그런데 기업 A가 기업 B의 생산량을 예상하기 위해서는 기업 B의 입장에서 생각해 봐야 한다. 기업 B의 생산량 결정은 기업 A의 생산량에 대한 예상에 달려 있다. 따라서 기업 A는 기업 B가 얼마나 생산할지 예측하기 위하여 기업 B가 A에 대해서 어떻게 예측할 것인지 예측해야 한다. 즉, A는 B를 예측해야 하고, 그러기 위해서 B의 A에 대한 예측을 예측해야 한다. 그런데 B의 A에 대한 예측을 예측하기 위해서는 B가 예측하는 A의 B에 대한 예측을 예측해야 한다. 다소 말장난처럼 보이지만 이런 예측의 연쇄는 중단되지 않고 계속되기에 A 혹은 B의 입장에서 합리적 의사 결정을 내리기가 쉽지 않고 관찰자 입장에서도 이 상황에서 어떤 일이 벌어질지 분석하기 쉽지 않다. 이런 상황을 분석하기 위한 도구가 게임 이론이며, 과점 상황은 이런 게임 이론의 응용으로 생각할 수 있다. 따라서, 이 장에서는 게임 이론의 기본 개념과 분석 방법을 소개하면서 그 응용 사례로 과점 시장의 분석을 소개한다.

요약

과점 시장에서 기업의 결정은 상호 의존적이며, 이런 전략적 상황을 분석하기 위한 이론적 도구인 게임 이론이 필요하다.

상호 작용하는 의사 결정, 즉 전략적 상황을 분석하는 게임 이론을 본격적으로 공부하기 앞서서 여기에서 사용되는 몇 가지 용어를 알아 둘 필요가 있다. 우리에게 익숙한 전략적 상황을 생각해 보자. 일상적으로 우리가 하는 거의 모든 게임들이 이런 상황이다. 그래서 전략적 상황을 단순하게 게임이라고도 부른다. 아주 간단한 가위–바위–보 혹은 그보다 복잡한 장기나 바둑 모두 이에 해당한다. 가위–바위–보 게임에서는 상대방이 무엇을 내는지에 따라 최적의 의사 결정이 달라진다. 좀 더 복잡하지만 장기나 바둑도 마찬가지이다. 이런 상황에서 의사 결정을 하는 참가자를 **경기자**(player)라고 한다. 가위–바위–보, 장기, 그리고 바둑 모두 2명의 경기자를 가진 게임이다. 경기자가 의사 결정의 순간에 선택할 수 있는 대안들을 **행위**(actions)라고 한다. 가위–바위–보 게임에서 선택 가능한 행위는 가위, 바위, 혹은 보이다. 장기라면 말이 움직일 수 있는 모든 좌표들이 이런 행동들이 된다. 의사 결정을 해야 하는 모든 순간에 어떤 행위를 선택하는가에 대한 계획을 **전략**(strategy)이라고 한다. 전략은 대리인을 세워서 게임을 할 때 그 대리인이 따라서 할 수 있는 가이드라고 생각할 수 있다. 따라서 발생 가능한 모든 상황에 대해 어떤 행위를 취할 것인가가 계획되어 있어야 한다. 가위–바위–보처럼 간단한 게임에서는 행위가 곧 전략이다. 대리인에게 지시할 내용은 가위, 바위, 혹은 보를 내라는 것뿐이다. 그런데 장기나 바둑이 되면 전략은 훨씬 복잡하다. 대리인이 이것만 보고 게임을 끝까지 할 수 있어야 하기 때문에 맞닥뜨릴 수 있는 모든 상황에서 어떤 행위를 선택해야 하는지가 설명되어야 한다. 맞닥뜨릴 수 있는 상황이 너무 많기 때문에 장기나 바둑에서 전략을 실제로 기록하는 것은 어려울 것이다. 하지만 개념적으로는 전략의 묘사가 가능하다. 게임이 끝나고 나올 수 있는 모든 최종 상태를 **결과**(outcomes)라고 한다. 예를 들어, 가위–바위–보 게임에서는 첫 번째 경기자가 가위를 내고, 두 번째 경기자가 바위를 내는 것이 하나의 결과이다. 그리고 가위–바위–보 게임에서는 9개의 가능한 결과가 존재한다. 장기나 바둑은 결과가 너무 다양하여 이를 다 묘사하는 것은 불가능하지만, 역시 개념적으로는 한정된 수의 결과가 존재한다. 각 결과에서 각 경기자들이 얻게 되는 효용을 **보수**(payoff)라고 한다. 가위–바위–보 게임에서 첫 번째 경기자가 가위를 내고, 두 번째 경기자가 바위를 내는 결과에서는 두 번째 경기자가 이긴 것이고, 이겼을 때와 질 때의 차이를 두어 보수를 정의할 수 있다.

만약 각 경기자에게 정해진 전략이 있으면, 전략에 따라 각 경기자가 행위를 선택함으로써 게임이 진행될 것이다. 이에 따라 게임의 결과가 나오고, 각 경기자의 보수가 주어진다. 따라서, 위에 언급된 용어들은 게임 상황을 묘사하는 데 꼭 필요한 요소들이다.

의사 결정이 상호 작용하는 전략적 상황인 게임은 경기자가 행위를 선택하는 시점에 따라 두 가지 종류가 있다. 모든 경기자가 동시에 행위를 선택하는 게임을 **동시 행위 게임**(simultaneous move game) 혹은 **정태적 게임**(static game)이라 한다. 경기자가 행위를 선택하는 데 순서가 있어서 순차적으로 행위가 선택되는 게임을 **순차적 행위 게임**(sequential move game) 혹은 **동태적 게임**(dynamic game)이라 한다. 앞선 예에서, 가위-바위-보 게임은 정태적 게임이다. 두 경기자가 동시에 행위를 선택하고 그로 인해 게임의 결과가 바로 나온다. 장기나 바둑 같은 게임은 동태적 게임이다. 경기자가 순서를 정하여 (장기와 바둑 같은 경우 번갈아 가며) 행위를 정하고 그것이 누적되어 결과가 나온다. 이제부터 이 두 종류의 게임을 하나씩 설명하고 분석할 것이다.

요약

전략적 상황을 설명하기 위해, 경기자, 행위, 전략, 결과, 보수 등의 개념이 필요하다. 전략적 상황(게임)은 경기자가 동시에 행위를 선택하는 정태적 게임과 순차적으로 행위를 선택하는 동태적 게임으로 나뉜다.

9.1 정태적 게임(static game) 또는 동시 행위 게임(simultaneous move game)

정태적 게임 혹은 동시 행위 게임은 모든 경기자가 동시에 행위를 결정하고 그 조합으로 게임의 결과가 실현되는 상황을 일컫는다. 게임을 분석하기 위해서는 먼저 분석에 필요한 내용을 간추려서 상황을 요약할 수 있어야 한다. 정태적 게임의 묘사를 **일반형 묘사**(normal form representation)라 한다. 일반형 묘사는 **경기자**(players), **전략**(strategies), 그리고 **보수**(payoff)의 세 가지 요소로 구성된다. 이 세 가지 요소는 상황을 묘사하는 데 꼭 필요하고 또 이 세 가지 요소만으로 상황을 묘사하기에 충분하다.

게임을 묘사하는 데에는 당연히 몇 명의 경기자가 있는지가 필요하다. 이를테면 가위-바위-보 게임은 두 명의 경기자가 필요하다. 이 경기자들이 할 수 있는 행위가 곧 전략이다. 정태적 게임에서는 경기자가 선택하는 순간이 단 한 번이므로 전략과 행위의 개념에 차이가 없다. 가위-바위-보 게임에서는 가위, 바위, 보가 행위이고, 또 가능한 모든 전략이기도 하다. 각 경기자가 선택한 전략의 조합으로 게임의 결과를 나타낼 수 있다. 가위-바위-보 게임에서 (가위, 가위)는 전략의 조합이면서 동시에 게임의 결과를 나타낸다. 전략의 조합으로 표현된 결과에 보수를 정의해주면 게임의 묘사가 완성된다. 정태적 게임을 분석하는 데 이 세 가지 요소 이외의 묘사는 필요하지 않다.

요약

정태적 게임을 묘사하는 일반형 묘사는 경기자, 전략, 보수의 세 가지 요소로 이루어져 있다.

용의자의 딜레마 게임과 우월 전략 균형(Dominant Strategy Equilibrium)

이제 한 가지 전략적 상황을 소개하고 이를 일반형 묘사로 요약하여 분석하는 연습을 해보자. 이 전략적 상황은 '**용의자의 딜레마(prisoner's dilemma)**'라고 알려진 상황이다. 주어진 상황은 다음과 같다. 강도 범죄에 두 명의 용의자가 있다. 그러나 물질적 증거가 없어서 이 두 용의자를 처벌하려면 자백이 꼭 필요한 상황이다. 그래서 경찰은 이 둘을 분리된 취조실에 데려가서 취조를 한다. 취조하는 경찰은 두 용의자에게 여러 정황 증거를 들어 자백할 것을 종용하면서 다음과 같은 일이 일어날 거라고 설명한다. 만약 두 용의자 모두가 자백을 하면 둘 다 강도죄로 6년 형을 선고받을 것이다. 만약 한 용의자가 자백을 했는데 다른 용의자가 자백을 하지 않으면, 자백한 용의자에게는 선처를 베풀어 1년 형이 선고되고 자백하지 않은 용의자는 반성하지 않은 점이 양형에 참작되어 10년 형을 선고받을 것이다. 둘 다 자백하지 않으면 증거 부족으로 강도죄 처벌은 받지 않지만, 여전히 절도죄로 처벌되어 3년 형을 선고받을 것이다. 이때 이 두 용의자는 어떻게 할 것인가?

각 용의자의 형벌은 자백 여부에 따라 달라진다. 하지만 형벌은 자신이 자백했는지 여부에 따라 달라질 뿐만 아니라 다른 용의자가 자백했는지에 따라서도 달라진다. 따라서 자신이 자백할지 말지를 결정하려면 상대방의 자백 여부가 중요하고, 이는 전략적 상황이다. 두 용의자는 자백할지를 동시에 결정해야 한다. 물리적 시간으로 정확하게 같은 시점은 아니겠지만, 일정한 취조 시간 안에 둘 모두 상대방이 자백했는지를 모른 채 자백 여부를 결정한다. 따라서, 이 전략적 상황은 정태적 게임이다.

이제 이 상황을 요약해 보자. 정태적 게임을 요약하는 일반형 묘사에서 필요한 요소는 세 가지, 경기자, 전략, 그리고 보수이다. 경기자는 두 용의자이고, 선택 가능한 전략은 자백 아니면 자백하지 않음이다. 징역형은 용의자들에게 나쁜 일이므로 음의 형량을 보수라 정의할 수 있다.

두 명의 경기자와 제한된 수의 전략이 존재하는 정태적 게임의 일반형 묘사는 행렬 모양의 표를 활용할 수 있다. 〈표 9-1〉은 위 상황의 일반형 묘사를 보여준다. 이 표는 경기자, 전략, 보수라는 일반형 묘사의 세 가지 요소를 다 가지고 있다. 우선 두 경기자가 드러난다. 각 용의자가 선택할 수 있는 자백과 자백하지 않음이 각 경기자의 전략으로 표현되어 있다. 자신의 전략이 다른 행을 선택하는 것으로 묘사되는 용의자 1을 **행 경기자(row player)**라고 하고, 다른 열을 선택하는 것으로 묘사되는 용의자 2를 **열 경기자(column player)**라고 한다. 이제 두 경기자가 선택한 전략의 조합으로 결과가 정의된다. 이 상황에서는 네 가지 결과가 가능하고, 이 네 결과가 서로 다른 셀로 표시된다. 각 결과에 해당하는 셀에 두 경기자의 보수가 표시된다. 예를 들어, 용의자 1이 자백하고 용의자 2가 자백하지 않으면 용의자 1은 1년 형을, 용의자 2는 10년 형을 선고받으므로, 각 경기자의 보수는 −1과 −10이다. 이것이 해당 셀에 (−1, −10)으로 표기된다. 순서쌍의 첫 번째 숫자는 행 경기자의 보수를, 두 번째 숫자는 열 경기자의 보수를 나타낸다.

이제 〈표 9-1〉로 요약된 이 정태적 게임에서 어떤 일이 일어날 것인지를 분석

표 9-1 용의자의 딜레마-일반형 묘사

		용의자 2(열 경기자)	
		자백	자백하지 않음
용의자 1 (행 경기자)	자백	(−6, −6)	(−1, −10)
	자백하지 않음	(−10, −1)	(−3, −3)

한다. 각 경기자가 자신의 보수를 크게 만들기 위해 어떤 선택을 할지 생각하며 분석을 해보자. 용의자 1은 자신의 행동을 결정하기 전에 용의자 2가 어떤 선택을 할지 예상한다. 용의자 2가 할 수 있는 선택은 자백 혹은 자백하지 않음이다.

만약 용의자 2가 자백을 한다고 하자. (첫 번째 열) 용의자 1이 자백하면 결과는 (자백, 자백)이고(첫 번째 행과 첫 번째 열), 보수는 −6이 된다. 용의자 1이 자백하지 않으면 결과는 (자백하지 않음, 자백)이고(두 번째 행과 첫 번째 열), 보수는 −10이 된다. 따라서 용의자 2가 자백한다고 믿는다면, 용의자 1에게는 자백이 보수를 더 크게 하는 선택이다.

만약 용의자 2가 자백하지 않는다고 하자. (두 번째 열) 용의자 1이 자백하면 결과는 (자백, 자백하지 않음)이고(첫 번째 행과 두 번째 열), 보수는 −1이 된다. 용의자 1이 자백하지 않으면 결과는 (자백하지 않음, 자백하지 않음)이고(두 번째 행과 두 번째 열), 보수는 −3이 된다. 따라서 용의자 2가 자백하지 않는다고 믿는다면, 용의자 1에게는 자백이 보수를 더 크게 하는 선택이다.

용의자 2가 자백하는 상황과 자백하지 않은 상황, 두 가지를 모두 고려했을 때 어떤 상황에서도 용의자 1은 자백하는 것이 더 유리하다. 그렇다면 용의자 2가 하는 선택과 무관하게 용의자 1은 자백을 선택할 수 있다. 이러한 논증은 용의자 2에게도 적용된다. 용의자 1이 어떤 선택을 하든 자백은 용의자 2의 보수를 크게 해주는 전략이므로 이를 선택하는 것이 합리적이다.

이처럼 다른 경기자가 선택하는 전략과 상관없이 다른 전략보다 항상 보수를 크게 해주는 전략이 있다면, 이를 **우월 전략**(dominant strategy)이라고 부른다. 우월 전략이 존재하면 상대방의 선택을 예상할 필요 없이 우월 전략을 선택하면 된다. 전략적 상황의 분석이 복잡해지는 이유는 1) 상대방의 전략을 예상하고, 2) 이를 위해 상대방이 나의 전략에 대해 하는 예상을 예상하고, 3) 또 그러기 위해 내가 상대방에 대해 하는 예상에 대한 상대방의 예상을 예상하는 등의 무한한 논리적 연쇄가 필요했기 때문이다(예상, 예상의 예상, 예상의 예상의 예상, …). 그런데 우월 전략이 존재하면 이런 무한한 예상의 고리는 끊긴다. 나의 전략을 선택함에 있어 상대방의 전략을 예상할 필요가 없어지기 때문이다. 따라서 우월 전략이 있다면 합리적인 경기자는 우월 전략을 선택할 것이고, 모든 경기자는 우월 전략을 선택하는 것이 이 전략적 상황의 균형이다.

균형 1(우월 전략 균형) 모든 경기자의 우월 전략(상대방의 모든 전략에 대응해 항상 최선의 선택이 되는 전략)으로 이루어진 전략의 짝

우월 전략이 존재할 때 각 경기자가 우월 전략을 선택하는 것은 각 경기자에게 할 수 있는 처방이기도 하고, 게임 밖의 관찰자로서 할 수 있는 게임에 대한 예측이기도 하다. 우리가 어느 한 용의자의 변호사라고 하면 어떤 조언을 해줘야 할까? 위 논증 과정을 이해하는 변호사로서 우리는 용의자에게 자백하는 것이 최선의 선택이라고 조언할 것이다. 그런 의미에서 우월 전략의 선택은 합리적인 사람이 내릴 수 있는 처방이다. 동시에 관찰자로서 위 상황에서 어떤 일이 벌어질 것인가를 예측해 보라고 한다면, 두 사람 모두 자백할 것임을 예측할 수 있다.

요약

상대방의 전략과 상관없이 다른 전략에 비해 항상 더 높은 보수를 주는 전략을 우월 전략이라 한다. 우월 전략이 존재하면 자신의 보수를 높이려는 합리적인 경기자는 우월 전략을 선택할 것이고, 모든 경기자가 우월 전략을 선택하는 우월 전략 균형이 게임 결과에 대한 예측이 된다.

우월 전략 균형이 존재하는 용의자의 딜레마 게임은 단순한 상황임에도 강력한 메시지를 전달한다. 〈표 9-1〉의 일반형 묘사를 다시 살펴보자. 이 게임의 균형인 (자백, 자백)에서 두 용의자의 보수는 모두 −6이다. 그런데 이 균형 결과보다 두 용의자 모두에게 유리한 결과가 있다. 두 용의자가 아무도 자백하지 않는

다면 둘의 보수는 모두 −3이다. 만약 두 용의자가 모두 자백하지 않음을 선택한다면 파레토 개선이 이루어진다. 그러나 누구도 자백하지 않는 것이 두 용의자 모두에게 더 좋다고 하더라도, 각자의 이익을 위한 선택을 하는 용의자들은 모두 자백하는 것을 선택할 것이다. 상대방이 자백하지 않을 것이라 확신한다 해도, 여전히 자백하는 것이 보수를 더 크게 하기 때문이다. 그러나 각 용의자의 합리적인 선택은 결과적으로 모두를 더 좋지 않은 결과로 이끈다. 즉, 이 전략적 상황에서의 균형은 파레토 효율적이지 않다. 이 단순한 결론은 사회 과학자들에게 어려움을 안겨주었다. 서로 자기 이익을 조금씩 희생함으로써 결국 모두에게 유리한 결과를 가지고 오는 사회적 협력이 불가능하다는 것이 이 게임 분석의 메시지처럼 여겨졌기 때문이다.[1]

'자기 이익을 추구하는 각 경기자의 합리적 선택이 모두에게 손해가 되는 결과를 발생시킬 수 있다'는 용의자의 딜레마 게임의 전언은 현실에서 적용되는 사례가 많다. 냉전 시기 핵개발 경쟁을 했던 미국과 소련을 생각해 보라. 양 진영 모두가 많은 양의 핵무기를 가지고 있는 상황보다는 아무도 핵무기를 가지고 있지 않은 상황이 바람직하다. 하지만 각 진영이 핵무기를 가지고 있는 것은 우월 전략이다. 상대방이 핵무기를 가지고 있다면 당연히 핵무기 보유가 필수적이다. 상대방이 핵무기를 가지고 있지 않다면, 핵무기를 가짐으로써 유리한 위치를 점할 수 있다. 따라서, 양 진영이 핵무기를 가지게 되는 결과가 발생한다.

과점 시장에서 용의자의 딜레마 게임과 유사한 구조를 가지는 전략적 상황으로 담합을 유지하고자 하는 두 기업의 행태를 생각해볼 수 있다. 두 기업이 이윤을 최대화하기 위해서 서로 담합하여 높은 가격을 설정한다고 하자. 예를 들어, 같은 상권을 가지고 있는 이마트와 롯데마트가 암묵적인 동의하에 높은 가격을 유지하려는 경우이다. 두 기업이 모두 높은 가격을 유지한다면 전체적인 수요는 줄겠지만, 경쟁 업체에게 소비자를 빼앗기는 일이 없으므로 더 높은 이윤을 얻을 수 있다. 하지만 상대 기업이 높은 가격을 유지할 때 가격을 내리면 상대 기업의

1 동일한 게임이 반복된다면 서로 자백하지 않는 경우도 균형이 될 수 있다는 논증이 있으나, 현 교과서의 분석은 그 내용까지 다루지는 않는다.

소비자를 빼앗아 이윤을 더 높일 수 있다. 반면 높은 가격을 유지하는 기업은 큰 손실을 입을 것이다. 양쪽이 경쟁적으로 가격을 내리면 두 기업의 이윤은 높은 가격을 유지할 때에 비교하여 더 낮아진다.

〈표 9–2〉는 앞서 설명한 전략적 상황을 일반형 묘사로 나타낸 것이다. 기업 1과 기업 2의 두 경기자가 있고, 각 경기자가 선택할 수 있는 전략은 담합에 협력하여 높은 가격을 유지하는 것과 담합 내용을 배신하고 가격을 인하하는 것, 두 가지가 있다. 보수는 기업의 이윤으로 생각할 수 있다. 높은 가격을 유지할 때의 보수는 (8,8)이고, 앞서 설명한 상황에 맞게 한 기업만 가격을 낮추면 가격을 낮춘 기업의 보수는 10으로 증가하지만, 높은 가격을 유지한 기업의 보수는 2로 하락한다. 두 기업 모두 가격을 낮추면 보수는 (5,5)로 높은 가격을 유지할 때의 보수인 (8,8)보다 낮다.

용의자의 딜레마 게임과 마찬가지로 기업 1의 의사 결정을 분석하기 위해 기업 2가 취하는 전략에 따라 기업 1이 선택할 최선의 전략을 생각한다. 만약 기업 2가 배신을 택하면, 기업 1에게 배신을 할 때의 보수가 협력을 할 때의 보수보다 더 높다. 기업 2가 협력을 택해도, 기업 1에게 배신을 선택할 때의 보수가 협력을 선택할 때의 보수보다 여전히 더 높다. 즉, 기업 2가 선택한 전략과 관계없이 배신이 협력보다 기업 1에게 더 높은 보수를 주므로, 배신은 기업 1의 우월 전략이다. 동일한 논리가 기업 2에게도 적용된다. 따라서 두 기업 모두 우월 전략인 배신을 선택하고, (배신, 배신)이 이 전략적 상황의 균형이다.

현실에서 기업 간의 명시적 담합은 불법이다. 두 기업이 가격을 협상하여 정하고, 그 가격을 유지하지 않을 때의 처벌 조항까지 계약할 수 있다면 담합은 유지 가능할 수 있다. 담합을 위배했을 때의 이윤 증가보다 처벌에 따른 손실이 크도록 하면 되기 때문이다. 하지만 명시적 계약을 통한 담합은 법적으로 불가능하

표 9–2 담합 게임

		기업 2	
		배신 (가격 인하)	협력 (높은 가격 유지)
기업 1	배신 (가격 인하)	(5,5)	(10,2)
	협력 (높은 가격 유지)	(2,10)	(8,8)

참고할 내용 OPEC 원유 생산의 담합?

1970년대 원유 가격의 상승과 이로 인한 경제위기를 촉발했다고 여겨지는 석유 수출국 기구(OPEC: Organization of the Petroleum Exporting Countries)의 결성은 명시적 담합의 예로 여겨진다. 국가 간 담합이기에 이를 억제할 법적인 장치는 없다. 석유 수출 국가들은 OPEC을 결성하고 각 국가마다 생산량을 할당하였다. 전체적인 생산량을 감축한 생산량 할당을 통해 이들은 원유 가격 인상을 노린 것으로 알려져 있다. 그러나 때로는 이런 생산량 할당을 유지하기 어렵다. 각 국가가 할당량을 정확히 지키는지 감시하기 어렵기 때문이다. 생산량 할당으로 가격이 오르면 각 회원국은 할당량보다 생산량을 늘려 높아진 가격으로 인한 높은 이익을 누리고 싶은 유인이 생긴다. 실제로 OPEC 회원국들이 OPEC 비회원국에 비해 생산량이 줄지도 않았고, 전체적인 생산량이 항상 할당된 생산량보다 많았다는 연구가 있다. 이는 우리가 게임 분석을 통해 확인한 담합 유지의 어려움을 보여주는 것인지도 모른다. 다만, OPEC에서 가장 큰 생산 비중을 차지하는 사우디아라비아는 생산량을 쉽게 증가, 감소시킬 수 있는 유휴 생산 설비가 있어 원유 국제가격의 변동에 상당한 영향력이 있다고 알려져 있다.

다. 그럼에도 불구하고 암묵적으로 협력하여 높은 가격을 유지하려 할 수 있다. 담합을 통한 높은 가격이 경쟁을 할 때의 낮은 가격보다 두 기업 모두에게 유리하기 때문이다. 하지만 그런 암묵적 합의는 위에서 설명하였듯이 합의를 배신하는 것이 항상 더 유리하다는 전략적 고려 때문에 유지하기 어렵다.

요약

과점 기업의 담합 상황에서 담합을 배반하고 가격을 내리는 것이 우월 전략이다. 따라서 담합을 유지하는 것은 어렵다.

성 대결(Battle of the Sexes) 게임과 내쉬 균형(Nash Equilibrium)

전략적 상황에서 우월 전략이 존재하면 합리적 경기자는 상대방이 어떤 전략을 선택할지 고려하지 않고 우월 전략을 선택할 것이다. 우월 전략의 존재는 전략적 상황에서 합리적 개인이 맞닥뜨리는 추론의 복잡성 – 상대방에 대한 예상,

나에 대한 상대방의 예상에 대한 예상 등-을 한꺼번에 해결해 준다. 그러나 대부분의 전략적 상황에서는 우월 전략이 존재하지 않는다. 우월 전략이 존재하지 않을 때도 우리는 전략적 상황에 대해 어떤 결과가 일어날지 예측해야 한다. 이처럼 우월 전략이 존재하지 않는 전략적 상황을 소개하고, 이를 분석하여 결과를 예측하면서 새로운 균형 개념을 소개할 것이다.

용의자의 딜레마 게임처럼 한 가지 전략적 상황을 소개하고 이를 일반형 묘사로 요약하는 것으로 분석을 시작한다. 소개할 전략적 상황은 **성 대결(Battle of the Sexes)**이라고 불리는데, 이런 전략적 상황이 소개된 1950년대의 전통적인 성 역할에 대한 고정 관념(stereotype)을 반영하는 이야기이므로 지금의 현실과는 차이가 있을 수 있음을 먼저 밝힌다. 데이트를 하는 두 연인 철수와 영희가 있고, 둘은 오늘 저녁 데이트로 무엇을 할 것인지 고민한다. 철수는 오늘 응원하는 팀의 중요한 축구 경기 중계를 보고 싶다. 반면 영희는 오늘이 마지막 공연인 뮤지컬을 보고 싶다. 축구 중계를 보려면 철수의 집에서 만나야 하고, 뮤지컬 공연을 보려면 극장 앞에서 만나야 한다. 둘은 별도의 약속 없이 두 장소 중 하나를 선택해 가기로 한다. 집에서 만나게 되면 같이 축구 중계를 보는 것으로, 극장 앞에서 만나면 같이 뮤지컬을 보는 것으로 데이트를 즐기게 되지만, 장소가 어긋나면 둘의 데이트는 없다. 두 사람은 만나서 데이트를 하는 것이 서로 못 만나는 것보다 좋다. 만약 만나서 데이트를 한다면 철수는 축구 중계를 보는 쪽이 더 좋고, 영희는 뮤지컬을 관람하는 쪽이 더 좋다.

〈표 9-3〉은 위에서 설명한 전략적 상황의 일반형 묘사이다. 두 경기자 철수와 영희가 있고, 선택할 수 있는 전략으로 축구 중계와 뮤지컬 공연이 있다. 위 이야기의 내용을 반영해 두 경기자가 서로 다른 전략을 택하여 데이트를 할 수 없게 되면 보수는 0이 되고, 같은 전략을 택하여 데이트를 할 수 있게 되면 보수는 0보다 큰 값이 된다. 모두가 축구 중계를 택하면 철수의 보수는 4이고 영희의 보수 1이다. 모두가 뮤지컬 공연을 택하면 거꾸로 영희의 보수가 4가 되고, 철수의 보수는 1이 된다. 데이트를 할 때 철수는 축구 중계를 보는 것의 보수가 뮤지컬 공연을 볼 때의 보수보다 크고, 영희는 그 반대이다.

철수의 입장에서 전략 선택을 고민해 보자. 영희가 축구 중계를 선택한다면,

표 9-3 성 대결 게임

		영희	
		축구 중계	뮤지컬 공연
철수	축구 중계	(4,1)	(0,0)
	뮤지컬 공연	(0,0)	(1,4)

철수는 축구 중계를 선택하는 것이 보수를 증가시키는 선택이다. 반면 영희가 뮤지컬 공연을 선택한다면, 철수는 뮤지컬 공연을 선택하는 것이 보수를 증가시키는 선택이다. 철수의 최선의 전략이 영희가 선택한 전략에 따라 바뀌므로 우월 전략은 존재하지 않는다. 따라서, 철수는 전략 선택을 위해 영희가 어떤 선택을 할지 예상해야 하고, 이 예상을 위해 영희가 철수의 선택에 대해 예상하는 바를 예상해야 하는 등, 전략적 상황에서 발생하는 복잡한 추론의 연쇄를 피할 수 없게 된다. 이러한 논리는 영희에게도 적용된다. 영희에게도 우월 전략은 존재하지 않는다. 우월 전략이 없기 때문에 각 경기자가 선택할 전략에 대해 조언을 하기도 어렵다. 여러분이 철수의 친구라면 어떤 전략을 선택하는 것이 유리한 것인지 답을 주기는 어렵다.

초기 게임 이론은 수학자들에 의해 연구되다가 이후 경제학 및 다른 사회 과학 분야에서 분석 도구로 활용되었다. 사회과학 분야로의 응용이 활발해진 것은 어떤 전략적 상황에서도 적용할 수 있는 새로운 균형 개념이 제안되었기 때문이다. 게임 이론을 초창기에 연구했던 수학자 내쉬(John Nash)가 그의 박사학위 논문에서 이 새로운 균형 개념을 제안하였다. 우월 전략 균형은 합리적 개인이 전략적 상황에서 어떻게 행동해야 하는지에 대해 탐구하여 게임의 결과를 예측하려 한다. 하지만 우월 전략이 존재하지 않는다면 합리적 개인이 어떤 선택을 해야 하는지에 대한 답을 하기가 어렵다. 그렇다면 결과를 예측하기 위해서 합리적 개인이 무엇을 선택해야 하는지를 묻는 대신에, 특정한 결과가 있을 때 합리적 개인이 선택을 바꿀지를 물어볼 수도 있다. 2장에서 소개한 것처럼 균형은 외부 환경의 변화가 없다면 계속 유지되는 상태이다. 따라서, 합리적 개인들이 선택을 바꾸지 않고 결과가 계속 유지될 수 있는지를 묻는 것은 균형 개념과 부합하는 질문이다. 가능한 모든 결과에 대해 그 상태가 계속 유지될 수 있는지를 확인하고 계속 유지될 수 있는 결과를 균형이라고 정의할 수 있다. 예를 들어, 성 대결 게임에서 (축구 중계, 축구 중계)의 결과는 환경 변화가 없다면 계속 유지되는 결과이다. 이 결과에서 철수는 전략을 바꾸지 않을 것이다. 철수가 축구 중계에서 뮤지컬 공연으로 전략을 바꾸면 보수는 4에서 0으로 줄어들기 때문이다. 영희 역시 전략을 바꾸지 않는다. 영희가 축구 중계에서 뮤지컬 공연으로 전략을 바꾸면 보수는 1에서 0으로 줄어든다. 어떤 경기자도 자기 전략을 바꾸지 않으려 할 것이므로, 이 결과는 계속 유지되는 상태, 즉 균형이다. 반면 (축구 중계, 뮤지컬 공연)이라는 결과는 균형이 아니다. 철수가 축구 중계에서 뮤지컬 공연으로 전략을 바꾸면 보수가 0에서 1로 증가하므로, 철수는 전략을 바꾸려 한다. 영희가 뮤지컬 공연에서 축구 중계로 전략을 바꾸면 보수는 0에서 1로 증가하므로, 영희 역시 전략을 바꾸려 한다. 두 경기자 모두 선택을 바꿀 용의가 있으므로 이 결과는 균형이 아니다. 이런 식으로 네 개의 모든 결과를 검토해 보면 우리는 (축구 중계, 축구 중계)와 (뮤지컬 공연, 뮤지컬 공연), 두 결과가 계속 지속되는 균형임을 확인할 수 있다. 이렇듯 어떤 경기자도 일방적으로 전략을 바꾸려 하지 않아 계속 유지되는 결과가 내쉬가 제안한 균형 개념이다.

내쉬 균형(Nash equilibrium)이란 '어떤 경기자도 일방적으로 전략을 바꾸어 벗어날 유인이 없는 결과'이다. 어떤 경기자가 전략을 바꿀 유인이 없다는 것은 상대방의 전략이 주어진 상태에서 현재의 전략이 이 경기자에게 최선의 전략이라는 뜻이다. 따라서, 내쉬 균형은 '서로에게 최선의 대응이 되는 전략의 짝'이라고도 정의할 수 있다.

균형 2 (내쉬 균형) 상대의 전략에 대해 최선의 대응이 되는 전략으로 이루어진 전략의 짝

요약

우월 전략이 존재하지 않을 때는 합리적인 경기자가 어떤 전략을 선택할 것인지보다 주어진 결과가 지속될 수 있는지의 기준에 따라 균형을 정의할 수 있다. 내쉬 균형은 서로에게 최선의 대응이 되는 전략의 짝으로, 이 균형에서는 각 경기자가 일방적으로 자기 전략을 바꿀 유인이 없다.

내쉬 균형은 서로에게 최선의 대응이 되는 전략의 짝이므로, 상대의 모든 전략에 최선의 대응이 되는 전략을 찾는 과정을 모든 경기자에게 반복함으로써 내쉬 균형을 찾아낼 수 있다. 먼저 영희의 전략이 주어진 상태에서 철수에게 최선의 대응이 되는 전략을 찾아보자. 영희의 전략이 축구 중계라면 철수의 최선의 대응은 축구 중계이다. 〈표 9-4〉에서 철수의 보수 4에 밑줄을 그어 영희의 축구 중계에 대한 철수의 최선 대응이 축구 중계임을 표시한다. 영희의 전략이 뮤지컬 공연이라면 철수의 최선 대응은 뮤지컬 공연이다. 역시 〈표 9-4〉에서 철수의 보수 1에 밑줄을 그어 영희의 뮤지컬 공연에 대한 철수의 최선 대응이 뮤지컬 공연임을 표시한다.

표 9-4 영희가 전략이 주어진 상태에서 철수의 최선 전략

		영희	
		축구 중계	뮤지컬 공연
철수	축구 중계	(4,1)	(0,0)
	뮤지컬 공연	(0,0)	(1,4)

동일한 작업을 영희의 경우에도 반복할 수 있다. 철수의 전략이 축구 중계일 때 영희의 최선 대응은 축구 중계이다. 〈표 9-5〉에서 영희의 보수 1에 밑줄을 그어 철수의 축구 중계에 대한 영희의 최선 대응이 축구 중계임을 표시한다. 철수의 전략이 뮤지컬 공연일 때 영희의 최선 대응은 뮤지컬 공연이다. 역시 〈표 9-5〉에서 영희의 보수 4에 밑줄을 그어 철수의 뮤지컬 공연에 대한 영희의 최선 대응이 뮤지컬 공연임을 표시한다.

표 9-5 철수의 전략이 주어진 상태에서 영희의 최선 전략

		영희	
		축구 중계	뮤지컬 공연
철수	축구 중계	(4,1)	(0,0)
	뮤지컬 공연	(0,0)	(1,4)

다른 경기자의 모든 전략에 대해 경기자의 최선 대응을 찾는 작업을 모든 경기자에 대해서 행하고 나면 서로에게 최선이 되는 전략의 짝을 찾을 수 있다. 그런

전략 짝은 두 경기자의 보수에 모두 밑줄이 그어져 있다. 따라서, 성 대결 게임의 내쉬 균형은 (축구 중계, 축구 중계)와 (뮤지컬 공연, 뮤지컬 공연)의 두 개이다.

대부분의 게임에서 이 절차 - 1) 다른 경기자의 전략이 주어진 상태에서 최선의 전략 찾기, 2) 1)의 과정을 모든 경기자에서 반복하기, 3) 서로에게 최선 대응이 되는 전략의 짝 찾기 - 를 활용하면 내쉬 균형을 찾을 수 있다. 가끔은 이 절차를 적용하기에는 너무 복잡한 게임이 있으나 현재의 수준에서는 그런 게임을 다루지는 않는다.

이때 내쉬 균형은 전략적 상황에서 활용할 수 있는 예측의 개념이며, 처방의 개념은 아니라는 점을 주목해야 한다. 이것은 내쉬 균형과 우월 전략 균형이 차별화되는 지점이기도 하다. 모든 우월 전략 균형은 내쉬 균형이지만(왜 그런지 생각해보라), 모든 내쉬 균형이 우월 전략 균형은 아니며, 성 대결 게임처럼 우월 전략 균형이 없는 게임에서도 내쉬 균형은 존재한다. 우월 전략 균형은 예측인 동시에 처방이지만, 내쉬 균형은 예측이지만 반드시 처방인 것은 아니다. 내쉬 균형의 결과가 있더라도 이것을 바탕으로 우리가 게임의 경기자에게 어떤 전략을 선택하라고 조언하기 어려운 경우가 있다. 성 대결 게임이 그러한 예이다. 이 게임은 두 개의 균형이 존재하며, 각 균형에 경기자의 다른 전략이 관여해 있기 때문에 철수 혹은 영희에게 어떤 전략을 선택하라고 조언할 수 없다. 또한 여러 개의 내쉬 균형이 있을 때 어떤 내쉬 균형이 우리의 예측이 되어야 하는지도 불분명하다.

이런 단점에도 불구하고 내쉬 균형은 모든 전략적 상황을 분석할 때 가장 보편적으로 사용되는 개념이다. 내쉬 균형은 물리학에서 차용한 경제학의 균형 개념과 유사하여 직관적으로 이해하기 쉽다. 또한 내쉬가 이 균형 개념을 소개할 때 상당히 일반적인 조건을 만족하는 모든 게임에서 내쉬 균형이 존재한다는 것을 증명했기 때문에 어떤 전략적 상황에서도 사용할 수 있다. 따라서 별도의 언급이 없는 한 정태적 게임의 균형은 곧 내쉬 균형을 의미한다.

요약

내쉬 균형은 상대 경기자의 전략이 주어졌을 때 최선의 전략을 찾는 과정을 모든 경기자에게 반복하여 서로에게 최선의 전략이 되는 짝을 찾음으로써 구할 수 있다.

내쉬 균형을 이용한 과점 시장의 분석: 꾸르노 복점 모형과 베르뜨랑 복점 모형

앞서 제시한 게임 이론을 바탕으로 과점 시장의 가장 간단한 예인 두 개의 기업이 경쟁하는 **복점(duopoly) 시장**을 분석한다. 이를 위해 프랑스 경제학자 꾸르노(Antoine Augustin Cournot)와 베르뜨랑(Joseph Louis Francois Bertrand)이 제시한 모형을 소개한다. 두 경제학자 모두 복점 시장의 경쟁을 분석하였지만, 염두에 두고 있는 경쟁의 양상은 서로 다르다. 꾸르노는 목표 생산량을 생산하기 위해서는 생산 설비를 먼저 갖추어야 하는 시장을 염두에 두고 기업들이 목표 생산량 설정을 통해 경쟁하는 상황을 분석하였다. 반면, 베르뜨랑은 생산량을 유연하게 조절할 수 있는 시장을 염두에 두고 기업들이 자기 생산품의 수요를 확보하기 위하여 가격 설정을 하는 경쟁 상황을 분석하였다. 앞으로 살펴보겠지만, 두 경우 과점 시장의 경쟁은 전혀 다른 양상을 띤다.

1. 꾸르노 복점 모형

두 개의 기업 A와 B가 경쟁하는 복점 시장을 분석한다. 이 두 기업은 시장 수요가 다음의 역수요 함수로 주어진 시장에서 서로 경쟁한다.

$$P = a - bQ$$

두 기업은 동일한 생산 기술과 비용 구조를 가지고 있고, 고정 비용 없이 일정한 한계 비용을 가지는 단순한 상황을 가정한다. 따라서, 한계 비용은 곧 평균 비용이다.

$$MC = AC = c$$

이제 두 기업이 이윤을 최대화하기 위하여 생산량 결정을 한다.

이 상황은 전략적 상황이다. 다른 기업의 생산량 결정이 가격 형성에 영향을 미치므로, 기업의 이윤 최대화 생산량은 다른 기업의 생산량 결정에 영향을 받는다. 두 기업이 생산량을 동시에 결정한다고 하면, 이는 앞서 우리가 분석했던 정태적 게임이다. 따라서 내쉬 균형 개념을 이용해 과점 시장의 균형을 분석할 수 있다.

내쉬 균형을 찾기 앞서 위 복점 경쟁 상황을 정태적 게임을 요약하는 일반형 묘사로 나타낸다. 일반형 묘사의 세 요소는, 경기자, 전략, 그리고 보수이다. 경기자는 기업 *A*와 *B*이다. 두 기업이 선택할 수 있는 것은 생산량이다. 따라서, 두 기업의 전략은 두 기업이 선택하는 생산량인 $q_A(\geq 0)$와 $q_B(\geq 0)$이다. 그리고 보수는 두 기업의 이윤이다. 두 기업이 전략 q_A와 q_B를 선택하면, 시장 가격은 $a-b(q_A+q_B)$가 된다. 기업 *A*의 이윤(π_A)은 가격에서 평균 비용을 뺀 생산 단위당 이윤 $\{a-b(q_A+q_B)-c\}$에 생산량 q_A를 곱한 값이고, 기업 *B*의 이윤 역시 마찬가지 방법으로 구할 수 있다.

$$\pi_A = \{a-b(q_A+q_B)-c\}q_A$$
$$\pi_B = \{a-b(q_A+q_B)-c\}q_B$$

이제 이 게임의 내쉬 균형을 찾기 위해 내쉬 균형을 찾기 위한 절차를 그대로 따라가 본다. 우선 상대방의 전략이 주어진 상태에서 최선의 대응 전략을 구한다. 기업 *B*의 전략 $\overline{q_B}$가 주어져 있다고 하자. 그럼, 기업 *A*의 수요 곡선은

$$p = a-b(q_A+\overline{q_B}) = a-b\overline{q_B}-bq_A$$

가 된다. 기업 *A*의 이윤을 최대화하는 생산량은 한계 수입과 한계 비용이 같아지는 점에서 얻어진다. 선형 수요 곡선의 한계 수입 곡선은 역수요 곡선과 동일한 가격 절편에 기울기가 2배가 되는 것이다(8장의 분석 참조). 따라서, 기업 *A*의 한계 수입은

$$MR_A = a-b\overline{q_B}-2bq_A$$

이고 한계 비용은 *c*이므로, 이윤을 최대화하는 최선의 전략 $\overline{q_A}$은 한계 수입과 한계 비용이 같다는 조건,

$$a-b\overline{q_B}-2b\overline{q_A} = c$$

를 만족한다. 이를 풀면, 기업 *B*의 전략 $\overline{q_B}$가 주어질 때 기업 *A*의 최선의 대응 전략은

$$\overline{q_A} = \frac{a-c}{2b} - \frac{1}{2}\overline{q_B}$$

이다. 기업 B의 전략이 $\overline{q_B}'$이 되면 기업 A의 최선의 전략은 $\frac{c-a}{2b} - \frac{1}{2}\overline{q_B}'$이 된다. 따라서, 기업 B의 임의의 전략 q_B에 대해 기업 A의 최선의 전략은

$$q_A^*(q_B) = \frac{a-c}{2b} - \frac{1}{2}q_B$$

이다. 기업 A의 임의의 전략에 대한 기업 B의 최선의 대응 전략 역시 동일한 방식으로 구할 수 있다. 다만 기업 A와 기업 B는 동일한 수요 곡선과 비용 구조를 가지고 있으므로, 위 과정을 반복하지 않고도 기업 A의 임의의 전략 q_A에 대해 기업 B의 최선의 대응 전략이 똑같은 형태임을 알 수 있다.

$$q_B^*(q_A) = \frac{a-c}{2b} - \frac{1}{2}q_A$$

수학적 분석

기업의 이윤을 최대화하는 결정으로부터 최선의 대응 전략을 바로 계산할 수 있다. 기업 A의 이윤은

$$\pi_A = \{a - b(q_A + q_B) - c\}q_A$$

이므로, 이를 최대화하는 q_A를 구하기 위해 q_A에 대하여 미분한 값을 0이 되게 하는 1계 조건을 구한다.

$$a - b(q_A + q_B) - c - bq_A = 0$$

$$q_A = \frac{a-c}{2b} - \frac{1}{2}q_B$$

이제 서로에게 최선이 되는 전략의 짝을 찾아야 한다. 이를 시각적으로 표현하기 위해 기업 B의 전략에 대응한 기업 A의 최선의 전략과 기업 A의 전략에 대응한 기업 B의 최선의 전략을 그래프로 표현해 보자. 상대 전략에 대한 최선의 대응 전략을 나타내는 것을 **반응 곡선**(reaction curve)이라 한다. 〈그림 9-1〉은 두

기업의 반응 곡선을 보여준다. 수평축에는 기업 A의 전략 (생산량) q_A가, 수직축에는 기업 B의 전략 (생산량) q_B가 표기된다. q_B가 0일 때 기업 A의 최선 전략은 $\frac{c-a}{2b}$이고, q_B가 증가함에 따라 점차 감소하여 q_B가 $\frac{c-a}{b}$에 이르면 0이 된다. 기업 B의 반응 곡선은 기업 A의 반응 곡선과 거울상으로 두 축을 바꿔 놓은 것과 같다. 만약 (q_A^*, q_B^*)의 전략 짝이 내쉬 균형이라면 서로에 대한 최선의 대응 전략이므로 두 반응 곡선 위에 놓여 있어야 한다. 따라서 두 반응 곡선의 교차점이 내쉬 균형이다.

〈그림 9-1〉에서 두 반응 곡선은 45도 라인을 중심으로 대칭적인 거울상이므로 내쉬 균형에서 두 기업의 생산량은 같다($q_A^*=q_B^*=q^*$). 따라서, 내쉬 균형 생산량은 $q_A^*=q_B^*=q^*$의 조건을 기업의 반응 곡선에 대입해 구할 수 있다.

$$q^* = \frac{a-c}{2b} - \frac{1}{2}q^*$$

$$q^* = \frac{a-c}{3b}$$

내쉬 균형에서 구한 생산량을 바탕으로 내쉬 균형에서 이 시장의 가격 역시 예측할 수 있다. 전체 시장의 생산량은 $Q_D = \frac{2(a-c)}{3b}$이고(하첨자 D는 복점(duopoly)를 나타낸다), 시장 가격은 $p_D = a - bQ_D = \frac{1}{3}a + \frac{2}{3}c$이다.

그림 9-1 꾸르노 모형: 기업의 반응 곡선과 내쉬 균형

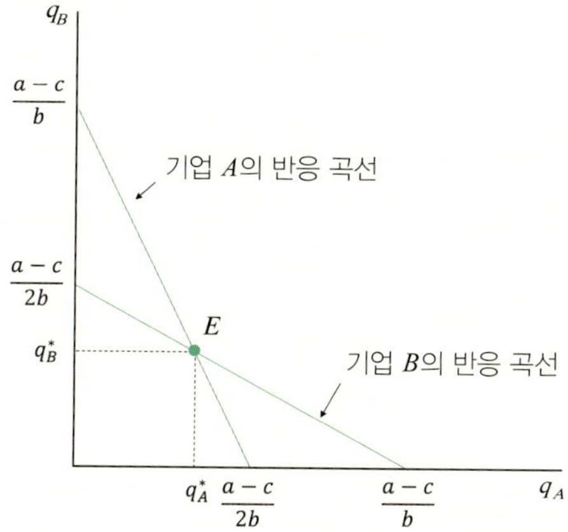

우선 비교정태 분석을 통해 과점 시장에서 벌어질 일을 예측할 수 있다. 첫째, 만약 기업의 한계 비용 c가 오르면 생산량은 줄어들고 가격은 오른다. 기업의 생산 비용이 상승하면 동일한 조건에서 기업은 생산량을 줄일 것이고, 이는 시장 가격을 올린다. 둘째, 수요 곡선의 모수 a가 증가하면 생산량은 증가하고 가격도 오른다. 모수 a의 증가는 동일한 생산량에도 높은 시장 가격이 결정된다는 뜻이다. 혹은 같은 가격에도 시장 수요량이 늘어난다. 동일한 생산량에도 높은 가격을 누릴 수 있어 기업은 생산량을 늘릴 것이다. 그러나 생산량 증가로 인한 가격 하락이 수요 증가로 인한 가격 상승을 모두 상쇄하지 못하므로 가격은 오른다. 셋째, 모수 b가 증가하면 생산량은 감소하지만 가격은 변하지 않는다. 모수 b의 증가는 생산량 증가에 따른 가격 하락이 커진다는 뜻이다. 또는 가격에 따른 시장 수요량의 변동이 줄어든다는 뜻이다. 동일한 생산량일 때 가격이 낮아 한계 수입이 줄어들기에 기업은 생산량을 줄일 것이다. 이 모형에서는 생산량 하락에 따른 가격 증가가 수요 곡선 변화로 인한 가격 하락을 정확하게 상쇄하여 가격 변동은 없다.

시장 균형의 효율성을 평가하기 위해 복점 시장의 생산량을 독점 기업의 생산량, 그리고 완전 경쟁 시장의 생산량과 비교해 볼 수 있다. 우선 이 시장에 기업 *A*, *B*와 같은 생산 기술(혹은 비용 구조)을 가진 독점 기업이 있다고 생각해 보자. 독점 기업의 이윤 최대화 생산량은 한계 수입과 한계 비용이 같아질 때 얻어지므로,

$$a - 2bQ_M = c$$

$$Q_M = \frac{a-c}{2b}$$

이다(하첨자 *M*은 독점(monopoly)을 나타낸다). 시장이 완전 경쟁 상태라면 가격과 한계 비용이 같아지는 점에서 균형 거래량이 결정된다. 따라서,

$$a - bQ_P = c$$

$$Q_P = \frac{a-c}{b}$$

이다(하첨자 *P*는 완전 경쟁(perfect competition)을 나타낸다). 복점 시장의 생산량,

$Q_D = \dfrac{2(a-c)}{3b}$은 완전 경쟁 시장보다 적고 독점 시장보다는 많다. 가격 역시 독점 가격보다는 낮고 완전 경쟁 시장 가격에 비해 높다. 따라서, 꾸르노 모형이 상정하는 과점 시장은 완전 경쟁에 비하면 비효율적이지만, 효율성의 상실은 독점에 비해서 적다고 할 수 있다.

요약

두 기업이 생산량 결정을 통해 경쟁하는 꾸르노 모형에서 내쉬 균형을 찾을 수 있으며, 그 결과 과점의 생산량과 가격은 독점과 완전 경쟁의 사이에 있다.

꾸르노 복점 모형을 통해 과점 기업들이 담합을 형성하고 싶어하는 이유와 왜 담합이 유지되기 어려운가를 이해할 수 있다. 앞서 담합 게임의 보수가 용의자의 딜레마 게임과 비슷한 구조를 가지고 있어 모든 기업이 담합을 깨뜨릴 유인이 있다고 설명한 바 있다. 하지만 〈표 9-2〉의 보수 구조는 우리가 임의로 가정한 것이다. 꾸르노 복점 모형에서는 주어진 수요 곡선에서 기업의 이윤을 계산할 수 있으므로 〈표 9-2〉의 보수 구조를 가정하지 않고 유도해 낼 수 있다.

담합 유인을 이해하기 위해 기업 A와 B의 여러 생산 조합에서 기업의 이윤이 어떻게 바뀔지 생각해 보자. 이를 위해 내쉬 균형과 같은 이윤을 주는 여러 생산 조합을 연결한 선(등이윤 곡선)을 구해본다. 먼저 〈그림 9-2〉의 패널 (a)에서 내쉬 균형 생산 조합을 지나는 수평선과 수직선을 그리고, 이 수직선과 수평선을 따라 생산 조합을 바꿀 때 기업 *A*의 이윤이 어떻게 변하는지 생각해 본다. 수평선에서는 기업 *B*의 생산량이 주어져 있다. 기업 *B*의 생산량이 주어져 있을 때 기업 *A*의 이윤을 최대화해주는 생산량은 기업 *A*의 반응 곡선에서 구해진다. 반응 곡선을 벗어나 더 생산하거나 덜 생산하면 이윤은 줄어든다. 따라서 내쉬 균형 생산 조합과 비교할 때 이 수평선 위의 생산 조합은 기업 *A*의 이윤을 감소시키고 우리는 이를 음의 기호 ⊖로 표시한다. 수직선을 따라 움직이면 기업 *A*의 생산량은 고정되어 있고, 기업 *B*의 생산량이 변한다. 따라서, 기업 *A*의 입장에서는 동일한 생산량에 가격이 변할 뿐이다. 기업 *B*의 생산량이 커지면 가격이 내려 기업 *A*의 이윤은 감소한다(음의 기호 ⊖). 반면 기업 *B*의 생산량이 작아지면 가격이 올

그림 9-2 기업의 담합 유인과 담합의 어려움

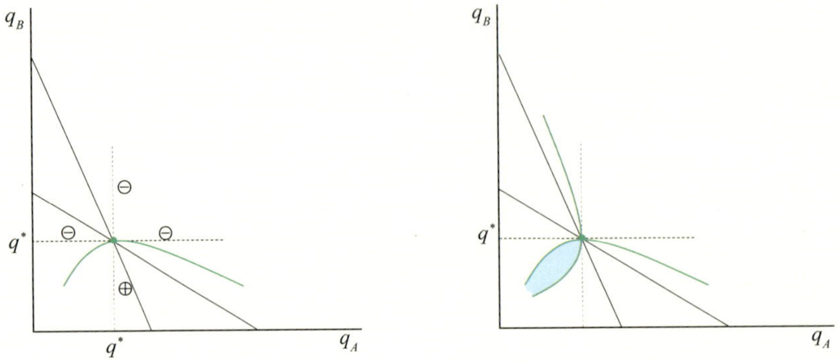

(a) 기업 *A*의 등이윤 곡선

(b) 모두의 이윤을 증가시키는 생산 조합

라 기업 *A*의 이윤은 증가한다(양의 기호 ⊕). 따라서, 기업 *A*에게 내쉬 균형의 생산 조합과 같은 이윤을 주는 생산 조합은 ⊖의 영역과 ⊕ 영역 사이에 놓여 있을 것이고, 이를 패널 (a)처럼 그릴 수 있다. 이 등이윤 곡선 아래의 생산 조합은 기업 *A*의 이윤을 증가시킨다.

기업 *B*의 등이윤 곡선도 같은 방식으로 그릴 수 있다. 〈그림 9-2〉의 패널 (b)는 기업 *A*와 *B*의 등이윤 곡선을 겹쳐 그려 보여준다. 색칠한 영역의 생산 조합은 기업 *A*와 *B*의 이윤을 모두 증가시킨다. 따라서 두 기업은 이 영역의 생산 조합으로 담합하고자 하는 유인이 있다. 즉, 내쉬 균형에 비해 두 기업 모두 생산량을 줄여 높은 시장 가격을 유도하는 것이 두 기업 모두에게 이윤 증가를 가져온다.

그러나 담합하고자 하는 생산 조합은 반응 곡선 위에 있지 않다. 만약 색칠한 영역의 한 생산 조합으로 담합을 시도한다면 두 기업 모두 생산량을 자신의 반응 곡선까지 늘릴 유인이 있다. 그것이 상대 기업의 생산량이 주어졌을 때 이윤을 최대화하는 생산량이기 때문이다. 따라서, 담합은 유지하기 어렵다.

요약

꾸르노 모형의 두 기업은 내쉬 균형보다 더 낮은 생산량 조합을 선택하여 높은 이윤을 누릴 수 있으나(담합의 유인), 그런 생산량 조합에서는 두 기업 모두 생산량을 늘릴 유인이 있어 담합이 유지되기 어렵다.

2. 베르뜨랑 복점 모형

베르뜨랑 모형은 두 기업이 생산량을 결정하여 경쟁하는 꾸르노 모형과는 달리 가격을 결정하여 경쟁하는 복점 모형이다. 꾸르노 모형과 마찬가지로 동일한 생산 기술을 가진 두 기업 *A*와 *B*가 있으며 고정 비용 없이 한계 비용이 *c*라고 하자. 일정 수요량까지는 매우 탄력적인 시장 수요 곡선을 가정한다. 〈그림 9-3〉은 모형이 가정하는 수요 곡선을 보여주는데, 가격이 *a*를 초과하면 수요량이 0이 되고, 가격이 *a* 이하이면 최대 수요량 *b*까지 수요가 존재한다. 즉, 시장에 잠재적 구매 수량이 *b*만큼 존재하는데 가격이 *a* 이하이면 잠재적 구매 수량이 실현되고, 가격이 아무리 낮아도 그 이상의 수요량은 발생하지 않는다.

두 기업이 생산하는 상품은 동일한 것이어서 가격이 *a*보다 낮은 한 소비자들은 가격이 싼 기업의 상품을 산다. 따라서, 낮은 가격을 제시한 기업의 수요량이 *b*가 되고 다른 기업의 수요량은 0이다. 두 기업이 제시한 가격이 같다면 *b*의 수요량을 각 기업이 절반씩 나누어 가진다. 이제 두 기업이 각각 가격 p_A와 p_B를 결정하는 경쟁을 하는 것이 베르뜨랑이 생각하는 복점 시장이다.

다른 기업의 가격에 따라 수요량과 이윤이 결정되므로 두 기업의 가격 결정은 전략적 상황이다. 두 기업이 가격을 동시에 결정한다고 하면 정태적 게임이 되고, 이를 경기자, 전략, 보수로 요약되는 일반형 묘사로 나타낼 수 있다.

그림 9-3 베르뜨랑 모형의 수요 곡선

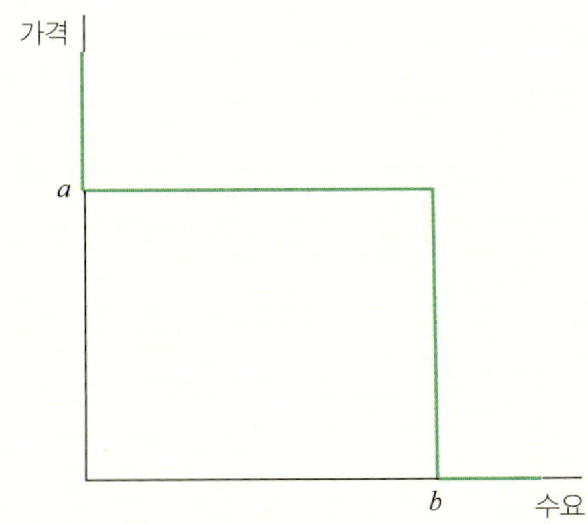

연습문제 5

베르뜨랑 복점 모형을 정태적 게임의 일반형 묘사로 나타내시오.

이제 이 복점 시장의 균형을 생각해 보자. 기업 A의 입장에서는 기업 B의 가격보다 높은 가격을 제시하면 수요가 전혀 없어 이윤은 0이 된다. 같은 가격을 제시한다면 시장을 절반씩 나누어 가지지만, 아주 조금 더 낮은 가격을 제시하면 시장의 모든 수요를 독차지하여 이윤이 늘어날 것이다. 따라서 항상 기업 B보다 더 낮은 가격을 제시하려 할 것이다. 이렇게 상대 가격보다 조금 더 낮은 가격을 제시하는 경쟁은 가격이 한계 비용까지 떨어지는 순간 멈춘다. 한계 비용보다 낮은 가격을 제시하면 시장을 독차지한다고 하여도 이윤은 음(−)의 값을 가지게 될 것이기 때문이다. 따라서, 베르뜨랑 복점의 내쉬 균형은

$$p_a^* = p_b^* = c$$

이다. 기업 A와 B 모두 더 높은 가격을 제시해도, 더 낮은 가격을 제시해도 이윤을 증가시킬 방법이 없으므로, 각 기업은 다른 기업의 가격이 주어졌을 때 최선의 대응 전략을 선택하고 있다.

베르뜨랑 모형의 균형을 완전 경쟁 시장 및 독점 시장의 균형과 비교해 보자. 독점 기업이 가격을 설정한다면, 소비자가 낼 수 있는 최대한의 가격을 설정할 것이다. 따라서, 독점 가격은 a이고 생산량은 b이다. 만약 시장 상황이 완전 경쟁이라면 공급 곡선은 한계 비용인 c에서 수평선이 된다. 따라서, 시장 가격은 c이고 거래량은 b이다. 시장 수요 곡선이 완전 탄력적인 경우를 상정하였기 때문에 생산량은 두 경우 모두 같고 총잉여 역시 달라지지 않는다. 하지만 가격은 독점 시장에서 a가 되고, 완전 경쟁 시장에서 c가 되었다. 즉 독점 시장에서는 모든 잉여를 생산자가 가져가는 반면, 완전 경쟁 시장에서는 소비자가 모든 잉여를 갖는다. 두 기업이 모두 가격을 한계 비용까지 내리는 베르뜨랑 모형의 균형은 완전 경쟁 균형과 동일하다.

요약

과점 기업이 가격 결정을 통하여 경쟁하는 베르뜨랑 모형에서는 적은 기업 수로도 완전 경쟁과 동일한 경쟁 효과를 낳을 수 있다.

3. 꾸르노 모형 vs 베르뜨랑 모형

그렇다면 현실의 과점 시장은 꾸르노 모형이 설명하는 것과 유사할까, 아니면 베르뜨랑 모형이 설명하는 것과 유사할까? 꾸르노 모형에 따르면 경쟁 기업의 숫자가 적으면 경쟁이 충분하지 않아 완전 경쟁에 비해 낮은 생산량과 높은 가격을 가지게 된다. 반면 베르뜨랑 모형에 따르면 경쟁 기업의 숫자와 상관없이 경쟁이 존재하기만 하면 이는 완전 경쟁과 동일한 효과를 가져 효율성의 상실이나 높은 가격은 발생하지 않는다.

두 모형은 두 기업 간의 경쟁이 수량 결정을 통하여 이루어지는지, 아니면 가격 결정을 통하여 이루어지는지 여부에서 차이를 보인다. 꾸르노 모형에서는 한번 정한 생산량은 그대로 생산되고 이것이 시장의 가격을 결정한다. 반면 베르뜨랑 모형에서는 가격을 정하고 시장 상황에 따라 신축적으로 생산량을 조절할 수 있다. 따라서, 분석하는 산업과 시장의 성격에 따라 어떤 모형이 더 현실을 잘 묘사하고 있는지가 결정될 것이다. 생산량 조절이 쉽지 않은 산업에서는 꾸르노 모형의 경쟁이 시장 현실을 더 잘 설명할 것이고, 생산량 조절이 쉬운 산업에서는 베르뜨랑 모형에서 예견한 것처럼 적은 수의 기업으로도 충분한 경쟁 효과를 일으킬 수 있다. 예를 들어, 철강이나 반도체 산업처럼 생산을 위하여 대규모 생산 설비가 필요하고 한번 생산 설비를 갖추면 그 용량에 따라 계속 생산을 해야만 하는 산업이라면, 생산 수량을 결정하고 시장에서 결정된 가격을 받아들이는 꾸르노 모형이 시장 상황을 더 정확하게 반영할 것이다. 반면, 소프트웨어처럼 일단 개발이 되면 생산된 카피 수를 쉽게 조절할 수 있는 산업은 베르뜨랑 모형의 경쟁이 더 적절하게 적용될 수 있다. 꾸르노 모형의 상황이라면 시장에 진입하는 기업의 숫자가 중요하고, 베르뜨랑 모형의 상황이라면 시장에 진입하는 기업의 절대적 숫자보다 독점인지 아닌지가 더 중요하다. 소수의 기업이 존재할 때 꾸르노 모형의 상황이라면 가격 규제가 적절하게 작용할 수 있으나 베르뜨랑 모형의 상황이라면 정부의 개입이 불필요하다.

요약

꾸르노 모형과 베르뜨랑 모형은 생산량 조절이 얼마나 쉬운지에 따라 다른 상황에서 적용 가능하다.

혼합 전략이 필요한 경우-동전 면 맞추기(matching pennies) 게임

우월 전략이 존재하면 경기자들이 합리적 선택을 한다는 것만으로 어떤 전략을 선택해야 하는지 처방하고, 그리고 어떤 전략을 선택할지 예측할 수 있다. 하지만 우월 전략은 많은 전략적 상황에서 존재하지 않는다. 내쉬 균형 개념에서는 각 경기자가 어떤 전략을 선택해야 하는지를 알기는 어려우므로 어떤 결과가 계속 유지될 수 있는지를 물음으로써 결과를 예측한다. 내쉬 균형은 상당히 일반적인 조건을 만족하는 모든 게임에서 존재한다는 증명이 이루어져 있어 거의 모든 전략적 상황에서도 적용할 수 있다는 장점이 있다.

그런데 우리가 가위-바위-보 게임을 한다면 내쉬 균형이 존재할까? 주어진 결과에서 어떤 경기자도 자기 선택을 바꾸고 싶어 하지 않은 상태가 있는가? 가위-바위-보의 어떤 조합에서도 경기자가 자기 선택을 바꿀 유인이 없는 결과는 존재하지 않는다. 그렇다면 이런 게임에서 내쉬 균형이 존재한다는 것은 무슨 뜻일까?

이를 알아보기 위해 가위-바위-보 게임보다 조금 더 간단한 형태의 게임을 고려해 보자. 동전 면 맞추기 게임이라 불리는 이 게임은 두 참여자가 동전의 앞 혹은 뒷면을 동시에 선택해 내보이는 게임이다. 한 경기자는 내보이는 동전의 면이 일치할 때 게임에서 승리하고, 다른 경기자는 동전의 면이 다를 때 승리한다. 패배한 경기자가 승리한 경기자에게 내민 동전을 주는데, 승리한 경기자는 1의 보수를, 패배한 경기자는 −1의 보수를 받는다고 정의할 수 있다. 이 게임 상황의 일반형 묘사는 〈표 9-6〉에 나타나 있다. 같은 면이 나왔을 때 승리하는 경기자

표 9-6 동전 면 맞추기 게임

		경기자 2	
		앞면	뒷면
경기자 1	앞면	(1, −1)	(−1, 1)
	뒷면	(−1, 1)	(1, −1)

가 경기자 1이고, 다른 면이 나왔을 때 승리하는 경기자가 경기자 2이다.

내쉬 균형을 찾기 위한 절차를 시도하기 위해, 상대 경기자의 전략이 주어졌을 때의 최선의 대응 전략을 찾는 과정을 수행해 본다. 예를 들어, 경기자 2의 전략이 앞면이면 경기자 1의 최선의 대응 전략은 앞면이고, 보수 1에 밑줄을 그어 이를 표시한다. 〈표 9-6〉에는 이런 과정을 거쳐 표시된 밑줄이 그려져 있다. 보수의 짝에 모두 밑줄이 그어져 있는 결과는 없다는 것을 알 수 있다. 따라서, 내쉬 균형은 존재하지 않는다.

모든 게임에서 내쉬 균형의 존재를 보장하기 위해서는 전략의 개념을 확대해야 한다. 지금까지 전략은 특정 행위를 확실히 선택하는 것이었다. 이를 **순수 전략(pure strategy)**이라 부른다. 그런데 여러 행위를 특정 확률을 따라 무작위로 선택할 수도 있다. 예를 들어, 동전 면 맞추기 게임에서 동전을 던져 나오는 면을 낸다고 하면, 앞면과 뒷면이 1/2의 확률로 선택된다고 볼 수도 있을 것이다. 아니면 주사위를 던져서 2 이하의 숫자가 나오면 앞면, 3 이상의 숫자가 나오면 뒷면을 내는 식으로 결정을 한다고 하면 앞면은 1/3의 확률로 선택되고 뒷면은 2/3의 확률로 선택된다고 할 수도 있을 것이다. 이렇듯 행위를 일정한 확률 분포에 따라 선택하는 것도 일종의 전략이라고 볼 수 있다. 이러한 전략을 **혼합 전략(mixed strategy)**이라고 한다. 순수 전략은 하나의 행위에 확률 1을 부여한 혼합 전략의 한 형태라고 할 수 있다. 일단 전략의 개념을 혼합 전략으로 확대하면 전략의 개수가 유한한 모든 게임에는 내쉬 균형이 존재한다는 것이 내쉬가 그의 박사 학위 논문에서 증명한 내용이다.

그럼, 순수 전략 내쉬 균형이 존재하지 않는 〈표 9-6〉의 동전 면 맞추기 게임에서 혼합 전략 내쉬 균형을 찾아보도록 하자. 경기자 1이 앞면을 p의 확률로, 뒷면을 $1-p$의 확률로 선택하고, 경기자 2가 앞면을 q의 확률로, 뒷면을 $1-q$의 확률로 선택하는 것이 균형이라 하자. 두 경기자의 혼합 전략은 확률 p와 q로 요약할 수 있다. 균형을 찾기 위해 우리가 할 일은 적합한 p와 q의 값을 결정하는 것이다.

경기자가 두 행위를 무작위로 선택한다는 것은 각 행위를 선택할 때의 보수가 같다는 의미이다. 만약 한 행위의 보수가 다른 행위의 보수보다 크다면 보수가 큰 쪽의 행위를 선택하는 것이 최선의 전략이 될 것이고 혼합 전략은 균형 전략이 될 수 없다. 따라서, 혼합 전략 균형이 존재하기 위해서는 각 행위를 선택할 때의 보수가 같아야 하고, 이 조건을 활용해 균형에서의 p와 q의 값을 구할 수 있다.

경기자 2의 혼합 전략 q가 주어진 상태에서 경기자 1이 앞면을 선택할 때의 보수는

$$1 \cdot q + (-1) \cdot (1-q)$$

이다. (앞면, 앞면)의 결과가 q의 확률로 발생하고, (앞면, 뒷면)의 결과가 $(1-q)$의 확률로 발생하기 때문이다. 마찬가지로, 경기자 1이 뒷면을 선택할 때의 보수는

$$(-1) \cdot q + 1 \cdot (1-q)$$

이다. 혼합 전략 균형이 존재한다면 이 두 값은 같아야 한다.

$$1 \cdot q + (-1) \cdot (1-q) = (-1) \cdot q + 1 \cdot (1-q)$$
$$q = \frac{1}{2}$$

따라서, 혼합 전략 균형에서 경기자 2는 앞면을 1/2의 확률로 선택한다. 재미있는 점은 경기자 2가 앞면을 선택할 확률 1/2은 경기자 2의 보수를 최대화하기 위해 결정되기보다는 경기자 1이 앞면과 뒷면을 선택할 때 보수가 같아지도록 정해진다는 것이다.

마찬가지로 경기자 1의 혼합 전략 p가 주어진 상태에서 경기자 2가 혼합 전략을 최선의 대응 전략으로 선택하기 위해서는 앞면을 선택할 때와 뒷면을 선택할 때의 보수가 같아야 한다. 그러기 위해서는 $p=1/2$이 된다. 따라서 동전 맞추기 게임에서의 내쉬 균형은 두 경기자가 모두 앞면과 뒷면을 1/2의 확률로 선택하는 것이다.

실제 게임에서는 하나의 행위를 선택하기 때문에 혼합 전략이라는 것을 어떻

게 해석해야 할지 난감할 수도 있다. 혼합 전략은 여러 가지 방식으로 해석할 수 있다. 가장 기본적인 해석은 앞서 설명한 것처럼 따로 주사위나 동전을 던져서 이것을 보고 행동을 결정한다는 것이다. 또 다른 해석은 동일한 게임을 여러 경기자가 한다면 경기자 중 특정한 행위를 선택할 확률이 곧 혼합 전략이라는 것이다. 즉, 동전 면 맞추기 게임을 1000번 할 때, 그 1000번 중 500번 정도의 게임에서 경기자 1이 앞면을 선택할 것이라는 뜻이다. 해석의 문제가 있을 수 있으나 전략의 개념을 혼합 전략까지 확대하면 모든 게임에는 내쉬 균형이 존재한다.

보통은 게임에 순수 전략 내쉬 균형이 있으면 이를 전략적 상황의 주요한 예측으로 삼는다. 만약 순수 전략 내쉬 균형이 존재하지 않으면 혼합 전략 내쉬 균형을 찾는다. 앞으로의 논의에서 특별한 언급이 없으면 내쉬 균형은 순수 전략 내쉬 균형을 의미하고, 순수 전략 균형이 없는 경우에만 혼합 전략 내쉬 균형을 의미한다.

요약

행위를 확실히 선택하는 순수 전략으로는 내쉬 균형이 존재하지 않을 수 있으며, 행위를 일정한 확률에 따라 선택하는 혼합 전략을 허용하면 일정한 조건을 만족하는 모든 게임에서 내쉬 균형이 존재한다.

연습문제 7

가위-바위-보 게임에서 승자가 1의 보수, 패자는 −1의 보수를 받고, 비길 경우 보수가 0이라고 하자. 가위-바위-보 게임을 표 형식의 일반형 묘사로 나타내고, 내쉬 균형을 찾으시오.

9.2 동태적 게임(dynamic game) 또는 순차적 행위 게임(sequential move game)

이제 게임 참가자가 동시에 행위를 선택하는 것이 아닌 순서에 따라 선택하는 게임을 분석한다. 정태적 게임 혹은 동시 행위 게임을 묘사하기 위해 우리는 경기자, 전략, 보수로 이루어진 일반형 묘사(normal form representation)를 사용하였다. 동태적 게임은 행위 결정의 순서 등 상황을 요약하기 위한 추가적인 정보가 필요하므로, 일반형 묘사만으로는 이를 다 요약할 수 없다. 따라서 동태적 게임을 묘사하기 위한 새로운 개념이 필요한데, 이를 **전개형 묘사**(extensive from representation)라 한다. 전개형 묘사에는 다음의 요소들이 필요한 것으로 알려져 있다.

먼저 1) 어떤 **경기자**들이 참여하는지 알아야 한다. 그리고 2) 이 경기자들이 어떤 **순서**로 행위를 결정해야 하는지에 대한 정보가 필요하다. 장기를 예로 들면, 2명의 경기자가 있고 무슨 일이 벌어졌는가에 상관없이 돌아가면서 행위 선택을 한다. 3) 각 경기자가 행위를 결정해야 하는 순간에 **가능한 행동**들도 정의되어야 한다. 장기의 경우 지금까지 선택한 결과로 말들이 놓여 있고, 거기에서 선택할 수 있는 행동들이 정해져 있다. 4) 각 선택의 순간에 이전에 벌어진 일에 대해 어떤 **정보**를 가지고 있는지도 알아야 한다. 장기의 경우 경기자들이 이전에 어떤 일들이 벌어졌는지 계속 보았기 때문에 현재의 상황에서 이전 일들에 대한 정보를 가지고 있다고 할 수 있다. 만약 두 사람이 한 판의 장기를 이어 둔다면, 현재 판을 이어받은 사람은 판에 놓인 말들의 위치를 알아도 어떤 경로를 거쳐 여기에 도달했는지 모를 수도 있다. 그리고 5) 게임이 끝난 후 각 경기자에게 돌아갈 **보수**가 정의되어야 한다.

위 정보를 가지면 동태적 게임 상황을 요약할 수 있다. 이를 진입 억제 게임이라는 구체적인 예를 들어 설명해 보자.

요약

동태적 게임은 전개형 묘사를 통해 묘사할 수 있으며, 전개형 묘사에는 경기자, 행위의 순서, 각 순서에서 가능한 행위들, 각 순서에서 경기자가 가지고 있는 정보, 보수의 요소가 필요하다.

진입 억제 게임(entry deterrence)과 부분 게임 완전 내쉬 균형 (subgame perfect Nash equilibrium)

시장에 기존 기업과 시장에 진입하려 하는 신규 기업이 있다. 신규 기업이 시장에 진입할 것인지 말 것인지를 결정한다. 만약 신규 기업이 진입하지 않으면 기존 기업은 평상시처럼 활동하면서 독점 이윤을 얻는다. 만약 신규 기업이 진입하면, 이제 기존 기업이 신규 기업에게 피해를 입히기 위해 할인 행사 등 가격 전쟁을 할 것인지, 아니면 새로운 기업의 존재를 인정하고 복점 상황이 되어 독점 이윤보다 줄어든 복점 이윤을 받아들일지 결정한다.

기업들의 보수는 곧 이윤이다. 독점 이윤은 10이고, 복점 이윤은 4라고 가정한다. 만약 가격 전쟁이 발생하면 두 기업은 모두 적자를 보게 되는데, 신규 기업의 피해가 더 커서 신규 기업의 이윤은 −3, 기존 기업의 이윤이 −1이 된다.

이 상황을 전개형 묘사로 표현해 보자. 전개형 묘사는 **게임 나무**(game tree)라고 불리는 그림을 통해 시각적으로 나타낼 수 있다. 〈그림 9−4〉가 진입 억제 게임의 전개형 묘사를 보여준다. 먼저 두 경기자, 신규 기업과 기존 기업이 있다. 경기자가 행동해야 할 두 번의 순서가 있는데 게임 나무가 갈라지는 분기점으로 표현되어 있다. 각 분기점에 경기자가 표시되어 어떤 경기자가 그 순서에서 의사 결정을 하는지가 표기되어 있다. 각 분기점에서 가능한 행동은 분기되는 가지

그림 9−4 진입 억제 게임: 전개형 묘사 − 게임 나무

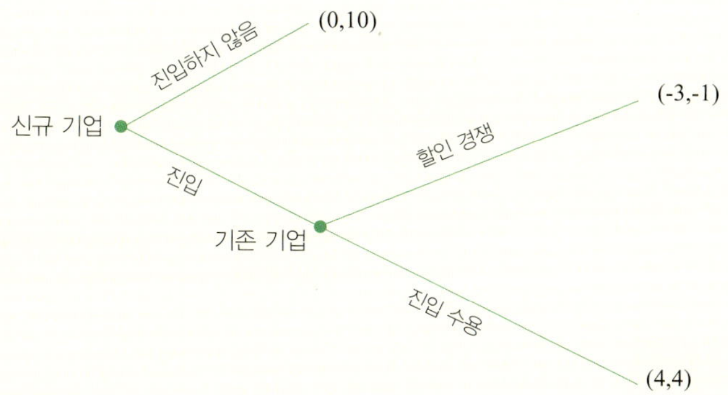

들로 표시되어 있다. 최초의 분기점에서 의사 결정을 하는 경기자는 신규 기업이며, 신규 기업은 진입 혹은 진입하지 않음의 두 가지 행위가 선택 가능하다. 신규 기업이 진입한 후의 분기점에서 의사 결정을 하는 경기자는 기존 기업이며, 기존 기업은 할인 경쟁을 할 것인지, 아니면 새로운 기업의 진입을 수용할 것인지를 결정할 수 있다. 이 분기점에서 기존 기업은 신규 기업의 진입이 일어났다는 사실을 알고 있다. 모든 분기가 끝나는 지점이 게임의 결과이며 경기자의 보수가 순서쌍으로 표시되어 있다. 첫 번째 숫자가 신규 기업의 보수이고, 두 번째 숫자는 기존 기업의 보수이다. 예를 들어, 최초의 분기점에서 신규 기업이 진입하지 않으면 그것이 이 게임의 결과가 되고, 신규 기업은 0의 이윤을, 기존 기업은 10의 독점 이윤을 얻는다.

요약

동태적 게임의 전개형 묘사는 게임 나무를 통해 시각적으로 표현 가능하다.

상황을 요약하여 묘사하였으므로 이 게임의 균형을 구해본다. 우리는 정태적 게임의 균형으로 내쉬 균형을 제시하였고, 내쉬 균형은 모든 게임에 존재한다고 언급했다. 따라서, 동태적 게임에서도 내쉬 균형을 구할 수 있다. 내쉬 균형을 구하기 위해서, 우리에게 익숙한 일반형 묘사로 진입 억제 게임을 표현해 보자. 동태적 게임도 일반형 묘사로 나타낼 수 있지만, 경기자의 행위 선택 순서 같은 중요한 정보가 누락된다. 하지만 내쉬 균형을 구하기 위해서는 일반형 묘사로 게임을 요약하는 것도 충분하다.

〈표 9-7〉은 진입 억제 게임의 일반형 묘사를 보여준다. 두 경기자인 신규 기업과 기존 기업이 있다. 신규 기업의 전략은 진입과 진입하지 않음이 있고, 기존

표 9-7 진입 억제 게임: 일반형 묘사

		기존 기업	
		할인 경쟁	진입 수용
신규 기업	진입	(−3, −1)	(4, 4)
	진입하지 않음	(0, 10)	(0, 10)

기업의 전략은 (진입이 있으면) 할인 경쟁과 (진입이 있으면) 진입 수용이 있다. 기존 기업의 행위인 할인 경쟁과 진입 수용은 기존 기업이 진입하였을 때만 가능한 행동들이다. 하지만 전략은 대리인이 따라 할 수 있는 가이드북이다. 따라서, 전략은 일어날 가능성이 있는 모든 상황에서 어떤 행동을 해야 하는지를 묘사해야 한다. 여기에서는 기존 기업의 전략으로 기존 기업의 행동이 필요한 상황인 진입이 일어났을 때, 기존 기업이 선택해야 하는 할인 경쟁과 진입 수용이 묘사되어 있다. 두 번째 행에서 신규 기업이 진입하지 않으면 기존 기업은 행위를 선택할 기회가 주어지지 않는다. 따라서, 벌어지지 않은 가상 상황에서 신규 기업이 했을 행동인 전략과 관계없이 게임은 끝나고, 경기자의 보수도 기존 기업의 전략과 관계없이 (0, 10)으로 같다.

내쉬 균형을 구하기 위해 보통의 절차를 따른다. 기존 기업의 전략이 할인 경쟁이라면 신규 기업의 최선의 대응 전략은 진입하지 않음이고, 보수 0에 그은 밑줄이 이를 나타낸다. 기존 기업의 전략이 진입 수용이라면 신규 기업의 최선의 대응 전략은 진입이고, 보수 4에 그은 밑줄이 이를 나타낸다. 마찬가지로 신규 기업의 전략이 진입이면 기존 기업의 최선의 대응 전략은 진입 수용이고, 보수 4에 그은 밑줄이 이를 나타낸다. 신규 기업의 전략이 진입하지 않음이면, 어떤 전략을 선택해도 보수가 바뀌지 않으므로 기존 기업의 최선의 전략은 할인 경쟁과 진입 수용 둘 다이다. 보수 10 모두에 그은 밑줄이 이를 나타낸다. 서로에서 최선의 전략이 되는 짝인 내쉬 균형은 두 경기자의 보수 모두에 밑줄이 그어진 (진입, 진입 수용)과 (진입하지 않음, 할인 경쟁)이다.

진입 억제 게임에는 두 개의 (순수 전략) 내쉬 균형이 있다. 하나는 신규 기업이 진입하고 기존 기업이 이를 수용하여 복점 이윤을 누리는 것이다. 신규 기업이 진입하면 기존 기업은 할인 경쟁을 하는 것보다 이를 수용하는 것이 더 이익이다. 기존 기업이 진입을 수용한다고 예상할 때 신규 기업은 시장에 진입하는 것이 더 이익이다. 다른 하나는 신규 기업이 진입하지 않고, 기존 기업은 (진입이 발생하면) 할인 경쟁에 나서는 것이다. 기존 기업이 진입이 있을 때 할인 경쟁에 나서겠다고 하면, 신규 기업은 진입하지 않는 것이 더 이득이다. 신규 기업이 진입하지 않으면 기존 기업이 어떤 전략을 선택하건 관계가 없으므로 할인 경쟁에 나서겠다고 공언하는 것도 문제가 없다.

그런데 두 번째의 내쉬 균형은 신규 기업이 진입하면 할인 경쟁에 나서겠다는 기존 기업의 확인되지 않은 위협을 균형의 한 부분으로 포함하고 있다. 이 위협이 확인되지 않은 이유는 균형에서 신규 기업이 진입하지 않아 이 위협이 실행될 기회가 없었기 때문이다. 하지만 신규 기업이 진입한 상황이라면 이 위협은 실제로 실행되었을까? 기존 기업은 신규 기업의 진입을 억제하기 위해서 할인 경쟁을 하겠다는 위협을 한다. 그러나 막상 진입이 이루어진 후에는 위협을 실행하는 것이 기존 기업에게도 손해이다. 더구나, 이 위협을 실행한다고 해서 이미 이루어진 신규 기업의 진입을 되돌릴 수도 없다. 진입이 이루어지면 할인 경쟁에 나서겠다는 위협은 막상 진입이 이루어졌을 때 이를 실행할 유인이 있는지를 생각해 보면 신뢰하기 어렵다.

앞서 언급하였듯이 일반형 묘사는 행위의 결정 순서 같은 중요한 정보가 누락되어 있고, 이에 기초해서 구한 내쉬 균형에서도 행위의 순서가 고려되지 않는다. 하지만 순차적 행위 게임에서는 행위의 순서가 있고 이것이 경기자들의 결정에 영향을 미친다. 순차적 행위 게임에서의 행동 순서를 고려한다면 행위가 선택되는 순간에 경기자가 자기 보수를 최대화하는 합리적인 행위를 하고 있는지가 검토되어야 하고, 선택의 순간에서도 합리적인 전략만이 게임 결과의 예측으로 포함되어야 한다. 그런 관점에서 보면 진입이 일어났을 때 할인 경쟁을 한다는 기존 기업의 전략은 좋은 예측의 한 부분이 될 수 없다. 진입하지 않는다는 신규 기업의 전략에 대해서는 최선의 대응 전략이 되지만, 일단 진입이 일어난 순간에는 자신의 보수를 최대화하는 합리적인 행위가 아니기 때문이다. 행동의 순서가 포함된 동태적 게임에서는 행동의 순서를 고려하는 새로운 균형 개념이 필요하다.

동태적 게임에서 합리적인 예측을 하기 위하여 **부분 게임 완전 내쉬 균형**(subgame perfect Nash equilibrium)이라는 새로운 균형 개념을 제안한다. 부분 게임 완전 내쉬 균형은 모든 부분 게임에서 내쉬 균형을 이루는 전략의 짝으로 정의된다. 여기에서 **부분 게임**이란 하나의 분기점에서 출발하여 게임의 끝까지 실행되는 전체 게임의 부분이다. 〈그림 9-5〉는 진입 억제 게임의 모든 부분 게임

그림 9-5 진입 억제 게임의 부분 게임

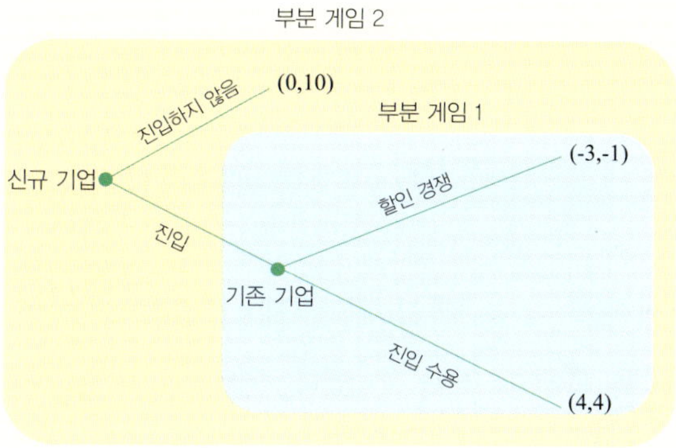

을 보여준다. 그림에 표시된 대로 진입 억제 게임에는 부분 게임이 두 개 있다. 우선 기존 기업이 행위 결정을 하는 분기점으로부터 출발하는 부분 게임 1이 있다. 그리고 신규 기업이 행위 결정을 하는 분기점으로 출발하는 부분 게임 2가 있는데 이는 곧 전체 게임이다. 그리고 이 두 부분 게임 모두에서 내쉬 균형이 되는 전략이 부분 게임 완전 내쉬 균형이다. 전체 게임 역시 하나의 부분 게임이므로 부분 게임 완전 내쉬 균형은 내쉬 균형의 부분 집합이다.

이제 진입 억제 게임의 부분 게임 완전 내쉬 균형을 찾아보자. 부분 게임 완전 내쉬 균형은 내쉬 균형의 부분 집합이므로, 진입 억제 게임의 두 내쉬 균형으로부터 탐색을 시작한다. (진입, 진입 수용)과 (진입하지 않음, 할인 경쟁)은 모두 다 부분 게임 2, 곧 전체 게임의 내쉬 균형이다. 하지만 부분 게임 1에서 기존 기업이 할인 경쟁을 선택하는 것은 기존 기업의 보수를 최대화하는 합리적 선택이 아니다. 따라서 (진입하지 않음, 할인 경쟁)은 부분 게임 1에서 내쉬 균형이 아니고, 부분 게임 완전 내쉬 균형도 아니다. 반면 (진입, 진입 수용)은 부분 게임 1에서도 내쉬 균형이며, 부분 게임 완전 내쉬 균형이다.

부분 게임 완전 내쉬 균형은 진입 억제 게임에서 신뢰하지 못할 위협과 관련된 내쉬 균형을 제거해 준다. 앞서도 언급했듯이 동태적 게임(순차적 행위 게임)에서는 행위의 순서가 있고, 합리적인 경기자라면 행위가 선택되어야 하는 상황이 발생했을 때 그 상황에서 합리적인 선택을 할 것이다. 모든 부분 게임에서 내쉬 균형을 이룬다는 조건은 행위가 선택되는 순간 경기자가 합리적 선택을 한다는 조건을 다르게 표현한 것이다. 따라서, 동태적 게임에서 활용되는 균형 개념은 부분 게임 완전 내쉬 균형이다.

균형 3 (부분 게임 완전 내쉬 균형) 모든 부분 게임에서 내쉬 균형을 이루는 전략의 짝

순차적 행위 게임에서 부분 게임 완전 내쉬 균형은 역진 귀납법(backward induction)이라는 방법을 통하여 찾을 수 있다. 행위 순서상 가장 뒤에 있는, 그래서 가장 작은 부분 게임의 내쉬 균형 전략을 찾는다. 이렇게 찾은 내쉬 균형 전략을 정해진 것으로 하고 거꾸로 올라가면서 점점 더 큰 부분 게임의 내쉬 균형 전략을 찾아 나가는 과정이 역진 귀납법이다. 〈그림 9-6〉의 진입 억제 게임에서 가장 작은 부분 게임은 부분 게임 1이다. 이 부분 게임에서 의사 결정 경기자는 기존 기업이며, 보수를 최대화하는 합리적 선택은 진입 수용이다. 진입 수용을 뜻하는 가지에 선을 그림으로써 이 행위가 부분 게임 완전 내쉬 균형의 일부임을 표시한다. 이제 이보다 큰 부분 게임인 부분 게임 2로 옮겨 간다. 여전히 부분 게임 1에서는 앞서 구한 행위가 선택된다. 부분 게임 1의 행위 결정이 주어진 상태에서 신규 기업이 의사 결정을 한다. 신규 기업이 진입하지 않음을 선택하면 보수는 0이고 진입을 선택하면 부분 게임 1에서 기존 기업이 진입 수용을 선택해

그림 9-6 역진 귀납법을 통한 부분 게임 완전 내쉬 균형 구하기

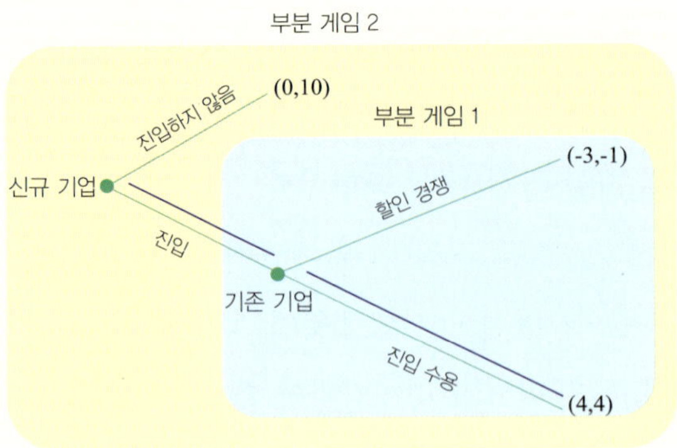

보수가 4가 되므로, 진입을 선택했을 때의 보수가 더 크다. 따라서 진입이 부분 게임 완전 내쉬 균형의 일부가 되고, 역시 진입을 뜻하는 가지에 선을 그어 표시한다. 결국 역진 귀납법을 통하여 진입 억제 게임의 유일한 부분 게임 완전 내쉬 균형인 (진입, 진입 수용)을 구할 수 있다.

요약

동태적 게임의 내쉬 균형은 행위의 순서를 고려하지 않아, 그럴싸하지 않은 균형을 포함한다. 이를 제거하기 위해 모든 부분 게임에서 내쉬 균형을 이루는 부분 게임 완전 내쉬 균형을 사용한다. 부분 게임 완전 내쉬 균형은 역진 귀납법을 사용해 구할 수 있다.

진입을 억제할 수 있는 수단: 전략적 진입 장벽

진입 억제 게임의 부분 게임 완전 내쉬 균형에서는 항상 진입이 발생한다. 기존 기업은 신규 기업의 진입을 막기 위해 진입이 발생하면 신규 기업이 피해를 보도록 할인 경쟁을 하겠다고 위협할 수 있지만, 그런 위협은 막상 진입이 일어났을 때는 실행되기 어려운 것이어서 신규 기업은 그런 위협을 믿지 않을 것이다. 그렇다면 기존 기업이 성공적으로 진입을 억제할 수 있는 경우는 없는가?

우선 **배제 계약**을 통한 진입 억제가 가능하다. 배제 계약이란 계약의 상대방이 다른 기업과 거래를 하지 못하도록 막는 계약이다. 예를 들어, 쇼핑센터에 입점하는 특정 기업이 입점 계약을 할 때 비슷한 상품을 파는 모든 기업의 입점을 금지하는 조건을 다는 것이다. 하지만 쇼핑센터 역시 다른 기업의 입점을 허용하는 것과 배제 계약을 체결하였을 경우의 손익을 비교하여 계약 체결 여부를 결정할 것이다. 우리가 진입 억제 게임에서 제시한 각 기업의 보수를 그대로 믿는다면, 신규 기업은 진입을 통하여 얻는 이익인 4를 입점의 조건으로 쇼핑센터에 낼 용의가 있다. 기존 기업은 신규 기업의 진입을 막았을 때 얻는 이익인 10에서 진입이 이루어지는 경우의 이익 4의 차이인 6을 배제 계약의 대가로 쇼핑센터에 지불할 용의가 있다. 따라서 쇼핑센터에 4 이상의 대가를 지불하면서 배제 계약을 성

사시킬 가능성을 배제할 수 없다. 그러나 이런 배제 계약이 불공정 행위로 판단될 가능성도 존재하는데, 이는 법적 분쟁의 영역이 된다.

만약 기존 기업이 비슷한 상황을 여러 곳에서 맞을 수 있는 경우라면, 할인 경쟁의 위협도 진입을 억제할 수 있는 수단이 될 수 있다. 만약 기존 기업이 대형마트와 같이 여러 지점을 가진 기업이라면, 여러 지점에서 새로운 지역 상점의 진입 가능성을 맞이할 것이다. 이 경우 한 지역에서 손해가 발생하더라도 할인 경쟁을 하는 것은 다른 지역에서 신규 지역 상점의 진입을 억제하는 효과가 있다. 다른 모든 지역에서 잠재적인 진입을 억제하는 것의 이익이 할인 경쟁을 통한 한 지점의 손해보다 더 크다면 대형마트는 가격 할인 경쟁을 마다하지 않을 것이다. 이런 경우에는 할인 경쟁을 하겠다는 위협이 더 이상 신뢰할 수 없는 위협이 아니며, 이러한 상황이 모든 지역에서 진입을 억제시키는 효과를 가질 것이다.

때로는 비합리적이라는 인상이 진입 억제 효과를 발생시킬 수도 있다. 할인 경쟁의 위협을 신뢰할 수 없는 이유는 합리적 경기자라면 진입이 발생한 후 이를 실행할 이유가 전혀 없기 때문이다. 하지만 모든 경제 주체가 합리적인 것은 아니다. 예를 들어, 지역에 있는 기존 상점의 주인이 다혈질이고, 가끔 자존심을 내세워 자기에게 손해가 되는 행동도 불사한다는 명성을 가지고 있는 경우를 생각해 보자. 이 경우 진입이 이루어졌을 때 손해를 보더라도 보복하겠다는 주인의 위협이 단지 공허한 위협으로 보이지 않을 수 있다. 이전에도 비합리적인 행동을 한 전력이 있기 때문이다. 때로는 이를 이용해 합리적인 경제 주체가 인위적으로 비합리적인 행동을 하면서 진입 억제 효과를 만들어낼 수 있다.

진입 억제를 할 수 있는 또 한 가지 가능성은 할인 경쟁의 위협을 신뢰할 수 있도록 선제 조치를 취하는 것이다. 생산 설비에 대한 과잉 투자가 이런 효과를 만들어 낼 수 있다. 독점 상황에서 이윤을 최대화하는 생산량은 다른 시장 상황에 비해 적다. 이보다 훨씬 많은 생산량을 달성할 수 있는 생산 설비에 투자하는 독점 기업은 겉으로 보기에는 낭비적인 투자를 하는 것으로 보일 수 있다. 하지만 이런 과잉 생산 설비는 새로운 진입 기업이 있을 때 가격 할인 경쟁을 위한 수단으로 사용될 수도 있다. 즉, 과잉 생산 설비가 평소의 이윤은 줄이지만, 가격 할인 경쟁이 발생했을 때의 이익은 증가시키는 효과가 있다면 성공적으로 진입 억제 장치 역할을 할 수 있다.

이를 구체적인 순차적 행위 게임으로 표현해 보자. 이제 신규 기업이 진입 결정을 하기 전에 기존 기업이 과잉 생산 시설에 투자할지를 결정할 수 있다. 과잉 생산 시설에 투자하지 않으면 이전에 분석했던 진입 억제 게임을 그대로 하게 된다. 과잉 생산 시설에 투자하면 진입 억제 게임을 그대로 하되, 게임의 보수가 변화한다. 만약 진입이 일어나지 않거나 진입이 일어나더라도 할인 경쟁이 일어나지 않으면 이 과잉 생산 설비는 낭비되고, 그만큼의 비용이 발생한다. 반면 할인 경쟁이 일어나면 이 생산 설비는 유용하게 쓰여 기존 기업의 이윤을 증가시킨다.

〈그림 9-7〉은 위 상황을 게임 나무의 전개형 묘사로 표현한 것이다. 최초의 분기점에서 기존 기업이 '과잉 설비 투자'와 '투자하지 않음'을 선택할 수 있다. 어느 쪽을 선택하건 그 뒤부터 시작되는 부분 게임 1과 부분 게임 2는 행위 선택의 순서와 가능한 행위 등에서 이전의 진입 억제 게임과 같다. 그리고 설비 투자를 하지 않은 후 발생하는 부분 게임 2에서의 보수는 이전 진입 억제 게임과 정확히 같다. 그러나 설비 투자가 이루어진 후 발생한 부분 게임 1에서는 기존 기업의 보수가 바뀐다. 신규 기업이 '진입하지 않음'을 선택할 때 기존 기업의 보수는 부분 게임 2에서는 10인 반면, 부분 게임 1에서는 6이다. 투자된 설비가 사용

그림 9-7 과잉 설비 투자 결정 후 진입 억제 게임

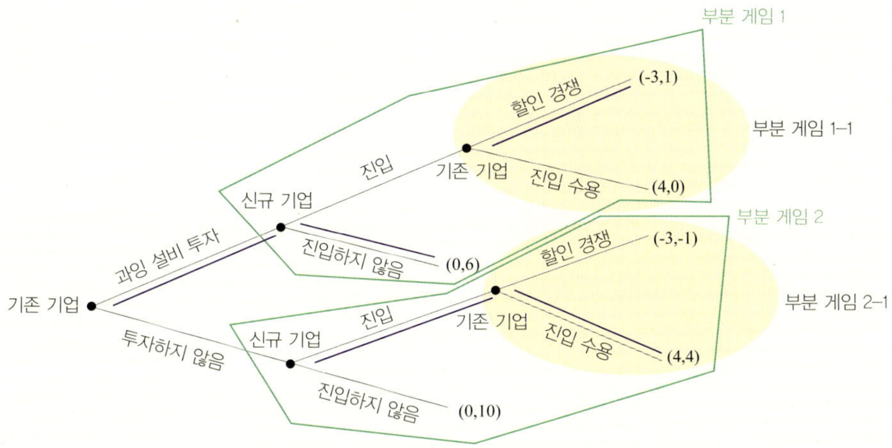

되지 않을 때 4의 손실이 발생한 것이다. 마찬가지로 신규 기업의 '진입' 후 기존 기업이 '진입 수용'하면 또한 설비가 사용되지 않으므로 기존 기업의 보수가 부분 게임 2의 4에서 부분 게임 1의 0으로 4만큼 줄어든다. 하지만 '할인 경쟁'을 하게 되면 기존 기업의 보수는 부분 게임 2의 −1에서 부분 게임 1의 1로 2만큼 증가한다. 투자한 설비가 사용되어 추가적인 이익을 발생시키는 것이다.

과잉 설비 투자 결정이 포함된 새로운 게임에서 부분 게임 완전 내쉬 균형을 구하기 위해 역진 귀납법을 적용한다. 우선 가장 작은 부분 게임에서 분석을 시작한다. 이 게임의 가장 작은 부분 게임은 기존 기업이 '할인 경쟁'과 '진입 수용' 둘 중 하나를 선택하는 두 개의 부분 게임이다. 기존 기업의 '과잉 설비 투자', 신규 기업의 '진입' 후 시작되는 부분 게임(부분 게임 1−1)에서 기존 기업의 합리적인 행위는 '할인 경쟁'을 통해 0 대신 1의 보수를 얻는 것이다. 이 부분 게임에서 '할인 경쟁'의 가지에 선을 그어 이를 표시한다. 기존 기업의 '투자하지 않음', 신규 기업의 '진입' 후 시작되는 부분 게임(부분 게임 2−1)에서 기존 기업의 합리적인 행위는 '진입 수용'하여 −1 대신 4의 보수를 얻는 것이다. 이보다 더 큰 부분 게임은 부분 게임 1과 부분 게임 2로 표시된 진입 억제 게임이다. 앞서 구한 기존 기업의 행위를 주어진 것으로 할 때, 부분 게임 1에서는 신규 기업이 '진입하지 않음'을 선택하여 0을 얻는 것이 '진입'을 선택하여 −3을 얻는 것보다 합리적인 선택이므로 '진입하지 않음'의 가지에 선을 그어 이를 표시한다. 부분 게임 2에서는 신규 기업이 '진입'을 선택하여 4를 얻는 것이 '진입하지 않음'을 선택하여 0을 얻는 것보다 합리적인 선택이므로 '진입'의 가지에 선을 그어 이를 표시한다. 지금까지 구한 합리적 선택을 주어진 것으로 하고, 최초의 분기점에서 기존 기업의 합리적 행위를 분석한다. 최초의 분기점에서 기존 기업이 '과잉 설비 투자'하면 신규 기업이 '진입하지 않음'을 선택해 6의 보수를 얻는다. 기존 기업이 '투자하지 않음'을 선택하면 신규 기업이 '진입'하고, 다시 기존 기업이 '진입 수용'하여 4의 보수를 얻는다. 따라서, '과잉 설비 투자'가 합리적 선택이고 이 가지에 선을 그어 표시한다.

역진 귀납법으로 구한 이 게임의 부분 게임 완전 내쉬 균형의 결과는 기존 기업이 과잉 설비에 투자하고, 신규 기업이 이를 보고 진입하지 않는 것이다.[2] 신규 기업이 진입하면 할인 경쟁을 하겠다는 기존 기업의 위협은 과잉 설비에 투자함으로써 신뢰성을 획득했다. 하지만 신규 기업은 진입하지 않기 때문에 이 위협이 실현되는 일은 없다. 따라서, 관측되는 사실로만 보면 기존 기업의 과잉 설비는 마치 낭비되는 투자인 것처럼 보인다. 하지만 이 논의에 따르면 과잉 설비는 신규 기업의 진입을 막는 진입 장벽 역할을 한다. 우리는 독점 기업이 출현하는 이유를 진입 장벽 때문이라고 논의하면서 법적인 진입 장벽, 기술적인 진입 장벽 등을 언급하였다. 이 논의를 통하여 우리는 기존 기업의 전략적 선택이라는 또 하나의 진입 장벽을 얘기할 수 있다. 이를 때로는 '**전략적 진입 장벽**'이라고 하며, 과잉 설비 투자가 그런 예라고 할 수 있다.

요약

진입 억제 게임의 유일한 부분 게임 완전 내쉬 균형에서는 언제나 진입이 발생하지만, 배제 계약, 여러 곳에서 진입 상황이 반복되는 경우, 과잉 생산 설비의 투자 등으로 인하여 진입을 억제할 수 있는 경우가 있다.

2 균형은 전략의 짝으로 표시해야 하고, 균형의 결과는 균형 전략을 따를 때 나타나는 게임의 결과이다. 즉, 균형을 묘사할 때는 단지 게임의 결과가 아니라 경기자의 전략을 온전히 묘사해야 한다. 이 게임에서 역진 귀납법으로 구한 부분 게임 완전 내쉬 균형은 ((과잉 설비 투자, 할인 경쟁, 진입 수용), (진입하지 않음, 진입))이다. 기존 기업의 균형 전략을 말로 표현하면, (1) 과잉 설비 투자를 한다, (2) 과잉 설비 투자 후 진입이 발생하면 할인 경쟁을 한다, (3) 설비 투자를 하지 않았을 때 진입이 발생하면 진입을 수용한다, 가 된다. 신규 기업의 균형 전략은 (1) 과잉 설비 투자 후에는 진입하지 않는다, (2) 설비 투자가 없으면 진입한다, 이다. 하지만 논의를 단순화하기 위해 본문에서는 간단히 균형의 결과만 묘사하였다. 이 교과서에서는 가볍게 다루었지만, 균형과 균형 결과의 구분은 게임 이론이나 대학원 수준의 미시 경제학에서는 중요한 부분이다.

참고할 내용 반도체 산업의 치킨 게임과 기업의 현금 보유

한때 메모리 반도체 분야에서 각 기업들이 생산량을 늘려서 가격이 크게 떨어지는 소위 '치킨 게임'이 있었다. 2007년 대만 업체들의 증산으로 시작된 메모리 반도체의 가격 하락은 2009년 독일의 메모리 반도체 업체인 키몬다(Qimonda)의 파산으로 마무리되었다. 다시 2010년 들어 대만과 일본 기업들이 생산 설비 확장과 증산을 하면서 시작된 메모리 반도체 가격 하락과 기업들의 적자는 일본 업체 엘피다(Elpida)가 미국 업체 마이크론(Micron)에 합병되는 등 여러 인수 합병으로 업체 수가 줄어들면서 마무리되었다.

치킨 게임은 맞은편에서 자동차를 달리면서 운전대를 틀지 않고 버티는 게임을 지칭하는 것이다. 이 게임의 구조를 일반형 묘사로 나타내면 〈부표 9-1〉과 같다. 상대방이 먼저 파산하기를 바라면서 가격 인하와 증산을 하는 반도체 업체의 경쟁과 비슷하다고 하여 이를 치킨 게임이라 부르는 듯하다.

메모리 반도체 업체들이 적자에도 불구하고 생산 설비 확장과 증산을 시도했던 이유는 이 산업에 규모의 경제가 작용하기 때문이다. 장기적으로 살아남기 위해서는 일정한 규모 이상의 생산 설비와 시장 점유율이 있어야 하고, 이를 달성하기 위해서 개별 기업은 증산을 시도했다. 하지만 그 과정에서 많은 수의 기업이 버티지 못하고 파산과 인수 합병의 과정을 거치게 된다.

살아남은 업체들은 선제적으로 생산 설비에 투자하고, 많은 현금성 자산을 보유하고 있는 것으로 알려져 있다. 많은 현금성 자산을 보유하는 것은 기업 재무적 입장에서 합리적인 선택은 아니지만, 언제라도 치킨 게임에 나서서 오랜 기간 버틸 수 있는 버팀목이 되어 줄 수 있다. 따라서 많은 기업들의 현금성 자산 보유는 '전략적 진입 장벽'의 하나의 예로 생각해 볼 수 있다.

부표 9-1 치킨 게임의 일반형 묘사

		자동차 2	
		직진	회피
자동차 1	직진	(−10, −10)	(5, −5)
	회피	(−5, 5)	(0 ,0)

부분 게임 완전 내쉬 균형을 이용한 과점 시장의 분석: 슈타켈베르그(Stackelberg) 모형

꾸르노가 분석한 과점 시장 모형에서는 두 기업이 동시에 생산량을 결정한다. 만약 한 기업이 먼저 생산 설비에 투자하여 생산량을 결정할 수 있는 기회가 주어진다면, 생산량을 먼저 결정할 수 있는 기업은 어떻게 생산량을 결정하며, 이는 기업의 이윤에 어떤 영향을 미칠까? 이러한 유형의 복점 경쟁을 분석하기 위해 독일의 경제학자 슈타켈베르그(Heinrich Stackelberg)가 제시한 모형을 소개한다.

꾸르노 모형과 마찬가지로 시장 수요는 역수요 함수로 주어진다.

$$p = a - bQ$$

두 기업의 생산 비용 구조도 꾸르노 모형과 같이 $MC=AC=c$로 주어진다. 꾸르노 모형과의 유일한 차이는 생산량 결정에 순서가 있다는 것이다. 기업 A가 슈타켈베르그 선도자(Stackelberg leader)로 먼저 생산량을 결정하고, 기업 B는 슈타켈베르그 추종자(Stackelberg follower)로 기업 A의 생산량을 확인한 후 자신의 생산량을 결정한다.

순차적 행위 게임이므로 이에 적절한 균형 개념인 부분 게임 완전 내쉬 균형을 적용하고, 이를 구하기 위해 역진 귀납법을 사용한다. 가장 작은 부분 게임은 기업 B가 기업 A의 생산량 q_A를 관찰하고 자신의 생산량을 결정하는 시점에서 시작한다. 이 부분 게임에서 기업 B의 합리적 행위는 이미 결정된 q_A를 주어진 것으로 받아들이고 이윤을 최대화하는 자신의 생산량 q_B를 결정하는 것이다. 우리는 이미 이런 기업 B의 생산량 결정을 연구한 바 있다. 우리는 꾸르노 모형에서 내쉬 균형을 찾기 위해 기업 A의 생산량(전략)이 주어졌을 때 기업 B의 최적 생산량(전략)을 구하고 이를 기업 B의 반응 곡선이라 불렀다. 기업 B의 반응 곡선은 기업 A가 선택하는 가상의 생산량에 대한 기업 B의 최적 전략을 보여준다. 슈타켈베르그 모형에서는 기업 A의 생산량이 실제로 결정되어 있는 상태에서 기업 B의 생산량을 결정한다는 차이가 있지만, 기업 B의 최적 생산량은 동일한 방법으로 얻어진다.

$$q_B(q_A) = \frac{a-c}{2b} - \frac{1}{2}q_A$$

기업 A는 자신의 생산량 선택에 따라 변하는 기업 B의 생산량 결정이 예상된 상태에서 이윤을 최대화하는 생산량을 결정한다. 즉, 기업 A는 자신의 생산량 결정에 따라 시장 가격이 다음과 같이 결정된다고 판단한다.

$$p = a - b(q_A + q_B(q_A)) = \frac{a+c}{2} - \frac{b}{2}q_A$$

이는 기업 A가 인지하는 수요 곡선이라고 생각할 수 있으며, 이윤 최대화 생산량은 이 수요 곡선으로부터 구한 한계 수입과 한계 비용이 같아지는 점에서 구해진다. 한계 수입은 역수요 곡선과 같은 절편을 공유하고, 기울기가 2배임을 기억하자.

$$MR = \frac{a+c}{2} - bq_A = c$$
$$q_A^* = \frac{a-c}{2b}$$

따라서 부분 게임 완전 내쉬 균형 결과에서 각 기업의 생산량은

$$q_A^* = \frac{a-c}{2b}$$
$$q_B^* = \frac{a-c}{2b} - \frac{1}{2}\frac{a-c}{2b} = \frac{a-c}{4b}$$

이 된다. 꾸르노 모형과 비교하였을 때 선도자인 기업 A의 생산량은 늘었고, 추종자인 기업 B의 생산량은 줄었다. 전체적인 생산량은 $Q_{SD} = \frac{3(a-c)}{4b}$ 로서(S는 슈타켈베르그 복점(Stackelberg duopoly)을 의미) 꾸르노 모형의 $Q_{CD} = \frac{2(a-c)}{3b}$ (C는 꾸르노 복점(Cournot Duopoly)을 의미)보다 높고, 따라서 시장 가격은 꾸르노 모형에 비해 더 낮다.

수학적 분석

기업 A의 이윤 최대화 문제에서 미분을 이용하여 직접 균형 생산량을 구할 수도 있다. 기업 B의 생산량 결정을 예상했을 때, 기업 A의 생산량에 따른 이윤은

$$\pi_A(q_A) = \left[a - b\left(q_A + \left(\frac{a-c}{2b} - \frac{1}{2}q_A\right)\right) - c\right]q_A = \left[\frac{a-c}{2} - \frac{b}{2}q_A\right]q_A$$

이다. 이를 q_A에 대해 미분한 1계 도함수가 0과 같은 값이 최적화를 달성하는 값이다.

$$\frac{a-c}{2} - bq_A = 0$$

이를 통해 구한 기업 A의 최적 생산량은 위에서 구한 값과 같다.

슈타켈베르그 모형의 직관적인 이해를 위해 〈그림 9-2〉에서 사용했던 각 기업의 생산량 조합으로 이루어진 등이윤 곡선을 고려해 보자. 〈그림 9-8〉은 기업 *B*의 반응 곡선과 기업 *A*의 등이윤 곡선을 보여준다. 기업 *B*의 반응 곡선은 기업 *A*의 생산량이 결정된 후 기업 *B*의 생산량 결정을 보여준다. 따라서 기업 *A*가 생산량을 결정하면 기업 *B*의 반응 곡선 위의 생산 조합이 결정된다. 기업 *A*는 기업 *B*의 반응 곡선 위의 생산 조합 중에서 자신의 이윤을 최대화하는 생산 조합을 선택할 수 있다. 그 생산 조합은 기업 *A*의 등이윤 곡선이 기업 *B*의 반응 곡선과 접하는 지점에서 얻어진다. 생산 조합 *SD*가 이를 보여준다.

기업 *A*의 등이윤 곡선은 꾸르노 모형의 균형과 비교할 때 이윤이 더 증가하는 지점에서 얻어진다. 반면 기업 *B*는 꾸르노 모형에 비해 낮은 생산량과 낮은 가격을 맞이하므로 이윤이 줄어든다. 즉, 슈타켈베르그 선도자는 많은 생산량을 먼저 점유함으로써 슈타켈베르그 추종자의 낮은 생산량을 유도한다. 이로 인해 시장 가격이 다소 낮아지긴 하지만, 높은 시장 점유율을 통하여 더 많은 이윤을 누린다. 반면 슈타켈베르그 추종자는 선도자의 선점으로 인해 낮은 생산량을 선택할 수밖에 없고, 더 낮은 이윤을 누리게 된다.

그림 9-8 슈타켈베르그 모형의 균형 결과 생산량

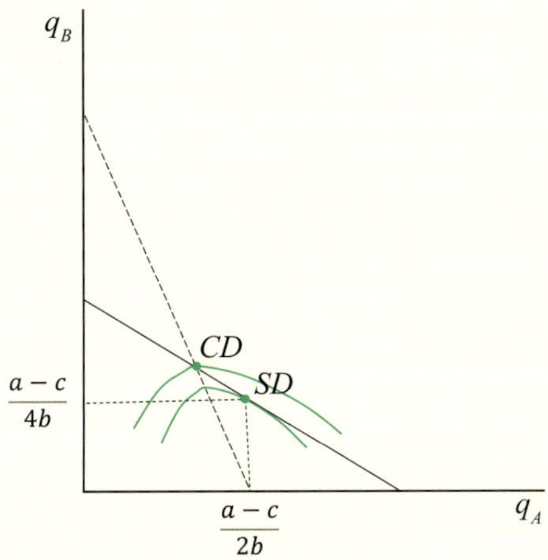

요약

과점 기업의 생산량 결정이 순차적으로 이루어지는 슈타켈베르그 모형의 부분 게임 완전 내쉬 균형에서는 시장 선도자가 높은 생산량을 선점함으로써 추종자의 낮은 생산량을 유도하고 더 많은 이윤을 누린다. 생산량이 꾸르노 모형에 비해 많아 가격은 더 내려간다.

참고할 내용 슈타켈베르그 모형으로 평가한 반도체 산업의 치킨 게임

슈타켈베르그 모형에서는 선도자와 추종자가 미리 정해져 있다. 그러나 현실에서는 누가 먼저 생산량을 결정하는지는 정해져 있지 않다. 다만, 압도적인 생산 설비와 시장 점유율을 가진 기업이 자연스럽게 선도자로 여겨질 수 있다.

앞서 우리는 반도체 산업의 치킨 게임이 일부 기업의 생산 설비 확장과 공격적인 증산, 그리고 이를 통한 시장 점유율 증대 시도에서 시작되었음을 보았다. 이는 생산 설비의 공격적인 확산으로 슈타켈베르그 선도자처럼 많은 생산량을 선점하려는 시도로 이해할 수 있다. 이를 통해 다른 기업들이 시장 가격을 유지하기 위해 생산량을 줄이기를 기대한 것이다. 하지만 규모의 경제가 작용하는 메모리 반도체 산업에서 시장 점유율을 빼앗기면 장기적인 생존이 불가능하다고 판단한 기업들이 누구나 슈타켈베르그 선도자가 되기 위해 무리한 증산을 시도하였고, 이는 상당수의 기업이 적자를 볼 정도로 가격이 하락하는 결과를 낳았다. 이것이 치킨 게임이라 불리는 메모리 반도체 기업의 증산 경쟁이다.

슈타켈베르그 모형의 선도자는 꾸르노 모형보다 더 많은 이윤을 누리는데, 이를 **선행자의 이점(first mover's advantage)**이라 한다. 선도자는 되돌릴 수 없는 생산량 결정을 하여 추종자가 감산할 수밖에 없도록 유도한다. 사람들은 흔히 다른 사람의 행위를 관측한 후 행동하는 편이 더 많은 정보를 가지고 유연하게 행동을 결정할 수 있으므로 나에게 유리할 것이라고 생각한다. 하지만 전략적 상황에서는 자기 선택의 유연성을 스스로 없애는 것이 상대방으로 하여금 나에게 유리한 행동을 하도록 이끌 수 있다.

선행자의 이점을 보여주는 예는 많다. 〈표 9-3〉에서 제시된 성 대결 게임에서 행위의 순서가 있다고 해보자. 예를 들어 철수가 먼저 축구 경기와 뮤지컬 공연 중 하나를 선택하고, 영희가 이를 관측한 후 전략을 선택한다면, 다음의 연습 문제에서 확인할 수 있듯이 철수는 본인에게 더 유리한 내쉬 균형으로 게임의 결과를 유도할 수 있다.

연습문제 8

〈표 9-3〉의 성 대결 게임을 철수가 먼저 행위를 결정하고, 영희가 이를 관찰한 후 행위를 결정하는 순차적 행위 게임으로 바꾼다고 하자. 이를 게임 나무로 표현하고, 역진 귀납법을 이용해 부분 게임 완전 내쉬 균형 결과를 찾으시오.

흔히 배수진이라고 알려진 전술은 전투에서 퇴로가 없도록 강을 배후에 두고 진을 짜는 것을 말한다. 배수진을 침으로써 전황에 따라 후퇴할 수 있는 선택은 없어진다. 하지만 적에게 후퇴 없이 끝까지 싸울 것이라는 암시를 주고, 적은 전투에 이기기 위해서는 많은 희생을 치러야 할 수밖에 없다는 사실을 깨닫는다. 따라서 전투가 백중세로 흐르면서 희생이 커지면 상대방이 먼저 포기하도록 유도할 수 있다.

하지만 선행자가 항상 이익을 누리는 것은 아니다. 후행자는 선행자의 선택을 관찰한다는 정보의 이점이 있다. 때로는 정보의 이점이 돌이킬 수 없는 행동의 선택(commitment) 이점보다 더 크게 작용한다. 예를 들어, 동전 면 맞추기 게임을 순차적으로 진행하면 항상 뒤에 움직이는 경기자가 이긴다. 따라서 선행자의 이익은 게임의 성질에 따라 정보의 이점과 돌이킬 수 없는 선택의 강점 중에 어떤 것이 더 중요한지에 달려 있다.

요약

슈타켈베르그 모형에서처럼 선행자가 돌이킬 수 없는 행동을 선택함으로써 이익을 누릴 수 있는 경우는 많으나, 정보적 이점이 중요한 상황에서는 그렇지 않을 수 있다.

우리는 9장의 논의를 통해서 과점 시장의 이해를 위한 이론적 도구로 게임 이론을 소개하고, 이를 응용하여 과점 시장을 분석하였다. 모든 경기자의 행위가 동시에 결정되는 정태적 게임에서는 내쉬 균형이, 순차적으로 결정되는 동태적 게임에서는 부분 게임 완전 내쉬 균형이 균형 개념으로 주로 사용된다.

이 개념을 이용한 과점 모형은 크게 세 가지 정도가 소개되었다. 생산량 결정을 통해 기업 간 경쟁이 이루어지는 꾸르노 모형에서 과점은 완전 경쟁에 비해 비효율성을 낳지만 독점에 비해 효율성의 상실 정도는 약하다. 가격 결정을 통해 기업 간 경쟁이 이루어지는 베르뜨랑 모형에서는 적은 수의 기업이라도 경쟁만 존재하면 완전 경쟁과 같은 결과를 얻을 수 있다. 생산량 결정이 순차적으로 이루어지는 슈타켈베르그 모형에서는 꾸르노 모형에 비해 전체 생산량이 많고 시장 가격이 낮아진다. 특히 슈타켈베르그 모형에서는 선도자가 많은 생산량을 선점함으로써 더 많은 이윤을 누릴 수 있는데, 기업 간 큰 격차가 없는 상태에서는 이 선도자의 위치를 차지하기 위한 경쟁이 심각할 수 있다.

독점, 과점과 같은 불완전 경쟁은 시장 경제의 자원 배분이 효율적이지 않을 수 있는 주요한 원인이다. 이제 시장 경제의 자원 배분이 효율적이지 않을 수 있는 다른 요인들을 다음 장에서 고려해 보자.

1 다음의 각 게임에서 우월 전략이 있는지 확인하고, 순수 전략 내쉬 균형을 모두 구하시오.

(1)

	좌	우
위	(3,1)	(0,0)
아래	(4,2)	(1,0)

(2)

	좌	우
위	(5,2)	(3,3)
아래	(6,3)	(2,2)

(3)

	좌	우
위	(5,1)	(3,4)
아래	(3,2)	(5,3)

2 두 회사가 총 4의 판매 수익을 나누어 가질 수 있는 시장에서 광고를 할지 결정한다. 광고에는 1의 비용이 든다. 두 회사가 모두 광고를 하거나 하지 않으면 두 회사는 시장에서 2씩 수익을 나누어 가진다. 한 회사만 광고를 하면 광고를 한 회사는 4의 수익을 가지고, 그렇지 않은 회사는 0의 수익을 얻는다. 회사의 이윤은 판매수익에서 광고 비용을 제외한 값이다.

(1) 회사의 이윤을 보수로 할 때 두 회사의 전략적 상황을 일반형 묘사로 나타내시오.
(2) 우월 전략 균형을 구하시오.

3 다음의 전략적 상황을 고려하자.
두 사냥꾼이 동시에 사슴을 사냥할지, 토끼를 사냥할지를 정한다. 두 사냥꾼이 동시에 사슴 사냥을 결정하면, 사슴을 사냥하여 많은 고기를 얻을 수 있다. 이를 통해 두 사냥꾼 모두 10의 보수를 얻을 수 있다. 하지만 사슴은 두 사냥꾼이 협력하여 사냥할 때만 사냥이 가능하다. 한 사냥꾼이 사슴을 사냥하고, 다른 사냥꾼이 토끼를 사냥하면 토끼 사냥꾼은 토끼를 사냥할 수 있지만, 사슴 사냥꾼은 사냥에 실패한다. 그래서 토끼를 사냥한 사냥꾼은 8의 보수를 얻지만, 사슴을 사냥한 사냥꾼은 0의 보수를 얻는다. 만약 두 사냥꾼 모두 토끼를 사냥하면 모두가 사냥에 성공하지만, 사냥한 토끼량은 줄어든다. 그래서 모든 사냥꾼이 5의 보수를 얻는다.

(1) 위 전략적 상황을 일반형 묘사(normal form representation)로 표현하시오.
(2) 이 상황에 우월 전략이 존재하는가? 설명하시오.
(3) 순수 전략 내쉬 균형을 모두 구하시오.
(4) 혼합 전략 내쉬 균형이 존재하는가? 존재하지 않는다면 존재하지 않는 이유를 설명하고, 존재한다면 이를 구하시오.

4 본문에서 논의한 꾸르노 모형을 변형한 다음의 경우를 고려하자. 시장 수요는 다음과 같다.

$$p = 10 - Q$$

두 기업은 고정 비용 없이 기업 1의 한계 비용은 3, 기업 2의 한계 비용은 5이다.

(1) 상대 기업의 생산량이 주어질 때, 각 기업의 이윤 최대화 생산량을 상대 기업 생산량의 함수로 표현하시오.
(2) 이 모형의 내쉬 균형을 구하고, 각 기업의 시장 점유율을 계산하시오.
(3) 만약 기업 1이 슈타켈베르그 리더로서 먼저 생산량을 결정한다면, 부분 게임 완전 내쉬 균형에서 기업 1과 기업 2의 생산량을 구하시오.

5 본문 354쪽 참고

6 본문에서 설명한 꾸르노 모형과 베르뜨랑 모형의 차이점을 이용하여 다음의 논의를 옹호하는 논리와 반박하는 논리를 제시하시오.

> "보통의 사람들은 한 산업이 효과적인 경쟁이 존재하기 위해서는 여러 경쟁하는 기업체가 있어야 한다고 주장한다. 하지만 두 개의 기업이 경쟁하는 것만으로도 충분히 경쟁효과가 발생할 수 있다. 경쟁하는 두 기업은 서로의 소비자를 빼앗아 오기 위해 마치 완전경쟁 기업처럼 가격을 설정할 것이다."

7 본문 359쪽 참고

8 본문 377쪽 참고

9 다음의 진술이 참인지, 거짓인지, 아니면 확실하지 않은지를 밝히고, 이유를 설명하시오.

(1) 우월 전략 균형은 내쉬 균형이다.
(2) 내쉬 균형은 파레토 효율적이다.
(3) 모든 부분 게임 완전 내쉬 균형은 내쉬 균형이다.

Chapter 10

외부성과 공공재

후생 경제학 제1정리가 성립하기 위한 주요한 조건 중 하나는 모든 상품이 시장을 통해 거래된다는 것이다. 그러나 사람들의 효용에 영향을 미치는데도 거래가 되지 않은 상품들이 있다. 예를 들어 실내에서 한 사람이 흡연을 하면 주위 사람들은 간접흡연을 하게 된다. 이런 간접흡연은 그 효과가 긍정적이건 부정적이건 간에 주위 사람들이 강제적인 소비를 하고 효용에 영향을 받게 되는 상품이다. 하지만 간접흡연은 거래되지 않고, 흡연자와 주위 사람 사이에 이에 대한 대가인 가격이 오가지 않는다. 이처럼 거래되지 않지만 행위를 통하여 다른 사람의 효용에 미치는 영향을 경제학에서는 **외부성(externality)**이라 부른다. 이 장에서는 외부성이 있을 때 시장의 균형 자원 배분이 어떻게 결정되고, 이것이 사회적으로 효율적인 자원 배분과 어떤 차이가 있는지를 논의할 것이다. 일반적으로 외부성이 존재하면 시장 균형이 사회적으로 효율적인 자원 배분을 달성하지 못하는데, 이를 해결하기 위해서 정부가 할 수 있는 개입과 시장의 복원 가능성 또한 검토한다.

또한 외부성이 있는 상품의 특별한 사례로 **공공재(公共財)**를 다룬다. 이름 그대로 공공재란 공적으로 모든 사람이 같이 쓰는 상품을 의미한다. 도로, 교량, 치안 서비스 같은 많은 수의 재화나 서비스가 정부가 직접 공급하여 사회의 구성원들이 같이 쓰고 있다. 왜 이런 재화들은 정부가 공급하게 되었는지를 이 장의 논의를 통하여 알아본다.

10.1 외부성에 의한 시장 실패와 그 해법

외부성과 시장 균형

외부성이란 한 경제 주체의 행위가 시장 가격에 반영되지 않고 타인에게 미치는 긍정적 혜택이나 부정적 비용을 의미한다. 여기에서 외부성을 규정짓는 중요한 특징은 시장 가격에 반영되지 않는다는 것이다. 상당수의 서비스는 한 사람의 행위가 다른 사람에게 영향을 미치는 효과이다. 예를 들어 마사지 서비스를 생각하면, 마사지사의 행위가 고객의 효용에 영향을 미친다. 하지만 이 행위는 가격을 통해 거래된다. 고객이 마사지사에게 그 대가로 돈을 지불하고 수요와 공급이 지불할 돈의 수준, 곧 가격을 결정해 준다. 하지만 어떤 영향은 가격을 통한 거래 없이 행해진다. 앞선 언급한 간접흡연이 그런 예 중의 하나이다. 따라서 그 행위에 가격이 없다는 것이 외부성 개념의 가장 중요한 조건이다. 가격이 없는 이유는 이를 거래할 시장이 없기 때문이고, 그래서 외부성은 **불완비 시장(incomplete market)** 혹은 시장 부재의 가장 대표적인 예로 여겨진다.[1]

외부성은 다른 사람에게 미치는 효과가 혜택인지 비용인지에 따라 **긍정적인 외부성**과 **부정적인 외부성**으로 나뉜다. 아름다운 정원을 가꾸면 이웃이나 행인이 가격 지불 없이 이를 보고 즐거움을 누릴 수 있으니, 여기에는 긍정적인 외부성이

1 여기에서는 외부성만을 다루고 있지만, 시장 부재는 상당히 광범위한 문제일 수 있다. 우리는 흔히 상품을 물리적 물건이라 생각하기 쉽지만, 똑같은 물리적 물체라도 그것이 놓여 있는 상황에 따라 다른 상품일 수 있다. 비 오는 날의 우산은 유용하지만 맑은 날의 우산은 무거운 짐에 불과하다. 이론적으로 모든 상품에 대한 시장이 있기 위해서는 비가 올 때의 우산과 비가 오지 않을 때의 우산이 따로 거래되어야 한다. 물론 보험, 선물과 같은 금융 상품들의 존재가 상황에 따른 재화의 가격 변동을 일부 대신해 줄 수 있다.

있다고 말할 수 있다. 한 공장에서 직원에게 일을 시키면서 기계 사용법을 가르치는 것도 긍정적인 외부성이 있다고 할 수 있다. 직원이 직장을 옮겨 다른 회사에서 같은 기계를 다룬다면 상당한 숙련도를 가지고 가게 된다. 이 때문에 더 높은 급여를 받을지도 모르는데, 그렇다고 이 직원이 기계 사용법을 배울 때 이에 대한 대가를 지불하지는 않는다. 만약 기계를 다룰 수 있는 숙련도에도 불구하고 더 높은 급여를 받지 못한다면 다른 회사가 이 교육의 혜택을 받는 것인데, 다른 회사도 이 회사에게 대가를 지불하지 않는다. 반면 간접흡연으로 인한 건강상의 불이익이 있다면 이것은 부정적인 외부성에 해당한다. 가장 대표적인 부정적인 외부성으로는 오염 물질 배출을 들 수 있다. 최근 문제가 되는 기후 변화와 이를 일으키는 탄소 배출 역시 부정적인 외부성의 사례이다.

요약

외부성은 시장에서 거래되지 않은 타인의 효용에 미치는 효과로서, 불완비 시장의 한 사례이다.

이제 부정적인 외부성의 대표적 사례인 오염 물질 배출을 예로 들어서 외부성이 있을 경우의 시장 균형이 어떻게 사회적으로 효율적인 자원 배분과 차이를 보이는지 확인해 보자. 철강 생산 산업 단지가 위치한 도시가 있다고 하자. 철강 시장은 완전 경쟁 시장이며, 수요와 공급은 〈그림 10-1〉의 패널 (a)에 나타나 있다. 지난 논의를 통해 우리는 공급 곡선이 철강에 대한 한계 생산 비용(MC)을 나타내고, 수요 곡선은 소비자가 철강에 대해 지불할 용의가 있는 금액, 즉 한계 편익(MB)을 나타낸다는 것을 알고 있다. 시장 균형은 수요와 공급이 만나는 점에서 얻어지며, 보통의 경우 이 시장 균형은 한계 편익과 한계 비용이 만나는 점이기도 하기 때문에 사회적으로 효율적인 생산 수준이다. 이때의 가격은 현재 생산 수준에서 한계 생산 비용이고, 동시에 소비자가 소비하면서 얻는 한계 편익이기도 하다.

그런데 철강 생산 과정에서 오염 물질이 배출된다고 하자. 논의의 편의를 위해 오염 물질 배출로 인하여 어업의 피해가 발생하고, 피해 정도는 어획량의 감소와 이의 현금 가치로 평가할 수 있다고 하자. 철강 생산량이 늘수록 오염 물질 배출량은 많아지고 추가적인 생산량이 어획량에 미치는 영향도 커진다. 추가적인 생산량이 어업에 미치는 피해를 **한계 외부 비용(MEC: marginal external cost)**이라 하는데, 이 피해가 〈그림 10-1〉의 패널 (b)에 표시되어 있다. 그렇다면 철강 생산의 사회적 한계 비용은 단지 한계 생산 비용이 아니다. 한계 생산 비용은 철강 생산 업자가 부담하는 사적인 한계 비용일 뿐이다. **사회적 한계 비용**은 한계 생산 비용과 철강 생산이 어업에 미치는 부정적 영향인 한계 외부 비용을 합한 것이다. 패널 (b)의 MC^S는 사회적 한계 비용을 나타낸다. 이는 공급 곡선 S와 한계 외부 비용 곡선 MEC를 수직으로 더한 값이다. 사회적으로 효율적인 생산 수준은 사회적 한계 비용과 (사회적) 한계 편익이 같아지는 점이고, 패널 (b)의 Q^{**}가 사회적으로 효율적인 생산 수준을 나타낸다.

시장 균형은 사회적으로 효율적인 수준과 다른 생산 수준을 가지기 때문에 비효율적이다. 이때 비효율은 사중 손실로 측정될 수 있다. 패널 (b)에서 Q^{**}를 넘어서는 생산량은 사회적 한계 비용이 사회적 한계 편익보다 높다. 그 차이가 음(−)의 잉여로 잡히고 Q^{**}에서 Q^*에 이르기까지 음의 잉여가 누적된 것이 사중 손실이다.

일반적으로 부정적인 외부성이 있으면 시장 생산량(혹은 소비량)은 사회적으로

그림 10-1 외부성: 시장 균형과 사회적으로 효율적인 생산 수준

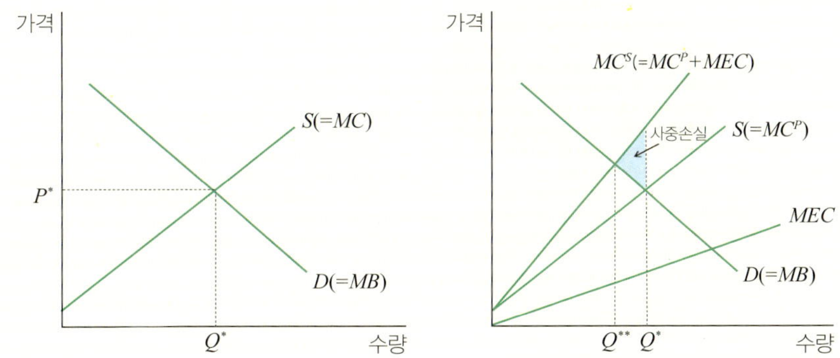

(a) 시장 균형 (b) 외부성과 효율적인 생산 수준

효율적인 수준보다 더 높고 긍정적인 외부성이 있으면 사회적으로 효율적인 수준보다 더 낮다. 〈그림 10-1〉의 경우 철강 생산자가 생산 결정에서 오염 물질에 따른 사회적 비용을 지불하지 않기 때문에 시장 균형은 사회적으로 효율적인 수준보다 철강을 과잉 생산하게 된다. 반면 백신 접종처럼 긍정적인 외부성이 있는 경우, 소비량은 사회적으로 효율적인 수준보다 낮다. 백신 접종은 접종자의 감염 가능성을 낮추는 동시에 주변 사람이 감염될 가능성도 낮추는 효과가 있다. 그러나 주변 사람이 감염되는 확률이 낮아지는 효과는 개인의 백신 접종 여부 결정에서 고려되지 않기 때문에 시장에서 결정되는 접종률은 사회적으로 효율적인 수준보다 떨어질 수 있다.

요약

외부성이 있으면 시장 균형은 사회적으로 효율적인 거래와 달라지며, 사중 손실이 발생한다. 부정적인 외부성이 있는 경우 상품은 과잉 생산되며, 긍정적인 외부성이 있는 경우 과소 생산된다.

정부 개입에 따른 시장 실패의 교정: 피구세와 피구 보조금

사회적으로 효율적인 생산(혹은 소비) 수준을 회복하기 위해서는 외부성을 시장 참가자가 비용으로 인식하도록 해야 한다. 이를 위해 정부가 세금과 보조금을 사용할 수 있다. 이를 제안한 경제학자 피구(Alfred Pigou)의 이름을 따서 이런 세금과 보조금을 각각 **피구세(Pigouvian tax)**와 **피구 보조금(Pigouvian subsidy)**이라 부른다.

세금이나 보조금이 어떻게 사회적으로 효율적인 생산 수준을 달성하도록 활용될 수 있는지 알아본다. 〈그림 10-2〉는 〈그림 10-1〉 패널 (b)의 상황을 그대로 옮겨 놓은 것이다. 〈그림 10-2〉의 패널 (a)는 피구세를 활용하여 사회적으로 효율적인 생산 수준을 회복하는 방법을 보여준다. 먼저 사회적으로 효율적인 생산 수준에서 한계 외부 비용 수준을 측정한다. 이는 그림에서 사회적 한계 비용 MC^S와 사적 한계 비용 MC^P의 차이이다. 이렇게 측정한 한계 외부 비용을 종량세 T로 부과하여 생산자에게 걷는다. 이제 생산자는 생산을 늘릴 때 생산의 한계

그림 10-2 피구세와 피구 보조금을 통한 시장 실패의 교정

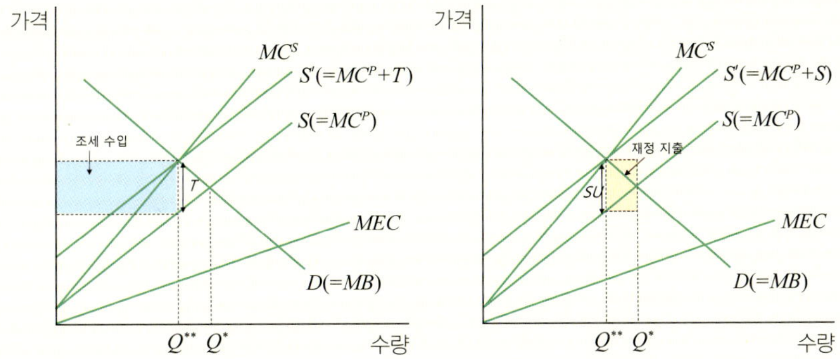

(a) 피구세 (b) 피구 보조금

비용과 더불어 종량세 T를 추가적으로 부담한다. 따라서 생산자가 인지하는 한계 비용은 종량세만큼 상승하고, 이것이 새로운 공급 곡선이 된다. 따라서 사회적으로 효율적인 생산 수준 Q^{**}가 시장 균형이 된다. 피구세의 부과는 효율성을 회복할 뿐만 아니라 조세 수입도 만들어 낸다. 종량세 T와 거래량 Q^{**}를 곱한 값인 패널 (a)의 색칠한 사각형의 면적이 피구세를 통한 조세 수입이 된다. 이는 조세 수입을 위한 세금 부과가 사중 손실을 가져오는 일반적인 경우와 다르다. 그래서 일반적인 세금은 시장 왜곡을 발생시키는 세금(distortionary tax)이지만, 피구세는 시장 비효율을 교정하는 세금(corrective tax)이다.

부정적인 외부성에 대응해 보조금을 주는 정책도 효율성을 회복하는 수단으로 쓰일 수 있다. 부정적인 외부성이 있을 때는 생산을 줄이는 것이 효율성을 높일 수 있는 방향이므로 보조금은 생산 감소에 대해 지급한다. 피구세와 마찬가지로 사회적으로 효율적인 생산량 Q^{**}에서 한계 외부 비용을 측정해 이를 생산 단위당 보조금 SU로 책정한다. 현재의 생산량 Q^*를 받아들이고 여기에서 생산을 줄일 때마다 줄어드는 생산량 단위당 보조금 SU를 지급한다. 생산자 입장에서는 생산량을 늘릴수록 생산 단위당 보조금 SU를 포기하는 것이기 때문에 이를 비용으로 인식한다. 따라서 기업이 인식하는 한계 비용은 한계 생산 비용에 포기하는 보조금 SU를 더한 값이다. 결국 피구세를 부과하는 경우와 마찬가지로 공급 곡선

이 보조금 액수만큼 위로 평행이동하고, 생산량에 미치는 효과도 피구세와 같다. 다만, 피구세와 달리 보조금은 정부 지출을 발생시킨다. 단위당 보조금 *SU*와 생산량 축소분 $Q^{*}-Q^{**}$를 곱한 값인 패널 (b)의 색칠한 사각형 영역이 정부의 보조금 지출 금액이다. 보조금을 통한 정책은 세금과 동일한 효과를 내지만, 보조금을 주기 위해서는 보통 효율성의 손실을 가져오는 다른 재정 수입을 확보해야 한다는 점, 부정적인 외부성을 일으키는 산업에 대해 보조금을 준다는 것이 정치적으로 부담된다는 점 등의 이유 때문에 실제로는 세금이 선호될 가능성이 높다.

긍정적인 외부성이 있는 경우에도 세금 또는 보조금을 통해 사회적으로 효율적인 생산 혹은 소비 수준을 달성할 수 있다. 앞서 언급한 백신 접종의 경우 백신 접종을 했을 때 주는 보조금과 백신 접종을 하지 않을 때 부과하는 세금(혹은 벌금)은 동일한 효과를 낸다. 하지만 부정적인 외부성의 경우와 마찬가지로 정책에 대한 정치적 지지는 다를 수 있다.

요약

부정적인 외부성이 있는 상품의 생산에 세금을, 감산에 보조금을 부과하면 사회적으로 효율적인 생산 수준을 회복할 수 있다.

소유권 설정에 따른 시장 실패의 교정: 코우즈(Coase) 정리

외부성으로 인한 시장 실패가 발생한 이유는 외부성이 시장에서 거래되지 않기 때문이다. 시장이 없기에 가격이 없고 효과에 대한 정당한 대가 지불이 발생하지 않는다. 따라서 외부성에 대한 시장을 복원해 주면 그로 인한 시장 실패도 사라질 것이다. 이것이 경제학자 코우즈(Ronald Coase)가 생각한 시장 실패의 교정 방식이다.

그럼 시장이 존재하지 않은 이유는 무엇인가? 그것은 소유권이 명확하게 정의되어 있지 않기 때문이다. 흡연자의 흡연과 주변 사람의 간접흡연 문제를 떠올려 보자. 공간과 그 안에 숨쉬는 공기에 대한 소유권이 명확하면, 흡연할 수 있는 권리는 거래될 수 있다. 비흡연자가 소유권을 가지고 있다면, 흡연자는 간접흡연의 효과만큼 가격을 지불하고 흡연할 수 있는 권리를 가지게 될 것이다. 따라서 소유권을 정확하게 정의해 준다면 시장이 복원되어 시장 실패 문제가 해결될 수 있다는 것이 **코우즈 정리**의 내용이다.

앞서 다루었던 철강 생산과 이로 인한 오염 물질 배출이 어업 활동에 영향을 미치는 사례를 가지고 소유권의 정의와 시장의 복원이 어떻게 사회적으로 효율적인 생산 수준을 달성할 수 있게 하는지 확인해 본다. 어업이 이루어지는 바다에 오염 물질이 배출된다고 할 때, 바다에 대한 소유권을 정의하면 오염 물질 배출에 대한 거래가 이루어질 수 있다. 바다에 대한 소유권은 철강 생산자들이 가질 수도 있고, 어업 종사자가 가질 수도 있다.

우선 어업 종사자들이 바다에 대한 소유권을 가지는 경우를 고려한다. 이제 철강 생산업자들은 바다에 오염 물질을 배출하기 위해 소유권자인 어업 종사자들의 허가가 필요하다. 따라서 오염 물질 배출 권리에 대한 시장이 형성된다. 권리를 파는 측은 어업 종사자들이고 이를 사야 하는 측은 철강 생산자이다. 〈그림 10-3〉의 패널 (a)에서 거래가 이루어지기 전 철강 생산은 0이고, 철강 추가 생산을 위한 오염 물질 배출 권리를 사면 수요 곡선에서 구해진 가격에서 한계 생산비용을 뺀 만큼의 이윤(그림의 A)이 발생한다. 따라서 철강 생산 업자는 추가적인 철강 생산을 위해 오염 물질 배출 권리를 A의 가격에 사들일 용의가 있다. 반면

그림 10-3 소유권 설정을 통한 시장 실패의 교정

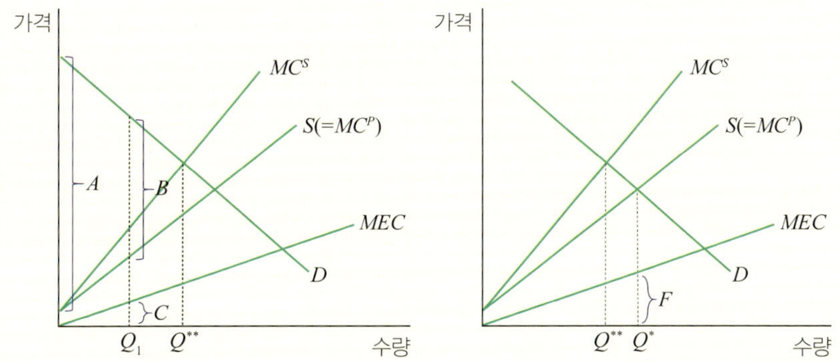

(a) 어업 종사자가 소유권을 가지는 경우 (b) 철강 생산자가 소유권을 가지는 경우

철강 생산 수준이 0이면 어업에 미치는 한계 외부 비용은 0이다. 따라서 어업 종사자들은 오염 물질 배출 권리를 낮은 가격에 팔 수 있어 거래가 발생한다. 오염 물질 배출권이 일부 거래되어 현재의 철강 생산이 Q_1이라 하더라도 추가적인 거래는 계속 가능하다. 이 생산 수준에서 철강 가격은 수요 곡선에서, 한계 비용은 공급 곡선에서 구해지는데, 추가적인 생산을 통해 얻는 이윤은 패널 (a)의 B이다. 따라서 철강 생산 업자가 추가적인 철강 생산을 위해 오염 물질 배출 권리를 B의 가격에 사들일 용의가 있다. 반면 어업 종사자들이 이 권리 판매를 통해 받는 피해는 C이고, 이 이상의 가격에는 권리를 팔 용의가 있다. 따라서 거래가 추가적으로 발생한다. 배출 권리에 대한 거래가 멈추는 것은 철강 생산자가 추가 생산으로 얻을 수 있는 이윤이 어업 종사자들이 철강의 추가 생산으로 입을 피해가 같아지는 생산량 Q^{**}이고, 이 생산량은 사회적으로 효율적인 생산 수준이다. 즉, 어업 종사자들이 바다에 대한 소유권을 가지는 경우 사회적으로 효율적인 철강 생산 수준이 달성되도록 오염 물질 배출에 대한 권리가 거래될 것이다.

반대로 철강 생산자들이 바다에 대한 권리를 가지고 있는 경우를 고려한다. 이제 철강 생산자들은 자기들이 원하는 만큼 오염 물질을 배출할 수 있고, 오염 물질 배출을 줄이기 위해서는 어업 종사자들이 오염 물질 배출을 줄이는 권리를 사들여야 한다. 권리에 대한 거래가 없는 상태에서 철강 생산자들은 철강 시장의 균형에서 생산을 한다. 〈그림 10-3〉의 패널 (b)에서 Q^*가 철강 시장의 균형이다. 이때 오염 물질을 줄이는 권리를 팔면, 철강 생산자의 이윤 감소는 미미하다. 반면 어업 종사자가 이 권리를 사면 그림의 F만큼 손실을 줄일 수 있으므로 그만큼의 가격을 지불할 용의가 있다. 따라서 권리에 대한 거래는 철강 생산자들이 받아야 하는 가격과 어업 종사자들이 낼 용의가 있는 가격이 일치하는 Q^{**}에서 멈춘다. 즉, 철강 생산자들이 바다에 대한 소유권을 가진 경우에도 사회적으로 효율적인 철강 생산 수준이 달성되도록 오염 물질 배출을 줄이는 권리가 거래될 것이다.

두 경우에서 확인할 수 있듯이 소유권이 명확해지기만 하면 누가 소유권을 가지는지에 관계없이 사회적으로 효율적인 생산 수준은 달성된다. 다만 소유권을 누가 가지는가는 후생의 분포에 영향을 준다. 어업 종사자들이 소유권을 가지면 오염 물질 배출에 대한 권리가 거래되는 과정에서 철강 생산자들이 어업 종사자들에게 돈을 지급한다. 따라서 후생이 철강 생산자에서 어업 종사자로 이전한다. 반면 철강 생산자들이 소유권을 가지게 되면 후생은 어업 종사자에서 철강 생산자로 이동한다. 하지만 후생의 이전은 사회 전체의 후생에는 영향을 주지 않고, 사회적으로 효율적인 생산 수준 달성으로 사회 전체적인 후생은 증가할 것이다.

소유권만 정확하게 정의하면 누가 소유권을 가지는지와 상관없이 사회적으로 효율적인 자원 배분을 달성할 수 있다는 코우즈 정리는 이론적으로 깨끗한 결과를 제공하지만, 이것이 성립하기 위해서는 아주 중요한 전제조건이 있다. 그것은 시장 거래에 거래 비용이 무시할 수준으로 작아야 한다는 것이다.[2] 우리는 오염 물질 배출 권리나 줄이는 권리에 대한 거래가 쉽게 이루어지는 것처럼 묘사했지만, 실제 경제에서 이 권리의 거래에는 많은 비용이 동반될 가능성이 있다. 다수의 철강 생산자들이 있을 때 누가 얼마나 오염 물질을 배출하는지가 정확하게 파악되어야 하고, 어업 종사자들도 누가 얼마나 피해를 보는지가 정확하게 파악되어야 한다. 이론에서는 단순한 선으로 표시된 모든 것들을 실제로 파악하기는 힘들다. 더구나 다수의 어업 종사자들이 바다에 대한 권리를 공동 소유하게 된다면, 권리 판매의 수익을 어떻게 나누어 가질지 등도 쉽게 결정하기 어렵다. 이런 모든 거래 비용 때문에 소유권이 정확하게 정의된다고 하더라도 효율적인 자원 배분이 달성될 수 있을지는 의문이다. 그러나 코우즈의 생각은 환경 정책에 응용되어 **배출권 거래제도(cap and trade scheme)**의 도입을 가능하게 하였다.

요약

외부성은 불완비 시장의 하나이므로 소유권을 명확하게 해 시장을 만들어 주면 사회적으로 효율적인 생산 수준을 회복할 수 있다. 단, 시장에서 거래 비용의 존재는 이를 어렵게 할 수 있다.

2 이론적 내용의 제안자인 코우즈는 거래 비용 문제를 항상 중요하게 다루었다. 5장에서 소개한 그의 기업 이론과 관련한 논의를 참고하라.

환경 정책으로 응용: 오염 물질 배출세와 배출권 거래제

위 논의에서 외부성으로 인한 시장 실패를 해결하기 위해 도입된 피구세 혹은 피구 보조금은 철강 생산과 같이 부산물로 오염 물질을 발생시키는 상품에 부과된다. 하지만 오염 물질의 배출을 줄이기 위해서 꼭 상품 자체의 생산을 줄일 필요는 없다. 오염 저감 장치나 오염 물질 자체가 덜 나오도록 하는 생산 기술의 혁신을 통해서도 오염 물질의 배출을 줄일 수 있다. 따라서 세금 혹은 가격을 부과한다면 오염물을 부산물로 만들어내는 상품에 부과하기보다 오염 물질 자체에 부과하는 것이 더욱 효과적이다.

오염 물질에 직접적으로 부과하는 가격이 **오염 물질 배출세**다. 그렇다면 사회적으로 효율적인 오염 물질 배출세는 어떻게 구할까? 〈그림 10-4〉의 패널 (a)는 오염 물질 배출 감축에 따른 한계 편익과 한계 비용을 보여준다. 오염 물질을 감축하면 주변 지역 거주자의 건강 증진, 다른 산업의 생산력 회복, 생태 문제 감소 등 여러 가지 혜택이 발생한다. 이를 뭉뚱그려 오염 물질 배출 감소의 편익을 생각할 수 있다. 오염 물질 배출이 많을 때(감축량이 적을 때) 이를 추가적으로 감축하는 것의 편익이 오염 물질 배출이 적을 때(감축량이 많을 때) 추가적인 감축의 편익보다 클 것이므로, 배출 감소의 한계 편익은 감축량이 늘어날수록 줄어든다. 이는 오른쪽으로 내려가는 형태의 감축의 한계 편익 곡선으로 나타난다.

다른 한편으로 오염 물질 배출 감소의 한계 비용을 생각할 수 있다. 오염 물질은 생산의 부산물로 발생하는 경우가 많다. 따라서 오염 물질 배출을 줄이려면 상품의 생산을 감소시켜야 한다. 이때 포기되는 상품의 생산과 이의 소비를 통한 순편익(소비의 편익에서 직접적 생산 비용을 뺀 값)이 오염 물질 배출 감소의 비용이 된다. 생산을 줄이지 않더라도 오염 물질 배출 저감 장치의 설치 등은 직접적인 비용을 발생시킨다. 배출량이 많을 때 이를 줄이는 것보다 배출량이 적을 때 이를 추가적으로 줄이는 것이 더 힘들 것이다. 따라서 배출량 감소의 한계 비용은 감축량이 늘어남에 따라 증가하고, 이는 오른쪽으로 올라가는 형태의 감축의 한계 비용 곡선으로 나타난다.

배출량 감소의 한계 편익과 한계 비용이 일치하는 점에서 사회적으로 효율적

그림 10-4 효율적인 오염 물질 배출세

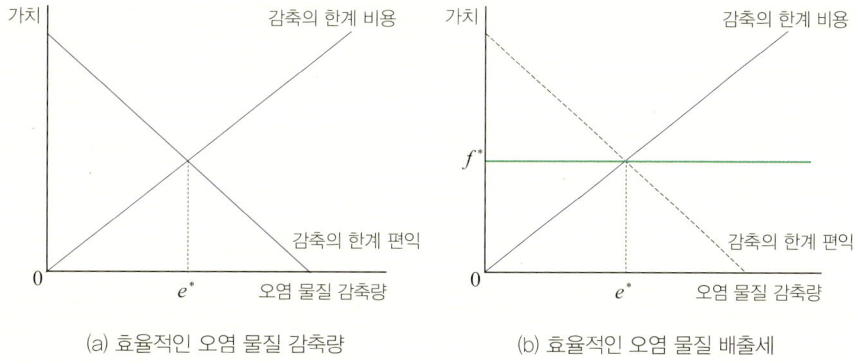

인 오염 물질 감축량을 구할 수 있다. 패널 (a)의 e^*가 사회적으로 효율적인 오염 물질 감축량을 보여준다. 오염 물질 배출은 나쁜 것이지만, 이를 완전히 제거하는 것은 사회적으로 효율적이지 않을 수도 있다. 이를 감축하는 데 많은 비용이 들 수 있기 때문이다. 따라서 어느 정도의 오염을 용인하는 것이 사회적으로 효율적일 수 있다. 하지만 감축의 편익이 훨씬 크다면 효율적인 감축량은 늘어나고 오염 물질 배출은 미미한 수준으로 떨어질 수 있다. 실제로 오염 물질 감축의 편익과 비용을 측정하는 것은 어렵고 논쟁적인 문제이지만, 앞으로의 논의에서는 효율적인 감축량을 구한 상태에서 이를 어떻게 달성할 수 있을지를 논의한다.

사회적으로 효율적인 오염 물질 감축량이 정해지면 이 감축량 수준에서 오염 물질 배출 감소의 한계 편익과 한계 비용을 생각해 볼 수 있다. 오염 물질 감축의 한계 비용은 보통 오염 물질을 배출하는 경제 주체가 부담하는 데 반해, 감축의 한계 편익은 사회의 다른 구성원이 누린다. 비용을 부담하는 주체와 편익을 누리는 주체가 다르다는 것은 곧 외부성이 존재한다는 뜻이고, 외부성의 존재가 바로 사회적으로 효율적인 오염 감축이 발생하지 않는 이유이다. 따라서 효율적인 감축량을 달성하려면, 오염 물질을 배출하는 경제 주체에게 오염 물질 감축의 편익을 인식시켜 주어야 한다. 이것이 오염 물질 배출세의 역할이다.

패널 (b)는 효율적인 오염 물질 배출세를 보여준다. 효율적인 오염 물질 배출세는 사회적으로 효율적인 감축량 수준에서 구한 오염 물질 감축의 한계 편익으로 설정한다. 패널 (b)의 f^*가 이 수준의 오염 물질 배출세를 보여준다. 오염 물질을 배출하는 주체는 오염 물질을 감축할 때 오염 물질 배출세만큼을 절약할 수 있다. 따라서 오염 물질 배출세는 오염 물질을 배출하는 경제 주체에게는 오염 물질 감축의 한계 편익이다. 즉, 오염 물질 배출세가 오염 물질 감축의 한계 비용보다 크면, 비용을 들여 오염 물질을 감축하고 배출세를 아끼는 것이 더 이익이다. 결국 오염 물질 배출세와 오염 물질 감축의 한계 비용이 일치하는 수준까지 오염 물질을 감축할 것이므로, 사회적으로 효율적인 오염 물질 감축량이 달성된다. 오염 물질 배출세는 오염 물질에 직접적으로 부과하는 피구세와 유사하다.

상품에 대해 피구세를 부과하는 것보다 오염 물질에 직접 세금을 부과하는 것이 여러 면에서 이점이 있다. 첫째, 앞서 설명한 것처럼 생산량 축소 이외에도 오염물 저감 장치의 설치 등 다른 수단을 통하여 오염 물질을 감축할 수 있는 가능성을 열어 둔다. 상품에 대한 피구세는 상품량 축소 외에 세금 부담을 줄일 장치가 없지만, 오염 물질 배출세가 부과되면 오염물 저감 장치의 설치를 통해서도 세금 부담을 줄일 수 있다. 둘째, 오염 물질 배출세는 동일한 오염 물질을 배출한다면 산업에 상관없이 모두 동일하게 적용될 수 있다. 반면 피구세는 각기 다른 산업에 따라 생산량에 따른 오염 물질 배출을 평가해 적용해야 한다. 셋째, 동일 산업에서도 생산자들의 기술력에 따라 생산량에 따른 오염 물질 배출이 다를 수 있는데, 오염 물질 배출세는 이에 따라 오염 물질 감축 부담을 효과적으로 배분한다. 생산량을 많이 줄이지 않고도 오염 물질 감축을 할 수 있는 효율적인 기업이 있어도 상품에 대한 피구세는 기업에 상관없이 생산량에 따른 동일한 세금 부담을 요구한다.

요약

오염 물질 감축의 한계 편익과 한계 비용이 같아지는 점에서 사회적으로 효율적인 오염 물질 감축량을 결정한다. 이 수준에서의 한계 비용을 오염 물질 배출세로 부과하면 효율적인 감축량 수준을 달성할 수 있다.

여기에서는 오염 물질 배출세가 오염 물질 감축의 부담을 효과적으로 배분한다는 세 번째 측면을 더 자세히 살펴본다. 동일 산업에 두 기업 *A*와 *B*가 있고, 두 기업 모두 오염 물질을 배출한다. 하지만 오염 물질 감축에 따른 한계 비용은 서로 다르다고 하자. 예를 들어, 효율적인 기업 *A*는 생산량의 대규모 감축과 같이 비용이 많이 드는 조치를 취하지 않고도 오염 물질을 줄일 수 있는 반면, 비효율적인 기업 *B*는 오염 물질을 줄이기 위해 큰 비용을 부담해야 한다고 하자. 〈그림 10−5〉가 예로 든 상황을 보여준다. 왼쪽 그림은 기업 *A*의 오염 물질 감축에 따른 한계 비용을, 오른쪽 그림은 기업 *B*의 한계 비용을 보여준다. 기업 *B*의 한계 비용이 기업 *A*의 한계 비용보다 동일한 오염 물질 감축량 수준에서 더 높고, 오염 물질 감축에 따라서도 훨씬 더 가파르게 증가하고 있는 것을 확인할 수 있다.

효율적으로 오염 물질을 저감하기 위해서는 두 기업의 한계 비용이 같아지도록 오염 물질 감축량을 배분해야 할 것이다. 만약 두 기업의 오염 물질 감축의 한계 비용이 다르다면, 한계 비용이 낮은 기업에게 더 많은 감축을 하도록 하는 것이 감축의 비용을 줄이는 방법이 될 것이기 때문이다. 따라서 두 기업에게 동일한 양의 오염 물질 감축을 요구하는 것은 비효율적인 오염 물질 감축 방식이다.

오염 물질 배출세는 자연스럽게 효율적인 오염 물질 감축의 배분을 달성한다. 그림처럼 *f*의 오염 물질 배출세를 도입했다고 하자. 그러면 각 기업은 배출세와 감축의 한계 비용이 같아지는 지점까지 오염 물질을 감축하여 그림의 e_A^*와 e_B^*가

그림 10−5 배출세에 따른 오염 물질 감축량의 효율적인 배분

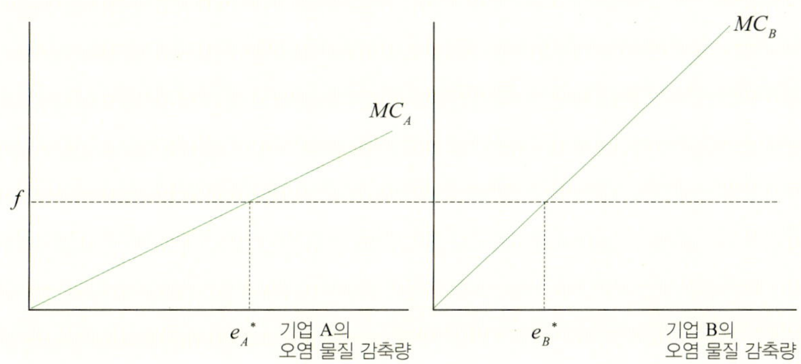

각 기업이 선택한 오염 물질 감축량이 된다. 각 기업 입장에서는 오염 물질을 감축하면 배출세 납부를 그만큼 절약할 수 있기 때문에, 오염 물질 배출세는 기업에게 오염 물질 감축의 한계 편익이 된다. 따라서, 이 한계 편익이 한계 비용과 같아지는 점까지 오염 물질 감축을 한다. 그러면 자연스럽게 두 기업의 오염 물질 감축의 한계 비용은 같아질 것이다.

효율적인 오염 물질 감축량의 배분은 **배출권 거래 제도**를 통하여서도 달성할 수 있다. 오염 물질 배출세가 오염 물질 배출의 가격을 조정하여 목표로 하는 오염 물질 감축량을 달성하는 데 반해, 배출권 거래 제도는 오염 물질 감축량 목표를 배출권의 발행으로 달성한 후 시장이 자연스럽게 오염 물질 배출의 가격, 즉 배출권의 가격을 결정하도록 하는 것이다. 〈그림 10-4〉에서 구한 효율적인 오염 물질 감축량 e^*를 달성하기 위해서 현재 오염 물질 배출량에서 감축량 목표를 제외한 만큼의 배출권을 발행한다. 기업은 이 배출권을 가진 경우에만 오염 물질을 배출할 수 있다. 따라서, 자연스럽게 감축량 목표가 달성된다. 만약 모든 기업이 같은 양의 오염 물질을 배출하는 상태에서 배출권을 똑같이 나누어 주면, 모든 기업은 동일한 양의 오염 물질 감축을 해야 한다. 하지만 기업마다 오염 물질 감축에 따른 한계 비용이 다른 경우 각 기업이 동일한 양의 오염 물질 감축을 하는 것은 비효율적인 방법이다. 효율적인 오염 물질 감축량 배분을 위해서는 발행된 배출권이 기업들 사이에서 거래되도록 해야 한다.

다시 오염 물질 감축의 비용이 다른 두 기업 A와 B를 고려해 보자. 〈그림 10-6〉은 〈그림 10-5〉에서 묘사했던 두 기업의 오염 물질 감축 한계 비용을 그대로 옮겨 놓은 것이다. 두 기업의 오염 물질 배출량이 같은 상태에서 동일한 양의 배출권을 발행받았다면, 두 기업의 오염 물질 감축량 역시 같다. 배출권이 최초로 배분된 상태에서 각 기업의 오염 물질 감축량은 그림의 $e_A^0=e_B^0$로 표시되어 있다. 하지만 이 경우 기업 B의 오염 물질 감축 한계 비용이 기업 A보다 더 높다. 만약 기업 B가 배출권을 한 단위 더 산다면, 이 한계 비용을 아낄 수 있다. 따라서 기업 B는 배출권에 대해 한계 비용만큼, 즉 그림의 p_B만큼 지불할 용의가 있다. 반면 기업 A가 배출권을 판다면, 오염 물질 배출을 줄여야 하고 이 한계 비용만큼의 추가 비용이 든다. 따라서 기업 A가 배출권을 팔기 위해 받아야 하는 최

그림 10-6 배출권 거래 제도를 통한 오염 물질 감축량의 효율적인 배분

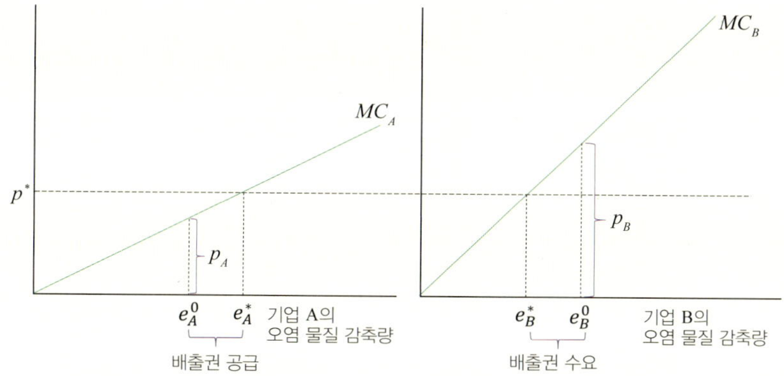

소 가격은 그림의 p_A이다. 배출권에 대해 기업 B가 지불할 용의가 있는 금액인 p_B는 기업 A가 받아야 하는 금액 p_A보다 더 크므로, 기업 A로부터 기업 B에게로 배출권이 팔리는 거래가 이루어질 것이다. 배출권 거래 시장이 완전 경쟁이라면 주어진 배출권 가격에서 배출권의 공급과 수요가 같아질 것이고, 배출권 가격이 기업 A와 B의 오염 물질 감축의 한계 비용과 같아진다. 그림은 배출권 거래의 균형 상태 역시 보여준다. 기업 A는 배출권을 팔고, 대신 감축량을 늘렸다. 반면 기업 B는 배출권을 사들여 감축량을 줄였다. 기업 A의 늘어난 감축량이 배출권 시장의 공급을, 기업 B의 줄어든 감축량이 배출권 시장의 수요를 나타내고, 수요와 공급이 같은 수준에서 배출권의 균형 가격이 구해진다. 이 배출권의 가격은 곧 각 기업의 감축 한계 비용과 같다. 결국 배출권 거래 제도를 사용하여도 두 기업의 오염 물질 감축의 한계 비용이 같아지도록 효율적인 감축 배분이 이루어진다.

소유권의 확립을 통하여 외부성의 거래 시장을 만들어 주면 사회적으로 효율적인 배분을 달성할 수 있다는 것이 코우즈 정리이다. 이때, 소유권을 누가 가지는지는 자원 배분의 결과에 차이를 만들지 않았다. 마찬가지로 배출권 거래 제도에서도 최초의 배출권 발행이 어떻게 이루어져 있는지는 감축량의 효율적 배분이 달성되는 거래의 결과에 영향을 미치지 않는다. 극단적으로 기업 B가 발행된 모든 배출권을 배정받는다고 하더라도 배출권의 가격은 두 기업의 오염 물질 감

축의 한계 비용이 같아지도록 설정될 것이고, 거래가 이루어진 후의 배출권의 배분 상태 역시 〈그림 10-6〉의 경우와 같을 것이다. 다만 최초에 배출권을 많이 받은 기업은 이를 팔아서 얻은 추가적인 이윤을 누린다. 배출권을 많이 배정받은 기업이 유리하므로, 최초에 배출권을 배정하는 방식은 이를 많이 배정받은 산업이나 기업에 특혜를 주는 것으로 받아들여질 수 있다. 이런 문제를 완화하기 위해 배출권을 최초 배정할 때 무료로 배정하지 않고 일정한 가격에 파는 방법도 가능하다.

오염 물질 배출세와 배출권 거래 제도는 동일한 목표를 지향하지만, 오염 물질 배출세가 가격을 통제하는 방법을 쓰는 반면에 배출권 거래제도는 수량을 통제하는 방법을 쓴다는 점에서 다르다. 하지만 가격과 수량은 동일한 시장의 다른 측면이기 때문에 두 제도가 달성하는 오염 물질 감축 방식은 이론적으로 다르지 않다. 물론 현실적으로 오염 물질 감축의 한계 비용에 대한 정보는 우리가 이론에서 가정하는 것처럼 완벽하게 알려져 있지는 않다. 따라서 배출세를 정했을 때 어느 정도의 오염 물질 감축이 일어날지는 불확실하며, 배출권을 발행했을 때 배출권 가격이 어느 수준에서 결정될지도 불확실하다. 만약 배출세를 통하여 오염 물질 감축이 충분히 일어나지 않으면 배출세를 올리는 과정을 밟게 될 것이다. 마찬가지로 배출권 가격이 지나치게 높게 형성되어 일부 산업에 부담이 된다면 배출권 발행을 늘릴 수 있다.

요약

오염 물질 배출세와 배출권 거래 제도는 오염 물질 감축의 효율적인 배분을 가능하게 한다. 배출세는 오염 물질 배출의 가격을 배출권 거래제도는 배출의 수량을 통제하는 것으로 이론적으로 동일한 효과를 낸다.

10.2 공공재(public goods)

이제 외부성을 포함한 특별한 재화인 공공재에 대해서 논의한다. **공공재(公共財)**

란 문자 그대로 공적으로 같이 쓰는 재화를 말한다. 이런 성격을 가진 상품으로는 도로, 항만, 공항과 같은 사회 간접 자본뿐만 아니라, 치안, 행정, 국방 서비스 등이 있다. 이런 상품과 서비스는 전통적으로 국가가 공급을 담당해 왔다. 이 절에서는 전통적으로 국가가 공급을 담당하는 이런 상품들이 어떤 특징이 있는지를 관찰하고 이를 기초로 공공재를 정의한다. 또한 공공재의 효율적인 공급 수준이 어떻게 결정되는지 평가하고, 시장에서 거래되는 보통의 재화, 혹은 사용재(私用財, private goods)의 효율적인 공급 수준의 결정과는 어떻게 다른지를 검토한다. 이를 통하여 왜 이런 상품들이 전통적으로 국가에 의해 공급되었는지 밝혀질 것이다.

공공재의 정의와 상품의 종류

정부가 공급하는 대표적인 서비스로 국방 서비스를 들 수 있다. 국방 서비스는 우리가 흔히 시장에서 사는 빵 같은 상품과는 어떻게 다를까? 빵은 내가 먹으면 내 친구는 먹지 못한다. 국방 서비스는 내가 그 서비스로부터 보호받는다고 해서 내 친구가 서비스를 받지 못하는 것이 아니다. 나의 소비가 다른 사람의 소비를 방해하지 않는 이런 특성을 우리는 **비경합성(non-rivalry)**이라 부른다. 보통 시장에서 거래되는 재화는 누군가가 소비하면 다른 사람은 소비하지 못한다. 즉, 소비가 경합적이다. 하지만 국방 서비스나 치안 서비스는 내가 그런 서비스를 누린다는 것이 다른 사람의 소비를 방해하지 않는다. 공공재는 소비에서 비경합적인 특성을 갖는다.

빵과 같은 상품은 그 대가를 지불해야만 소비를 할 수 있다. 하지만 국방 서비스는 일단 서비스가 시작되면 한 국가 안의 모든 사람이 그 대가를 지불했건 지불하지 않았건 간에 소비할 수 있다. 특정한 소비자를 소비에서 배제시킬 수 없는 이런 특성을 **배제 불가능성(non-excludability)**이라 한다. 시장에서 거래되는 대부분의 상품의 경우 대가를 지불하지 않은 사람들은 상품을 소비하지 못한다. 즉, 소비에서 배제된다. 하지만 공공재는 일단 공급되면 소비할 수 있는 사람을 정하여 공급할 수 없다. 치안 서비스로 사회가 안전하면 모든 구성원이 안전하다. 공공재는 배제 불가능한 특성을 갖는다.

공공재는 앞서 언급한 두 가지 특성, 비경합성과 배제 불가능성을 갖춘 상품을 말한다. 이 두 가지 특성으로 공공재를 정의하고 나면 그 반대편에 경합적이고 배제 가능한 상품을 정의할 수 있는데, 이것이 사용재이다. 하지만 경합성과 배제 가능성의 측면에서 상품을 분류하면 공공재와 사용재만 있는 것은 아니다. 경합적이지만 배제 불가능한 상품, 그리고 비경합적이지만 배제 가능한 상품도 생각할 수 있기 때문이다.

〈표 10-1〉은 경합성과 배제 가능성을 기준으로 구분한 상품의 종류를 보여준다. 공공재는 비경합적이고 배제 불가능한 상품으로 국방 서비스나 치안 서비스가 그 대표적인 예이다. 그 반대에 경합적이고 배제 가능한 사용재가 있다. 시장에서 거래되는 대부분의 상품은 이 범주에 속한다. 그 중간에 배제 가능하지만 비경합적인 클럽재와 배제 불가능하지만 경합적인 공유재가 있다.

방송 콘텐츠는 일단 제작되면 비경합적인 상품이다. 몇 사람이 시청하건 다른 사람의 시청에는 방해가 되지 않기 때문이다.[3] 하지만 일정한 요금을 지불하지 않으면 이의 소비로부터 배제되도록 기술적인 장치를 도입할 수 있다. IPTV 서비스 혹은 웨이브나 넷플릭스 같은 OTT 서비스가 대표적인 경우이다. 회원으로 가입하고 요금을 내지 않으면 서비스를 이용할 수 없다. 즉 배제 가능하다. 이런 재화를 클럽재라고 부른다. 비경합적인 상품은 사람들의 소비가 늘어나도 추가적인 비용이 거의 들지 않기 때문에 사회적으로는 많은 사람들이 이를 소비할 수 있도록 하는 것이 효율적이다. 하지만 사업적 목적으로 이들의 소비를 막기 때문

표 10-1 경합성과 배제성에 따른 상품의 구분

	경합적	비경합적
배제 가능	사용재 예) 음식, 옷,…	클럽재(club goods) 예) IPTV 서비스, OTT서비스
배제 불가능	공유재(common resources) 예) 공유 목초지, 해양 유전	공공재 예) 국방 서비스, 치안 서비스, 국립공원

3 트랙픽 증가에 따른 비용은 고려하지 않는다.

에 클럽재는 사회적으로 효율적인 수준보다 낮은 수준의 소비가 이루어질 가능성이 높다.

배제 불가능하지만 경합적인 공유재는 반대 문제가 발생한다. 예를 들어 공유 목초지가 있다고 하자. 공유 목초지는 모든 사람이 다 이용 가능하다는 점에서 배제 불가능하다. 하지만 소를 먹일 수 있는 목초의 양은 한정되어 있고, 다시 자랄 때까지 소비를 억제하면서 기다리지 않으면 쉽게 황폐화된다. 즉, 소비는 경합적이다. 개인의 입장에서 보면 다른 사람이 소를 풀어 목초가 없어질 때까지 먹이기 전에 자기 소를 풀어 놓아 목초를 먹여야 할 것이다. 따라서 필요한 것보다 더 많이 소비할 유인이 있다. 결국 이런 공유재는 사회적으로 효율적인 수준보다 지나치게 소비될 가능성이 높다. 이런 문제는 해양 어류에 대한 포획 문제에도 동일하게 적용된다. 다른 사람들이 포획하기 전에 먼저 포획하려는 유인이 해양 어류 자원의 급격한 축소로 이어진다. 이런 문제는 흔히 **'공유재의 비극(tragedy of commons)'**이라고 불린다.

요약

공공재는 비경합적이고 배제 불가능한 상품이다. 반대로 경합적이고 배제 가능한 상품은 일반적인 사용재이다. 그 밖에 경합적이지만 배제 불가능한 공유재, 비경합적이지만 배제 가능한 클럽재가 있다.

공공재의 효율적인 공급 수준

공공재는 비경합적인 특성 때문에 효율적인 공급 수준이 결정되는 방식이 일반적인 상품인 사용재와는 다르다. 어떤 상품이건 효율적인 공급 수준은 추가적인 상품을 생산하는 데 드는 한계 비용과 추가적인 상품을 소비하면서 얻는 한계 편익이 같아지는 지점에서 얻어진다. 우리는 경쟁 시장의 효율성을 논할 때, 시장 균형은 한계 편익을 나타내는 수요 곡선과 한계 생산 비용을 나타내는 공급 곡선이 만나는 지점에서 얻어지기 때문에 효율적이라고 논증했다. 하지만 이런 논증은 사용재에만 해당하는 것이다. 우리는 사용재의 효율적인 공급 수준이 완전 경쟁 시장의 균형에서 얻어진다는 사실을 다시 확인하고, 공공재의 효율적인 공급 수준은 어떻게 이와 달리 얻어지는지를 보인다.

사용재의 경우 개인의 수요 곡선을 수평으로 더하여 구한 시장 수요 곡선이 곧 상품의 사회적 한계 편익이다. 〈그림 10-7〉은 이 과정을 예시하여 보여준다. 두 명의 소비자 A와 B가 있는 시장에서 개인 수요 곡선을 수평으로 더하여 구한 시장 수요 곡선이 있다. 상품이 생산되면 상품을 소비함으로써 더 높은 가치를 느끼는 소비자가 상품을 먼저 소비하게 하는 것이 효율적이고, 효율적인 소비 방식에서는 모든 소비자가 느끼는 한계 편익이 같아지도록 상품이 나누어져 소비된다. 예를 들어, 그림에서 예시된 것처럼 시장에 Q_1만큼의 상품이 있으면 두 소비자의 한계 편익이 같도록 두 소비자가 이를 소비하는 것, 즉, 소비자 A가 q_1^A를, 소비자 B는 q_1^B를 소비하는 것이 효율적인 소비 방식이다. 이때 두 소비자의 같아진 한계 편익 MB_1이 곧 사회의 한계 편익이다. 결국 개인의 수요 곡선을 수평으로 더한 시장 수요 곡선이 상품의 **사회적 한계 편익(MSB: Marginal Social Benefit)**을 나타낸다.

하지만 공공재의 사회적 한계 편익은 개인의 한계 편익 곡선을 수직으로 더하여 구해진다. 〈그림 10-8〉은 이 과정을 예시하여 보여준다. 역시 두 명으로 이루어진 공동체에 구성원 모두가 사용할 수 있는 공원이 지어진다고 하자. 이때 공원의 추가적인 면적이 주는 사회적 한계 편익을 생각해 볼 수 있다. 공원은 **비경**

그림 10-7 사용재의 효율적인 공급 수준

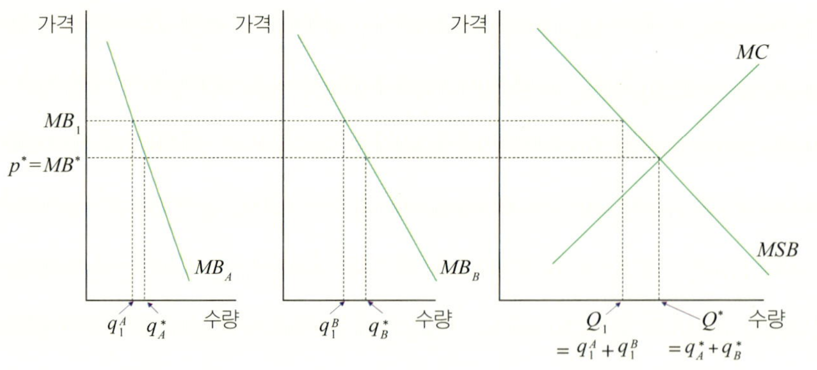

그림 10-8 공공재의 효율적인 공급 수준

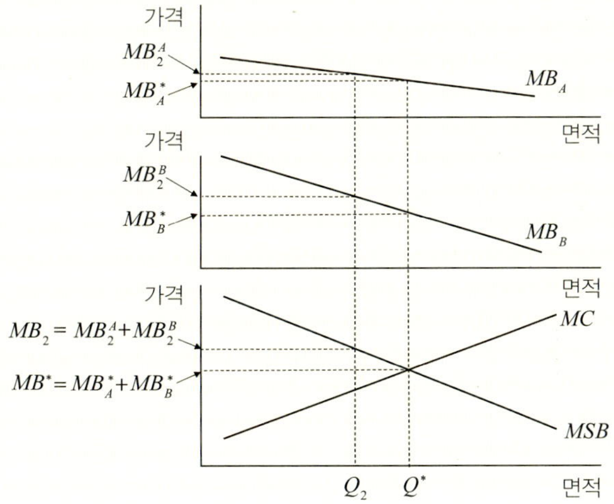

합적이기에 이 공원이 사회에 창출하는 편익은 공동체의 구성원인 *A*와 *B* 모두가 공원을 사용하고 얻는 편익을 더해야 한다. 예를 들어, 공원 면적이 Q_2라면 이 면적은 *A*의 소비량임과 동시에 *B*의 소비량이다. 주어진 면적에서 *A*가 느끼는 한계 편익 MB_2^A와 *B*가 느끼는 한계 편익 MB_2^B를 더한 값이 곧 사회의 한계 편익 MB_2이다. 결국 개인의 수요 곡선을 수직으로 더한 것이 사회의 한계 편익 곡선이 된다.

이렇게 구한 사회적 한계 편익에 재화의 공급을 위한 한계 비용 곡선을 겹치면 사회적으로 효율적인 상품의 공급 수준을 구할 수 있다. 사용재의 경우 이 한계 비용 곡선은 시장 공급 곡선과 같다. 공공재의 경우 우리가 예로 든 공원의 조성 비용은 주어진 건설 기술과 필요한 생산 요소의 가격을 통해 계측할 수 있다. 〈그림 10-7〉과 〈그림 10-8〉에서 한계 편익 곡선과 한계 비용 곡선이 만나는 점에서 효율적인 공급 수준을 구하게 되고, 효율적인 공급 수준은 모두 Q^*로 표기되어 있다.

〈그림 10-7〉에서 보여주는 사용재의 효율적 공급 수준에서 모든 소비자들이 이 상품의 사용으로 얻는 한계 편익은 같다. 그러나 소비자들의 소비량은 다르다. 즉, 모든 소비자들이 같은 가격을 내고 상품을 소비하지만, 선호에 따라 소비량은 달라지는 것이다. 사용재의 효율적 공급 수준은 같아진 소비자의 한계 편익

이 한계 생산 비용과 같아질 때 얻어진다. 이는 시장의 수요 곡선과 공급 곡선이 만나는 시장 균형의 조건과 동일한 것이다.

$$MB_A = MB_B = MC$$

〈그림 10-8〉에서 보여주는 공공재의 효율적 공급 수준에서 소비자가 누리는 한계 편익과 소비량의 양상은 사용재의 경우와는 다르다. 모든 소비자들이 같은 한계 편익을 누렸던 사용재와는 달리 공공재 소비자들이 누리는 한계 편익은 서로 다르다. 소비자들의 소비량이 제각각인 사용재와는 달리 공공재 소비자들은 동일한 면적의 공원을 소비한다. 공공재의 효율적 공급 수준에서는 개별 소비자의 한계 편익의 합으로 구한 사회적 한계 편익이 한계 생산 비용과 같아야 한다.

$$MB_A + MB_B = MC$$

이제 왜 공공재가 시장에서 공급되기 어려운지 이해할 수 있다. 사용재는 특정한 가격으로 시장에서 거래된다. 모든 소비자들이 같은 가격을 내고 자신의 선호에 맞추어 이를 사서 배타적으로 사용한다. 하지만 공공재는 누군가가 가격을 지불하고 사주면, 자신도 같이 소비할 수 있다. 따라서 소비자는 자기가 직접 가격을 지불하여 공공재를 소비하기보다 다른 사람이 먼저 소비해 주길 기다린다. 결국 공공재를 공급하기 위해서는 집단적 결정이 필요하다. 모두가 동일하게 사용할 공급량을 정하고, 사회의 구성원들이 어떻게 이 공급 비용을 나누어 부담할지 결정해야 한다.

요약

공공재의 효율적인 공급 수준은 개인의 한계 편익의 합이 한계 생산 비용과 같아지는 점에서 얻어진다. 효율적인 공급 수준에서 모든 소비자는 같은 양의 상품을 소비하지만, 각자가 느끼는 한계 편익은 다르다.

공공재의 효율적 공급의 어려움

시장에서 잘 공급되지 않는 공공재에 대해 정부가 공급 결정을 할 때는 어떻게 해야 하는가? 정부가 공공재에 대한 사회 구성원의 선호, 즉 한계 편익을 안다면 공공재의 효율적 공급 수준은 쉽게 결정된다. 예를 들어, 도로를 건설할지 여부를 결정하는 단순한 공공재 공급 결정을 생각해 보자. 도로를 이용하게 될 사람들이 도로를 이용하여 얻는 편익의 합과 도로의 건설 비용을 비교하여 사람들이 얻는 편익의 합이 더 크면 도로를 건설한다. 문제는 사람들이 느끼는 편익을 정부는 알고 있지 않다는 사실이다. 그래서 도로가 건설되었을 때 얼마나 편익을 누릴지를 사람들에게 물어봐야 한다. 사용재에 대해서는 이런 조사를 할 필요가 없다. 소비자들은 시장에서 가격을 지불하고 얼마나 상품을 구입할지 결정함으로써 그 상품에 대한 편익을 표현한다. 하지만 정부가 공공재를 공급하기 위해서는 이런 조사가 필요하다. 그리고 이런 조사는 도로 건설 비용을 조달하는 방법에 따라 다른 결과를 가져올 수 있다.

공공재의 효율적인 공급에서는 사용자가 누리는 한계 편익이 다르다. 사용재와 같은 논리를 따른다면 사용자들은 자신들이 누리는 편익에 따라 다른 가격을 지불할 것이다. 이를 도로 건설에 그대로 적용하면, 사람들에게 편익을 묻고 대답한 편익만큼 도로 건설 비용을 지불하도록 해야 한다. 하지만 사람들은 이에 대해 솔직하게 대답하지 않을 것이다. 자신이 누리는 편익을 줄여 말하면 자기가 부담해야 하는 비용이 줄어든다. 도로를 사용할 사용자는 아주 많기 때문에 누리는 편익을 줄여 말한다고 해서 도로 건설 여부가 영향을 받을 가능성은 무시할 정도로 작다. 하지만 부담해야 하는 비용은 바로 바뀐다. 따라서 사람들은 자신이 되도록 적은 비용을 부담하면서 지어진 도로를 사용하고자 할 것이다.

도로 건설 비용을 세금으로 조달한다고 해서 사람들이 솔직하게 편익을 이야기해 주길 기대하기도 어렵다. 도로가 건설된다고 해서 본인들의 부담하는 비용이 늘어나지 않는 사람들은 도로가 건설되어 조그마한 편익이라도 얻기를 바랄 것이다. 따라서 도로 건설을 위해 되도록 높은 편익을 얻는다고 얘기할 가능성이 크다. 우리는 중앙 정부의 예산으로 지어지는 각종 지방의 시설에 대해 지방 정부와 그 지역 국회의원들이 사업의 필요성을 항상 강조한다는 사실을 알고 있다. 이런 유인을 고려하면 충분히 이해할 수 있는 일이다.

결국 시장에서 공급되기 어려운 공공재이기 때문에 정부가 공급해야 하지만, 정부가 공급한다고 하여 꼭 효율적인 공공재의 공급이 이루어진다는 보장은 없다. 이에 대한 이론적 해결책은 있지만, 현실에서 이런 규칙이 쉽게 적용될 수 있는 것은 아니다.

요약

공공재는 시장에서 효율적으로 공급되기 어렵지만, 정부가 한다고 해서 효율적인 공급 수준을 쉽게 달성할 수 있는 것은 아니다.

참고할 내용

선호를 솔직하게 표현하도록 하는 방법: 비크리-그로브즈-클라크 기제(Vickrey-Groves-Clarke mechanism)

사람들에게 공공재에 대한 선호를 물어 효율적인 수준을 공급하려고 할 때 사람들이 솔직한 자기 편익을 밝히지 않은 이유는 공공재 수요의 결정에서 자기의 이익과 사회의 이익이 일치하지 않기 때문이다. 만약 사회의 이익과 개인의 이익이 같아지도록 개인이 공공재 공급에 대해 지불하는 액수를 조정할 수 있다면 솔직한 자기 편익을 이야기하도록 유도할 수 있을 것이다.

이런 생각을 구체화시킨 방법이 이를 제안한 경제학자의 이름을 딴 비크리-그로브즈-클라크 기제이다. 이 기제를 쉽게 이해하기 위하여 세 사람으로 구성된 사회에서 도로 건설 결정을 하는 공공재 공급 결정을 생각해 보자.

사회의 세 구성원을 $i = 1, 2, 3$으로 표기하고, 이 세 사람이 도로 건설을 통해 얻는 가치를 V_i라 하자. 도로 건설에 드는 비용은 C이다. 사회적으로 효율적인 도로 건설 결정은 $V_1 + V_2 + V_3 \geq C$일 때 도로를 건설하고, 그렇지 않으면 도로를 건설하지 않는 것이다.

비크리-그로브즈-클라크 기제는 다음과 같이 구성된다.

1) 모든 구성원이 자기가 느끼는 편익을 보고한다. 보고된 편익 $\overline{V_i}$은 그 사람의 실제 편익 V_i와 같을 필요는 없다.
2) 보고된 편익의 합이 도로 건설 비용 이상이면 도로를 건설하고, 도로 건설 비용보다 작으면 건설하지 않는다. 즉, $\overline{V_1} + \overline{V_2} + \overline{V_3} \geq C$이면 다리를 건설한다. 만약 모든 구성원이 솔직하게 자신의 편익을 보고하면 이 결정은 사회적으로 효율적인 결정이다.
3) 다리가 건설되지 않으면 아무도 돈을 지불하지 않는다. 하지만 다리가 건설되면 각 구성원은 $C - \Sigma_{j \neq i} \overline{V_j} \geq 0$인 경우에 이만큼의 돈을

지불한다. 예를 들어 $\overline{V_1}+\overline{V_2}+\overline{V_3}\geq C$가 만족하여 다리가 건설될 때, 구성원 1은 $C\leq \overline{V_2}+\overline{V_3}$이면 돈을 내지 않고, $C>\overline{V_2}+\overline{V_3}$이면 $C-(\overline{V_2}+\overline{V_3})$만큼을 지불한다.

비크리-그로브즈-클라크 기제의 원리는 내는 비용을 조절하게 하여 사회의 이익과 개인의 이익을 일치시키는 것이다. 다리를 건설할 때 사회의 이익은 $V_1+V_2+V_3-C$이다. 구성원 1의 이익은 V_1-T_1(T_1은 지불액)이다. 이를 일치시키기 위해서는 $T_1=C-(V_2+V_3)$가 되어야 한다. 다른 사람들이 솔직한 편익을 보고한다고 하면 기제가 제시한 지불액인 $C-(V_2+V_3)$과 위 지불액은 일치한다. 따라서 구성원 1도 사회의 이익을 최대화하기 위해 솔직한 금액을 제시할 것이다.

이때 구성원이 지불하는 액수는 자신의 편익 보고가 다른 구성원들에게 미치는 외부성이다. 구성원 1의 입장에서 생각해 보자. 만약 $C\leq \overline{V_2}+\overline{V_3}$이면, 자신의 편익 여부와 관계없이 도로는 지어진다. 따라서 자신의 존재가 도로 건설 여부에 영향을 미치지 않고 다른 사람에게 미치는 영향도 없다. 다리는 무조건 건설되고, 자신을 제외한 사회는 $\overline{V_2}+\overline{V_3}-C$만큼의 잉여를 누릴 것이다. 만약 $C>\overline{V_1}+\overline{V_2}+\overline{V_3}$이어서 자신의 편익 보고를 더해도 건설 비용이 충당되지 않는다면, 자신의 편익 보고가 사회의 결정에 영향을 미치지 않는다. 다리는 건설되지 않고 사회가 누릴 잉여는 없다. 그런데 $C>\overline{V_2}+\overline{V_3}$이고 $C\leq\overline{V_1}+\overline{V_2}+\overline{V_3}$여서 구성원 1의 편익 보고가 사회의 결정을 바꾸게 되면, 구성원 1의 보고는 다른 사람들에게 외부성을 미친다. 구성원 1이 없었다면 0이었을 사회의 잉여는 구성원 1이 들어감으로써 다른 구성원들에게 $\overline{V_2}+\overline{V_3}-C$만큼의 잉여(정확히는 $C-(\overline{V_2}+\overline{V_3})$만큼의 손실)를 만들어냈다. 따라서 이 외부성을 구성원 1에게 지불하도록 하여 구성원 1의 이익과 사회의 이익을 일치시키는 것이 이 기제의 원리이다.

이 기제를 따를 때 각 구성원이 자신의 편익을 솔직하게 보고하는 것이 유리하다는 것을 보일 수 있다. 모든 구성원은 똑같은 처지에 있으므로 구성원 1의 유인만 평가하도록 하자.

만약 $C\leq\overline{V_2}+\overline{V_3}$이면 구성원 1이 어떤 편익을 보고하건 다리는 건설되고 구성원 1이 지불해야 하는 금액은 없으므로 구성원 1이 누리는 순편익이 V_1이다. 무엇을 보고하건 영향이 없으므로, 솔직히 편익을 보고하는 것은 손해가 아니다.

만약 $C>\overline{V_2}+\overline{V_3}$이면 두 가지 경우를 생각할 수 있다.

(1) $C>V_1+\overline{V_2}+\overline{V_3}$인 경우

이때 구성원 1이 솔직하게 편익을 보고하면 다리는 건설되지 않고 구성원 1이 누리는 순편익은 0이다. 구성원 1이 거짓 편익을 보고하면 둘 중 하나의 일이 발생한다. ① 여전히 다리가 건설되지 않는다면 순편익은 0이다. ② 너무 과장된 거짓 편익을 보고하여 다리가 건설되면, 구성원 1은 $C-(\overline{V_2}+\overline{V_3})$을 지불해야 하고, 순편익은 $V_1-[C-(\overline{V_2}+\overline{V_3})]=V_1+\overline{V_2}+\overline{V_3}-C(<0)$이다. 이는 솔직한 편익을 얘기할 때의 순편익보다 못하므로 솔직히 얘기하는 것이 이익이다.

(2) $C < V_1 + \overline{V_2} + \overline{V_3}$인 경우

이때 구성원 1이 솔직하게 편익을 보고하면 다리는 건설되고 구성원 1은 $C-(\overline{V_2}+\overline{V_3})$를 지불하여 순편익은 $V_1 - [C-(\overline{V_2}+\overline{V_3})] = V_1 + \overline{V_2} + \overline{V_3} - C(>0)$이 된다. 구성원 1이 거짓 편익을 보고하면 둘 중 하나의 일이 발생한다. ① 여전히 다리가 건설되면, 누리는 편익도 지불하는 금액도 같기 때문에 순편익은 변하지 않는다. ② 만약 너무 축소된 편익을 보고하여 다리가 건설되지 않으면 순편익은 0이 되어 솔직하게 편익을 보고했을 때보다 손실이다. 따라서 어느 경우라도 솔직하게 순편익을 보고하는 것이 이익이다.

이런 논리는 모든 구성원들에게 적용될 것이므로 모든 구성원들이 솔직하게 편익을 보고한다. 보고된 편익의 합이 건설 비용보다 높을 때만 도로가 건설되므로 이 방식은 사회적으로 효율적인 공공재 공급을 보장해준다.

이 방식은 이론적으로 좋은 결과를 보장하지만, 현실에서 사용되는 데는 몇 가지 문제점이 있을 수 있다. 첫째, 다리 건설 비용을 구성원들이 내는 지불액으로 충당하지 못하거나 지불액이 너무 많아 돈이 남을 수 있다. 위 예에서 구성원의 편익이 (20, 20, 40)이고, 건설 비용이 50인 경우를 생각해 보자. 비크리-그로브즈-클라크 기제를 따를 때, 각 사람이 내야 하는 지불액은 세 번째 구성원의 10밖에 없다.

둘째, 이 방식이 적절하게 작동하려면 사회 구성원들이 이 방식을 이해하고 솔직한 편익 보고가 유리한 방식임을 이해해야 한다. 경제학 전공자들도 이해하는 데 시간이 걸리는 이 방식을 사람들이 이해를 하고 행동하고 있다고 가정할 수 있을지는 불확실하다.

셋째, 사람들이 이 방식을 충분히 잘 이해하고 있다고 할지라도 실행하는 것은 많은 정보처리 비용이 든다. 우리는 아주 단순하게 도로를 건설할지 여부만을 다루었지만, 현실에는 여러 가지 대안이 가능하다. 몇 차선 도로를 건설할지, 어느 구간을 연결할지 등 여러 가지 대안에 대해 사람들이 가지는 편익을 보고하고 모아야 한다. 정보 통신의 발달로 정보를 모으고 처리하는 비용이 줄어들고 있다고는 하나, 현실에서 이런 일이 사람들의 특별한 저항 없이 원활하게 이루어질지는 미지수이다.

이 장에서는 시장 실패의 두 번째 사례로 외부성에 의한 시장 실패와 사중 손실을 다루었다. 정부는 세금과 보조금을 통한 효율적인 자원 배분을 회복할 수 있고, 소유권을 명확히 하여 시장 기능을 회복시킬 수도 있다. 외부성이 있는 특수한 상품인 공공재는 시장에서 효율적인 공급 수준을 달성할 수는 없으나 정부가 공급한다고 하여 곧 효율적인 수준을 달성할 수 있는 것은 아니다.

1 다음의 진술이 참인지, 거짓인지, 아니면 확실하지 않은지를 밝히고, 이유를 설명하시오.

(1) 타인의 효용에 영향을 미치는 모든 것들은 외부성이다.
(2) 긍정적인 외부성이 있는 상품의 경우 시장의 균형 생산량은 사회적으로 효율적인 수준보다 낮다.
(3) 긍정적인 외부성이 있는 상품에 대해 세금을 부과함으로써 사회적으로 효율적인 생산 수준을 달성할 수 없다.

2 철광석 채굴업체인 '땅 파는 형제들'의 생산 결정을 고려한다. 철광석은 톤당 시장 가격이 100이고, '땅 파는 형제들'이 q톤을 생산할 때의 한계 비용은 $MC = 50+2q$이다. 철광석의 생산 과정에서 오염 물질이 배출된다. 철광석 1톤을 생산하기 위해 오염 물질 1kg이 발생하고, kg당 사회적 비용은 10이다.

(1) 완전 경쟁 기업인 '땅 파는 형제들'의 이윤 최대화 생산량은 얼마인가?
(2) 사회적으로 효율적인 '땅 파는 형제들'의 생산량은 얼마인가?
(3) 오염 물질 배출을 줄이기 위해 정부는 오염 물질 배출에 대해 kg당 20의 벌금을 부과하기로 하였다. 이 벌금 부과로 '땅 파는 형제들'의 생산량은 어떻게 바뀌는가? 이것이 사회적으로 효율적인지 설명하시오.

3 새로운 독감이 유행 중이고, 이에 대한 새로운 백신이 개발되었다. 이 백신은 1회 접종량 생산에 10의 일정한 한계 비용으로 생산된다. 백신 접종 가격이 p일 때, 이 백신에 대한 수요는 $Q_d = 100 - p$이다. 많은 사람들이 백신을 맞을수록, 독감의 유행은 완화된다. 독감 유행의 완화로 인해 사회에 발생하는 추가적인 한계 편익은 $MB = 30 - \frac{1}{5}Q$라고 한다.

(1) 백신에 대한 시장 균형 가격과 거래량은 얼마인가?
(2) 사회적으로 효율적인 백신 접종량은 얼마인가?
(3) 사회적으로 효율적인 백신 접종량을 달성하기 위하여 정부가 백신 접종에 대해 보조금을 지급한다면, 적정한 보조금 수준은 얼마인가?

4 율도국에는 전기를 생산하는 두 발전 기업 A와 B가 있다. 전기 발전 과정에서는 오염 물질이 배출된다.

현재 두 발전 회사의 오염 물질 배출량은 A의 경우 150, B의 경우 100이다. 두 회사의 오염 물질 감축의 한계 비용은 다음과 같다.

$$MC_A = 3q_A + 30$$
$$MC_B = 2q_B + 20$$

여기에서 q는 오염 물질 감축량이다.

오염 물질 감축에 따른 한계 편익은 다음과 같이 예상된다.

$$MB = 200 - 2q$$

오염 물질을 감축하기 위해, 율도국 정부는 오염 물질 배출세나 배출권 거래 제도의 도입을 고려하고 있다.

(1) 사회적으로 효율적인 수준의 오염 물질 감축량 수준은 얼마인가?

(2) 오염 물질 배출세가 120이면, 어느 수준의 감축량 수준이 달성되었는가?

(3) 도입된 배출권 거래제도에서 배출권이 두 회사에 동등하게 배분될 예정이다. (2)에서 제시된 오염 물질 배출세와 같은 수준은 오염 물질 감축을 달성하기 위해서 발행되어야 할 배출권의 양은 얼마인가? 배출권이 경쟁적으로 거래된다면, 배출권의 가격은 얼마가 되는가?

5 비경합적이지만 배제 가능한 상품을 무엇이라 부르는가? 그런 상품의 예를 드시오.

6 다음 상품에 대해 이를 소비할 수 있는 소비자 A, B, C가 시장에 있다. 이 상품 생산의 한계 비용은 30으로 고정되어 있다. 각 소비자가 이 상품의 소비로 얻는 한계 편익은 소비자의 상품 소비량이 q일 때 아래와 같다.

$$MB_A = 30 - q_A$$

$$MB_B = 50 - 2q_B$$
$$MB_C = 40 - 2q_C$$

(1) 만약 이 상품이 경합적인 상품이라면 사회적으로 효율적인 생산 수준과 각 소비자의 소비량은 무엇인가?

(2) 만약 이 상품이 비경합적인 상품이라면 사회적으로 효율적인 생산 수준과 각 소비자의 소비량은 무엇인가?

7 마을에 공원을 건설하는 데 드는 건설비용이 100이다. 마을에는 세 주민, 철수, 영수, 영희가 있으며, 이들이 각각 공원에 대해 느끼는 가치는 20, 20, 70이다.

(1) 마을에 공원을 건설하는 것이 효율적인지 설명하시오.

[심화] (2) 비크리–그로브즈–클라크 기제를 사용하면 공원은 건설될 것인가? 각 주민이 건설비용으로 납부해야 할 세금은 각각 얼마인가?

Chapter 11

비대칭적 정보와 시장 실패

우리가 검토할 시장 실패의 세 번째 사례는 시장 참가자들이 가지는 정보가 서로 다른 경우이다. 사고파는 상품의 질에 대해서 한쪽이 다른 쪽보다 더 잘 알고 있을 때 이런 일이 발생한다. 거래하는 상품의 질을 모를 때, 시장 참가자의 행동은 달라진다. 예를 들어 여러분이 법률적인 분쟁에 휘말려 변호사를 찾아 법률적인 조언을 구한다고 하자. 수임료가 서로 다른 여러 변호사가 있을 때, 가장 싼 수임료를 제시하는 변호사를 고르지는 않을 것이다. 이것은 온라인 장터에서 가격을 비교하고 가장 싼 물건을 찾는 구매 행위와는 완전히 다른 것이다. 왜 이런 차이가 있을까? 온라인 장터에서 사는 상품은 동일한 브랜드의 동일한 물건으로 가장 싸게 파는 곳을 찾으면 된다. 하지만 변호사의 능력은 천차만별이고, 우리는 그 능력의 차이를 잘 모른다. 만약 온라인 장터에서 사는 공산품처럼 변호사 서비스의 질이 모두 같거나 비슷하다면 우리는 아마도 가장 저렴한 수임료를 제시하는 변호사를 선택할 것이다. 그런데 변호사가 제공하는 서비스의 질은 다르고 우리에게는 그 질을 구별할 특별한 방법이 없다. 그래서 수임료가 싸면 이 변호사의 경험이 부족하여 충분한 고객이 없거나, 아니면 싼 수임료를 받고 내가 맡긴 사건을 소홀히 다루지 않을까 염려한다. 그래서 싼 수임료를 제안하는 변호사의 서비스를 선택하지 않을 수 있다. 이 사실을 아는 변호사는 고액의 수임료를 내걸면서 높은 능력의 변호사임을 고객들에게 보여주고 싶어 하겠지만, 고객들은 이것도 역시 변호사의 위장이 아닐까 의심할 수 있다. 비슷한 예로 자동차 수리를 위해 자동차 정비를 맡기는 경우가 있다. 자동차에 대해 잘 모르는 상태라면 정비사가 여러 가지 정비 서비스를 제안할 때 어떤 것이 꼭 필요한 것인지를 쉽게 판단할 수 없다. 정비사는 이런 사실을 이용해서 하면 좋지만 꼭 필요하지는 않은 서비스를 마치 꼭 필요한 것처럼 제안할 유인이 생긴다. 그리고 이런 가능성을 염두에 둔 고객은 필요한 서비스가 제안되었음에도 불구하고 서비스를 거부할 가능성이 있다.

이렇듯 한쪽은 정보가 있고, 다른 쪽은 정보가 부족하면 정보가 있는 쪽은 정보가 없는 쪽을 속여 이익을 취하려 한다. 정보가 없는 쪽은 상대방을 의심하여 거래를 피하려 한다. 따라서 정보의 차이는 거래를 위축시킬 수 있다. 위의 예에서 변호사 수임료가 너무 싸면 싼 대로, 너무 비싸면 비싼 대로 선임을 기피할 유인이 생긴다. 자동차 정비사가 제안한 불필요한 서비스를 거부할 수도 있지만, 꼭 필요한 서비스를 거부할 수도 있다.

거래 관계의 한쪽이 상대방보다 정보를 많이 가지는 상황을 **비대칭적 정보**(asymmetric information)라고 한다. 비대칭적 정보는 크게 두 가지 종류가 있다. 하나는 바꿀 수 없는 특징에 대한 정보에 관련된 것이다. 이를 **숨겨진 정보**(hidden information) **문제**라고 부른다. 위의 예에서 당장은 바꿀 수 없는 변호사의 실력이 있고, 그 실력을 변호사 자신은 잘 알지만 고객은 모른다면 이것이 고객에게 숨겨진 정보이다. 반면 경제 주체가 취하는 행동을 잘 알 수 없어서 생기는 정보의 비대칭성이 있는데 이를 **숨겨진 행위**(hidden action) **문제**라고 부른다. 위의 예에서 변호사를 일단 고용하면 이 변호사가 수임한 사건을 어느 정도 연구하고 준비하는지를 알 수 없다. 변호사가 얼마나 열심히 사건에 매달리는지는 고객에게 숨겨진 행위이다.

이 두 가지 형태의 비대칭적 정보는 보험 시장에서 잘 관찰된다. 자동차 보험을 생각해 보자. 세상에는 운전 실력이 좋고 조심스럽게 운전하는 운전자와 운전이 미숙하고 거침없이 운전하는 운전자가 있을 수 있다. 운전자의 이런 특성은 보험 회사에게 숨겨진 정보일 수 있다. 둘은 사고 날 확률이 다르니 보험금 지급 빈도도 다르다. 보험금 지급이 많으면 보험료도 더 받아야 한다. 만약 보험 회사가 이런 다른 특성의 운전자를 구별할 수 없으면 평균적인 운전자를 염두에 두고 보험료를 책정할 것이고, 안전 운전을 하는 운전자는 보험료가 너무 비싸다고 느낄 것이다. 보험료가 비싸다고 느끼는 운전자들은 아예 보험을 사지 않으면서 보험 시장에서 이탈할 수 있고, 그렇게 되면 보험 시장에는 상대적으로 운전이 미숙한 운전자가 남게 된다. 이렇듯 바람직하지 못한 특성의 거래자만 시장에 남게 되는 현상을 **역선택(adverse selection)**이라 한다. 바람직한 특성의 거래자가 선택되고 시장에 남아 시장 상황이 더 좋아지는 것이 아닌 반대 현상이 발생하기 때문이다. 그래서 숨겨진 정보의 문제를 때로는 역선택의 문제라고도 부른다.

자동차 보험에 가입하면 자동차 도난이 발생하거나 자동차에 흠집이 나도 보상을 받는다. 만약 수고를 들여 자동차를 안전한 곳에 주차하는 것과 특별히 신경 쓰지 않고 자동차를 아무 곳에나 주차한다는 선택이 있을 때, 보험이 있는 사람과 보험이 없는 사람의 행동은 달라질 것이다. 보험이 있으면 굳이 여러 수고를 들여 자동차를 안전한 곳에 주차할 필요성이 사라진다. 설사 도난이 발생하거나 흠집이 생겨도 보험으로 처리하면 되기 때문이다. 이런 운전자의 행태 변화는 보험 회사에게는 숨겨진 행위이다. 이런 행위 변화는 보험 회사 입장에서는 보험을 팔 때 보험금 지급 확률을 커지게 한다. 이렇듯 보험 회사 입장에서 손해가 되는 행위의 변화가 있는 경우를 **도덕적 위험** 혹은 **도덕적 해이(moral hazard)**라고 부른다. 보험 가입으로 인한 경제적 유인의 변화와 이에 따른 행위 변화가 보험 회사에게는 위험 요소가 되기 때문이다. 그래서 숨겨진 행위의 문제를 도덕적 해이 문제라고도 부른다.

요약

비대칭적 정보가 있는 경우 정보가 있는 쪽은 정보가 없는 쪽을 속여 이익을 취하려 하고, 정보가 없는 쪽은 이를 피하려 해 시장거래가 위축될 수 있다. 비대칭적 정보는 숨겨진 정보와 숨겨진 행동 두 가지로 나뉜다.

우리는 이 장에서 비대칭적 정보 문제가 어떻게 시장 자원 배분의 효율성을 해치는지를 검토할 것이다. 정보가 비대칭적이란 것은 최소한 누군가에게는 정보가 불완전하다는 뜻이다. 따라서 비대칭 정보 상황의 문제를 다루기 전에 불확실성이 있을 때 사람들의 선택 행위를 어떻게 이해할 수 있는지에 대해 먼저 논의한다.

11.1 불확실성하의 선택

사람들은 선택을 할 때 불확실한 상황을 맞닥뜨린다. 예를 들어, 아침에 우산을 들고 나갈지를 오후에 비가 올지 여부가 불확실한 상황에서 결정한다. 이렇듯 불확실한 사건과 관련한 선택을 하는 과정을 분석적으로 이해하기 위한 모형을 소개한다. 사람들은 구매행위를 통해서 지속적으로 소비 묶음에 대한 선택을 한다. 이것을 이해하기 위하여 소개한 모형이 3장에서 제시한 소비자 선택 모형이다. 마찬가지로 사람들은 투자 결정 등을 통해 불확실한 여러 사건에 대해서도 선택을 한다. 예를 들어, 은행 예금과 주식 투자 중 하나를 선택하는 것은 미래에 일어날 사건에 따라 다른 금액을 가지는 상황을 선택하는 것이다. 은행에 예금을 하면 주식 가격이 오르건 내리건 관계없이 일정한 액수의 돈을 가진다. 주식을 사면 주식 가격이 오를 때는 많은 돈을, 주식 가격이 내릴 때는 적은 돈을 가지게 되는 상황을 선택하는 것이다. 소비 묶음에 대한 선택을 분석적 모형으로 표현하기 위해 우리는 소비자가 여러 소비 묶음에 대해 가지는 선호를 정의했다. 마찬가지로, 여러 다른 불확실한 상황에 대한 선택을 분석적 모형으로 표현하기 위해 소비자가 불확실한 상황 사이에 대해 가지는 선호를 정의해야 한다.

사건과 확률 분포

먼저 불확실한 상황이 무엇이고 이를 어떻게 표현할지부터 생각해 보자. 불확실한 상황을 정의하기 위해 먼저 **사건**(event)과 **확률 분포**(probability distribution)라는 개념을 도입한다. 주식 투자를 하는 상황을 가정해 보자. 투자자가 1년 후 수익을 보기 위해 제약회사 A의 주식을 샀다. 1년 후 미래에 가능한 상황은 무궁무진하게 많다. 예를 들어, 농사가 풍작인 미래와 흉작인 미래, 태풍이 5개 아래로 발생한 미래와 그보다 더 많이 발생한 미래, 추운 겨울을 지난 미래와 따뜻한 겨

참고할 내용

확률이란 무엇인가?

확률은 객관적인 특성일 수도 있고 주관적인 믿음일 수도 있다. 예를 들어, 동전을 던졌을 때 앞면이 나올 확률이 1/2이란 것은 동전을 여러 번 던졌을 때 앞면이 나오는 상대 빈도가 1/2에 가까워진다는 뜻이라고 해석할 수 있다. 아마도 이는 동전이 가지고 있는 객관적인 특성일 것이다. 그런데 이렇게 사물의 객관적인 특성으로 해석할 수 없는 확률도 있다. '여기에 시추공을 뚫었을 때 석유가 나올 확률은 60%이다'라는 말은 무슨 뜻일까? 실제로 시추공을 뚫으면 석유가 확실히 나오거나 확실히 나오지 않는다. 우리가 시추공을 여러 번 반복해서 뚫어볼 수는 없는 노릇이고, 반복해서 뚫어본다 한들 한 번 석유가 나온 시추공이라면 계속 석유가 나올 것이다. 사물의 객관적인 특성으로 해석하기 위해서, 이와 비슷한 환경의 지형들에 시추공을 뚫어보면 석유가 나오는 상대 빈도가 60%가 된다고 볼 수도 있지만, 사실 비슷한 환경의 지형들이란 것을 어떻게 정의해야 할지도 막막하다. 이때 확률 60%는 주관적인 믿음이라고 보는 것이 더 타당할 수 있다. 즉, 여기 시추공을 뚫었을 때 석유가 나올 가능성이 그렇지 않을 가능성보다 1.5배 더 높다는 믿음을 반영하는 것이 60%라는 숫자라는 뜻이다. 물론 이런 주관적인 믿음을 마치 객관적인 상대 빈도인 것처럼 이해해 볼 수도 있다. 평행 우주가 있어 그중 하나의 가능성이 실현된 세상에서 살고 있다고 해보자. 확률 60%라는 것은 여러 평행 우주에서 석유가 나오는 경우가 모든 가능한 평행 우주의 60%라고 보는 것이다.

세상을 확률론적으로 바라보는 것은 현상에 대한 이해를 도와줄 수 있다. 우리는 무엇인가에 성공한 사람을 보면 그 사람이 성공할 수 있었던 필연적인 이유가 있었을 것이라고 생각하고, 이를 그 사람의 특성과 연결시켜 생각한다. 그런데 그 똑같은 사람이 여러 평행 우주에 살고 그가 성공한 지금의 현실은 단지 그중 하나라고 생각해 본다면 어떨까? 우리가 성공의 이유를 그 사람의 어떤 특성이라고 말하려면 그 모든 평행 우주에서 그는 성공해 있어야 한다. 과연 얼마나 많은 빈도로 그가 성공했을지를 가늠해 보는 것이 그의 특성이 그의 성공을 얼마나 설명할 수 있을지에 대한 평가이다. 확률론적으로 생각하지 못하면, 여러 가지 운이 겹쳐 일어난 그 사람의 성공을 그 사람의 특성 때문이라고 잘못 해석하고 그걸 따라 하기만 하면 성공할 수 있다는 믿음을 가질 수 있다. 물론 모든 것을 운의 탓으로 돌리는 것도 경계해야 하겠지만 말이다.

울을 지난 미래 등 여러 가지 일들이 겹쳐 미래의 가능한 모습 중 하나 - 농사가 풍작이고 태풍은 5개 아래로 발생했으면 겨울은 따뜻했던 미래-가 나타난다. 그런데 투자 결정을 하는 이 투자자에게 이런 여러 미래의 모습 중 의미가 있는 구분은 A 회사의 주식 가격이 오르는 미래와 떨어지는 미래이다. 그래서 여러 가능한 미래를 관심을 두는 기준에 따라 묶어서 구분하고 이렇게 구분된 미래 상황을 **사건(event)**이라 부른다. 이 예에서는 두 가지 서로 겹치지 않은 사건이 있다. A 회사의 주식 가격이 오른 사건과 내린 사건이다.

이제 사건에 **확률**이란 숫자를 배치한다. 확률은 0과 1 사이의 숫자로 사건이 일어날 가능성을 반영한다. 어떤 사건에 0의 확률이 배치되었다는 것은 그런 사건은 절대 일어날 수 없다는 뜻이고, 1의 확률이 배치되었다는 것은 그 사건이 확실하게 일어난다는 뜻이다. 일어날 가능성이 커질수록 더 높은 숫자의 확률이 배치된다.

불확실한 상황은 구분된 사건과 이 사건들에 배치된 확률의 조합으로 요약할 수 있다. 예시를 위해 1년 후 A 회사의 주식 가격이 80이 되거나 40이 되는 두 가지 가능성밖에 없는 단순한 상황을 고려해 보자. 그럼 두 개의 사건은 (80, 40)이라고 표현할 수 있다. 주어진 사건이 있는 상태에서 각 사건에 배치된 확률을 바꾸면 그것은 다른 불확실한 상황을 나타낸다. (1/3, 2/3)는 주식 가격이 80이 될 확률이 1/3이고, 주식 가격이 40일 확률이 2/3인 불확실한 상황이다. 즉, 주식이 40이 될 가능성이 80이 될 가능성보다 2배 높다. 마찬가지로 우리는 (1/2, 1/2)로 주식 가격이 80이 될 확률이 1/2, 40이 될 확률이 1/2이 되는 또 다른 불확실한 상황을 나타낼 수 있다. 이때, 주식 가격이 80이 될 가능성과 40이 될 가능성이 같다. 관심 있는 사건들이 주어져 있을 때 배치된 확률의 조합을 **확률 분포(probability distribution)**라고 한다. 이 확률 분포의 변화로 서로 다른 불확실한 상황을 나타낼 수 있다. 이때 각각의 불확실한 상황을 다른 종류의 복권이라고 하기도 한다. 예를 들어 (1/2,1/2)은 1/2의 확률로 소득이 80이 되고 1/2의 확률로 소득이 40이 되는 복권이다.

위 예처럼 각 사건이 주식 가격 같은 어떤 숫자로 표현될 수 있다면 확률을 가중치로 한 가중 평균을 구할 수 있는데, 이를 **기댓값**이라고 한다. 만약 (1/4,

3/4)이라는 확률 분포를 가지고 있다면 A 회사 주식의 1년 후 기댓값은 1/4×80+3/4×40=50이다. 우리가 자주 쓰는 평균이란 개념은 기댓값의 특수한 경우로서 모든 관측치에 동일한 확률을 부여하여 계산한 기댓값이다. 예를 들어, 3학년 4반 수학 점수의 평균은 3학년 4반에서 학생 한 명을 무작위로 뽑아서 그 학생의 수학 성적을 물었을 때 우리가 기대하는 점수라고 볼 수 있다.

요약

불확실한 상황은 미래에 일어날 일들을 구분한 사건과 사건에 부여한 확률 분포로 나타낼 수 있다.

불확실한 상황에 대한 선호와 위험에 대한 태도

앞서 정의된 불확실한 상황에 대한 선택을 이해하기 위해 가능한 모든 복권들에 대해서 사람들의 선호를 정의한다. 예시를 위해 세 개의 사건을 정의하고, 각기 다른 복권은 이 세 개의 사건에 대한 다른 확률 분포라고 하자.

사건 1: 사과 5개, 배 2개가 생김
사건 2: 현금 만 원이 생김
사건 3: 사과 3개, 배 4개가 생김

그리고 각각의 사건이 일어날 확률 분포를 (p_1, p_2, p_3)라고 표시하면, 이 숫자를 바꿈에 따라 다른 복권을 가지게 된다. 이런 복권을 $L_1, L_2, L_3\cdots$ 등으로 표기한다. 그리고 이런 복권들(다른 불확실한 상황들)에 대한 각 개인의 선호를 물어보고 그들의 선호 순서를 정의할 수 있다. 소비 묶음과 마찬가지로 $L_1 > L_2$로 표기하면 이 개인이 L_1 복권으로 표현되는 불확실한 상황을 L_2로 표현되는 상황보다 더 좋아한다는 뜻이다. 물론, 선택 문제를 다룰 수 있는 일관된 선호를 정의하기 위해 완비성의 가정(모든 복권이 비교 가능하다)과 이행성의 가정($L_1 > L_2$이고 $L_2 > L_3$이면 $L_1 > L_3$이다)이 만족되어야 한다. 여기에 확률 분포로 표시된 복권의 특성 때문에 선호에 대해 다음의 가정을 더할 수 있다.

(복권에 대한)
선호의 독립성 가정: 만약 $L_1 > L_2$이면, $\alpha L_1+(1-\alpha)L_3 > \alpha L_2+(1-\alpha)L_3$이다.

여기에서 $\alpha L_1+(1-\alpha)L_3$는 L_1의 복권을 α의 확률로, L_3의 복권을 $(1-\alpha)$의 확률로 가지게 되는 새로운 복권이다. 위 가정에 따르면 선호 순서가 정해진 두 불확실한 상황이 다른 불확실한 상황과 동일한 비중으로 결합하더라도 선호 순서가 유지된다는 것이다. 언뜻 자명해 보이는 위 가정은 선호를 효용함수로 표현할 때 큰 함의를 가진다.

우리는 3장에서 소비 묶음에 대한 선호를 수학적으로 표현한 것이 효용함수라고 설명했다. 더 선호되는 소비 묶음에 더 큰 숫자를 배정함으로써 선호 순서를 표현할 수 있다. 마찬가지로 복권에 대한 선호 역시 더 선호되는 복권에 더 큰 숫자를 배정함으로써 효용함수로 표현할 수 있다. 그런데 위 독립성 가정이 만족하면 복권에 대한 효용함수는 각 사건이 일어날 확률 p_i의 선형 함수로 쓸 수 있다는 것이 알려져 있다. 대학원 수준의 고급 미시에서 이 내용을 증명하지만, 현재 수준에서는 증명 없이 결과만 소개한다.

$$U(L)= p_1u_1 + p_2u_2 + p_3u_3$$

특히 이때 각 확률의 계수 u_i는 사건 i의 효용으로 해석할 수 있다. 만약 효용함수가 위의 형태로 쓰이면 사건 1이 확실하게 일어나는 복권 (1,0,0)의 효용은 u_1이기 때문이다. 즉, 불확실한 상황의 효용은 각 사건의 효용을 그 사건이 일어날 확률을 가중치로 하여 평균한 기댓값이 된다. 숫자로 표현되는 각 사건의 측면을 기댓값으로 표현한 것처럼, 각 사건의 효용으로 기대효용을 계산하면 불확실한 상황에 대한 선호를 나타낼 수 있다. 이때 효용함수 $U(L)$을 **기대효용함수**라 부르고, 기대효용함수가 불확실한 상황에 대한 선호를 대변한다. 따라서 위와 같은 논증을 **기대효용 가설**이라고 한다.

요약

불확실한 상황에 대한 선호가 독립성 가정을 만족하면 각 사건에 효용을 부여하고, 확률 분포에 따라 기대효용을 계산하는 기대효용함수가 불확실한 상황에 대한 선호를 대변한다.

기대효용 가설은 불확실한 상황에 대한 선호는 각 사건에 효용을 부여하고 그것의 기댓값으로 불확실한 상황의 기대효용을 계산하여 나타낼 수 있다는 생각이다. 위 설명은 선호의 독립성 가정이 만족하면 기대효용 가설이 성립된다는 것을 보여준다. 기대효용 가설이 성립하면 소위 위험에 대한 사람들의 태도를 쉽게 표현할 수 있다.

앞서 제시한 동일한 액수로 주식을 사는 것과 은행에 예금을 하는 선택을 비교해 보자. 주식을 살 때 1년 후 주식 가격이 80이 될 확률이 1/2이고, 40이 될 확률이 1/2이다. 반면 은행 예금을 하면 1년 후 원리금은 60이 된다. 기대효용 가설에 따르면 주식을 살 때의 효용은 주식 가격이 80이 될 때의 효용과 40이 될 때의 효용의 기댓값으로 표현된다.

$$U(\text{주식}) = \frac{1}{2}u(80) + \frac{1}{2}u(40)$$

반면 은행 예금의 효용은 $u(60)$이다. 따라서, $\frac{1}{2}u(80)+\frac{1}{2}u(40)$과 $u(60)$을 비교하여 주식 투자 혹은 은행 예금을 선택할 것이다. 그런데 두 투자는 기대 소득이 60으로 같다. 다만, 은행 예금은 60의 소득을 확실히 보장하는 반면, 주식 투자는 소득의 기댓값은 60이지만 실현된 소득은 이보다 높거나 낮아지는 변동성이 있다. 실현된 소득이 기대 소득으로부터 이탈해 변동하는 것을 **위험(risk)**이라고 한다. 기대 소득이 같을 때 어떤 사람은 이 소득을 확실히 가지는 것을 선호하는 반면, 어떤 사람은 소득이 높아질 가능성이 있는 변동성을 더 선호한다. 확실한 소득을 선호하면, 우리는 이 사람이 **위험 회피적(risk averse)** 선호를 가지고 있다고 말한다. 반면 동일한 기대 소득에 변동성이 있는 대안을 더 좋아하면 **위험 추구(risk loving)** 선호를 가지고 있다고 말한다. 만약 기대 소득이 같다면 변동성은 무관한 사람도 있을 텐데 이런 선호를 **위험 중립적**(risk neutral)이라 한다.

위의 예에서 위험 회피적 선호를 가진 사람은 주식 투자보다 은행 예금을 선택할 것이다. 기대효용 가설에 따르면 $u(60) > \frac{1}{2}u(80) + \frac{1}{2}u(40)$이다. 〈그림 11-1〉의 패널 (a)는 이 상황을 그래프로 보여준다. 그림의 수평축에는 소득 수준이, 수직축에는 그 소득의 효용(혹은 소득을 발생시키는 사건의 효용)이 있다. 주식 투자를 하면 두 가지 소득 80과 40이 동일한 1/2의 확률로 실현 가능하고, 기대효용 $\frac{1}{2}u(80) + \frac{1}{2}u(40)$는 $u(80)$과 $u(40)$의 중간 지점이다. 은행 예금의 효용은 $u(60)$인데, 위험 회피적 선호에서는 $u(60)$이 $\frac{1}{2}u(80) + \frac{1}{2}u(40)$보다 큰 값이어야 한다. 따라서 소득에 따른 효용 수준을 그리는 그래프는 아래에서 보았을 때 오목한 형태를 띠어야 한다.

반대로 위험 추구 선호를 가진 사람은 기대 소득이 같을 때 위험이 있는 주식 투자를 위험이 없는 은행 예금보다 더 선호할 것이다. 따라서, $\frac{1}{2}u(80) + \frac{1}{2}u(40)$이 $u(60)$보다 커야 한다. 즉, 〈그림 11-1〉의 패널 (b)처럼 소득에 따른 효용 수준을 그리는 그래프가 아래에서 보았을 때 볼록한 형태를 취한다.

일반적으로 기대효용 가설이 성립할 때(즉 선호의 독립성 가정이 만족할 때), 개인의 위험에 대한 태도는 소득에 대한 효용함수의 모양으로 결정된다. 만약 개인

그림 11-1 기대효용 가설과 위험에 대한 태도

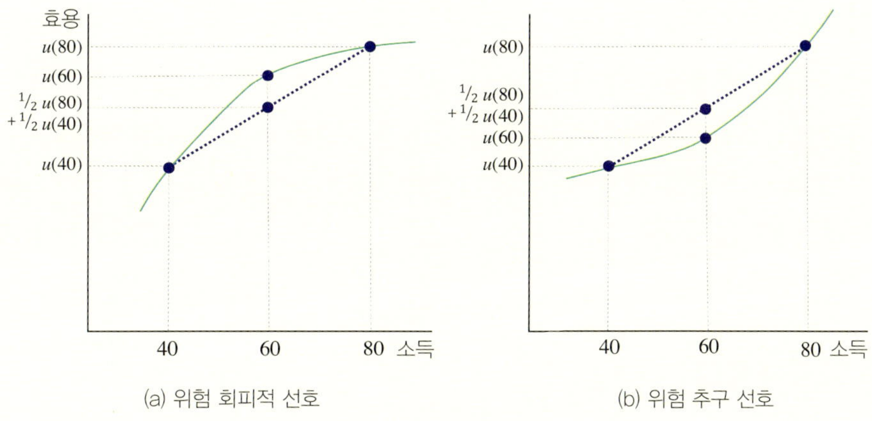

이 위험 회피적 선호를 가지면 소득에 대한 효용이 오목한 모양이고, 위험 추구 선호를 가지면 소득에 대한 효용이 볼록한 모양이다. 위험 중립적인 선호이면 소득에 대한 효용은 선형이다.

평균적으로 개인들은 위험 회피적인 선호를 가지고 있을 것으로 추측된다. 첫째, 이론적으로 오목한 효용함수는 일반적으로 성립할 것으로 믿어지는 한계 효용 체감을 만족한다. 소비량이 늘어날수록 추가적인 소비에 따른 만족도의 상승은 둔화될 것으로 예상한다. 소득에 대한 효용 역시 마찬가지이다. 만 원의 소득을 가진 사람에게 추가적인 만 원의 소득은 커다란 변화를 의미하지만, 1억 원의 소득을 가진 사람에게 추가적인 만 원은 큰 의미가 없을 것이다. 둘째, 실증적으로 주식 같은 위험 자산의 수익률이 은행 예금이나 채권 같은 안전 자산의 수익률보다 높다. 만약 평균적인 사람들이 위험 추구 선호를 가지고 있다면 주식에 돈이 몰려 수익률이 감소할 것이다. 주식과 채권의 기대 수익률이 같더라도 사람들은 주식 투자를 선호할 것이고, 결국 주식 투자의 기대 수익률은 채권 투자의 기대 수익률보다 낮아져야 한다. 그런데 현실에서 평균적인 수익률은 주식이 채권보다 높다. 따라서 평균적인 개인들은 기대 수익률이 같을 때 안전한 채권이나 은행 예금을 더 선호한다고 추측할 수 있다. 아주 위험한 스포츠를 하는 사람들을 관찰해 보자. 그러면 우리는 이런 사람들이 위험 추구 선호를 가지고 있다고 생각할 수 있다. 하지만 사회 현상을 설명하는 데 필요한 평균적인 사람을 염두에 두면, 이들은 위험 회피적인 선호를 가지고 있다고 보는 것이 더 정확할 것이다.[1]

요약

기대효용 가설이 만족하면 위험에 대한 태도는 소득에 관한 효용함수의 모양으로 나타난다. 위험 회피적 선호는 이 함수가 오목하고, 위험 추구 선호는 볼록하며, 위험 중립적 선호이면 선형이다.

1 이런 관점에서 보면 기대 수익이 가격보다 낮은 복권 상품이 많이 팔려 나가는 것은 하나의 퍼즐이다.

위험 회피적인 선호와 보험

사람들의 위험 회피적인 선호를 이해할 수 있는 대표적인 현상이 보험 상품의 거래이다. 보험은 일정한 가격을 지불하면 특정한 사고가 발생하였을 때 관련 비용을 지불해 주는 금융 상품이다. 보험에 대한 가격을 **보험료**(insurance premium)라 하고, 특정한 사고가 났을 때 지급받는 금액을 **보험금**이라 한다. 특정한 사고의 종류에 따라 여러 보험 상품이 존재한다. 자동차 사고에 대한 비용을 지불해 주는 것이 자동차 보험이고, 건강상의 문제가 발생할 때 이 비용을 지불해 주는 것이 건강보험이다. 홍수에 대한 피해를 보상해 주는 홍수 보험 같은 것도 생각할 수 있다. 그러면, 보험 가입자는 왜 보험을 가입하려고 하며, 보험 회사는 왜 보험을 팔까?

자동차 보험을 예로 들어 이를 설명해 보자. 연 5천만 원의 수입을 가진 사람이 0.1의 확률로 자동차 사고를 일으키는 상황을 염두에 둔다. 자동차 사고가 없으면 소득은 5천만 원이지만, 자동차 사고가 발생하면 3천만 원의 비용이 발생하고 소득은 2천만 원이 된다. 이 사람의 기대 소득은 4천7백만 원(0.9×5+0.1×2=4.7)이다. 하지만 소득이 5천만 원 혹은 2천만 원으로 실현되는 위험이 있다.

여기에 자동차 보험 상품을 가정한다. 논의의 편의를 위해 계리적으로 공정한 완전 보장 보험(actuarially fair full insurance)을 고려한다. **계리적으로 공정**하다는 것은 보험료로 지불하는 돈이 보험금으로 지급받는 돈과 기댓값에서 같다는 뜻이고, 보험 회사 입장에서는 보험 거래로 인한 기대이윤이 0이 된다는 뜻이기도 하다. **완전 보장** 보험이란 발생한 비용의 전액을 보장해준다는 뜻이다. 이 예에서 완전 보장 보험은 자동차 사고 시 비용 3천만 원을 모두 지급해야 한다. 계리적으로 공정한 보험이라면 보험료는 기대 보험금인 3백만 원(=0.1×3천만 원)이다.

이제 계리적으로 공정한 완전 보장 보험이 있을 때 이를 사는 경우와 사지 않는 경우 개인이 맞닥뜨릴 상황을 고려해 보자. 계리적으로 공정한 보험이기 때문에 이를 사는 경우와 사지 않는 경우의 기대 소득은 달라지지 않는다. 하지만 위험은 달라진다. 보험이 없으면 소득은 사고가 없을 때의 5천만 원과 사고가 있을 때의 2천만 원으로 변동한다. 하지만 보험을 구입하면 사고가 있을 때나 없을 때나 4천7백만 원의 수입이 생긴다. 사고가 나지 않으면 보험료 3백만 원만큼 수입이 줄고, 사고가 나면 3천만 원의 비용이 발생하나 이 비용은 모두 보험 회사가 부담하기 때문이다.

위험 회피적인 선호를 가진 사람은 계리적으로 공정한 완전 보장 보험을 구입할 것이다. 같은 기대 소득에 위험이 사라지기 때문이다. 하지만 이 거래를 통해 위험은 사라지지 않고 이전될 뿐이다. 보험 상품을 파는 보험 회사 입장에서는 사고가 없으면 3백만 원의 보험료 수입이 있지만, 사고가 있으면 3천만 원의 보험금 지출이 생겨 2천7백만 원의 적자가 발생한다. 보험을 팔지 않으면 항상 수입이 0이지만, 보험을 팔면서 기대 수입은 그대로 0이면서 위험이 증가했다. 보험은 보험 구매자로부터 보험 판매자로 위험을 이전시킨다. 따라서 보험 판매자가 위험 회피적이라면 이 거래는 성립할 수 없다.

하지만 보험 회사는 동일한 보험 상품을 여러 사람에게 판매함으로써 위험을 제거할 수 있다. 보험을 구매한 사람들에게 사고가 생기는 것은 서로 관련이 없는 사건이다. 즉, 한 사람에게 사고가 생길 확률은 다른 사람에게 사고가 있었는지 여부와 상관없이 일정하다. 통계학의 용어를 빌리자면 서로 독립적인 확률인데, 이 경우 **대수의 법칙**(law of large numbers)이 작용한다. 사고 확률이 0.1이면 아주 많은 보험 가입자의 10% 정도가 항상 사고를 겪는다고 얘기할 수 있다. 그래서 매년 기대 수입을 거의 확실하게 가져간다. 계리적으로 공정한 보험인 경우 이 보험 상품을 많은 사람에게 판매하면 매년 보험 회사의 이윤이 거의 확실하게 0이 된다. 설사 보험 회사가 위험 회피적이더라도 확실하게 기대 수입을 가지게 되기 때문에 위험이 거의 없다. 결국 보험 회사는 다수의 보험 상품 판매를 통해 위험 중립적인 선호를 가진 사람처럼 행동한다. 따라서 보험의 거래는 위험 회피적인 보험 가입자가 위험 중립적인 보험 회사에 위험을 이전하는 효율적인 거래이다.

더구나 위험 회피적인 보험 구매자는 계리적으로 공정한 액수보다 비싼 보험료를 지불할 용의가 있어 보험 회사가 보험 판매를 통해 이윤을 얻을 수 있다. 〈그림 11-2〉는 보험을 사지 않았을 때의 효용과 보험료 x를 지불하고 완전 보장 보험을 샀을 때의 효용을 기대효용 가설에 기초해 보여준다. 보험을 사지 않았을

그림 11-2

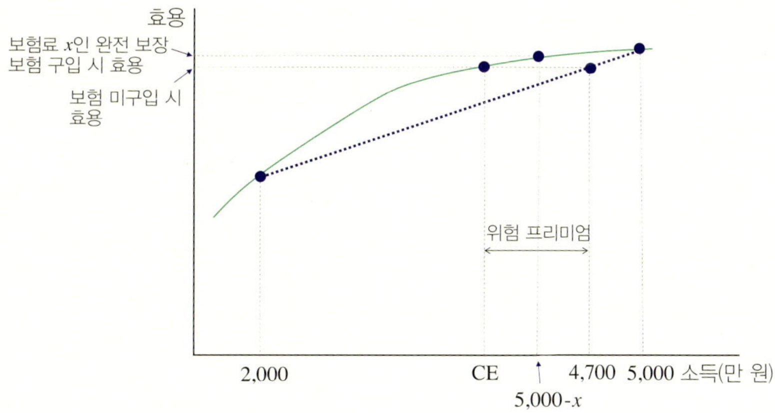

때의 효용은 기대효용 가설에 따라 $0.9\times u(5{,}000)+0.1\times u(2{,}000)$이다. 만약 보험료 x를 지불하고 완전 보장 보험을 사면 사고 여부와 관계없이 보험 구매자의 소득은 $(5{,}000-x)$만 원이 되고, 효용은 $u(5{,}000-x)$이다. 만약 계리적으로 공정한 보험이라면 보험료는 300만 원이 되어야 하고, 보험을 샀을 때 효용이 그렇지 않았을 때 효용보다 높다. 그러나 그림에서 확인할 수 있듯이 보험료가 계리적으로 공정한 수준보다 높다 하더라도 보험을 샀을 때의 효용이 그렇지 않았을 때보다 높을 수 있다. 그림에서 보험을 사지 않았을 때의 효용은 확실한 소득 CE를 가지고 있을 때의 효용과 같다. 이렇게 소득이 불확실한 상황과 동일한 효용을 주는 확실한 소득 수준을 **확실성 등가(CE: Certainty Equivalent)**라고 한다. 그리고 보험료를 지불한 후의 소득이 이 확실성 등가보다 높으면 보험료가 계리적으로 공정한 수준보다 높다고 하더라도 보험을 살 용의가 있다. 이때 이 소비자가 지불할 용의가 있는 최대 보험료와 계리적으로 공정한 보험료와의 차이를 **위험 프리미엄(risk premium)**이라 부른다. 위험 프리미엄은 위험 회피적인 소비자가 보험을 들어 위험을 회피하기 위해 계리적으로 공정한 보험료보다 추가적으로 더 낼 용의가 있는 최대 액수라고 할 수 있다. 그림에서 보이듯이 위험 프리미엄은 계리적으로 공정한 보험료를 지불한 후의 소득과 확실성 등가 사이의 차이이다. 이런 위험 프리미엄의 존재로 보험 회사는 보험 판매를 통해 이윤을 얻을 수 있다. 위험 프리미엄은 실증적으로 측정 가능한 값으로 개인들이 위험을 얼마나 회피하고 싶은지를 나타내는 지표가 된다.

요약

위험 회피적인 선호를 가진 사람은 계리적으로 공정한 완전 보장 보험을 사며, 계리적으로 공정한 보험료보다 더 높은 보험료를 지불할 용의가 있다. 보험 회사는 여러 보험을 판매하여 위험 중립적인 주체처럼 행동할 수 있으며, 위험 회피적인 개인으로부터 이윤을 얻을 수 있다.

기대효용 가설의 한계

다른 복권과 동일한 비중으로 섞더라도 두 복권 사이의 선호는 유지된다는 선호의 독립성 가정과 이 가정으로부터 유도되는 기대효용 가설(복권에 대한 선호는 기대효용을 계산함으로써 나타낼 수 있다)은 단순하면서도 직관적으로 그럴싸하다. 그리고 보험 사례에서 보듯이 위험에 대한 태도를 나타내는 편리한 도구로 사용된다는 것이 알려져 있다. 그러나 불확실한 상황에 대한 사람들의 선호를 정확하게 반영하고 있는지에 대해서 비판이 있을 수 있다.

불확실한 상황을 나타내는 다음의 두 가지 서로 다른 복권을 비교해 보자.

L_1: 80%의 확률로 400만 원, 20%의 확률로 0원을 줌.

L_2 : 300만 원을 줌.

실험을 통해 두 복권을 비교하면 다수의 사람들이 L_2 복권을 선호하는 것으로 알려져 있다. 물론 위험에 대한 태도가 사람마다 다를 수 있지만, 20%의 확률로 아무런 돈이 안 생기는 것이 부담이 되어 확실한 300만 원을 선택하는 경우가 많다.

반면 다음의 두 복권을 비교해 보자.

L_3: 20%의 확률로 400만 원, 80%의 확률로 0원을 줌.

L_4: 25%의 확률로 300만 원, 75%의 확률로 0원을 줌.

역시 실험을 통해 두 복권을 비교하면 다수의 사람들이 L_3 복권을 선호하는 것으로 알려져 있다. 두 경우 모두 위험이 있는 상황이고, 25%의 확률은 20%의 확률보다 그리 커 보이지는 않는다. 이왕 작은 확률로 돈이 생기는 것이라면 되도록 많은 돈이 생기는 L_3가 L_4보다 더 좋다는 것이다.

그런데 이 두 가지 결과는 기대효용 가설과는 배치된다. 기대효용 가설에 따르면 각 복권의 효용은 다음과 같이 계산된다.

$$U(L_1) = 0.8 \times u(400) + 0.2 \times u(0)$$
$$U(L_2) = u(300)$$
$$U(L_3) = 0.2 \times u(400) + 0.8 \times u(0)$$
$$U(L_4) = 0.25 \times u(300) + 0.75 \times u(0)$$

만약 L_2가 L_1보다 선호된다면 $u(300) > 0.8 \times u(400) + 0.2 \times u(0)$이 성립한다. 그런데 L_3가 L_4보다 선호된다면 $0.2 \times u(400) + 0.8 \times u(0) > 0.25 \times u(300) + 0.75 \times u(0)$이어야 하고, 이를 단순화하면 $u(300) < 0.8 \times u(400) + 0.2 \times u(0)$이 되어 이 선호는 일관적이지 않다.

사실 위 결과는 앞서 소개한 독립성의 가정을 직접적으로 위반한다. 확실히 0원을 주는 복권을 L_5라 하자. 복권 L_3는 1/4의 확률로 L_1 복권을, 3/4의 확률로 L_5를 주는 복권이다($L_3 = \frac{1}{4}L_1 + \frac{3}{4}L_5$). 마찬가지로 복권 L_4는 1/4의 확률로 L_2 복권을, 3/4의 확률로 L_5를 주는 복권이다($L_4 = \frac{1}{4}L_2 + \frac{3}{4}L_5$). 따라서 독립성 가정에 따라 L_2가 L_1보다 선호된다면, L_4도 L_3보다 선호되어야 한다. 하지만 현실의 실험은 이 맥락에서 사람들의 선호가 독립성 가정을 만족하지 않는다는 것을 보여준다.

직관적으로 그럴듯해 보이는 독립성 가정이 이 비교에서 성립하지 않는 이유는 확실성에 대해 사람들이 높은 가치를 부여하기 때문이다. 확률 80%와 100%의 비교는 확률 20%와 25%의 비교와 동일하다. 모두 동일한 비율의 확률 상승이기 때문이다. 하지만 80%과 100%를 비교하는 것은 20%와 25%를 비교하는 것보다 훨씬 더 큰 차이로 다가온다. 확률이 100%가 되면 무엇인가가 확실해지기 때문이다. 독립성 가정은 이런 확실성에 대한 가치를 반영하지 못한다.

이런 한계가 있다고 해서 기대효용 가설이 잘못된 이론이라는 얘기는 아니다. 상당히 많은 이론적 논의와 응용에서 기대효용 가설은 유용하게 사용되었다. 따라서, 특별한 경우를 제외하고는 개인이 불확실성이 있는 상황에서 하는 선택을 이해하는 데 기대효용 가설을 쓰는 것은 타당해 보인다.

요약

기대효용 가설은 그 예측이 현실에 부합하지 않는 경우도 있으나 여전히 불확실성 하의 선택을 설명하는 유용한 방법이다.

11.2 비대칭적 정보 1: 숨겨진 정보 혹은 역선택-중고차 시장의 경우

앞으로의 논의에서는 불확실성이 있을 때 개인의 선택은 마치 기대효용을 기준으로 선택을 하는 것과 같다는 기대효용 가설을 받아들인다. 이를 기초로 비대칭적 정보가 있는 상황에서 어떤 일이 벌어질지 검토한다. 첫 번째로 검토할 비대칭적 정보 상황은 상품의 특성에 관한 정보가 숨겨져 있는 경우이다.

이런 비대칭적 정보의 문제가 처음으로 논의되었던 중고차 시장의 맥락에서 이를 소개한다. 겉은 멀쩡하지만 품질은 떨어지는 중고차를 레몬(Lemon)이라고 부르는데[2], 그래서 이런 비대칭적 정보 상황의 중고차 시장을 **레몬 시장(Lemon's market)**이라고도 한다.

중고차 시장에 두 가지 종류의 차가 있다고 하자. 하나는 좋은 품질의 차이고, 다른 하나는 나쁜 품질의 차이다. 두 차에 대해서 고정된 공급이 있다. 좋은 품질의 차와 나쁜 품질의 차가 각각 시장에 1000대씩 있다고 하자. 그리고 이 차를 판

2 레몬이 겉으로는 예쁘지만, 그 맛이 시어 먹기 어렵기 때문에 이런 차를 레몬이라고 부르는 듯하다.

매하는 판매자들은 좋은 품질의 차에 대해서 170만큼, 나쁜 품질의 차에 대해서 70만큼의 유보 가격을 가지고 있다. 즉, 좋은 품질의 차를 가진 판매자는 170보다 낮은 가격에는 차를 팔지 않고, 가격이 170을 넘어서야 차를 팔 용의가 있다. 유보 가격은 판매자가 차를 팔지 않고 직접 사용하였을 때 얻을 수 있는 효용을 화폐 가치로 표현한 것이다.

차를 사려는 구매자는 수가 제한되어 있지 않다고 가정한다. 가격만 적당하면 모든 차가 팔릴 수 있다. 구매자는 차의 품질에 따라 다른 가치를 둔다. 차가 좋은 품질이면 200까지 지불할 용의가 있고, 나쁜 품질이면 100까지 지불할 용의가 있다. 구매자의 지불 용의 금액은 구매자가 차를 사서 사용할 때 얻는 효용을 화폐 가치로 표현한 것이다.

주목할 점은 구매자가 차에 두는 가치가 판매자의 유보 가격보다 높다는 것이다. 구매자가 차를 사용할 때 얻는 가치가 판매자보다 더 크기 때문에 품질에 관계없이 모든 차의 이용권이 판매자로부터 구매자에게 이전되는 것이 효율적인 자원 배분이다.

대칭적 정보 상황에서의 시장

비대칭적 정보 상황을 분석하기 앞서 대칭적 정보 상황을 분석한다. 즉, 판매자와 구매자가 자동차의 품질에 대해서 같은 정보를 가지고 있는 경우이다. 대칭적 정보 상황은 판매자와 구매자 모두 자동차의 품질을 알고 있는 경우와 판매자와 구매자 모두 자동차의 품질을 모르는 경우의 두 가지이다. 두 번째 경우에서 알 수 있는 것처럼 대칭적 정보 상황이 꼭 완전 정보를 가정하는 것은 아니다.

1. 대칭적 정보 1: 모두가 자동차의 품질을 알 때

판매자와 구매자 모두 자동차의 품질에 대해서 완전하게 알고 있다. 주어진 차가 좋은 품질의 차인지 나쁜 품질의 차인지 알 수 있기 때문에, 중고차 시장은 좋은 품질의 중고차 시장과 나쁜 품질의 중고차 시장으로 나뉜다.

이 경우 중고차 시장의 균형이 〈그림 11-3〉에 나타나 있다. 먼저 패널 (a)는

그림 11-3 모두가 자동차의 품질을 알 때 중고차 시장 균형: 대칭적 정보 1

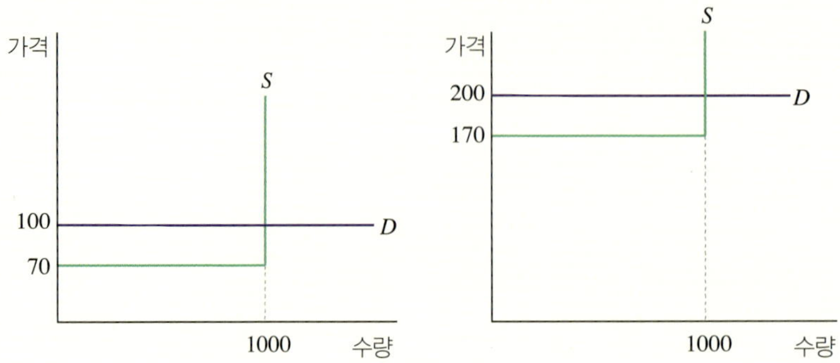

(a) 나쁜 품질의 자동차 시장 (b) 좋은 품질의 자동차 시장

나쁜 품질 중고차 시장의 공급 곡선과 수요 곡선을 보여준다. 공급의 경우 가격이 70보다 낮으면 누구도 자동차를 판매하려 하지 않으므로 공급량은 0이다. 가격이 70이 되면 1000대의 중고차가 시장에 매물로 나온다. 가격이 70 이상이면 공급량은 항상 1000대이고, 가격이 올라가도 공급량은 더 늘어나지 않는다. 수요의 경우 가격이 100보다 높으면 아무도 차를 사려 하지 않으므로 수요량은 0이 된다. 가격이 100이 되면 수요가 늘어나고 제한되지 않는 수요가 있으므로 100 이하의 가격에서 수요량은 무한하다. 공급 곡선과 수요 곡선이 만나는 점에서 시장 균형이 발생한다. 따라서 나쁜 품질의 중고차는 100의 가격에 1000대 모두 거래된다.

패널 (b)는 좋은 품질 중고차 시장의 공급 곡선과 수요 곡선을 보여준다. 공급의 경우, 가격이 170보다 낮으면 공급량은 0이고, 가격이 170 이상이면 공급량이 1000이다. 수요의 경우, 가격이 200보다 높으면 수요량은 0이고 가격이 200 이하이면 수요량은 무한하다. 이렇게 그려진 공급 곡선과 수요 곡선의 교차점에서 시장 균형이 얻어진다. 따라서 좋은 품질의 중고차는 200의 가격에 1000대 모두 거래된다.

2. 대칭적 정보 2: 누구도 자동차의 품질을 모를 때

이제 판매자와 구매자 모두 자동차의 품질을 모르는 상황을 고려한다. 모두가

그림 11-4 누구도 자동차의 품질을 모를 때 중고차 시장 균형: 대칭적 정보 2

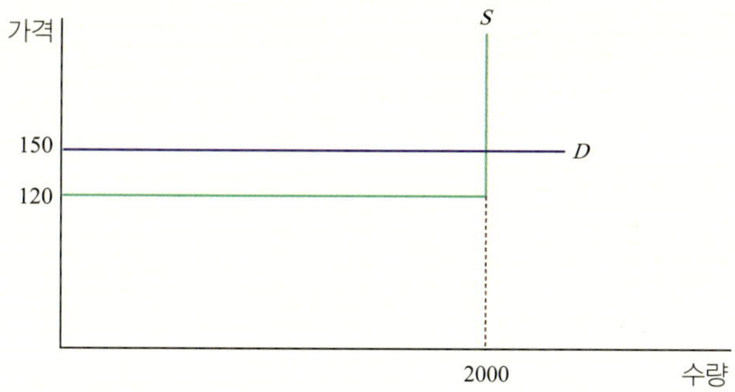

자동차의 품질을 모르므로 좋은 품질의 자동차와 나쁜 품질의 자동차가 한 시장에서 같은 상품으로 거래된다. 논의의 편의를 위해 자동차 품질에 대한 불확실성을 맞이한 시장 참가자들이 위험 중립적인 선호를 가진다고 가정한다. 따라서 이들의 의사 결정은 기대 유보 가격과 기대 지불 용의 금액으로 결정된다. 〈그림 11-4〉가 이 시장의 수요 곡선과 공급 곡선을 보여준다.

판매자는 시장에 1000대의 좋은 품질의 차와 1000대의 나쁜 품질의 차가 있다는 사실을 안다. 그런데 자신이 판매하려는 차가 좋은 품질인지 나쁜 품질인지는 알지 못한다. 차를 판매하지 않고 사용하게 되면 1/2의 확률로 좋은 품질의 차를, 1/2의 확률로 나쁜 품질의 차를 가지게 되고, 기대효용은 $\frac{1}{2}\times 170+\frac{1}{2}\times 70=120$이다. 따라서 현재 가지고 있는 차에 대한 유보 가격은 120이다. 만약 차의 가격이 120보다 낮다면 판매자는 차를 판매하지 않고 직접 사용할 것이다. 따라서 공급량은 0이다. 가격이 120 이상이 되면 공급량은 2000이다.

구매자에 대해서도 동일하게 차의 가치를 계산할 수 있다. 시장에 좋은 품질의 차와 나쁜 품질의 차가 같은 숫자만큼 있으므로 차를 샀을 때의 기대효용은 $\frac{1}{2}\times 200+\frac{1}{2}\times 100=150$이다. 따라서 가격이 150보다 높으면 시장 수요량은 0이다. 가격이 150 이하이면 모든 수요자가 차를 사려 할 것이므로 수요량은 무한하다.

시장의 균형은 수요 곡선과 공급 곡선이 교차하는 지점에서 얻어진다. 따라서

2000대의 자동차 모두 150의 가격에 거래된다.

완전 정보이건 불완전 정보이건 대칭적 정보 상황에서는 모든 자동차가 거래된다는 사실을 주목할 필요가 있다. 우리는 앞서 판매자의 유보 가격이 구매자의 가치보다 낮으므로 모든 자동차가 판매자에게서 구매자에게 이전되는 것이 효율적인 자원 배분이라 하였다. 대칭적 정보 상황에서는 이런 효율적인 자원 배분이 이루어진다. 물론 불완전 정보 상황에서는 절반의 구매자가 150의 가격을 지불하였으나 쓰다 보니 100의 가치만을 가진 자동차를 구매하였음을 알게 될 것이다. 그러나 이런 손해는 150의 가격을 지불하고 200의 가치를 누리게 되는 구매자의 이익에 의해 상쇄된다. 사회 전체적인 관점에서는 판매자보다 구매자에게 가치가 있는 상품이 이전되었다는 사실만이 중요하다. 그러나 정보가 비대칭이 되는 순간 더 이상 효율적인 자원 배분은 보장되지 않는다.

비대칭적 정보: 판매자는 자동차의 품질을 알지만 구매자는 모르는 경우

이제 판매자는 자동차의 품질을 알지만 구매자는 이를 모를 경우, 시장 균형이 어떻게 이루어지는지 알아보자. 구매자는 자동차의 품질을 직접 관찰할 수 없으므로 시장 가격과 판매자의 판매 결정을 예측해 시장에 유통되는 자동차의 품질을 추측한다. 따라서 가격에 따른 판매자의 판매 결정과 이에 따른 구매자의 추측을 통해 시장 균형을 알아볼 수 있다.

우선, 시장 가격이 170 이상이라고 하자. 이는 좋은 품질의 자동차에 대한 판매자의 유보 가격보다 높은 수준이다. 따라서 시장에서는 좋은 품질의 자동차가 나쁜 품질의 자동차와 함께 공급된다. 이를 예측하는 구매자는 시장에서 맞닥뜨리는 자동차의 절반이 좋은 품질의 차임을 안다. 따라서 차를 구입했을 때 이것이 좋은 품질의 차일 확률은 1/2이고, 차를 구입했을 때 화폐로 표기된 기대효용은 $\frac{1}{2}\times 200+\frac{1}{2}\times 100=150$이다. 그런데 가격이 170 이상이기 때문에 어떤 구매자도 차를 구입할 용의가 없다. 따라서 이 가격에서 거래는 이루어지지 않는다.

가격이 70 이상이고 170보다 낮다고 하자. 이는 좋은 품질의 자동차에 대한 판매자의 유보 가격보다 낮지만, 나쁜 품질의 자동차에 대한 유보 가격보다는 높은 수준이다. 따라서 좋은 품질의 자동차는 시장에 공급되지 않고, 오직 나쁜 품질의 자동차 1000대만 시장에 공급될 것이다. 이를 예측하는 구매자는 자동차의 가치를 100으로 두고 가격이 100 이하인 경우에 자동차 수요량은 무한하다. 따라서 100의 가격에 1000대의 나쁜 품질의 자동차가 거래된다.

만약 가격이 70보다 낮으면 중고차 시장에 공급되는 자동차가 없으므로 거래는 이루어지지 않는다.

결국 시장 균형은 100의 가격에 1000대의 나쁜 품질의 자동차가 거래되는 것이다. 이 균형에서 좋은 품질의 자동차는 시장에서 거래되지 않는다. 즉, 비대칭적 정보 때문에 나쁜 품질의 차만 시장에 남게 되는 **역선택(adverse selection)**이 발생한다. 이는 효율적인 자원 배분이 아니다. 좋은 품질의 차에 대해서도 구매자의 가치가 판매자의 유보 가격보다 높으므로 거래가 이루어져야 한다. 하지만 비대칭적 정보가 이 거래를 방해한다.

주목할 것은 비효율성의 원인이 불완전 정보가 아닌 비대칭적 정보라는 것이다. 모두가 똑같이 불완전한 정보를 가지고 있다면 정보를 가진 측이 정보를 가지지 못한 측을 이용하여 이익을 볼 수 없고, 정보를 가지지 못한 측도 이를 두려워할 필요가 없다. 하지만 비대칭 정보 상황이 되면 나쁜 품질의 자동차 판매자가 이를 마치 좋은 품질의 자동차인 것처럼 판매하려 할 것이고, 그래서 구매자는 나쁜 품질의 자동차가 섞여 있다는 사실 때문에 높은 가격을 지불하려 하지 않는다. 가격이 내려가면 나쁜 품질의 자동차만 시장에 남아 비대칭적 정보 문제가 사라지지만, 좋은 품질의 자동차가 시장에서 밀려나는 대가를 치러야만 한다.

이런 비대칭적 정보 문제를 완화하기 위해서 시장 참가자들은 여러 가지 노력을 할 수 있다. 먼저 좋은 품질의 자동차 판매자가 자신의 상품을 나쁜 품질의 자동차와 구분하기 위한 장치를 마련할 수 있다. **품질 보증(warranty)**은 이러한 장치 중 하나이다. 좋은 품질의 자동차와 나쁜 품질의 자동차를 구분하는 기준이 1년 이내 고장 여부라고 하자. 좋은 품질의 자동차를 판매하는 판매자는 1년 동안 발생하는 모든 고장에 대하여 책임지는 품질 보증을 할 수 있다. 나쁜 품질의 자동차를 판매하는 판매자는 잦은 고장 때문에 품질 보증의 비용이 너무 크므로 이를 따라 할 수 없다. 그러면 시장은 자연적으로 품질 보증을 제공하는 좋은 품질의 자동차와 그렇지 못하는 나쁜 품질의 자동차로 구분될 것이다.

구매자가 정보를 취득함으로써 비대칭적 정보 문제를 완화할 수도 있다. 실제로 중고차 시장에는 자동차의 소유와 수리 이력 정보를 유료로 제공하는 기관이 있어 소비자는 이를 통해 자동차의 품질을 알아낼 수 있다. 혹은 중고차 시장에서 반복되는 거래를 통해 판매자의 명성이 쌓이고 이를 좇아 자동차를 구매함으로써 간접적으로 좋은 품질의 자동차를 구매한다.

정부의 규제나 법을 통해서도 이 문제를 완화할 수 있다. 상품의 결함으로 사고가 발생할 때 정부는 제조 업체나 판매자에게 이에 대한 책임을 묻도록 할 수 있다. 제조물 책임법(product liability law)이 이를 강제한다. 혹은 정부가 시장에 거래되는 물건에 일정한 품질 수준을 보장하는 장치를 만들 수도 있다. 제품의 표준이나 규격, 품질 인증 제도 등이 이런 역할을 한다. 다만, 이는 주로 신제품 시장에 적용되고, 중고차 시장처럼 2차로 거래되는 시장에는 적용되지 않는다.

요약

비대칭적 정보 때문에 좋은 품질의 자동차가 중고차 시장에서 사라지는 역선택 문제가 발생하고, 이는 비효율적인 자원 배분으로 이어질 수 있다. 비효율적인 자원 배분은 정보의 불완전성 때문이 아니라 비대칭성 때문에 발생한다.

11.3 비대칭적 정보 2: 숨겨진 행동 혹은 도덕적 해이-최적 계약

두 번째로 다룰 비대칭적 정보 상황은 경제 주체의 행동이 관찰되지 않아 거래 상대방 입장에서 바람직하지 못한 행동이 나타나는 숨겨진 행동 혹은 도덕적 해이의 문제이다. 자동차 보험 가입 후 자동차 도난 관리가 소홀해지는 문제, 건강보험에 가입해서 진료비 부담이 적기 때문에 꼭 필요하지 않은 경우라도 진료를 받는 경우 등이 이런 문제의 예이다. 최근 이슈가 되었던 실손보험 문제 또한 숨겨진 행동의 예이다. 실손보험은 공공이 제공하는 건강보험에서 제공되지 않은 자기 부담 치료비를 보험금으로 지급하는 것이다. 그런데 병원들이 실손보험 가입자를 위해 도수 치료 같은 의료 서비스를 개발하고, 보험 가입자들이 추가적인 비용 부담 없이 이를 이용함으로써 보험 회사는 사전에 예상하지 못했던 보험금 지출을 겪었다. 이러한 행위의 변화는 보험 회사로서는 바람직하지 못한 효과를 낳는다.

숨겨진 행위 혹은 도덕적 해이 문제는 주로 이해관계가 완전히 일치하지 않는 계약 주체들의 계약 관계와 관련하여 처음 연구되었고, 이를 **주인-대리인(principal-agent)** 관계라고 부른다. 대표적인 사례로는 지주와 소작인의 관계, 주주와 경영자의 관계 등이 있다. 주주와 지주는 회사와 토지의 주인이고, 소유물로부터 나오는 이익을 가지게 된다. 따라서 주인의 이해는 회사의 이윤과 토지의 생산량을 최대화하는 것이다. 반면 소작인과 경영자는 주인의 대리인이지만 주인과 동일한 이해관계를 가지고 있지 않다. 대리인의 입장에서는 자신의 이익을 최대화하려고 할 텐데 이것은 자신이 들이는 노력을 최소화하면서 많은 보상을 받는 것이다. 대리인의 노력을 지주가 직접 관찰할 수 있다면 필요한 노력을 요구하고 이에 대한 보상을 해주면 된다. 하지만 주인은 대리인의 노력을 직접 관찰하지 못하고, 여기에서 숨겨진 행동의 문제가 발생한다. 지주와 소작인의 관계에서 이를 좀 더 구체적으로 알아보자.

만약 토지의 산출이 순전히 소작농의 노력에 의해 결정된다면 지주는 소작농의 노력을 관찰하지 못하더라도 산출로부터 소작농의 노력 수준을 유추할 수 있다. 그러나 토지의 산출은 소작농의 노력뿐만 아니라, 소작농이 어찌할 수 없는 기후 같은 요인의 영향을 받는다. 따라서 소작농의 노력 수준에 따른 정확한 보상은 불가능하고 숨겨진 행동의 문제가 여전히 남는다. 설사 소작농이 동일한 노력을 기울인다고 하더라도 토지의 산출은 불확실하기 때문에 지주와 소작농은 토지에서 나오는 불확실한 산출을 어떻게 나누어 가질 것인가를 결정해야 한다. 누가 더 안정적으로 소득을 가져갈 것인지가 계약에 의해 결정되는데, 한쪽의 안정된 소득을 보장하는 두 가지 극단적 형태의 계약을 생각할 수 있다.

하나는 소작농에게 안정적인 소득을 보장하는 **고정 임금 계약**이다. 소작농은 노동자로서 산출과 관계없이 고정된 임금을 받는다. 지주는 토지의 산출 중에서 임금을 제외한 부분을 가진다. 만약 토지의 산출이 변동해도 소작농의 임금은 변하지 않고, 지주가 받는 소득만 변동하게 된다.

다른 하나는 지주에게 안정적인 소득을 보장하는 **라이선스 계약** 혹은 **고정 지대 계약**이다. 소작농은 지주에게 고정된 라이선스 비용 혹은 지대를 지불하고, 이를 제외한 산출을 자기 몫으로 가져간다. 고정 임금 계약과는 반대로 토지의 산출이 변동하더라도 지주의 소득은 변동하지 않고 소작농이 가져가는 몫만 변한다.

우리는 앞선 논의에서 소득의 변동성을 소득의 위험(risk)이라고 표현했다. 따라서 계약의 형태에 따라 누가 위험을 부담하는지가 결정된다. 고정 임금 계약에서 소작농은 전혀 위험을 지지 않고, 지주가 모든 위험을 안게 된다. 반면 고정 지대 계약에서 지주는 위험을 지지 않고, 소작농이 모든 위험을 떠안는다. 그럼 누가 위험을 지도록 하는 것이 더 효율적일까? 불확실성하의 선택에서 우리는 사람들이 위험에 대하여 서로 다른 태도를 가질 수 있다고 강조했다. 위험 회피적인 선호가 있을 수 있고, 위험 중립적인 선호가 있을 수 있다. 만약 한쪽이 위험 중립적이라면 위험 중립적인 주체가 모든 위험을 떠안는 것이 더 좋다. 기대 소득이 같을 때 위험 중립적인 쪽에서는 위험이 증가하여도 기대효용의 변화가 없지만, 위험 회피적인 쪽에서는 기대효용이 줄어든다. 따라서 양쪽의 효용을 최대화하는 효율적인 계약은 위험 중립적인 쪽이 위험을 떠안는 것이다. 지주와 소작농의 관계에서는 지주가 소작농보다 위험 중립적인 쪽에 가깝다고 할 수 있다. 지주는 여러 곳의 땅을 소유하여 여러 소작농을 두지만, 소작농은 임대한 땅만을 경작하기 때문이다. 지주 입장에서는 한 곳의 농사가 잘 안 되더라도 농사가 잘된 쪽의 산출로 이를 보충할 수 있다. 따라서 위험의 배분이라는 관점에서는 지주가 모든 위험을 떠안는 고정 임금 계약이 바람직하다. 위험 회피적인 소작농에게 고정 임금 계약을 제안하는 것은 지주 입장에서도 더 이익이다. 보험을 파는 보험 회사는 보험 가입자에게 위험을 제거해주는 대신 계리적으로 공정한 보험료보다 높은 보험료를 부과하여 이윤을 누린다. 마찬가지로 고정 임금을 제안하는 지주는 위험을 제거해주는 대가로 낮은 임금을 줄 수 있고 지주의 기대 이윤은 상승한다.

그런데 소작농이 농사에 들이는 노력이 토지의 산출에 영향을 받고, 이 노력을 지주가 평가하기 어렵다는 문제점이 있다. 만약 소작농의 임금이 산출 수준과 관계없이 고정되어 있다면 소작농은 자기 노력을 더 들일 유인이 없다. 노력을 더 들여 산출을 늘리더라도 임금은 늘어나지 않고, 노력을 들이는 비용만 증가할 것이기 때문이다. 소작농이 들이는 노력에 따라 임금을 주면 소작농의 노력을 독려할 수 있겠지만, 이를 지주가 평가하기는 어렵다. 따라서 위험 분배 측면에서는 효율적인 고정 임금 계약은 소작농의 노력을 유도하는 측면에서는 문제점을 가진다. 고정 임금 계약에서 소작농의 노력 수준이 변한다는 숨겨진 행동의 문제점 때문에 효율적인 위험 분배가 달성될 수 없는 것이다.

되도록 효율적인 위험 분배를 달성하면서도 소작농에게 노력을 기울일 유인을 제공하기 위해서는 타협이 필요하다. 그래서 임금 지급이 산출량에 따라 변동하도록 하는 계약이 등장한다. 앞서 언급한 대로 위험 중립적인 지주가 최대한 위험을 부담하도록 하는 것이 좋으므로 산출량에 따른 임금의 변동은 최소화되어야 한다. 하지만 소작농이 충분한 노력을 기울일 수 있도록 산출량에 따른 임금의 변동이 충분해야 한다. 따라서 최적의 계약은 이 둘의 타협점이다. 산출을 일정한 비율에 따라 나누는 **산출 배분 계약**(crop sharing contract)이나 기본적인 고정 임금 계약과 산출량에 따른 보너스 지급의 결합, 혹은 성과제 임금 등이 모두 소작농의 노력을 유도하기 위한 장치이다.

주주와 경영자의 관계에서도 비슷한 일이 발생한다. 경영자에게 고정 임금을 지급하면 경영자는 기업의 이윤을 증가시키기 위한 충분한 경영적 노력을 하지 않을 수 있다. 그래서 경영자의 임금이 기업의 이윤과 연동하도록 하는 장치가 소개되었다. 경영자의 임금을 기업의 주가와 연동시키는 역할을 하는 **스톡 옵션**(stock option)도 이러한 성과 연동 임금의 대표적인 경우이다.

주주와 경영자의 관계가 아니더라도 일반적인 고용 관계에서 도덕적 해이의 문제는 나타난다. 그리고 일반적인 고용 관계에서 성과급과 같은 계약 이외에도 도덕적 해이 문제를 줄일 수 있는 다른 수단들이 존재한다. 한 가지 방법은 외부 감시를 확대하는 것이다. 도덕적 해이는 애초에 노동자가 얼마나 일을 열심히 하는지를 알 수 없기 때문에 발생하므로 감시를 통해 일을 하는 정도를 확인하면 도덕적 해이 문제를 완화할 수 있다. 예를 들어, 단순 회계표 작성 같은 반복 작업은 일의 진도를 통해 일을 얼마나 열심히 했는지를 평가할 수 있다. 하지만 어떤 일들은 얼마나 열심히 하는지를 감시하기 어렵다. 새로운 아이디어를 제시해야 하는 기획 작업에서 노동자가 얼마나 열심히 생각하는지를 감시하기는 쉽지 않다. 얼마나 오랫동안 책상 앞에 앉아 있는지를 감시하면, 노동자들은 생각을 열심히 하는 대신 책상에 앉아 있는 시간을 늘리기만 해서 오히려 성과가 저하될 수도 있다. 더구나 외부적인 감시 강화는 노동자의 사기를 저하시키는 부작용이 발생하는 문제점도 있다.

또 다른 방법은 높은 성과에 대하여 임금을 통해 즉시 보상하는 대신 승진을 통하여 나중에 보상하는 것이다. 즉, 성과에 대하여 특별한 보상을 하지 않지만, 성과가 좋은 노동자를 승진시켜 더 높은 임금을 받을 수 있게 하는 구조를 설계하는 것이다. 기업의 위계 구조에서 상위 관리자로 갈수록 임금이 급격히 올라가는 현상을 발견할 수 있다. 그런 임금 구조는 상위 관리자의 성과가 전체 경영 성과에 미치는 영향이 크기 때문일 수도 있지만, 하위 직급 노동자가 열심히 일하도록 하는 유인을 제공하는 방식일 가능성도 있다.

도덕적 해이 문제는 보편적 문제이다. 따라서 위에서 언급한 방식 외에도 이를 해결하기 위한 여러 가지 제도들이 고안되고 있다.

요약

숨겨진 행동으로 인해 노동자는 고용주가 원하는 만큼 일하지 않을 수 있으며(도덕적 해이), 이 문제를 줄이기 위해 성과급 등의 계약 장치를 활용한다. 이 계약 장치는 효율적인 위험의 배분을 저해한다.

11.4 노동시장 신호이론

중고차 시장에서 숨겨진 정보 문제에 대한 대응으로 좋은 품질의 자동차를 가진 판매자는 1년간 무상 수리 같은 품질 보증을 통해 자기 중고차의 품질을 구매자에게 알릴 수 있다. 이렇듯 정보를 가진 쪽이 그렇지 않은 쪽에게 자기가 가진 정보를 간접적으로 전달하는 것을 **신호(signal)**라고 한다. 여기에서는 노동시장에서 학력이 이런 신호의 역할을 할 수 있다는 논의를 소개한다. 이 논의는 1장에서 경제학의 방법론을 설명할 때 소개했던 스펜스의 노동시장 신호이론을 조금 더 구체화한 것이다.

보통 대학 교육은 소득의 상승을 가져온다. 대학 졸업자와 고등학교 졸업자의 소득을 비교해 보면 대학 졸업자의 소득 수준이 평균적으로 더 높다. 대학 졸업자가 소득이 높은 이유는 더 많은 시간을 일하기 때문이 아니다. 시간당 임금을 비교하였을 때 대졸자가 고졸자보다 높은 것이 실증적으로 확인된다. 대학 학력 취득에 따른 시간당 임금 상승을 **대학 임금 프리미엄(college wage premium)**이라고 부른다.

대졸자의 임금 프리미엄을 설명하는 대표적인 이론은 **인적 자본 이론(human capital theory)**이다. 많은 설비를 들여 생산하면 더 많은 생산을 할 수 있는 것처럼, 지식과 기술을 습득하면 노동자의 생산성이 높아진다. 생산 설비를 갖추는 것을 자본 축적이라고 부르는 것처럼 지식과 기술의 습득을 인적 자본의 축적이라고 부르고, 이를 통해 노동자의 생산성이 올라간다는 것이 인적 자본 이론의 내용이다. 인적 자본에 대한 대표적인 투자가 교육이다. 따라서 대졸자가 고졸자보다 더 높은 임금을 받는 이유는 대학 교육을 통해 더 많은 지식을 축적하면서 생산성이 향상되었기 때문이다.

노동시장 신호이론은 교육에 대하여 인적 자본 이론과 정반대의 극단적인 가정을 한다. 노동시장 신호이론에 따르면 교육은 새로운 지식이나 기술을 전혀 가르쳐 주지 않는다. 그럼에도 불구하고 교육을 받으면 임금의 상승이 발생할 수 있다. 그 이유는 노동자가 기업이 관찰하지 못하는 높은 능력을 교육이라는 장치를 통해 신호로 보내기 때문이다.

이론의 논리적 구조를 소개하기 위해 간단한 상황을 가정한다. 경제 안에 서로 능력이 다른 두 종류의 노동자가 있다고 하자. 능력이 높은 노동자를 H라 표기하고, 상대적으로 능력이 평범한 노동자를 L이라 표기한다. 전체 경제에서 두 종류의 노동자 비중은 같아서, 절반의 노동자는 H이고 절반의 노동자는 L이다. 두 노동자의 생산성은 능력에 따라 달라서, *H* 노동자는 100만큼을 생산할 수 있고, *L* 노동자는 50을 생산할 수 있다. 노동시장은 경쟁적이고 노동자는 생산성만큼의 임금을 받는다. 만약 *H* 노동자가 있으면 기업들은 경쟁적으로 임금을 올려 이 노동자를 끌어들이려 할 것이고, 임금은 100까지 오를 것이다.

앞서 언급한 것처럼 교육은 전혀 생산성을 향상시키지 않는다고 가정한다. *H* 노동자는 교육을 받았건 그렇지 않았건 간에 100을 생산하다. 하지만 교육에는 비용이 든다. 이때 비용은 단순히 등록금과 같은 금전적 비용만을 얘기하는 것은 아니다. 물론 희생된 시간과 그 시간 때문에 포기해야 했던 임금 같은 비용도 있지만, 여기에서 강조하는 비용은 어려운 과제를 하고 시험을 통과해야 하는 정신적 비용이다. 이런 정신적 비용은 능력이 높은 사람에게는 상대적으로 더 낮다고 가정한다. 구체적으로 이 비용은 *H* 노동자에게는 30, *L* 노동자에게는 70이다.

노동자는 자신이 *H* 노동자인지 *L* 노동자인지 알고 있다. 그러나 기업은 이 사실을 모른다. 이런 비대칭적 정보 상황에서 *H* 노동자가 자신의 생산성이 높다는 것을 보이는 수단이 교육이다. 우선 이런 비대칭적 정보 상황에서 벌어질 일을 논하기 전에, 기업도 노동자가 *H* 노동자인지 *L* 노동자인지 아는 대칭적 정보 상황에서 어떤 일이 벌어질지 생각해 보자.

기업이 노동자의 생산성을 안다면 모든 노동자에게 생산성만큼의 임금이 주어질 것이다. 따라서 *H* 노동자에게는 100의 임금이, *L* 노동자에게는 50의 임금이 주어진다. 임금은 교육을 받았는지 여부에 영향을 받지 않는다. 따라서 노동자 입장에서는 비용만 드는 교육을 받을 필요가 없고, 어떤 노동자도 교육을 받지 않는다.

> 기업이 노동자의 생산성을 아는 경우: 임금은 생산성만큼 지급되고, 노동자는 교육을 받지 않는다.

만약 기업이 노동자의 생산성을 모른다면 어떤 일이 벌어질까? 먼저 교육이 노동자의 생산성을 향상시키지 않는다는 사실을 기업이 인지하고 임금을 제안할 때 교육 여부를 무시하는 경우를 생각해 볼 수 있다. 노동자의 입장에서는 교육 여부와 관계없이 동일한 임금을 제시받을 것이기 때문에 교육을 받지 않는다. 기업 입장에서는 노동자가 H 노동자인지 L 노동자인지 알 수 없지만, 각 노동자의 수가 같다는 것을 알기 때문에 기대 생산성인 75 $(= \frac{1}{2} \times 100 + \frac{1}{2} \times 50)$만큼의 임금을 제시한다.

흥미로운 경우는 기업이 H 노동자만이 교육을 받을 것이라고 믿는 경우이다. 기업은 그런 믿음에 기초해 교육을 받은 노동자에게는 100의 임금을, 그렇지 않은 노동자에게는 50의 임금을 제시한다. 하지만 이런 믿음은 정당화될 수 있을까?

이 상황에서 노동자는 두 가지 선택 대안이 생긴다. 하나는 비용을 들여서 교육을 받고 높은 임금으로 보상받는 것이다. 다른 하나는 교육을 받지 않아 낮은 임금을 받지만 비용을 아끼는 것이다. H 노동자가 교육을 받는 쪽을 선택하면 그 편익은 70(임금 100−교육 비용 30)이다. 교육을 받지 않은 경우에는 임금 50만이 편익이다. 따라서, H 노동자 입장에서는 교육을 받는 쪽을 선택하는 것이 더 이익이다. L 노동자가 교육을 받았을 때의 편익은 30(임금 100−교육 비용 70)이다. L 노동자의 경우 교육 비용이 크므로 교육을 받았을 때의 편익이 줄어든다. 교육을 받지 않는 경우에는 임금 50을 받는다. 따라서 L 노동자 입장에서는 교육을 받지 않는 쪽을 선택하는 것이 더 이익이다. 결국 H 노동자만이 교육을 받고, 교육을 받은 노동자는 생산성이 높은 H 노동자일 것이라는 기업의 믿음은 노동자들의 선택에 의해 사실이 된다.

> 기업이 노동자의 생산성을 모르는 경우: H 노동자만 교육을 받고, 기업은 교육받은 노동자에게 100의 임금을 지급한다.

이런 논리를 통해 교육이 전혀 생산성을 늘리지 않음에도 불구하고 교육을 받은 노동자가 생산성이 더 높고, 따라서 더 높은 임금을 받는 대학 임금 프리미엄 현상이 발생하는 이유를 설명할 수 있다. 흥미로운 것은 교육을 생산성의 신호로 사용하는 이런 현상이 사회 전체의 후생에는 부정적 효과를 낸다는 것이다. 심지어 더 높은 임금을 받게 된 H 노동자의 후생도 감소할 수 있다. 기업이 교육 여부를 무시하고 모두에게 동일한 임금을 주는 경우 H 노동자가 누리는 후생은 임금 75이다. 그런데 교육 수준에 따라 임금이 달라지는 경우 H 노동자는 더 높은 임금을 받지만, 교육의 비용 역시 부담하여야 한다. 그 결과 순 편익은 70으로 교육 수준과 관계없이 동일한 임금을 받을 때에 비해 후생은 감소한다. 만약 대학 임금 프리미엄이 교육 시장 신호모형으로 설명되는 현상이라면, 이는 사회적으로 결코 바람직한 현상이 아니다. 그리고 비대칭적 정보가 생산성 향상 없이 비용만 드는 교육을 선택하게 함으로써 사회적인 효율성을 해친다.

물론 1장에서도 논의한 바와 같이 노동시장 신호이론이 인적자본 이론보다 더 현실을 잘 설명하는지는 실증적으로 확인해 봐야 할 문제이다. 실증적으로는 노동자의 자기 선택에 의한 효과, 즉 높은 생산성의 노동자가 대학 교육을 받는 것을 선택하는 사실을 잘 통제하고 나서도 대학 임금 프리미엄이 상당 부분 남아 있어 인적 자본 이론과 노동시장 신호이론 모두가 대학 임금 프리미엄을 설명하는 데 기여하는 것으로 보인다.

요약

기업이 노동자의 생산성을 직접 관찰할 수 없는 정보의 비대칭성 때문에 노동자가 비생산적인 교육을 통해 자기 생산성에 대한 신호를 보낼 수 있다. 이 논리에 따르면 교육은 사회 후생을 감소시킨다.

이 장에서는 시장 실패의 세 번째 사례로 비대칭적 정보에 의한 시장 실패를 다루었다. 비대칭적 정보 때문에 좋은 품질의 제품이 시장에서 밀려나가 효율적 자원 거래가 방해받기도 하고(역선택), 일할 유인을 주기 위해 불필요한 위험을 부담하도록 해야 하기도 하며(도덕적 해이), 낭비적인 행위가 이루어져야 하기도 한다(노동시장 신호이론). 정보의 효율적인 유통을 활성화하는 것이 이런 문제를 예방할 수 있는 방법이나, 정보의 유통에는 한계가 있다.

1 철수의 선호가 기대효용 가설을 만족한다고 한다. 철수는 두 가지 사건에 대한 확률 분포를 가지는 불확실한 상황을 맞이하고 있다. 각 사건은 다음과 같다.

E_1 : 곰돌이 인형이 생긴다.
E_2 : 사과 2개와 바나나 1개가 생긴다.

두 사건의 확률 분포를 (p_1,p_2)라 할 때, 철수는 복권 $L_1=(\frac{2}{3},\frac{1}{3})$을 $L_2=(\frac{1}{3},\frac{2}{3})$보다 더 좋아한다. 다음 진술이 참인지, 거짓인지, 혹은 알 수 없는지 밝히고, 이유를 설명하시오.

(1) 철수는 L_1을 $L_3=(\frac{1}{2},\frac{1}{2})$보다 더 좋아한다.
(2) 철수는 $\frac{1}{2}L_1+\frac{1}{2}L_3$를 $\frac{1}{2}L_2+\frac{1}{2}L_3$보다 더 좋아한다.
(3) 철수는 $\frac{1}{2}L_1+\frac{1}{2}L_2$를 L_3보다 더 좋아한다.

2 기대효용 가설을 만족하는 영희의 선호는 위험 회피적이다. 다음 진술이 참인지, 거짓인지, 혹은 알 수 없는지 밝히고, 이유를 설명하시오.

(1) 영희는 1/2의 확률로 0원을 1/2의 확률로 100원을 가지는 것보다는 50원을 확실히 가지는 것을 더 좋아한다.
(2) 영희는 1/2의 확률로 0원을 1/2의 확률로 100원을 가지는 것보다 1/2의 확률로 25원을 1/2의 확률로 75원을 가지는 것을 더 좋아한다.
(3) 영희는 2/3의 확률로 0원을 1/3의 확률로 100원을 가지는 것보다 1/3의 확률로 25원을 2/3의 확률로 75원을 가지는 것을 더 좋아한다.

3 기대효용 가설을 만족하는 소비자의 선호가 확실한 화폐 수입 M에 대해 다음의 효용함수로 표현된다면, 이 소비자의 선호는 위험 회피적인지, 위험 추구인지, 아니면 위험 중립적인지 설명하시오.

(1) $u(M) = M^2$

(2) $u(M) = 3M+5$

(3) $u(M) = \ln(M+1)$

4 새로운 사업을 시작한 지우는 사업의 성공과 실패 확률이 1/2로 같다. 사업이 성공할 경우 지우의 수입은 400이 되고, 실패할 경우 100이 된다. 지우의 선호는 기대효용 가설을 만족하고, 확실한 수입 M에 대한 지우의 효용함수는 $u(M) = \sqrt{M}$이다. 보험회사 '다보장'은 이런 지우에게 보험 상품을 하나 제안했다. 이 보험은 사업이 실패할 경우 300을 지급한다.

(1) 이 보험이 계리적으로 공정한 보험이라면, '다보장'이 부과해야 하는 보험료는 얼마인가?

(2) 만약 (1)처럼 계리적으로 공정한 보험이 제안된다면, 지우는 이 보험을 구입할 것인가?

(3) 지우가 보험이 없는 경우 맞이하게 될 불확실한 상황의 확실성 등가(certainty equivalent)를 구하시오.

(4) 지우는 계리적으로 공정한 보험료보다 얼마나 더 많은 보험료를 지불할 용의가 있는가? (혹은 지우의 위험 프리미엄은 얼마인가?)

5 본문에서 고려한 중고차 시장을 고려하자. 좋은 품질의 중고차와 나쁜 품질의 중고차가 있으며, 본문처럼 두 품질의 차의 잠재적 공급대수는 각각 1000대, 잠재적 수요는 무한대이다. 두 차에 대한 판매자의 유보가격과 구매자의 가치는 아래 표와 같다.

품질	구매자의 가치	판매자의 유보 가격
좋은 품질	200	170
나쁜 품질	100	110

(1) 판매자와 구매자 모두 자동차의 품질에 대해 알고 있다면 시장 균형은 어떻게 되는가?

(2) 판매자와 구매자 모두 자동차의 품질에 대해 알고 있지 않다면 시장 균형은 어떻게 되는가?

(3) 자동차의 품질에 대해 판매자는 알고, 구매자는 알지 못하는 상황이라면 시장 균형은 어떻게 되는가?

6 햄버거 체인점 '버거의 여왕'은 각 지점을 어떻게 운영할 것인지를 고민하고 있다. 한 가지 방식은 모든 지점장에게 고정 임금을 주고 지점을 운영하는 방식이다. 또 다른 방식은 지점장이 완전한 자율권을 가지고, 본사에 일정한 프랜차이즈 비용을 납부하고 남는 수익은 지점장이 가져가는 방식이다.

(1) 지점의 매출이 변동할 때 본사 수익의 변동성은 두 방식에 따라 어떻게 달라지는지 설명하시오.

(2) 지점의 매출을 결정하는 많은 부분이 지점장의 운영 방식에 달려 있다면 위 두 방식 중 지점의 매출을 늘리는 방식은 어떤 것이 될 것인지 설명하시오.

(3) 지점의 매출을 결정하는 많은 부분이 마케팅과 같은 본사의 운영에 달려 있다면 두 방식 중 지점의 매출을 늘리는 방식은 무엇인지 설명하시오.

7 생산성이 다른 두 부류의 노동자 H와 L이 있다. H 노동자의 생산성은 200이고, L 노동자의 생산성은 100이다. 자격증을 취득할 수 있는 교육 프로그램이 제시되어 있는데, H 노동자의 교육 비용은 x이고, L 노동자의 교육 비용은 y로 알려져 있다($x<y$). 기업은 자격증을 취득한 노동자를 생산성이 높은 노동자로 보고 200의 임금을, 자격증이 없는 노동자는 생산성이 낮은 노동자로 보고 100의 임금을 지급한다. 다음에 답하시오.

(1) H 노동자가 자격증을 취득하는 것이 더 이익이 되기 위한 x의 범위를 구하시오.

(2) L 노동자가 자격증을 취득하지 않는 것이 더 이익이 되기 위한 y의 범위를 구하시오.

(3) Y=150일 때, x=70인 경우와 x=50인 경우를 비교하라. 어떤 경우 사회적 후생이 더 개선되는지를 평가하시오.

참고문헌

- Johannes Abeler, Felix Marklein, "Fungibility, Labels, and Consumption", *Journal of the European Economic Association*, Volume 15, Issue 1, February 2017, 99–127.
- James A. Brander and Jeffrey M. Perloff, Managerial Economics and Strategy 2nd edition, 2019, Pearson Education Limited.
- Jeff D. Colgan, "OPEC, the Phantom menace", Washington Post, June 16 2014, https://www.washingtonpost.com/news/monkey-cage/wp/2014/06/16/opec-the-phantom-menace/
- Jensen, Robert T. and Nolan H. Miller, "Giffen Behavior and Subsistence Consumption", *American Economic Review*, Volume 98, Issue 4, September 2008, 1553–1577.
- Perloff, Jeffrey M., Microeconomics 3rd edition, 2014, Pearson Education Limited.
- Rosen, Harvey S. and Ted Gayer, Public Finance 10th edition, 2014, McGraw Hill.
- 이준구, 미시경제학 제6판, 2013, 문우사

찾아보기

ㄱ

ㄴ

ㄷ

ㅇ

ㅈ

미시경제학

저　　자　이삼호
발 행 인　김지영
발 행 처　자유아카데미
주　　소　경기도 파주시 회동길 37-42
　　　　　파주출판도시
전　　화　031-955-1321
팩　　스　031-955-1322
홈페이지　www.freeaca.com
전자우편　main@freeaca.com(대표)
　　　　　editor@freeaca.com(편집)
　　　　　crm@freeaca.com(영업)
등　　록　제406-2003-017호, 1980. 7. 12.
제1판1쇄　2023년 9월 8일 발행

ISBN 979-11-5808-414-1 93320